गीता का शब्दकोश और अनुक्रमणी

New Revised Edition

I0372820

Gita ka Shabdakosh
Grammatical Dictionary of the Gita

श्रीमद्भगवद्गीतावैयाकरणीयशब्दकोशः ।

Prof. Ratnakar Narale

Ratnakar
PUSTAK BHARATI
BOOKS-INDIA

Author :

Dr. Ratnakar Narale, Ph.D (IIT), Ph.D. (Kalidas Sanskrit Univ.)
 Prof. Hindi. Ryerson University, Toronto

Title :

Gita Ka Shabdakosh,

Grammatical Dictionary of the Gita, New Edition
गीता का शब्दकोश और अनुक्रमणी

Gita Ka Shabdakosh, New Edition, is a systematically laid out one-of-a-kind All-in-one Gita-Dictionary, Gita-Grammar, Gita-Thesaurus, Gita-Reference and Gita-Index, in Devanagari Sanskrit-Hindi.

Published by :
Pustak Bharati (Books India)
books.india.books@gmail.com
www.books-india.com

Published For :
Sanskrit Hindi Research Institute, Toronto

Copyright © 2014
ISBN 978-1-897416-64-8

© All rights reserved. No part of this book may be copied, reproduced or utilised in any manner or by any means, computerised, e-mail, scanning, photocopying or by recording in any information storage and retrieval system, without the permission in writing from the author.

Dedicated to

My Caring Wife
Sunita Ratnakar Narale
and my Loving Grandchildren
Samay, Sahas, Saanjh and Saaya Narale

संक्षेप सूची

अक०	अकर्मक, अकर्मक क्रिया (Intransitive Verb)
अव्य०	अव्यय, अव्ययी, अव्ययी शब्द (Indeclinable)
अदा०	अदादि, √अद् इत्यादि का दूसरा गण
अन्य०	अन्य पुरुष, तृतीय पुरुष (Third Person)
अस०	अव्ययीभाव समास (Adverbial Compound)
आत्म०	आत्मनेपदी, (action for oneself)
आशी०	आशीर्लिङ् (Precative or Benedictive- may -- be)
इच्छा०	इच्छार्थक (desiderative)
उत्तम०	उत्तम पुरुष (First Person)
उदा०	उदाहरणार्थ, जैसे० (for example)
उभ०	उभयपदी, (dual action)
एक०	एकवचन (Singular Number)
कस०	कर्मधारय समास (Appositional Compound)
कर्त०	कर्तरि, कर्तरि प्रयोग (Active Voice)
कर्म०	कर्मणि, कर्मणि प्रयोग (Passive Voice)
क्त०	कर्मणि भूतकालिक धातुसाधित (Past Passive Participle)
क्तवतु०	कर्तरि भूतकालिक धातुसाधित (Past Active Participle)
क्त्वा०	पूर्वकालिक धातुसाधित त्वान्त अव्यय (Past Indeclinable Participle- gerundive- having done)
क्र्या०	क्र्यादि, √क्री इत्यादि का नवां गण
क्रि०	क्रियापद (Verb)
क्रिवि०	क्रियाविशेषण (Adverb)
चतु०	चतुर्थी विभक्ति, सम्प्रदान (को, के लिए, के वास्ते)
चुरा०	चुरादि, √चुर् इत्यादि का दसवां गण
जुहो०	जुवादि०, जुहोत्यादि, √हु इत्यादि का तीसरा गण
तस०	तत्पुरुष समास (Determinative or Dependent Compound)
तना०	तनादि √तन् इत्यादि का आठवां गण

तुदा०	तुदादि, √तुद् इत्यादि का छठा गण
तुम०	हेत्वर्थक धातुसाधित तुम् प्रत्ययान्त अव्यय
तृती०	तृतीया विभक्ति (से) (Instrumental Case)
द्वन्द्व०	द्वन्द्व समास (Dual, Copulative or Aggregative Compound)
दिवा०	दिवादि, √दिव् इत्यादि का चौथा गण
मध्य०	द्वितीय पुरुष, मध्यम पुरुष (Second Person)
द्विगु०	द्विगु समास (Numeral or Collective Compound)
द्विती०	द्वितीया विभक्ति (को) (Accusative Case)
द्वि०	द्विवचन (Dual Number)
धासा०	धातुसाधित
न०	नपुंसकलिंग, नपुंसकलिंगी नाम (Neuter Gender)
नत०	नञ् तत्पुरुष समास
नब०	नञ् बहुव्रीहि समास
नि०	नियम, संधि–विग्रह नियम क्रमांक
पर०	परस्मैपदी, (action for someone else)
पंच०	पंचमी विभक्ति, अपादान (से, की अपेक्षा) (Ablative Case)
पु०	पुंलिंग, पुल्लिंग, पुल्लिंग नाम (Masculine Gender)
प्रथ०	प्रथमा विभक्ति (ने), कर्ता (Nominative Case)
प्रयो०	प्रयोजक (Causative)
प्रादि०	प्रादि रूप अथवा प्रादि समास
बस०	बहुव्रीहि समास (Attributive or Relative Compound)
बहु०	बहुवचन, अनेक वचन (Pleural Number)
भवि०	भविष्यत् काल, भविष्यत् काल वाचक (Future Tense)
भूत०	भूत काल, भूत काल वाचक (Past Tense)
भ्वादि०	भ्वादि, √भू इत्यादि का पहला गण
रुधा०	रुधादि, √रुध् इत्यादि का सातवां गण
लङ्	अनद्य भूतकाल, आज के पूर्व का अपूर्ण (Imperfect Pase Tense- I I was)
लट्	सामान्य अथवा साधारण, वर्तमान काल, प्रथमताख्यात (Present Tense- is, am, are)
लिट्	परोक्ष भूत काल, न देखा हुआ, अनद्यतन (Perfect- have or has been)

लुट्	अनद्य भविष्य, आज के बाद का	(First or Definitive Future- shall or will be)
लुङ्	साधारण भूत काल	(Aorist- was or had been)
लृङ्	हेतुहेतुमद् अर्थ क्रियातिपत्त भूत अथवा भविष्य	(Conditional- if -should be)
लृट्	सामान्य भविष्यत् काल, ईलाख्यात	(Second or Continuous Future- shall or will be)
लोट्	आज्ञार्थक, निवेदनार्थक, ऊआख्यात	(Imperativa- let)
ल्यब॰	पूर्वकाल वाचक ल्यबन्त धातुसाधित अव्यय (Past Participle with a preposition or indeclinable prefix other than अ)	
वर्त॰	वर्तमान काल, वर्तमान काल वाचक	(Present Tense)
वि॰	विशेषण	(adjective)
विधि॰	विध्यर्थी, वाख्यात, विधिलिङ्	(Potential- may be)
विना॰	विशेष नाम	(Given Name, proper noun)
षष्ठी॰	षष्ठी विभक्ति, सम्बन्ध (का, की, के; रा, री रे)	(Genitive Case)
संख्या॰	संख्या वाचक	(Numerical)
सक॰	सकर्मक, सकर्मक क्रिया	(Transitive Verb)
सना॰	सर्वनाम, सार्वनामिक	(Pronoun)
सप्त॰	सप्तमी विभक्ति, (में, पर, पे)	(Locative Case)
सब॰	सहबहुब्रीहि समास	
संबो॰	संबोधन	(Vocative Case)
स्त्री॰	स्त्रीलिंग, स्त्रीलिंगी नाम	(Feminine Gender)
स्वादि॰	स्वादि, √सु इत्यादि का पांचवां गण	
←	पिछला पद आगे वाले पद से होता है	
→	पिछले पद से आगे वाला पद होता है	
↑	पहले दिया हुआ, ऊपर देखिए	
(↑)	इसी श्लोक में पहले आया हुआ, इसी श्लोक में पहले देखिए	
↓	नीचे आया हुआ, आगे दिया हुआ	
√	मूल, धातु, मूलधातु	
॰	लाघव चिह्न	
+	अधिक, पिछला एवं अगला पद	
=	समान	

खंड १

गीता का शब्दकोश

NOTE
The numerals after the Sanskrit Words show where this word appears for the first time in the Gita.
e.g 1.10 **= First appearence in : Chapter 1, Shloka 10**

(अ)

अ 1.10, अव्य॰ नञ् प्रत्यय (अन्↓, न↓, ना, नहीं; विरुद्धार्थ); 10.33, पु॰ (अ वर्ण, अकार↓)

अकर्तारम् 4.13, पु॰ द्विती॰ एक॰ अकर्तारम् (अकर्ता को, न करने वाले को); द्वि॰ अकर्तारौ; बहु॰ अकर्तॄन् ←वि॰ नत॰ अकर्तृ (अकर्ता, न करने वाला) ←अव्य॰ अ↑ + वि॰ कर्तृ↓ (देखिए कर्तारम्↓)

अकर्म 4.16, प्रथ॰–द्विती॰ एक॰ अकर्म (करने के लिए जो– अनुचित, अपात्र, अयोग्य, निरर्थक है –वह अथवा उसको); द्वि॰ अकर्मणी; बहु॰ अकर्माणि ←न॰ अकर्मन्↓

अकर्मकृत् 3.5, नत॰ (कर्म न करता हुआ, निष्क्रिय; कर्म के विना, कर्म छोड़ कर, कर्म के सिवाय; क्रियारहित; अनुचित काम करने वाला, कर्म न करने वाला) ←अव्य॰ अ↑ + वि॰ कर्मकृत् (क्रियाशील; उचित काम करने वाला, कर्म करता हुआ, कर्म करने वाला) ←8तना॰√कृ (करना)

अकर्मणः 3.8, (1) पंच॰ एक॰ अकर्मणः (अकर्म की अपेक्षा); द्वि॰ अकर्मभ्याम्; बहु॰ अकर्मभ्यः; (2) 4.17, षष्ठी॰ एक॰ अकर्मणः (अकर्म का); द्वि॰ अकर्मणोः; बहु॰ अकर्मणाम् ←न॰ अकर्मन्↓

अकर्मणि 2.47, सप्त॰ एक॰ अकर्मणि (अकर्मण्य में); द्वि॰ अकर्मणोः; बहु॰ अकर्मसु

←न॰ अकर्मन्↓

अकर्मन् 2.47, (1) वि॰ नब॰ न विद्यते कर्म यस्य सः (जिसके पास करने के लिए कुछ भी नहीं अथवा जो कुछ भी नहीं करता वह; अयोग्य); (2) न॰ नत॰ न कर्म (कार्याभाव, अनुचित कार्य, अयोग्य कर्म; कर्म न करना; पाप); (3) गीता 4.18–4.21 में (अफल कर्म, निष्कर्म; जिसका कोई कर्म संकल्प नहीं है, जो कर्मफल से अलिप्त है वह कर्म करके भी कुछ नहीं करता अथवा अ(फल)कर्म करता है, केवल शरीर मात्र से ही कर्म करना और उसमें मन का संबंध न होने से वह कर्म अकर्म है) ←अव्य॰ अ↑ + न॰ कर्मन्↓

अकल्मषम् 6.27, पु॰ द्विती॰ एक॰ <u>अकल्मषम्</u> (पाप से मुक्त हुए –को); द्वि॰ अकल्मषौ; बहु॰ अकल्मषान् ←वि॰ नब॰ अकल्मष, नास्ति कल्मषम् यस्य सः (पाप से मुक्त हुआ, अनघ↓, निष्पाप) ←अव्य॰ अ↑ + वि॰ न॰ कल्मष↓

अकारः 10.33, प्रथ॰ एक॰ <u>अकारः</u> (अ); द्वि॰ अकारौ; बहु॰ अकाराः ←पु॰ अकार (अ, अ वर्ण, अ अक्षर, अ ध्वनि, अ शब्द) ←पु॰ अ वर्ण + वि॰ कार↓

अकार्य 16.24, (1) वि॰ नब॰ न विद्यते कार्यम् यस्मिन् तत् (अनुचित, विपरीत, करने के लिए अयोग्य); (2) न॰ नत॰ न कार्यम् (अनुचित कार्य, विपरीत कार्य; कुकर्म, अपराध, गुनाह, दोष) ←अव्य॰ अ↑ + वि॰ अथवा न॰ कार्य↓

अकार्यम् 18.31, न॰ प्रथ॰–द्विती॰ एक॰ <u>अकार्यम्</u> (अकार्य–को); द्वि॰ अकार्ये; बहु॰ अकार्याणि ←वि॰ अकार्य↑

अकीर्ति 2.2, स्त्री॰ नत॰ न कीर्तिः (अपयश, अयश; अपभाषण, अभिशंसन, उपक्रोश, कुत्सा, गर्हा, निंदा↓, परिवाद, भर्त्सना, विकत्थन; अपकीर्ति, अप्रतिष्ठा, कलंक, दुष्कीर्ति, बदनामी, मानहानि) ←अव्य॰ अ↑ + स्त्री॰ कीर्ति↓

अकीर्तिः 2.34, प्रथ॰ एक॰ <u>अकीर्तिः</u> (अपयश; दुष्कीर्ति); द्वि॰ अकीर्ती; बहु॰ अकीर्तयः ←स्त्री॰ अकीर्ति↑

अकीर्तिकरम् 2.2, न॰ प्रथ॰–द्विती॰ एक॰ <u>अकीर्तिकरम्</u> (कीर्ति न देने वाला, ॰न देने वाले को); द्वि॰ अकीर्तिकरे; बहु॰ अकीर्तिकराणि ←वि॰ नत॰ अकीर्तिकर, न कीर्तिः करोति इति (अपकीर्ति, अप्रतिष्ठा, बदनामी, बे–आबरू, बेइज्जत, मानहानि –करने वाला; कीर्ति न देने वाला) ←स्त्री॰ अकीर्ति↑ + वि॰ कर↓

अकीर्तिम् 2.34, द्विती॰ एक॰ <u>अकीर्तिम्</u> (अपयश को; दुष्कीर्ति को); द्वि॰ अकीर्ती; बहु॰ अकीर्तीः ←स्त्री॰ अकीर्ति↑

अकुर्वत 1.1, लङ् अनद्य अपूर्न भूत॰ आत्म॰ अन्य॰ एक॰ अकुरुत; द्वि॰ अकुर्वाताम्; बहु॰ अकुर्वत (उन्होंने किया, वे कर रहे थे) ←8तना॰√कृ (करना)

अकुशलम् 18.10, न॰ प्रथ॰–द्विती॰ एक॰ अकुशलम् (कष्ट दायक कर्म, ॰कर्म को); द्वि॰ अकुशले; बहु॰ अकुशलानि ←(1) वि॰ नब॰ अकुशल, नास्ति कुशलम् यस्मिन् (कष्ट, पीड़ा –दायक; अमंगल, कठिन, कर्कर, दुष्कर, दुस्साध्य, मुश्किल; अनाड़ी; अरिष्ट, अशुभ↓); (2) न॰ नत॰ अकुशल, न कुशलम् (अहित, आपत्ति, आफत, विपत्ति, विपदा, संकट) ←अव्य॰ अ↑ + वि॰ कुशल↓

अकृत 3.18, वि॰ नत॰ न कृतम् (अधुरा, अपूर्ण, आधा; गलत, भूल किया हुआ; न किया हुआ) ←अव्य॰ अ↑ + वि॰ कृत↓

अकृतबुद्धित्वात् 18.16, पंच॰ एक॰ अकृतबुद्धित्वात् (अनुचित धारणा से); द्वि॰ अकृतबुद्धित्वाभ्याम्; बहु॰ अकृतबुद्धित्वेभ्य: ←न॰ तस॰ अकृतबुद्धित्व, न कृतम् बुद्धित्वम् (अनुचित, गलत, भूल, भ्रान्त –धारणा, समझ) ←वि॰ अकृत↑ + स्त्री॰ बुद्धि↓

अकृतात्मान: 15.11, पु॰ प्रथ॰ एक॰ अकृतात्मा; द्वि॰ अकृतात्मानौ; बहु॰ अकृतात्मान: (असुसंस्कृत आत्मा वाले लोग) ←वि॰ नब॰ अकृतात्मन्, न कृत: आत्मा यस्य स: (असंस्कृत, अज्ञानी, मूढ़↓, मूर्ख) ←अव्य॰ अ↑ + पु॰ कृतात्मन् (सुसंस्कृत आत्मा, ज्ञानी↓) ←वि॰ कृत↓ + पु॰ आत्मन्↓

अकृतेन 3.18, न॰ तृती॰ एक॰ अकृतेन (न करने से); द्वि॰ अकृताभ्याम्; बहु॰ अकृतै: ←वि॰ अकृत↑

अकृत्स्नविद: 3.29, पु॰ द्विती॰ एक॰ अकृत्स्नविद्; द्वि॰ अकृत्स्नविदौ; बहु॰ अकृत्स्नविद: (बुद्धिहीन लोगों को) ←वि॰ अकृत्स्नविद् (अज्ञ↓, मंद बुद्धि का, मूढ़↓) ←अव्य॰ अ↑ + वि॰ कृत्स्नविद्↓

अक्रिय 6.1, नब॰ नास्ति क्रिया यस्मिन् (क्रियाहीन, क्रियाशून्य, निष्क्रिय) ←अव्य॰ अ↑ + वि॰ क्रिय (क्रियाशील) ←स्त्री॰ क्रिया↓

अक्रिय: 6.1, पु॰ प्रथ॰ एक॰ अक्रिय: (न करने वाला); द्वि॰ अक्रियौ; बहु॰ अक्रिया: ←वि॰ अक्रिय↑

अक्रोध: 16.2, प्रथ॰ एक॰ अक्रोध: (क्रोधशून्यता); द्वि॰ अक्रोधौ; बहु॰ अक्रोधा: ←पु॰ नत॰ अक्रोध, न क्रोध: (क्रोधाभाव, शांति↓); वि॰ नब॰ नास्ति क्रोध: यस्य (क्रोधशून्य, शान्त↓) ←अव्य॰ अ↑ + पु॰ क्रोध↓

अक्लेद्य: 2.24, पु॰ प्रथ॰ एक॰ अक्लेद्य: (न भीगने वाला); द्वि॰ अक्लेद्यौ; बहु॰

अक्लेद्यः ←वि॰ न०त॰ अक्लेद्य, न क्लेद्यः (भिगाया न जाने वाला; जलाभेद्य, सूखा) ←अव्य॰ अ↑ + वि॰ क्लेद्य (भिगोया जाने वाला, जो भीग सकता है या भिगोया जा सकता है वह) ←क्रि॰ क्लिद्↓

अखिलम् 4.33, (1) न॰ प्रथ॰-द्विती॰ एक॰ अखिलम् (सम्पूर्ण); द्वि॰ अखिले; बहु॰ अखिलानि ←वि॰ न०त॰ अखिल, न खिलम् (निःशेष; कृत्स्न↓, निखिल, सकल, सम्पूर्ण, समग्र↓, समस्त, समूचा, सब, सर्व); (2) क्रि॰वि॰ (पूर्णतः, सम्पूर्णतः, पूर्ण रूप से) ←अव्य॰ अ↑ + न॰ खिल (अपूर्णता, अभाव, कमी, कसर, टूट, त्रुटि, शून्यता) ←√खिल् 6तुदा॰।

अगतासून् 2.11, पु॰ द्विती॰ एक॰ अगतासुम्; द्वि॰ अगतासू; बहु॰ अगतासून् (जो जीवित हैं उनको) ←वि॰ नब॰ अगतासु (जीवित, मौजूद, विद्यमान; न गया हुआ) ←अव्य॰ अ↑ + वि॰ गतासु↓

अग्नि 4.19, पु॰ (अनल↓, आग, आंच, कृशानु, ज्वाला, तेज, तेजस्↓, दहन, पावक↓, लौ, वह्नि, विभावसु↓, वैश्वानर↓, शिखी, हुतभुक्, हुताशन) ←1भ्वादि॰√अङ्ग्

अग्निः 4.37, प्रथ॰ एक॰ अग्निः (अग्नि); द्वि॰ अग्नी; बहु॰ अग्नयः ←पु॰ अग्नि↑

अग्नौ 15.12 सप्त॰ एक॰ अग्नौ (अग्नि में); द्वि॰ अग्न्योः; बहु॰ अग्निषु ←पु॰ अग्नि↑

अग्र 6.12, न॰ (अनी, चोटी, छोर, नोंक, सिरा; अगुआ, आगा, आरम्भ, पहलेका, शिखर, आगे का हिस्सा); वि॰ (प्रथम, श्रेष्ठ↓) ←1भ्वादि॰√अङ्ग्

अग्रे 18.37, (1) क्रि॰वि॰ (आगे, पहले, सामने); (2) सप्त॰ एक॰ अग्रे (प्रथम, शुरू में); द्वि॰ अग्रयोः; बहु॰ अग्रेषु ←न॰ अग्र↑

अघ 3.3, न॰ (कल्मष↓, किल्बिष↓, दुरित, पातक↓, पाप↓, वृजिन↓) ←10चुरा॰√अघ्

अघम् 3.13, प्रथ॰-द्विती॰ एक॰ अघम् (पाप; पाप को); द्वि॰ अघे; बहु॰ अघानि ←न॰ अघ↑

अघायुः 3.16, पु॰ प्रथ॰ एक॰ अघायुः (पापी); द्वि॰ अघायू; बहु॰ अघायवः ←वि॰ बस॰ अघायु, अघः आयुः यस्य (पातकी, पापकर्मी, पापी) ←न॰ अघ↑ + न॰ आयु अथवा आयुस्↓

अङ्ग 2.58, न॰ (कलेवर↓, काय↓, काया, तनु↓, देह↓, पंजर, पिण्ड, पुद्गल, बदन, वपु, शरीर↓; अवयव, गात, गात्र↓; अंश↓, खण्ड, घटक, टूक, मात्रा, विभाग↓, हिस्सा) ←1भ्वादि॰√अङ्ग्

अङ्गानि 2.58, प्रथ॰-द्विती॰ एक॰ अङ्गम्; द्वि॰ अङ्गे; बहु॰ अङ्गानि (अंग, अंगों को) ←न॰

अङ्ग↑

अचर 9.10, वि॰ नत॰ न चर: (अचल↓, अचेतन, दृढ़↓, निश्चल, स्थावर↓, स्थिर↓; अचेतन, जड़, निर्जीव) ←अव्य॰ अ↑ + वि॰ चर↓

अचरम् 13.16, न॰ प्रथ॰-द्विती॰ एक॰ <u>अचरम्</u> (स्थिर, स्थिर को); द्वि॰ अचरे; बहु॰ अचराणि ←वि॰ अचर↑

अचल 2.24, वि॰ नत॰ न चल: (अकम्प, अचर↑, न चलने वाला, न हिलने वाला, दृढ़↓, निश्चल↓, संस्थ↓, स्थावर↓, स्थिर↓) ←अव्य॰ अ↑ + वि॰ चल↓

अचल: 2.24, पु॰ प्रथ॰ एक॰ <u>अचल:</u> (जो स्थिर है वह); द्वि॰ अचलौ; बहु॰ अचला: ←वि॰ अचल↑

अचलप्रतिष्ठम् 2.70, पु॰ द्विती॰ एक॰ <u>अचलप्रतिष्ठम्</u> (शान्त-को); द्वि॰ अचलप्रतिष्ठौ; बहु॰ अचलप्रतिष्ठान् ←वि॰ बस॰ अचलप्रतिष्ठ, अचला प्रतिष्ठा यस्य स: (अक्षुब्ध, गम्भीर, निश्चल↓, प्रशान्त, शान्त↓, स्थिर↓, स्वस्थ↓) ←अव्य॰ अ↑ + वि॰ अचल↑ + स्त्री॰ प्रतिष्ठा↓

अचलम् 6.13, न॰ प्रथ॰-द्विती॰ एक॰ <u>अचलम्</u> (स्थिर, स्थिर –को); द्वि॰ अचले; बहु॰ अचलानि ←वि॰ अचल↑

अचला 2.53, स्त्री॰ प्रथ॰ एक॰ <u>अचला</u> (जो स्थिर हुई है वह); द्वि॰ अचले; बहु॰ अचला: ←वि॰ अचल↑

अचलाम् 7.21, स्त्री॰ द्विती॰ एक॰ <u>अचलाम्</u> (जो स्थिर हुई है उसको); द्वि॰ अचले; बहु॰ अचला: ←वि॰ अचल↑

अचलेन 8.10, न॰ तृती॰ एक॰ <u>अचलेन</u> (दृढ़ता से); द्वि॰ अचलाभ्याम्; बहु॰ अचलै: ←वि॰ अचल↑

अचापलम् 16.2, न॰ प्रथ॰-द्विती॰ एक॰ <u>अचापलम्</u> (स्थैर्य, स्थिर-को); द्वि॰ अचापले; बहु॰ अचापलानि ←(1) वि॰ नब॰ अचापल, नास्ति चापलम् यस्मिन् तत् (चंचलता रहित, बोझल, शिथिल, सुस्त, स्थिर↓); (2) न॰ नत॰ न चापलम् (आलस्य↓, काहिली, ढीलाई, बोझलता, मंदता, शिथिलता, सुस्ती, स्थिरता) ←अव्य॰ अ↑ + न॰ चापल (अस्थिरता, चंचलता, चपलता, चांचल्य, चापल्य) ←1भ्वादि॰√चुप्

अचिन्त्य 2.25, वि॰ नत॰ न चिन्त्य: (अगम्य, अचिन्तनीय, कल्पनातीत) ←अव्य॰ अ↑ + वि॰ चिन्त्य↓

अचिन्त्य: 2.25, पु॰ प्रथ॰ एक॰ <u>अचिन्त्य:</u> (कल्पनातीत); द्वि॰ अचिन्त्यौ; बहु॰ अचिन्त्या:

←वि॰ अचिन्त्य↑

अचिन्त्यम् 12.3, पु॰ द्विती॰ एक॰ अचिन्त्यम् (जो कल्पना के बाहर है उसको); द्वि॰ अचिन्त्यौ; बहु॰ अचिन्त्यान् ←वि॰ अचिन्त्य↑

अचिन्त्यरूपम् 8.9, पु॰ द्विती॰ एक॰ अचिन्त्यरूपम् (जिसका स्वरूप कल्पना से अतीत है उसको); द्वि॰ अचिन्त्यरूपौ; बहु॰ अचिन्त्यरूपान् ←वि॰ बस॰ अचिन्त्यरूप, अचिन्त्यम् रूपम् यस्य स: (अकथनीय, अद्भुत↓, अनिर्वचनीय, अवर्णनीय, कल्पनातीत –स्वरूप का) ←वि॰ अचिन्त्य↑ + न॰ रूप↓

अचिरेण 4.39, अव्य॰ अचिरम् अतति इति (अविलंब, आशु↓, उसी समय, उसी क्षण, झट, तत्काल, तुरन्त, तूर्ण, त्वरित, द्रुत, फौरन, शीघ्र, सत्वर, क्षिप्र↓) ←अव्य॰ अ↑ + वि॰ चिर↓

अचेतस: 3.32, पु॰ द्विती॰ बहु॰ अचेतसम्; द्वि॰ अचेतसौ; बहु॰ अचेतस: (जिनकी मति भ्रष्ट हुई है उनको) ←वि॰ नब॰ अचेतस्, अयुक्तम् चेत: यस्य स: (चित्त भ्रष्ट हुआ, मतिहीन, मूढ़मति का) ←अव्य॰ अ↑ + न॰ चेतस्↓

अच्छेद्य: 2.24, पु॰ प्रथ॰ एक॰ अच्छेद्य: (काटा न जाने वाला); द्वि॰ अच्छेद्यौ; बहु॰ अच्छेद्या: ←वि॰ नत॰ अच्छेद्य, न छेद्य: (छेदा न जाने वाला, काटा न जा सकने वाला) ←अ√छिद् (छेदना, काटना) 7रुधा॰

अच्युत 1.21, (1) वि॰ तस॰ न च्युत: (अजेय, अपराजित); (2) वि॰ बस॰ न भवति च्युत: य: स: (कृष्ण↓); (3) पु॰ संबो॰ एक॰ अच्युत (हे अच्युत!); द्वि॰ अच्युतौ; बहु॰ अच्युता: ←पु॰ वि॰ बस॰ अच्युत ←अ√च्यु 1भ्वादि॰

अज 2.20, वि॰ नत॰ न जायते इति (अजन्मा, जन्मरहित, विना जन्म का; योनि के द्वारा जन्म न लेने वाला) ←अव्य॰ अ↑ + पु॰ ज↓

अज: 2.20, पु॰ प्रथ॰ एक॰ अज: (योनिद्वारा जन्म न होने वाला); द्वि॰ अजौ; बहु॰ अजा: ←अव्य॰ अ↑ + वि॰ अज↑

अजम् 2.21, पु॰ द्विती॰ एक॰ अजम् (योनि के द्वारा जन्म न लेने वाले को); द्वि॰ अजौ; बहु॰ अजान् ←वि॰ अज↑

अजस्रम् 16.19, क्रिवि॰ (अनवरत, निरन्तर, सतत↓, पुन:पुन:, लगातार, सदा) ←वि॰ नत॰ अजस्र (सदा रहने वाला) ←अ√जस् 10चुरा॰

अजानत् 7.24, नत॰ वि॰ न जानन् (न जानते हुए; न जानने वाला, अज्ञ↓, मूढ़↓, मूर्ख) ←अ√ज्ञा 9क्र्या॰

अजानता 11.41, पु० तृती० एक० अजानता (न जानने से); द्वि० अजानद्भ्याम्; बहु० अजानद्भि: ←वि० अजानत्↑

अजानन्त: 7.24, पु० प्रथ० एक० अजानन्; द्वि० अजानन्तौ; बहु० अजानन्त: (न जानते हुए; न जानने वाले लोग) ←वि० अजानत्↑

अणीयांसम् 8.9, पु० द्विती० एक० अणीयांसम् (जो सूक्ष्म है उसको); द्वि० अणीयांसौ; बहु० अणीयस: ←भूयस् 2.20↓; ज्यायस् 3.8↓ और श्रेयस् 1.31↓ की तरह तरभाव सूचक वि० अणीयस् (ज्यादा सूक्ष्म) ←4दिवा०√अण्

अणो: 8.9, पंच० एक० अणो: (अणु से भी, अणु की अपेक्षा); द्वि० अणुभ्याम्; बहु० अणुभ्य: ←पु० अणु (कण, परमाणु, लेश); वि० अणु (बारीक, सूक्ष्म) ←4दिवा०√अण्

अत: 2.12, = अव्य० अतस्↓

अतत्त्वार्थवत् 18.22, वि० अतत्त्वार्थवत् (मिथ्या के समान, विना तत्त्व का) ←अव्य० अ↑ + न० तत्त्व↓ + पु० अर्थ↓ + अव्य० वत्↓

अतन्द्रित: 3.23, पु० प्रथ० एक० अतन्द्रित: (जागता हुआ, सतर्क); द्वि० अतन्द्रितौ; बहु० अतन्द्रिता: ←वि० नत० अतन्द्रित, न नन्द्रित: (अविश्रान्त, चौकन्ना, चौकस, जागरूक, सतर्क, सचेत, सजग, सावधान –हुआ)

अतपस्काय 18.67, पु० चतु० एक० अतपस्काय (असंपन्न को, तपस्या न हो उसको); द्वि० अतपस्काभ्याम्; बहु० अतपस्केभ्य: ←वि० नब० अपतस्क, तपस: कायम् नास्ति यस्य स: (तपस्या नहीं है वह, असंपन्न, अयुक्त↓, अयोगी) ←अव्य० अ↑ + न० तपस्↓ + न० काय↓

अतस् 2.12, भाववाचक अव्य० (ऐसा, इस प्रकार; इस कारण, इस लिए, इस वास्ते) ←सना० इदम्↓

अति 6.11, अव्य० अधिकता दर्शक उपसर्ग (अगणित, अतिशय, अतीव↓, अत्यन्त↓, अत्यधिक, अधिक↓, अनगिन, अमर्याद, असंख्य, कमाल का, गाढ़ा, घना, ज्यादा ही, निस्सीम, पुष्कल, प्रकाण्ड, प्रकाम, प्रखर, प्रगाढ़, प्रचुर, बहु, बहुत, बहुतायत, बहुल↓, बेशी, बेशुमार, विपुल, सघन) ←1भ्वादि०√अत्

अतितरन्ति 13.26 लट् वर्त० पर० अन्य० एक० अतितरति; द्वि० अतितरत:; बहु० अतितरन्ति (वे पार करते हैं) ←1भ्वादि०√तृ (पार करना) + अव्य० पूर्वगामी उपसर्ग अति↑

अतिनीचम् 6.11, न० प्रथ०-द्विती० एक० अतिनीचम् (जो बहुत नीचा हो वह, ०उसको); द्वि० अतिनीचे; बहु० अतिनीचानि ←वि० अतिनीच (बहुत नीचा) ←अव्य० अति↑ + वि०

नीच (नीचा, नीचे) ←नि–ई√चि 5स्वादि॰

अतिरिच्यते 2.34, लट् वर्त॰ आत्म॰ एक॰ उत्तम॰ अतिरिञ्चे; मध्य॰ अतिरिङ्क्षे; अन्य॰ अतिरिङ्क्ते अथवा <u>अतिरिच्यते</u> (उसको वह अधिक दु:ख दायक होता है) ←7रुधा॰√रिच् (क्रुद्ध, दु:खी, वंचित करना) + अव्य॰ अति↑

अतिवर्तते 6.44, लट् वर्त॰ आत्म॰ एक॰ उत्तम॰ अतिवर्ते; मध्य॰ अतिवर्तसे; अन्य॰ <u>अतिवर्तते</u> (–के परे वह ले जाया जाता है, वह उल्लंघन कर जाता है) ←अति√वृत् 1भ्वादि॰ (विद्यमान होना)

अतीत 4.22, वि॰ (परे गया हुआ, पार किया हुआ; मुक्त हुआ; गत↓, मृत, व्यतीत, होगया हुआ) ←अति√इ 1भ्वादि॰

अतीतः 14.21, पु॰ प्रथ॰ एक॰ <u>अतीतः</u> (पार गया हुआ); द्वि॰ अतीतौ; बहु॰ अतीताः ←वि॰ अतीत↑

अतीत्य 14.20, ल्यप॰ पूर्वकालिक अव्य॰ (उल्लंघन करके, पार किए, फांद कर, लांघ कर) ←अति√इ 1भ्वादि॰

अतीन्द्रियम् 6.21, न॰ प्रथ॰–द्विती॰ एक॰ <u>अतीन्द्रियम्</u> (जो इन्द्रियों को अगोचर है वह, ॰उसको); द्वि॰ अतीन्द्रिये; बहु॰ अतीन्द्रियाणि ←वि॰ अतीन्द्रिय, अत्यादि तत्पुरुष समास, इन्द्रियेभ्यः अतीतम् यत् (जो इन्द्रियों के विषयों के परे है, अगोचर है वह) ←अव्य॰ अति↑ + न॰ इन्द्रिय↓

अतीव 12.20, अव्य॰ प्रादि समास, अति इव (अति↑, अतिशय, अत्यधिक, ज्यादा, बहुत) ←1भ्वादि॰√अत्

अत्यद्भुतम् 18.77, न॰ प्रथ॰–द्विती॰ एक॰ <u>अत्यद्भुतम्</u> (पहले कभी न घटित, ॰न हुआ); द्वि॰ अत्यद्भुते; बहु॰ अत्यद्भुतानि ←वि॰ अत्यद्भुत, प्रादि समास, अति अद्भुतम् (अतिशय अद्भुत, अद्भुततम, सब से ज्यादा अद्भुत) ←अव्य॰ अति↑ + वि॰ अद्भुत↓

अत्यन्तम् 6.28, न॰ प्रथ॰–द्विती॰ एक॰ <u>अत्यन्तम्</u> (अत्यन्त, ॰को); द्वि॰ अत्यन्ते; बहु॰ अत्यन्तानि ←वि॰ अत्यन्त, अत्यादि तस॰ अतिक्रान्तः अन्तम् (अनन्त↓, अपार, अमर्याद; अति↑, बहु↓) ←अति√अम् 1भ्वादि॰

अत्यर्थम् 7.17, (1) द्विती॰ एक॰ <u>अत्यर्थम्</u> (अतिशय –को); द्वि॰ अत्यर्थौ; बहु॰ अत्यर्थान् ←पु॰ अत्यर्थ, अत्यादि तत्पुरुष समास, अतिक्रान्तः अर्थम् (अत्यधिक, ज्यादा); (2) क्रिवि॰ (अतिशयता से, अतिरेक से) ←अति√अर्थ् 10चुरा॰

अत्यश्नतः 6.16, पु॰ षष्ठी॰ एक॰ <u>अत्यश्नतः</u> (बहुत खाने वाले का); द्वि॰ अत्यश्नतो:;

बहु॰ अत्यश्नताम् ←वि॰ अत्यादि तस॰ अत्यश्नत्, अतिफ॰ अश्नत् (बहुत- खाता हुआ, खाने वाला; खाऊ, पेटू, भोजनभट्ट) ←अव्य॰ अति↑ + वि॰ अश्नत्↓

अत्यागिनाम् 18.12, पु॰ षष्ठी॰ एक॰ अत्यागिन:; द्वि॰ अत्यागिनो:; बहु॰ अत्यागिनाम् (त्याग न करने वालों का,की,के) ←वि॰ नत॰ अत्यागिन्, न त्यागिन् (त्याग न करने वाला, भोक्ता) ←अव्य॰ अ↑ + पु॰ त्यागिन्↓

अत्युच्छ्रितम् 6.11, न॰ प्रथ॰-द्विती॰ एक॰ अत्युच्छ्रितम् (बहुत- ऊंचा, ऊंचे को); द्वि॰ अत्युच्छ्रिते; बहु॰ अत्युच्छ्रितानि ←वि॰ अत्युछ्रित (बहुत ऊंचा) ←अव्य॰ अति↑ + वि॰ उच्छ्रित (ऊंचा किया हुआ) ←पु॰ उच्छ्र्य, उच्छ्राय अथवा स्त्री॰ उच्छ्रिति (ऊंचाई) ←उद्√श्रि 1भ्वादि॰

अत्येति 8.28, लट् वर्त॰ पर॰ एक॰ उत्तम॰ अत्येमि; मध्य॰ अत्येषि; अन्य॰ अत्येति (वह पार करके आगे बढ़ता है) ←√इण् 2अदा॰ (जाना)

अत्र 1.4, (1) अव्य॰ (यहाँ, इसमें; इस- स्थान, समय, परिस्थिति में); (2) क्रिवि॰ (इस अवधि में, इस अर्से में, इस बीच) ←सना॰ इदम्↓ अथवा सना॰ अदस्↓

अथ 1.20, = अव्य॰ अथ: (अब, अनन्तर, तदनन्तर, पीछे से, और, फिर; इस प्रकार; प्रश्नार्थक, संदेहार्थक, संशयार्थक अथवा वाक्यारम्भ सूचक) ←10चुरा॰√अर्थ्-वा

अथ: 4.35, = अव्य॰ अथ↑

अथवा 6.42, पक्षान्तरबोधक अव्य॰ (अगर, अन्यथा↓, या, वा↓, नहीं तो; कदाचित्, अधिकतर)

अदम्भित्वम् 13.8, प्रथ॰-द्विती॰ एक॰ अदम्भित्वम् (सच्चाई, सच्चाई को); द्वि॰ अदम्भित्वे; बहु॰ अदम्भित्वानि ←न॰ नत॰ अदंभित्व, न दम्भित्वम् (सचाई, सत्यता) ←अव्य॰ अ↑ + न॰ दम्भित्व (अनृत, असत्यता, आडंबर, कठमलिया, खोटापन, झूठ, ढकोसला, ढोंग, दिखावा, मिथ्या, पाखण्ड, प्रतारण, प्रवंचना, स्वांग) ←5स्वादि॰√दम्भ्

अदस् 11.21, सना॰ वि॰ न दस्यते (यह; वह, दूर की व्यक्ति अथवा वस्तु; अन्य↓, तत्↓, दूसरा) ←न√दस् 4दिवा॰

अदक्षिणम् 17.13, न॰ प्रथ॰-द्विती॰ एक॰ अदक्षिणम् (दक्षिणा न देते हुए); द्वि॰ अदक्षिणे; बहु॰ अदक्षिणानि ←वि॰ नब॰ अदक्षिण, दक्षिणाया विरहितम् यत् (दक्षिणा के सिवाय, विना दक्षिणा) ←अ√दक्ष् 1भ्वादि॰

अदाह्य: 2.24, पु॰ प्रथ॰ एक॰ अदाह्य: (न जलने वाला); द्वि॰ अदाह्यौ; बहु॰ अदाह्या: ←वि॰ नत॰ अदाह्य, न दाह्य: (जल न सकने वाला) ←अव्य॰ अ↑ + वि॰ दाह्य (जल

सकने वाला, जलने वाला, जलने अथवा जलाने के लिए योग्य) ←1भ्वादि॰√दह् (जलाना)

अदृष्टपूर्व 11.6, वि॰ न दृष्टपूर्वम् (अद्भुत↓, अपूर्व) ←अव्य॰ अ↑ + वि॰ दृष्टपूर्व↓

अदृष्टपूर्वम् 11.45, न॰ प्रथ॰–द्विती॰ एक॰ अदृष्टपूर्वम् (पहले कभी न देखा हुआ, पहले कभी दृष्टि में न आया हुआ); द्वि॰ अदृष्टपूर्वे; बहु॰ अदृष्टपूर्वाणि↓ ←वि॰ अदृष्टपूर्व↑

अदृष्टपूर्वाणि 11.6, न॰ प्रथ॰–द्विती॰ एक॰ अदृष्टपूर्वम्↑; द्वि॰ अदृष्टपूर्वे; बहु॰ अदृष्टपूर्वाणि (पहले कभी दृष्टि में न आए हुए) ←वि॰ अदृष्टपूर्व↑

अदेशकाले 17.22, द्वन्द्व॰ सप्त॰ द्वि॰ अदेशे च अकाले च (अयोग्य स्थान व समय में) ←अव्य॰ अ↑ + पु॰ देश↓ + पु॰ काल↓

अद्भुत 11.10, वि॰ (अजीब, अदृष्टपूर्व↑, अनूठा, अपूर्व, अलौकिक, आश्चर्यजनक, विचित्र, विलक्षण, विस्मयकारक) ←2अदा॰√भा

अद्भुतम् 11.20, न॰ प्रथ॰–द्विती॰ एक॰ अद्भुतम् (पहले न घटित हुआ); द्वि॰ अद्भुते; बहु॰ अद्भुतानि ←वि॰ अद्भुत↑

अद्रोहः 16.3, प्रथ॰ एक॰ अद्रोहः (किसी का भी द्वेष न करना); द्वि॰ अद्रोहौ; बहु॰ अद्रोहाः ←पु॰ नत॰ अद्रोह, न द्रोहः (निरुपद्रव) ←अव्य॰ अ↑ + पु॰ द्रोह (उत्पात, उपद्रव, खयानत, गबन, घात, दुराशय, षड्यंत्र, विश्वासघात; ईर्ष्या, द्वेष↓)

अद्वेष्टा 12.13, पु॰ प्रथ॰ एक॰ अद्वेष्टा (द्वेष विरहित, द्वेष न करने वाला); द्वि॰ अद्वेष्टारौ; बहु॰ अद्वेष्टारः ←वि॰ नत॰ अद्वेष्टृ, न द्वेष्टा (द्वेषविरहित, निर्द्वेष, निरुपद्रवी) ←अव्य॰ अ↑ + वि॰ द्वेष्टृ = द्वेषिन् (वि॰ इर्ष्या, घृणा, द्वेष करने वाला; पु॰ शत्रु↓) ←2अदा॰√द्विष्

अद्य 4.3, अव्य॰ (आज) ←2अदा॰√अद्

अधः 14.18, = अव्य॰ अधस्↓

अधम 7.15, वि॰ (अवद्य, आणक, ओछा, खराब, गिरा हुआ, कुत्सित, घटिया, जघन्य↓, तुच्छ, दुरात्मा, दुष्ट, दुष्टातिदुष्ट, निकृष्ट, निम्न, नीच, पामर, पतित, प्रतिकृष्ट, रेफ, क्षुद्र↓) ←1भ्वादि॰√अव्

अधमाम् 16.20, स्त्री॰ द्विती॰ एक॰ अधमाम् (गिरी हुई –को); द्वि॰ अधमे; बहु॰ अधमाः ←वि॰ अधम↑

अधर्म 1.40, पु॰ नत॰ न धर्मः (अनाचार, अनीति, अन्याय↓, दुराचरण, दुराचार; दुष्टता; पाप↓, वृजिन↓) ←अव्य॰ अ↑ + पु॰ धर्म↓

अधर्मः 1.40, प्रथ॰ एक॰ अधर्मः (अनीति, दुराचरण); द्वि॰ अधर्मौ; बहु॰ अधर्माः ←पु॰

अधर्म↑

अधर्मम् 18.31, द्विती० एक० अधर्मम् (अनीति को); द्वि० अधर्मौ; बहु० अधर्मान् ←पु० अधर्म↑

अधर्मस्य 4.7, षष्ठी० एक० अधर्मस्य (अनीति का,की,के); द्वि० अधर्मयो:; बहु० अधर्माणाम् ←पु० अधर्म↑

अधर्माभिभवात् 1.41, पंच० एक० अधर्माभिभवात् (दुराचरण के कारण); द्वि० अधर्माभिभवाभ्याम्; बहु० अधर्माभिभवेभ्य: ←पु० तस० अधर्माभिभव, अधर्मस्य अभिभव: (अधर्म का- अभिभव, जोर, प्रसार) ←पु० अधर्म↑ + पु० अभिभव (आधिक्य, काबू, प्रसार, व्याप्ति) ←अभि√भू 1भ्वादि०

अध:शाखम् 15.1, द्विती० एक० अध:शाखम् (जिसकी शाखाएँ नीचे की ओर हो उसको); द्वि० अध:शाखौ; बहु० अध:शाखान् ←पु० बस० अध:शाख, अधा: शाखा: यस्य स: (जिसकी शाखाएँ नीचे की ओर बढ़ी हों) ←अव्य० अधस्↓ + स्त्री० शाखा↓

अधस् 14.18, क्रिवि० अव्य० (नीचे; नरक में; पाताल में) ←1भ्वादि०√धृ

अधि 2.64, अव्य० उपसर्ग (अतीत↑, अधिक↓; ऊर्ध्व↓, ऊपर) ←न√धा 3जुहो०

अधिक 6.22, वि० (अति↑, और, ज्यादा, बहुत, विशेष; के अलावा, सिवा, सिवाय; शेष) ←न√धा 3जुहो०

अधिक: 6.46, पु० प्रथ० एक० अधिक: (अधिक); द्वि० अधिकौ; बहु० अधिका: ←वि० अधिक↑

अधिकतर: 12.5, पु० प्रथ० एक० अधिकतर: (अत्यन्त); द्वि० अधिकतरौ; बहु० अधिकतरा: ←वि० अधिकतर (अक्सर, अधिकत:, ज्यादा अधिक, ज्यादातर, प्राय, बहुधा) ←वि० अधिक↓ + कृत्प्रत्यय तरप् (तरभाव)

अधिकम् 6.22, पु० द्विती० एक० अधिकम् (अधिक); द्वि० अधिकौ; बहु० अधिकान् ←वि० अधिक↑

अधिकार: 2.47, प्रथ० एक० अधिकार: (कर्तव्य); द्वि० अधिकारौ; बहु० अधिकारा: ←पु० अधिकार (अधिकार, कर्त्तव्य, कर्म्य, कार्यभार, न्याय-क्षेत्र, योग्यता, हक) ←अधि√कृ 8तना०

अधिगच्छति 2.64, लट् वर्त० पर० एक० उत्तम० अधिगच्छामि; मध्य० अधिगच्छसि; अन्य० अधिगच्छति (वह प्राप्त करता है) ←उपसर्ग अधि↑ + 1भ्वादि०√गम् (जाना)

अधिदैव 7.30, पु० (अधिदेव) = न० अधिदैवत (अधिष्ठित- देव, देवता, दैवत) ←उपसर्ग

अधि↑ + वि॰ दैव (देवता के संबंधी) ←4दिवा॰√दिव्

अधिदैवतम् 8.4, प्रथ॰-द्विती॰ एक॰ अधिदैवतम् (अधिष्ठित दैवत अथवा दैवत को); द्वि॰ अधिदैवते; बहु॰ अधिदैवतानि ←न॰ अधिदैवत = पु॰ अधिदैव↑

अधिदैवम् 8.1, द्विती॰ एक॰ अधिदैवम् (अधिष्ठित देव को); द्वि॰ अधिदैवौ; बहु॰ अधिदैवान् ←पु॰ अधिदैव↑

अधिप 2.8, पु॰ (अधिपति, अधीश, अधिभू, नाथ, नृप, पति↓, राजा↓, स्वामी) ←अधि√पा 1भ्वादि॰

अधिभूत 7.30, न॰ (भूत संबंधित स्थिति, भूतों की नश्वरता; आत्मा, परमात्मा, परब्रह्म) ←अधि√भू 1भ्वादि॰

अधिभूतम् 8.1, प्रथ॰-द्विती॰ एक॰ अधिभूतम् (अधिभूत, अधिभूत को); द्वि॰ अधिभूते; बहु॰ अधिभूतानि ←न॰ अधिभूत↑

अधियज्ञः 8.2, प्रथ॰ एक॰ अधियज्ञः (ब्रह्मा); द्वि॰ अधियज्ञौ; बहु॰ अधियज्ञाः ←पु॰ अधियज्ञ (यज्ञ का स्वामी, ब्रह्मा, परमेश्वर↓) ←अधि√यज् 1भ्वादि॰

अधिष्ठानम् 3.40, प्रथ॰-द्विती॰ एक॰ अधिष्ठानम् (आधार, आधार को); द्वि॰ अधिष्ठाने; बहु॰ अधिष्ठानानि ←न॰ अधिष्ठान (आधार; पद↓, वसतिस्थान, सत्ता) ←अधि√स्था 1भ्वादि॰ (रहना)

अधिष्ठाय 4.6, धातु साधित नाम॰ कृदन्त (नियंत्रण किए) ←उपसर्ग अधि↑ + √स्था (रुकना, रहना) 1भ्वादि॰

अध्यक्षेण 9.10, तृती॰ एक॰ अध्यक्षेण (आज्ञा से); द्वि॰ अध्यक्षाभ्याम्; बहु॰ अध्यक्षैः ←पु॰ अध्यक्ष (अधिकारी, निदेशक, निरीक्षक, प्रधान, व्यवस्थापक; आज्ञा देने वाला, शासक, शास्ता) ←अधि√अक्ष् 1भ्वादि॰

अध्यात्म 3.30, (1) वि॰ अस॰ आत्मनि देहे मनसि वा इति (आत्मा, देह, मन –आदिक में); (2) न॰ स्वभाव: अध्यात्म उच्यते (स्वभाव↓; शरीर में परब्रह्म का- भान, प्रतीति, एहसास, सत्ता, अंश; आत्माका व अनात्मा का विवेक) ←अधि√अत् 1भ्वादि॰

अध्यात्मचेतसा 3.30, न॰ तृती॰ एक॰ अध्यात्मचेतसा (एकचित्त से); द्वि॰ अध्यात्मचेतोभ्याम्; बहु॰ अध्यात्मचेतोभिः ←न॰ तस॰ अध्यात्मचेतस्, अध्यात्मनि चेतस: (ध्याननिष्ठ हुआ चित्त, परब्रह्म परायण हुआ मन) ←न॰ अध्यात्म↑ + न॰ चेतस् ↓

अध्यात्मनित्याः 15.5, प्रथ॰ एक॰ अध्यात्मनित्यः; द्वि॰ अध्यात्मनित्यौ; बहु॰ अध्यात्मनित्याः (अध्यात्म में निरन्तर रत हुए लोग) ←पु॰ तस॰ अध्यात्मनित्य, अध्यात्मनि नित्य:

(अध्यात्म में निरन्तर रत) ←न० अध्यात्म↑ + वि० नित्य↓

अध्यात्मम् 7.29, पु० द्विती० एक० अध्यात्मम् (अध्यात्म को); द्वि० अध्यात्मौ; बहु० अध्यात्मान् ←वि० अध्यात्म↑

अध्यात्मविद्या 10.32, प्रथ० एक० अध्यात्मविद्या (ब्रह्मविद्या); द्वि० अध्यात्मविद्ये; बहु० अध्यात्मविद्या: ←स्त्री० तस० अध्यात्मविद्या, अध्यात्मस्य विद्या (अध्यात्म तत्त्व, ब्रह्मविद्या) ←न० अध्यात्म↑ + स्त्री० विद्या↓

अध्यात्मसंज्ञितम् 11.1, न० प्रथ०-द्विती० एक० अध्यात्मसंज्ञितम् (ब्रह्मविद्या विषयक); द्वि० अध्यात्मसंज्ञिते; बहु० अध्यात्मसंज्ञितानि ←वि० तस० अध्यात्मसंज्ञित, अध्यात्मात् संज्ञितम् (अध्यात्म संबंधी) ←न० अध्यात्म↑ + वि० संज्ञित↓

अध्यात्मज्ञाननित्यत्वम् 13.12, प्रथ०-द्विती० एक० अध्यात्मज्ञाननित्यत्वम् (आत्मा विषयक ज्ञान में सदा प्रवृत्त होना); द्वि० अध्यात्मज्ञाननित्यत्वे; बहु० अध्यात्मज्ञाननित्यत्वानि ←न० तस० अध्यात्मज्ञाननित्यत्व, अध्यात्मस्य ज्ञाने नित्यत्वम् (सदा अध्यात्मज्ञान में गढ़ने की स्थिति) ←वि० अध्यात्म↑ + न० ज्ञान↓ + न० नित्यत्व (नियतता, नियमितता) ←वि० नित्य↓

अध्येष्यते 18.70, लृट् अपूर्ण भवि० आत्म० उत्तम० एक० अध्येष्ये; मध्य० एक० अध्येष्यसे; अन्य० एक० अध्येष्यते (वह अध्ययन, अभ्यास –करेगा) ←2अदा०√इङ् (अध्ययन, अभ्यास –करना)

अध्रुव 17.18, वि० (अस्थायी, अस्थिर, आंदोलित, चञ्चल↓, डांवाडोल) ←अव्य० अ↑ + वि० ध्रुव↓

अध्रुवम् 17.18, न० प्रथ०-द्विती० एक० अध्रुवम् (जो क्षणिक है वह या उसको); द्वि० अध्रुवे; बहु० अध्रुवाणि ←वि० नत० अध्रुव↑

अन् 3.31, अव्य० (अ↑, न↓, अभाव, न होना, व्यतिरिक्त) ←1भ्वादि० 4दिवा०√अन्

अनघ 3.3, वि० नब० न अस्ति अघम् यस्य (निष्कपट, निष्कलंक, निर्दोष↓, निष्पाप, विशुद्ध↓) ←अव्य० अन्↑ + न० अघ↑

अनन्त 2.41, (1) वि० नब० नास्ति अन्त: यस्य यस्मिन् वा (अन्त रहित, अखण्ड, अनेक↓, अगाध, अथाह, अमर्याद, निस्सीम, अनियमित, अनिर्दिष्ट, अनिश्चित, अभोगत); (2) पु० (कृष्ण↓, विष्णु↓; शेषनाग) ←अव्य० अन्↑ + वि० अन्त↓

अनन्त: 10.29, पु० प्रथ० एक० अनन्त: (शेषनाग); द्वि० अनन्तौ; बहु० अनन्ता:↓ ←पु० अनन्त↑

अनन्तबाहुम् 11.19, पु॰ द्विती॰ एक॰ अनन्तबाहुम् (जिसके अनेक हाथ हैं उसको); द्वि॰ अनन्तबाहू; बहु॰ अनन्तबाहून् ←वि॰ बस॰ अनन्तबाहु, अनन्ता: बाहव: यस्य स: (बहुभुज; कृष्ण↓) ←वि॰ अनन्त↑ + पु॰ बाहु↓

अनन्तम् 11.11, पु॰ द्विती॰ एक॰ अनन्तम् (जिसका अन्त नहीं है उसको); द्वि॰ अनन्तौ; बहु॰ अनन्तान् ←वि॰ अनन्त↑

अनन्तरम् 12.12, अव्य॰ (अखण्ड, अन्तर रहित, खण्ड रहित, चिर, नित्य); (1) नब॰ नास्ति अन्तरम् व्ययधानम् यस्मिन्; नास्ति खण्ड: यस्मिन् (अटूट, न मिटने वाला); (2) नत॰ न अन्तरम् (शीघ्र, तत्काल) ←अव्य॰ अन् + वि॰ अन्तर↓

अनन्तरूप 11.16, पु॰ बस॰ अनन्तानि रूपाणि यस्य स: (जिसके अनेक रूप हैं वह; कृष्ण↓) ←वि॰ अनन्त↑ + पु॰ रूप↓

अनन्तरूपम् 11.16, द्विती॰ एक॰ अनन्तरूपम् (जिसका रूप निस्सीम है उसको); द्वि॰ अनन्तरूपौ; बहु॰ अनन्तरूपान् ←पु॰ अनन्तरूप↑

अनन्तविजयम् 1.16, द्विती॰ एक॰ अनन्तविजयम् (अनन्तविजय नामक शंख को); द्वि॰ अनन्तविजयौ; बहु॰ अनन्तविजयान् ←पु॰ विना॰ अनन्तविजय (युधिष्ठिर का शंख)

अनन्तवीर्य 11.19, वि॰ बस॰ अनन्तम् वीर्यम् यस्य (अतीव सामर्थ्यशाली) ←वि॰ अनन्त↑ + न॰ वीर्य↓

अनन्तवीर्यम् 11.19, पु॰ द्विती॰ एक॰ अनन्तवीर्यम् (जिसका सामर्थ्य अमर्याद है उसको); द्वि॰ अनन्तवीर्यौ; बहु॰ अनन्तवीर्यान् ←वि॰ अनन्तवीर्य↑

अनन्ता: 2.41, पु॰ प्रथ॰ एक॰ अनन्त:↑; द्वि॰ अनन्तौ; बहु॰ अनन्ता: (अनेक, अमर्याद, विविध) ←वि॰ अनन्त↑

अनन्य 8.14, वि॰ (1) नब॰ न अन्य: भाव: विद्यते यस्मिन् (अन्यतम, एकतम, एकतान, एकनिष्ठ, एकरूप, एकसर्ग, एकाग्र, एकायन –हुआ); (2) नत॰ न अन्य: (अतुल, अतुलनीय, अद्वितीय, अनुपम, केवल, एकमात्र; अविभक्त) ←अव्य॰ अन्↑ + वि॰ अन्य↓

अनन्यचेता: 8.14, पु॰ प्रथ॰ एक॰ अनन्यचेता: (एकचित्त हुआ मनुष्य); द्वि॰ अनन्यचेतसौ; बहु॰ अनन्यचेतस् ←वि॰ बस॰ अनन्यचेतस्, नास्ति अन्यस्मिन् चेत: यस्य स: (जो एकनिष्ठ है वह) ←वि॰ अनन्य↑ + न॰ चेतस्↓

अनन्यभाक् 9.30, स्त्री॰ प्रथ॰ एक॰ अनन्यभाक् (जो एकनिष्ठ हुई है वह); द्वि॰ अनन्यभाजौ; बहु॰ अनन्यभाज: ←वि॰ बस॰ अनन्यभाज्, नास्ति अन्यस्मै भाजिता या

(जिसको अन्य अनुराग नहीं है वह भक्ति) ←वि० अनन्य↑ + पु० भाजक (भाग, विभाजन करने वाला) ←10चुरा०√भाज्

अनन्यमनसः 9.13, पु० प्रथ० एक० अनन्यमनाः; द्वि० अनन्यमनसौ; बहु० अनन्यमनसः (एकाग्र चित्त वाले लोग) ←वि० बस० अनन्यमनस्, नास्ति अन्यस्मिन् मनः यस्य सः (जिसका मन एकनिष्ठ है वह; एकाग्र चित्त का) ←वि० अनन्य↑ + न० मनस्

अनन्यया 8.22, स्त्री० तृती० एक० अनन्यया (अनन्यता से); द्वि० अनन्याभ्याम्; बहु० अनन्याभिः ←वि० अनन्य↑

अनन्ययोगेन 13.11, तृती० एक० अनन्ययोगेन (एकात्म योग से); द्वि० अनन्ययोगाभ्याम्; बहु० अनन्ययोगैः ←पु० तस० अनन्ययोग, अनन्यः योगः (एकनिष्ठ योग; एकचित्त ध्यान) ←वि० अनन्य↑ + पु० योग↓

अनन्याः 9.22, पु० प्रथ० एक० अनन्यः; द्वि० अनन्यौ; बहु० अनन्याः (जो एकनिष्ठ हैं वे) ←वि० अनन्य↑

अनन्येन 12.6, पु० तृती० एक० अनन्येन (जो एकाग्र है उससे); द्वि० अनन्याभ्याम्; बहु० अनन्यैः ←वि० अनन्य↑

अनपेक्षः 12.16, पु० प्रथ० एक० अनपेक्षः (उदासीन); द्वि० अनपेक्षौ; बहु० अनपेक्षाः ←वि० नब० अनपेक्ष, नास्ति अपेक्षा यस्य (अपेक्षाहीन, निःस्पृह; उदासीन, पक्षपात रहित, स्वतंत्र) ←अव्य० अन्↑ + स्त्री० अपेक्षा (आशा↓, आकांक्षा, इच्छा, चाह, प्रत्याशा; ध्यान↓) ←अप√ईक्ष् 1भ्वादि०

अनभिष्वङ्गः 13.10, प्रथ० एक० अनभिष्वङ्गः (निर्ममता); द्वि० अनभिष्वङ्गौ; बहु० अनभिष्वङ्गाः ←पु० नत० अनभिष्वङ्ग, न अभिष्वङ्गः (अनासक्ति, ममताशून्यता) ←अव्य० अन्↑ + पु० अभिष्वङ्ग (अनुराग, प्रीति↓, प्रेम, स्नेह) ←अन्√स्वञ्ज् 1भ्वादि०

अनभिसन्धाय 17.25, अस० (आसक्त न होते हुए, अनासक्त रह कर, अनिच्छ होकर, निरपेक्षता से, निःस्पृहता से) ←अव्य० अन्↑ + स्त्री० अभिसंधि (अपेक्षा, आसक्ति↓, इच्छा) ←अभि–सम्√धा 3जुहो०

अनभिस्नेहः 2.57, पु० प्रथ० एक० अनभिस्नेहः (अनासक्त मनुष्य); द्वि० अनभिस्नेहौ; बहु० अनभिस्नेहाः ←अव्य० अन्↑ + पु० अनभिस्नेह (अनासक्ति) अथवा वि० (अनासक्त) ←अव्य० अन्↑ + ←पु० अभिस्नेह (अनुराग, आसक्ति↓, आसंग, प्रेम, स्नेह) ←अव्य० अभि↑ + पु० स्नेह (प्रेम) ←4दिवा०√स्निह्

अनयोः 2.16, पु० न० षष्ठी० एक० अस्य↓; द्वि० अनयोः (इन दोनों का,की,के); बहु०

एषाम्↓ ←सना॰ इदम्

अनल 3.39, पु॰ नब॰ नास्ति अलम् यस्य सः (जिसकी तृप्ति नहीं है वह; शान्त न होने वाला, रोका न जाने वाला; अग्नि↑, आग) ←अन्√अल् 1भ्वादि॰

अनलः 7.4, प्रथ॰ एक॰ अनलः (अग्नि); द्वि॰ अनलौ; बहु॰ अनलाः ←पु॰ अनल↑

अनलेन 3.39, तृती॰ एक॰ अनलेन (अग्नि से; अग्नि समान); द्वि॰ अनलाभ्याम्; बहु॰ अनलैः ←पु॰ अनल↑

अनवलोकयन् 6.13, प्रयो॰ पु॰ प्रथ॰ एक॰ अनवलोकयन् (न देखा जाते हुए); द्वि॰ अनवलोकयन्तौ; बहु॰ अनवलोकयन्तः ←वि॰ अनवलोकयत् (न देखते अथवा देखा जाते हुए; अवलोकन न किए जाते हुए) ←अव्य॰ अन्↑ + वि॰ अवलोकयत् (देखा जाते हुए) ←अव√लोक् 1भ्वादि॰

अनवाप्तम् 3.22, न॰ प्रथ॰–द्विती॰ एक॰ अनवाप्तम् (अप्राप्त); द्वि॰ अनवाप्ते; बहु॰ अनवाप्तानि ←वि॰ नत॰ अनवाप्त, न अवाप्तम् (अप्राप्त, न प्राप्त हुआ, न मिला हुआ) ←अव्य॰ अन्↑ + वि॰ अवाप्त↓

अनवेक्ष्य 18.25, अव्य॰ (चिन्ता न करते हुए; आगे पीछे न देखते हुए) ←अव्य॰ अन्↑ + अव्य॰ अवेक्ष्य↓

अनश्नतः 6.16, पु॰ षष्ठी॰ एक॰ अनश्नतः (भूखे का); द्वि॰ अनश्नतोः; बहु॰ अनश्नताम् ←वि॰ नत॰ अनश्नत्, न अश्नत् (उपवास करते हुए; अनशन, उपवास करने वाला; भूख हड़ताल करने वाला, निराहार, निरन्न रहने वाला, भूखा, न खाने वाला) ←अव्य॰ अन्↑ + वि॰ अश्नत्↓

अनसूयः 18.71, पु॰ प्रथ॰ एक॰ अनसूयः (द्वेष न करने वाला); द्वि॰ अनसूयौ; बहु॰ अनसूयाः ←वि॰ नत॰ अनसूय, न असूयः (असहिष्णुता, असूया, ईर्ष्या, द्वेष, मत्सर –न रखने वाला) ←अव्य॰ अन्↑ + वि॰ असूय↓

अनसूयन्तः 3.31, पु॰ प्रथ॰ एक॰ अनसूयन्; द्वि॰ अनसूयन्तौ; बहु॰ अनसूयन्तः (ईर्ष्या न करने वाले लोग) ←वि॰ नत॰ अनसूयत्, न असूयत् (असूया, ईर्ष्या –न करने वाला, न करते हुए, न करता हुआ) ←अव्य॰ अन्↑ + वि॰ असूयत् (ईर्ष्या; घृणा– करते हुए, करने वाला) ←अन्√असू 4दिवा॰ (ईर्ष्या, घृणा, तिरस्कार, रोष करना)

अनसूयवे 9.1, पु॰ चतु॰ एक॰ अनसूयवे (जिसको असूया नहीं है उसको); द्वि॰ अनसूयुभ्याम्; बहु॰ अनसूयुभ्यः ←वि॰ नब॰ अनसूयु (असूया रहित है वह) ←अव्य॰ अन्↑ + वि॰ असूय↓

अनहङ्कार: 13.9, प्रथ॰ एक॰ अनहङ्कार: (निरभिमान); द्वि॰ अनहङ्कारौ; बहु॰ अनहङ्कारा: ←पु॰ नत॰ अनहङ्कार, न अहङ्कार: (अहंकार न होना) ←अव्य॰ अन्↑ + पु॰ अहङ्कार↓

अनहंवादी 18.26, पु॰ प्रथ॰ एक॰ अनहंवादी (मैं मैं न करने वाला); द्वि॰ अनहंवादिनौ; बहु॰ अनहंवादिन: ←वि॰ तस॰ अनहंवादिन्, न अहंवादी (अनहंकारी, निरभिमानी) ←अव्य॰ अन्↑ + वि॰ अहंवादिन् (अहंकारी, घमण्डी) ←सना॰ अहम्↓ + पु॰ वादिन्↓

अनात्मन: 6.6, पु॰ षष्ठी॰ एक॰ अनात्मन: (जिसका आत्मा वश में नहीं हुआ है उसका,की,के); द्वि॰ अनात्मनो:; बहु॰ अनात्मनाम् ←वि॰ नब॰ अनात्मन्, नास्ति आत्मा आत्मनि यस्य स: (आत्मा जिसके संयम में नहीं है वह, अनासक्त) ←अव्य॰ अन्↑ + न॰ आत्मन्↓

अनादि 10.3, नब॰ वि॰ नास्ति आदि: यस्य (जिसका आरम्भ नहीं अथवा आरम्भ अज्ञात है वह, सनातन↓) = अव्य॰ अन्↓ + पु॰ आदि↓

अनादित्वात् 13.32, पंच॰ एक॰ अनादित्वात् (अनादि होने के कारण); द्वि॰ अनादित्वाभ्याम्; बहु॰ अनादित्वेभ्य: ←न॰ अनादित्व (जिसका आदि नहीं वह तत्त्व, जिसका आरम्भ नहीं है वह; सनातनत्व) ←वि॰ अनादि↑

अनादिम् 10.3, पु॰ द्विती॰ एक॰ अनादिम् (जिसका आरम्भ नहीं है उसको); द्वि॰ अनादी; बहु॰ अनादीन् ←वि॰ अनादि↑

अनादिमत् 13.13, वि॰ (जिसका आरम्भ नहीं है वह, ॰उसको) ←वि॰ अनादि↑ + कृत् प्रत्यय मत्↓

अनादिमध्यान्तम् 11.19, पु॰ द्विती॰ एक॰ अनादिमध्यान्तम् (जिसका आरम्भ, मध्य और अन्त नहीं है उसको); द्वि॰ अनादिमध्यान्तौ; बहु॰ अनादिमध्यान्तान् ←वि॰ बस॰ अनादिमध्यान्त, नास्ति आदि: च मध्यम् च अन्त: च यस्य (विना आदि, मध्य और अन्त का) ←वि॰ अनादि↑ + पु॰ मध्य↓ + पु॰ अन्त↓

अनादी 13.20, पु॰ प्रथ॰ एक॰ अनादि:; द्वि॰ अनादी (जो सनातन हैं वे दो); बहु॰ अनादय: ←वि॰ अनादि↑

अनामयम् 2.51, न॰ प्रथ॰-द्विती॰ एक॰ अनामयम् (स्वर्ग); द्वि॰ अनामये; बहु॰ अनामयानि ←वि॰ नब॰ अनामय, नास्ति आमय: यस्मिन् (जिससे जरा, रोग व मृत्यु दूर रहता है वह = निर्विकारी, अमृत↓, स्वर्ग↓) ←अव्य॰ अन्↑ + पु॰ आमय↓

अनारम्भात् 3.4, पंच॰ एक॰ अनारम्भात् (आरम्भ न करने से); द्वि॰ अनारम्भाभ्याम्; बहु॰ अनारम्भेभ्य: ←पु॰ नत॰ अनारम्भ, न आरम्भ: (आरम्भ न करना, अनुष्ठान न करना; न

करना, नैष्कर्म्य↓) ←पु॰ आरम्भ↓

अनार्यजुष्टम् 2.2, न॰ प्रथ॰–द्विती॰ एक॰ अनार्यजुष्टम् (श्रेष्ठ मनुष्य को प्रसन्न न करने वाला); द्वि॰ अनार्यजुष्टे; बहु॰ अनार्यजुष्टानि ←वि॰ तस॰ अनार्यजुष्ट, अनार्याय जुष्टम्; आर्यान् न जुष्टति इति (आर्य को, श्रेष्ठ जनों को जो शोभा नहीं देता) ←वि॰ नब॰ अनार्य (जो श्रेष्ठ नहीं है वह) ←अव्य॰ अन्↑ + वि॰ आर्य↓ + धासा॰ वि॰ जुष्ट (अनुरक्त, पसंद, प्रसन्न↓) ←6तुदा॰√जुष् (अनुकूल, पसंद, प्रसन्न, सन्तुष्ट –होना)

अनावृत्तिम् 8.23, द्विती॰ एक॰ अनावृत्तिम् (पुनर्जन्म न आनेवाली गति को, मुक्ति को); द्वि॰ अनावृत्ती; बहु॰ अनावृत्ती: ←स्त्री॰ नत॰ अनावृत्ति, न आवृत्ति: (अपरावर्तन; पुनरावृत्ति न होना, पुन: न होना, पुनर्जन्म न होना, मुक्ति पाना, मोक्ष↓) ←अव्य॰ अन्↑ + स्त्री॰ आवृत्ति↓

अनाशिन: 2.18, पु॰ षष्ठी॰ एक॰ अनाशिन: (अविनाशी का); द्वि॰ अनाशिनो:; बहु॰ अनाशिनाम् ←(1) वि॰ अनाशिन्, नत॰ न नाशिन् (अनश्वर, अविनाशी↓, नष्ट न होने वाला, नाश न होने वाला, नित्य↓); (2) नब॰ नास्ति नाश: यस्य (आत्मा↓) ←अ√नश् 3जुहो॰

अनाश्रित: 6.1, पु॰ प्रथ॰ एक॰ अनाश्रित: (जिसको आश्रय नहीं है वह, आश्रय न लेने वाला); द्वि॰ अनाश्रितौ; बहु॰ अनाश्रिता: ←वि॰ नत॰ अनाश्रित, न आश्रित: (निराधार, निराश्रित) ←अव्य॰ अन्↑ + वि॰ आश्रित (अवलंब, आधार, आश्रय, ओट, सहारा –लिया हुआ) ←आ√श्रि 1भ्वादि॰

अनिकेत: 12.19, पु॰ प्रथ॰ एक॰ अनिकेत: (स्वावलंबन किया हुआ); द्वि॰ अनिकेतौ; बहु॰ अनिकेता: ←वि॰ बस॰ अनिकेत, नास्ति निकेत: यस्य स: (आश्रय को त्यागा हुआ, घर छोड़ा हुआ, बेघर, वनप्रस्थ; आधार के लिए किसी पर निर्भर न रहने वाला, निराश्रित, स्वावलंबी) ←अव्य॰ अ↑ + पु॰ निकेत (आलय↓, आवास, ओक, गृह, घर, धाम↓, ठौर, निवास↓, मकान, सदन) ←नि√कित् 1भ्वादि॰

अनिच्छन् 3.36, पु॰ प्रथ॰ एक॰ अनिच्छन् (इच्छा न करते हुए); द्वि॰ अनिच्छन्तौ; बहु॰ अनिच्छन्त: ←वि॰ नत॰ अनिच्छत्, न इच्छत् (इच्छा न होते हुए) ←अव्य॰ अन्↑ + वि॰ इच्छत् (इच्छा करने वाला; इच्छा करते हुए) ←6तुदा॰√इष् (इच्छा करना)

अनित्य 9.33, वि॰ नत॰ न नित्य: (अस्थायी, अचिर, अचिरस्थायी, अशाश्वत, नश्वर, नाशवान, क्षणभंगुर, क्षणिक, क्षयिष्णु; जो सनातन नहीं) ←अव्य॰ अ↑ + वि॰ नित्य↓

अनित्यम् 9.33, पु॰ द्विती॰ एक॰ अनित्यम् (अनित्य को, जो नश्वर है उसको); द्वि॰

अनित्यौ; बहु॰ अनित्यान् ←वि॰ अनित्य↑

अनित्याः 2.14, पु॰ प्रथ॰ एक॰ अनित्यः; द्वि॰ अनित्यौ; बहु॰ अनित्याः (जो अनित्य हैं वे) ←वि॰ अनित्य↑

अनियतम् 1.44, पु॰ द्विती॰ एक॰ अनियतम् (जो सदा के लिए है, सतत है उसको); द्वि॰ अनियतौ; बहु॰ अनियतान् ←वि॰ नत॰ अनियत, न नियतः (असंदिग्ध, नश्वर; अनियमित, अनिश्चित, अमर्याद, बेशुमार, सतत↓) ←अव्य॰ अ↑ + वि॰ नियत↓

अनिर्देश्यम् 12.3, न॰ प्रथ॰–द्विती॰ एक॰ अनिर्देश्यम् (अवर्णनीय, ॰को); द्वि॰ अनिर्देश्ये; बहु॰ अनिर्देश्यानि ←वि॰ नत॰ अनिर्देश्य, न निर्देश्यम् (अकथनीय, अनिर्वचनीय, अवर्णनीय, अवाच्य; जिसकी व्याख्या, परिभाषा, वर्णन नहीं हो सकता) ←अव्य॰ अ↑ + वि॰ निर्देश्य (उपदेश देने, वर्णन करने, कहने –योग्य) ←निर्√दिश् 6तुदा॰

अनिर्विण्णचेतसा 6.23, तृती॰ एक॰ अनिर्विण्णचेतसा (सन्तुष्ट हुए मन से); द्वि॰ अनिर्विण्णचेतोभ्याम्; बहु॰ अनिर्विण्णचेतोभिः ←न॰ नत॰ अनिर्विण्णचेतस्, न निर्विण्णम् चेतः (सन्तुष्ट चित्त) ←अव्य॰ अ↑ + वि॰ निर्विण्ण (असन्तुष्ट, विषादयुक्त) ←निर्√विद् 2अदा॰ + न॰ चेतस्↓

अनिष्ट 13.10, (1) वि॰ नब॰ न इष्टः (अनुचित, अयोग्य; अवाञ्छित, अशुभ↓); (2) न॰ नत॰ (अभाग, अरिष्ट, अशुभ↓, दुर्दैव, दुर्भाग्य, बदकिस्मती, बदनसीबी, विपत्ति, शामत, हानि↓) ←अव्य॰ अन्↑ + वि॰ इष्ट↓

अनिष्टम् 18.12, न॰ प्रथ॰–द्विती॰ एक॰ अनिष्टम् (अनुचित, ॰को); द्वि॰ अनिष्टे; बहु॰ अनिष्टानि ←वि॰ अनिष्ट↑

अनीक 1.2, न॰ पु॰ (अनिक, कटक, चमू↓, फौज, दल, बल↓, लष्कर, वाहिनी, सेना↓, सैन्य↓) ←√अन् 4दिवा॰

अनीश्वरम् 16.8, पु॰ प्रथ॰ एक॰ अनीश्वरम् (जिसमें ईश्वराभाव है वह, जिसमें ईश्वरभाव नहीं है वह); द्वि॰ अनीश्वरौ; बहु॰ अनीश्वरान् ←वि॰ नब॰ अनीश्वर, नास्ति ईश्वरभावः यस्मिन् (ईश्वरभाव न रखने वाला, ईश्वर का अभाव वाला, नास्तिक) ←अव्य॰ अन्↑ + पु॰ ईश्वर↓

अनु 3.31, अव्य॰ (पीछे, अनन्तर, सह↓, प्रति, समान, आदि विविध अर्थ जोड़ने वाला उपसर्ग)

अनुकम्पार्थम् 10.11, क्रिवि॰ अव्य॰ (करुणा के कारण, दया से) ←पु॰ तस॰ अनुकम्पार्थ, अनुकम्पायाः अर्थः (दया के कारण) ←स्त्री॰ अनुकम्पा (अनुग्रह, इनायत, करुणा, कृपा↓,

तरस, दया↓, फजल, मेहरबानी, रहम, सहानुभूती) ←अनु√कम्प् 1भ्वादि० + पु० अर्थ↓

अनुग्रह 11.1, पु० (अनुकूलता, अनुग्रह, इनायत, कृपा↓, दया↓, माया↓) ←अनु√ग्रह्

अनुचिन्तयन् 8.8, प्रयो० पु० प्रथ० एक० अनुचिन्तयन् (चिन्तन किए जाते हुए); द्वि० अनुचिन्तयन्तौ; बहु० अनुचिन्तयन्त: ←वि० अनुचिन्तयत् (चिन्तन कराते हुए) ←अनु√चिन्त् 10चुरा०

अनुतिष्ठन्ति 3.31, लट् वर्त० पर० अन्य० एक० अनुतिष्ठति; द्वि० अनुतिष्ठत:; बहु० अनुतिष्ठन्ति (वे आचरण करते हैं) + उपसर्ग अनु↑ + ←1भ्वादि०√स्था (रहना)

अनुत्तम 7.18, वि० नब० न उत्तम: यस्मात् (जो सर्वश्रेष्ठ, सर्वोत्कृष्ट, सर्वोत्तम –है वह); नत० न उत्तमम् (जो उत्तम, उत्कृष्ट नहीं है) ←वि० उत्तम↓ + अव्य० उपसर्ग अन्↑

अनुत्तमम् 7.24, पु० द्विती० एक० अनुत्तमम् (अत्युत्तम –को); द्वि० अनुत्तमौ; बहु० अनुत्तमान् ←बस० वि० अनुत्तम↑

अनुत्तमाम् 7.18, स्त्री० द्विती० एक० अनुत्तमाम् (जो उत्तम है उसको); द्वि० अनुत्तमे; बहु० अनुत्तमा: ←बस० वि० अनुत्तम↑

अनुद्विग्नमना: 2.56, पु० प्रथ० एक० अनुद्विग्नमना: (जिसका मन व्याकुल नहीं है वह मनुष्य); द्वि० अनुद्विग्नमनसौ; बहु० अनुद्विग्नमनस: ←वि० नब० उद्विग्नमनस्, न उद्विग्नम् मन: यस्य स: (शोकाकुल मन वाला) ←वि० उद्विग्न (अधीर, अन्यमनस्क, अप्रसन्न, उदास, उन्मन, कुपित, कुम्हलाया हुआ, क्रुद्ध, क्लान्त, खफा, खिन्न, दुखी, नाखुश, नाराज, बेकरार, बेचैन, म्लान, रंजीदा, विकल, विषण्ण, विषादयुक्त, व्यथित, शोकाकुल, हताश, क्षीण) ←पु० उद्वेग↓ + न० मनस्↓

अनुद्वेगकरम् 17.15, न० प्रथ०–द्विती० एक० अनुद्वेगकरम् (कष्ट न देने वाला, ०वाले को); द्वि० अनुद्वेगकरे; बहु० अनुद्वेगकराणि ←वि० नत० अनुद्वेगकर, न उद्वेगकरम् (क्लेश न उत्पन्न करने वाला) ←वि० तस० उद्वेगकर (उद्वेग, क्लेश, पीड़ा, शोकाकुलता, उदासी, सन्ताप –कारक) ←पु० उद्वेग↓ + वि० कर↓

अनुपकारिणे 17.20, पु० चतु० एक० अनुपकारिणे (उपकार न करने वाले को); द्वि० अनुपकारिभ्याम्; बहु० अनुपकारिभ्य: ←वि० तस० अनुपकारिन्, न उपकारी (अपने पर जिसके उपकार नहीं है वह मनुष्य) ←अव्य० अन् + वि० उपकारिन् (उपकारी; उपकार अथवा प्रत्युपकार करने वाला) ←उप√कृ 8तना०

अनुपश्यति 13.31, लट् वर्त० पर० एक० उत्तम० अनुपश्यामि↓; मध्य० अनुपश्यसि; अन्य० अनुपश्यति (वह स्पष्ट देखता है) ←1भ्वादि०√दृश् (देखना)

अनुपश्यन्ति 15.10, लट् वर्त॰ पर॰ उत्तम॰ बहु॰ अनुपश्यामः; मध्य॰ बहु॰ अनुपश्यथ; अन्य॰ एक॰ अनुपश्यति↑; अन्य॰ द्वि॰ अनुपश्यतः; अन्य॰ बहु॰ अनुपश्यन्ति (वे स्पष्ट देखते हैं) ←अनु√दृश् (देखना) 1भ्वादि॰

अनुपश्यामि 1.31, लट् वर्त॰ पर॰ उत्तम॰ एक॰ अनुपश्यामि (मैं स्पष्ट देखता हूँ); द्वि॰ अनुपश्याव:; बहु॰ अनुपश्यामः; मध्य॰ एक॰ अनुपप्यसि, अन्य॰ एक॰ अनुपश्यति↑ ←अनु√दृश् (देखना) 1भ्वादि॰

अनुप्रपन्नाः 9.21, पु॰ प्रथ॰ एक॰ अनुप्रपन्नः; द्वि॰ अनुप्रपन्नौ; बहु॰ अनुप्रपन्नाः (शरण आए हुए लोग) ←वि॰ अनुप्रपन्न (शरणागत, शरण आया हुआ) ←उपसर्ग अनु↑ + वि॰ प्रपन्न↓

अनुबन्ध 15.2, पु॰ (परिणाम, संबंध; बन्धन; कारण↓; फल) ←√बन्ध् 1भ्वादि॰ (बंधन करना, जोड़ना; आकर्षित करना)

अनुबन्धम् 18.25, द्विती॰ एक॰ अनुबन्धम् (परिणाम –को); द्वि॰ अनुबन्धौ; बहु॰ अनुबन्धान् ←पु॰ अनुबन्ध↑

अनुबन्धे 18.39, सप्त॰ एक॰ अनुबन्धे (अन्त में); द्वि॰ अनुबन्धयोः; बहु॰ अनुबन्धेषु ←पु॰ अनुबन्ध↑

अनुमन्ता 13.23, प्रथ॰ एक॰ अनुमन्ता (अनुज्ञा देने वाला); द्वि॰ अनुमन्तारौ; बहु॰ अनुमन्तारः ←पु॰ अनुमन्तृ (अनुमति, अनुमोदन, आज्ञा, इजाजत, परवाना, मंजूरी, मर्जी, रजा, रजामंदी, समर्थन, सम्मति, सहकार, सहमति, स्वीकृति, हामी, हुकूम –देने वाला; अनुज्ञापक) ←अनु√बन्ध् 3जुहो॰

अनुरज्यते 11.36, लट् वर्त॰ आत्म॰ एक॰ उत्तम॰ अनुरज्ये; मध्य॰ अनुरज्यसे; अन्य॰ अनुरज्यते (वह आनंदयुक्त, प्रसन्न↓, सन्तुष्ट –होता है) ←अनु√रञ्ज् (प्रसन्न होना) 4दिवा॰

अनुवर्तते 3.21, लट् वर्त॰ आत्म॰ एक॰ उत्तम॰ अनुवर्ते; मध्य॰ अनुवर्तसे; अन्य॰ अनुवर्तते (वह अनुकरण, अनुक्रिया, अनुसरण, देखादेखी, नकल –करता है, अनुसरता है); अन्य॰ द्वि॰ अनुवर्तेते; अन्य॰ बहु॰ अनुवर्तन्ते↓ ←अनु√वृत् 1भ्वादि॰ (विद्यमान होना)

अनुवर्तन्ते 3.23, लट् वर्त॰ आत्म॰ उत्तम॰ बहु॰ अनुवर्तामहे; मध्य॰ बहु॰ अनुवर्तध्वे; अन्य॰ एक॰ अनुवर्तते↑; अन्य॰ द्वि॰ अनुवर्तेते; अन्य॰ बहु॰ अनुवर्तन्ते (वे वर्तते हैं) ←अनु√वृत् 1भ्वादि॰ (विद्यमान होना)

अनुवर्तयति 3.16, लट् वर्त॰ पर॰ प्रयो॰ एक॰ उत्तम॰ अनुवर्तयामि; मध्य॰ अनुवर्तयसि; अन्य॰ अनुवर्तयति (उससे अनुकरण किया जाता है) ←अनु√वृत् 1भ्वादि॰ (विद्यमान होना)

अनुविधीयते 2.67, लट् वर्त॰ आत्म॰ प्रयो॰ एक॰ उत्तम॰ अनुविधीये; मध्य॰ अनुविधीयसे;

अन्य॰ अनुविधीयते (वह आज्ञा में रखा जाता है, वह आज्ञाकारी किया जाता है) ←वि॰ अनुविधायिन् (आज्ञाकारी, आज्ञाधारक) ←अनु-वि√धा 3जुहो॰ (धारण करना)

अनुशासितारम् 8.9, पु॰ द्विती॰ एक॰ अनुशासितारम् (शासन करने वाले –को); द्वि॰ अनुशासितारौ; बहु॰ अनुशासितृन् ←वि॰ अनुशासितृ (नियंता, नियामक, नेता, नेतृत्व करने वाला, शास्ता) ←2अदा॰√शास् + उपसर्ग अनु↑

अनुशुश्रुम 1.44, लिट् परोक्ष भूत॰ आत्म॰ उत्तम॰ एक॰ अनुशुश्रव अथवा अनुशुश्राव; द्वि॰ अनुशुश्रुव; बहु॰ अनुशुश्रुम (हमने सुना है) ←अनु√श्रु 1भ्वादि॰ (सुनना)

अनुशोचन्ति 2.11, लट् वर्त॰ पर॰ अन्य॰ एक॰ अनुशोचति; द्वि॰ अनुशोचत:; बहु॰ अनुशोचन्ति (वे शोक करते हैं) ←अनु√शुच् 1भ्वादि॰ (शोक करना)

अनुशोचितुम् 2.25, हेत्वर्थक धासा॰ अव्य॰ (शोक करने के लिए) ←1भ्वादि॰√शुच् + उपसर्ग अनु↑

अनुषज्जते 6.4, लट् वर्त॰ आत्म॰ एक॰ उत्तम॰ अनुषज्जे; मध्य॰ अनुषज्जसे; अन्य॰ अनुषज्जते (वह आसक्त होता है) ←अनु√सज्ज् 1भ्वादि॰ (बद्ध करना)

अनुसन्ततानि 15.2, न॰ प्रथ॰-द्विती॰ एक॰ अनुसन्ततम्; द्वि॰ अनुसन्तते; बहु॰ अनुसन्ततानि (बिखरे हुए) ←वि॰ अनुसन्तत (बिखरा हुआ) ←अनु-सम्√तन् 8तना॰

अनुस्मर 8.7, लोट् पर॰ उपदेशार्थ एक॰ उत्तम॰ अनुस्मराणि; मध्य॰ अनुस्मर (तू स्मरण कर); अन्य॰ अनुस्मरतु ←अनु√स्मृ (स्मरण करना) 1भ्वादि॰

अनुस्मरन् 8.13, प्रथ॰ एक॰ अनुस्मरन् (स्मरण करते हुए); द्वि॰ अनुस्मरन्तौ; बहु॰ अनुस्मरन्त: ←वि॰ अनुस्मरत् (स्मरण करते हुए) ←अनु√स्मृ (स्मरण करना) 1भ्वादि॰

अनुस्मरेत् 8.9, विधि॰ पर॰ संकेतार्थ एक॰ उत्तम॰ अनुस्मरेयम्; मध्य॰ अनुस्मरे:; अन्य॰ अनुस्मरेत् (उसे सदैव स्मरण करना चाहिए) ←अनु√स्मृ (स्मरण करना) 1भ्वादि॰

अनेक 6.45, नत॰ न एक: (एक नहीं, एकसे अधिक, एक से बहुत ज्यादा; अतिशय, अगणित, कई, घनेरा, नाना↓, बहु↓, बहुत, बहुल↓, विपुल) ←अव्य॰ अन्↑ + वि॰ एक↓

अनेकचित्तविभ्रान्ता: 16.16, पु॰ प्रथ॰ एक॰ ॰विभ्रान्त:; द्वि॰ ॰विभ्रान्तौ; बहु॰ अनेकचित्तविभ्रान्ता: (अनेक रीति से चित्त में भ्रम पाए हुए लोग) ←वि॰ तस॰ चित्तविभ्रान्त, अनेकेन चित्तम् विभ्रान्त: (चित्त में भ्रम पाया हुआ) ←न॰ चित्त↓ + वि॰ विभ्रान्त ←1भ्वादि॰√भ्रम् (गड़बड़ाना, भूलना, संदेहयुक्त होना; भटकना, भ्रमण करना) + पूर्वगामी संख्या वि॰ अनेक↑

अनेकजन्मसंसिद्धः 6.45, प्रथ॰ एक॰ <u>अनेकजन्मसंसिद्धः</u> (जन्म-मुत्यु के अनेक फेरों के द्वारा संपन्न); द्वि॰ ॰संसिद्धौ; बहु॰ ॰संसिद्धाः ←पु॰ तस॰ अनेकजन्मसंसिद्ध, अनेकैः जन्मभिः संसिद्धः (पुनःपुनः जन्म ले कर सिद्धि प्राप्त किया हुआ, पुनर्जन्मों के द्वारा संपन्न हुआ) ←वि॰ अनेक↑ + न॰ जन्मन्↓ + वि॰ संसिद्ध↓

अनेकदिव्याभरणम् 11.10, न॰ प्रथ॰-द्विती॰ एक॰ <u>अनेकदिव्याभरणम्</u> (नाना दिव्य आभरणों से सजा हुआ, ॰सजे हुए को); द्वि॰ अनेकदिव्याभरणे; बहु॰ अनेकदिव्याभरणानि ←वि॰ बस॰ अनेकदिव्याभरण, अनेकानि दिव्यानि आभरणानि यस्मै तत् (जो अनेक दिव्य आभूषणों से सजा हुआ है = दिव्यरूप) ←वि॰ अनेक↑ + वि॰ दिव्य↓ + न॰ आभरण (अलंकार, आभूषण, गहना, जेवर, भूषण, हार, शृंगार)

अनेकधा 11.13, अव्य॰ (तरह तरह से, नाना रीति से, बहु प्रकार से) ←वि॰ अनेक↑

अनेकबाहूदरवक्त्रनेत्रम् 11.16, पु॰ द्विती॰ एक॰ <u>॰नेत्रम्</u> (अनेक बाहों, पेटों, मुखों, नेत्रों वाला, ॰वाले को); द्वि॰ ॰नेत्रे; बहु॰ ॰नेत्राणि ←वि॰ बस॰ अनेकबाहूदरवक्त्रनेत्र, अनेकानि बाहवः च उदराणि च वक्त्राणि च नेत्राणि च यस्य तत् (अनेक भुजाओं, पेटों, मुखों, नेत्रों वाला) ←वि॰ अनेक↑ + पु॰ बाहु↓ + न॰ उदर↓ + न॰ वक्त्र↓ + न॰ नेत्र↓

अनेकवक्त्रनयनम् 11.10, न॰ प्रथ॰-द्विती॰ एक॰ <u>॰नयनम्</u> (अनेक मुखों और आंखों वाला, ॰वाले को); द्वि॰ ॰नयने; बहु॰ ॰नयनानि ←वि॰ बस॰ अनेकवक्त्रनयन, अनेकानि वक्त्राणि च नयनानि च यस्य तत् (अनेक मुखों और नेत्रों वाला) ←वि॰ अनेक↑ + न॰ वक्त्र↓ + न॰ नयन↓

अनेकवर्णम् 11.24, पु॰ द्विती॰ एक॰ <u>अनेकवर्णम्</u> (जो अनेक रंगों से युक्त है उसको); द्वि॰ अनेकवर्णौ; बहु॰ अनेकवर्णान् ←वि॰ बस॰ अनेकवर्ण, अनेके वर्णाः यस्य सः (बहुवर्णी, बहुरंगी, रंगबिरंगी) ←वि॰ अनेक↑ + पु॰ वर्ण↓

अनेकाद्भुतदर्शनम् 11.10, न॰ प्रथ॰-द्विती॰ एक॰ <u>॰दर्शनम्</u> (अनेक अपूर्व दृश्यों वाला रूप, ॰वाले रूप को); द्वि॰ ॰दर्शने; बहु॰ ॰दर्शनानि ←वि॰ बस॰ अनेकाद्भुतदर्शन, अनेकानि अद्भुतानि दर्शनानि यस्य तत् (अन्यान्य और अद्भुत रूपों वाला) ←वि॰ अनेक↑ + वि॰ अद्भुत↑ + न॰ दर्शन↓

अनेन 3.10, पु॰ न॰ तृती॰ एक॰ <u>अनेन</u> (इसके द्वारा); द्वि॰ आभ्याम्; बहु॰ एभिः↓ ←सना॰ इदम्↓

अन्त 2.16, (1) पु॰ (आखिर, गाध, थाह; अग्र, चोटी, छोर, नोंक, सिरा; खात्मा, नाश, संहार, समाप्ति); (2) वि॰ (अंतिम, अन्त्य, आखिरी, चरम) ←√अम् 10चुरा॰

अन्त: 2.16, प्रथ० एक० <u>अन्त:</u> (समाप्ति); द्वि० अन्तौ; बहु० अन्ता: ←पु० अन्त↑

अन्तकाले 2.72, सप्त० एक० <u>अन्तकाले</u> (अंत समय में); द्वि० अन्तकालयो:; बहु० अन्तकालेषु ←पु० तस० अन्तकाल, अन्तस्य काल: (आखरी- काल, घड़ी, पल, बेला, लमहा, वक्त, समय, क्षण) ←वि० अन्त↑ + पु० काल↓

अन्तगतम् 7.28, न० प्रथ०–द्विती० एक० <u>अन्तगतम्</u> (अंत पाया हुआ, अंत पाए हुए को); द्वि० अन्तगते; बहु० अन्तगतानि ←वि० तस० अन्तगत, अन्तम् गतम् (अंत, समाप्ति –पाया हुआ) ←पु० अन्त↑ + वि० गत↓

अन्तम् 11.16, द्विती० एक० <u>अन्तम्</u> (अंत –को); द्वि० अन्तौ; बहु० अन्तान् ←पु० अन्त↑

अन्तर् 6.47, = अव्य० अन्तरा (अन्त:करण; भीतरी भाग) ←√अम् 10चुरा०

अन्तर 2.13, न० (खण्ड, विराम; भीतरी भाग, पेट, मन, हृदय↓; अंतर, अवकाश, अवसर, अव्यधान; दूरी, बीचका समय, फर्क, फास्ला; भेद↓) ←√अम् 10चुरा०

अन्तरम् 11.20, न० प्रथ०–द्विती० एक० <u>अन्तरम्</u> (अंतर, ०को); द्वि० अन्तरे; बहु० अन्तराणि ←न० अन्तर↑

अन्तरात्मन् 6.47, पु० बस० अन्तरे आत्मनि वा आत्मा यस्य स: (भीतर से स्थिर किया हुआ अंत:करण, भीतरी आराम पाया हुआ मनुष्य; अंत:करण, अंतरात्म, हृदय↓) ←अव्य० अन्तरा अथवा अन्तर्↑ + न० आत्मन↓

अन्तरात्मना 6.47, तृती० एक० <u>अन्तरात्मना</u> (स्थिर हुए मन से); द्वि० अन्तरात्मभ्याम्; बहु० अन्तरात्मभि: ←पु० अन्तरात्मन्↑

अन्तराराम: 5.24, प्रथ० एक० <u>अन्तराराम:</u> (अंदर से स्थिर हुआ पुरुष); द्वि० अन्तरारामौ; बहु० अन्तरारामा: ←पु० बस० अन्तराराम, अन्तरे आराम: यस्मै स: (भीतर से शान्त हुआ मनुष्य) ←अव्य० अन्तर्↑ + पु० आराम↓

अन्तरे 5.27, (1) क्रिवि० अव्य० (भीतर से, मद्धे, मध्ये); (2) सप्त० एक० <u>अन्तरे</u> (बीच वाले भाग में, मध्यभाग में); द्वि० अन्तरयो:; बहु० अन्तरेषु ←न० अन्तर↑

अन्तर्ज्योति: 5.24, प्रथ० एक० <u>अन्तर्ज्योति:</u> (ज्ञानज्योति); द्वि० अन्तर्ज्योतिषी; बहु० अन्तर्ज्योतींषि ←(1) न० तस० अन्तर्ज्योतिस्, अन्तस्थम् ज्योति: (अंतस्थ प्रकाश, ज्ञानज्योति); (2) पु० वि० बस० अन्तरे ज्योति: यस्मै स: (जिसके अंत:करण में ज्ञान की ज्योति जगी है वह) ←अव्य० अन्तर्↑ अथवा वि० अन्त↑ + न० ज्योतिस्↓

अन्तवत् 7.23, वि० (अन्त वाला, अस्थायी, नश्वर, स्वल्प↓, क्षणिक) ←√अम् 10चुरा०

अन्तवन्त: 2.18, पु० प्रथ० एक० अन्तवान्; द्वि० अन्तवन्तौ; बहु० <u>अन्तवन्त:</u> (जिनका अन्त

हैं वे) ←वि॰ अन्तवत्↑

अन्त:शरीरस्थम् 17.6, पु॰ द्विती॰ एक॰ अन्त:शरीरस्थम् (जो शरीर में स्थित है उसको); द्वि॰ अन्त:शरीरस्थौ; बहु॰ अन्त:शरीरस्थान् ←वि॰ बस॰ अन्त:शरीरस्थ, अन्ते शरीरस्थ: य: स: (जो शरीर में स्थित वह) ←अव्य॰ अन्ते↓ + वि॰ शरीरस्थ↓

अन्त:सुख: 5.24, पु॰ प्रथ॰ एक॰ अन्त:सुख: (मन में सुख पाया हुआ); द्वि॰ अन्त:सुखौ; बहु॰ अन्त:सुखा: ←वि॰ बस॰ अन्त:सुख, अन्ते सुखम् यस्मै स: (भीतरी सुख पाया हुआ) ←अव्य॰ अन्ते↓ + न॰ सुख↓

अन्त:स्थानि 8.22, न॰ प्रथ॰–द्विती॰ एक॰ अन्तस्थम्; द्वि॰ अन्तस्थे; बहु॰ अन्तस्थानि (भीतर स्थित रहने वाले) ←वि॰ तस॰ अन्तस्थ, अन्ते स्थितम् (भीतर रहने वाला) ←पु॰ अन्ते↓ + वि॰ स्थित↓

अन्ते 7.19, (1) सप्त॰ एक॰ अन्ते (अन्त में); द्वि॰ अन्तयो:; बहु॰ अन्तेषु; (2) अव्य॰ (अंदर, भीतर, मध्ये) ←अव्य॰ अन्त↑

अन्न 3.14, न॰ (अनाज, अन्न, अशन, आहार↓, खाजा, खाद्य, खाना, जेमन, भक्ष्य, भोज्य; धान्य, नाज, फसल, व्रीहि, शस्य, सीत्य) ←2अदा॰ पर॰√अद् (खाना, भक्षण करना)

अन्नम् 15.14, न॰ प्रथ॰–द्विती॰ एक॰ अन्नम् (अन्न, अन्न को); द्वि॰ अन्ने; बहु॰ अन्नानि ←न॰ अन्न↑

अन्नसम्भव: 3.14, प्रथ॰ एक॰ अन्नसम्भव: (अन्न की उत्पत्ति); द्वि॰ अन्नसम्भवौ; बहु॰ अन्नसम्भवा: ←पु॰ तस॰ अन्नसम्भव, अन्नस्य सम्भव: (अन्न की उत्पत्ति) ←न॰ अन्न↑ + पु॰ सम्भव (उत्पत्ति, निर्माण, सम्भावना) ←सम्√भू 1भ्वादि॰

अन्नात् 3.14; पंच॰ एक॰ अन्नात् (अन्न से); द्वि॰ अन्नाभ्याम्; बहु॰ अन्नेभ्य: ←न॰ अन्न↑

अन्य 1.9, सार्वनामिक वि॰ (अलग, निराला, न्यारा, अपर↓, इतर↓, दूसरा, पर↓, भिन्न↓) ←4दिवा॰√अन्

अन्य: 2.29, पु॰ प्रथ॰ एक॰ अन्य: (अन्य, दूसरा); द्वि॰ अन्यौ; बहु॰ अन्ये↓ ←वि॰ अन्य↑

अन्यत् 2.31, न॰ प्रथ॰–द्विती॰ एक॰ अन्यत् (अन्य, ॰को); द्वि॰ अन्यती; बहु॰ अन्यन्ति ←वि॰ अन्यत् (अन्य↑, अपर↓, इतर↓, दूसरा, पर↓, भिन्न↓) ←वि॰ अन्य↑

अन्यत्र 3.9, स्थल अथवा कालवाचक अव्य॰ (अन्य स्थान पर, इतरत्र, दूसरी जगह पर, और कहीं) ←वि॰ अन्य↑

अन्यथा 13.12, अव्य॰ (नहीं तो, वरना; इसके विपरीत, दूसरे प्रकार से) ←वि॰ अन्य↑

अन्यदेवताः 7.20, प्रथ॰ एक॰ अन्यदेवता; द्वि॰ अन्यदेवते; बहु॰ अन्यदेवताः (अन्य देवताएँ, देवता गण) ←स्त्री॰ कस॰ अन्यदेवता, अन्या देवता (अन्य देवता, अन्य देवी) ←वि॰ अन्य↑ + स्त्री॰ देवता↓

अन्यदेवताभक्ताः 9.23, प्रथ॰ एक॰ अन्यदेवताभक्तः; द्वि॰ अन्यदेवताभक्तौ; बहु॰ अन्यदेवताभक्ताः (अन्य देव के अथवा देवों के भक्त लोग) ←पु॰ तस॰ अन्यदेवताभक्त, अन्यानाम् देवतानाम् भक्तः (अन्य देवता का अथवा देवताओं का पूजक) ←वि॰ अन्य↑ + पु॰ स्त्री॰ देवता↓ + पु॰ भक्त↓

अन्यम् 14.19, पु॰ द्विती॰ एक॰ अन्यम् (दूसरे, दूसरे को); द्वि॰ अन्यौ; बहु॰ अन्यान्↓ ←वि॰ अन्य↑

अन्यया 8.26, स्त्री॰ तृती॰ एक॰ अन्यया (दूसरी से); द्वि॰ अन्याभ्याम्; बहु॰ अन्याभिः ←वि॰ अन्य↑

अन्यान् 11.34, पु॰ द्विती॰ एक॰ अन्यम्↑; द्वि॰ अन्यौ; बहु॰ अन्यान् (दूसरों को) ←वि॰ अन्य↑

अन्यानि 2.22, न॰ प्रथ॰–द्विती॰ एक॰ अन्यम्↑; द्वि॰ अन्ये; बहु॰ अन्यानि (दूसरे; दुसरों को) ←वि॰ अन्य↑

अन्याम् 7.5, स्त्री॰ द्विती॰ एक॰ अन्याम् (दूसरी को); द्वि॰ अन्ये; बहु॰ अन्याः ←वि॰ अन्य↑

अन्यायेन 16.12, तृती॰ एक॰ अन्यायेन (अनीति से); द्वि॰ अन्यायाभ्याम्; बहु॰ अन्यायैः ←पु॰ नत॰ अन्याय (अनीति, अपराध, अवैधता) ←1भ्वादि॰√नि

अन्ये 1.9, पु॰ प्रथ॰ एक॰ अन्यः↑; द्वि॰ अन्यौ; बहु॰ अन्ये (दूसरे) ←वि॰ अन्य↑

अन्येभ्यः 13.26; पु॰ पंच॰ एक॰ अन्यस्मात्; द्वि॰ अन्याभ्याम्; बहु॰ अन्येभ्यः (दूसरे लोगों से) ←वि॰ अन्य↑

अन्वशोचः 2.11, लङ् अपूर्ण अनद्य भूत॰ पर॰ एक॰ उत्तम॰ अन्वशोचम्; मध्य॰ अन्वशोचः (तूने शोक किया था, तूने शोक किया); अन्य॰ अन्वशोचत्; मध्य॰ द्वि॰ अन्वशोचतम्; मध्य॰ बहु॰ अन्वशोचत ←अव्य॰ अनु↑ + 1भ्वादि॰√शुच् (खेद करना, दुःखी होना, शोक करना)

अन्विच्छ 2.49, लोट् पर॰ आज्ञार्थी एक॰ उत्तम॰ अन्विच्छानि; मध्य॰ अन्विच्छ अथवा अन्विच्छतात् (तू इच्छा कर); अन्य॰ अन्विच्छतु ←6तुदा॰√इष् (इच्छा करना)

अन्वित 9.23, वि॰ (अनुगत, युक्त↓; युति, संबद्ध, संयुक्त –हुआ) ←अनु√इ 1भ्वादि॰

अन्विता: 9.23, पु॰ प्रथ॰ एक॰ अन्वित:; द्वि॰ अन्वितौ; बहु॰ अन्विता: (संबद्ध हुए लोग) ←वि॰ अन्वित↑

अप् 2.23, स्त्री॰ नित्यबहुवचनी (अम्बु↓, अन्भस↓, आप↓, उद, उदक↓, जल, जीवन↓, तोय↓, नीर, पय, पानी, पुष्कर, वारि, सलिल, क्षीर)– प्रथ॰ आप:; द्वि॰ अप:; तृती॰ अद्भि:; चतु॰ अद्भ्य:; पंच॰ अद्भ्य:; षष्ठी॰ अपाम्; सप्त॰ अप्सु ←5स्वादि॰√आप्

अप 2.8, अव्य॰ नत॰ न पातीति (अलग करना, अपहरण करना, दूर करना, हटाना; अस्वीकृति, खंडन, वर्ज, विरोध, इत्यादि क्रिया सूचक उपसर्ग) ←1भ्वादि॰√पा

अपनुद्यात् 2.8, आशी॰ एक॰ उत्तम॰ अपनुद्यासम्; मध्यम॰ अपनुद्या:; अन्य॰ अपनुद्यात् (वह दूर कर सकेगा, हटा सकेगा) ←अव्य॰ अप↑ + उभयपदी 6तुदा॰√नुद् (हटना, हटाना)

अपर 2.22, ←सना॰ वि॰ नत॰ न पर:; (1. अलग, निराला, न्यारा; अन्य↑, इतर↓, दूसरा, पर↓, भिन्न↓; 2. अभिनव, अर्वाचीन, आधुनिक, आजकल का, नया, नव, नवीन, नूतन, सद्य, जो पहले का नहीं वह, बाद का) ←अव्य॰ अ↑ + वि॰ पर↓

अपरम् 4.4, न॰ प्रथ॰–द्विती॰ एक॰ अपरम् (आजकल का, इस काल का); द्वि॰ अपरे; बहु॰ अपराणि ←वि॰ अपर↑

अपरस्परसम्भूतम् 16.8, न॰ प्रथ॰–द्विती॰ एक॰ अपरस्परसम्भूतम् (आपस में उत्पन्न हुआ, ॰हुए को); द्वि॰ ॰सम्भूते; बहु॰ ॰सम्भूतानि ←वि॰ नत॰ अपरस्परसम्भूत, न परस्परात् सम्भूतम् (परस्पर संबंध से निर्माण न हुआ) ←अव्य॰ अ↑ + वि॰ परस्पर↓ + वि॰ सम्भूत↓

अपरा 7.5, स्त्री॰ प्रथ॰ एक॰ अपरा (अनुत्तम, कनिष्ठ, गौण, जड, लौकिक, हलकी); द्वि॰ अपरे; बहु॰ अपरा: ←वि॰ अपर↑

अपराजित: 1.17, पु॰ प्रथ॰ एक॰ अपराजित: (सदा विजयी रहने वाला); द्वि॰ अपराजितौ; बहु॰ अपराजिता: ←वि॰ नत॰ अपराजित, न पराजित: (न हारा हुआ, पराजित न हुआ; यशस्वी, विजयी) ←अ-परा√जि 1भ्वादि॰

अपराणि 2.22, न॰ एक॰ अपरम्; द्वि॰ अपरे; बहु॰ अपराणि (दूसरे, नए, नवे) ←वि॰ अपर↑

अपरान् 16.14, पु॰ द्विती॰ एक॰ अपरम्; द्वि॰ अपरौ; बहु॰ अपरान् (दूसरों को) ←वि॰ अपर↑

अपरिग्रह: 6.10, पु॰ प्रथ॰ एक॰ अपरिग्रह: (लोभ को छोड़ा हुआ); द्वि॰ अपरिग्रहौ; बहु॰

अपरिग्रहा: ←वि॰ बस॰ अपरिग्रह, नास्ति परिग्रह: यस्य स: (निराश, निरिच्छ, निर्लोभ) ←अव्य॰ अ↑ + पु॰ परिग्रह↓

अपरिमेयाम् 16.11, स्त्री॰ द्विती॰ एक॰ अपरिमेयाम् (अमाप, बड़ी –को); द्वि॰ अपरिमेये; बहु॰ अपरिमेया: ←वि॰ अपरिमेय (अपरिमित, अपर्याप्त↓) ←अव्य॰ अ↑ + वि॰ परिमेय (जो नापा जा सकता है वह, परिमित, पर्याप्त↓, सीमित) ←परि√मा 3जुहो॰

अपरिहार्ये 2.27, पु॰ सप्त॰ एक॰ अपरिहार्ये (अनिवार्य बात में); द्वि॰ अपरिहार्ययो:; बहु॰ अपरिहार्येषु ←वि॰ नत॰ अपरिहार्य (अटल होनी, अनिवार्य, अवर्ज, दुर्निवार; आवश्यक) ←वि॰ परिहार्य (जिसका परिहार किया जा सकता है, जो वर्ज किया जा सकता है, जिसके विना काम चल सकता है, जो कतराया, टरकाया, टाला –जा सकता है; निवारणीय, निवार्य) ←अ–परि√हृ 1भ्वादि॰

अपरे 4.25, पु॰ प्रथ॰ एक॰ अपर:; द्वि॰ अपरौ; बहु॰ अपरा: अथवा अपरे (अन्य, अनेक↑, दूसरे) ←वि॰ अपर↑

अपर्याप्तम् 1.10, न॰ प्रथ॰–द्विती॰ एक॰ अपर्याप्तम् (अपरिमित, ॰को); द्वि॰ अपर्याप्ते; बहु॰ अपर्याप्तानि ←वि॰ नत॰ अपर्याप्त, न पर्याप्तम् (अपरिमित, अपरिमेय↑, अप्रमेय↓) ←अव्य॰ अ↑ + वि॰ पर्याप्त↓

अपलायनम् 18.43, प्रथ॰–द्विती॰ एक॰ अपलायनम् (भाग न जाना); द्वि॰ अपलायने; बहु॰ अपलायनानि ←न॰ नत॰ अपलायन, न पलायनम् (न डरना, न घबराना, न डगमगाना; सम्मुख होना, सामना करना, विरोध करना, न भाग जाना, खड़ा रहना, डटना) ←अव्य॰ अ↑ + न॰ पलायन (भागना, भाग जाना) ←परा√अय् 1भ्वादि॰

अपश्यत् 1.26, लङ् अनद्य भूत॰ पर॰ एक॰ उत्तम॰ अपश्येयम्; मध्य॰ अपश्य:; अन्य॰ अपश्यत् (उसने देखा, वह देख रहा था) ←1भ्वादि॰√दृश् (देखना)

अपहृत 2.44, वि॰ (अपहरण हुआ, चुराया गया हुआ, स्तेय, भगाया हुआ) ←अप√हृ 1भ्वादि॰

अपहृतचेतसाम् 2.44, पु॰ षष्ठी॰ एक॰ अपहृतचेतस:; द्वि॰ अपहृतचेतसो:; बहु॰ अपहृतचेतसाम् (जिनका चित्त वश हुआ है उनका,की,के) ←वि॰ बस॰ अपहृतचेतस्, अपहृतम् चेत: यस्य स: (जिसका चित्त हरण हुआ है वह) ←वि॰ अपहृत↑ + न॰ चेतस्↓

अपहृतज्ञाना: 7.15, पु॰ प्रथ॰ एक॰ अपहृतज्ञान:; द्वि॰ अपहृतज्ञानौ; बहु॰ अपहृतज्ञाना: (ज्ञान खोए हुए लोग, मूढ़ लोग) ←वि॰ बस॰ अपहृतज्ञान, अपहृतम् ज्ञानम् यस्य (जिसके ज्ञान

का अपहरण हुआ है वह, बुद्धि खोया हुआ, मूढ↓) ←वि॰ अपहृत↑ + न॰ ज्ञान↓

अपात्रेभ्यः 17.22, पु॰ चतु॰ एक॰ अपात्राय; द्वि॰ अपात्राभ्याम्; बहु॰ <u>अपात्रेभ्यः</u> (योग्यताहीन लोगों को) ←वि॰ नत॰ अपात्र, न पात्रः (अनुचित, अयोग्य, अक्षम, नालायक, योग्यताहीन) ←अव्य॰ अ↑ + पु॰ पात्र↓

अपान 4.29, पु॰ (उच्छ्वास, उसास, पंचप्राण में एक; शरीर के प्राण, अपान, समान, व्यान और उदान इन पाँच उच्छ्वायुओं में से एक उच्छ्वायु) ←अप√अन् 4दिवा॰

अपानम् 4.29, प्रथ॰–द्विती॰ एक॰ <u>अपानम्</u> (अपान को); द्वि॰ अपाने; बहु॰ अपानानि ←न॰ अपान↑

अपाने 4.29, सप्त॰ एक॰ <u>अपाने</u> (अपान में, अपान वायु में); द्वि॰ अपानयोः; बहु॰ अपानेषु ←न॰ अपान↑

अपावृतम् 2.32, न॰ प्रथ॰–द्विती॰ एक॰ <u>अपावृतम्</u> (खुला हुआ, खुले हुए को); द्वि॰ अपावृते; बहु॰ अपावृतानि ←वि॰ अपावृत (अनढका, अनावृत, आवरणहीन, खुला, निरावरण) ←अप–आ√वृत् 1भ्वादि॰

अपि 1.26, अव्य॰ (और, एवं, भी, वैसे ही, सुद्धां) ←1भ्वादि॰√पा

अपुनरावृत्तिम् 5.17, द्विती॰ एक॰ <u>अपुनरावृत्तिम्</u> (अपुनरावृत्ति –को); द्वि॰ अपुनरावृत्ती; बहु॰ अपुनरावृत्तीः ←स्त्री॰ नत॰ अपुनरावृत्ति, न पुनरावृत्तिः (पुनरावृति न होना, पुनर्जन्म न होना, पुनः न होना) ←अव्य॰ अ↑ + स्त्री॰ पुनरावृत्ति (पुनः होना) ←अव्य॰ पुनर्↓ + स्त्री॰ आवृत्ति↓

अपैशुनम् 16.2, प्रथ॰–द्विती॰ एक॰ <u>अपैशुनम्</u> (निंदा न करना); द्वि॰ अपैशुने; बहु॰ अपैशुनानि ←न॰ नत॰ अपैशुन, न पैशुनम् (निंदा, बदगोई, बुराई –न करना) ←अव्य॰ अ↑ + न॰ पैशुन (निंदा↓, बदगोई, बुराई, उँगली उठाना) ←6तुदा॰√पिश्

अपोहनम् 15.15, न॰ प्रथ॰–द्विती॰ एक॰ <u>अपोहनम्</u> (अपोह, निराकरण, ॰को); द्वि॰ अपोहने; बहु॰ अपोहनानि ←न॰ अपोहन = पु॰ अपोह (तर्क का प्रतिरोध, प्रत्याख्यान, वितर्क, युक्तिवाद; शंका का– खंडन, निरसन, निराकरण, निवारण, परिहार) ←अप√ऊह् 1भ्वादि॰

अप्रकाशः 14.13, प्रथ॰ एक॰ <u>अप्रकाशः</u> (अंधेरा; मूढ़ता); द्वि॰ अप्रकाशौ; बहु॰ अप्रकाशाः ←पु॰ नत॰ अप्रकाश, न प्रकाशः (अंधकार, अंधेरा, तारीकी; अज्ञान↓, मूढ़ता) ←अव्य॰ अ↑ + पु॰ प्रकाश↓

अप्रतिमप्रभाव 11.43, पु॰ संबो॰ एक॰ <u>अप्रतिमप्रभाव</u> (हे अप्रतिमप्रभाव!); द्वि॰

अप्रतिमप्रभावौ; बहु॰ अप्रतिमप्रभावा: ←वि॰ बस॰ अप्रतिमप्रभाव, अप्रतिम: प्रभाव: यस्य स: (अद्वितीय प्रभाव का; कृष्ण↓) ←वि॰ अप्रतिम (अद्वितीय, अनुपम, बेजोड़, बेमिसाल, विलक्षण) ←अ-प्रति√मा 3जुहो॰ + पु॰ प्रभाव↓

अप्रतिष्ठ 6.38, नब॰ नास्ति प्रतिष्ठा यस्य स: (अस्थिर; आधारहीन) ←अव्य॰ अ↑ + ←स्त्री॰ प्रतिष्ठा↓

अप्रतिष्ठ: 6.38, पु॰ प्रथ॰ एक॰ अप्रतिष्ठ: (जो आधार रहित है वह); द्वि॰ अप्रतिष्ठौ; बहु॰ अप्रतिष्ठा: ←वि॰ अप्रतिष्ठ↑

अप्रतिष्ठम् 16.8, न॰ प्रथ॰-द्विती॰ एक॰ अप्रतिष्ठम् (आधार रहित, ॰को); द्वि॰ अप्रतिष्ठे; बहु॰ अप्रतिष्ठानि ←वि॰ अप्रतिष्ठ↑

अप्रतीकारम् 1.46, पु॰ द्विती॰ एक॰ अप्रतीकारम् (अविरोध करने वाले को); द्वि॰ अप्रतीकारौ; बहु॰ अप्रतीकारान् ←वि॰ नत॰ अप्रतीकार, न प्रतिकार: (प्रतिकार, विरोध –न करते हुए) ←अव्य॰ अ↑ + क्रिवि॰ पु॰ प्रतिकार अथवा प्रतीकार (अविरोध, प्रतिक्रिया, प्रतिबंध, प्रत्युत्तर, बदला, रोकथाम, विरोध, सामना) ←अ-प्रति√कृ 8तना॰

अप्रदाय 3.12, अव्य॰ (न अर्पण करते हुए) ←अव्य॰ अ↑ + अव्य॰ प्रदाय (अर्पण किए) ←3जुहो॰√दा (देना)

अप्रमेय 2.18, वि॰ नत॰ (अगणीत, अमाप, असीम; अगम्य, अपर्याप्त↑, अबोध) ←अव्य॰ अ↑ + वि॰ प्रमेय↓

अप्रमेयम् 11.17, पु॰ द्विती॰ एक॰ अप्रमेयम् (जो कल्पना से बाहर है उसको); द्वि॰ अप्रमेयौ; बहु॰ अप्रमेयान् ←वि॰ अप्रमेय↑

अप्रमेयस्य 2.18, पु॰ षष्ठी॰ एक॰ अप्रमेयस्य (जो अगम्य है उसका,की,के); द्वि॰ अप्रमेययो:; बहु॰ अप्रमेयाणाम् ←वि॰ अप्रमेय↑

अप्रवृत्ति: 14.13, प्रथ॰ एक॰ अप्रवृत्ति: (क्रियाशून्यता); द्वि॰ अप्रवृत्ती; बहु॰ अप्रवृत्तय: ←स्त्री॰ नत॰ अप्रवृत्ति, न प्रवृत्ति: (क्रियाशून्यता, निश्चेष्टता, निष्क्रियता, बद्धता, सुस्ताई) ←अव्य॰ अ↑ + स्त्री॰ प्रवृत्ति↓

अप्राप्य 6.37, अव्य॰ (गम्य, प्राप्त, साध्य –न होकर) ←अव्य॰ अ↑ + अव्य॰ प्राप्य↓

अप्रिय 5.20, (1) वि॰ नत॰ न प्रियम् (अरुचिकर, तिरस्करणीय, दु:खदायक, न भाने वाला); (2) पु॰ (शत्रु↓); (3) न॰ (बुरा कर्म) ←अव्य॰ अ↑ + वि॰ प्रिय↓

अप्रियम् 5.20, न॰ पु॰ द्विती॰ एक॰ अप्रियम् (न भाने वाला, ॰वाले को); द्वि॰ अप्रिये अथवा अप्रियौ; बहु॰ अप्रियाणि अथवा अप्रियान् ←वि॰ पु॰ न॰ अप्रिय↑

अप्सु 7.8, सप्त॰ बहु॰ अप्सु (जलों में) ←नित्यबहुवचनी स्त्री॰ अप्↑

अफलप्रेप्सुना 18.23, पु॰ तृती॰ एक॰ अफलप्रेप्सुना (फल की निरिच्छा से); द्वि॰ अफलप्रेप्सुभ्याम्; बहु॰ अफलप्रेप्सुभि: ←अव्य॰ अ↑ + वि॰ फलप्रेप्सु (फल की इच्छा, कामना, हेतु; फलाभिलाषी, फलेच्छु) ←न॰ फल↓ + वि॰ प्रेप्सु↓

अफलाकाङ्क्षिभि: 17.11, पु॰ तृती॰ एक॰ अफलाकाङ्क्षिणा; द्वि॰ अफलाकाङ्क्षिभ्याम्; बहु॰ अफलाकाङ्क्षिभि: (फल की इच्छा न करने वालों द्वारा) ←वि॰ नत॰ अफलाकाङ्क्षिन्, न फलस्य आकाङ्क्षी (फल की इच्छा न करने वाला) ←अव्य॰ अ↑ + न॰ फल↓ + वि॰ आकाङ्क्षिन् (अभिलाषी, इच्छुक) ←स्त्री॰ आकाङ्क्षा (अभिलाषा, इच्छा, एषणा, कामना, कांक्षा, ख्वाहिश, तृष्णा, दोहद, लिप्सा, लोभ, वाञ्छा, स्पृहा) ←आ√कांक्ष् 1भ्वादि॰।

अबुद्धय: 7.24, पु॰ प्रथ॰ एक॰ अबुद्धि:; द्वि॰ अबुद्धी; बहु॰ अबुद्धय: (मूढ़ लोग) ←वि॰ बस॰ अबुद्धि, नास्ति बुद्धि यस्य स: (जिसकी बुद्धि नहीं है वह, मतिहीन, मूढ़↓, मूर्ख) ←अव्य॰ अ↑ + स्त्री॰ बुद्धि↓

अब्रवीत् 1.2, लङ् अनद्य भूत॰ पर॰ एक॰ उत्तम॰ अब्रवम्; मध्य॰ अब्रवी:; अन्य॰ अब्रवीत् (वह बोला, बोला था) ←पर॰ द्विकर्मक √ब्रू (बोलना, स्पष्ट बोलना) 2अदा॰।

अभक्ताय 18.67, चतु॰ एक॰ अभक्ताय (भक्तिहीन मनुष्य को); द्वि॰ अभक्ताभ्याम्; बहु॰ अभक्तेभ्य: ←पु॰ नत॰ अभक्त, न भक्त: (अविश्वासु, आस्तिक, निष्ठाशून्य, भक्तिहीन) ←अव्य॰ अ↑ + पु॰ भक्त↓

अभय 10.4, न॰ नत॰ न भय: (निडरता, निर्भयता, भय न होना) ←अव्य॰ अ↑ + न॰ भय↓

अभयम् 10.4, न॰ प्रथ॰–द्विती॰ एक॰ अभयम् (निर्भयता, ॰को); द्वि॰ अभये; बहु॰ अभयानि ←न॰ अभय↑

अभवत् 1.13, लङ् अनद्य अपूर्ण भूत॰ पर॰ एक॰ उत्तम॰ अभवम्; मध्य॰ अभव:; अन्य॰ अभवत् (वह हो रहा था, ॰रोता था) ←1भ्वादि॰√भू (होना)

अभाव: 2.16, पु॰ प्रथ॰ एक॰ अभाव: (न होना); द्वि॰ अभावौ; बहु॰ अभावा: ←पु॰ नत॰ अभाव, न भाव: (अनस्तित्व, न होना, भाव न होना) ←अ√भू 1भ्वादि॰।

अभावयत: 2.66, पु॰ षष्ठी॰ एक॰ अभावयत: (भक्तिहीन मनुष्य का,की,के); द्वि॰ अभावयतो:; बहु॰ अभावयताम् ←वि॰ नत॰ अभावयत् (भाव न रखने वाला, भावनाहीन) ←अव्य॰ अ↑ + वि॰ भावयत् (आराधना करते हुए अथवा करने वाला, मन में भाव रखने वाला) ←1भ्वादि॰√भू

अभाषत 11.14, लङ् अनद्य भूत॰ आत्म॰ एक॰ उत्तम॰ अभाषे; मध्य॰ अभाषथा:; अन्य॰ अभाषत (वह बोला, बोलता था) ←1भ्वादि॰√भाष् (निरूपण करना, बोलना)

अभि 3.32, अव्य॰ उपसर्ग (की ओर, पक्ष में, प्रति↓; अतिरिक्त, अधिक↑, पर)

अभिक्रमनाशः 2.40, प्रथ॰ एक॰ अभिक्रमनाशः (आरम्भ की हुई बात का विनाश); द्वि॰ अभिक्रमनाशौ; बहु॰ अभिक्रमनाशा: ←पु॰ तस॰ अभिक्रमनाश, अभिक्रमस्य नाश: (आरम्भ का विनाश) ←पु॰ अभिक्रम (आरम्भ, उद्घात्, बीज) ←अभि√क्रम् 1भ्वादि॰ + पु॰ नाश↓

अभिजनवान् 16.15, पु॰ प्रथ॰ एक॰ अभिजनवान् (कुलवान मनुष्य); द्वि॰ अभिजनवन्तौ; बहु॰ अभिजनवन्त: ←वि॰ अभिजनवत् (श्रेष्ठ कुल में जन्म लेता हुआ अथवा जन्मने वाला) ←पु॰ अभिजन (कुटुंब, कुनबा, कुल↓, घराना, परिवार) ←अभि√जन् 4दिवा॰ + प्रत्यय वत्↓

अभिजात 16.3, वि॰ (अवगत, आत्मसात, प्राप्त किया हुआ) ←4दिवा॰√जन् (उत्पन्न होना, जन्मना; प्राप्त होना) ←अभि√जन 4दिवा॰

अभिजातः 16.5, पु॰ प्रथ॰ एक॰ अभिजातः (जिसने प्राप्त किया है वह मनुष्य); द्वि॰ अभिजातौ; बहु॰ अभिजाता: ←वि॰ अभिजात↑

अभिजातस्य 16.3, पु॰ षष्ठी॰ एक॰ अभिजातस्य (जिसने प्राप्त किया है उस मनुष्य का,की,के); द्वि॰ अभिजातयो:; बहु॰ अभिजातानाम् ←वि॰ अभिजात↑

अभिजानन्ति 9.24, लट् वर्त॰ पर॰ अन्य॰ एक॰ अभिजानाति↓; द्वि॰ अभिजानीत:; बहु॰ अभिजानन्ति (वे जानते हैं) ←अभि√ज्ञा (अवबोधना, जानना) 9क्र्या॰

अभिजानाति 4.14, लट् वर्त॰ पर॰ अन्य॰ एक॰ अभिजानाति (वह जानता है); द्वि॰ अभिजानीत:; बहु॰ अभिजानन्ति↑ ←अभि√ज्ञा (जानना, मालूम करना, ज्ञात करना) 9क्र्या॰

अभिजायते 2.62, लट् वर्त॰ आत्म॰ अन्य॰ एक॰ अभिजायते (वह उत्पन्न होता है); द्वि॰ अभिजायेते; बहु॰ अभिजायन्ते ←अभि√जन् (उत्पन्न होना, जन्म होना) 4दिवा॰

अभितः 5.26, = अव्य॰ अभितस् (आसन्न, करीब, नजदीक, नजीक, निकट, पास, समीप) ←2अदा॰√भा

अभिधास्यति 18.68, ऌट् अपूर्ण भवि॰ पर॰ एक॰ वर्त॰ अन्य॰ अभिदधाति; परोक्ष भूत॰ अन्य॰ अभिधाता; भवि॰ उत्तम॰ अभिधास्यामि; मध्य॰ अभिधास्यसि; अन्य॰ अभिधास्यति (वह कहेगा) ←अभि√धा (धारण करना) 3जुहो॰

अभिधीयते 13.2, लट् वर्त॰ आत्म॰ अन्य॰ एक॰ अभिधीयते (वह कहलाता है, कहा जाता

है; उसको नाम दिया जाता है); द्वि॰ अभिधीयेते; बहु॰ अभिधीयन्ते ←न॰ अभिधान (कथन, नाम करण, निरूपण) ←अभि√धा 3जुहो॰

अभिनन्दति 2.57, लट् वर्त॰ पर॰ एक॰ उत्तम॰ अभिनन्दामि; मध्य॰ अभिनन्दसि; अन्य॰ अभिनन्दति (वह हर्षित होता है) ←अभि√नन्द् (आनंदित, खुश, प्रसन्न, हर्षित –होना)

अभिप्रवृत्तः 4.20, पु॰ प्रथ॰ एक॰ अभिप्रवृत्तः (तल्लीन); द्वि॰ अभिप्रवृत्तौ; बहु॰ अभिप्रवृत्ताः ←वि॰ अभिप्रवृत्त (अभिरत, डूबा, तल्लीन, मग्न –हुआ) ←अव्य॰ अभि↑ + वि॰ प्रवृत्त↓

अभिभवति 1.40, लट् वर्त॰ पर॰ एक॰ उत्तम॰ अभिभवामि; मध्य॰ अभिभवसि; अन्य॰ अभिभवति (वह सवार होता है, पछाड़ता है, प्रभाव ड़ालता है) ←अभि√भू 1भ्वादि॰

अभिभूय 14.10, पूर्वकालिक अव्य॰ (दबाव ड़ाल कर; आक्रान्त, पराभूत, परास्त –किए) ←अभि√भू 1भ्वादि॰

अभिमानः 16.4, पु॰ प्रथ॰ एक॰ अभिमानः (अहंकार); द्वि॰ अभिमानौ; बहु॰ अभिमानाः ←पु॰ अभिमान (अहंकार↓, अहंता, गरूर, घमण्ड, दम्भ) ←अक॰ 1भ्वादि॰√मन् (अहंकार करना) + उत्तरगामी अव्य॰ अभि↑

अभिमुखाः 11.28, पु॰ प्रथ॰ एक॰ अभिमुखः; द्वि॰ अभिमुखौ; बहु॰ अभिमुखाः (जो सम्मुख हैं वे) ←वि॰ अभिमुख (आगे, सामने, सम्मुख खड़ा हुआ, सामना किया हुआ) ←अव्य॰ अभि↑ + न॰ मुख↓

अभिरतः 18.45, पु॰ प्रथ॰ एक॰ अभिरतः (सदा मग्न रहने वाला); द्वि॰ अभिरतौ; बहु॰ अभिरताः ←वि॰ अभिरत (अनुरक्त, अभिप्रवृत्त, गरक़, नन्मय, तल्लीन, निमग्न, निरत, मगशूल, मग्न, रत, लिप्त, लीन –हुआ) ←अभि√रम् (खेलना; प्रसन्न होना) 1भ्वादि॰

अभिरक्षन्तु 1.11, लोट् पर॰ अन्य॰ आज्ञार्थ एक॰ अभिरक्षतु अथवा अभिरक्षतात्; द्वि॰ अभिरक्षताम्; बहु॰ अभिरक्षन्तु (आप संरक्षण करें) ←1भ्वादि॰√रक्ष् (रक्षण करना) + उपसर्ग अभि↑

अभिविज्वलन्ति 11.28, लट् वर्त॰ पर॰ अन्य॰ एक॰ अभिविज्वलति; द्वि॰ अभिविज्वलतः; बहु॰ अभिविज्वलन्ति (वे जल रहे हैं) ←अव्य॰ अभि↑ + अव्य॰ वि↓ + 1भ्वादि॰√ज्वल् (जलना)

अभिसन्धाय 17.12, अव्य॰ (अर्थ, इच्छा, उद्देश, कारण, ध्येय, मतलब, लक्ष, हेतु –मन में धरे) ←अभि–सम्√धा 3जुहो॰

अभिहिता 2.39, स्त्री॰ प्रथ॰ एक॰ अभिहिता (कही हुई); द्वि॰ अभिहिते; बहु॰ अभिहिताः ←वि॰ अभिहित (कहा हुआ, बताया हुआ; घोषित, वर्णित, संबोधित) ←अभि√धा 3जुहो॰

अभ्यधिक: 11.43, पु॰ प्रथ॰ एक॰ अभ्यधिक: (जो उससे अधिक श्रेष्ठ है); द्वि॰ अभ्यधिकौ; बहु॰ अभ्यधिका: ←वि॰ अभ्यधिक (अधिक उच्च; उससे अधिक, अपेक्षा से ज्यादा, असाधारण, उच्चतर) ←अव्य॰ अभि↑ + वि॰ अधिक↑

अभ्यर्च्य 18.46, अव्य॰ (अर्चना, पूजा –किए) ←अव्य॰ अभि↑ + 1भ्वादि॰√अर्च (सम्मान, स्तुति↓, प्रणाम करना)

अभ्यसूयका: 16.18, पु॰ प्रथ॰ एक॰ अभ्यसूयक:; द्वि॰ अभ्यसूयकौ; बहु॰ अभ्यसूयका: (निंदा करने वाले लोग) ←वि॰ अभ्यसूयक (ईर्ष्यालु, निंदक) ←अभि√असू (ईर्ष्या, तिरस्कार, निंदा करना) 3जुहो॰

अभ्यसूयति 18.67, लट् वर्त॰ पर॰ अन्य॰ एक॰ अभ्यसूयति (वह निंदा करता है); द्वि॰ अभ्यसूयत:; बहु॰ अभ्यसूयन्ति ←अव्य॰ अभि↑ + 3जुहो॰√असू (ईर्ष्या, तिरस्कार, निंदा करना)

अभ्यसूयन्त: 3.32, पु॰ प्रथ॰ एक॰ अभ्यसूयन्; द्वि॰ अभ्यसूयन्तौ; बहु॰ अभ्यसूयन्त: (निंदा करते हुए लोग) ←वि॰ अभ्यसूयत् (ईर्ष्या, निंदा करता हुआ, करने वाला) ←अभि√असू 3जुहो॰

अभ्यहन्यन्त 1.13, 2अदा॰ उभ॰ यङ्न्त आत्म॰ अन्य॰ एक॰ अभ्यहन्यत; द्वि॰ अभ्यहन्येताम्; बहु॰ अभ्यहन्यन्त (वे– इकट्ठे, एकसाथ, एकत्र, यकजा, हठात् –बजने लगे, बजाए गए) ←आ√हन् 2अदा॰ + अव्य॰ उपसर्ग अभि↑

अभ्यास 6.35, पु॰ (अध्ययन, अनुशीलन, जांच–पड़ताल, मनन, निरीक्षण, परीक्षण, परीक्षा, मीमांसा, विश्लेशण; पुन:पुन: करना, व्यासंग, आदत लगाना) ←अभि√अस् 2अदा॰

अभ्यासयोगयुक्तेन 8.8, पु॰ तृती॰ एक॰ अभ्यासयोगयुक्तेन (योगाभ्यास में स्थिर होने से); द्वि॰ अभ्यासयोगयुक्ताभ्याम्; बहु॰ अभ्यासयोगयुक्तै: ←वि॰ तस॰ अभ्यासयोगयुक्त, अभ्यासेन च योगेन च युक्त: (अभ्यास और योग से युक्त, सम्पन्न↓) ←पु॰ अभ्यास↑ + पु॰ योग↓ + वि॰ युक्त↓

अभ्यासयोगेन 12.9, पु॰ तृती॰ एक॰ अभ्यासयोगेन (योगाभ्यास से); द्वि॰ अभ्यासयोगाभ्याम्; बहु॰ अभ्यासयोगै: ←पु॰ तस॰ अभ्यासयोग, अभ्यासस्य योग: (अभ्यास का योग) ←पु॰ अभ्यास↑ + पु॰ योग↓

अभ्यासात् 12.12, पंच॰ एक॰ अभ्यासात् (अभ्यास से भी); द्वि॰ अभ्यासाभ्याम्; बहु॰ अभ्यासेभ्य: ←पु॰ अभ्यास↑

अभ्यासे 12.10, सप्त॰ एक॰ <u>अभ्यासे</u> (अभ्यास में); द्वि॰ अभ्यासयो:; बहु॰ अभ्यासेषु ←पु॰ अभ्यास↑

अभ्यासेन 6.35; तृती॰ एक॰ <u>अभ्यासेन</u> (अभ्यास से, ॰के कारण); द्वि॰ अभ्यासाभ्याम्; बहु॰ अभ्यासै: ←पु॰ अभ्यास↑

अभ्युत्थानम् 4.7, न॰ प्रथ॰-द्विती॰ एक॰ <u>अभ्युत्थानम्</u> (उदय, उदय को); द्वि॰ अभ्युत्थाने; बहु॰ अभ्युत्थानानि ←न॰ अभ्युत्थान (अभ्युदय, उद्गम, उदय; उत्थिति, उत्कर्ष, उन्नति, वर्धन, विकास, वृद्धि, समृद्धि) ←अभि-उद्√स्था 1भ्वादि॰

अमलान् 14.14, पु॰ द्विती॰ एक॰ अमलम्; द्वि॰ अमलौ; बहु॰ <u>अमलान्</u> (पवित्र लोगों को) ←वि॰ बस॰ अमल, नास्ति मल: यस्मिन् (जो गंदा, मलीन, मैला नहीं; निर्मल मन का; निर्मल↓, विमल) ←अव्य॰ अ↑ + न॰ अथवा पु॰ मल (मैल) ←√मल् 1भ्वादि॰

अमानित्वम् 13.8, न॰ प्रथ॰-द्विती॰ एक॰ <u>अमानित्वम्</u> (अभिमानशून्यता, अभिमानशून्य, ॰को); द्वि॰ अमानित्वे; बहु॰ अमानित्वानि ←न॰ नत॰ अमानित्व, न मानित्वम् (अनहंकार, निराभिमान) ←पु॰ मान↓

अमितविक्रम: 11.40, पु॰ प्रथ॰ एक॰ <u>अमितविक्रम:</u> (महा पराक्रमी); द्वि॰ अमितविक्रमौ; बहु॰ अमितविक्रमा: ←वि॰ अमितविक्रम (बहुत पराक्रमी, अत्यंत शूर) ←वि॰ अमित (अपरिमित, असीम, जिसकी मर्यादा नहीं है वह) ←3जुहो॰√मा (नापना) + पु॰ विक्रम (पराक्रम, शौर्य) ←वि√क्रम् 1भ्वादि॰ (अधिकार करना, चढ़ना)

अमी 11.21, पु॰ प्रथ॰ एक॰ असौ; द्वि॰ अमू; बहु॰ <u>अमी</u> (ये लोग) ←सना॰ अदस्↑

अमुत्र 6.40, अव्य॰ (उस जग में, परलोक में, स्वर्ग में, स्वर्लोक में) ←पु॰ सना॰ अदस्↑

अमूढा: 15.5, पु॰ प्रथ॰ एक॰ अमूढ:; द्वि॰ अमूढौ; बहु॰ <u>अमूढा:</u> (ज्ञानी लोग) ←वि॰ अमूढ (बुद्धिमान, समझदार, सुजान, सूझ, ज्ञानी↓) ←अव्य॰ अ↑ + पु॰ मूढ↓

अमृत 2.15, (1) न॰ (अमिय, अमी, पियूष, सुधा, सोम); (2) वि॰ नत॰ न मृत: (न मरा हुआ); अथवा (3) वि॰ नब॰ (अमर, अविनाशी↓; अमरत्व देने वाला; जो अति मधुर है वह) ←अव्य॰ अ↑ + वि॰ मृत (मरा हुआ) ←6तुदा॰ आत्म॰√मृ (मरना)

अमृतत्वाय 2.15, चतु॰ एक॰ <u>अमृतत्वाय</u> (मोक्ष के लाभ के लिए); द्वि॰ अमृतत्वाभ्याम्; बहु॰ अमृतत्वेभ्य: ←न॰ अमृतत्व, तद्धित शब्द अमृतस्य भाव: (अमरत्व, मोक्ष की प्राप्ति) ←न॰ अमृत↑

अमृतम् 9.19, प्रथ॰-द्विती॰ एक॰ <u>अमृतम्</u> (अमृत, अमृत को); द्वि॰ अमृते; बहु॰ अमृतानि ←न॰ अमृत↑

अमृतस्य 14.27, षष्ठी० एक० <u>अमृतस्य</u> (अमृत का,की,के); द्वि० अमृतयो:; बहु० अमृतानाम् ←न० अमृत↑

अमृतोद्भवम् 10.27, पु० द्विती० एक० <u>अमृतोद्भवम्</u> (जो अमृत से उत्पन्न हुआ है उसको); द्वि० अमृतोद्भवौ; बहु० अमृतोद्भवान् ←वि० बस० अमृतोद्भव, अमृतात् उद्भव: यस्य स: (अमृत से उत्पन्न) ←न० अमृत↑ + पु० उद्भव↓

अमृतोपमम् 18.37, न० प्रथ०–द्विती० एक० <u>अमृतोपमम्</u> (जो अमृत के समान है वह अथवा उसको); द्वि० अमृतोपमे; बहु० अमृतोपमानि ←वि० बस० अमृतोपम, अमृतम् उपमा यस्य (अमृत की उपमा पाया हुआ) ←न० अमृत↑ + स्त्री० उपमा↓

अमेध्यम् 17.10, न० प्रथ०–द्विती० एक० <u>अमेध्यम्</u> (जो पवित्र नहीं है वह अथवा उसको); द्वि० अमेध्ये; बहु० अमेध्यानि ←वि० नत० अमेध्य, न मेध्यम् ←अव्य० अ↑ + विधि० धासा० वि० मेध्य (यज्ञ के योग्य; पवित्र↓) ←√मेध् (यज्ञीय)

अम्बु 11.28, न० (अप्↑, अन्भस↓, आप↓, उद, उदक↓, उदन्↓, जल, जीवन↓, तोय↓, नीर, पय, पानी, पुष्कर, वारि, सलिल, क्षीर) ←1भ्वादि०√अम्ब्

अम्बुवेगा: 11.28, प्रथ० एक० अम्बुवेग:; द्वि० अम्बुवेगौ; बहु० <u>अम्बुवेगा:</u> (पानी के प्रवाह) ←पु० तस० अम्बुवेग, अम्बुन: वेग: (जल प्रवाह) ←न० अम्बु↑ + पु० वेग↓

अम्भस् 2.67, न० (अम्बु↑; आकाश↓) ←1भ्वादि० आत्म०√अम्भ् (शब्द करना)

अम्भसा 5.10, तृती० एक० <u>अम्भसा</u> (पानी से); द्वि० अम्भोभ्याम्; बहु० अम्भोभि: ←न० अम्भस्↑

अम्भसि 2.67, सप्त० एक० <u>अम्भसि</u> (पानी में); द्वि० अम्भसो:; बहु० अम्भ:सु ←न० अम्भस्↑

अयति: 6.37, पु० प्रथ० एक० <u>अयति:</u> (मन पर जिसका काबू नहीं है वह मनुष्य); द्वि० अयती; बहु० अयतय: ←वि० नत० अयति, न यति: (असंयमी, निग्रहहीन) ←अव्य० अ↑ + पु० यति↓

अयथावत् 18.31, अव्य० नत० (जैसा चाहिए वैसा नहीं; अयोग्य रीति से, गलती से) ←अव्य० यथावत्↓

अयन 1.11, न० (द्वार↓, मोर्चा, मार्ग, रास्ता) ←1भ्वादि०√अय् (जाना)

अयनेषु 1.11, सप्त० एक० अयने; द्वि० अयनयो:; बहु० <u>अयनेषु</u> (द्वारों में) ←न० अयन↑

अयम् 2.19, पु० प्रथ० एक० <u>अयम्</u> (यह); द्वि० इमौ; बहु० इमे ←सना० इदम्↓

अयश: 10.5, (यहाँ 10.5 में पु० के समान उपयोग) प्रथ० एक० <u>अयश:</u> (अपयश); द्वि०

अयशसी; बहु॰ अयशांसि ←न॰ नत॰ अयशस् (अयश, अपजय, अपयश, पराभव, हार) ←अव्य॰ अ↑ + न॰ यशस्↓

अयज्ञस्य 4.31, पु॰ षष्ठी॰ एक॰ अयज्ञस्य (यज्ञ न करने वाले का,की,के); द्वि॰ अयज्ञयो:; बहु॰ अयज्ञानाम् ←वि॰ नब॰ अयज्ञ, नास्ति यज्ञ: यस्य (यजन न करने वाला) ←अव्य॰ अ↑ + यज्ञ ←1भ्वादि॰√यज्

अयुक्त 2.66, वि॰ नत॰ न युक्त: (निष्कामकर्मयोग से जो संपन्न नहीं है वह, सकामी पुरुष) ←अव्य॰ अ↑ + वि॰ युक्त↓

अयुक्त: 5.12, पु॰ प्रथ॰ एक॰ अयुक्त: (सकामी पुरुष); द्वि॰ अयुक्तौ; बहु॰ अयुक्ता: ←वि॰ अयुक्त↑

अयुक्तस्य 2.66, पु॰ षष्ठी॰ एक॰ अयुक्तस्य (सकामी पुरुष का,की,के); द्वि॰ अयुक्तयो:; बहु॰ अयुक्तानाम् ←वि॰ अयुक्त↑

अयोगत: 5.6, पु॰ पंच॰ एक॰ अयोगत: (योग को छोड़ कर); द्वि॰ अयोगद्भ्याम्; बहु॰ अयोगद्भ्य: ←वि॰ नत॰ अयोगत्, न योगत् (योगाचरण न करते हुए, अथवा न करने वाला) ←अव्य॰ अ↑ + वि॰ योगत् (योगाचरण करने वाला, योगाचरणी) ←2अदा॰√युज्

अरति: 13.11 प्रथ॰ एक॰ अरति: (चाह न रखने वाला); द्वि॰ अरती; बहु॰ अरतय: ←पु॰ नत॰ न रति: (असन्तोष, विकलता); वि॰ नब॰ अरति (जिसको चाह नहीं है वह) ←अव्य॰ अ↑ + स्त्री॰ रति↓

अरागद्वेषत: 18.23, पु॰ पंच॰ एक॰ अरागद्वेषत: (रुचि-अरुचि अथवा पसंद-नापसंद को छोड़ कर); द्वि॰ अरागद्वेषद्भ्याम्; बहु॰ अरागद्वेषद्भ्य: ←वि॰ नत॰ अरागद्वेषत् (प्रीति और द्वेष न रखने वाला) ←अव्य॰ अ↑ + वि॰ रागद्वेषत् (राग और द्वेष करते हुए अथवा करने वाला) ←पु॰ राग↓ + पु॰ द्वेष↓

अरि 2.4, पु॰ (अराति, अहित↑, दुश्मन, द्विषत्↓, परिपंथिन्↓, रिपु↓, वैरी, शत्रु↓, सपत्न) ←1भ्वादि॰√ऋ (आक्रमण करना, घायल करना)

अरिसूदन 2.4, पु॰ संबो॰ एक॰ अरिसूदन (हे अरिसूदन!); द्वि॰ अरिसूदनौ; बहु॰ अरिसूदना: ←वि॰ विना॰ बस॰ अरिसूदन, अरिणाम् सूदन: य: स: (शत्रुओं को मारने वाला; कृष्ण↓) ←पु॰ अरि↑ + न॰ सूदन↓

अर्चितुम् 7.21, अव्य॰ (अर्चना करने के लिए, पूजन के लिए) ←1भ्वादि॰√अर्च् (अर्चना, पूजा करना)

अर्जुन 2.2, संबो॰ एक॰ अर्जुन (हे अर्जुन!); द्वि॰ अर्जुनौ; बहु॰ अर्जुना: ←पु॰ विना॰

अर्जुन (कौन्तेय 1.27, पार्थ 1.25 –अन्य नामों के लिए और व्यक्ति–परिचय के लिए देखिए 'गीता दर्शन')

अर्जुनः 1.28, प्रथ० एक० <u>अर्जुनः</u> (अर्जुन); द्वि० अर्जुनौ; बहु० अर्जुनाः ←पु० अर्जुन↑

अर्जुनम् 11.50, द्विती० एक० <u>अर्जुनम्</u> (अर्जुन को); द्वि० अर्जुनौ; बहु० अर्जुनान् ←पु० अर्जुन↑

अर्थ 1.7, पु० (उद्देश, निमित्त, प्रयोजन, हेतु↓; बोध; धन↓, पैसा, लाभ↓) 10चुरा०√अर्थ्

अर्थः 2.46, प्रथ० एक० <u>अर्थः</u> (प्रयोजन); द्वि० अर्थौ; बहु० अर्थाः ←पु० अर्थ↑

अर्थकामान् 2.5, द्विती० एक० अर्थकामम्; द्विती० अर्थकामौ; बहु० <u>अर्थकामान्</u> (लाभ के हेतु) ←(1) पु० तस० अर्थकाम, अर्थस्य कामम् (अर्थ की लालसा, धन की– कामना, लोभ, हेतु); (2) बस० अर्थम् कामयति यः सः (लालची, धन में लोभ रखने वाला) ←पु० अर्थ↑ + न० काम↓

अर्थव्यपाश्रयः 3.18, प्रथ० एक० <u>अर्थव्यपाश्रयः</u> (स्वार्थ का संबंध); द्वि० अर्थव्यपाश्रयौ; बहु० अर्थव्यपाश्रयाः ←पु० (1) तस० अर्थव्यपाश्रय, अर्थस्य व्यपाश्रयः (आश्रय का हेतु; स्वार्थ, स्वार्थ का संबंध); (2) बस० अर्थः व्यपाश्रयः यस्य सः (खुदगर्जी, मतलबी, स्वार्थी) ←पु० अर्थ↑ + पु० व्यपाश्रय↓

अर्थसञ्चयान् 16.12, द्विती० एक० अर्थसञ्चयम्; द्वि० अर्थसञ्चयौ; बहु० <u>अर्थसञ्चयान्</u> (धन के संग्रहों को) ←पु० तस० अर्थसञ्चय, अर्थस्य सञ्चयः (द्रव्य संचय, धन संग्रह, संपत्ति) ←पु० अर्थ↑ + पु० सञ्चय (संच, संचय, सङ्ग्रह↓) ←सम्√चि 5स्वादि०

अर्थार्थी 7.16, पु० प्रथ० एक० <u>अर्थार्थी</u> (कामुक); द्वि० अर्थार्थिनौ; बहु० अर्थार्थिनः ←वि० तस० अर्थार्थिन्, अर्थस्य अर्थी (धनेच्छु, कामुक; कामना, हेतु –रखने वाला) ←पु० अर्थ↑

अर्थे 1.9, सप्त० एक० <u>अर्थे</u> (हेतु में); द्वि० अर्थयोः; बहु० अर्थेषु ←पु० अर्थ↑

अर्पण 4.24, न० (त्याग↓; देना, बहना, समर्पण करना) ←1भ्वादि०√ऋ (देना)

अर्पणम् 4.24, प्रथ०–द्विती० एक० <u>अर्पणम्</u> (अर्पण, अर्पण किए हुए को); द्वि० अर्पणे; बहु० अर्पणानि ←न० अर्पण↑

अर्पित 8.7, वि० (अर्पण किया हुआ) ←1भ्वादि०√ऋ (देना, सोंपना)

अर्यमा 10.29, प्रथ० एक० <u>अर्यमा</u> (अर्यमन्); द्वि० अर्यमाणौ; बहु० अर्यमाणः ←पु० विना० अर्यमन् (व्यक्ति परिचय के लिए देखिए– 'गीता दर्शन')

अर्हति 2.17, लट् वर्त० पर० एक० उत्तम० अर्हामि; मध्य० अर्हसि↓; अन्य० <u>अर्हति</u> (वह कर सकता है, उसके लिए योग्य है) ←अक०√अर्ह् (योग्य, समर्थ होना, कर सकना)

1भ्वादि॰

अर्हसि 2.25, लट् वर्त॰ पर॰ एक॰ उत्तम॰ अर्हामि; मध्य॰ अर्हसि (तू समर्थ है, तू कर सकता है, तुझे योग्य है); अन्य॰ अर्हति↑ ←अक॰√अर्ह् (योग्य होना, कर सकना) 1भ्वादि॰

अर्हाः 1.37, पु॰ प्रथ॰ एक॰ अर्हः; द्वि॰ अर्हौ; बहु॰ अर्हाः (जो योग्य हैं वे) ←वि॰ अर्ह (पूजनीय, मान्य, योग्य) ←सक॰√अर्ह् (पूजा करना) 1भ्वादि॰

अलसः 18.28, पु॰ प्रथ॰ एक॰ अलसः (आलस); द्वि॰ अलसौ; बहु॰ अलसाः ←वि॰ अलस (अक्रिय, आलशी, निष्क्रिय) ←अ√लस् 1भ्वादि॰

अलोलुप्त्वम् 16.2, प्रथ॰-द्विती॰ एक॰ अलोलुप्त्वम् (निर्लोभ); द्वि॰ अलोलुप्त्वे; बहु॰ अलोलुप्त्वानि ←न॰ नत॰ अलोलुप्त्व, न लोलुप्त्वम् (कामनाशून्यता, निरिच्छा, निर्लोभ) ←अव्य॰ अ↑ + वि॰ लोलुप (उत्कट, उत्कंठित, उत्सुक; कामी, कामुक, लालची, लोभी) ←6तुदा॰√लुप्

अल्प 7.23, वि॰ (अणुमात्र, अपूर्ण, ईषत्, कतई, किञ्चित्, कण, कणिका, कम, कछुक, कुछ, छोटा, जरासा, तनिक, थोड़ा, नन्हा, मनाक्, रंच, लघु, लव, लेश, श्लक्ष्ण, संक्षिप्त, सूक्ष्म, स्वल्प, ह्रस्व; न्यून, खाली, रिता, विरहित↓; ओछा, नगण्य, महत्त्वहीन, तुच्छ, क्षुद्र) ←1भ्वादि॰√अल्

अल्पबुद्धयः 16.9, पु॰ प्रथ॰ एक॰ अल्पबुद्धिः; द्वि॰ अल्पबुद्धी; बहु॰ अल्पबुद्धयः (मूढ़ लोग) ←वि॰ बस॰ अल्पबुद्धि, अल्पा बुद्धिः यस्य सः (अज्ञ↓, बुद्धिहीन, मूढ़↓, मूर्ख) ←वि॰ अल्प↑ + स्त्री॰ बुद्धि↓

अल्पम् 18.22, न॰ प्रथ॰-द्विती॰ एक॰ अल्पम् (जो कम है वह, ॰उसको); द्वि॰ अल्पे; बहु॰ अल्पानि ←वि॰ अल्प↑

अल्पमेधसाम् 7.23, पु॰ षष्ठी॰ एक॰ अल्पमेधसः; द्वि॰ अल्पमेधसोः; बहु॰ अल्पमेधसाम् (मूढ़ लोगों का,की,के; जिनकी बुद्धि अल्प है उनका,की,के) ←पु॰ बस॰ अल्पमेधस्, अल्पा मेधा यस्य सः (अल्पबुद्धि, मतिहीन, मूढ↓, मूर्ख) ←वि॰ अल्प↑ + स्त्री॰ मेधा↓

अव 1.1, अव्य॰ उपसर्ग (अवलंबन, विचार, सङ्कल्प↓, विस्तार, स्वल्पता, अवज्ञा, निर्मलता, इत्यादिक सूचक)

अवगच्छ 10.41, लोट् पर॰ आज्ञार्थ एक॰ उत्तम॰ अवगच्छानि; मध्य॰ अवगच्छ (तू जान); अन्य॰ अवगच्छतु ←अव√गम् (जानना, समझना, ज्ञान होना) 1भ्वादि॰

अवजानन्ति 9.11, लट् वर्त॰ पर॰ अन्य॰ एक॰ अवजानाति; द्वि॰ अवजानीतः; बहु॰

अवजानन्ति (वे जानते हैं) ←अव√ज्ञा (जानना) 9क्र्या॰

अवतिष्ठति 14.23, लट् वर्त॰ पर॰ एक॰ उत्तम॰ अवतिष्ठामि; मध्य॰ अवतिष्ठसि; अन्य॰ अवतिष्ठति (वह स्थिर होता है) ←अव√स्था (रहना) 1भ्वादि॰

अवतिष्ठते 6.18, लट् वर्त॰ आत्म॰ एक॰ उत्तम॰ अवतिष्ठे; मध्य॰ अवतिष्ठसे; अन्य॰ अवतिष्ठते (वह स्थिर होता है) ←अव√स्था (रहना) 1भ्वादि॰

अवध्यः 2.30, पु॰ प्रथ॰ एक॰ अवध्यः (वध न किया जाने वाला); द्वि॰ अवध्यौ; बहु॰ अवध्याः ←वि॰ नत॰ अवध्य, न वध्यः (अमर, वध न होने वाला) ←अव्य॰ अ↑ + वि॰ वध्य (मर्त्य, वध किया जा सकने वाला) ←2अदा॰√हन् अथवा 1भ्वादि॰√वध् (मारना; आघात, प्रहार करना)

अवनिपालसङ्घैः 11.26, तृती॰ एक॰ ॰सङ्घेन; द्वि॰ ॰सङ्घाभ्याम्; बहु॰ अवनिपालसङ्घैः (राजा लोगों के समूहों के साथ) ←पु॰ तस॰ अवनिपालसङ्घ, अवनिपालानाम् सङ्घः (राजाओं का समूह) ←स्त्री॰ अवनि (पृथिवी↓) ←1भ्वादि॰√अव् + वि॰ पाल (पति↓, पालक, राजा↓) ←10चुरा॰√पाल् + पु॰ सङ्घ↓

अवरम् 2.49, न॰ प्रथ॰–द्विती॰ एक॰ अवरम् (हीन, ॰को); द्वि॰ अवरे; बहु॰ अवराणि ←वि॰ अवर (अनुवर्ती, पश्चवर्ती, बाद का, पीछे का; अधम, ओछा, कनिष्ठ, कीनाश, कृपण, घटिया, छोटा, तुच्छ, निम्न, निम्नतर, हलका, हीन↓, क्षुद्र, क्षुल्लक) ←अव√रा 2अदा॰

अवश 3.5, वि॰ नत॰ न वशः (अधीन, परतंत्र, परवश, पराधीन, परायत्त, बेबस, लाचार, विवश) ←अव्य॰ अ↑ + वि॰ वश↓

अवशः 3.5, पु॰ प्रथ॰ एक॰ अवशः (जो पराधीन है वह); द्वि॰ अवशौ; बहु॰ अवशाः ←वि॰ अवश↑

अवशम् 9.8, पु॰ द्विती॰ एक॰ अवशम् (पराधीन बात को); द्वि॰ अवशौ; बहु॰ अवशान् ←वि॰ अवश↑

अवशिष्यते 7.2, लट् वर्त॰ आत्म॰ एक॰ पर॰ उत्तम॰ अवशिष्ये; मध्य॰ अवशिष्यसे; अन्य॰ अवशिष्यते (वह रहता है) ←अव√शिष् (विशेष करना; रहना, शेष रहना) 7रुधा॰

अवष्टभ्य 9.8, अव्य॰ (अंगीकार किए, अपनाए, ग्रहण किए, धारण किए; स्वीकार करके, हाथ में ले कर; आधार, टेक, सहारा –ले कर) ←उपसर्ग अव↑ + 1भ्वादि॰√स्तम्भ् (रोकना, पकड़ना)

अवसादयेत् 6.5, विधि॰ पर॰ अन्य॰ विधि॰ पर॰ प्रयो॰ एक॰ अवसादयेत् (उसे विनाश

होने देना चाहिए, वह विनाश होने दे); द्वि॰ अवसादयेताम्; बहु॰ अवसादयेयुः ←अव√सद् 6तुदा॰

अवस्थातुम् 1.30, अव्य॰ (खड़ा रहने के लिए) ←उपसर्ग अव↑ + पर॰√स्था (खड़ा रहना) 1भ्वादि॰

अवस्थित 1.11, वि॰ (स्थित, स्थिर, शांत –हुआ) ←अव्य॰ अव↑ + वि॰ स्थित↓

अवस्थितः 9.4, पु॰ प्रथ॰ एक॰ अवस्थितः (जो स्थित हुआ है वह); द्वि॰ अवस्थितौ; बहु॰ अवस्थिताः↓ ←वि॰ अवस्थित↑

अवस्थितम् 15.11, पु॰ द्विती॰ एक॰ अवस्थितम् (जो स्थित हुआ है उसको); द्वि॰ अवस्थितौ; बहु॰ अवस्थितान्↓ ←वि॰ अवस्थित↑

अवस्थिताः 1.11, पु॰ प्रथ॰ एक॰ अवस्थितः↑; द्वि॰ अवस्थितौ; बहु॰ अवस्थिताः (जो स्थित हुए हैं वे) ←वि॰ अवस्थित↑

अवस्थितान् 1.22, पु॰ द्विती॰ एक॰ अवस्थितम्↑; द्वि॰ अवस्थितौ; बहु॰ अवस्थितान् (जो स्थित हुए हैं उनको) ←वि॰ अवस्थित↑

अवहासार्थम् 11.42, द्विती॰ एक॰ अवहासार्थम् (ठट्ठा के प्रति); द्वि॰ अवहासार्थौ; बहु॰ अवहासार्थान् ←पु॰ तस॰ अवहासार्थ, अवहासस्य अर्थः (मजाक का– अर्थ, उद्देश, हेतु) ←पु॰ अवहास (ठट्ठा, ठिठोली, खिलवाड़, दिल्लगी, परिहास, बेवना, वर्कश, विजल्पन, हँसी–मजाक) ←अव√हस् 1भ्वादि॰ + पु॰ अर्थ↑

अवज्ञातम् 17.22, अव्य॰ क्रिवि॰ (तिरस्कारपूर्वक; अनादर, अपमान, अवहेलना, अवज्ञा, घीन, घृणा, तिरस्कार, नफरत, निरादर, परिभव, लाञ्छन –के साथ) ←अव√ज्ञा 9क्र्या॰

अवाच्यवादान् 2.36, द्विती॰ एक॰ अवाच्यवादम्; द्वि॰ अवाच्यवादौ; बहु॰ अवाच्यवादान् (अकथनीय शब्दों को) ←पु॰ तस॰ अवाच्यवाद, अवाच्यः वादः (अप, आक्षेपार्ह, उच्चारणा के लिए अयोग्य; अवहेलना, उपक्रोश, उपेक्षा, कुत्सा, गर्हणा, जुगुप्सा, निंदा, परीवाद –युक्त शब्द) ←अव्य॰ अ↑ + वि॰ वाच्य (उच्चारणा के लिए योग्य; कथनीय) ←2अदा॰√वच् + पु॰ वाद↓

अवाप्त 3.22, वि॰ (प्राप्त, साध्य) ←स्त्री॰ अवाप्ति (प्राप्ति) ←अव√आप् 5स्वादि॰

अवाप्तव्यम् 3.22, न॰ प्रथ॰–द्विती॰ एक॰ अवाप्तव्यम् (जो प्राप्त करने के लिए उचित है वह, ॰उसको); द्वि॰ अवाप्तव्ये; बहु॰ अवाप्तव्यानि ←विधि॰ वि॰ अवाप्तव्य (मिलने लायक, प्राप्त करने योग्य) ←वि॰ अवाप्त↑

अवाप्तुम् 6.36, अव्य॰ (प्राप्त करने के लिए, साध्य करने के लिए) ←उपसर्ग अव↑ +

5स्वादि॰√आप् (प्राप्त करना)

अवाप्नोति 15.8, लट् वर्त॰ पर॰ एक॰ उत्तम॰ अवाप्नोमि; मध्य॰ अवाप्नोषि; अन्य॰ अवाप्नोति (वह प्राप्त करता है) ←अव√आप् 5स्वादि॰ (प्राप्त करना)

अवाप्य 2.8, अव्य॰ (प्राप्त किए, साध्य होकर) ←अव्य॰ अव↑ + ←5स्वादि॰√आप् (प्राप्त करना)

अवाप्यते 12.5, लट् वर्त॰ आत्म॰ अन्य॰ एक॰ पर॰ अवाप्नोति (वह उसको प्राप्त करता है); आत्म॰ अवाप्यते (उससे वह प्राप्त होता है, ॰किया जाता है) ←अव√आप् 5स्वादि॰

अवाप्स्यथ 3.11, लृट् अपूर्ण भवि॰ पर॰ मध्य॰ एक॰ अवाप्स्यसि↓; द्वि॰ अवाप्स्यथ:; बहु॰ अवाप्स्यथ (आप प्राप्त करेंगे); उत्तम॰ बहु॰ अवाप्स्याम:; अन्य॰ बहु॰ अवाप्स्यन्ति ←अव√आप् 5स्वादि॰

अवाप्स्यसि 2.33, लृट् अपूर्ण भवि॰ पर॰ मध्य॰ एक॰ अवाप्स्यसि (तू प्राप्त करेगा); द्वि॰ अवाप्स्यथ:; बहु॰ अवाप्स्यथ↑; उत्तम॰ एक॰ अवाप्स्यामि:; अन्य॰ एक॰ अवाप्स्यति ←अव√आप् 5स्वादि॰

अविकम्पेन 10.7, तृती॰ एक॰ अविकम्पेन (दृढ़ता से); द्वि॰ अविकम्पाभ्याम्; बहु॰ अविकम्पै: ←पु॰ नत॰ अविकम्प, न असामान्येन कम्प: (दृढ़ता, स्थिरता) ←अव्य॰ अ↑ + वि॰ विकम्प (अदृढ़, कांपता हुआ) ←वि√कम्प् 1भ्वादि॰

अविकार्य: 2.25, प्रथ॰ एक॰ अविकार्य: (अविनाशी); द्वि॰ अविकार्यौ; बहु॰ अविकार्या: ←पु॰ नत॰ अविकार्य, न विकार्य (अविकारी, अविनाशी↓, शाश्वत↓) ←अव्य॰ अ↑ + वि॰ विकार्य (विकारी, क्षर↓) ←पु॰ विकार↓

अविद्वांस: 3.25, प्रथ॰ एक॰ अविद्वान्; द्वि॰ अविद्वांसौ; बहु॰ अविद्वांस: (अज्ञानी लोग) ←पु॰ नब॰ अनियमित चलने वाला शब्द अविद्वस्, नास्ति विद्वान् य: (अज्ञ↓, अज्ञानी, मूढ↓) ←अव्य॰ अ↑ + वि॰ पु॰ विद्वस्↓

अविधिपूर्वकम् 9.23, अव्य॰ अस॰ (विधि विरहित, विधी को छोड़ कर) ←क्रिवि॰ विधिपूर्वकम् (नियमों के अनुसार, विधि के अनुसार, विधिपूर्वक) ←अव्य॰ अ↑ + स्त्री॰ विधि↓ + वि॰ पूर्वक↓

अविनश्यन्तम् 13.28, पु॰ द्विती॰ एक॰ अविनश्यन्तम् (अविनाशी –को, नाश न होते हुए); द्वि॰ अविनश्यन्तौ; बहु॰ अविनश्यन्त: ←वि॰ अविनश्यत् (अनश्वर, अविनाशी↓, शाश्वत; नाश न होते हुए, विनाश न होने वाला) ←अव्य॰ अ↑ + अव्य॰ वि↓ + 3जुहो॰√नश् (नष्ट होना, नाश होना, लुप्त होना)

अविनाशि 2.17, न॰ प्रथ॰–द्विती॰ एक॰ अविनाशि (नाश न होने वाला तत्त्व, ॰तत्त्व को); द्वि॰ अविनाशिनी; बहु॰ अविनाशीनि: ←वि॰ अविनाशिन्↓

अविनाशिन् 2.17, वि॰ न विद्यते नाश: यस्य (अनश्वर, अक्षय↓, अक्षर↓, चिर↓, जिसको विनाश नहीं वह, शश्वत्↓, शाश्वत↓; अमर) ←अव्य॰ अ↑ + पु॰ विनाश↓

अविनाशिनम् 2.21, पु॰ द्विती॰ एक॰ अविनाशिनम् (नाश न होने वाले को); द्वि॰ अविनाशिनौ; बहु॰ अविनाशिन: ←वि॰ अविनाशिन्↑

अविपश्चित: 2.42, (1) सामान्यत:– पु॰ प्रथ॰ एक॰ अविपश्चित: (अज्ञानी जन, अज्ञ जग); द्वि॰ अविपश्चितौ; बहु॰ अविपश्चिता: ←वि॰ नत॰ अविपश्चित (अबुद्ध, मतिहीन, मूढ↓); (2) 2.42 में– पु॰ प्रथ॰ एक॰ अविपश्चित्; द्वि॰ अविपश्चितौ; बहु॰ अविपश्चित: (अज्ञानी लोग) ←अव्य॰ अ↑ + वि॰ विपश्चित् (तज्ञ, पण्डित↓, बुद्धिमान्↓, विद्वान्↓, सूक्ष्मदर्शी) ←वि–प्र√चित् 1भ्वादि॰

अविभक्तम् 13.17, न॰ प्रथ॰–द्विती॰ एक॰ अविभक्तम् (भंग न हुआ, अविभक्त, ॰को); द्वि॰ अविभक्ते; बहु॰ अविभक्तानि ←वि॰ नत॰ अविभक्त (अखण्ड, अटूट, अभंग, अविकल, अविभाजित; संपूर्ण, सर्व↓; अभिन्न, अभेद) ←अव्य॰ अ↑ + वि॰ विभक्त↓

अविज्ञेयम् 13.16, न॰ प्रथ॰–द्विती॰ एक॰ अविज्ञेयम् (जो अगम्य है वह, ॰उसको); द्वि॰ अविज्ञेये; बहु॰ अविज्ञेयानि ←वि॰ नत॰ अविज्ञेय, न विज्ञेयम् (अगम्य, अगोचर, अग्राह्य, अदृश्य, अबोध्य, अव्यक्त↓, ओझल, जाना न जाने वाला, तिरोधान, दुरूह, दुर्ग्राह्य, दुर्बोध, दुर्ज्ञेय, बोधातीत, ज्ञानातीत) ←अव्य॰ अ↑ + वि॰ विज्ञेय (गम्य, गोचर, ज्ञात होने वाला, सुबोध) ←अव्य॰ वि↑ + वि॰ ज्ञेय↓

अवेक्षे 1.23, लट् वर्त॰ आत्म॰ एक॰ उत्तम॰ अवेक्षे (मैं निरीक्षण करता हूँ); मध्य॰ अवेक्षसे; अन्य॰ अवेक्षते ←उपसर्ग अव↑ + √ईक्ष् (देखना)

अवेक्ष्य 2.31, ल्यप्॰ अव्य॰ (निरीक्षण करके, देख कर) ←अव√ईक्ष् 1भ्वादि॰ (देखना)

अव्यक्त 2.25, वि॰ नत॰ न व्यक्त:; पु॰ बस॰ न व्यक्त: य: (अंतर्धान, अगोचर, अदृश्य, अप्रकट, अप्रत्यक्ष, अप्रयुक्त, अलख, अलक्षित, अविज्ञेय↑, अज्ञेय, ओझल, गायब, तिरोधान, तिरोहित, दुर्बोध, दुर्ज्ञेय, लापता, लुप्त, विलीन; जो इन्द्रियग्राह्य नहीं है) ←7रुधा॰√अञ्ज् (मिलना) ←अव्य॰ अ↑ + वि॰ व्यक्त↓

अव्यक्त: 2.25, पु॰ प्रथ॰ एक॰ अव्यक्त: (जो अव्यक्त है वह, जो व्यक्त नहीं है वह); द्वि॰ अव्यक्तौ; बहु॰ अव्यक्ता: ←वि॰ अव्यक्त↑

अव्यक्तम् 7.24, पु॰ द्विती॰ एक॰ अव्यक्तम् (जो अव्यक्त है उसको); द्वि॰ अव्यक्तौ; बहु॰

अव्यक्तान् ←वि॰ अव्यक्त↑

अव्यक्तनिधनानि 2.28, न॰ प्रथ॰–द्विती॰ एक॰ अव्यक्तनिधनम्; द्वि॰ अव्यक्तनिधने; बहु॰ <u>अव्यक्तनिधनानि</u> (मृत्यु के पश्चात् अगोचर रहने वाले) ←बस॰ अव्यक्तनिधन, निधनात् अव्यक्तम् यत् ←वि॰ अव्यक्त↑ + न॰ निधन↓

अव्यक्तमूर्तिना 9.4, पु॰ तृती॰ एक॰ <u>अव्यक्तमूर्तिना</u> (जो अव्यक्त रूप में है उससे अथवा उसकी ओर से); द्वि॰ अव्यक्तमूर्तिभ्याम्; बहु॰ अव्यक्तमूर्तिभिः ←वि॰ बस॰ अव्यक्तमूर्ति, अव्यक्ता मूर्तिः यस्य सः (अगोचर, अदृश्य, अप्रकट, अप्रत्यक्ष, अव्यक्त, ओझल –स्वरूप का) ←वि॰ अव्यक्त↑ + स्त्री॰ मूर्ति↓

अव्यक्तसंज्ञके 8.18, सप्त॰ एक॰ <u>अव्यक्तसंज्ञके</u> (अव्यक्त जाने गए हुए तत्त्व में); द्वि॰ अव्यक्तसंज्ञकयोः; बहु॰ अव्यक्तसंज्ञकेषु ←पु॰ अव्यक्तसंज्ञक, बस॰ अव्यक्त इति संज्ञा यस्य ("अव्यक्त" नामक नियम, स्वरूप, तत्त्व; ब्रह्मदेव) ←वि॰ अव्यक्त↑ + वि॰ संज्ञक (नामक, नाम का) ←सम्√ज्ञा 9क्र्या॰

अव्यक्ता 12.5, स्त्री॰ प्रथ॰ एक॰ <u>अव्यक्ता</u> (जो अव्यक्त है; जो- गोचर, प्रकट, प्रत्यक्ष – नहीं है वह); द्वि॰ अव्यक्ते; बहु॰ अव्यक्ताः ←वि॰ अव्यक्त↑

अव्यक्तात् 8.18, पु॰ पंच॰ एक॰ <u>अव्यक्तात्</u> (अव्यक्त तत्त्व में); द्वि॰ अव्यक्ताभ्याम्; बहु॰ अव्यक्तेभ्यः ←वि॰ अव्यक्त↑

अव्यक्तादीनि 2.28, न॰ प्रथ॰–द्विती॰ एक॰ अव्यक्तादि; द्वि॰ अव्यक्तादिनी; बहु॰ <u>अव्यक्तादीनि</u> (जो जन्म के पूर्व अव्यक्त होते हैं वे अथवा उनको) ←वि॰ बस॰ अव्यक्तादिन्, अव्यक्तम् आदिम् यस्य तत् (जो पहले अव्यक्त होता है वह; जन्म के पहले कायाहीन हो वह तत्त्व) ←वि॰ अव्यक्त↑ + वि॰ आदि↓

अव्यक्तासक्तचेतसाम् 12.5, पु॰ षष्ठी॰ एक॰ अव्यक्तासक्तचेतसः; द्वि॰ अव्यक्तासक्तचेतसोः; बहु॰ <u>अव्यक्तासक्तचेतसाम्</u> (जिनका चित्त अव्यक्त तत्त्व पर आसक्त हुआ है उनका,की,के) ←वि॰ बस॰ अव्यक्तासक्तचेतस्, अव्यक्ते आसक्तम् चेतः यस्य सः (अव्यक्त में चित्त आसक्त) ←वि॰ अव्यक्त↑ + वि॰ आसक्त↓ + न॰ चेतस्↓

अव्यभिचारिणी 13.11, स्त्री॰ प्रथ॰ एक॰ <u>अव्यभिचारिणी</u> (जो एकनिष्ठ है वह; जो असति, भ्रष्टा नहीं है वह); द्वि॰ अव्यभिचारिण्यौ; बहु॰ अव्यभिचारिण्यः ←वि॰ अव्यभिचारिन्↓

अव्यभिचारिण्या 18.33, स्त्री॰ तृती॰ एक॰ <u>अव्यभिचारिण्या</u> (एकनिष्ठता से); द्वि॰ अव्यभिचारिभ्याम्; बहु॰ अव्यभिचारिभिः ←वि॰ अव्यभिचारिन्↓

अव्यभिचारिन् 13.11, वि॰ नत॰ (अनन्य, अविभक्त↑, एकतान, एकनिष्ठ, एकसर्ग,

एकाग्र↓; स्थिर) ←वि॰ व्यभिचारिन्↓

अव्यभिचारेण 14.26, पु॰ तृती॰ एक॰ अव्यभिचारेण (एकनिष्ठ भाव से); द्वि॰ अव्यभिचाराभ्याम्; बहु॰ अव्यभिचारेभ्य: ←पु॰ अव्यभिचार ←देखिए व्यभिचारिन्↓

अव्यय 2.17, वि॰ नब॰ न विद्यते व्यय: यस्य तत् (जिसका व्यय नहीं होता वह; अखण्ड, अनश्वर, अपरिवर्तनशील, अक्षय↓, अक्षर↓, अविनाशी↑, नित्य↓, चिर↓, शश्वत↓, शाश्वत↓) ←अव्य॰ अ↑ + वि॰ व्यय (नाश, परिवर्तन, क्षय↓; ह्रास) ←√व्यय्

अव्यय: 11.18, पु॰ प्रथ॰ एक॰ अव्यय: (जो अविनशी है वह); द्वि॰ अव्ययौ; बहु॰ अव्यया: ←वि॰ अव्यय↑

अव्ययम् 2.21, पु॰ द्विती॰ एक॰ अव्ययम् (जो अविनाशी है उसको); द्वि॰ अव्ययौ; बहु॰ अव्ययान् ←वि॰ अव्यय↑

अव्ययस्य 2.17, न॰ षष्ठी॰ एक॰ अव्ययस्य (अविनाशी का,की,के); द्वि॰ अव्यययो:; बहु॰ अव्ययानाम् ←वि॰ अव्यय↑

अव्ययात्मा 4.6, प्रथ॰ एक॰ अव्ययात्मा (जिसकी प्रकृति अविनाशी है वह); द्वि॰ अव्ययात्मानौ; बहु॰ अव्ययात्मान: ←पु॰ अव्ययात्मन्, अव्यय: आत्मा यस्य स: (जो अव्ययी प्रकृति का है वह) ←वि॰ अव्यय↑ + पु॰ आत्मन्↓

अव्ययाम् 2.34, स्त्री॰ द्विती॰ एक॰ अव्ययाम् (जिसकी प्रकृति अविनाशी है उसको); द्वि॰ अव्यये; बहु॰ अव्यया: ←वि॰ अव्यय↑

अव्यवसायिनाम् 2.41, पु॰ षष्ठी॰ एक॰ अव्यवसायिन:; द्वि॰ अव्यवसायिनो:; बहु॰ अव्यवसायिनाम् (सकामी लोगों का,की,के) ←वि॰ नत॰ अव्यवसायिन्, न व्यवसायिन् (अज्ञानी; सकामी) ←अव्य॰ अ↑ + वि॰ व्यवसायिन् (दृढ़संकल्पी, दृढ़ निश्चयी; उद्यमी, परिश्रमी) ←पु॰ व्यवसाय↓

अंश: 10.41, प्रथ॰ एक॰ अंश: (अंश); द्वि॰ अंशौ; बहु॰ अंशा: ←पु॰ अंश (अणु↓, कण, लव, लवलेश, लेश; अंग↑, खण्ड, टुकड़ा, टूक, बूंद, भाग, विभाग, हिस्सा) ←10चुरा॰√अंश् (पृथक् करना, बाँटना, विभाजित करना)++

अशक्त: 12.11, पु॰ प्रथ॰ एक॰ अशक्त: (अपात्र); द्वि॰ अशक्तौ; बहु॰ अशक्ता: ←वि॰ नत॰ अशक्त, न शक्त: (कमजोर, निर्बल, दुर्बल; अपात्र↓, अयोग्य, असमर्थ↓) ←अव्य॰ अ↑ + वि॰ शक्त (योग्य, पात्र, लायक; सम्पन्न, समर्थ) ←4दिवा॰√शक् (सकना)

अशम: 14.12, प्रथ॰ एक॰ अशम: (अशांति); द्वि॰ अशमौ; बहु॰ अशमा: ←पु॰ नत॰ अशम, न शम: (अशान्ति) ←अव्य॰ अ↑ + वि॰ शम↓

अशस्त्रम् 1.46, पु॰ द्विती॰ एक॰ <u>अशस्त्रम्</u> (जो निःशस्त्र है उसको); द्वि॰ अशस्त्रौ; बहु॰ अशस्त्रान् ←वि॰ नब॰ अशस्त्र, नास्ति शस्त्रम् यस्य सः (जिसने शस्त्र नहीं धारण किया है, शस्त्र के विरहित है, विना शस्त्र का है, शस्त्रहीन है, निःशस्त्र है –वह) ←अव्य॰ अ↑ + न॰ शस्त्र↓

अशान्तस्य 2.66, पु॰ षष्ठी॰ एक॰ <u>अशान्तस्य</u> (जिसने शान्ति नहीं पायी है उसका,की,के); द्वि॰ अशान्तयोः; बहु॰ अशान्तानाम् ←वि॰ नब॰ अशान्त, नास्ति शान्तिः यस्य सः (जिसने शान्ति नहीं पायी है वह) ←अव्य॰ अ↑ + वि॰ शान्त↓

अशाश्वतम् 8.15, पु॰ द्विती॰ एक॰ <u>अशाश्वतम्</u> (जो नश्वर है उसको); द्वि॰ अशाश्वतौ; बहु॰ अशाश्वतान् ←वि॰ नत॰ अशाश्वत, न शाश्वतः (अनित्य, नश्वर, नाशवंत, फानी, मर्त्य, विनाशी, क्षणभंगुर, क्षणिक, क्षयी, क्षर↓) ←अव्य॰ अ↑ + वि॰ शाश्वत↓

अशास्त्रविहितम् 17.5, न॰ प्रथ॰–द्विती॰ एक॰ <u>अशास्त्रविहितम्</u> (जो शास्त्र से परे है वह, ॰उसको); द्वि॰ अशास्त्रविहिते; बहु॰ अशास्त्रविहितानि ←वि॰ नत॰ अशास्त्रविहित, न शास्त्रविहितम् (अशास्त्र; शास्त्र को छोड़ कर, शास्त्र के विरुद्ध) ←वि॰ शास्त्रविहित (शास्त्रबद्ध, शास्त्र में कहा गया हुआ) ←अव्य॰ अ↑ + न॰ शास्त्र↓ + वि॰ विहित↓

अशुचि 16.16, (1) स्त्री॰ नत॰ (अपवित्रता, अशुद्धि); (2) वि॰ नब॰ (अपवित्र, अमंगल, अशुद्ध, अस्वच्छ, गंदा, मलीन, मैला) ←अव्य॰ अ↑ + वि॰ शुचि↓

अशुचिः 18.27, पु॰ प्रथ॰ एक॰ <u>अशुचिः</u> (जो अपवित्र है वह); द्वि॰ अशुची; बहु॰ अशुचयः ←वि॰ अशुचि↑

अशुचिव्रताः 16.10, प्रथ॰ एक॰ अशुचिव्रतः; द्वि॰ अशुचिव्रतौ; बहु॰ <u>अशुचिव्रताः</u> (जिनका आचरण अमंगल है वे लोग) ←पु॰ नब॰ अशुचिव्रत, न शुचि व्रतम् यस्य सः (अमंगल, अपवित्र, अवैध, दुष्ट –आचरण का) ←वि॰ शुचिव्रत (पवित्र संकल्प करने वाला, शुद्ध आचरण का) ←अव्य॰ अ↑ + वि॰ शुचि↓ + न॰ व्रत↓

अशुचौ 16.16, पु॰ सप्त॰ एक॰ <u>अशुचौ</u> (जिसका आचरण अमंगल है अपवित्र है उसमें); द्वि॰ अशुच्योः; बहु॰ अशुचिषु ←वि॰ अशुचि↑

अशुभ 2.57, (1) न॰ नत॰ न शुभः (अभाग्य, अमंगल, पाप↓, विपत्ति); (2) वि॰ नब॰ न शुभः यस्मिन् (अकल्याणकारक, अमंगलकारी; अपवित्र, गंदा; अभागा) ←अव्य॰ अ↑ + वि॰ शुभ↓

अशुभात् 4.16, पु॰ पंच॰ एक॰ <u>अशुभात्</u> (अशुभ से); द्वि॰ अशुभाभ्याम्; बहु॰ अशुभेभ्यः ←वि॰ अशुभ↑

अशुभान् 16.19, पु॰ द्विती॰ एक॰ अशुभम्; द्वि॰ अशुभौ; बहु॰ अशुभान् (पापी लोगों को) ←वि॰ अशुभ↑

अंशुमान् 10.21, पु॰ प्रथ॰ एक॰ अंशुमान् (जो किरणयुक्त है वह); द्वि॰ अंशुमन्तौ; बहु॰ अंशुमन्त: ←वि॰ अंशुमत् (अंशु, किरण –युक्त) ←पु॰ अंशु (किरण, मयूख, मरीचि, रश्मि) ←10चुरा॰अंश् + कृत् प्रत्यय मत्↓

अशुश्रूषवे 18.67, चतु॰ एक॰ अशुश्रूषवे (सुनने की जिसमें इच्छा नहीं है उसको); द्वि॰ अशुश्रूषुभ्याम्; बहु॰ अशुश्रूषुभ्य: ←पु॰ नत॰ अशुश्रूषु, न शुश्रूषु: (सुनने की इच्छा जिसमें नहीं है वह) ←अव्य॰ अ↑ + वि॰ शुश्रूषु (आज्ञाधारक, सेवक; सुनने की इच्छा जिसमें है) ←1भ्वादि॰ पर॰√श्रु (सुनना)

अशेष 4.35, वि॰ नब॰ (नि:शेष, परिपूर्ण, पूर्ण, सकल, समग्र↓, समस्त, संपूर्ण) ←अव्य॰ अ↑ + वि॰ शेष (अवशिष्ट, बचा हुआ, बाकी) ←7रुधा॰√शिष्

अशेषत: 6.24, क्रिवि॰ अव्य॰ (नि:शेष, पूर्णता से) ←वि॰ अशेष↑

अशेषेण 4.35, अव्य॰ (पूर्णत:, नि:शेषता से) ←वि॰ अशेष↑

अशोच्यान् 2.11, पु॰ द्विती॰ एक॰ अशोच्यम्; द्वि॰ अशोच्यौ; बहु॰ अशोच्यान् (शोक के लिए अपात्र बातों को) ←वि॰ नत॰ अशोच्य, न शोच्य: (खेद करने के लिए– अकारण, अनुचित, अपात्र, अयोग्य, अशिष्ट, नामुनासिब, नाहक, निरर्थक, निरुपयोगी, बेकार, बेजा, बेमतलब, बेमेल, व्यर्थ) ←अव्य॰ अ↑ + वि॰ शोच्य (शोक करने के लायक) ←1भ्वादि॰√शुच् (दु:खी होना; शोक करना)

अशोष्य: 2.24; पु॰ प्रथ॰ एक॰ अशोष्य: (जो सूख नहीं सकता वह, न सूखने वाला); द्वि॰ अशोष्यौ; बहु॰ अशोष्या: ←वि॰ नत॰ अशोष्य, न शोष्य: (जो सूख नहीं सकता) ←अव्य॰ अ↑ + वि॰ शोष्य (जो सूख सकता है, सूखने वाला) ←4दिवा॰√शुष् (सूखना)

अश्नत् 5.8, धासा॰ वि॰ (खाते हुए; खाने वाला) ←9क्रया॰ पर॰√अश् (खाना)

अश्नन् 5.8, पु॰ प्रथ॰ एक॰ अश्नन् (खाते हुए); द्वि॰ अश्नन्तौ; बहु॰ अश्नन्त: ←वि॰ अश्नत्↑

अश्नन्ति 9.20, लट् वर्त॰ पर॰ अन्य॰ एक॰ अश्नाति; द्वि॰ अश्नीत:; बहु॰ अश्नन्ति (वे खाते हैं) ←9क्रया॰√अश् (खाना)

अश्नामि 9.26, लट् वर्त॰ पर॰ एक॰ उत्तम॰ अश्नामि (मैं खाता हूँ); मध्य॰ अश्नासि↓; अन्य॰ अश्नाति ←9क्रया॰√अश् (खाना)

अश्नासि 9.27, लट् वर्त॰ पर॰ एक॰ उत्तम॰ अश्नामि↑; मध्य॰ अश्नासि (तू खाता है); अन्य॰ अश्नाति ←9क्रया॰√अश् (खाना)

अश्नुते 3.4, लट् वर्त॰ आत्म॰ एक॰ उत्तम॰ अश्नुवे; मध्य॰ अश्नुषे; अन्य॰ अश्नुते (वह होता है; वह उपभोग करता है) ←9क्र्या॰√अश् (फैलना, व्याप्त होना)

अश्रद्दधान 4.40, वि॰ नत॰ न श्रद्दधानः (नास्तिक, अश्रद्ध, विना श्रद्धा का) ←अव्य॰ अ↑ + वि॰ श्रद्दधान (आस्तिक, निष्ठ, श्रद्ध↓, श्रद्धालु) ←अव्य॰ श्रत् (श्रद्धा↓, विश्वास; सत्य↓) ←9क्र्या॰√श्री + वि॰ ददान अथवा ददत् (देने वाला) ←3जुहो॰√दा

अश्रद्दधानः 4.40, पु॰ प्रथ॰ एक॰ अश्रद्दधानः (जो नास्तिक है वह); द्वि॰ अश्रद्दधानौ; बहु॰ अश्रद्दधानाः↓ ←वि॰ अश्रद्दधान↑

अश्रद्दधानाः 9.3, पु॰ प्रथ॰ एक॰ अश्रद्दधानः↑; द्वि॰ अश्रद्दधानौ; बहु॰ अश्रद्दधानाः (नास्तिक लोग) ←वि॰ अश्रद्दधान↑

अश्रुपूर्णाकुलेक्षणम् 2.1; पु॰ द्विती॰ एक॰ अश्रुपूर्णाकुलेक्षणम् (आंखे अश्रुओं से भर कर जो व्याकुल हुआ है उसको); द्वि॰ अश्रुपूर्णाकुलेक्षणौ; बहु॰ अश्रुपूर्णाकुलेक्षणान् ←वि॰ बस॰ अश्रुपूर्णाकुलेक्षण, अश्रुभिः पूर्णे च आकुले च ईक्षणे यस्य सः (जिसके नेत्र अश्रुओं से पूर्ण भरे है और व्याकुल हैं वह) ←न॰ अश्रु (अश्क, आंसू) ←5स्वादि॰√अश् + वि॰ पूर्ण (संपूर्ण) ←6तुदा॰√पुर् + वि॰ आकुल (अस्वस्थ, उद्विग्न, कातर, विव्हल, व्यग्र, व्याकुल, क्षुब्ध; परेशान, बेचैन, हैरान; अशांत, दुःखी, पीड़ीत) ←आ√कुल् 1भ्वादि॰ + न॰ ईक्षण (अक्ष, अक्षि↓, आंख, चश्म, चक्ष, चक्षु↓, दृग, दृष्टि, नयन↓, नेत्र↓, लोचन) ←2अदा॰√ई

अश्रौषम् 18.74, लुङ् सामान्य भूत॰ पर॰ उत्तम॰ एक॰ अश्रौषम् (मैंने सुना); उत्तम॰ द्वि॰ अश्रौष्व:; उत्तम॰ बहु॰ अश्रौष्म; मध्य॰ एक॰ अश्रौषीः; अन्य॰ एक॰ अश्रौषीत् ←1भ्वादि॰√श्रु (सुनना)

अश्वत्थः 10.26, प्रथ॰ एक॰ अश्वत्थः (पीपल का वृक्ष); द्वि॰ अश्वत्थौ; बहु॰ अश्वत्थाः ←पु॰ अश्वत्थ (विश्वतरु, चैत्यवृक्ष, धनुर्वृक्ष, पिप्पल, पीपल, बोधिवृक्ष, महाद्रुम, मांगल्य, शुभद, क्षीर द्रुम) ←1भ्वादि॰√स्था

अश्वत्थम् 18.1, द्विती॰ एक॰ अश्वत्थम् (पीपल के वृक्ष को); द्वि॰ अश्वत्थौ; बहु॰ अश्वत्थान् ←पु॰ अश्वत्थ↑

अश्वत्थामा 1.8, पु॰ प्रथ॰ एक॰ अश्वत्थामा (अश्वत्थामा); द्वि॰ अश्वत्थामानौ; बहु॰ अश्वत्थामानः ←विना॰ बस॰ अश्वत्थामन्, अश्वस्य इव थाम धैर्यम् यस्य (द्रोणाचार्य का पुत्र)

अश्व 1.8, पु॰ (अजानेय, घोटक, घोड़ा, तुरग, तुरंग, तुरंगम, बाजी, वाह, सप्ति, सारंग,

हय↓) ←5स्वादि॰√अश्

अश्वानाम् 10.27, षष्ठी॰ एक॰ अश्वस्य; द्वि॰ अश्वयो:; बहु॰ अश्वानाम् (घोड़ों का, घोड़ो में) ←पु॰ अश्व↑

अश्विनौ 11.6, द्विती॰ एक॰ अश्विनम्; द्वि॰ अश्विनौ (दो अश्विनिकुमार); बहु॰ अश्विन: ←पु॰ अश्विन् (अश्वयुज, अश्विनिकुमार, इष) व्यक्ति परिचय के लिए देखिए- 'गीता दर्शन'

अष्टधा 7.4, अव्य॰ (अष्टगुणी, आठ गुणों का) ←वि॰ अष्ट ←5स्वादि॰√अश्

असक्त 3.7, वि॰ नत॰ न सक्त: (असङ्ग↓, अनासक्त, निर्मोह, विरक्त; मुक्त↓) ←अव्य॰ अ↑ + वि॰ सक्त↓

असक्त: 3.7, पु॰ प्रथ॰ एक॰ असक्त: (जो मोह से मुक्त हुआ है वह); द्वि॰ असक्तौ; बहु॰ असक्ता: ←वि॰ असक्त↑

असक्तबुद्धि: 18.49, पु॰ प्रथ॰ एक॰ असक्तबुद्धि: (जिसकी बुद्धि अनासक्त हुई है वह); द्वि॰ असक्तबुद्धी; बहु॰ असक्तबुद्धय: ←वि॰ बस॰ असक्तबुद्धि, असक्ता बुद्धि: यस्य स: (अनासक्त बुद्धि का, निर्मोह मति का) ←वि॰ असक्त↑ + स्त्री॰ बुद्धि↓

असक्तम् 9.9, पु॰ द्विती॰ एक॰ असक्तम् (जो मोह से मुक्त हुआ है उसको); द्वि॰ असक्तौ; बहु॰ असक्तान् ←वि॰ असक्त↑

असक्तात्मा 5.21, पु॰ प्रथ॰ एक॰ असक्तात्मा (जो मोह से मुक्त हुआ है वह जीव); द्वि॰ असक्तात्मानौ; बहु॰ असक्तात्मान: ←वि॰ बस॰ असक्तात्मन्, असक्त: आत्मा यस्य स: (बुद्धि अनासक्त हुआ; मुक्तात्मा) ←वि॰ असक्त↑ + पु॰ आत्मन्↓

असक्ति: 13.10, प्रथ॰ एक॰ असक्ति: (मोह से मुक्ति); द्वि॰ असक्ती; बहु॰ असक्तय: ←स्त्री॰ असक्ति (असङ्ग↓, निर्मोह, विरक्ति; मुक्ति) ←अ√सञ्ज् 1भ्वादि॰

असङ्गशस्त्रेण 15.3, तृती॰ एक॰ असङ्गशस्त्रेण (निर्मोह रूप शस्त्र से); द्वि॰ असङ्गशस्त्राभ्याम्; बहु॰ असङ्गशस्त्रै: ←न॰ तस॰असङ्गशस्त्र, असङ्गस्य शस्त्रम्; कस॰ असङ्ग: शस्त्रम् इव (असङ्ग का शस्त्र, असङ्ग रूप शस्त्र) ←पु॰ नत॰ असङ्ग (असक्ति↑, अनासक्ति) ←पु॰ सङ्ग↓ + न॰ शस्त्र↓

असत् 2.16, वि॰ नत॰ न सत् (अविद्यमान, जिसका अस्तित्व नहीं है वह; असत्य↓) ←अव्य॰ अ↑ + वि॰ सत्↓

असत: 2.16, न॰ षष्ठी॰ एक॰ असत: (जिसका अस्तित्व नहीं है उसका,की,के); द्वि॰ असतो:; बहु॰ असताम् ←वि॰ असत्↑

असत्कृत 11.42, नत॰ न सत्कृत: (अपमानित, अवमानित; अनादर, अवज्ञा, मानभंग – हुआ) ←अव्य॰ अ↑ + वि॰ सत्कृत↓

असत्कृतः 11.42, पु॰ प्रथ॰ एक॰ असत्कृत: (अपमानित, अनादर किया हुआ); द्वि॰ असत्कृतौ; बहु॰ असत्कृता: ←वि॰ असत्कृत↑

असत्कृतम् 17.22, न॰ प्रथ॰–द्विती॰ एक॰ असत्कृतम् (जो मानहानीपूर्वक हो वह अथवा उसको); द्वि॰ असत्कृते; बहु॰ असत्कृतानि ←वि॰ असत्कृत↑

असत्यम् 16.8, न॰ प्रथ॰–द्विती॰ एक॰ असत्यम् (जो मिथ्या है वह, ॰उसको); द्वि॰ असत्ये; बहु॰ असत्यानि ←वि॰ नत॰ असत्य, न सत्यम् (अतथ्य, असत्↑, अयथार्थ; अनृत, असहज, अस्वाभाविक, कृत्रिम, खोटा, गलत, झूठ, दिखावटी, नकली, भ्रामक, मिथ्या↓, व्यर्थ) ←वि॰ सत्य↓

असद्ग्राहान् 16.10, द्विती॰ एक॰ असद्ग्राहम्; द्विती॰ असद्ग्राहौ; बहु॰ असद्ग्राहान् (अपवित्र विचारों को) ←पु॰ नत॰ असद्ग्राह, न सद्ग्राह: (असद्भाव, असत् भाव) ←अव्य॰ अ↑ + पु॰ सद्ग्राह (अच्छा, पवित्र, शुद्ध –विचार) ←वि॰ सत्↑ + पु॰ ग्राह (भाव↓, मत↓, विचार) ←9क्र्या॰√ग्रह् (ग्रहण, प्राप्त –करना)

असंन्यस्तसङ्कल्पः 6.2, पु॰ प्रथ॰ एक॰ असंन्यस्तसङ्कल्प: (जो अनासक्त हुआ है वह); द्वि॰ ॰सङ्कल्पौ; बहु॰ ॰सङ्कल्पा: ←वि॰ बस॰ असंन्यस्तसङ्कल्प, न संन्यस्त: सङ्कल्प: येन स: (आसक्त↓, जो अनासक्त नहीं है वह, संकल्प न छोड़ा हुआ, निरिच्छ न हुआ, वासना न त्यागा हुआ) ←अव्य॰ अ↑ + वि॰ संन्यस्त ↓ + पु॰ सङ्कल्प↓

असपत्नम् 2.8, न॰ प्रथ॰–द्विती॰ एक॰ असपत्नम् (जो निष्कंटक है वह, ॰उसको); द्वि॰ असपत्ने; बहु॰ असपत्नानि ←वि॰ नब॰ असपत्न, न सपत्नम् यस्य (निर्भय, निर्वैरी, निष्कंटक, सरल, सुरक्षित; उपद्रव के विना, शत्रुरहित) ←अव्य॰ अ↑ + पु॰ सपत्न (प्रतियोगी, प्रतिद्वन्द्वी, प्रतिस्पर्धी; अरि↑, वैरी, शत्रु↓; उपद्रव) ←1भ्वादि॰√पत् (गिरना; गिराना)

असमर्थः 12.10, पु॰ प्रथ॰ एक॰ असमर्थ: (जो असमर्थ है वह); द्वि॰ असमर्थौ; बहु॰ असमर्था: ←वि॰ नब॰ असमर्थ, न समर्थ: (अक्षम; अशक्त↑, कमकूवत, दुर्बल, निर्बल, नि:शक्त) ←अव्य॰ अ↑ + वि॰ समर्थ↓

असम्मूढः 5.20, पु॰ प्रथ॰ एक॰ असम्मूढ: (जो मोह से मुक्त हुआ है वह); द्वि॰ असम्मूढौ; बहु॰ असम्मूढा: ←वि॰ नत॰ असम्मूढ, न सम्मूढ: (अनासक्त, असक्त↑, असम्मोह↓, असंशय↓, निर्भ्रान्त, निर्मोह, मोहमुक्त) ←अव्य॰ अ↑ + वि॰ सम्मूढ↓

असम्मोह: 10.4, प्रथ० एक० असम्मोह: (जो मोहमुक्त है वह); द्वि० असम्मोहौ; बहु० असम्मोहा: ←पु० नत० असम्मोह, न सम्मोह: (असम्मूढ़↑, असंशय↓, निर्भ्रान्ति; छिन्नसंशय↑, निर्विकल्प, नि:शंक, नि:संदेह, नि:संशय; जो निश्चित, विश्वसनीय –है वह) ←अव्य० अ↑ + पु० सम्मोह↓

असंयतात्मना 6.36, तृती० एक० असंयतात्मना (जिसका मन आधीन नहीं हुआ है उस मनुष्य के द्वारा); द्वि० असंयतात्मभ्याम्; बहु० असंयतात्मभि: ←पु० नब० असंयतात्मन्, न संयत: आत्मा यस्य स: (पराधीन, जिसका आत्मा वश नहीं है, ०आधीन नहीं है वह) ←अव्य० अ↑ + पु० संशयात्मन्↓

असंशय: 18.68, पु० प्रथ० एक० असंशय: (जिसके मन में संशय नहीं है वह); द्वि० असंशयौ; बहु० असंशया: ←वि० नब० असंशय, न संशय: यस्मिन् (असम्मूढ़, असम्मोह↑, निश्चित↓, निर्भ्रम, नि:शंक, नि:संदेह, नि:संशय) ←अव्य० अ↑ + पु० संशय↓

असंशयम् 6.35, अव्य० (अलबत्ता, अवश्य, असंदिग्ध रूप से, जरूर, निश्चय ही, निश्चित ही, निस्संदेह ही, स्पष्ट रूप से, कतई तौर पर, यकीनन) ←पु० संशय↓

असि 4.3, लट् वर्त० पर० एक० उत्तम० अस्मि↓; मध्य० असि (तू है); अन्य० अस्ति↓ ←2अदा०√अस् (होना)

असित: 10.13, प्रथ० एक० असित: (असित मुनि); द्वि० असितौ; बहु० असिता: ←पु० विना० असित (असित मुनि) व्यक्ति परिचय के लिए देखिए– 'गीता दर्शन'

असिद्धि 2.48, नत० न सिद्धि: (अपूर्णता, असफलता, कसर, न्यूनता, विकलता, वैकल्य) ←अव्य० अ↑ + स्त्री० सिद्धि↓

असिद्धौ 4.22, सप्त० एक० असिद्धौ (असिद्धि में); द्वि० असिद्धयो:; बहु० असिद्धिषु ←स्त्री० असिद्धि↑

असु 2.11, (1) पु० (जीव↓, प्राण↓, प्राणवायु); (2) न० (दु:ख, शोक) ←2अदा०√अस्

असुखम् 9.33, पु० द्विती० एक० असुखम् (जो दु:खी है उसको); द्वि० असुखौ; बहु० असुखान् ←वि० (1) नत० असुख, न सुखम् यस्मिन् (अमंगल; कठिन; कष्ट, तकलीफ, दु:ख, परेशानी, पीड़ा, शोक↓); (2) नब० नास्ति सुखम् यस्य स: (जो सुखी नहीं है, दु:खी है वह) ←अव्य० अ↑ + न० सुख↓

असुर 11.22, नत० पु० (आसुर↓, क्रव्याद, दनुज, दानव↓, दैतेय, दैत्य, रक्ष, राक्षस; अस्रप, कौणप, भूत, पिशाच, प्रेत, राहु, वेताल) ←अव्य० अ↑ + पु० सुर↓

असूय 9.1, वि॰ (असहिष्णु, ईर्ष्यालु, द्वेष्टा, मत्सर युक्त) ←स्त्री॰ असूया (असहिष्णुता, ईर्ष्या; कुढ़न, क्रोध, घिन, घृणा, जलन, जुगुप्सा, डाह, तिरस्कार, द्वेष, नफरत, मत्सर, रीस, रोष) ←कण्ड्वादि√असू

असृष्टान्नम् 17.13, प्रथ॰–द्विती॰ एक॰ असृष्टान्नम् (दान न किया हुआ अन्न); द्वि॰ असृष्टान्ने; बहु॰ असृष्टान्नानि ←न॰ नत॰ असृष्टान्न, न सृष्टम् अन्नम् (दान न किया हुआ अन्न, अपने लिए रखा हुआ अन्न) ←अव्य॰ अ↑ + न॰ सृष्टान्न (दान किया हुआ, दिया हुआ अन्न) ←वि॰ सृष्ट↓ + न॰ अन्न↑

असौ 11.26, प्रथ॰ एक॰ न॰ अद:; पु॰ असौ (यह), स्त्री॰ असौ ←सना॰ अदस्↑

अस्ति 2.40, (1) लट् वर्त॰ पर॰ एक॰ उत्तम॰ अस्मि↓; मध्य॰ असि↑; अन्य॰ अस्ति (वह है) ←2अदा॰√अस् (होना); (2) अव्य॰ (असंदिग्धता; होना, है, विद्यमानता, रहना)

अस्तु 2.47, (1) अव्य॰ (है); (2) आज्ञार्थक एक॰ उत्तम॰ असानि; मध्य॰ एधि; अन्य॰ अस्तु (वह रहे) ←2अदा॰√अस् (होना)

अस्मद् 1.7, प्रथमपुरुष सना॰ पु॰ न॰ स्त्री॰ (मैं, हम)

अस्मदीयै: 11.26, पु॰ तृती॰ एक॰ अस्मदीयेन; द्वि॰ अस्मदीयाभ्याम्; बहु॰ अस्मदीयै: (हमारे लोगों सहित) ←वि॰ अस्मदीय (हमारे लोग –समूहवाचक) ←सना॰ अस्मद्↑

अस्माकम् 1.7, षष्ठी॰ एक॰ मम↓; द्वि॰ आवयो:↓; बहु॰ अस्माकम् (हमारे) ←सना॰ अस्मद्↑

अस्मात् 1.39, पंच॰ एक॰ अस्मात् (इससे); द्वि॰ आभ्याम्; बहु॰ एभ्य:↓ ←सना॰ इदम्↓

अस्मान् 1.36, द्विती॰ एक॰ माम्↓; द्वि॰ आवाम्; बहु॰ अस्मान् (हमें) ←सना॰ अस्मद्↑

अस्माभि: 1.39, पु॰ तृती॰ एक॰ मया↓; द्वि॰ आवाभ्याम्; बहु॰ अस्माभि: (हमसे, हमारे द्वारा) ←सना॰ अस्मद्↑

अस्मि 10.21, लट् वर्त॰ एक॰ उत्तम॰ अस्मि (मैं हूँ); मध्य॰ असि↑; अन्य॰ अस्ति↑ ←अनियमित पर॰√अस् (होना) 2अदा॰

अस्मिन् 1.22, पु॰ न॰ सप्त॰ एक॰ अस्मिन् (इसमें); द्वि॰ अनयो:↑; बहु॰ एषु ←सना॰ इदम्↓

अस्य 2.17, पु॰ न॰ षष्ठी॰ एक॰ अस्य (इसका); द्वि॰ अनयो:↑; बहु॰ एषाम्↓ ←सना॰ इदम्↑

अस्याम् 2.72, स्त्री॰ सप्त॰ एक॰ अस्याम् (इसमें); द्वि॰ अनयो:; बहु॰ आसु ←सना॰ इदम्↓

अस्वर्ग्यम् 2.2, न॰ प्रथ॰-द्विती॰ एक॰ अस्वर्ग्यम् (स्वर्ग की ओर न ले जाने वाला, ॰वाले को); द्वि॰ अस्वर्ग्ये; बहु॰ अस्वर्ग्याणि ←वि॰ नत॰ अस्वर्ग्य, न स्वर्ग्यम् (स्वर्गपथ की ओर न ले जाने वाला; स्वर्ग में न पाया जाने वाला) ←अव्य॰ अ↑ + वि॰ स्वर्ग्य (स्वर्ग में पाया जाने वाला, स्वर्ग पथ की ओर ले जाने वाला) ←पु॰ स्वर्ग↓

अह: 8.17, प्रथ॰ एक॰ अह: (दिन); द्वि॰ अहनी अथवा अह्नी; बहु॰ अहानि ←न॰ अहन्↓

अहङ्कार 2.71, पु॰ (अकड, अभिमान, अहं, अहंकृति, अहंभाव, अहम्मन्यता, आत्मश्लाघ, आत्मसम्मान, आत्माभिमान, आढ्यता, उद्धतता, उन्माद, ऐंठ, खुदि, गरूर, गर्व, घमंड, दम्भ, दर्प, दिमाख, मगरूरी, मद, मान, मैं–मैं, समुन्नति, स्मय, स्वाभिमान; अंत:करण की पांच वृत्तियों में एक; सृष्टि के आठ मूलतत्त्वों में तीसरा) ←अव्य॰ अथवा सना॰ अहम्↓ + वि॰ कार↓

अहङ्कार: 7.4, प्रथ॰ एक॰ अहङ्कार: (मैं–मैं, स्वाभिमान); द्वि॰ अहङ्कारौ; बहु॰ अहङ्कारा: ←पु॰ अहङ्कार↑

अहङ्कारम् 16.18, द्विती॰ एक॰ अहङ्कार (अहंकार को); द्वि॰ अहङ्कारौ; बहु॰ अहङ्कारान् ←पु॰ अहङ्कार↑

अहङ्कारविमूढात्मा 3.27, प्रथ॰ एक॰ अहङ्कारविमूढात्मा (अहंकार से मूढ हुआ मनुष्य); द्वि॰ अहङ्कारविमूढात्मानौ; बहु॰ अहङ्कारविमूढात्मान: ←पु॰ बस॰ अहङ्कारविमूढात्मन्, अहङ्कारेण विमूढ: आत्मा यस्य स: (गर्व से मूढमति हुआ मनुष्य) ←पु॰ अहङ्कार↑ + पु॰ विमूढात्मा↓

अहङ्कारात् 18.58, पंच॰ एक॰ अहङ्कारात् (अहंकार के कारण से); द्वि॰ अहङ्काराभ्याम्; बहु॰ अहङ्कारेभ्य: ←पु॰ अहङ्कार↑

अहङ्कृत: 18.17, पु॰ प्रथ॰ एक॰ अहङ्कृत: (मैंने किया हुआ); द्वि॰ अहङ्कृतौ; बहु॰ अहङ्कृता: ←वि॰ तस॰ अहङ्कृत, अहम् कृत: (मैंने किया हुआ अथवा मुझसे किया गया हुआ) ←अव्य॰ अहम्↓ + वि॰ कृत↓

अहत्वा 2.5, नत॰ अव्य॰ (न मार कर, हत्या न करते हुए) ←अव्य॰ अ↑ + अव्य॰ हत्वा↓

अहन् 8.17, न॰ अहन् अनियमित चलने वाला शब्द (घस्र, दिन, दिव, दिवस, वार, वासर) ←3जुहो॰√हा (सामास के पूर्व पद में इसका रूप "अहस्" अथवा "अहर्" होता है, और समास के उत्तर पद में इसका रूप "अह" अथवा "अह्न" होता है)

अहम् 1.22, (1) अव्य॰ (मैं); (2) प्रथ॰ एक॰ अहम् (मैं); द्वि॰ आवाम्; बहु॰ वयम्↓

←सना॰ अस्मद्↑

अहरागमे 8.18, सप्त॰ एक॰ <u>अहरागमे</u> (दिन निकलते समय में); द्वि॰ अहरागमयो:; बहु॰ अहरागमेषु ←पु॰ तस॰ अहरागम, अहस्य आगम: (दिन का आगमन; अरुणोदय, उषाकाल, कल्य, तड़का, प्रत्युष, प्रभात, प्रात:काल, फजर, ब्राह्ममुहूर्त, भिनसार, भोर, विनिशा, विभात, विहान, सकाल, सवेरा, सुबह, सूर्योदय) ←न॰ अहन्↑ + पु॰ आगम↓

अहिता: 2.36, पु॰ प्रथ॰ एक॰ अहित:; द्वि॰ अहितौ; बहु॰ <u>अहिता:</u> (शत्रु लोग) ←वि॰ नब॰ अहित, हितम् न करोति य: (अरि↑, वैरी, शत्रु↓, सपत्न, हित न करने वाला) ←अव्य॰ अ↑ + वि॰ न॰ हित↓

अहिंसा 10.5, प्रथ॰ एक॰ <u>अहिंसा</u> (दया); द्वि॰ अहिंसे; बहु॰ अहिंसा: ←स्त्री॰ तस॰ अहिंसा, न हिंसा (अहत्या; तरस, दया↓; हिंसा न करने की वृत्ति या भावना, अनिष्ट कृति का अभाव; वैदिक, बुद्ध तथा जैन धर्मों के अनुसार मन, वचन या कृति से किसी जीव को तनिक भी कष्ट या पीड़ा न पहुँचाना– अहिंसा परम: धर्म:) ←अव्य॰ अ↑ + स्त्री॰ हिंसा↓

अहैतुकम् 18.22, न॰ प्रथ॰–द्विती॰ एक॰ <u>अहैतुकम्</u> (जो निरर्थक है वह, ॰उसको); द्वि॰ अहैतुके; बहु॰ अहैतुकानि ←वि॰ नत॰ अहैतुक अथवा अहेतुक, न हेतुकम् (अयोग्य, निरर्थक, विनाकारण, विना तत्त्व का) ←अव्य॰ अ↑ + वि॰ हैतुक (अर्थपूर्ण, कारणात्मक, तर्कपूर्ण, युक्तियुक्त) ←पु॰ हेतु↓

अहो 1.45, उद्गारवाचक अव्य॰ (आश्चर्य, ईर्ष्या, तिरस्कार, थकावट, खेद, पश्चाताप, प्रशंसा, विस्मय, शोक, सन्तोष, संबोधन, स्पर्द्धा आदिक का द्योतक) ←3जुहो॰√हा

अहोरात्रविद: 8.17, प्रथ॰ एक॰ अहोरात्रविद्; द्वि॰ अहोरात्रविदौ; बहु॰ <u>अहोरात्रविद:</u> (दिन और रात को जानने वाले लोग) ←पु॰ बस॰ अहोरात्रविद्, अह: च रात्रिम् च वेत्ति य: (दिवस और रात्रि को समझने वाला) ←पु॰ अहन्↑ + स्त्री॰ रात्रि↓ + वि॰ विद्↓

अक्षय 5.21, वि॰ नब॰ क्षय: न विद्यते यस्य (अजर, अपरिवर्तनशील, अविनाशी↓, अक्षर↓, चिर↓, नित्य↓, निर्विकार) ←अव्य॰ अ↑ + वि॰ क्षय↓

अक्षय: 10.33, पु॰ प्रथ॰ एक॰ <u>अक्षय:</u> (जिसका क्षय नहीं हो सकता वह); द्वि॰ अक्षयौ; बहु॰ अक्षया: ←वि॰ अक्षय↑

अक्षयम् 5.21, पु॰ द्विती॰ एक॰ <u>अक्षयम्</u> (जिसका क्षय नहीं हो सकता उसको); द्वि॰ अक्षयौ; बहु॰ अक्षयान् ←वि॰ अक्षय↑

अक्षर 3.15, (1) न॰ (गिर्↓, वर्ण↓, शब्द↓); (2) वि॰ नत॰ न क्षय: (अजर, अच्युत↑,

अपरिवर्तनशील, अविनाशी↑, अखूट, अक्षय↑, चिर↓, नित्य↓, निर्विकार, स्थिर↓); (3) वि० नब० क्षरो न विद्यते यस्य (अक्षर तत्त्व) ←अव्य० अ↑ + वि० क्षर↓

अक्षरः 8.21, पु० प्रथ० एक० <u>अक्षरः</u> (जो अविनाशी है वह); द्वि० अक्षरौ; बहु० अक्षराः ←वि० अक्षर↑

अक्षरम् 8.3, पु० द्विती० एक० <u>अक्षरम्</u> (जो अविनाशी है उसको); द्वि० अक्षरौ; बहु० अक्षरान् ←वि० अक्षर↑

अक्षरसमुद्भवम् 3.15, न० प्रथ०-द्विती० एक० <u>अक्षरसमुद्भवम्</u> (अक्षर तत्त्व से उप्तन्न होने वाला, ०वाले को); द्वि० अक्षरसमुद्भवे; बहु० अक्षरसमुद्भवानि ←न० बस० अक्षरसमुद्भव, अक्षरात् समुद्भवः यस्य तत् (अक्षर तत्त्व से उप्तन्न होने वाला, अक्षरोत्पन्न है वह) ←वि० अक्षर↑ + पु० समुद्भव↓

अक्षराणाम् 10.33, न० षष्ठी० एक० अक्षरस्य; द्वि० अक्षरयोः; बहु० <u>अक्षराणाम्</u> (अक्षर तत्त्वों में) ←वि० अक्षर↑

अक्षरात् 15.18, न० पंच० एक० <u>अक्षरात्</u> (अक्षर तत्त्व से); द्वि० अक्षराभ्याम्; बहु० अक्षरेभ्यः ←वि० अक्षर↑

अक्षि 11.2, न० (अक्ष, आंख, चश्म, ईक्षण, चक्ष, चक्षु↓, दृग, दृष्टि, नयन↓, नेत्र↓, लोचन) ←1भ्वादि०√अक्ष्

अज्ञ 3.26, वि० (अनपढ़, अनुभवशून्य, अशिष्ट, जड़; अनाड़ी, अबोध, अहमक, अज्ञानी, उजबक, ऊत, गंवार, गोबर गणेश, घोंचू, नादान, नासमझ, निर्बद्ध, बोदा, मूढ़↓, मूर्ख, हतबुद्धि, ज्ञानशून्य) ←अव्य० अ + वि० ज्ञ↓

अज्ञः 4.40, पु० प्रथ० एक० <u>अज्ञः</u> (अज्ञानी मनुष्य); द्वि० अज्ञौ; बहु० अज्ञाः ←वि० अज्ञ↑

अज्ञान 4.42, (1) न० नत० न ज्ञानम् (अनभिज्ञता, अनुभवशून्यता, अविद्या, ज्ञानशून्यता, ज्ञानाभाव); (2) पु० नब० नास्ति ज्ञानम् यस्य सः (मूढ़↓, मूर्ख; अज्ञ↑, अज्ञानी) ←अव्य० अ↑ + न० ज्ञान↓

अज्ञानजम् 10.11, न० प्रथ०-द्विती० एक० <u>अज्ञानजम्</u> (जो अज्ञान से उत्पन्न हुआ है वह अथवा उसको); द्वि० अज्ञानजे; बहु० अज्ञानजानि ←वि० तस० अज्ञानज, अज्ञानात् अज्ञाने वा जायते इति (अज्ञानजात, अज्ञानसम्भूत↓, अज्ञान से वा अज्ञान में उत्पन्न हुआ) ←न० अज्ञान↑ + वि० ज↓

अज्ञानम् 5.16, न० प्रथ०-द्विती० एक० <u>अज्ञानम्</u> (अज्ञान, ०को); द्वि० अज्ञाने; बहु० अज्ञानानि ←न० अज्ञान↑

अज्ञानविमोहिताः 16.15, पु० प्रथ० एक० अज्ञानविमोहितः; द्वि० अज्ञानविमोहितौ; बहु० अज्ञानविमोहिताः (अज्ञान के द्वारा मूढ़ हुए लोग) ←वि० तस० अज्ञानविमोहित, अज्ञानेन विमोहितः (अज्ञान के द्वारा भ्रम पाया हुआ) ←न० अज्ञान↑ + पु० विमोह (मुग्ध, मोहित, लट्टू, लंपट, वशीभूत –होना, ललचाना; अतीव भ्रम पाना) ←न० अज्ञान↑ + अव्य० वि↓ + पु० मोह↓

अज्ञानसम्भूतम् 4.42, पु० द्विती० एक० अज्ञानसम्भूतम् (जो अज्ञान से उत्पन्न हुआ है उसको); द्वि० अज्ञानसम्भूतौ; बहु० अज्ञानसम्भूतान् ←वि० तस० अज्ञानसम्भूत, अज्ञानात् सम्भूतः (अज्ञानज↑, अज्ञानजात, अज्ञान से उत्पन्न हुआ) ←न० अज्ञान↑ + वि० सम्भूत↓

अज्ञानसम्मोहः 18.72, प्रथ० एक० अज्ञानसम्मोहः (अज्ञान से उत्पन्न हुआ मोह); द्वि० अज्ञानसम्मोहौ; बहु० अज्ञानसम्मोहाः ←पु० तस० अज्ञानसम्मोह, अज्ञानजः सम्मोहः (अज्ञान से उत्पन्न हुआ भ्रम) ←न० अज्ञान↑ + पु० सम्मोह↓

अज्ञानाम् 3.26, पु० षष्ठी० एक० अज्ञस्य; द्वि० अज्ञयोः; बहु० अज्ञानाम् (अज्ञानी लोगों का,की,के) ←वि० अज्ञ↑

अज्ञानेन 5.15, तृती० एक० अज्ञानेन (अज्ञान से, के द्वारा); द्वि० अज्ञानाभ्याम्; बहु० अज्ञानैः ←न० अज्ञान↑

(आ)

आ 2.14, अव्य० उपसर्ग (अगल बगल में, समीप, सम्मुख, सामने, सान्निध्य में आदि सूचक) ←3जुहो०√आप्

आकाश 9.6, न० (अंतराल, अंतरिक्ष, अंबर, आसमान, ख↓, खगोल, गगन, तारांगण, द्यु, नभ↓, व्योम; पंच महाभूतों में से प्रथम तत्त्व) ←आ√काश् 1भ्वादि०

आकाशम् 13.33, प्रथ०–द्विती० एक० आकाशम् (आकाश, ०को); द्वि० आकाशे; बहु० आकाशानि ←न० आकाश↑

आकाशस्थितः 9.6, पु० प्रथ० एक० आकाशस्थितः (जो आकाश में स्थिर हुआ है वह); द्वि० आकाशस्थितौ; बहु० आकाशस्थिताः ←वि० तस० आकाशस्थित, आकाशे स्थितः (आकाश में स्थिर) ←न० आकाश↑ + वि० स्थित↓

आख्यातम् 18.63, न० प्रथ०–द्विती० एक० आख्यातम् (कहा हुआ, कहे हुए को); द्वि० आख्याते; बहु० आख्यातानि ←वि० आख्यात (कथित, कहा हुआ) ←2अदा०√ख्या (बतलाना, बोलना, कहना)

आख्याहि 11.31, लोट् पर॰ निवेदनार्थ एक॰ उत्तम॰ आख्यानि; मध्य॰ आख्याहि (तू बता); अन्य॰ आख्यातु ←2अदा॰√ख्या (बोलना, कहना)

आगच्छेत् 3.34, विधि॰ पर॰ उपदेशार्थ एक॰ उत्तम॰ आगच्छेयम्; मध्य॰ आगच्छे:; अन्य॰ आगच्छेत् (उसको– आना, जाना, होना चाहिए) ←1भ्वादि॰√गम् (जाना, आना, होना)

आगत 4.10, वि॰ (आया हुआ, जन्म लिया हुआ; गया हुआ, जो हुआ है) ←अव्य॰ अ↑ + वि॰ गत↓ ←1भ्वादि॰√गम् (जाना, आना, होना)

आगता: 4.10, पु॰ प्रथ॰ एक॰ आगत:; द्वि॰ आगतौ; बहु॰ आगता: (आए हुए) ←वि॰ आगत↑

आगम 2.14, पु॰ (आगमन, आना; आरम्भ↓, उद्गम, जन्म↓) ←अव्य॰ आ↑ + वि॰ गम↓

आगमापायिन: 2.14, द्वन्द्व॰ पु॰ प्रथ॰ आगमा: च अपायिन: च (जो आने-जाने वाले, अनित्य, क्षणिक, नश्वर, क्षणभंगुर हैं वे) ←पु॰ आगम↑ + पु॰ अपायिन् (जाने वाला, प्रस्थान करने वाला, नाश पाने वाला) ←पु॰ अपाय (प्रस्थान, वियोग; नाश↓, हानि↓) ←अप√इण् 2अदा॰

आचरत् 3.19, वि॰ (आचरण, बर्ताव, वर्तन –करने वाला; आचरण करते हुए) ←आ√चर् 1भ्वादि॰

आचरत: 4.23, पु॰ षष्ठी॰ एक॰ आचरत: (कर्म करने वाले का,की,के); द्वि॰ आचरतो:; बहु॰ आचरताम् ←वि॰ आचरत्↑

आचरति 3.21, लट् वर्त॰ पर॰ एक॰ उत्तम॰ आचरामि; मध्य॰ आचरसि; अन्य॰ आचरति (वह आचरण करता है) ←आ√चर् 1भ्वादि॰

आचरन् 3.19, पु॰ प्रथ॰ एक॰ आचरन् (कर्म करते हुए); द्वि॰ आचरन्तौ; बहु॰ आचरन्त: ←वि॰ आचरत्↑

आचार 3.6, पु॰ (आचरण, बर्ताव, वर्तन; शील) ←आ√चर् 1भ्वादि॰

आचार: 16.7, पु॰ प्रथ॰ एक॰ आचार: (आचरण); द्वि॰ आचारौ; बहु॰ आचारा: ←पु॰ आचार↑

आचार्य 1.2, (1) पु॰ (अध्यापक, उपदेष्टा, उपाध्याय, गुरु↓, शिक्षक); (2) 1.3, संबो॰ एक॰ आचार्य (हे आचार्य!); द्वि॰ आचार्यौ; बहु॰ आचार्या: ←पु॰ आचार्य ←आ√चर् 1भ्वादि॰

आचार्यम् 1.2, पु॰ द्विती॰ एक॰ आचार्यम् (गुरु को); द्वि॰ आचार्यौ; बहु॰ आचार्यान्↓ ←पु॰ आचार्य↑

आचार्यान् 1.26, द्विती॰ एक॰ आचार्यम्↑; द्वि॰ आचार्यौ; बहु॰ आचार्यान् (गुरुजनों को) ←पु॰ आचार्य↑

आचार्याः 1.34, प्रथ॰ एक॰ आचार्यः; द्वि॰ आचार्यौ; बहु॰ आचार्याः (आचार्य लोग, गुरुजन) ←पु॰ आचार्य↑

आचार्योपासनम् 13.8, प्रथ॰–द्विती॰ एक॰ आचार्योपासनम् (गुरु सेवा); द्वि॰ आचार्योपासने; बहु॰ आचार्योपासनानि ←न॰ तस॰ आचार्योपासन, आचार्यस्य उपासनम् (गुरु सेवा) ←पु॰ आचार्य↑ + न॰ उपासन ←स्त्री॰ उपासा (परिचर्या↓, सेवा↓; अभ्यास↓) ←उप√आस् 2अदा॰

आज्यम् 9.16, प्रथ॰–द्विती॰ एक॰ आज्यम् (घी); द्वि॰ आज्ये; बहु॰ आज्यानि ←न॰ आज्य (घी, घृत) ←आ√अञ्ज् 7रुधा॰

आढ्यः 16.15, पु॰ प्रथ॰ एक॰ आढ्यः (सम्पन्न); द्वि॰ आढ्यौ; बहु॰ आढ्याः ←आढ्य (धनवान, धनी, सम्पन्न, समृद्ध) ←आ√ध्यै 1भ्वादि॰

आततायिनः 1.36, द्विती॰ एक॰ आततायिनम्; द्वि॰ आततायिनौ; बहु॰ आततायिनः (अत्याचारी लोगों को) ←पु॰ आततायिन् (कुचाली, जालिम; अत्याचारी, अपहरणकर्ता, अनाचारी, अपराधी, गुनहगार; बलात्कारी, महापापी, मरकहा, मरखना, खूनी, जुल्मी, उपद्रवी, गुंडा; लूटने वाला, सताने वाला, हत्यारा; जघन्य, पाप करने वाला, दूसरों का धर्म भ्रष्ट करने वाला, दूसरों का देश, जमीन, अधिकार छीनने वाला; आग, विष अथवा शस्त्र प्रयोग के साथ मारने वाला; दूसरे की संपत्ति अथवा स्त्री छीनने वाला, हथियाने वाला, दबोचने वाला) ←1भ्वादि॰√अय्

आतिष्ठ 4.42, लोट् पर॰ आज्ञार्थक एक॰ उत्तम॰ आतिष्ठानि; मध्य॰ आतिष्ठ (तूझे स्थित होना चाहिए; तू सहारा ले); अन्य॰ आतिष्ठतु ←आ√स्था (रहना) 1भ्वादि॰

आत्थ 11.3, लट् वर्त॰ पर॰ मध्य॰ एक॰ वैकल्पिक रूप आत्थ अथवा ब्रवीषि↓ (तू कह रहा है, तू कहता है, तूने कहा है); द्वि॰ आहथुः अथवा ब्रूथः; बहु॰ ब्रूथ ←1भ्वादि॰√अह् अथवा 2अदा॰√ब्रू (बोलना, कहना)

आत्मक 14.7, वि॰ (का बना हुआ; गुण का, ढंग का, तरह का, रीति का, प्रकार का, स्वभाव का) ←पु॰ आत्मन्↓

आत्मकारणात् 3.13, पंच॰ एक॰ आत्मकारणात् (अपने लिए); द्वि॰ आत्मकारणाभ्याम्; बहु॰ आत्मकारणेभ्यः ←न॰ तस॰ आत्मकारण, आत्मनः कारणम् (अपने कारण, निज हेतु, स्वार्थ) ←पु॰ आत्मन्↑ + न॰ कारण↓

आत्मतृप्त: 3.17, पु॰ प्रथ॰ एक॰ <u>आत्मतृप्त:</u> (जो सन्तुष्ट हुआ है वह); द्वि॰ आत्मतृप्तौ; बहु॰ आत्मतृप्ता: ←वि॰ तस॰ आत्मतृप्त, आत्मनि तृप्त: (आत्मसन्तुष्ट) ←पु॰ आत्मन्↓ + वि॰ तृप्त↓

आत्मन् 2.41, पु॰ (आत्मा↓, जीव↓; परमात्मा↓; स्वत:) ←1भ्वादि॰√अत्

आत्मन: 4.42, पु॰ षष्ठी॰ एक॰ <u>आत्मन:</u> (अपना, स्व↓, स्वत: का,की,के; निजी, स्व↓); द्वि॰ आत्मनो:; बहु॰ आत्मनाम् ←पु॰ आत्मन्↑

आत्मना 2.55, (1) अव्य॰ (आप, खुद, स्वत:, स्वयं); (2) तृती॰ एक॰ <u>आत्मना</u> (स्वत: से); द्वि॰ आत्मभ्याम्; बहु॰ आत्मभि: ←पु॰ आत्मन्↑

आत्मनि 2.55, सप्त॰ एक॰ <u>आत्मनि</u> (आत्मा में, स्वत: में); द्वि॰ आत्मनो:; बहु॰ आत्मसु ←पु॰ आत्मन्↑

आत्मपरदेहेषु 16.18, द्वन्द्व॰ सप्त॰ आत्मदेहे च परदेहेषु च (अपने एवम् औरों के शरीरों में) ←पु॰ आत्मन्↑ + वि॰ पर↓ + पु॰ देह↓

आत्मबुद्धिप्रसादजम् 18.37, न॰ प्रथ॰–द्विती॰ एक॰ <u>आत्मबुद्धिप्रसादजम्</u> (आत्मशुद्धि की प्रासादिकता से उत्पन्न होने वाला); द्वि॰ आत्मबुद्धिप्रसादजे; बहु॰ आत्मबुद्धिप्रसादजानि ←वि॰ बस॰ आत्मबुद्धिप्रसादज, आत्मन: बुद्धे: प्रसादात् जातम् यत् (आत्मबुद्धि की प्रांजलता से उद्भूत होने वाला) ←पु॰ आत्मन्↑ + स्त्री॰ बुद्धि↓ + पु॰ प्रसाद↓ + वि॰ ज↓

आत्मभावस्थ: 10.11, पु॰ प्रथ॰ एक॰ <u>आत्मभावस्थ:</u> (अंत:करण में स्थित); द्वि॰ आत्मभावस्थौ; बहु॰ आत्मभावस्था: ←वि॰ तस॰ आत्मभावस्थ, आत्मन: भावे स्थित: (अंतस्थ) ←पु॰ आत्मन्↑ + पु॰ भाव↓ + वि॰ स्थित↓ अथवा स्थित का सामासिक उत्तरगामी रूप स्थ↓

आत्ममायया 4.6, तृती॰ एक॰ <u>आत्ममायया</u> (निजी माया से); द्वि॰ आत्ममायाभ्याम्; बहु॰ आत्ममायाभि: ←स्त्री॰ तस॰ आत्ममाया, आत्मन: माया (अपनी– ईश्वरी शक्ति, माया) ←पु॰ आत्मन्↑ + स्त्री॰ माया↓

आत्मयोगात् 11.47, पंच॰ एक॰ <u>आत्मयोगात्</u> (अपने योगरूप सामर्थ्य से); द्वि॰ आत्मयोगाभ्याम्; बहु॰ आत्मयोगेभ्य: ←पु॰ तस॰ आत्मयोग, आत्मन: योग: (स्व-योगशक्ति, योगसामर्थ्य) ←पु॰ आत्मन्↑ + पु॰ योग↓

आत्मरति: 3.17, पु॰ प्रथ॰ एक॰ <u>आत्मरति:</u> (आत्मा में रममाण); द्वि॰ आत्मरती; बहु॰ आत्मरतय: ←पु॰ बस॰ आत्मरति, आत्मनि रति: यस्य स: (आत्मा में जो रत, रममाण

हुआ है वह) ←1भ्वादि॰√रम् ←पु॰ आत्मन्↑ + स्त्री॰ रति↓

आत्मवत् 2.45, वि॰ (आत्मपरायण; धृतात्मा) ←पु॰ आत्मन्↑ + कृत् प्रत्यय वत्↓

आत्मवन्तम् 4.41, पु॰ द्विती॰ एक॰ आत्मवन्तम् (जो आत्मपरायण हुआ है उसको); द्वि॰ आत्मवन्तौ; बहु॰ आत्मवत: ←वि॰ आत्मवत्↑

आत्मवश्यै: 2.64, पु॰ तृती॰ एक॰ आत्मवश्येन; द्वि॰ आत्मवश्याभ्याम्; बहु॰ आत्मवश्यै: (आत्मसंयमों के द्वारा) ←वि॰ तस॰ आत्मवश्य अथवा आत्मवश, आत्मन: वश: (आत्मसंयम) ←पु॰ आत्मन्↑ + पु॰ वश↓

आत्मवान् 2.45, पु॰ प्रथ॰ एक॰ आत्मवान् (जो आत्मनिष्ठ है वह); द्वि॰ आत्मवन्तौ; बहु॰ आत्मवन्त: ←वि॰ आत्मवत्↑

आत्मविनिग्रह: 13.8, प्रथ॰ एक॰ आत्मविनिग्रह: (जिसमें आत्मसंयमन है वह); द्वि॰ आत्मविनिग्रहौ; बहु॰ आत्मविनिग्रहा: ←पु॰ तस॰ आत्मविनिग्रह, आत्मन: विनिग्रह: (आत्मसंयम) ←पु॰ आत्मन्↑ + अव्य॰ वि↓ + पु॰ निग्रह↓

आत्मविभूतय: 10.16, प्रथ॰ एक॰ आत्मविभूति:; द्वि॰ आत्मविभूती; बहु॰ आत्मविभूतय: (अपनी विभूतियाँ, निजी दैवी स्वरूप) ←स्त्री॰ तस॰ आत्मविभूति, आत्मन: विभूति: (आत्ममहिमा) ←पु॰ आत्मन्↑ + स्त्री॰ विभूति↓

आत्मविशुद्धये 6.12, चतु॰ एक॰ आत्मविशुद्धयै अथवा आत्मविशुद्धये (आत्मशुद्धि के लिए); द्वि॰ आत्मविशुद्धिभ्याम्; बहु॰ आत्मविशुद्धिभ्य: ←स्त्री॰ तस॰ आत्मविशुद्धि, आत्मन: विशुद्धि: (आत्मशुद्धि, चित्तशुद्धि) ←पु॰ आत्मन्↑ + स्त्री॰ विशुद्धि↓

आत्मशुद्धये 5.11, चतु॰ एक॰ आत्मशुद्धयै अथवा आत्मशुद्धये (आत्मशुद्धि के लिए); द्वि॰ आत्मशुद्धिभ्याम्; बहु॰ आत्मशुद्धिभ्य: ←स्त्री॰ आत्मशुद्धि, आत्मन: शुद्धि: (आत्मशुद्धि, आत्मविशुद्धि, चित्तशुद्धि) ←पु॰ आत्मन्↑ + स्त्री॰ शुद्धि↓

आत्मसम्भाविता: 16.17, पु॰ प्रथ॰ एक॰ आत्मसम्भावित:; द्वि॰ आत्मसम्भावितौ; बहु॰ आत्मसम्भाविता: (जिनको अपने आप पर गर्व है वे लोग) ←वि॰ तस॰ आत्मसम्भावित, आत्मना सम्भावित: (आत्मसम्मानित, आत्मप्रौढ; जिसको– अपने आप पर घमण्ड, गुमान, धृष्टता, बड़प्पन, शेखी –है वह) ←पु॰ आत्मन्↑ + वि॰ सम्भावित↓

आत्मसंयमयोगाग्नौ 4.27, पु॰ सप्त॰ एक॰ आत्मसंयमयोगाग्नौ (आत्मसंयम की योगाग्नि में); द्वि॰ आत्मसंयमयोगाग्न्यो:; बहु॰ आत्मसंयमयोगाग्निषु ←पु॰ तस॰ आत्मन: संयमस्य योगाग्नि (आत्मनिग्रहरूप योग की अग्नि) ←पु॰ आत्मन्↑ + पु॰ संयम↓ + पु॰ योग↓ + पु॰ अग्नि↑

आत्मसंस्थम् 6.25, न० प्रथ०–द्विती० एक० आत्मसंस्थम् (जो भीतर स्थित है वह, ०उसको); द्वि० आत्मसंस्थे; बहु० आत्मसंस्थानि ←वि० तस० आत्मसंस्थ, आत्मनि संस्थम् (आत्मस्थित) ←पु० आत्मन्↑ + वि० संस्थ (अचल↑, स्थित↓, स्थिर↓) ←सम्√स्था 1भ्वादि०

आत्मा 6.5, प्रथ० एक० आत्मा (आत्मा, जीव↓, आप, स्वत:); द्वि० अत्मानौ; बहु० आत्मान: ←पु० आत्मन्↑

आत्मानम् 3.43, द्विती० एक० आत्मानम् (आत्मा को; अपने आप को, स्वत: को); द्वि० आत्मानौ; बहु० आत्मन: ←पु० आत्मन्↑

आत्मौपम्येन 6.32, तृती० एक० आत्मौपम्येन (अपनी तुलना सें); द्वि० आत्मौपम्याभ्याम्; बहु० आत्मौपम्यै: ←न० तस० आत्मौपम्य, आत्मन: औपम्यम् (अपने समान है वह, स्वत: की उपमा से, अपनी उपमा से) ←पु० आत्मन्↑ + वि० तद्धित शब्द औपम्य, उपमाया: भाव: (तुलना, समानता, सादृश्य) ←स्त्री० उपमा↓

आत्यन्तिकम् 6.21, न० प्रथ०–द्विती० एक० आत्यंतिकम् (जो अनंत है वह, ०उसको); द्वि० आत्यंतिके; बहु० आत्यंतिकानि ←वि० आत्यंतिक (अनन्त↑, अतीव, अविरत, सर्वाधिक; लगातार)

आदत्ते 5.15, लट् वर्त० आत्म० एक० उत्तम० आददे; मध्य० आदत्से; अन्य० आदत्ते (वह ग्रहण करता है) ←उपसर्ग अव्य० आ↑ + 3जुहो०√दा (देना)

आदर्श: 3.38, प्रथ० एक० आदर्श: (आईना); द्वि० आदर्शौ; बहु० आदर्शा: ←पु० आदर्श (आईना, आरसी, कर्क, कर्कर, शीशा, दर्पण, द्रप्पण, मंडलक, मुकुर, शीशा, संकुर, हबली) ←अव्य० आ↑ + 1भ्वादि०√दृश् (देखना)

आदि 10.2, (1) वि० (अव्वल, आद्य↓, पहला, प्रथम, प्रारंभिक, मूल; सनातन↓; प्रधान, मुख्य↓); (2) पु० (आरम्भ, इब्तदा, उद्घात, शुरूआत; उद्गम, उत्पात, उत्पत्ति, निकास, प्रारम्भ, मूल↓, मूल कारण, सरचश्मा, सोता) ←आ√दा 1भ्वादि०

आदिकर्त्रे 11.37, चतु० एक० आदिकर्त्रे (आदिकर्ता को); द्वि० आदिकर्तृभ्याम्; बहु० आदिकर्तृभ्य: ←पु० कस० आदिकर्तृ, आदि: कर्ता (आद्य कर्ता, आदिकर्ता); बस० (सृष्टिकर्ता, ब्रह्मा) ←वि० आदि↑ + वि० कर्तृ↓

आदित्य 5.16, तद्धित शब्द, अदिते: अपत्यम् (अदितिपुत्र, अदिति का वंशज; सूर्य↓) ←न√दा 3जुहो०

आदित्यगतम् 15.12, न० प्रथ०–द्विती० एक० आदित्यगतम् (जो सूर्य को प्राप्त है वह

अथवा उसको); द्वि॰ आदित्यगते; बहु॰ आदित्यगतानि ←वि॰ तस॰ आदित्यगत, आदित्यम् गतम् (जो सूर्य को प्राप्त है वह) ←पु॰ आदित्य↑ + वि॰ गत↓

आदित्यवर्णम् 8.9, द्विती॰ एक॰ आदित्यवर्णम् (जिसका वर्ण सूर्य के समान है उसको); द्वि॰ आदित्यवर्णौ; बहु॰ आदित्यवर्णान् ←पु॰ बस॰ आदित्यवर्ण, आदित्यः इव वर्णः यस्य सः (सूर्य के समान– चमक, तेज, रंग, वर्ण वाला) ←पु॰ आदित्य↑ + पु॰ वर्ण↓

आदित्यान् 11.6, द्विती॰ एक॰ आदित्यम्; द्वि॰ आदित्यौ; बहु॰ आदित्यान् (आदित्यों को) ←पु॰ आदित्य↑

आदित्यानाम् 10.21, षष्ठी॰ एक॰ आदित्यस्य; द्वि॰ आदित्ययोः; बहु॰ आदित्यानाम् (आदित्यों में) ←पु॰ आदित्य↑

आदिदेव 10.12, पु॰ कस॰ आदिः देवः (आद्य देवता, मुख्य देव, देवदेव↓, परमेश्वर↓, महादेव) ←वि॰ आदि↑ + पु॰ देव↓

आदिदेवः 11.38, प्रथ॰ एक॰ आदिदेवः (आद्यदेव); द्वि॰ आदिदेवौ; बहु॰ आदिदेवाः ←पु॰ आदिदेव↑

आदिदेवम् 10.12, द्विती॰ एक॰ आदिदेवम् (आदिदेव को); द्वि॰ आदिदेवौ; बहु॰ आदिदेवान् ←पु॰ आदिदेव↑

आदिम् 11.16, पु॰ द्विती॰ एक॰ आदिम् (जो आदि है उसको); द्वि॰ आदी; बहु॰ आदीन् ←वि॰ आदि↑

आदीनि 2.28, न॰ प्रथ॰–द्विती॰ एक॰ आदि; द्वि॰ आदिनी; बहु॰ आदीनि (जो पहले थे वे; ॰उनको) ←वि॰ आदिन् (सनातन↓) ←आ√दा 1भ्वादि॰

आदौ 3.41, पु॰ सप्त॰ एक॰ आदौ (आदिकाल में, पहले, प्रथम); द्वि॰ आद्योः; बहु॰ आदिषु ←वि॰ आदि↑

आद्य 5.22, वि॰ (आदि↑, आरम्भ का, पहला, प्रथम, प्रारम्भ का, शुरूआत का; प्रधान, मुख्य↓)

आद्यन्तवन्तः 5.22; पु॰ प्रथ॰ एक॰ आद्यन्तवान्; द्वि॰ आद्यन्तवन्तौ; बहु॰ आद्यन्तवन्तः (जिनका आदि तथा अंत है वे) ←वि॰ आद्यन्तवत्, (1) आद्यवत् च अन्तवत् च यः (2) आदि च अन्त च यस्मिन् (आदि तथा अंत वाला) ←पु॰ आदि↑ + पु॰ अन्त↑ + अव्य॰ वत्↓

आद्यम् 8.28, न॰ प्रथ॰–द्विती॰ एक॰ आद्यम् (आद्य, ॰को); द्वि॰ आद्ये; बहु॰ आद्यानि ←वि॰ आद्य↑

आधत्स्व 12.8, लोट् आज्ञार्थक पर॰ एक॰ उत्तम॰ आदधै; मध्य॰ आधत्स्व (तू धारण कर); अन्य॰ आधत्ताम् ←3जुहो॰√धा (धारण करना)

आधाय 5.10, पूर्वकालिक अव्य॰ (अर्पण किए) ←3जुहो॰√धा (धारण करना)

आप 2.23, पु॰ (अप्↑, पानी; जल प्रवाह, जल समूह) ←नित्यबहुवचनी स्त्री॰ अप्↑

आपः 2.23, प्रथ॰ बहु॰ आपः (पानी) ←नित्यबहुवचनी स्त्री॰ अप्↑

आपन्न 7.24 वि॰ आपन्न (आपद्ग्रस्त; घिरा हुआ, व्याप्त↓; प्राप्त) ←आ√पद् 4दिवा॰

आपन्नम् 7.24, पु॰ द्विती॰ एक॰ आपन्नम् (जिसको प्राप्त है उसको); द्वि॰ आपन्नौ; बहु॰ आपन्नान् ←वि॰ आपन्न↑

आपन्नाः 16.20, पु॰ प्रथ॰ एक॰ आपन्नः; द्वि॰ आपन्नौ; बहु॰ आपन्नाः (जिनको प्राप्त है वे लोग) ←वि॰ आपन्न↑

आपूर 2.70, पु॰ (प्रवाह; किनारे तक, सतह तक, पूरी तरह, पूर्ण, लबलब –भरना; धार, बहाव, बाढ़) ←आ√पृ 3जुहो॰

आपूर्यमाणम् 2.70, पु॰ द्विती॰ एक॰ आपूर्यमाणम् (जो सतह तक भरा है उसको); द्वि॰ आपूर्यमाणौ; बहु॰ आपूर्यमाणान् ←वि॰ आपूर्यमाण (किनारे तक, सतह तक, पूरी तरह, पूर्ण –भरा) ←पु॰ आपूर↑

आप्तुम् 5.6, अव्य॰ (प्राप्त होने के लिए) ←10चुरा॰√आप्

आप्नुयाम् 3.2, पर॰ विध्यर्थी एक॰ उत्तम॰ आप्नुयाम् (मैं प्राप्त करूँ); मध्य॰ आप्नुयाः; अन्य॰ आप्नुयात् ←10चुरा॰√आप् (प्राप्त करना)

आप्नुवन्ति 8.15, लट् वर्त॰ पर॰ उत्तम॰ बहु॰ आप्नुमः; मध्य॰ बहु॰ आप्नुथ; अन्य॰ एक॰ आप्नोति↓; अन्य॰ द्वि॰ आप्नुतः; अन्य॰ बहु॰ आप्नुवन्ति (वे प्राप्त करते हैं) ←10चुरा॰√आप् (प्राप्त करना)

आप्नोति 2.70, लट् वर्त॰ पर॰ एक॰ उत्तम॰ आप्नोमि; मध्य॰ आप्नोषि; अन्य॰ आप्नोति (वह प्राप्त करता है); अन्य॰ द्वि॰ आप्नुतः; अन्य॰ बहु॰ आप्नुवन्ति↑ ←10चुरा॰√आप् (प्राप्त करना)

आब्रह्मभुवनात् 8.16, पंच॰ एक॰ आब्रह्मभुवनात् (ब्रह्मलोक से); द्वि॰ आब्रह्मभुवनाभ्याम्; बहु॰ आब्रह्मभुवनेभ्यः ←न॰ तस॰ आब्रह्मभुवन, आब्रह्मणः भुवनम् (ब्रह्मलोक) ←अव्य॰ आ↑ + पु॰ ब्रह्मन्↓ + न॰ भुवन (जग, पृथ्वी, लोक↓, स्वर्ग↓; चौदह भुवन– देखिए लोक↓) ←1भ्वादि॰√भू

आम् 2.51, अव्य॰ (स्वीकारोक्ति सूचक उपसर्ग) ←1भ्वादि॰√अम्

आमय 2.51, पु० (आकल्प, इल्लत, जरा↓, दोष↓, बीमारी, मर्ज, रोग, व्याधि) ←पु० आम (अजीर्ण, अपचन; रोग) ←10चुरा०√अम् + ←2अदा०√या

आयु अथवा आयुस् 3.16, न० (आयुष्य, जिंदगी, जीवन↓) ←आ√इण् 2अदा०

आयुध 10.28, न० (अस्त्र, औजार, प्रहरण↑, यंत्र, हथियार, शस्त्र↓) ←4दिवा०√युध् (लड़ना, युद्ध करना)

आयुधानाम् 10.28, षष्ठी० एक० आयुधस्य; द्वि० आयुधयो:; बहु० आयुधानाम् (आयुधों में) ←न० आयुध↑

आयु:सत्त्वबलारोग्यसुखप्रीतिविवर्धना: 17.8, बस० वि० पु० प्रथ० एक० ०विवर्धन:; द्वि० ०विवर्धनौ; बहु० ०विवर्धना: आयु: च सत्त्वम् च बलम् च आरोग्यम् च सुखम् च प्रीति: च विवर्धन्ति ये (आयुष्य, सत्त्व, शक्ति, आरोग्य, सुख और स्नेह बढ़ाने वाले, ०वर्धक) ←न० आयु अथवा आयुस् (जीवन↓; आयु) + न० सत्त्व↓ + न० बल↓ + न० आरोग्य (तनदुरुस्ती, स्वास्थ्य, निरोग, सेहत) ←आ√रुज् 6तुदा० + न० सुख↓ + स्त्री० प्रीति↓ + न० विवर्धन (अभ्युदय↑, उन्नति, वर्धन, विकास, वृद्धि, संवर्धन) ←1भ्वादि०√वृध् (उन्नति होना, बढ़ना, वृद्धि होना)

आरभते 3.7, लट् वर्त० आत्म० एक० उत्तम० आरभे; मध्य० आरभसे; अन्य० आरभते (वह आचरण करता है, आरम्भ करता है) ←आ√रभ् (आरम्भ करना) 1भ्वादि०

आरभ्यते 18.25, लट् वर्त० आत्म० प्रयो० एक० उत्तम० आरभ्ये; मध्य० आरभ्यसे; अन्य० आरभ्यते (वह शुरू किया जाता है) ←आ√रभ् (आरम्भ करना) 1भ्वादि०

आरम्भ 3.4, पु० (उद्घात, उपक्रम, आगम↑, प्रारम्भ, शुरूआत)

आरम्भ: 14.12, प्रथ० एक० आरम्भ: (आरम्भ); द्वि० आरम्भौ; बहु० आरम्भा: ←पु० आरम्भ↑

आराधनम् 7.22, प्रथ०–द्विती० एक० आराधनम् (उपासना, ०को); द्वि० आराधने; बहु० आराधनानि ←न० आराधन (अर्चना, आराधना, उपासना, परिचर्या, पूजन, सेवा↓; प्रसन्नता, सन्तोष) ←आ√राध् 4दिवा०

आराम 3.16, पु० (प्रसन्नता, सुख) ←आ√रम् 1भ्वादि० (प्रसन्न होना, रमना; क्रीड़ा करना, खेलना)

आरुढ 6.3, वि० (चढ़ा हुआ; जोता हुआ, सवार हुआ, ऊपर बैठा हुआ) ←आ√रुह् 1भ्वादि०

आरुरुक्षो: 6.3, पु० षष्ठी० एक० आरुरुक्षो: (चढ़ना चाहने वाले का,की,के); द्वि०

आरुरुक्ष्वो:; बहु॰ आरुरुक्षूणाम् ←इच्छार्थक वि॰ आरुरुक्षु (आरोहेच्छु, चढ़ना चाहने वाला) ←आ√रुह् (ऊपर उठना, पर चढ़ना) 1भ्वादि॰

आर्जव 13.8, न॰ (अवक्रता, ऋजुता, सरलता, सादगी; स्पष्टता; ईमानदारी) ←आ√रुज् 1भ्वादि॰

आर्जवम् 13.8, प्रथ॰-द्वितीं॰ एक॰ आर्जवम् (ऋजुता); द्वि॰ आर्जवे; बहु॰ आर्जवानि ←न॰ आर्जव↑

आर्त्तः 7.16, पु॰ प्रथ॰ एक॰ आर्त्तः (जो दु:खी है वह); द्वि॰ आर्त्तौ; बहु॰ आर्त्ताः ←वि॰ आर्त्त (अस्वस्थ, आर्त, दु:खी, पीड़ित) ←आ√ऋ 1भ्वादि॰

आर्य 2.2, तद्धित शब्द, ←वि॰ अर्य (1) उच्च, प्रतिष्ठित, श्रेष्ठ↓; कुलीन); (2) पु॰ (प्रथम तीन वर्ण; प्रतिष्ठित व्यक्ति, भद्रपुरुष, स्वामी) ←1भ्वादि॰√ऋ

आलय 8.15, न॰ (ओक, गृह, घर, धाम↓, निवास↑, निकेत↑, निवेश) ←आ√लि 4दिवा॰

आलस्य 14.8, न॰ (अलसता, आलस, ऊंघ, काहिली, क्लांति, ढ़िलाई, तन्द्रा, शिथिलता, सुस्ती) ←आ√लस् 1भ्वादि॰

आवयोः 18.70, पु॰ षष्ठी॰ एक॰ मम↓; द्वि॰ आवयोः (हम दोनों का,की,के); बहु॰ अस्माकम्↑ ←सना॰ अस्मद्↑

आवर्तते 8.26, लट् वर्त॰ पर॰ एक॰ उत्तम॰ आवर्ते; मध्य॰ आवर्तसे; अन्य॰ आवर्तते (वह पुन:पुन: विद्यमान होता है) ←आ√वृत् (विद्यमान होना) 1भ्वादि॰

आविश्य 15.13, अव्य॰ (अवतार ले कर, आकर, उद्भूत होकर, जन्म कर, प्रकट होकर, प्रवेश किए) ←आ √विश् (अंगीकारना; जाना, आना) 6तुदा॰

आविष्ट 1.27, वि॰ (ग्रस्त, घिरा, निमग्न, प्रविष्ट, व्याप्त; रत↓, वश) ←आ√विष् 3जुहो॰

आविष्टः 1.27, पु॰ प्रथ॰ एक॰ आविष्टः (जो व्याप्त है वह); द्वि॰ आविष्टौ; बहु॰ आविष्टाः ←वि॰ आविष्ट↑

आविष्टम् 2.1, पु॰ द्वितीं॰ एक॰ आविष्टम् (जो व्याप्त हुआ है उसको); द्वि॰ आविष्टौ; बहु॰ आविष्टान् ←वि॰ आविष्ट↑

आवृत 3.38, वि॰ (आच्छादित, घिरा हुआ, ढका हुआ, लपेटा हुआ, व्याप्त किया हुआ) ←आ√वृ (आच्छादना, ढकना, लपेटना) 10चुरा॰

आवृतः 3.38, पु॰ प्रथ॰ एक॰ आवृतः (जो व्याप्त हुआ है वह); द्वि॰ आवृतौ; बहु॰ आवृताः↓ ←वि॰ आवृत↑

आवृतम् 3.38, न॰ प्रथ॰-द्वितीं॰ एक॰ आवृतम् (व्याप्त हुआ अथवा व्याप्त हुए को); द्वि॰

आवृते; बहु॰ आवृतानि ←वि॰ आवृत↑

आवृता 18.32, स्त्री॰ प्रथ॰ एक॰ आवृता (जो व्याप्त हुई है वह); द्वि॰ आवृते; बहु॰ आवृता: ←वि॰ आवृत↑

आवृता: 18.48, पु॰ प्रथ॰ एक॰ आवृत:↑; द्वि॰ आवृतौ; बहु॰ आवृता: (व्याप्त, व्याप्त हुए, जो व्याप्त हुए हैं वे) ←वि॰ आवृत↑

आवृत्ति 5.17, स्त्री॰ (परिक्रमण; दोहराना, पुनरावर्तन, पुनरावृत्ति, प्रत्यावर्तन) ←आ√वृत् 1भ्वादि॰

आवृत्तिम् 8.23, द्विती॰ एक॰ आवृत्तिम् (पुनरावृत्ति को); द्वि॰ आवृत्ती; बहु॰ आवृत्ती: ←स्त्री॰ आवृत्ति↑

आवृत्य 3.40, अव्य॰ (ढक कर, व्याप्त किए, लपेट कर) ←10चुरा॰√वृ (आच्छादना, ढकना, लपेटना)

आवेशितचेतसाम् 12.7, षष्ठी॰ एक॰ आवेशितचेतस:; द्वि॰ आवेशितचेतसो:; बहु॰ आवेशितचेतसाम् (जिनका चित्त स्थिर हुआ है उनका,की,के) ←पु॰ बस॰ आवेशितचेतस्, आवेशितम् चेत: यस्य स: (जिसका चित्त रत हुआ है वह) ←वि॰ आविष्ट↑ + न॰ चेतस्↓

आवेश्य 8.10, अव्य॰ (धर कर; जोड़ कर, स्थापन किए) ←आ√विश् 6तुदा॰ (प्रवेश करना; जाना, बसना)

आव्रियते 3.38, लट् वर्त॰ आत्म॰ एक॰ उत्तम॰ आव्रिये; मध्य॰ आव्रियसे; अन्य॰ आव्रियते (वह आच्छादित होता है, ढका रहता है) ←आ√वृ 10चुरा॰ (आच्छादना, ढकना, लपेटना)

आशय 10.20, पु॰ (घर, गृह, निकेत, स्थान↓; सङ्ग्रह↓) ←आ√शी 1भ्वादि॰

आशयात् 15.8, पंच॰ एक॰ आशयात् (स्थान से); द्वि॰ आशयाभ्याम्; बहु॰ आशयेभ्य: ←पु॰ आशय↑

आशा 9.12, स्त्री॰ (अभिलाषा, इच्छा↓, ख्वाहिश, चाह, लिप्सा, वाञ्च; कामना, वासना) ←आ√अश् 5स्वादि॰

आशापाशशतै: 16.12, तृती॰ एक॰ आशापाशशतेन; द्वि॰ आशापाशशताभ्याम्; बहु॰ आशापाशशतै: (सैंकडों आशाओं के पाशों से) ←पु॰ तस॰ आशापाशशत, आशाया: पाशानाम् शत: (आशाओं के सहस्त्र पाश) ←स्त्री॰ आशा↑ + पु॰ पाश (पाबंदी, फंदा, बंधन, बेड़ी, शृंखला) ←10चुरा॰√पश्+ वि॰ शत↓

आशिन् 3.13, वि॰ (खाने वाला, भक्षण करने वाला) ←पु॰ आश (खाना, भोजन)

←9क्र्या०√अश्

आशु 2.65, (1) क्रिवि० (जल्द, तुरंत, तेज, तूर्ण, द्रत, फौरन, शीघ्र, सत्वर); (2) अव्य० (झट से) ←5स्वादि०√अश्

आश्चर्यवत् (2.29) क्रिवि० अव्य० (आश्चर्य किए; मुग्ध हुए; अचम्भे से, अचरज से, अद्भुतता से, कौतुक से, विचित्रता से, विस्मय से) ←न० वि० आश्चर्य (अचम्भा, अचरज, कौतुक, विस्मय) ←आ√चर् 1भ्वादि० + अव्ययी प्रत्यय वत्↓

आश्रय 4.20, पु० (आसरा, छत्र, छाया, बचाव, रक्षण, संरक्षण, सहारा; शरण↓) ←आ√श्रि 1भ्वादि०

आश्रयेत् 1.36, विधि० उपदेशार्थ उभ० एक० उत्तम० आश्रयेयम्; मध्य० आश्रये:; अन्य० आश्रयेत् (वह आश्रय में आएगा); अन्य० द्वि० आश्रयेताम्; अन्य० बहु० आश्रयेयु: ←आ√श्रि (आश्रय करना) 1भ्वादि०

आश्रित 7.15, वि० (आश्रय लिया हुआ; शरणागत, संश्रित↓) ←आ√श्रि 1भ्वादि०

आश्रित: 12.11, पु० प्रथ० एक० आश्रित: (शरण आया हुआ); द्वि० आश्रितौ; बहु० आश्रिता:↓ ←वि० आश्रित↑

आश्रितम् 9.11, पु० द्विती० एक० आश्रितम् (शरण आए हुए को); द्वि० आश्रितौ; बहु० आश्रितान् ←वि० आश्रित↑

आश्रिता: 7.15, पु० प्रथ० एक० आश्रित:↑; द्वि० आश्रितौ; बहु० आश्रिता: (शरण आए हुए लोग) ←वि० आश्रित↑

आश्रित्य 7.29, अव्य० (आश्रय ले कर; शरणागत होकर) ←आ√श्रि 1भ्वादि०

आश्वासयामास 11.50, प्रयो० पर्यायोक्त अन्य० एक० आश्वासयामास (धीरज देने लगा; धीरज धराया, दिलवाया); द्वि० आश्वासयामासतु; बहु० आश्वासयामासु: ←पु० आश्वास (आश्वासन, ऐतबार, तसल्ली, धीरज, प्रोत्साहन, भरोसा, यकीन, सहानुभूति) ←आ√श्वस् 2अदा०

आस 1.4, पु० (कमान, कोदण्ड, धनु↓, धनुष्य) ←2अदा०√आस्

आसक्त 7.1, वि० (अनुरक्त, मुग्ध, मोहित, लीन, लुब्ध, सक्त↓; लिप्त; आशिक, प्रेमी) ←1भ्वादि०√सञ्ज् (चिपकना, लिप्त होना)

आसक्तमना: 7.1, प्रथ० एक० आसक्तमना: (मन लगाया हुआ); द्वि० आसक्तमनसौ; बहु० आसक्तमनस: ←पु० बस० आसक्तमनस्, आसक्तम् मन: यस्य स: (मन को आसक्त किया हुआ) ←वि० आसक्त↑ + न० मनस्↓

आसन 6.11, न॰ (गादी, बिछावन) ←2अदा॰√आस्

आसनम् 6.11, न॰ प्रथ॰-द्विती॰ एक॰ आसनम् (आसन, ॰को); द्वि॰ आसने; बहु॰ आसनानि ←न॰ आसन↑

आसने 6.12, सप्त॰ एक॰ आसने (आसन पर); द्वि॰ आसनयो:; बहु॰ आसनेषु ←न॰ आसन↑

आसम् 2.12, लङ् अनद्य भूत॰ पर॰ एक॰ उत्तम॰ आसम् (मैं था, मैं होता था); मध्य॰ आसी:; अन्य॰ आसीत्↓ ←2अदा॰√अस् (होना, विद्यमान होना)

आसाद्य 9.20, अव्य॰ (प्राप्त किए, हासिल किए; की ओर जाकर) ←आ√सद् 1भ्वादि॰

आसीत 2.54, विध्यर्थी आत्म॰ एक॰ उत्तम॰ आसीय; मध्य॰ आसीथा:; अन्य॰ आसीत (वह चले; वह प्राप्त करे) ←1भ्वादि॰√अस् (होना, विद्यमान होना)

आसीन 9.9, वि॰ (बसा हुआ, स्थित↓) ←2अदा॰√आस्

आसीन: 14.23, पु॰ प्रथ॰ एक॰ आसीन: (जो बसा हुआ है वह); द्वि॰ आसीनौ; बहु॰ आसीना: ←वि॰ आसीन↑

आसीनम् 9.9, पु॰ द्विती॰ एक॰ आसीनम् (जो बसा हुआ है उसको); द्वि॰ आसीनौ; बहु॰ आसीनान् ←वि॰ आसीन↑

आसुर 7.15, (1) वि॰ (आसुरी, पाशवी); (2) पु॰ (असुर↑, दनुज, दानव, दैतेय, दैत्य, राक्षस; भूत, प्रेत, राहु) ←आ√अस् 2अदा॰

आसुर: 16.6, पु॰ प्रथ॰ एक॰ आसुर: (राक्षस); द्वि॰ आसुरौ; बहु॰ आसुरा:↓ ←वि॰ असुर↑

आसुरनिश्चयान् 17.6, द्विती॰ एक॰ आसुरनिश्चयम्; द्विती॰ आसुरनिश्चयौ; बहु॰ आसुरनिश्चयान् (जो आसुरी निश्चय के हैं उन लोगों को) ←पु॰ बस॰ आसुरनिश्चय, आसुरी निश्चय: यस्य स: (आसुरी निश्चय का) ←वि॰ आसुर↑ + पु॰ निश्चय↓

आसुरम् 7.15, पु॰ द्विती॰ एक॰ आसुरम् (राक्षसी भाव को); द्वि॰ आसुरौ; बहु॰ आसुरान् ←वि॰ आसुर↑

आसुरा: 16.7, पु॰ प्रथ॰ एक॰ असुर:↑; द्वि॰ असुरौ; बहु॰ असुरा: (आसुरी लोग) ←वि॰ असुर↑

आसुरी 16.5, वि॰ अथवा स्त्री॰ (राक्षसी, राक्षसी स्त्री) ←आ√अस् 2अदा॰

आसुरीम् 9.12, द्विती॰ एक॰ आसुरीम् (राक्षसी भावना को); द्वि॰ असुर्यौ; बहु॰ आसुरी: ←स्त्री॰ आसुरी↑

आसुरीषु 16.19, सप्त॰ एक॰ आसुर्याम्; द्वि॰ आसुर्यो:; बहु॰ आसुरीषु (आसुरी योनि में)

←स्त्री॰ आसुरी↑

आस्तिक्यम् 18.42, प्रथ॰–द्विती॰ एक॰ आस्तिक्यम् (आस्तिक भाव, जिसमें आस्तिक भाव है वह अथवा उसको); द्वि॰ आस्तिक्ये; बहु॰ आस्तिक्यानि ←न॰ आस्तिक्य (आस्तिकत्व, आस्तिक भाव, ईश्वरभाव, धर्मानुराग; निष्ठा↓, भक्ति↓, भाव↓, विश्वास, श्रद्धा↓) ←वि॰ तद्धित शब्द आस्तिक, अस्ति इति भाव: यस्य (निष्ठ, भक्त↓, श्रद्ध↓; ईश्वर, परलोक और वेदों पर विश्वास रखने वाला) ←2अदा॰√अस्

आस्ते 3.6, लट् वर्त॰ आत्म॰ एक॰ उत्तम॰ आसे; मध्य॰ एक॰ आस्से; अन्य॰ एक॰ आस्ते (वह रहता है); अन्य॰ द्वि॰ आसाते; अन्य॰ बहु॰ आसते ←2अदा॰√आस्

आस्थाय 7.20, अव्य॰ (आचरण किए, धारण किए) ←आ√स्था 1भ्वादि॰

आस्थित 3.20, वि॰ (ठहरा हुआ, निवास किया हुआ, स्थित) ←आ√स्था 1भ्वादि॰

आस्थित: 3.20, पु॰ प्रथ॰ एक॰ आस्थित: (जो स्थित हुआ है वह); द्वि॰ आस्थितौ; बहु॰ आस्थिता:↓ ←वि॰ आस्थित↑

आस्थिता: 3.20, पु॰ प्रथ॰ एक॰ आस्थित:↑; द्वि॰ आस्थितौ; बहु॰ आस्थिता: (जो स्थित अथवा प्राप्त हुए हैं वे) ←वि॰ आस्थित↑

आह 1.21, लट् वर्त॰ पर॰ अन्य॰ एक॰ वैकल्पिक रूप आह अथवा ब्रवीती (वह बोला, वह बोलता है); द्वि॰ आहतु: अथवा ब्रूत:; बहु॰ आहु:↓ अथवा ब्रुवन्ति ←2अदा॰√ब्रू (बोलना) अथवा 5स्वादि॰√अह् (बोलना) अनियमित चलने वाला शब्द

आहवे 1.31, सप्त॰ एक॰ आहवे (युद्ध में); द्वि॰ आहवयो:; बहु॰ आहवेषु ←पु॰ आहव (युद्ध↓, लढाई, सङ्ग्राम↓, सङ्ख्य↓, समर, समिति; यज्ञ↓, होम) ←आ√ह्वे 1भ्वादि॰

आहार 17.7, पु॰ (अशन, खाना, जेमन, निगर, निषध, भक्ष्य, भोजन, स्वदन) ←आ√हृ 1भ्वादि॰

आहार: 17.7, प्रथ॰ एक॰ आहार: (आहार); द्वि॰ आहारौ; बहु॰ आहारा:↓ ←पु॰ आहार↑

आहारा: 17.8, प्रथ॰ एक॰ आहार:↑; द्वि॰ आहारौ; बहु॰ आहारा: (आहार) ←पु॰ आहार↑

आहु: 3.42, लट् वर्त॰ अन्य॰ एक॰ आह↑ अथवा ब्रवीती; द्वि॰ आहतु: अथवा ब्रूत:; बहु॰ आहु: अथवा ब्रुवन्ति (वे- बोलते हैं, कहते हैं) ←2अदा॰√ब्रू (बोलना) अथवा 5स्वादि॰√अह् अनियमित चलने वाला शब्द (बोलना)

आहो 17.1, अव्य॰ (विकल्प बोधक, संदेह दर्शक, पर्याय सूचक, प्रश्नार्थक, जानने की अभिलाषा दर्शक संबोधन) ←आ√हन् 2अदा॰

इङ्गते 6.19, लट् वर्त॰ आत्म॰ एक॰ उत्तम॰ इङ्गे; मध्य॰ इङ्गसे; अन्य॰ इङ्गते (वह–हिलता,ती है, वह फड़फड़ाता,ती है) ←2अदा॰√इंङ् (हिलना)

इच्छ 12.9, लोट् पर॰ आज्ञार्थ एक॰ उत्तम॰ इच्छानि; मध्य॰ इच्छ (तू इच्छा कर); अन्य॰ इच्छतु ←6तुदा॰√इष् (अभिलाषा, आशा, इच्छा, चाह, वाञ्छा –करना)

इच्छति 7.21, लट् वर्त॰ पर॰ एक॰ उत्तम॰ इच्छामि↓; मध्य॰ इच्छसि↓; अन्य॰ इच्छति (वह इच्छा करता है) ←6तुदा॰√इष् (अभिलाषा, इच्छा, चाह, वाञ्छा –करना)

इच्छन्तः 8.11, पु॰ प्रथ॰ एक॰ इच्छन्; द्वि॰ इच्छन्तौ; बहु॰ इच्छन्तः (इच्छा करते हुए अथवा करने वाले) ←वि॰ इच्छत् (इच्छा करता हुआ अथवा करने वाला) ←(इच्छा करना) ←6तुदा॰√इष्

इच्छसि 11.7, लट् वर्त॰ पर॰ एक॰ उत्तम॰ इच्छामि↓; मध्य॰ इच्छसि (तू इच्छा करता है); अन्य॰ इच्छति↑ ←6तुदा॰√इष् (अभिलाषा, आशा, इच्छा, चाह, वाञ्छा –करना)

इच्छा 13.7, स्त्री॰ (अभिलाषा, आशा↑, ईहा, कामना, चाह, तर्ष, मनोरथ↓, रुचि, लालसा, लिप्सा, वाञ्च, स्पृहा) ←6तुदा॰√इष् (अभिलाषा, आशा, इच्छा, चाह, वाञ्छा –करना)

इच्छाद्वेषसमुत्थेन 7.27, पु॰ तृती॰ एक॰ इच्छाद्वेषसमुत्थेन (जो राग और द्वेष से उत्पन्न हुआ है उसके द्वारा); द्वि॰ इच्छाद्वेषसमुत्थाभ्याम्; बहु॰ इच्छाद्वेषसमुत्थैः ←वि॰ तस॰ इच्छाद्वेषसमुत्थ, इच्छायाः च द्वेषात् च समुत्थः (इच्छा और द्वेषोद्भुत, रागद्वेषोत्पन्न) ←स्त्री॰ इच्छा↑ + पु॰ द्वेष↓ + वि॰ समुत्थ (उद्भूत, उत्पन्न, उन्नत) ←सम्–उद्√स्था 1भ्वादि॰

इच्छामि 1.35, लट् वर्त॰ पर॰ एक॰ उत्तम॰ इच्छामि (मैं इच्छा करता हूँ); मध्य॰ इच्छसि↑; अन्य॰ इच्छति↑ ←6तुदा॰√इष् (इच्छा करना)

इज्यते 17.11, लट् वर्त॰ आत्म॰ प्रयो॰ एक॰ उत्तम॰ इज्ये; मध्य॰ इज्यसे; अन्य॰ इज्यते (वह यज्ञ करता है, उससे याग किया जाता है) ←1भ्वादि॰√यज्

इज्यया 11.53, तृती॰ एक॰ इज्यया (यज्ञ से); द्वि॰ इज्याभ्याम्; बहु॰ इज्याभिः ←स्त्री॰ इज्या↓

इज्या 9.25, स्त्री॰ (श्रद्धा↓; यज्ञ↓; प्रतिमा, मूर्ति↓) ←1भ्वादि॰√यज्

इतः 7.5, = अव्य॰ ←इतस् (अबसे, इससे, इसकी अपेक्षा; यहाँ से, इस जग से, इस लोक से) ←सना॰ इदम्↓

इतरः 3.21, पु॰ प्रथ॰ एक॰ इतरः (इतर); द्वि॰ इतरौ; बहु॰ इतराः ←सना॰ इतर (अन्य↑,

दूसरा, निराला, बाकी; पर↓, भिन्न↓) ←1भ्वादि॰√तृ

इति 1.25, अव्य॰ (इस तरह से, इस प्रकार से, इस रीति से) ←1भ्वादि॰√इ

इदम् 1.10, सना॰ (यह); न॰ प्रथ॰-द्विती॰ सना॰ (हे)

इदानीम् 11.51, अव्य॰ (अब, अभी, इस समय, इस हाल में, सम्प्रति) ←सना॰ इदम्↑

इन्द्रिय 2.8, न॰ (अवयव; कर्मेन्द्रिय↓, ज्ञानेन्द्रिय) ←1भ्वादि॰√इन्द्

इन्द्रियकर्माणि 4.27, न॰ प्रथ॰-द्विती॰ एक॰ इन्द्रियकर्म; द्वि॰ इन्द्रियकर्मणी; बहु॰ इन्द्रियकर्माणि (इन्द्रियों के कर्म) ←न॰ तस॰ इन्द्रियकर्मन्, इन्द्रियस्य इन्द्रियाणाम् वा कर्म (इन्द्रिय का अथवा इन्द्रियों के कर्म, इन्द्रिय व्यवहार) ←न॰ इन्द्रिय↑ + न॰ कर्मन्↓

इन्द्रियगोचराः 13.6, पु॰ प्रथ॰ एक॰ इन्द्रियगोचरः; द्वि॰ इन्द्रियगोचरौ; बहु॰ इन्द्रियगोचराः (जो इन्द्रियों को गोचर अथवा गम्य हैं वे) ←वि॰ तस॰ इन्द्रियगोचर, इन्द्रियाणाम् गोचरः (इन्द्रियों द्वारा जाना जाने वाला, इन्द्रियग्राह्य, विषय↓) ←न॰ इन्द्रिय↑ + वि॰ गोचर (गम्य, ग्राह्य) ←1भ्वादि॰√गम्

इन्द्रियग्रामम् 6.24, द्विती॰ एक॰ इन्द्रियग्रामम् (इन्द्रिय समुदाय को); द्वि॰ इन्द्रियग्रामौ; बहु॰ इन्द्रियग्रामान् ←पु॰ तस॰ इन्द्रियग्राम, इन्द्रियाणाम् ग्रामः (इन्द्रियों का– समुदाय, समूह; इन्द्रियाँ समूहवाचक) ←न॰ इन्द्रिय↑ + पु॰ ग्राम↓

इन्द्रियस्य 3.34, षष्ठी॰ एक॰ इन्द्रियस्य (इन्द्रिय का,की,के); द्वि॰ इन्द्रिययोः; बहु॰ इन्द्रियाणाम्↓ ←न॰ इन्द्रिय↑

इन्द्रियाग्निषु 4.26, सप्त॰ एक॰ इन्द्रियाग्नौ; द्वि॰ इन्द्रियाग्न्योः; बहु॰ इन्द्रियाग्निषु (इन्द्रियरूप अग्नि में) ←पु॰ तस॰ इन्द्रियाग्नि, इन्द्रियाणाम् अग्निः (इन्द्रियों की अग्नि, इन्द्रियरूप अग्नि) ←न॰ इन्द्रिय↑ + पु॰ अग्नि↑

इन्द्रियाणाम् 2.8, षष्ठी॰ एक॰ इन्द्रियस्य↑; द्वि॰ इन्द्रिययोः; बहु॰ इन्द्रियाणाम् (इन्द्रियों का,की,के) ←न॰ इन्द्रिय↑

इन्द्रियाणि 2.58, प्रथ॰-द्विती॰ एक॰ इन्द्रियम्; द्वि॰ इन्द्रिये; बहु॰ इन्द्रियाणि (इन्द्रियाँ अथवा इन्द्रियों को) ←न॰ इन्द्रिय↑

इन्द्रियारामः 3.16, प्रथ॰ एक॰ इन्द्रियारामः (जो इन्द्रियों के सुख में रत हुआ है वह); द्वि॰ इन्द्रियारामौ; बहु॰ इन्द्रियारामाः ←पु॰ बस॰ इन्द्रियाराम, इन्द्रियेषु आरामः यस्य सः (इन्द्रियों के विषयों में मग्न, इन्द्रियों के सुख में रत –हुआ) ←न॰ इन्द्रिय↑ + पु॰ आराम (प्रसन्नता, सुख↓) ←आ√रम् 1भ्वादि॰

इन्द्रियार्थ 2.58, पु॰ तस॰ इन्द्रियस्य अर्थः (इन्द्रिय विषय; विषय↓) ←न॰ इन्द्रिय↑ + पु॰

अर्थ↑

इन्द्रियार्थान् 3.6, द्विती॰ एक॰ इन्द्रियार्थम्; द्वि॰ इन्द्रियार्थौ; बहु॰ इन्द्रियार्थान् (इन्द्रियों के विषयों को) ←पु॰ इन्द्रियार्थ↑

इन्द्रियार्थेभ्य: 2.58, पंच॰ एक॰ इन्द्रियार्थात्; द्वि॰ इन्द्रियार्थाभ्याम्; बहु॰ इन्द्रियार्थेभ्य: (इन्द्रियों के विषयों से) ←पु॰ इन्द्रियार्थ↑

इन्द्रियार्थेषु 5.9, सप्त॰ एक॰ इन्द्रियार्थे; द्वि॰ इन्द्रियार्थयो:; बहु॰ इन्द्रियार्थेषु (विषयों में) ←पु॰ इन्द्रियार्थ↑

इन्द्रियेभ्य: 3.42, पंच॰ एक॰ इन्द्रियात्; द्वि॰ इन्द्रियाभ्याम्; बहु॰ इन्द्रियेभ्य: (इन्द्रियों की अपेक्षा, इन्द्रियों से भी) ←न॰ इन्द्रिय↑

इन्द्रियै: 2.64, तृती॰ एक॰ इन्द्रियेण; द्वि॰ इन्द्रियाभ्याम्; बहु॰ इन्द्रियै: (इन्द्रियों के द्वारा) ←न॰ इन्द्रिय↑

इमम् 1.28, पु॰ द्विती॰ एक॰ इमम् (इसको); द्वि॰ इमौ↓; बहु॰ इमान्↓ ←सना॰ इदम्↑

इमा: 3.24, स्त्री॰ प्रथ॰ एक॰ इयम्; द्वि॰ इमे; बहु॰ इमा: (ये); द्विती॰ एक॰ इमाम्; द्वि॰ इमे↓; बहु॰ इमा: (इनको) ←सना॰ इदम्↑

इमान् 10.16, पु॰ द्विती॰ एक॰ इमम्↑; द्वि॰ इमौ; बहु॰ इमान् (इनको) ←सना॰ इदम्↑

इमाम् 2.39, स्त्री॰ द्विती॰ एक॰ इमाम् (इसको); द्वि॰ इमे; बहु॰ इमा:↑ ←सना॰ इदम्↑

इमे 1.33, पु॰ (1) प्रथ॰ बहु॰ इमे (ये, ये सब); स्त्री॰ प्रथ॰ एक॰ इयम्↓; द्वि॰ इमे (ये दोनों); बहु॰ इमा:↑; (2) द्विती॰ एक॰ इमाम्; द्वि॰ इमे (इन दोनों को); बहु॰ इमा:↑ ←सना॰ इदम्↑

इमौ 15.16, पु॰ (1) प्रथ॰ एक॰ अयम्; द्वि॰ इमौ (ये दोनों); बहु॰ इमे; (2) द्विती॰ एक॰ इमम्↑; द्वि॰ इमौ (इन दोने को); बहु॰ इमान् ←सना॰ इदम्↑

इयम् 7.4, स्त्री॰ प्रथ॰ एक॰ इयम् (यह); द्वि॰ इमे↑; बहु॰ इमा:↑ ←सना॰ इदम्↑

इव 1.30, अव्य॰ (जैसे; कदाचित्, कुछ, जरा) ←1भ्वादि॰√इ

इषु 1.4, पु॰ (आशुग, कलम्ब, काण्ड, बाण, तीर, रोप, शर↓, शायक) ←1भ्वादि॰√इष् (उडना)

इषुभि: 2.4, तृती॰ एक॰ इषुणा; द्वि॰ इषुभ्याम्; बहु॰ इषुभि: (बाणों से, ॰के साथ) ←पु॰ इषु↑

इष्ट 3.10, वि॰ (अभिलाषित, इच्छित, ईप्सित, वाञ्छित; अच्छा, उचित, ठीक, पूज्य↓, प्रिय, मान्य, योग्य) ←6तुदा॰√इष्

इष्ट: 18.64, पु॰ प्रथ॰ एक॰ इष्ट: (उचित); द्वि॰ इष्टौ; बहु॰ इष्टा:↓ ←वि॰ इष्ट↑

इष्टकामधुक् 3.10, स्त्री॰ बस॰ इष्टान् कामान् दोग्धि या (कामधेनु) ←वि॰ इष्ट↑ + पु॰ काम↓ + 2अदा॰√दुह्

इष्टम् 18.12, न॰ प्रथ॰-द्विती॰ एक॰ इष्टम् (जो उचित है वह, ॰उसको); द्वि॰ इष्टे; बहु॰ इष्टानि ←वि॰ इष्ट↑

इष्टा: 17.9, पु॰ प्रथ॰ एक॰ इष्ट:↑; द्विती॰ इष्टौ; बहु॰ इष्टा: (उचित बातें) ←वि॰ इष्ट↑

इष्टान् 3.12, पु॰ द्विती॰ एक॰ इष्टम्; द्विती॰ इष्टौ; बहु॰ इष्टान् (जो उचित हैं उनको) ←वि॰ इष्ट↑

इष्टानिष्टोपपत्तिषु 13.10, सप्त॰ एक॰ इष्टानिष्टोपपत्त्याम्; द्वि॰ इष्टानिष्टोपपत्त्यो:; बहु॰ इष्टानिष्टोपपत्तिषु (अच्छी एवम् बुरी बातों की प्राप्ति में) ←स्त्री॰ तस॰ इष्टानिष्टोपपत्ति, इष्टानाम् च अनिष्टानाम् च उपपत्ति: (इष्ट और अनिष्ट की प्राप्ति –समूहवाचक) ←वि॰ इष्ट↑ + वि॰ अनिष्ट↑ + स्त्री॰ उपपत्ति (प्रतिपादन, प्राप्ति, सिद्धि↓) ←उप√पद् 4दिवा॰

इष्ट्वा 9.20, अव्य॰ (अनुष्ठान, अर्चन, आराधना, पूजन –किए) ←1भ्वादि॰√यज्

इष्णु 13.17, कृत् प्रत्यय (गुणधर्म, नैपुण्य, वैभव सूचक)

इष्वास 1.4, पु॰ (धनुर्धर↓, प्रवीर, योद्धा, लड़ने वाला) ←पु॰ इषु↑ + पु॰ आस↑

इह 2.5, अव्य॰ (यहाँ, इहलोक में, इस जग में) ←सना॰ इदम्

इक्ष्वाकवे 4.1, चतु॰ एक॰ इक्ष्वाकवे (इक्ष्वाकु को); द्वि॰ इक्ष्वाकुभ्याम्; बहु॰ इक्ष्वाकुभ्य: ←पु॰ विना॰ इक्ष्वाकु (व्यक्ति परिचय के लिए देखिए– खंड 1, गीता दर्शन↑)

ई

ईड्यम् 11.44, पु॰ द्विती॰ एक॰ ईड्यम् (जो स्तुति के पात्र है वह); द्वि॰ ईड्यौ; बहु॰ ईड्यान् ←वि॰ ईड्य (प्रशंसनीय, शंसनीय, श्लाघनीय, सराहनीय, स्तुतिपात्र, स्तोतव्य) ←2अदा॰√ईड् (प्रशंसा, स्तुति –करना)

ईदृक् 11.49, अव्य॰ (इस- तरह का, प्रकार का, रीति का; ऐसा) ←वि॰ ईदृश↓

ईदृश, ईदृश् अथवा ईदृक्ष 2.32, वि॰ (इस- तरह का, प्रकार का, रीति का, इस समान, ऐसा, सदृश↓) ←सना॰ इदम्↑ + √दृश्

ईदृशम् 2.32, न॰ प्रथ॰-द्विती॰ अथवा 6.42 पु॰ द्विती॰ एक॰ ईदृशम् (ऐसा, इस तरह का; ऐसे को); द्वि॰ ईदृशौ; बहु॰ ईदृश: ←वि॰ ईदृश↑

ईश 1.15, पु॰ (ईश्वर↓, देव↓, भगवान; प्रभु↓, राजा↓, वाहेगुरु) ←2अदा॰√ईश्

ईशम् 11.15, द्विती॰ एक॰ <u>ईशम्</u> (ईश्वर को); द्वि॰ ईशौ; बहु॰ ईशान् ←पु॰ ईश↑

ईश्वर 4.6, पु॰ (ईश↑, ठाकुर, देव↓, देवता, परमात्मा↓, प्रभु↓, भगवान, वाहेगुरु, विभु, सांई; धनी) ←2अदा॰√ईश्

ईश्वर: 4.6, प्रथ॰ एक॰ <u>ईश्वर:</u> (ईश्वर); द्वि॰ ईश्वरौ; बहु॰ ईश्वरा: ←पु॰ ईश्वर↑

ईश्वरभाव: 18.43, प्रथ॰ एक॰ <u>ईश्वरभाव:</u> (आस्तिक भाव); द्वि॰ ईश्वरभावौ; बहु॰ ईश्वरभावा: ←पु॰ कस॰ ईश्वरभाव, ईश्वर: इव भाव: (आस्तिक भाव, आस्तिक्य) ←पु॰ ईश्वर↑ + पु॰ भाव↓

ईश्वरम् 13.29, द्विती॰ एक॰ <u>ईश्वरम्</u> (ईश्वर को); द्वि॰ ईश्वरौ; बहु॰ ईश्वरान् ←पु॰ ईश्वर↑

ईहते 7.22, लट् वर्त॰ आत्म॰ एक॰ उत्तम॰ ईहे; मध्य॰ ईहसे; अन्य॰ <u>ईहते</u> (वह इच्छा करता है); द्वि॰ ईहेते; बहु॰ ईहन्ते↓ ←1भ्वादि॰√ईह् (इच्छा करना)

ईहन्ते 16.12, लट् वर्त॰ आत्म॰ अन्य॰ एक॰ ईहते↑; द्वि॰ ईहेते; बहु॰ <u>ईहन्ते</u> (वे इच्छा करते हैं) ←1भ्वादि॰√ईह् (इच्छा करना)

ईक्षते 6.29, लट् वर्त॰ आत्म॰ एक॰ उत्तम॰ ईक्षे; मध्य॰ ईक्षसे; अन्य॰ कर्म॰ ईक्ष्यते; अन्य॰ कर्त॰ <u>ईक्षते</u> (वह देखता है) ←1भ्वादि॰√ईक्ष् (देखना)

उ

उक्त 1.24, वि॰ (कथित, कहा, बोला हुआ, वर्णित) ←2अदा॰√वच् (बोलना, कहना)

उक्त: 1.24, पु॰ प्रथ॰ एक॰ <u>उक्त:</u> (कहा गया हुआ, बोला हुआ); द्वि॰ उक्तौ; बहु॰ उक्ता:↓ ←वि॰ उक्त↑

उक्तम् 11.1, न॰ प्रथ॰-द्विती॰ एक॰ <u>उक्तम्</u> (जो कहा, बोला हुआ, बोला गया हुआ है वह); द्वि॰ उक्ते; बहु॰ उक्तानि ←वि॰ उक्त↑

उक्ता: 2.18, पु॰ प्रथ॰ एक॰ उक्त:↑; द्वि॰ उक्तौ; बहु॰ <u>उक्ता:</u> (जो कहे गए हैं वे) ←वि॰ उक्त↑

उक्त्वा 1.47, अव्य॰ (बोल कर, कह कर) ←2अदा॰√वच्

उग्रकर्माण: 16.9, पु॰ प्रथ॰ एक॰ उग्रकर्मा; द्वि॰ उग्रकर्माणौ; बहु॰ <u>उग्रकर्माण:</u> (क्रूर कर्म करने वाले लोग) ←वि॰ बस॰ उग्रकर्मन्, उग्रम् कर्म यस्य (उग्र कर्म करने वाला, क्रूरकर्मी) ←वि॰ उग्र↓ + न॰ कर्मन्↓

उग्र 11.20, वि॰ (उत्ताल, घोर↓, तीक्ष्ण; निष्ठुर, हिंसक; कराल, खूंखार, खौफनाक,

भयानक↓, भीषण, विक्राल) ←4दिवा॰उच्

उग्रम् 11.20, न॰ प्रथ॰–द्विती॰ एक॰ उग्रम् (जो उग्र है वह, ॰उसको); द्वि॰ उग्रे; बहु॰ उग्राणि ←वि॰ उग्र↑

उग्ररूपः 11.31, प्रथ॰ एक॰ उग्ररूपः (जो उग्र रूप का है वह); द्वि॰ उग्ररूपौ; बहु॰ उग्ररूपाः ←पु॰ बस॰ उग्ररूप, उग्रम् रूपम् यस्य (भयानक, विक्राल –रूप का) ←वि॰ उग्र↑ + न॰ रूप↓

उग्राः 11.30; प्रथ॰ एक॰ उग्रः; द्वि॰ उग्रौ; बहु॰ उग्राः (जो उग्र हैं वे) ←वि॰ उग्र↑

उग्रैः 11.48; न॰ तृती॰ एक॰ उग्रेण; द्वि॰ उग्राभ्याम्; बहु॰ उग्रैः (उग्र–तपों–से, के द्वारा) ←वि॰ उग्र↑

उच्चैः 1.12, क्रिवि॰ अव्य॰ उच्चैः (जोर से) ←वि॰ उच्च (ऊंचा, उत्तुंग, उन्नत, तुंग; जोर का, बड़ा, श्रेष्ठ↓) ←5स्वादि॰√चि

उच्चैःश्रवसम् 10.27, द्विती॰ एक॰ उच्चैःश्रवसम् (उच्चैःश्रवा); द्वि॰ उच्चैःश्रवसौ; बहु॰ उच्चैःश्रवसः अथवा उच्चैःश्रवसान् ←पु॰ वि॰ विना॰ उच्चैःश्रवस् अथवा उच्चैःश्रवस

उच्छिष्टम् 17.10, न॰ प्रथ॰–द्विती॰ एक॰ उच्छिष्टम् (बचा हुआ, बचे हुए को); द्वि॰ उच्छिष्टे; बहु॰ उच्छिष्टानि ←वि॰ उच्छिष्ट (झूठा; बचा हुआ; अस्वीकृत, इनकार किया हुआ, ठुकराया हुआ) ←उद्√शिष् 7रुधा॰

उच्छोषणम् 2.8, न॰ प्रथ॰–द्विती॰ एक॰ उच्छोषणम् (सुखाने वाला, अथवा सुखाने वाले को); द्वि॰ उच्छोषणे; बहु॰ उच्छोषणानि ←वि॰ उच्छोषण (निस्तेज करने वाला, शुष्क करने वाला, सुखाने वाला; जलन देने वाला) ←उद्√शुष् (सुखना) 4दिवा॰

उच्यते 2.25, लट् वर्त॰ आत्म॰ कर्मणि एक॰ उत्तम॰ उच्ये; मध्य॰ उच्यसे; अन्य॰ उच्यते (वह कहा जाता है, कहलाता है) ←2अदा॰√वच्

उत 1.40, अव्य॰ (अनिश्चितता, अनुमान, सम्मति, व, अथवा, और –आदि अर्थ सूचक) ←5स्वादि॰√उ

उत्क्रामति 15.8, लट् वर्त॰ पर॰ एक॰ उत्तम॰ उत्क्रामामि; मध्य॰ उत्क्रामसि; अन्य॰ उत्क्रामति अथवा उत्क्राम्यति (वह छोड़ जाता है) ←1भ्वादि॰√क्रम् (चलना; जाना, पैदल जाना)

उत्क्रामन्तम् 15.10, पु॰ द्विती॰ एक॰ उत्क्रामन्तम् (त्याग करने वाले को); द्वि॰ उत्क्रामन्तौ; बहु॰ उत्क्रामतः ←वि॰ उत्क्रामत् (त्याग करत हुआ, त्याग करते हुए; त्यागने वाला) ←उद्√क्रम् (जाना) 1भ्वादि॰

उत्तम 1.7, तमभाववाचक वि॰ (अनुपम, उत्कृष्ट, उन्नत, उम्दा, खालिस, खूब, चोखा, ज्येष्ठ, बढ़िया, बांका, भला, श्रेष्ठ↓, सबसे अच्छा, प्रधान, प्रमुख, मुख्य↓, वरिष्ठ, वर्य) ←अव्य उद्↓

उत्तमः 15.17, पु॰ प्रथ॰ एक॰ उत्तमः (उत्तम); द्वि॰ उत्तमौ; बहु॰ उत्तमाः ←वि॰ उत्तम↑

उत्तमम् 4.3, न॰ प्रथ॰–द्विती॰ एक॰ उत्तमम् (उत्तम–को); द्वि॰ उत्तमे; बहु॰ उत्तमानि ←वि॰ उत्तम↑

उत्तमविदाम् 14.14, पु॰ षष्ठी॰ एक॰ उत्तमविदः; द्वि॰ उत्तमविदोः; बहु॰ उत्तमविदाम् (ज्ञानियों का,की,के) ←वि॰ कस॰ उत्तमविद्, उत्तमम् विन्दति यः सः (ज्ञाता) ←वि॰ उत्तम↑ + ←6तुदा॰√विद् (जानना)

उत्तमाङ्गैः 11.27, न॰ तृती॰ एक॰ उत्तमाङ्गेन; द्वि॰ उत्तमाङ्गाभ्याम्; बहु॰ उत्तमाङ्गैः (सिरों से) ←वि॰ तस॰ उत्तमाङ्ग, उत्तमम् अङ्गम् (कपाल, भाल, माथा, ललाट; मस्तक, मस्तिष्क, मूर्धा, शिर, शीष, शीर्ष, सर, सिर, सीस) ←वि॰ उत्तम↑ + न॰ अङ्ग↑

उत्तमौजाः 1.6, प्रथ॰ एक॰ उत्तमौजाः (उत्तमौजा); द्वि॰ उत्तमौजसौ; बहु॰ उत्तमौजसः ←पु॰ विना॰ उत्तमौजस् (व्यक्ति परिचय के लिए देखिए– खंड 1, गीता दर्शन↑)

उत्तरायणम् 8.24, न॰ प्रथ॰–द्विती॰ एक॰ उत्तरायणम् (उत्तरायण); द्वि॰ उत्तरायणे; बहु॰ उत्तरायणानि ←न॰ तस॰ उत्तरायण, उत्तरयाः अयनम् (उत्तरी मार्ग; सूर्य का उत्तरक्रमण, सूर्य की गति मकर रेखा से उत्तर दिशा में कर्क रेखा की ओर झुकी रहती है वह अवधी; माघ महीने से आषाढ़ महीने तक छः मास का समय; मकर संक्रांति से कर्क संक्रांति तक का काल; मकर से मिथुन का फासला; देखिए दक्षिणायन↓) ←स्त्री॰ उत्तरा (उत्तर दिशा) + न॰ अयन↑

उत्तिष्ठ 2.3, लोट् पर॰ आज्ञार्थक एक॰ उत्तम॰ उत्तिष्ठानि; मध्य॰ उत्तिष्ठ (तू उठ, तू खड़ा हो); अन्य॰ उत्तिष्ठतु ←1भ्वादि॰√स्था (रहना)

उत्थ 18.39, वि॰ (उत्पन्न हुआ, निकला हुआ) ←उद्√स्था 1भ्वादि॰

उत्थिता 11.12, स्त्री॰ प्रथ॰ एक॰ उत्थिता (प्रकाशित, खिली, उठी, उभरी –हुई); द्वि॰ उत्थिते; बहु॰ उत्थिताः ←क्त॰ वि॰ उत्थित (उद्भूत हुआ, उठा हुआ, उन्नत हुआ, उभरा हुआ, खिला हुआ, निकला हुआ, बढ़ा हुआ) ←1भ्वादि॰√स्था

उत्सन्नकुलधर्माणाम् 1.44, षष्ठी॰ एक॰ उत्सन्नकुलधर्मस्य; द्वि॰ उत्सन्नकुलधर्मयोः; बहु॰ उत्सन्नकुलधर्माणाम् (जिनका कुलधर्म नष्ट हुआ है उनका,की,के) ←पु॰ (1) तस॰ उत्सन्नकुलधर्म, उत्सन्नः कुलस्य धर्मः (जो डूबा हुआ है, उध्वस्त हुआ है –वह कुलधर्म);

(2) बस॰ उत्सन्न: कुलस्य धर्म: यस्य स: (जिसका कुलधर्म डूबा हुआ है वह) ←वि॰ उत्सन्न (उजड़ा हुआ, डूबा हुआ, नष्ट हुआ, भ्रष्ट) ←उद्√सद् 1भ्वादि॰ + पु॰ कुलधर्म↓

उत्सादनार्थम् 17.19, द्विती॰ एक॰ उत्सादनार्थम् (नष्ट करने के हेतु को); द्वि॰ उत्सादनार्थौ; बहु॰ उत्सादनार्थान् ←पु॰ तस॰ उत्सादनार्थ, उत्सादनस्य अर्थ: (नष्ट करने का हेतु; विनाश का उद्देश) ←न॰ उत्सादन (नाश, विनाश↓) उद्√सद् 1भ्वादि॰ + पु॰ अर्थ↑

उत्साद्यन्ते 1.43, लट् वर्त॰ आत्म॰ अन्य॰ एक॰ उत्साद्यते; द्वि॰ उत्साद्येते; बहु॰ उत्साद्यन्ते (वे नष्ट होते हैं) ←उद्√सद् 1भ्वादि॰ (नष्ट होना, भ्रष्ट होना)

उत्सीदेयु: 3.24, विधि॰ पर॰ नियमदर्शनार्थक अन्य॰ एक॰ उत्सीदत्; द्वि॰ उत्सीदेताम्; बहु॰ उत्सीदेयु: (वे नष्ट, भ्रष्ट –हो जाएँ, हों) ←उद्√सद् 1भ्वादि॰।

उत्सृजामि 9.19, लट् वर्त॰ पर॰ एक॰ उत्तम॰ उत्सृजामि (मैं उद्भूत होता हूँ, मैं सृष्ट करता हूँ); मध्य॰ उत्सृजसि; अन्य॰ उत्सृजति ←उद्√सृज (सृष्ट करना) 6तुदा॰।

उत्सृज्य 16.23, अव्य॰ (त्याग कर, छोड़ कर) ←4दिवा॰√सृज् (त्यागना, छोड़ना)

उद् 2.46, अव्य॰ उपसर्ग (अनुपस्थिति, बाहर, पर; उपार्जन, लाभ; श्रेष्ठत्व, वृद्धि सूचक) ←5स्वादि॰√उ

उदक 1.42, न॰ (अम्बु↑, अप्↑, अन्भस↓, आप↑, उद, जल, जीवन↓, तोय↓, नीर, पय, पानी, पुष्कर, वारि, सलिल, क्षीर) ←1भ्वादि॰√उद्

उदपाने 2.46, सप्त॰ एक॰ उदपाने (हौदे में); द्वि॰ उदपानयो:; बहु॰ उदपानेषु ←पु॰ उदपान (हौदा, कुएँ के पास का हौदा) ←न॰ उदन् –सामासिक रूप में अंत्य न् का लोप होता है– (अम्बु↑, अप्↑, अन्भस↑, आप, उद, उदक↑, जल, जीवन↓, तोय↓, नीर, पय, पानी, पुष्कर, वारि, सलिल, क्षीर) + न॰ पान (पीना) ←उद्√पा 1भ्वादि॰।

उदर 1.15, न॰ (अंतस्थ भाग; तुंद, पेट) ←7रुधा॰√उन्द्

उदारा: 7.18, पु॰ प्रथ॰ एक॰ उदार:; द्वि॰ उदारौ; बहु॰ उदारा: (उदार लोग, दाता लोग) ←वि॰ उदार (महान्↓, श्रेष्ठ↓; दाता, दानशील, दानशूर) ←उद्–आ√रा 2अदा॰।

उदासीन 6.9, धासा॰ वि॰ (तटस्थ, नि:पक्ष, निरपेक्ष, बेलाग, विरक्त) ←उद्√आस् 2अदा॰।

उदासीन: 12.16, प्रथ॰ एक॰ उदासीन: (निरपेक्ष मनुष्य); द्वि॰ उदासीनौ; बहु॰ उदासीना: ←पु॰ उदासीन↑

उदासीनवत् 9.9, क्रिवि॰ (तटस्थता से, निरपेक्षता से) ←वि॰ उदासिन् ←उद्√आस् 2अदा॰।

उदाहृत 13.7, वि॰ (आदर्श, उदाहरण, दृष्टान्त, नजीर, नमूना, निदर्शन, निरूपण, बानगी, मासला, मिसाल –की तोर पर दिया हुआ; कहा हुआ, वर्णन किया हुआ, बतलाया हुआ)

←उद्–आ√हृ 1भ्वादि॰

उदाहृतः 15.17, पु॰ प्रथ॰ एक॰ उदाहृतः (कहा गया है, जो कहा गया है वह); द्वि॰ उदाहृतौ; बहु॰ उदाहृताः ←वि॰ उदाहृत↑

उदाहृतम् 13.7, न॰ प्रथ॰–द्विती॰ एक॰ उदाहृतम् (कहा गया है, जो कहा गया है वह अथवा उसको); द्वि॰ उदाहृतौ; बहु॰ उदाहृतान् ←वि॰ उदाहृत↑

उदाहृत्य 17.24, अव्य॰ (उदाहरण, दृष्टान्त, निरूपण, मिसाल –की तौर पर देकर, वर्णन किए, कह कर) ←उद्–आ√हृ 1भ्वादि॰

उद्दिश्य 17.21, अव्य॰ (संबोधित करके) ←उद्√दिश् 6तुदा॰

उद्देशतः 10.40, अव्य॰ (केवल उदाहरण की तौर पर, संक्षिप्त रीति से) ←उद्√दिश् 6तुदा॰

उद्धरेत् 6.5, विधि॰ पर॰ अनुमतिदर्शक एक॰ उत्तम॰ उद्धरेयम्; मध्य॰ उद्धरेः; अन्य॰ उद्धरेत् (वह उद्धार करे) ←उद्√धृ (धरना) 1भ्वादि॰

उद्भव 3.15, पु॰ (अभिव्यक्ति, आविर्भाव, उद्गम, उत्पात, उत्पत्ति, उपज, जन्म↓, निपजा, पैदायश, प्रसव, प्राकट्य, प्रादुर्भाव; अवतरण, अवतार) ←उद्√भू (होना) 1भ्वादि॰

उद्भवः 10.34, प्रथ॰ एक॰ उद्भवः (जन्म); द्वि॰ उद्भवौ; बहु॰ उद्भवाः ←पु॰ उद्भव↑

उद्यताः 1.45, पु॰ प्रथ॰ एक॰ उद्यतः; द्वि॰ उद्यतौ; बहु॰ उद्यताः (जो तत्पर हैं वे) ←वि॰ उद्यत (तत्पर↓, तैयार; आमादा, ताक में बैठा हुआ, तुला हुआ) ←उद्√यम् 1भ्वादि॰

उद्यम्य 1.20, अव्य॰ (उठाकर; सिद्ध होकर) ←उद्√यम् 1भ्वादि॰

उद्विजते 12.15, लट् वर्त॰ आत्म॰ एक॰ उत्तम॰ उद्विजे; मध्य॰ उद्विजसे; अन्य॰ उद्विजते (वह पीडित, शोकग्रस्त होता है) ←उद्√विज् 6तुदा॰ (ड़रना; विचलित, पीडित, शोकग्रस्त होना)

उद्विजेत् 5.20, विधि॰ आत्म॰ उपदेशार्थ एक॰ उत्तम॰ उद्विजेय; मध्य॰ उद्विजेथाः; अन्य॰ उद्विजेत (उसे विचलित होना चाहिए) ←उद्√विज् 6तुदा॰ (ड़रना; विचलित होना)

उद्वेग 2.56, पु॰ (उदासी, शोकाकुलता, सन्ताप) ←उद्√विज् 6तुदा॰

उन्मिषन् 5.9, पु॰ प्रथ॰ एक॰ उन्मिषन् (नेत्र खोलते हुए); द्वि॰ उन्मिषन्तौ; बहु॰ उन्मिषन्तः ←वि॰ उन्मिषत् (नेत्र खोलते हुए) ←उद्√मिष् 6तुदा॰ (नेत्र– खोलना, आंखे मीचना)

उप 2.62, अव्य॰ (आरम्भ; श्रेष्ठत्व; योग्यता, व्याप्ति; सान्निध्य, सामिप्य –दिखाने वाला उपसर्ग) ←5स्वादि॰√उ

उपजायते 2.62, लट् वर्त॰ आत्म॰ एक॰ उत्तम॰ उपजाये; मध्य॰ उपजायसे; अन्य॰

उपजायते (वह उत्पन्न होता है); द्वि॰ उपजायेते; बहु॰ उपजायन्ते↓ ←उप√जन् 4दिवा॰ (उत्पन्न होना, जन्मना)

उपजायन्ते 14.2, लट् वर्त॰ आत्म॰ अन्य॰ एक॰ उपजायते↑; द्वि॰ उपजायेते; बहु॰ उपजायन्ते (वे उत्पन्न होते हैं) ←उप√जन् 4दिवा॰ (उत्पन्न होना, जन्मना)

उपजुह्वति 4.25, लट् वर्त॰ आत्म॰ अन्य॰ एक॰ उपजुहोति; द्वि॰ उपजुहुतः; बहु॰ उपजुह्वति (वे यजन, हवन, होम –करते हैं) ←उप√हु 3जुहो॰ (हवन करना)

उपदेक्ष्यन्ति 4.34, लट् वर्त॰ पर॰ अन्य॰ एक॰ उपदेक्ष्यति; द्वि॰ उपदेक्ष्यतः; बहु॰ उपदेक्ष्यन्ति (वे उपदेश देते हैं) ←उप√दिश् 6तुदा॰ (दिखाना; मार्गदर्शन करना)

उपद्रष्टा 13.23, प्रथ॰ एक॰ उपद्रष्टा (नियंता); द्वि॰ उपद्रष्टारौ; बहु॰ उपद्रष्टारः ←पु॰ उपद्रष्टृ (दर्शी, देखरेख कर्ता, देखनहार, देखभाल करने वाला, द्रष्टा, नियंता) ←उप√दृश् 1भ्वादि॰

उपधारय 7.6, लोट् उपदेशार्थक पर॰ प्रयो॰ एक॰ उत्तम॰ उपधारयानि; मध्य॰ उपधारय (तू पहचान ले, तू जान ले); अन्य॰ उपधारयतु ←उप√धृ 1भ्वादि॰ (धारण करना)

उपपद्यते 2.3, लट् वर्त॰ आत्म॰ एक॰ उत्तम॰ उपपद्ये; मध्य॰ उपपद्यसे॰ अन्य॰ उपपद्यते (वह उचित दिखता है) ←उप√पद् 4दिवा॰ (चलना)

उपपन्नम् 2.32, न॰ प्रथ॰–द्विती॰ एक॰ उपपन्नम् (मिला हुआ); द्वि॰ उपपन्ने; बहु॰ उपपन्नानि ←वि॰ उपपन्न (प्राप्त↓, मिला हुआ; उचित, उपयुक्त, योग्य) ←उप√पद् 4दिवा॰ (प्राप्त करना)

उपमा 6.19, स्त्री॰ (उदाहरण, तुलना, समता, समानता, सादृश्य) ←उप√मा 3जुहो॰

उपयान्ति 10.10, लट् वर्त॰ पर॰ अन्य॰ एक॰ उपयाति; द्वि॰ उपयातः; बहु॰ उपयान्ति (वे आकर मिलते हैं) ←उप√या 2अदा॰ (जाना; प्राप्त करना)

उपरतम् 2.35, पु॰ द्विती॰ एक॰ उपरतम् (भागा हुआ); द्वि॰ उपरतौ; बहु॰ उपरतान् ←वि॰ उपरत (निवृत्त↓; गया हुआ, भागा हुआ) ←उप√रम् 1भ्वादि॰ (खेलना)

उपरमते 6.20, लट् वर्त॰ आत्म॰ एक॰ उत्तम॰ उपरमे; मध्य॰ उपरमसे; अन्य॰ उपरमते (वह विश्रांति पाता है, रमता है) ←उप√रम् 1भ्वादि॰ (क्रीड़ा करना)

उपरमेत् 6.25, विधि॰ पर॰ एक॰ उत्तम॰ उपरमेयम्; मध्य॰ उपरमेः; अन्य॰ उपरमेत् (उसको शांत होना चाहिए) ←उप√रम् 1भ्वादि॰ (उपराम होना, रमना)

उपलभ्यते 15.3, लट् वर्त॰ आत्म॰ एक॰ उत्तम॰ उपलभ्ये; मध्य॰ उपलभ्यसे; अन्य॰ उपलभ्यते (वह उपलब्ध होता है) ←उप√लभ् 1भ्वादि॰ (लाभ होना, प्राप्त होना)

उपलिप्यते 13.33, लट् वर्त॰ आत्म॰ एक॰ उत्तम॰ उपलिप्ये; मध्य॰ उपलिप्यसे; अन्य॰ उपलिप्यते (वह लिपायमान, लिप्त –होता है) ←उप√लिप् 6तुदा॰ (लिप्त होना)

उपविश्य 6.12, अव्य॰ (बैठ कर; संलग्न होकर) ←6तुदा॰√विश् (बैठना; प्रवेश करना) ←उप√विश् 3जुहो॰

उपसङ्गम्य 1.2, अव्य॰ (करीब, नजदीक, निकट, नेड़े, पास, समीप –जाकर) ←उप-सम्√गम् (जाना) 1भ्वादि॰

उपसेवते 15.9, लट् वर्त॰ आत्म॰ एक॰ उत्तम॰ उपसेवे; मध्य॰ उपसेवसे; अन्य॰ उपसेवते (वह– उपभोगता, सेवन करता है) ←उप√सेव् 1भ्वादि॰ (उपभोगना)

उपहत 1.38, वि॰ (आहत, घायल हुआ, जख्मी, हताहत, क्षत; अपवित्र, नष्ट, भ्रष्ट –हुआ है वह) ←उप√हन् 2अदा॰ (मारना, मार ड़ालना)

उपहन्याम् 3.24, विधि॰ पर॰ नियमदर्शक एक॰ उत्तम॰ उपहन्याम् (मैं घातक हूँगा); मध्य॰ उपहन्याः; अन्य॰ उपहन्यात् ←उप√हन् 2अदा॰ (मारना, वध करना)

उपायतः 6.36, अव्य॰ (उपाय से, के साधन से; सहायता से) ←पु॰ उपाय (उपचार, चाल, जुगत, ढंग, तदबीर, तरकीब, तरीका, तिकड़म, रीति, साधन, युक्ति; योगदान, सहयोग, सहायता) ←उप√अय् 1भ्वादि॰

उपाविशत् 1.47, लङ् अनद्य भूत॰ पर॰ एक॰ उत्तम॰ उपाविशम्; मध्य॰ उपाविशः; अन्य॰ उपाविशत् (वह बैठ गया) ←उप–आ√विश् 6तुदा॰ (बैठना)

उपाश्रिताः 4.10, पु॰ प्रथ॰ एक॰ उपाश्रितः; द्वि॰ उपाश्रितौ; बहु॰ उपाश्रिताः (आश्रय लिए हुए लोग) ←वि॰ उपाश्रित (आश्रय लिया हुआ; आश्रित) ←उप–आ√श्रि 1भ्वादि॰

उपाश्रित्य 14.2, अव्य॰ (आश्रय ले कर; धारण किए) ←उप–आ√श्रि 1भ्वादि॰ (आश्रय लेना, जाना, परिचिर्या करना, प्राप्त करना)

उपासते 9.14, लट् वर्त॰ आत्म॰ अन्य॰ आत्म॰ एक॰ उपास्ते; द्वि॰ उपासाते; बहु॰ उपासते (वे उपासना करते हैं) ←उप√अस् 2अदा॰ (होना)

उपेत 6.37, वि॰ (उपस्थित हुआ, प्रस्तुत हुआ; निकट आया हुआ; युक्त) ←उप√इण् 2अदा॰

उपेतः 6.37, पु॰ प्रथ॰ एक॰ उपेतः (युक्त); द्वि॰ उपेतौ; बहु॰ उपेताः↓ ←वि॰ उपेत↑

उपेताः 12.2, पु॰ प्रथ॰ एक॰ उपेतः↑; द्वि॰ उपेतौ; बहु॰ उपेताः (युक्त हुए लोग) ←वि॰ उपेत↑

उपेत्य 8.15, अव्य॰ (उपस्थित होकर; पास आकर; युक्त होकर) ←उप√इण् 2अदा॰

उपैति 6.27, लट् वर्त० पर० एक० उत्तम० उपैमि; मध्य० उपैषि; अन्य० उपैति (वह प्राप्त करता है) ←उप√इण् 2अदा० (जाना)

उपैष्यसि 9.28, लृट् अपूर्ण भवि० पर० एक० उत्तम० उपैष्यामि; मध्य० उपैष्यसि (तू प्राप्त होगा); अन्य० उपैष्यति ←उप√इण् (जाना) 2अदा०

उभ 2.19, नित्यद्विवचनी सना० (उभय, दोनों) ←6तुदा०√उभ्

उभयविभ्रष्टः 6.38, पु० प्रथ० एक० उभयविभ्रष्टः (दोनों ओर से अंतर्निहित); द्वि० उभयविभ्रष्टौ; बहु० उभयविभ्रष्टाः ←वि० तस० उभयविभ्रष्ट, उभयतः विभ्रष्टः (दोनों तरफ से उजड़ा हुआ है वह) ←वि० सना० उभय↓ + वि० विभ्रष्ट (अंतर्निहित, उजड़ा हुआ, भ्रष्ट) ←वि√भ्रंश् 6तुदा०

उभय 1.21 नित्यद्विवचनी सार्वनामिक वि० द्वि० पु० न० स्त्री० (दोनों)→ प्रथ० उभौ; द्विती० उभौ; तृती० उभाभ्याम्; चतु० उभाभ्याम्; पंच० उभाभ्याम्; षष्ठी० उभयोः; सप्त० उभयोः; संबो० उभौ ←6तुदा०√उभ्

उभयोः 1.21, स्त्री० षष्ठी० द्वि० (दोनों का,की,के) ←वि० उभय↑

उभे 2.50, न० प्रथ०-द्विती० द्वि० उभे (दोनों को) ←सना० उभ↑

उभौ 2.19, पु० द्विती० द्वि० उभौ (दोनों, दोनों को) ←वि० उभ↑

उरगान् 11.15, द्विती० एक० उरगम्; द्वि० उरगौ; बहु० उरगान् (सर्पों को) ←पु० उरग (नाग↓; अहि, कर्कटी, द्विजिह्वा, द्विरसन, पन्नग, भुजंग, मणिधर, विषधर, व्याल, सर्प↓, सांप; छाती या पेट के बल खिसक कर, घसीट कर, रेंग कर, सरक कर -चलने वाला प्राणी) ←पु० उरस् (उर, कुच, छाती, वक्ष, सीना) ←1भ्वादि०√ऋ + √गम् (चलना, जाना)

उल्बेन 3.38, तृती० एक० उल्बेन (नाल से); द्वि० उल्बाभ्याम्; बहु० उल्बैः ←न० उल्ब (आँवल, नाल, झिल्ली; गर्भाशय, भग, योनि↓) ←4दिवा०√उच्

उवाच 1.25, लिट् परोक्ष भूत० पर० उत्तम० एक० उवच अथवा उवाच; मध्य० एक० उवचिथ अथवा उवक्थ; अन्य० एक० उवाच (उसने कहा, वह बोला); अन्य० द्वि० ऊचतुः; अन्य० बहु० ऊचुः ←2अदा०√ब्रू (बोलना)

उशना 10.37, प्रथ० एक० उशना (उशना कवि); द्वि० उशनसौ; बहु० उशनसः ←पु० विना० उशनस् (कवि, उशना, शुक्राचार्य; शुक्र ग्रह की अधिष्ठित देवता)

उष्ण 2.14, वि० (गरम; कष्ट दायक) ←1भ्वादि०√उष्

उषित्वा 6.41, अव्य० (रह कर, बस कर, स्थित होकर) ←1भ्वादि०√वस्

उष्मपा: 11.22, प्रथ॰ एक॰ उष्मपा:; द्वि॰ उष्मपौ; बहु॰ उष्मपा: (पितर लोग) ←पु॰ बस॰ उष्मपा, उष्म: एव पिबति य: स: उष्मपा (पितर; श्राद्ध के समय अर्पण किए हुए अन्न का भक्षण अथवा पान वह अन्न उष्ण हो तब तक ही जो करता है वह- उष्मपा) ←(1) पु॰ उष्म (उष्ण वस्तु); (2) वि॰ उष्ण (गरमी, उष्णता) ←1भ्वादि॰√उष् + वि॰ पा (पीने वाला) ←1भ्वादि॰√पा (पीना)

(ऊ)

ऊर्जितम् 10.41, न॰ प्रथ॰-द्विती॰ एक॰ ऊर्जितम् (जो प्रभावयुक्त है वह, ॰उसको); द्वि॰ ऊर्जिते; बहु॰ ऊर्जितानि ←वि॰ ऊर्जित (उच्च↑, उत्कृष्ट, श्रेष्ठ↓, समृद्ध, सम्पन्न↑; तेजस्वी; बलवान) ←10चुरा॰√ऊर्ज् (सम्पन्न↓, बलवान -होना)

ऊर्ध्वम् 12.8, पु॰ द्विती॰ एक॰ ऊर्ध्वम् (ऊपर की दिशा को); द्वि॰ ऊर्ध्वौ; बहु॰ ऊर्ध्वान् ←(1) वि॰ ऊर्ध्व (उच्च↑, खड़ा, ऊपर उठा हुआ); (2) न॰ (ऊंचाई; ऊपर की दिशा); (3) क्रिवि॰ (आहो, ऊपर, सामने, अनंतर) ←उद्√हा 3जुहो॰

ऊर्ध्वमूलम् 15.1, द्विती॰ एक॰ ऊर्ध्वमूलम् (जिसका मूल ऊपर है उसको); द्वि॰ ऊर्ध्वमूलौ; बहु॰ ऊर्ध्वमूलान् ←पु॰ बस॰ ऊर्ध्वमूल, ऊर्ध्वानि मूलानि यस्य स: (जिसका मूल ऊपर की दिशा में हो वह) ←वि॰ ऊर्ध्व↑ + न॰ मूल↓

(ऋ)

ऋक् 9.17↓, प्रथ॰ एक॰ ऋच् अथवा ऋक् अथवा ऋग्; द्वि॰ ऋचौ; बहु॰ ऋच: ←पु॰ ऋक् (ऋग्वेद, ऋचा)

ऋच्छति 2.72, लट् वर्त॰ पर॰ एक॰ उत्तम॰ ऋच्छामि; मध्यम॰ ऋच्छसि; अन्य॰ ऋच्छति (वह साध्य करता है) ←6तुदा॰√ऋच्छ् (जाना, विरक्त होना)

ऋतम् 10.14, न॰ प्रथ॰-द्विती॰ एक॰ ऋतम् (जो सत्य है वह, ॰उसको); द्वि॰ ऋते; बहु॰ ऋतानि ←वि॰ ऋत (खरा, सच्चा, सत्य↓; मान्य, सन्मान्य); न॰ (सत्य↓) ←1भ्वादि॰√ऋ

ऋतूनाम् 10.35, षष्ठी॰ एक॰ ऋतो:; द्वि॰ ऋत्वो:; बहु॰ ऋतूनाम् (ऋतुओं में) ←पु॰ ऋतु ←1भ्वादि॰√ऋ

ऋते 11.32, अव्य॰ (अतिरिक्त, अलावा, विना↓, व्यतिरिक्त, के सिवा, सिवाय, को छोड़ कर) ←1भ्वादि॰√ऋ

ऋद्धम् 2.8, न॰ प्रथ॰-द्विती॰ एक॰ ऋद्धम् (जो संपन्न है वह, ॰उसको); द्वि॰ ऋद्धे; बहु॰

ऋद्धानि ←वि॰ ऋद्ध (उभरा, वर्धमान, बढ़ा हुआ, विकसित, वृद्धिंगत, सम्पन्न↓) ←3जुहो॰√ऋध् (फलना फूलना; बढ़ना; संतुष्ट, संपन्न –होना)

ऋषभ 2.15, पु॰ (उक्ष, गो, नंदी, पुङ्गव↓, बलीवर्द, बैल, भद्र, ललद, वरद, वसु, वृषभ, शांकर, शाक्वर, शाद्वल, सांड) ←6तुदा॰√ऋष्

ऋषय: 5.25, प्रथ॰ एक॰ ऋषि:; द्वि॰ ऋषी; बहु॰ ऋषय: (ऋषि जन) ←पु॰ ऋषि↓

ऋषि 4.2, (तपस्वी, मंत्रदृष्टा, मुनि↓, सात्त्विक↓, संत, साधु↓, ज्ञानी↓) ←6तुदा॰√ऋष्

ऋषिभि: 13.5, तृती॰ एक॰ ऋषिणा; द्वि॰ ऋषिभ्याम्; बहु॰ ऋषिभि: (ऋषियों द्वारा) ←पु॰ ऋषि↑

ऋषीन् 11.15, द्विती॰ एक॰ ऋषिम्; द्वि॰ ऋषी; बहु॰ ऋषीन् (ऋषियों को) ←पु॰ ऋषि↑

(ए)

एक 2.41, नित्यएकवचनी संख्या वि॰ एक (अकेला, एक; अद्वितीय, अभेद, बेजोड; अमुक, कोई एक, ढिमका, फलां) ←1भ्वादि॰√इ

एक: 11.42, प्रथ॰ पु॰ एक: (एक, जो एकांत में है वह, अकेला); न॰ एकम्↓; स्त्री॰ एका↓ ←नित्य एकवचनी वि॰ एक↑

एकत्व 6.31, न॰ (अकेलापन; अद्वैत) ←वि॰ एक↑

एकत्वम् 6.31, न॰ प्रथ॰–द्विती॰ एक॰ एकत्वम् (अकेलापन, अकेलेपन को) ←न॰ एकत्व↑

एकत्वेन 9.15, तृती॰ एक॰ एकत्वेन (अकेले से) ←न॰ एकत्व↑

एकभक्ति: 7.17, पु॰ प्रथ॰ एक॰ एकभक्ति: (एकपूर्ण निष्ठा, एकनिष्ठ) ←पु॰ बस॰ एकभक्ति, एकस्मिन् भक्ति: यस्य स: (एकनिष्ठ; जिसकी एकाग्रभक्ति है वह) ←वि॰ एक↑ + स्त्री॰ भक्ति↓

एकम् 3.2, द्विती॰ पु॰ एकम् (एक–को); न॰ एकम् (एक–को); स्त्री॰ एकाम् ←वि॰ एक↑

एकया 8.26 एक॰ तृती॰ पु॰ एकेन↓; न॰ एकेन॰ स्त्री॰ एकया (अकेली, पहली ने) ←वि॰ एक↑

एकस्थम् 11.7, न॰ प्रथ॰–द्विती॰ एक॰ एकस्थम् (जो एकत्रित है वह, ॰उसको) ←वि॰ तस॰ एकस्थ, एके स्थितम् (एकत्र, एकनिष्ठ, एकभक्त, एकाग्र –समुदायवाचक) ←वि॰ एक↑ + वि॰ स्थ↓

एकस्मिन् 18.22, सप्त॰ पु॰ एकस्मिन्; न॰ एकस्मिन् (एक ही में); स्त्री॰ एकस्याम् ←वि॰

एक↑

एका 2.41, प्रथ॰ पु॰ एकः↑; न॰ एकम्↑; स्त्री॰ एका (अकेली, एकाग्र) ←वि॰ एक↑

एकाकी 6.10, प्रथ॰ एक॰ पु॰ एकाकी (अकेला); न॰ एकाकि; स्त्री॰ एकाकिनी ←वि॰ एकाकिन् (अकेला, इकहारा, एकक, एकल, एकला, एकधा, एकशः) ←नित्यएकवचनी वि॰ एक↑

एकाग्र 6.12, वि॰ बस॰ एकम् अग्रं यस्य (अनन्य, एकनिष्ठ, एकतान, एकसर्ग, एकोन्मुख, केन्द्रिभूत, समकेन्द्रित; अचंचल, अविचलित, ध्यान एक ही ओर या एक ही वस्तु में स्थिर हुआ, ध्यानावस्थित, स्थिर↓) ←नित्यएकवचनी वि॰ एक↑ + न॰ अग्र↑

एकाग्रम् 6.12, न॰ प्रथ॰–द्विती॰ एक॰ एकाग्रम् (जो एकाग्र है वह, ॰उसको) ←वि॰ एकाग्र↑

एकाग्रेण 18.72, तृती॰ एक॰ एकाग्रेण (एकाग्रता से) ←वि॰ एकाग्र↑

एकान्तम् 6.16, क्रिवि॰ एकान्तम् (कतई, कुछ भी, बिलकुल; असल में, दर असल, मूलतः, वास्तव में) ←पु॰ एकान्त (अतिरेक; एक तरफ; निर्जन, निमृत, विजन) ←वि॰ एक↑

एकांशेन 10.42, पु॰ तृती॰ एक॰ एकांशेन (एक अंश से) ←पु॰ तस॰ एकांश, एकस्य अंशः (एक– खण्ड, टुकड़ा, भाग, हिस्सा; एक अणु) ←वि॰ एक↑ + पु॰ अंश↑

एकाक्षरम् 8.13, न॰ प्रथ॰–द्विती॰ एक॰ एकाक्षरम् (एक अक्षर) ←न॰ तस॰ एकाक्षर, एकम् अक्षरम् (एक अक्षर वाला, ॐ, प्रणव) ←वि॰ एक↑ + न॰ अज्ञर↑

एके 18.3, वि॰ समूहवाचक (कोई लोग) ←वि॰ एक↑

एकेन 11.20, तृती॰ पु॰ एकेन (एक–से); न॰ एकेन (एक–से); स्त्री॰ एकया↑ ←वि॰ एक↑

एतत् 2.3, न॰ एक॰ एतत् (यह); द्वि॰ एते↓; बहु॰ एतानि↓ ←सना॰ एतद्↓

एतद् 1.3, सना॰ वि॰ (यह)→ पु॰ एषः यह; स्त्री॰ एषा यह; न॰ एतद् (हे) ←2अदा॰√इ

एतद्योनीनि 7.6, न॰ प्रथ॰–द्विती॰ एक॰ एतद्योनि; द्वि॰ एतद्योनिनी; बहु॰ एतद्योनीनि (इस योनि में जन्म लिए हुए लोग) ←वि॰ बस॰ एतद्योनिन्, एषा योनिः यस्य तत् (इस योनि में अथवा इन योनियों में जन्म लिया हुआ) ←सना॰ एतद्↑ + स्त्री॰ योनि↓

एतयोः 5.1, पु॰ षष्ठी॰ एक॰ एतस्य↓; द्वि॰ एतयोः (इन दोनों का,की,के); बहु॰ एतेषाम्↓ ←सना॰ एतद्↑

एतस्य 6.33, पु॰ न॰ षष्ठी॰ एक॰ एतस्य (उसका,की,के); द्वि॰ एतयोः↑; बहु॰ एतेषाम्↓ ←सना॰ एतद्↑

एतान् 1.22, पु॰ द्विती॰ एक॰ एतम्; द्वि॰ एतौ; बहु॰ एतान् (इनको) ←सना॰ एतद्↑

एतानि 14.12, न॰ प्रथ॰–द्विती॰ एक॰ एतत्↑; द्वि॰ एते↓; बहु॰ एतानि (ये, इनको) ←सना॰ एतद्↑

एताम् 1.3, स्त्री॰ द्विती॰ एक॰ एताम् (इसको); द्वि॰ एते↓; बहु॰ एता: ←सना॰ एतद्↑

एतावत् 16.11, अव्य॰ (इस- ढंग से, तरह से, तरीके से, मार्ग से, रीति से, प्रकार से, विधि से; ऐसे) ←सना॰ एतद्↑

एति 4.9, लट् पर॰ एक॰ उत्तम॰ एमि; मध्य॰ एषि; अन्य॰ एति (वह आता है, वह प्राप्त करता है) ←2अदा॰√इण् (जाना, आना)

एते 1.23, (1) पु॰ प्रथ॰ एक॰ एष:↓; द्वि॰ एतौ; बहु॰ एते (ये); (2) 8.27, स्त्री॰ द्विती॰ एक॰ एताम्↑, अथवा एनाम्↓; द्वि॰ एते (ये दोनों); बहु॰ एता: ←सना॰ एतद्↑

एतेन 3.39, पु॰ न॰ तृती॰ एक॰ एतेन (इसने, इसके द्वारा); द्वि॰ एताभ्याम्; बहु॰ एतै:↓ ←सना॰ एतद्↑

एतेषाम् 1.10, पु॰ न॰ एक॰ एतस्य↑; द्वि॰ एतयो:↑; बहु॰ एतेषाम् (इनका,की,के) ←सना॰ एतद्↑

एतै: 1.43, पु॰ न॰ तृती॰ एक॰ एतेन↑; द्वि॰ एताभ्याम्; बहु॰ एतै: (इन्होंने, इनके द्वारा) ←सना॰ एतद्↑

एधांसि 4.37, प्रथ॰–द्विती॰ एक॰ एधा:; द्वि॰ एधसी; बहु॰ एधांसि (लकड़ियाँ, लकड़ियों को) ←न॰ एधस् (ईंधन, जलावन; लकड़ी, काठ, काष्ठ, दारु) ←7रुधा॰√इन्ध्

एनम् 2.19, पु॰ द्विती॰ एक॰ एनम् (इसको); द्वि॰ एतौ; बहु॰ एनान् ←सना॰ एतद्↑

एनाम् 2.72, स्त्री॰ द्विती॰ एक॰ एनाम् (इसको); द्वि॰ एते↑; बहु॰ एना: ←सना॰ एतद्↑

एभि: 7.13, पु॰ तृती॰ एक॰ अनेन↑; द्वि॰ आभ्याम्; बहु॰ एभि: (इन्होंने) ←सना॰ इदम्↑

एभ्य: 3.12, पु॰ पंच॰ एक॰ अस्मात्↑; द्वि॰ आभ्याम्; बहु॰ एभ्य: (इनसे, इनकी अपेक्षा) ←सना॰ इदम्↑

एव 1.1, अव्य॰ (निश्चय ही, सुद्धां, भी; समानता, सादृश्य) ←1भ्वादि॰√इ

एवम् 1.24, अव्य॰ (ऐसा, इस- तरह, रीति से, प्रकार; और, तथा, वैसेही) ←1भ्वादि॰√इ

एवंरूप: 11.48, पु॰ प्रथ॰ एक॰ एवंरूप: (इस तरह के रूप वाला); द्वि॰ एवंरूपौ; बहु॰ एवंरूपा: ←अव्य॰ एवम्↑ + न॰ रूप↓

एवंविध: 11.53, पु॰ प्रथ॰ एक॰ एवंविध: (इस प्रकार); द्वि॰ एवंविधौ; बहु॰ एवंविधा: ←वि॰ बस॰ एवंविध, एवम् विध: यस्य ←अव्य॰ एवम्↑ + पु॰ विध↓

एषः 3.10, पु॰ प्रथ॰ एक॰ <u>एषः</u> (यह); द्वि॰ एतौ; बहु॰ एते↑ ←सना॰ एतद्↑

एषा 2.39, स्त्री॰ प्रथ॰ एक॰ <u>एषा</u> (यह); द्वि॰ एते; बहु॰ एताः ←सना॰ एतद्↑

एषाम् 1.42, पु॰ न॰ षष्ठी॰ एक॰ अस्य↑; द्वि॰ अनयोः↑; बहु॰ <u>एषाम्</u> (इनका) ←सना॰ इदम्↑

एष्यति 18.68, लृट् अपूर्ण भवि॰ पर॰ एक॰ उत्तम॰ एष्यामि; मध्य॰ एष्यसि↓; अन्य॰ <u>एष्यति</u> (वह- आएगा, प्राप्त करेगा) ←2अदा॰√इण् (आना, जाना)

एष्यसि 8.7, लृट् अपूर्ण भवि॰ पर॰ एक॰ उत्तम॰ एष्यामि; मध्य॰ <u>एष्यसि</u> (तू प्राप्त करेगा); अन्य॰ एष्यति↑ ←2अदा॰√इण् (आना, जाना)

(ऐ)

ऐकान्तिकस्य 14.27, पु॰ षष्ठी॰ एक॰ <u>ऐकान्तिकस्य</u> (अद्वितीय- का,की,के) ←वि॰ ऐकान्तिक (अद्वितीय, एकमात्र; अत्यंत, निश्चित↓, संपूर्ण) ←वि॰ एक↑

ऐरावतम् 10.27, द्विती॰ एक॰ <u>ऐरावतम्</u> (ऐरावत-को); द्वि॰ ऐरावतौ; बहु॰ ऐरावतान् ←पु॰ विना॰ ऐरावत (अभ्रमातंग, इन्द्रहस्ती, इरावान्, गजेन्द्र, मल्लनाग, श्वेतकुंजर, सदानद)

ऐश्वरम् 9.5, पु॰ द्विती॰ एक॰ <u>ऐश्वरम्</u> (ईश्वरी-को); द्वि॰ ऐश्वरौ; बहु॰ ऐश्वरान् ←वि॰ ऐश्वर (ईश्वरी, ऐश्वर्ययुक्त; विशाल↓, शक्तिशाली) ←2अदा॰√ईश्

ऐश्वर्य 2.43, न॰ तद्धित शब्द, ईश्वरस्य भावः (अधिकार, अधिपत्य, धन↓, वैभव, श्री↓, संपत्ति, समृद्धि, सम्पन्नता) ←2अदा॰√ईश्

(ओ)

ओङ्कारः 9.17, प्रथ॰ एक॰ <u>ओङ्कारः</u> (ॐ); द्वि॰ ओङ्कारौ; बहु॰ ओङ्काराः ←पु॰ ओङ्कार (ॐ, प्रणव) ←1भ्वादि॰√अव्

ओजसा 15.13, तृती॰ एक॰ <u>ओजसा</u> (कांति से); द्वि॰ ओजोभ्याम्; बहु॰ ओजोभिः ←न॰ ओजस् (ओज, औप, कांति, चमक, तेज, दीप्ति, प्रभा↓; सामर्थ्य↓, शक्ति)

ॐ 8.13, अव्य॰ (ओम्, प्रणव; वैदिक मंत्रों के आरम्भ में तथा अन्त में उच्चार किया जाने वाला पावन एकाक्षर; औपचारिक पुष्टिकरण- एवमस्तु; सम्माननीय स्वीकृति; तथास्तु; ब्रह्म) ←1भ्वादि॰√अव्

ओषधीः 15.13, द्विती॰ एक॰ ओषधिम् अथवा ओषधीम्; द्वि॰ ओषधी अथवा ओषध्यौ; बहु॰ <u>ओषधीः</u> (वनस्पतियों को ←स्त्री॰ ओषधि अथवा ओषधी (अगद, औषध↓, औषधि,

औषधी; जड़ीबुटी, जायु, जैत्र, भेषज, वनस्पति) ←ओष√धा 3जुहो॰

(औ)

औषधम् 9.16, प्रथ॰–द्विती॰ एक॰ औषधम् (वनस्पति); द्वि॰ औषधे; बहु॰ औषधानि ←न॰ औषध (ओषधी↑, औषधि, औषधी; जड़ीबुटी, वनस्पति) ←ओष√धा 3जुहो॰

(क)

कः 8.2, पु॰ प्रथ॰ एक॰ कः (क्या? कौन?); द्वि॰ कौ; बहु॰ के ←सना॰ किम्↓

कच्चित् 6.38, अव्य॰ (क्या? है ना? अपेक्षित उत्तर मिलने के उद्देश्य से किया जाने वाला प्रश्न अथवा आश्चर्यार्थक प्रश्न) ←1भ्वादि॰√कम्

कट्वम्ललवणात्युष्णतीक्ष्णरूक्षविदाहिनः 17.9, द्वन्द्व॰ प्रथ॰ बहु॰ कट्वः च अम्लाः च लवणाः च अत्युष्णाः च तीक्ष्णाः च रूक्षाः च विदाहिनः च (कडुवे, खट्टे, अति उष्ण, तीव्र, सूखे, दाहक) ←वि॰ कटु (कड्वा, चरपरा, तिक्त, तीता) ←1भ्वादि॰√कट् + वि॰ अम्ल (खट्टा, खटाईदार) ←1भ्वादि॰√अम् + वि॰ लवण (बहुत खारा, नमकीन, कसैला; नमक, नोन, लून, क्षार –युक्त) ←9क्र्या॰√लू + वि॰ अति↑ + वि॰ उष्ण↑ + वि॰ तीक्ष्ण (तीखा, तीव्र, तेज, मसालेदार, चूभने वाला) ←1भ्वादि॰√तिज् + वि॰ रूक्ष (खुरदरा, शुष्क, सूखा, स्निग्धताशून्य) ←10चुरा॰√रुक्ष् + वि॰ विदाहीन् (जलाने वाला, ज्वलनकारक, दाहक) ←वि√दह् 1भ्वादि॰

कतरत् 2.6, न॰ प्रथ॰–द्विती॰ एक॰ कतरत् अथवा कतरद् (दोनों में कौनसा एक?); द्वि॰ कतरे; बहु॰ कतराणि ←सना॰ कतर (दो में कौनसा एक?) ←सना॰ किम्↓

कथम् 1.37, अव्य॰ (किस प्रकार से? किस रीति से?) ←सना॰ किम्↓

कथय 10.18, लोट् आज्ञार्थक पर॰ एक॰ उत्तम॰ कथयानि; मध्य॰ कथय (तू बता); अन्य॰ कथयतु ←10चुरा॰√कथ् (कहना)

कथयत् 10.9, वि॰ (कथन करते हुए, कहते हुए) ←√कथ् (कहना)

कथयतः 18.75, पु॰ पंच॰ एक॰ कथयतः (कहते हुए, कथन करते हुए –से); द्वि॰ कथयद्भ्याम्; बहु॰ कथयद्भ्यः ←वि॰ कथयत्↑

कथयन्तः 10.9, पु॰ प्रथ॰ एक॰ कथयन्; द्वि॰ कथयन्तौ; बहु॰ कथयन्तः (चर्चा करते हुए) ←वि॰ कथयत्↑

कथयिष्यन्ति 2.34, लृट् अपूर्ण भवि॰ पर॰ अन्य॰ एक॰ कथयिष्यति; द्वि॰ कथयिष्यतः;

बहु॰ कथयिष्यन्ति (वे कहेंगे) ←10चुरा॰√कथ् (कहना)

कथयिष्यामि 10.19, लृट् अपूर्ण भवि॰ पर॰ उत्तम॰ कथयिष्यामि (मैं कहूँगा); मध्य॰ कथयिष्यसि; अन्य॰ कथयिष्यति ←10चुरा॰√कथ् (कहना)

कदाचन 2.47, अव्य॰ (कभी भी, कहीं भी, किसी भी परिस्थिति में) ←सना॰ किम्↓

कदाचित् 2.20, अव्य॰ (कभी भी) ←सना॰ किम्↓

कन्दर्प: 10.28, प्रथ॰ एक॰ कन्दर्प: (कामदेव); द्वि॰ कन्दर्पौ; बहु॰ कन्दर्पा: ←पु॰ बस॰ कन्दर्प, कम् कुत्सित: दर्प: यस्मात् (कामदेव; अनंग, मदन, विलास) ←सना॰ कम्↓ + पु॰ दर्प↓

कपिध्वज: 1.20, पु॰ प्रथ॰ एक॰ कपिध्वज: (कपिध्वज); द्वि॰ कपिध्वजौ; बहु॰ कपिध्वजा: ←वि॰ बस॰ कपिध्वज, कपि: ध्वजे यस्य स: (जो हनुमान जी की प्रतिमा वाला ध्वज धारण करता है वह, अर्जुन) ←पु॰ कपि (मारुति, हनुमान; प्लवंग, मर्कट, वानर, वानरराज) ←1भ्वादि॰√कम्प् (व्यक्ति परिचय के लिए देखिए- खंड 1, गीता दर्शन↑) + पु॰ ध्वज (झंडा, ध्वज, निशान) ←1भ्वादि॰√ध्वज्

कपिल: 10.26, प्रथ॰ एक॰ कपिल: (कपिल मुनि); द्वि॰ कपिलौ; बहु॰ कपिला: ←पु॰ विना॰ कपिल

कम् 2.21, पु॰ द्विती॰ एक॰ कम् (किसको?); द्वि॰ कौ; बहु॰ कान् ←सना॰ किम्↓

कमल 11.2, न॰ बस॰ कम् जलम् अलति (अंबुज, अब्ज, अरविंद, इन्दीवर, उत्पल, कञ्जल, कमल, कुवलय, जलज, नलिन, नीरज, पद्म↓, पङ्कज, पुण्डरीक, पुष्कर, श्रीपर्ण, राजीव, सरोज) ←कम्√अल् 1भ्वादि॰

कमलपत्राक्ष 11.2, पु॰ संबो॰ एक॰ कमलपत्राक्ष (हे कमल पर्ण के समान नेत्र वाले!); द्वि॰ कमलपत्राक्षौ; बहु॰ कमलपत्राक्षा: ←वि॰ बस॰ कमलपत्राक्ष, कमलपत्रे इव अक्षिणी यस्य स: (कमलनयन, कमलनेत्र, कमललोचन, पद्मपर्णाक्ष, पद्माक्ष) ←न॰ कमल↑ + न॰ पत्र↓ + न॰ अक्षि (अक्ष, आंख, चश्म, ईछन, ईषण, ईक्षण, चक्ष, चक्षु↓, दृग, दृष्टि, नयन↓, नेत्र↓, लोचन) ←1भ्वादि॰√अक्ष्

कमलासनस्थम् 11.15, पु॰ द्विती॰ एक॰ कमलासनस्थम् (जो कमलासन पर विराजमान है उसको); द्वि॰ कमलासनस्थौ; बहु॰ कमलासनस्थान् ←वि॰ तस॰ कमलासनस्थ, कमलस्य आसने स्थ: (कमल रूप आसन पर स्थित) ←न॰ कमल↑ + न॰ आसन↑ + वि॰ स्थ↓

कर 2.2, (1) वि॰ पु॰ कर; न॰ करम्; स्त्री॰ करा, करी (कारक, दायक, प्रद; –प्राय: समास के अंत में– कर, करोति, कार्यते इत्यादि रूप में); (2) पु॰ (पाणि↓, बांह, बाहु↓,

भुज↓, हाथ, हस्त↓) ←8तना॰√कृ

करण 13.21, न॰ (कर्म करने वाली इन्द्रिया अथवा साधन– उदा॰ पांच कर्मेन्द्रिय↓ और पांच महाभूत↓)

करणम् 18.14, प्रथ॰–द्विती॰ एक॰ करणम् (साधन); द्वि॰ करना; बहु॰ करणानि ←न॰ करण↑

कराल 11.23, वि॰ (अदम्य, चौड़ा खुला हुआ, भयंकर, भयानक↓, विकराल) ←कर-आ√ला 2अदा॰

करिष्यति 3.33, लृट् अपूर्ण भवि॰ पर॰ एक॰ उत्तम॰ करिष्यामि; मध्य॰ करिष्यसि↓; अन्य॰ करिष्यति (वह करेगा) ←8तना॰√कृ (करना)

करिष्यसि 2.33, लृट् अपूर्ण भवि॰ पर॰ एक॰ उत्तम॰ करिष्यामि; मध्य॰ करिष्यसि (तू करेगा); अन्य॰ करिष्यति↑ ←8तना॰√कृ (करना)

करिष्ये 18.73, लृट् अपूर्ण भवि॰ आत्म॰ एक॰ उत्तम॰ करिष्ये (मैं करूँगा); मध्य॰ करिष्यसे; अन्य॰ करिष्यते ←8तना॰√कृ (करना)

करुणः 12.13, पु॰ प्रथ॰ एक॰ करुणः (जे दयालु है वह); द्वि॰ करुणौ; बहु॰ करुणाः ←वि॰ करुण (कोमल हृदय का, दयालु, वत्सल, स्नेहशील) ←8तना॰√कृ (करना)

करोति 4.20, लट् वर्त॰ पर॰ एक॰ उत्तम॰ करोमि↓; मध्य॰ करोषि↓; अन्य॰ करोति (वह करता है); अन्य॰ द्वि॰ कुरुतः; अन्य॰ बहु॰ कुर्वन्ति↓ ←8तना॰√कृ (करना)

करोमि 5.8, लट् वर्त॰ पर॰ एक॰ उत्तम॰ करोमि (मैं करता हूँ); मध्य॰ करोषि↓; अन्य॰ करोति↑ ←8तना॰√कृ (करना)

करोषि 9.27, लट् वर्त॰ पर॰ उत्तम॰ करोमि↑; मध्य॰ करोषि (तू करता है); अन्य॰ करोति↑ ←8तना॰√कृ (करना)

कर्णः 1.8, प्रथ॰ एक॰ कर्णः (कर्ण); द्वि॰ कर्णौ; बहु॰ कर्णाः ←पु॰ विना॰ कर्ण (अर्कज, कानीन, राधेय, सूतपुत्र↓) व्यक्ति परिचय के लिए देखिए– खंड 1, गीता दर्शन↑

कर्णम् 11.34, द्विती॰ एक॰ कर्णम् (कर्ण को); द्वि॰ कर्णौ; बहु॰ कर्णान् ←पु॰ कर्ण↑

कर्तव्य 3.22, (1) वि॰ (करने योग्य, करणीय, कार्य); (2) न॰ (कार्य) ←8तना॰√कृ (करना)

कर्तव्यम् 3.22, न॰ प्रथ॰–द्विती॰ एक॰ कर्तव्यम् (कर्तव्य अथवा कर्तव्य को); द्वि॰ कर्तव्ये; बहु॰ कर्तव्यानि↓ ←वि॰ कर्तव्य↑

कर्तव्यानि 18.6, प्रथ॰–द्विती॰ एक॰ कर्तव्यम्↑; द्वि॰ कर्तव्ये; बहु॰ कर्तव्यानि (कर्तव्यों को)

←न॰ कर्तव्य↑

कर्ता 3.24, प्रथ॰ एक॰ <u>कर्ता</u> (करने वाला); द्वि॰ कर्तारौ; बहु॰ कर्तारः ←पु॰ कर्तृ↓

कर्तारम् 4.13, पु॰ द्वितीः एक॰ <u>कर्तारम्</u> (करने वाले को); द्वि॰ कर्तारौ; बहु॰ कर्तॄन् ←वि॰ कर्तृ↓

कर्तुम् 1.45, अव्य॰ (करने के लिए) ←8तना॰√कृ (करना)

कर्तृ 3.24 वि॰ (कर्ता↑, करने वाला) ←8तना॰√कृ (करना)

कर्तृत्व 5.14, न॰ (कर्तापन; सामर्थ्य↓; कृत्य) ←न॰ कर्तृ (कारक, करने वाला) ←वि॰ कर्तृ↑

कर्तृत्वम् 5.14, प्रथ॰–द्विती॰ एक॰ <u>कर्तृत्वम्</u> (कृत्य, कृत्य को); द्वि॰ कर्तृत्वे; बहु॰ कर्तृत्वानि ←न॰ कर्तृत्व↑

कर्म 2.49, प्रथ॰–द्विती॰ एक॰ <u>कर्म</u> (कर्म, कर्म को); द्वि॰ कर्मणी; बहु॰ कर्माणि↓ ←न॰ कर्मन्↓

कर्मचोदना 18.18, प्रथ॰ एक॰ <u>कर्मचोदना</u> (कर्म की प्रेरणा); द्वि॰ कर्मचोदने; बहु॰ कर्मचोदनाः ←स्त्री॰ तस॰ कर्मचोदना, कर्मणाम् चोदना (करणीय विधान, शास्त्र का निर्देश, शास्त्रविधान; यज्ञानुष्ठान की प्रेरणा) ←न॰ कर्म↑ + स्त्री॰ चोदना (उपदेश, प्रेरणा) ←10चुरा॰√चुद्

कर्मज 2.51, तस॰ वि॰ कर्मे जायते इति (कर्मजन्य, कर्मजात, कर्मोत्पन्न) ←न॰ कर्म↑ + पु॰ ज↓

कर्मजम् 2.51, न॰ प्रथ॰–द्विती॰ एक॰ <u>कर्मजम्</u> (कर्म से उत्पन्न हुआ, ॰हुए को); द्वि॰ कर्मजे; बहु॰ कर्मजानि ←वि॰ कर्मज↑

कर्मजा 4.12, स्त्री॰ एक॰ <u>कर्मजा</u> (कर्म से उत्पन्न हुई); द्वि॰ कर्मजे; बहु॰ कर्मजाः ←वि॰ कर्मज↑

कर्मजान् 4.32, पु॰ द्विती॰ एक॰ कर्मजम्; द्वि॰ कर्मजौ; बहु॰ <u>कर्मजान्</u> (कर्म से उत्पन्न हुए हैं उनको) ←वि॰ कर्मज↑

कर्मणः 3.1, (1) पंच॰ एक॰ <u>कर्मणः</u> (कर्म से; कर्म की अपेक्षा, कर्म के सिवाय); द्वि॰ कर्मभ्याम्; बहु॰ कर्मभ्यः; (2) 4.17, षष्ठी॰ एक॰ <u>कर्मणः</u> (कर्म का,की,के); द्वि॰ कर्मणोः; बहु॰ कर्मणाम्↓ ←न॰ कर्मन्↓

कर्मणा 3.20, तृती॰ एक॰ <u>कर्मणा</u> (कर्म से, कर्म करने से); द्वि॰ कर्मभ्याम्; बहु॰ कर्मभिः↓ ←न॰ कर्मन्↓

कर्मणाम् 3.4, षष्ठी॰ एक॰ कर्मण:↑; द्वि॰ कर्मणो:; बहु॰ <u>कर्मणाम्</u> (कर्मों का,की,के) ←न॰ कर्मन्↓

कर्मणि 2.47, सप्त॰ एक॰ <u>कर्मणि</u> (कर्म में); द्वि॰ कर्मणो:; बहु॰ कर्मसु↓ ←न॰ कर्मन्↓

कर्मन् 1.15, न॰ (काम↓, कार्य↓) ←8तना॰√कृ (करना)

कर्मफल 4.14, न॰ तस॰ कर्मण: फलम् (कर्म का- फल, बख्शीश, स्वार्थ) ←न॰ कर्मन्↑ + न॰ फल↓

कर्मफलत्याग 12.12, पु॰ तस॰ कर्मण: फलस्य त्याग: (निष्काम कर्म) ←न॰ कर्मफल↑ + पु॰ त्याग↓

कर्मफलत्याग: 12.12, प्रथ॰ एक॰ <u>कर्मफलत्याग:</u> (कर्म के फल का त्याग); द्वि॰ कर्मफलत्यागौ; बहु॰ कर्मफलत्यागा: ←पु॰ कर्मफलत्याग↑

कर्मफलत्यागी 18.11, प्रथ॰ एक॰ <u>कर्मफलत्यागी</u> (कर्म का फल त्यागने वाला); द्वि॰ कर्मफलत्यागिनौ; बहु॰ कर्मफलत्यागिन: ←पु॰ तस॰ कर्मफलत्यागिन्, कर्मण: फलस्य त्यागी (फलत्यागी) ←न॰ कर्मफल↑ + पु॰ त्यागिन्↓

कर्मफलप्रेप्सु: 18.27, पु॰ प्रथ॰ एक॰ <u>कर्मफलप्रेप्सु:</u> (कर्म के फल की इच्छा करने वाला); द्वि॰ कर्मफलप्रेप्सू; बहु॰ कर्मफलप्रेप्सव: ←वि॰ तस॰ कर्मफलप्रेप्सु, कर्मण: फलस्य प्रेप्सु: (कर्मफलाभिलाषी, कर्मफलेच्छु) ←न॰ कर्मफल↑ + वि॰ प्रेप्सु↓

कर्मफलम् 5.12, प्रथ॰-द्विती॰ एक॰ <u>कर्मफलम्</u> (कर्म का फल, कर्म के फल को); द्वि॰ कर्मफले; बहु॰ कर्मफलानि ←न॰ कर्मफल↑

कर्मफलसंयोगम् 5.14, द्विती॰ एक॰ <u>कर्मफलसंयोगम्</u> (कर्मफल के संबंध को); द्वि॰ कर्मफलसंयोगौ; बहु॰ कर्मफलसंयोगान् ←पु॰ तस॰ कर्मफलसंयोग, कर्मण: फलस्य संयोग: (कर्मफल का संग, संबंध, संयोग) ←न॰ कर्मफल↑ + पु॰ संयोग↓

कर्मफलहेतु: 2.47, प्रथ॰ एक॰ <u>कर्मफलहेतु:</u> (कर्म के फल के पीछे का हेतु); द्वि॰ कर्मफलहेतू; बहु॰ कर्मफलहेतव: ←पु॰ तस॰ कर्मफलहेतु, कर्मण: फलस्य हेतु: (कर्मफल का उद्देश, स्वार्थ) ←न॰ कर्मफल↑ + पु॰ हेतु↓

कर्मफलासङ्गम् 4.20, द्विती॰ एक॰ <u>कर्मफलासङ्गम्</u> (कर्म के फल की आसक्ति अथवा स्वार्थ के हेतु को); द्वि॰ कर्मफलासङ्गौ; बहु॰ कर्मफलासङ्गान् ←पु॰ तस॰ कर्मफलासङ्ग, कर्मण: फलस्य सङ्ग: (कर्मफल की आसक्ति, संग, स्वार्थ, हेतु) ←न॰ कर्मफल↑ + पु॰ सङ्ग↓

कर्मफले 4.14, सप्त॰ एक॰ <u>कर्मफले</u> (कर्मफल में); द्वि॰ कर्मफलयो:; बहु॰ कर्मफलेषु

←न॰ कर्मफल↑

कर्मबन्धन 2.39, (1) न॰ तस॰ कर्मणः **बन्धनम्** (कर्म का **बंधन**, कर्मरूप **बन्धन**, कर्मपाश); (2) पु॰ बस॰ कर्मणि **बध्नाति** यः (कर्म में आसक्ति अथवा संग जोड़ने वाला) ←न॰ कर्मन्↑ + न॰ **बन्धन** (आसक्ति↑, पकड, संग↓; डोरी, पाबंदी, पाश, फ़ंदा, **बन्ध**↓, बेड़ी, शृंखला) ←1भ्वादि॰√**बन्ध**

कर्मबन्धनः 3.9, प्रथ॰ एक॰ कर्मबन्धनः (कर्म में आसक्ति जोड़ने वाला); द्वि॰ कर्मबन्धनौ; बहु॰ कर्मबन्धनाः ←पु॰ कर्मबन्धन↑

कर्मबन्धनैः 9.28, तृती॰ एक॰ कर्मबन्धनेन; द्वि॰ कर्मबन्धनाभ्याम्; **बहु॰** कर्मबन्धनैः (कर्मबंधनों से) ←न॰ कर्मबन्धन↑

कर्मबन्धम् 2.39, द्विती॰ एक॰ कर्मबन्धम् (कर्म के पाश को); द्वि॰ कर्मबन्धौ; **बहु॰** कर्मबन्धान् ←पु॰ कर्मबन्ध, कर्मणः **बन्धः** ←न॰ कर्मन्↑ + पु॰ **बन्ध**↓

कर्मभिः 3.31, तृती॰ एक॰ कर्मणा↑; द्वि॰ कर्मभ्याम्; **बहु॰** कर्मभिः (कर्मों से) ←न॰ कर्मन्↑

कर्मयोग 5.2, पु॰ तस॰ कर्मणः योगः (निष्कामकर्मयोग, योग) ←न॰ कर्मन्↑ + पु॰ योग↓

कर्मयोगः 5.2, प्रथ॰ एक॰ कर्मयोगः (कर्मयोग); द्वि॰ कर्मयोगौ; **बहु॰** कर्मयोगाः ←पु॰ कर्मयोग↑

कर्मयोगम् 3.7, द्विती॰ एक॰ कर्मयोगम् (कर्मयोग को); द्वि॰ कर्मयोगौ; **बहु॰** कर्मयोगान् ←पु॰ कर्मयोग↑

कर्मयोगेन 3.3, तृती॰ एक॰ कर्मयोगेन (कर्मयोग से, ॰के द्वारा); द्वि॰ कर्मयोगाभ्याम्; **बहु॰** कर्मयोगैः ←पु॰ कर्मयोग↑

कर्मसङ्ग्रहः 18.18, प्रथ॰ एक॰ कर्मसङ्ग्रहः (कर्म का समीकरण); द्वि॰ कर्मसङ्ग्रहौ; बहु॰ कर्मसङ्ग्रहाः ←पु॰ तस॰ कर्मसङ्ग्रह, कर्मणः सङ्ग्रहः (जो कर्म को कारणिभूत है वह– एकीकरण, सङ्ग्रह↓, समुदाय, समीकरण) ←न॰ कर्मन्↑ + पु॰ सङ्ग्रह (मेल, समाहार, समुदाय, समूह) ←सम्√ग्रह् 9क्र्या॰

कर्मसङ्ग 3.26, पु॰ तस॰ कर्मणि सङ्गः (कर्म की आसक्ति) ←न॰ कर्मन्↑ + पु॰ सङ्ग↓

कर्मसङ्गिन् 3.26, पु॰ बस॰ कर्मणि सङ्गः यस्य सः (कर्मासक्त, कर्म में आसक्ति पाया हुआ मनुष्य) ←न॰ कर्मन्↑ + पु॰ सङ्ग↓

कर्मसङ्गिनाम् 3.26, षष्ठी॰ एक॰ कर्मसङ्गिनः; द्वि॰ कर्मसङ्गिनोः; **बहु॰** कर्मसङ्गिनाम् (कर्मनिष्ठों का,की,के) ←पु॰ कर्मसङ्गिन्↑

कर्मसङ्गिषु 14.15, सप्त॰ एक॰ कर्मसङ्गिनि; द्वि॰ कर्मसङ्गिनो:; बहु॰ कर्मसङ्गिषु (कर्मनिष्ठ लोगों में) ←पु॰ कर्मसङ्गिन्↑

कर्मसङ्गेन 14.7, तृती॰ एक॰ कर्मसङ्गेन (कर्म की असक्ति से); द्वि॰ कर्मसङ्गाभ्याम्; बहु॰ कर्मसङ्गैः ←पु॰ कर्मसङ्ग↑

कर्मसंन्यासात् 5.2, पंच॰ एक॰ कर्मसंन्यासात् (कर्मसंन्यास की अपेक्षा, कर्म संन्यास से भी); द्वि॰ कर्मसंन्यासाभ्याम्; बहु॰ कर्मसंन्यासेभ्य: ←पु॰ तस॰ कर्मसंन्यास, कर्मण: संन्यास: (कर्मत्याग, कर्मपरित्याग) ←पु॰ कर्मन्↑ + पु॰ संन्यास↓

कर्मसमुद्भव: 3.14, प्रथ॰ एक॰ कर्मसमुद्भव: (कर्म से उत्पन्न हुआ है वह); द्वि॰ कर्मसमुद्भवौ; बहु॰ कर्मसमुद्भवा: ←पु॰ बस॰ कर्मसमुद्भव, कर्मणि समुद्भव: यस्य स: (कर्मोत्पन्न, कर्मोद्भूत, कर्मजन्य, कर्मजात, कर्म के द्वारा होने वाला) ←न॰ कर्मन्↑ + पु॰ समुद्भव↓

कर्मसंज्ञित: 8.3, प्रथ॰ एक॰ कर्मसंज्ञित: ("कर्म" कहा गया हुआ); द्वि॰ कर्मसंज्ञितौ; बहु॰ कर्मसंज्ञिता: ←पु॰ तस॰ कर्मसंज्ञित, कर्म संज्ञया ज्ञात: य: ("कर्म" संज्ञा पाया हुआ, "कर्म" नाम से जाना गया हुआ, "कर्म" कहलाने वाला) ←न॰ कर्मन्↑ + वि॰ संज्ञित (जाना, पहिचाना, कहा -गया हुआ; नामक) + स्त्री॰ संज्ञा↓

कर्मसु 2.50, सप्त॰ एक॰ कर्मणि↑; द्वि॰ कर्मणो:; बहु॰ कर्मसु (कर्मों में) ←न॰ कर्मन्↑

कर्माणि 2.48, न॰ प्रथ॰-द्विती॰ एक॰ कर्म↑; द्वि॰ कर्मणी; बहु॰ कर्माणि (कर्म, कर्मों को) ←न॰ कर्मन्↑

कर्मानुबन्धीनि 15.2, न॰ प्रथ॰-द्विती॰ एक॰ कर्मानुबन्धि; द्वि॰ कर्मानुबन्धिनी; बहु॰ कर्मानुबन्धीनि (कर्म में बद्ध करने वाले) ←न॰ बस॰ कर्मानुबन्धिन्, कर्म अनुबन्ध: यस्य तत् (जो कर्म को कारणिभूत है वह, कर्म में बद्ध करने वाला) ←न॰ कर्मन्↑ + पु॰ अनुबन्ध↑

कर्मिभ्य: 6.46, पंच॰ एक॰ कर्मिन:; द्वि॰ कर्मिभ्याम्; बहु॰ कर्मिभ्य: (सकामकर्मी लोगों से, की अपेक्षा) ←पु॰ कर्मिन् (केवल कर्म करने वाला, कर्मठ, सकामकर्मी) ←न॰ कर्मन्↑

कर्मेन्द्रिय 3.6, न॰ तस॰ कर्मण: कर्मणाम् वा इन्द्रियम् (हाथ, पांव, वाचा, अधोद्वार और जननेन्द्रिय हैं कर्मोपयोगी अथवा कर्मेन्द्रिय); (अन्य पांच- कान, नाक, नेत्र, त्वचा और जिव्हा हैं ज्ञानेन्द्रिय)

कर्मेन्द्रियाणि 3.6, प्रथ॰-द्विती॰ एक॰ कर्मेन्द्रियम्; द्वि॰ कर्मेन्द्रिये; बहु॰ कर्मेन्द्रियाणि

(कर्मेन्द्रियाँ, कर्मेन्द्रियों को) ←न॰ कर्मेन्द्रिय↑

कर्मेन्द्रियैः 3.7, तृती॰ एक॰ कर्मेन्द्रियेण; द्वि॰ कर्मेन्द्रियाभ्याम्; बहु॰ कर्मेन्द्रियैः (कर्मेन्द्रियों से, ॰के द्वारा) ←न॰ कर्मेन्द्रिय↑

कर्षति 15.7, लट् वर्त॰ पर॰ एक॰ उत्तम॰ कर्षामि; मध्य॰ कर्षसि; अन्य॰ कर्षति (वह–आकर्षित करता है, खींच लेता है) ←6तुदा॰√कृष्

कर्षयन्तः 17.6, प्रथ॰ एक॰ कर्षयन्; द्वि॰ कर्षयन्तौ; बहु॰ कर्षयन्तः (यातना देने वाले, देते हुए) ←वि॰ कर्षयत् (यातना देते हुए, यातना देने वाला) ←6तुदा॰√कृष्

कलयताम् 10.30, पु॰ षष्ठी॰ एक॰ कलयतः; द्वि॰ कलयतोः; बहु॰ कलयताम् (गणनाकारों में) ←वि॰ कलयत् (गणना, हिसाब –करने वाला) ←10चुरा॰√कल् (गिनना, नापना)

कलेवरम् 8.5, द्विती॰ एक॰ कलेवरम् (शरीर को); द्वि॰ कलेवरौ; बहु॰ कलेवरान् ←पु॰ कलेवर (अङ्ग↑, काय↓, काया, तनू↓, देह↓, पंजर, पिण्ड, पुद्गल, बदन, वपु↓, शरीर↓) ←1भ्वादि॰√कल्

कल्प 9.7, पु॰ (ब्रह्मा का एक दिन, मनुष्य के 432,000,000 दिन; एक सहस्त्र युगों का समय) ←1भ्वादि॰√क्लृप्

कल्पते 2.15, लट् वर्त॰ आत्म॰ उत्तम॰ एक॰ कल्पे; मध्य॰ एक॰ कल्पसे; अन्य॰ एक॰ कल्पते (वह योग्य होता है); अन्य॰ द्वि॰ कल्पेते; अन्य॰ बहु॰ कल्पन्ते ←1भ्वादि॰√ल्कृप्

कल्पक्षये 9.7, सप्त॰ एक॰ कल्पक्षये (कल्प के अन्त में); द्वि॰ कल्पक्षययोः; बहु॰ कल्पक्षयेषु ←पु॰ तस॰ कल्पक्षय, कल्पस्य क्षयः (कल्प का अन्त, युगान्त, संवर्त; संहार, प्रलय काल) ←पु॰ कल्प↑ + पु॰ क्षय↓

कल्पादौ 9.7, सप्त॰ एक॰ कल्पादौ (कल्प के आरम्भ में); द्वि॰ कल्पाद्योः; बहु॰ कल्पादिषु ←पु॰ तस॰ कल्पादि, कल्पस्य आदिः (कल्प की शुरूआत; सृष्टकाल) ←पु॰ कल्प (ब्रह्मा का एक दिन; सहस्त्र अथवा एक हजार युगों का समय) + पु॰ आदि↑

कल्मष 4.30, (1) न॰ (अघ↑, कलुष, कल्मष, किल्बिष↓, दुरित, पातक↓, पाप↓, वृजिन↓); (2) वि॰ (दुष्ट↓, पापी; गंदा) ←कर्म√सो 3जुहो॰

कल्याणकृत् 6.40, पु॰ प्रथ॰ एक॰ कल्याणकृत् (कल्याण करते हुए, करने वाला); द्वि॰ कल्याणकृतौ; बहु॰ कल्याणकृतः ←वि॰ कल्याणकृत् (कल्याणकारक, कल्याण करने वाला, लाभदायक) ←न॰ कल्याण (मंगल; लाभ↓, शुभ↓) ←वि॰ कल्य (शुभ↓) ←1भ्वादि॰√कल् + 4दिवा॰√अण् + वि॰ कृत्↓

कवि 4.16, पु॰ कवि (चतुर, प्रतिभावान, बुद्धिमान, विचारवंत, ज्ञानी↓) ←1भ्वादि॰√कव्

कवयः 4.16, प्रथ॰ एक॰ कविः↓; द्वि॰ कवी; बहु॰ कवयः (कवि लोग, कविजन) ←पु॰ कवि↑

कविः 10.37, प्रथ॰ एक॰ कविः (कवि); द्वि॰ कवी; बहु॰ कवयः↑ ←पु॰ कवि↑

कविम् 8.9, द्विती॰ एक॰ कविम् (कवि को); द्वि॰ कवी; बहु॰ कवीन् ←पु॰ कवि↑

कवीनाम् 10.37, षष्ठी॰ एक॰ कवेः; द्वि॰ कव्योः; बहु॰ कवीनाम् (कवियों में) ←पु॰ कवि↑

कश्चन 3.18, अव्य॰ कः चन् (अल्प भी, कतई, कुछ भी, किञ्चित् भी, कोई भी, बिल्कुल) ←सना॰ किम्↓

कश्चित् 2.17, अव्य॰; वि॰ अथवा सना॰ कः चित् (कोई, किसी) ←सना॰ किम्↓

कश्मलम् 2.2, न॰ प्रथ॰–द्विती॰ एक॰ कश्मलम् (मोहमाया, ॰को); द्वि॰ कश्मले; बहु॰ कश्मलानि ←न॰ कश्मल (मन की– उदासी, पाप↓, मल, मोह↓, मोहमाया) ←1भ्वादि॰√कश् + न॰ मल↓

कस्मात् 11.37, पु॰ न॰ पंच॰ एक॰ कस्मात् (कहाँ से? कैसे?); द्वि॰ काभ्याम्; बहु॰ केभ्यः ←सना॰ किम्↓

कस्यचित् 5.15, पु॰ षष्ठी॰ एक॰ कस्यचित् (किसका,की,के?); द्वि॰ कयोचित्; बहु॰ केषाञ्चित् ←सना॰ कश्चित्

का 1.36, स्त्री॰ प्रथ॰ एक॰ का (किसको?); द्वि॰ के; बहु॰ काः ←सना॰ किम्↓

काङ्क्षति 5.3, लट् वर्त॰ पर॰ एक॰ उत्तम॰ काङ्क्षामि; मध्य॰ काङ्क्षसि; अन्य॰ काङ्क्षति (वह अभिलाषा करता है) ←1भ्वादि॰√कांक्ष् (अभिलाषा करना)

काङ्क्षन्तः 4.12, पु॰ प्रथ॰ एक॰ काङ्क्षन्; द्वि॰ काङ्क्षन्तौ; बहु॰ काङ्क्षन्तः (अभिलाषा करते हुए, इच्छा करने वाले लोग) ←वि॰ काङ्क्षत् (अभिलाषा करते हुए, करने वाला) ←1भ्वादि॰√कांक्ष्

काङ्क्षितम् 1.33, पु॰ द्विती॰ एक॰ काङ्क्षितम् (इच्छित वस्तु को); द्वि॰ काङ्क्षितौ; बहु॰ काङ्क्षितान् ←वि॰ कांक्षित (अभिलाषा किया हुआ, इच्छित) ←1भ्वादि॰√कांक्ष्

काङ्क्षे 1.32, लट् वर्त॰ आत्म॰ एक॰ उत्तम॰ काङ्क्षे (मैं आकांक्षा करता हूँ); मध्य॰ काङ्क्षसे; अन्य॰ काङ्क्षते ←1भ्वादि॰√कांक्ष्

काम् 6.37, स्त्री॰ द्विती॰ एक॰ काम् (किसको?); द्वि॰ के; बहु॰ काः ←सना॰ किम्↓

काम 1.22, (1) पु॰ (अभिलाषा, कामना, वासना, लोभ↓, हवस; कर्म↓, कार्य↓); (2) न॰ (अभीष्ट पदार्थ, इच्छित उद्देश, इष्ट वस्तु) ←न॰ कर्मन्↑

काम: 2.62, प्रथ० एक० काम: (काम); द्वि० कामौ; बहु० कामा:↓ ←पु० काम↑

कामकामा: 9.21, प्रथ० एक० कामकाम:; द्वि० कामकामौ; बहु० कामकामा: (कामुक लोग) ←पु० कामकाम (कामुक, लम्पट –मनुष्य) ←पु० काम↑

कामकामी 2.70, पु० प्रथ० एक० कामकामी (कामुक मनुष्य); द्वि० कामकामिनौ; बहु० कामकामिन: ←वि० कामकामिन् (कामुक, रसिक, लम्पट) ←पु० काम↑ + वि० कामिन् ←1भ्वादि०√कम्

कामकारत: 16.23, पु० पंच० एक० कामकारत: (कामुकता, कामना से, लालच से, वासना से करने वाला); द्वि० कामकारद्भ्याम्; बहु० कामकारद्भ्य: ←वि० कामकारत् (कामुकता से, मन की लहर से, लंपट होकर –करने वाला, वर्तने वाला) ←पु० काम↑ + वि० कार↓

कामकारेण 5.12, पु० तृती० एक० कामकारेण (कामन से, वासना से); द्वि० कामकाराभ्याम्; बहु० कामकारै: ←न० पु० कामकार, तस० कामस्य कार: (काम का कारण, कामना, वासना) ←पु० काम↑ + वि० कार↓

कामक्रोधपरायणा: 16.12, पु० प्रथ० एक० कामक्रोधपरायण:; द्वि० कामक्रोधपरायणौ; बहु० कामक्रोधपरायणा: (काम और क्रोध पर अनुरक्त, अभिरत↑, आसक्त↑, तन्मय, तल्लीन, मगशूल, मग्न, मुग्घ, रत, लंपट –हुए लोग) ←वि० बस० कामक्रोधपरायण, काम: च क्रोध: च परम् अयनम् यस्य स: (काम और क्रोध पर आसक्त हुआ, कर्मासक्त) ←न० काम↑ + पु० क्रोध↓ + वि० परायण↓

कामक्रोधवियुक्तानाम् 5.26, षष्ठी० एक० कामक्रोधवियुक्तस्य; द्वि० कामक्रोधवियुक्तयो:; बहु० कामक्रोधवियुक्तानाम् (जो काम और क्रोध से मुक्त हैं उनका,की,के) ←पु० बस० कामक्रोधवियुक्त, कामात् च क्रोधात् च वियुक्त: य: स: (काम व क्रोध से विरक्त) ←पु० काम↑ + पु० क्रोघ↓ + वि० वियुक्त↓

कामक्रोधोद्भवम् 5.23, द्विती० एक० कामक्रोधोद्भवम् (कामक्रोधोत्पन्न को); द्वि० कामक्रोधोद्भवौ; बहु० कामक्रोधोद्भवान् ←पु० बस० कामक्रोधोद्भव, कामात् च क्रोधात् च उद्भव: यस्य स: (कामक्रोधोद्भूत, काम व क्रोध से उत्पन्न हुआ) ←पु० काम↑ + पु० क्रोघ↓ + पु० उद्भव↑

कामभोगार्थम् 16.12, द्विती० एक० कामभोगार्थम् (काम के भोग के हेतु को); द्वि० कामभोगार्थौ; बहु० कामभोगार्थान् ←पु० तस० कामभोगार्थ, कामस्य च भोगस्य च अर्थ: (कामभोग का हेतु) ←पु० काम↑ + पु० भोग↓ + पु० अर्थ↑

कामभोगेषु 16.16, सप्त॰ एक॰ कामभोगे; द्वि॰ कामभोगयो:; बहु॰ कामभोगेषु (कामनाओं के भोगों में) ←पु॰ तस॰ कामभोग, कामस्य भोग: (काम का भोग) ←पु॰ काम↑ + पु॰ भोग↓

कामम् 16.10, द्विती॰ एक॰ कामम् (काम को); द्वि॰ कामौ; बहु॰ कामान्↓ ←पु॰ काम↑

कामरागबलान्विता: 17.5, पु॰ प्रथ॰ एक॰ कामरागबलान्वित:; द्वि॰ कामरागबलान्वितौ; बहु॰ कामरागबलान्विता: (कामना, आसक्ति और बल से जो युक्त हैं वे लोग) ←वि॰ तस॰ कामरागबलान्वित, कामस्य च रागस्य च बलेन अन्वित: (जो कामना, प्रीति और जोर से युक्त है वह) ←पु॰ काम↑ + पु॰ राग↓ + न॰ बल↓ + वि॰ अन्वित↑

कामरागविवर्जितम् 7.11, न॰ प्रथ॰–द्विती॰ एक॰ कामरागविवर्जितम् (काम और राग छोड़ा हुआ, ॰छोड़े हुए को); द्वि॰ कामरागविवर्जिते; बहु॰ कामरागविवर्जितानि ←वि॰ तस॰ कामरागविवर्जित, कामेन च रागेण च विवर्जितम् (काम व राग जिसने वर्जित किए हैं वह, कामराग विरहित) ←पु॰ काम↑ + पु॰ राग↓ + वि॰ विवर्जित↓

कामरूप 3.39, पु॰ बस॰ कामम् रूपम् यस्य स: (कामरूपी, काम बना हुआ) ←पु॰ काम↑ + न॰ रूप↓

कामरूपम् 3.43, द्विती॰ एक॰ कामरूपम् (जो काम के रूप में है उसको); द्वि॰ कामरूपौ; बहु॰ कामरूपान् ←पु॰ कामरूप↑

कामरूपेण 3.39, तृती॰ एक॰ कामरूपेण (जो काम का रूप धारण किया हुआ है उसके द्वारा); द्वि॰ कामरूपाभ्याम्; बहु॰ कामरूपै: ←पु॰ कामरूप↑

कामसङ्कल्पवर्जिता: 4.19, पु॰ प्रथ॰ एक॰ ॰वर्जित:; द्वि॰ ॰वर्जितौ; बहु॰ कामसङ्कल्पवर्जिता: (जो काम की आसक्ति से विरहित हैं वे, काम की आसक्ति छोड़े हुए लोग) ←वि॰ तस॰ कामसङ्कल्पवर्जित, कामै: च सकल्पै: च वर्जित: (कामना का सङ्कल्प छोड़ा हुआ, कर्मफल की इच्छा विरहित) ←पु॰ काम↑ + पु॰ सङ्कल्प↓ + वि॰ वर्जित↓

कामहैतुकम् 16.8, न॰ प्रथ॰–द्विती॰ एक॰ कामहैतुकम् (कामनाओं का उपभोग ही जिसका उद्देश है वह, ॰उसको); द्वि॰ कामहैतुके; बहु॰ कामहैतुकानि ←वि॰ बस॰ कामहैतुक, काम: हेतु: यस्य तत् (कामुक; विषयभोग ही एकमात्र हेतु वाला) ←पु॰ काम↑ + तद्धित॰ हैतुक ←पु॰ हेतु↓

कामा: 2.70, प्रथ॰ एक॰ काम:↑; द्वि॰ कामौ; बहु॰ कामा: (कर्म) ←पु॰ काम↑

कामात् 2.62, पंच॰ एक॰ कामात् (कामना के कारण); द्वि॰ कामाभ्याम्; बहु॰ कामेभ्य:↓

←पु॰ काम↑

कामात्मनः 2.43, पंच॰ एक॰ कामात्मनः (सकामी मनुष्य से); द्वि॰ कामात्मभ्याम्; बहु॰ कामात्मभ्यः ←पु॰ बस॰ कामात्मन्, कामः आत्मा यस्य सः (कामुक, सकामी पुरुष) ←पु॰ काम↑ + पु॰ आत्मन्↑

कामान् 2.55, द्विती॰ एक॰ कामम्↑; द्वि॰ कामौ; बहु॰ कामान् (कामानाओं को) ←पु॰ काम↑

कामेप्सुना 18.24, पु॰ तृती॰ एक॰ कामेप्सुना (कामना रखने वाले की ओर से); द्वि॰ कामेप्सुभ्याम्; बहु॰ कामेप्सुभिः ←वि॰ तस॰ कामेप्सु, कामस्य इप्सुः (फलेच्छु, फलहैतुक) ←पु॰ काम↑ + वि॰ ईप्सु (इच्छुक) ←5स्वादि॰√आप्

कामेभ्यः 6.18, पंच॰ एक॰ कामात्↑; द्वि॰ कामाभ्याम्; बहु॰ कामेभ्यः (वासनाओं से) ←पु॰ काम↑

कामैः 7.20, तृती॰ एक॰ कामेन; द्वि॰ कामाभ्याम्; बहु॰ कामैः (वासनाओं के द्वारा) ←पु॰ काम↑

कामोपभोगपरमाः 16.11, प्रथ॰ एक॰ ॰परमः; द्वि॰ ॰परमौ; बहु॰ कामोपभोगपरमाः (सुखोपभोग की इच्छा करने वाले लोग) ←पु॰ बस॰ कामोपभोगपरम, कामानाम् उपभोगः परमः यस्य सः (काम का उपभोग जिसके लिए परमोच्च है वह; सुखों का उपभोग लेना चाहने वाला) ←पु॰ काम↑ + पु॰ उपभोग (उपयोग, भोग↓, व्यवहार, स्वाद लेना) ←उप√भुज् 7रुधा॰ + वि॰ परम↓

काम्यानाम् 18.2, न॰ षष्ठी॰ एक॰ काम्यस्य; द्वि॰ काम्ययोः; बहु॰ काम्यानाम् (इच्छित कर्मों का,की,के) ←वि॰ काम्य (जो करने के लिए योग्य वह; करणीय; आनंद दायक, इच्छित, पसंद आनेवाला, फल की आशापूर्वक –काम) ←वि॰ काम↑

काय 5.11, पु॰ (अङ्ग↑, कलेवर↑, काया, देह↓, बदन, वपु↓, शरीर↓) ←5स्वादि॰√चि

कायक्लेशभयात् 18.8, पंच॰ एक॰ कायक्लेशभयात् (देह को कष्ट होने के भय से); द्वि॰ कायक्लेशभयाभ्याम्; बहु॰ कायक्लेशभयेभ्यः ←न॰ कायक्लेशभय, कायस्य क्लेशस्य भयम् (देह को यूँ ही कष्ट होगा इस बात का भय) ←न॰ काय↑ + पु॰ क्लेश↓ + न॰ भय↓

कायम् 11.44, द्विती॰ एक॰ कायम् (शरीर को); द्वि॰ कायौ; बहु॰ कायान् ←पु॰ काय↑

कायशिरोग्रीवम् 6.13, द्वन्द्व॰ द्विती॰ एक॰ कायम् च शिरम् च ग्रीवम् च (शरीर, सिर, और गर्दन –समुदायवाचक) ←पु॰ काय↑ + न॰ शीर (सिर) ←9क्र्या॰√शृ + न॰ ग्रिव

अथवा **ग्रैव** (कंठ, गर्दन, गला) = स्त्री॰ ग्रीवा ←9क्र्या॰√गृ

कायेन 5.11, तृती॰ एक॰ <u>कायेन</u> (देह से); द्वि॰ कायाभ्याम्; बहु॰ कायैः ←पु॰ काय↑

कार 2.2, वि॰ समासान्त (करने वाला, कारक↓, कारण↓, द, दायक, दायी) ←8तना॰√कृ

कारक 1.43, वि॰ समासान्त (करने वाला, बनाने वाला; कार↑, कारण↓, कारणीभूत, दायक, दायी) ←8तना॰√कृ (करन)

कारण 3.13, न॰ (अर्थ↑; कारण, निमित्त↓, प्रयोजन, वजह, सबब, हेतु↓; तत्त्व↓, प्रमाण, साधन) ←8तना॰√कृ (करणे)

कारणम् 6.3, प्रथ॰–द्विती॰ एक॰ <u>कारणम्</u> (साधन, साधन को); द्वि॰ कारणे; बहु॰ कारणानि↓ ←न॰ कारण↑

कारणानि 18.13, प्रथ॰–द्विती॰ एक॰ कारणम्↑; द्वि॰ कारणे; बहु॰ <u>कारणानि</u> (साधन, साधनों को) ←न॰ कारण↑

कारयन् 5.13, पु॰ प्रयो॰ प्रथ॰ एक॰ <u>कारयन्</u> (कराते हुए); द्वि॰ कारयन्तौ; बहु॰ कारयन्तः ←वि॰ कारयत् (कराता हुआ, कराने वाला) ←8तना॰√कृ

कार्पण्यदोषोपहतस्वभावः 2.7, पु॰ प्रथ॰ एक॰ <u>कार्पण्यदोषोपहतस्वभावः</u> (दीनता के कारण स्वभाव नष्ट हुआ); द्वि॰ ॰स्वभावौ; बहु॰ ॰स्वभावाः ←वि॰ बस॰ कार्पण्यदोषोपहतस्वभाव, कार्पण्यस्य दोषेन उपहतः स्वभावः यस्य सः (करुणा की दीनता के कारण स्वभाव नष्ट हुआ) ←न॰ कार्पण्य (अनुकंपा, करुणा, कृपणता, निर्बलता) ←1भ्वादि॰√कृप् + पु॰ दोष↓ + वि॰ उपहत↑ + पु॰ स्वभाव↓

कार्य 3.17 (1) वि॰ (करने योग्य, कर्तव्य); (2) न॰ (करना; काम↑) ←8तना॰√कृ (करना)

कार्यकरणकर्तृत्वे 13.21, सप्त॰ एक॰ <u>कार्यकरणकर्तृत्वे</u> (जो कार्य और कारणों के लिए कारणीभूत है उसमें); द्वि॰ ॰कर्तृत्वयोः; बहु॰ ॰कर्तृत्वेषु ←न॰ तस॰ कार्यकरणकर्तृत्व, कार्याणाम् च करणानाम् च कर्तृत्वम् (कार्य और करण की उत्पत्ति के लिए कारण) ←न॰ कार्य↑ + न॰ करण↑ + न॰ कर्तृत्व↑

कार्यते 3.5, लट् वर्त॰ आत्म॰ प्रयो॰ एक॰ उत्तम॰ कार्ये; मध्य॰ कार्यसे; अन्य॰ <u>कार्यते</u> (वह करवाया जाता है, से किया जाता है) ←8तना॰√कृ (करणे)

कार्यम् 3.17, प्रथ॰–द्विती॰ एक॰ <u>कार्यम्</u> (कार्य, कार्य को); द्वि॰ कार्ये; बहु॰ कार्याणि ←न॰ कार्य↑

कार्याकार्यव्यवस्थितौ 16.24, द्वन्द्व॰ पु॰ द्विती॰ द्वि॰ कार्यव्यवस्थितः च अकार्यव्यवस्थितः च (कार्य का और अकार्य का निर्णय लिए हुए, क्या कृत्य है और क्या अकृत्य है इनका

निर्णय, कार्य एवम् अकार्य दोनों की व्यवस्था) ←न॰ कार्य↑ + न॰ अकार्य↑ + वि॰ व्यवस्थित↓

कार्याकार्ये 18.30, द्वन्द्व॰ न॰ प्रथ॰–द्विती॰ द्वि॰ कार्यम् च अकार्यम् च (कार्य और अकार्य; कार्य और अकार्य इन दोनों को) ←न॰ कार्य + न॰ अकार्य↑

कार्ये 18.22, सप्त॰ एक॰ कार्ये (कार्य में); द्वि॰ कार्ययो:; बहु॰ कार्येषु ←न॰ कार्य↑

काल 2.72, पु॰ (काल, घटिका, घड़ी, पल, बेला, लमहा, वक्त, समय, क्षण↓; अवसर, मौका, सुयोग; अंत्यक्षण, नियति, मृत्यु↓) ←1भ्वादि॰√कल्

काल: 10.30, प्रथ॰ एक॰ काल: (काल); द्वि॰ कालौ; बहु॰ काला: ←पु॰ काल↑

कालम् 8.23, द्विती॰ एक॰ कालम् (काल को); द्वि॰ कालौ; बहु॰ कालान् ←पु॰ काल↑

कालानलसन्निभानि 11.25, न॰ प्रथ॰–द्विती॰ एक॰ कालानलसन्निभम्; द्वि॰ कालानलसन्निभे; बहु॰ कालानलसन्निभानि (जो काल रूप अग्नि के समान हैं वे, ॰उनको) ←वि॰ तस॰ कालानलसन्निभ, कालस्य अनलस्य संन्निभम् (कालाग्नि, प्रलयाग्नि –समान) ←पु॰ काल↑ + पु॰ अनल↑ + वि॰ सन्निभ (सदृश↓, सम↓) ←अ॰ सम् (समान) ←√सम् + वि॰ निभ (तेजस्वी) ←नि√भा 2अदा॰

काले 8.23, सप्त॰ एक॰ काले (काल में); द्वि॰ कालयो:; बहु॰ कालेषु↓ ←पु॰ काल↑

कालेन 4.2, तृती॰ एक॰ कालेन (काल से, समय के साथ); द्वि॰ कालाभ्याम्; बहु॰ कालै: ←पु॰ काल↑

कालेषु 8.7, सप्त॰ एक॰ काले↑; द्वि॰ कालयो:; बहु॰ कालेषु (समयों में) ←पु॰ काल↑

काशिराज: 1.5, प्रथ॰ एक॰ काशिराज: (काश्य); द्वि॰ काशिराजौ; बहु॰ काशिराजा: ←पु॰ बस॰ काशिराज, काश्या: राजा य: (काशि का राजा) व्यक्ति परिचय के लिए देखिए– काश्य, खंड 1, गीता दर्शन↑

काश्य: 1.17, प्रथ॰ एक॰ काश्य: (काशिराज); द्वि॰ काश्यौ; बहु॰ काश्या: ←पु॰ तद्धित शब्द काश्य, काश्या: राजा (काशि का राजा) व्यक्ति परिचय के लिए देखिए– खंड 1, 'गीता दर्शन'

किञ्चन 3.22, अव्य॰ (कतई, कुछ भी, जरा भी) ←सना॰ किम्↓

किञ्चित् 4.20, अव्य॰ (कुछ, जरा) ←सना॰ किम्↓

किम् 1.1, सना॰ (कौन? क्या?); (2) न॰ 1.1, किम् (क्या?); द्वि॰ के; बहु॰ कानि; अथवा (3) 1.32, अव्य॰ (कौन? कौनसा, क्या?) सामासिक शब्दों में यह अव्यय कु शब्द के समान कलंक, खराबी, धिक्कार, संदेह, ह्रास आदिक अर्थ से आता है ←सना॰

किम्↓

किमाचारः 14.21, प्रथ॰ एक॰ किमाचारः (कैसा आचरण?); द्वि॰ किमाचारौ; बहु॰ किमाचाराः ←पु॰ तस॰ किमाचार, किम् आचारः (कैसा आचरण? कौनसा आचार?←अव्य॰ किम्↑ + पु॰ आचार↑

किरीटिन् 11.17, वि॰ (मुकुटधारी); बस॰ किरीटः धारयति शिरसि यः (अर्जुन) ←पु॰ किरीट (टोप, ताज, मुकुट, मौर) ←8तना॰कृ

किरीटिनम् 11.17, द्वितीं॰ एक॰ किरीटिनम् (मुकुट धारण करने वाले को); द्वि॰ किरीटिनौ; बहु॰ किरीटिनः ←पु॰ किरीटिन्↑

किरीटी 11.35, पु॰ प्रथ॰ एक॰ किरीटी (मुकुट धारण किया हुआ; अर्जुन, अर्जुन ने); द्वि॰ किरीटिनौ; बहु॰ किरीटिनः ←वि॰ किरीटिन्↑

किल्बिष 3.13, न॰ (अपराध; अघ↑, दोष↓; कलुष, कल्मष↑, दुरित, पातक↓, पाप↓, वृजिन↓) ←6तुदा॰√किल् + 3जुहो॰√विष्

किल्बिषम् 4.21, प्रथ॰–द्वितीं॰ एक॰ किल्बिषम् (दोष, दोष को); द्वि॰ किल्बिषे; बहु॰ किल्बिषाणि ←न॰ किल्बिष↑

किल्बिषैः 3.13, तृती॰ एक॰ किल्बिषेण; द्वि॰ किल्बिषाभ्याम्; बहु॰ किल्बिषैः (दोषों के कारण) ←न॰ किल्बिष↑

कीर्तयन्तः 9.14, पु॰ प्रथ॰ कीर्तयन्; द्वि॰ कीर्तयन्तौ; बहु॰ कीर्तयन्तः (गुणगान करते हुए) ←वि॰ कीर्तयत् (गुणगान करते हुए) ←10चुरा॰√कृत्

कीर्ति 2.2, स्त्री॰ (प्रशंसा, प्रसिद्धि, यश, यशस्↓) ←10चुरा॰√कृत्

कीर्तिः 10.34, प्रथ॰ एक॰ कीर्तिः (कीर्ति); द्वि॰ कीर्ती बहु॰ कीर्तयः ←स्त्री॰ कीर्ति↑

कीर्तिम् 2.33, द्वितीं॰ एक॰ कीर्तिम् (कीर्ति को); द्वि॰ कीर्ती बहु॰ कीर्तीः ←स्त्री॰ कीर्ति↑

कुतः 2.2, = अव्य॰ कुतस् (कहाँ से?) ←सना॰ किम्↑

कुन्तिभोजः 1.5, पु॰ प्रथ॰ एक॰ कुन्तिभोजः (कुन्तिभोज); द्वि॰ कुन्तिभोजौ; बहु॰ कुन्तिभोजाः ←विना॰ कुन्तिभोज (पाण्डव बंधुओं का मामा) व्यक्ति परिचय के लिए देखिए- खंड 1, गीता दर्शन↑

कुन्तीपुत्रः 1.16, पु॰ प्रथ॰ एक॰ कुन्तीपुत्रः (कुन्ती का पुत्र); द्वि॰ कुन्तीपुत्रौ; बहु॰ कुन्तीपुत्राः ←वि॰ तस॰ कुन्तीपुत्र, कुन्त्याः पुत्रः (कुन्ती का पुत्र; युधिष्ठिर↓)

कुरु 1.1, वि॰ कुरोः वंशजः (कुरु वंशीय)

कुरु 2.48, लोट् पर॰ आज्ञार्थ एक॰ उत्तम॰ करवाणि; मध्य॰ कुरु (तू कर); अन्य॰ करोतु

←8तना॰√कृ (करना)

कुरुते 3.21, लट् वर्त॰ आत्म॰ एक॰ उत्तम॰ कुर्वे; मध्य॰ कुरुषे; अन्य॰ कुरुते (वह करता है) ←8तना॰√कृ (करना)

कुरुनन्दन 2.41, संबो॰ एक॰ कुरुनन्दन (हे कुरुनंदन!); द्वि॰ कुरुनन्दनौ; बहु॰ कुरुनन्दना: ←पु॰ वि॰ विना॰ कुरुनन्दन; बस॰ कुरो: नन्दन: य: स: (कुरुपुत्र, अर्जुन↑) ←वि॰ कुरु↑ + पु॰ नन्दन (पुत्र↓)

कुरुप्रवीर 11.48, पु॰ संबो॰ एक॰ कुरुप्रवीर (हे कुरुवीर श्रेष्ठ!); द्वि॰ कुरुप्रवीरौ; बहु॰ कुरुप्रवीरा: ←वि॰ बस॰ कुरुप्रवीर, कुरुषु प्रवीर: य: (कुरुवीर, अर्जुन↑) ←वि॰ कुरु↑ + वि॰ प्रवीर (महावीर) ←प्र√वीर् 10चुरा॰

कुरुवृद्धः 1.12, पु॰ प्रथ॰ एक॰ कुरुवृद्धः (कुरुओं में जो वृद्धतम है वह); द्वि॰ कुरुवृद्धौ; बहु॰ कुरुवृद्धाः ←वि॰ बस॰ कुरुवृद्ध, कुरुषु वृद्धतम: य: (सर्व कुरुवंशियों में वृद्धतम, भीष्म↓) ←वि॰ कुरु↑ + वि॰ वृद्ध (जरठ, जर्जर, प्रोक्त, प्रौढ, बड़ा, बूढ़ा, वयस्क) ←1भ्वादि॰√वृध्

कुरुश्रेष्ठ 10.19, पु॰ संबो॰ एक॰ कुरुश्रेष्ठ (हे कुरुश्रेष्ठ!); द्वि॰ कुरुश्रेष्ठौ; बहु॰ कुरुश्रेष्ठा: ←वि॰ बस॰ कुरुश्रेष्ठ; कुरुषु श्रेष्ठतम: य: (अर्जुन↑)

कुरुष्व 9.27, लोट् आत्म॰ आज्ञार्थी आत्म॰ एक॰ उत्तम॰ करवै; मध्य॰ कुरुष्व (तू कर); अन्य॰ कुरुताम् ←8तना॰√कृ (करना)

कुरुसत्तम 4.31, पु॰ संबो॰ एक॰ कुरुसत्तम (हे कुरुसत्तम!); द्वि॰ कुरुसत्तमौ; बहु॰ कुरुसत्तमा: ←वि॰ बस॰ कुरुसत्तम, कुरुषु सत्तम: य: (कुरुश्रेष्ठ; अर्जुन↑) ←पु॰ कुरु↑ + वि॰ सत्तम↓

कुरुक्षेत्रे 1.1, सप्त॰ एक॰ कुरुक्षेत्रे (कुरुक्षेत्र पर); द्वि॰ कुरुक्षेत्रयो:; बहु॰ कुरुक्षेत्रेषु ←न॰ विना॰ तस॰ कुरुक्षेत्र, कुरूणाम् क्षेत्रम् (कुरुओं की भूमि) ←वि॰ कुरु↑ + न॰ क्षेत्र↓

कुरून् 1.25, पु॰ द्विती॰ एक॰ कुरुम्; द्वि॰ कुरू; बहु॰ कुरून् (कुरुवंशियों को) ←वि॰ कुरु↑

कुर्यात् 3.25, पर॰ विध्यर्थी एक॰ उत्तम॰ कुर्याम्↓; मध्य॰ कुर्या:; अन्य॰ कुर्यात् (उसे करना चाहिए; वह यदि करे) ←8तना॰√कृ (करणे)

कुर्याम् 3.24, विधि॰ पर॰ एक॰ उत्तम॰ कुर्याम् (मुझे करना चाहिए, मैं यदि करूँ); मध्य॰ कुर्या:; अन्य॰ कुर्यात्↑ ←8तना॰√कृ (करना)

कुर्वन्ति 3.25, लट् वर्त॰ पर॰ अन्य॰ एक॰ उत्तम॰ करोति↑; द्वि॰ कुरुत:; बहु॰ कुर्वन्ति (वे

करते हैं) ←8तना॰√कृ (करना)

कुर्वन् 4.21, पु॰ प्रथ॰ एक॰ कुर्वन् (करते हुए); द्वि॰ कुर्वन्तौ; बहु॰ कुर्वन्तः ←वि॰ कुर्वत् (करते हुए; करने वाला) ←8तना॰√कृ (करना)

कुर्वाणः 18.56, पु॰ प्रथ॰ एक॰ कुर्वाणः (करते हुए); द्वि॰ कुर्वाणौ; बहु॰ कुर्वाणाः ←वि॰ कुर्वाण = वि॰ कुर्वत् (करते हुए, करने वाला) ←8तना॰√कृ (करना)

कुल 1.38, न॰ (अभिजन↑, कुटुंब, कुल, खानदान, गोत्र, घराना, जाति, परंपरा, परिवार, वंश, संतति; अल्ल, आस्पद) ←1भ्वादि॰√कुल्

कुलीनाम् 1.42, पु॰ षष्ठी॰ एक॰ कुलीस्य; द्वि॰ कुलीयोः; बहु॰ कुलीनाम् (कुलघातकियों का,की,के) ←वि॰ तस॰ कुली, कुलस्य घ्नः (कुलघातकी, कुलध्वंस करने वाला) ←न॰ कुल↑ + वि॰ ी (कातिल, खूनी, घातकी, ध्वंसक, मारक, हत्यारा, हिंसक) ←2अदा॰√हन् (वध करणे)

कुलधर्म 1.40, पु॰ तस॰ कुलस्य धर्मः (वंशपरंपरागत रीति; घराने का प्रचलित नियम) ←न॰ कुल↑ + पु॰ धर्म↓

कुलधर्माः 1.40, प्रथ॰ एक॰ कुलधर्मः; द्वि॰ कुलधर्मौ; बहु॰ कुलधर्माः (कुल के अन्यान्य धर्म) ←पु॰ कुलधर्म↑

कुलम् 1.40, न॰ प्रथ॰–द्विती॰ एक॰ कुलम् (कुल, कुल को); द्वि॰ कुले; बहु॰ कुलानि ←न॰ कुल↑

कुलस्त्रियः 1.41, प्रथ॰ एक॰ कुलस्त्री; द्वि॰ कुलस्त्रियौ; बहु॰ कुलस्त्रियः (कुलीन स्त्रियाँ) ←स्त्री॰ तस॰ कुलस्त्री, कुलीना स्त्री (कुलीन, खानदानी –स्त्री) ←न॰ कुल↑ + स्त्री॰ अनियमित चलने वाला शब्द (स्त्री↓)

कुलस्य 1.42, षष्ठी॰ एक॰ कुलस्य (कुल का,की,के); द्वि॰ कुलयोः; बहु॰ कुलानाम् ←न॰ कुल↑

कुलक्षय 1.38, पु॰ तस॰ कुलस्य क्षयः (कुलध्वंस, कुलविनाश) ←न॰ कुल↑ + पु॰ क्षय↓

कुलक्षयकृतम् 1.38, पु॰ द्विती॰ एक॰ कुलक्षयकृतम् (कुल के ह्रास से हुए–को); द्वि॰ कुलक्षयकृतौ; बहु॰ कुलक्षयकृतान् ←वि॰ तस॰ कुलक्षयकृत, कुलक्षयेन कृतः (कुल के क्षय से किया गया हुआ) ←पु॰ कलक्षय↑ + वि॰ कृत↓

कुलक्षये 1.40, सप्त॰ एक॰ कुलक्षये (कुल के ह्रास में); द्वि॰ कुलक्षययोः; बहु॰ कुलक्षयेषु ←पु॰ कुलक्षय↑

कुले 6.42, सप्त॰ एक॰ कुले (कुल में); द्वि॰ कुलयोः; बहु॰ कुलेषु ←न॰ कुल↑

कुशल 18.10, वि॰ (कसबी, कुशल, चतुर, सयाना; प्रसन्न↓, सुखदायक) ←4दिवा॰√कुश्

कुशले 18.10, न॰ सप्त॰ एक॰ कुशले (सुखकारक–में); द्वि॰ कुशलयो:; बहु॰ कुशलेषु ←वि॰ कुशल↑

कुसुमाकर: 10.35, पु॰ प्रथ॰ एक॰ कुसुमाकर: (बसंत ऋतु); द्वि॰ कुसुमाकरौ; बहु॰ कुसुमाकरा: ←विना॰ बस॰ कुसुमाकर, कुसुमानाम् आकर: य: (बसंत, ग्रीष्म, वर्षा, शरद, हेमन्त और शिशिर इन छ: ऋतुओं में पहला; ऋतुराज)

कूटस्थ 6.8, वि॰ तस॰ कूटे स्थ: (अत्युच्च, शिखरस्थ, सर्वोच्च; अचल↑, अटल) ←(1) वि॰ कूट (अडिग, अचल↑, दृढ़↓); (2) पु॰ न॰ (शिखर) ←10चुरा॰√कूट् + वि॰ स्थ↓

कूटस्थ: 6.8, पु॰ प्रथ॰ एक॰ कूटस्थ: (जो अचल स्थित है वह); द्वि॰ कूटस्थौ; बहु॰ कूटस्था: ←वि॰ कूटस्थ↑

कूटस्थम् 12.3, पु॰ द्विती॰ एक॰ कूटस्थम् (जो अचल स्थित है उसको); द्वि॰ कूटस्थौ; बहु॰ कूटस्थान् ←वि॰ कूटस्थ↑

कूर्म: 2.58, प्रथ॰ एक॰ कूर्म: (कछुआ); द्वि॰ कूर्मौ; बहु॰ कूर्मा: ←पु॰ कूर्म (कछुआ, कच्छप, कमठ, जलगुल्म, पीवर) ←1भ्वादि॰√कू

(कृ)

कृत् 2.50 वि॰ उत्तरगामी प्रत्यय (करने वाला, कर↑, कार↑, कारक, कारी; द, दायक, दायी; साधने वाला; करते हुए) ←8तना॰√कृ (करणे)

कृत 1.35, वि॰ (किया हुआ, किया गया हुआ) ←8तना॰√कृ (करणे)

कृतकृत्य: 15.20, प्रथ॰ एक॰ कृतकृत्य: (जो धन्य हुआ है वह); द्वि॰ कृतकृत्यौ; बहु॰ कृतकृत्या: ←पु॰ बस॰ कृतकृत्य, कृतम् कृत्यम् येन स: (जिसकी उद्देश्य-सिद्धि पूर्ण हुई है वह; ध्येय हासिल किया हुआ, सिद्धि पाया हुआ, कर्तव्यपूर्ण; धन्य, संतुष्ट) ←वि॰ कृत↑ + न॰ कृत्य ←8तना॰√कृ

कृतनिश्चय: 2.37, पु॰ प्रथ॰ एक॰ कृतनिश्चय: (जिसने निश्चय किया हुआ है वह); द्वि॰ कृतनिश्चयौ; बहु॰ कृतनिश्चया: ←(1) पु॰ कृतनिश्चय, तस॰ कृत: निश्चय: (किया हुआ निश्चय, दृढ़ निश्चय); (2) वि॰ बस॰ कृत: निश्चय: येन स: (निश्चय किया हुआ, दृढ़ निश्चयी) ←वि॰ कृत↑ + पु॰ निश्चय (दृढ़ विचार, निर्णय, विश्वास) ←निर्√चि 5स्वादि॰

कृतम् 4.15, न॰ प्रथ॰-द्विती॰ एक॰ कृतम् (किया हुआ, किए हुए को); द्वि॰ कृते; बहु॰

कृतानि ←वि॰ कृत↑

कृताञ्जलि: 11.14, पु॰ प्रथ॰ एक॰ कृताञ्जलि: (जिसने दोनों हाथ जोड़े हुए हैं वह); द्वि॰ कृताञ्जली; बहु॰ कृताञ्जलय: ←वि॰ बस॰ कृताञ्जलि, कृता अञ्जलि: येन स: (हाथ जोड़ा हुआ, नमस्कृत) ←वि॰ कृत↑ + स्त्री॰ अञ्जलि (अंजली, अंजुली, जोड़े हुए हाथ) ←7रुधा॰√अञ्ज्

कृतान्ते 18.13, सप्त॰ एक॰ कृतान्ते (निष्कर्ष के रूप में); द्वि॰ कृतान्तयो:; बहु॰ कृतान्तेषु ←पु॰ कृतान्त (प्रलय↓, प्रारब्ध; अन्त↑, सिद्ध किया हुआ तत्त्व, निष्कर्ष) ←वि॰ कृत↑ + पु॰ अन्त↑

कृतेन 3.18, पु॰ न॰ तृती॰ एक॰ कृतेन (करने से); द्वि॰ कृताभ्याम्; बहु॰ कृतै: ←वि॰ कृत↑

कृत्वा 2.38, अव्य॰ (करके, किए; मन में– धरे, धारण किए, मान कर, समझ कर) ←8तना॰√कृ (करणे)

कृत्स्न 1.40, वि॰ (नि:शेष; अखिल, सकल, संपूर्ण, समग्र↓, सर्व↓) ←7रुधा॰√कृत्

कृत्स्नकर्मकृत् 4.18, प्रथ॰ एक॰ कृत्स्नकर्मकृत् (सब व्यापार करते हुए, ॰करता हुआ मनुष्य); द्वि॰ कृत्स्नकर्मकृतौ; बहु॰ कृत्स्नकर्मकृत: ←पु॰ कृत्स्नकर्मकृत्, कृत्स्नम् कर्म करोति य: स: (सर्व कर्म करता हुआ, करने वाला; संसारी) ←वि॰ कृत्स्न↑ + न॰ कर्मन्↑ + प्रत्यय कृत्↑

कृत्स्नम् 1.40, न॰ प्रथ॰-द्विती॰ एक॰ कृत्स्नम् (सब, सबको); द्वि॰ कृत्स्ने; बहु॰ कृत्स्नानि ←वि॰ कृत्स्न↑

कृत्स्नवत् 18.22, वि॰ कृत्स्नवत् (संपूर्ण की तरह; पूर्णता से) ←वि॰ कृत्स्न↑ + अव्य॰ वत्↓

कृत्स्नविद् 3.29, पु॰ (जानने वाला, तज्ञ, ज्ञाता, ज्ञानी↓) ←वि॰ कृत्स्न↑ + वि॰ विद्↓

कृत्स्नविद् 3.29 प्रथ॰ एक॰ कृत्स्नविद् (सर्व जानने वाला, ज्ञानी↓); द्वि॰ कृत्स्नविदौ; बहु॰ कृत्स्नविद: ←पु॰ कृत्स्नविद्↑

कृत्स्नस्य 7.6, न॰ षष्ठी॰ एक॰ कृत्स्नस्य (सब–का,की,के); द्वि॰ कृत्स्नयो:; बहु॰ कृत्स्नानाम् ←वि॰ कृत्स्न↑

कृप: 1.8, प्रथ॰ एक॰ कृप: (कृपाचार्य); द्वि॰ कृपौ; बहु॰ कृपा: ←पु॰ विना॰ कृप (कृपाचार्य) व्यक्ति परिचय के लिए देखिए– खंड 1, गीता दर्शन↑

कृपणा: 2.49, पु॰ प्रथ॰ एक॰ कृपण:; द्वि॰ कृपणौ; बहु॰ कृपणा: (कृपण लोग) ←वि॰

कृपण (अभागी, दुष्ट, हीन↓; अकर्मण्य, सत्यासत्य विवेकशून्य) ←1भ्वादि॰√कृप्

कृपया 1.27, तृती॰ एक॰ कृपया (दया से); द्वि॰ कृपाभ्याम्; बहु॰ कृपाभिः ←स्त्री॰ कृपा (अनुकंपा, इनायत, करुणा, दया↓, मेहरबानी) ←1भ्वादि॰√कृप्

कृषिगौरक्ष्यवाणिज्यम् 18.44, द्वन्द्व॰ न॰ प्रथ॰–द्विती॰ एक॰ कृषिः च गौरक्ष्यम् च वाणिज्यम् च (खेती, गौपालन और व्यापार) ←स्त्री॰ कृषि (काश्तकारी, किसानी, खेती, खेती–बारी, जराअत) ←6तुदा॰√कृष् + न॰ गौरक्ष्य (गोपालन, गोवर्धन) ←1भ्वादि॰√रक्ष् + न॰ वाणिज्य ←स्त्री॰ वणिज् (दुकानदारी, धंधा, वाणिज्य, सौदागरी; उदीम, तिजारत, नैगम्य, पेशा, बनिज, व्यवसाय, व्यापार, सौदागरी) ←1भ्वादि॰√पण्

कृष्ण 1.28, पु॰ संबो॰ एक॰ कृष्ण (हे कृष्ण!); द्वि॰ कृष्णौ; बहु॰ कृष्णाः ←(1) वि॰ (सांवला, काला); (2) पु॰ विना॰ (श्रीकृष्ण, रत्नाकर; अन्य नाम–विशेषणों के लिए देखिए– खंड 1, 'गीता दर्शन') ←6तुदा॰√कृष् (आकर्षित, वश करना)

कृष्णः 2.2, प्रथ॰ एक॰ कृष्णः (कृष्ण); द्वि॰ कृष्णौ; बहु॰ कृष्णाः ←पु॰ कृष्ण↑

कृष्णम् 11.35, द्विती॰ एक॰ कृष्णम् (कृष्ण को); द्वि॰ कृष्णौ; बहु॰ कृष्णान् ←पु॰ कृष्ण↑

कृष्णात् 18.75, पंच॰ एक॰ कृष्णात् (कृष्ण से); द्वि॰ कृष्णाभ्याम्; बहु॰ कृष्णेभ्यः ←पु॰ कृष्ण↑

(के)

के 12.1, पु॰ प्रथ॰ एक॰ कः; द्वि॰ कौ; बहु॰ के (कौन लोग?) ←सना॰ किम्↓

केचित् 11.21, अव्य॰ (अनेक, बहुत) ←सना॰ किम्↑

केन 3.36, क्रिवि॰; पु॰ न॰ तृती॰ एक॰ केन (किससे?); द्वि॰ काभ्याम्; बहु॰ कैः↓ ←सना॰ किम्↓

केनचित् 12.19, अव्य॰ (जो कुछ; सब कुछ) ←सना॰ किम्↑

केवल 4.21, (1) अव्य॰ (केवल, खालिस, निपट, फकत, सिर्फ); (2) वि॰ (निरा, मात्र↓) ←के√वल् 1भ्वादि॰

केवलम् 4.21, न॰ प्रथ॰–द्विती॰ एक॰ केवलम् (अकेला, केवल); द्वि॰ केवले; बहु॰ केवलानि ←वि॰ केवल↑

केवलैः 5.11 न॰ तृती॰ एक॰ केवलेन; द्वि॰ केवलाभ्याम्; बहु॰ केवलैः (केवल–से) ←वि॰ केवल↑

केशव 1.31, पु॰ संबो॰ एक॰ केशव (हे केशव!); द्वि॰ केशवौ; बहु॰ केशवाः ←वि॰ बस॰

केशव, कः ईशः वा (कृष्ण↑)

केशवस्य 11.35, पु॰ षष्ठी॰ एक॰ केशवस्य (केशव का,की,के); द्वि॰ केशवयोः; बहु॰ केशवानाम् ←वि॰ केशव↑

केशवार्जुनयोः 18.76, द्वन्द्व॰ षष्ठी॰ द्वि॰ केशवस्य च अर्जुनस्य च (केशव और अर्जुन का,की,के) ←वि॰ केशव↑ + ←पु॰ अर्जुन↑

केशिनिषूदन 18.1, पु॰ संबो॰ एक॰ केशिनिषूदन (हे केशिनिषूदन!); द्वि॰ केशिनिषूदनौ; बहु॰ केशिनिषूदनाः ←वि॰ बस॰ केशिनिषूदन, केशिनः निषूदनः यः सः (केशी का विनाश करने वाला, कृष्ण↑)

केषु 10.17, सप्त॰ पु॰ न॰ एक॰ कस्मिन्; द्वि॰ कयोः; बहु॰ केषु (किन-में? किन लोगें में?) ←सना॰ किम्↓

कैः 1.22, पु॰ न॰ तृती॰ एक॰ केन↑; द्वि॰ काभ्याम्; बहु॰ कैः (किन-से?) ←सना॰ किम्↓

कौन्तेय 2.14, पु॰ संबो॰ एक॰ कौन्तेय (हे कौन्तेय!); द्वि॰ कौन्तेयौ; बहु॰ कौन्तेयाः ←वि॰ तद्धित शब्द कौन्तेय, कुन्त्याः अपत्यम् पुमान् (कुन्ती का पुत्र, अर्जुन↑)

कौन्तेयः 1.27, प्रथ॰ एक॰ कौन्तेयः (कौन्तेय); द्वि॰ कौन्तेयौ; बहु॰ कौन्तेयाः ←पु॰ कौन्तेय↑

कौमारम् 2.13, प्रथ॰-द्विती॰ एक॰ कौमारम् (कुमार अवस्था, बाल्यावस्था); द्वि॰ कौमारे; बहु॰ कौमाराणि ←न॰ कौमार (बाली उमर का, पांच वर्षों से कम उमर का, बाल्य; कोमल तनु, सुकुमार) ←10चुरा॰√कुमार्

कौशलम् 2.50, प्रथ॰-द्विती॰ एक॰ कौशलम् (कौशल्य); द्वि॰ कौशले; बहु॰ कौशलानि ←न॰ कौशल (कुशलता, दक्षता; कल्याण, मंगल) ←4दिवा॰√कुश्

(क्र)

क्रतुः 9.16, प्रथ॰ एक॰ क्रतुः (श्रौतकर्म); द्वि॰ क्रतू; बहु॰ क्रतवः ←पु॰ (प्रतिभा, योग्यता, शक्ति; श्रौतकर्म) ←8तना॰√कृ

क्रियते 17.18, लट् वर्त॰ आत्म॰ एक॰ उत्तम॰ क्रिये; मध्य॰ क्रियसे; अन्य॰ क्रियते (उससे किया जाता है; वह किया जाता है); अन्य॰ द्वि॰ क्रियेते; अन्य॰ बहु॰ क्रियन्ते↓ ←8तना॰√कृ

क्रियन्ते 17.25, लट् वर्त॰ आत्म॰ अन्य॰ एक॰ क्रियते↑; द्वि॰ क्रियेते; बहु॰ क्रियन्ते (उनसे किया जाता है; वे किये जाते हैं) ←8तना॰√कृ

क्रियमाणानि 3.27, न॰ प्रथ॰-द्विती॰ एक॰ क्रियमाणम्; द्वि॰ क्रियमाणे; बहु॰ क्रियमाणानि (किए जाते हुए, जो किए जाते हैं, किए हुए) ←वि॰ क्रियमाण (किया जाता है वह) ←8तना॰√कृ

क्रिया 1.42, स्त्री॰ (उद्योग, कर्म↑, चेष्टा, व्यापार) ←8तना॰√कृ

क्रियाभि: 11.48, तृती॰ एक॰ क्रियया; द्वि॰ क्रियाभ्याम्; बहु॰ क्रियाभि: (क्रियाओं से, के द्वारा) ←स्त्री॰ क्रिया↑

क्रियाविशेषबहुलाम् 2.43, द्विती॰ एक॰ क्रियाविशेषबहुलाम् (अनेक विलक्षणता बतलाने वाली विधि को); द्वि॰ क्रियाविशेषबहुले; बहु॰ क्रियाविशेषबहुला: ←स्त्री॰ तस॰ क्रियाविशेषबहुला, क्रियाणाम् विशेषा: बहुला: यस्या: सा (अनेक तरह की विलक्षण क्रियाएँ कहने वाली विधि) ←स्त्री॰ क्रिया↑ + वि॰ विशेष (असाधारण, निराला, न्यारा, विलक्षण, विशिष्ट) ←वि॰√शिष् 7रुधा॰ + वि॰ बहुल↓

क्रूरान् 16.19, पु॰ द्विती॰ एक॰ क्रूरम्; द्वि॰ क्रूरौ; बहु॰ क्रूरान् (जो क्रूर हैं उनको) ←वि॰ क्रूर (घोर, दयाहीन, निर्दय, निष्ठुर, नृशंस; उग्र↑, भयंकर, भयानक↓, भयप्रद) ←7रुधा॰√कृत्

क्रोध 2.56, पु॰ (अमर्ष, कोप, गुस्सा, त्वेष, प्रकोप, रिस, रोष, संताप, क्षोभ) ←4दिवा॰√क्रुध्

क्रोध: 2.62, प्रथ॰ एक॰ क्रोध: (क्रोध); द्वि॰ क्रोधौ; बहु॰ क्रोधा: ←पु॰ क्रोध↑

क्रोधम् 16.18, द्विती॰ एक॰ क्रोधम् (क्रोध को); द्वि॰ क्रोधौ; बहु॰ क्रोधान् ←पु॰ क्रोध↑

क्रोधात् 2.63, पंच॰ एक॰ क्रोधात् (क्रोध से); द्वि॰ क्रोधाभ्याम्; बहु॰ क्रोधेभ्य: ←पु॰ क्रोध↑

क्लिद् 2.23, क्रि॰ पर॰ (आर्द्र, ओल, गीला, तर, नम, भीना, सीला –करना; भिगोना) ←4दिवा॰√क्लिद्

क्लेदयन्ति 2.23, लट् वर्त॰ पर॰ प्रयो॰ अन्य॰ एक॰ क्लेदयति; द्वि॰ क्लेदयत:; बहु॰ क्लेदयन्ति (वे भिगोते हैं) ←4दिवा॰√क्लिद्↑

क्लेश 12.5, पु॰ (कष्ट, दर्द, दु:ख↓, परेशानी, पीड़ा, मनस्ताप) ←4दिवा॰√क्लिश्

क्लेश: 12.5, प्रथ॰ एक॰ क्लेश: (क्लेश); द्वि॰ क्लेशौ; बहु॰ क्लेशा: ←पु॰ क्लेश↑

क्लैब्यम् 2.3, न॰ प्रथ॰-द्विती॰ एक॰ क्लैब्यम् (डरपोकता, षंढता को); द्वि॰ क्लैब्ये; बहु॰ क्लैब्यानि ←न॰ क्लैब्य (कायरता, नपुंसकता, नामर्दी, पौरुषहीनता, बुजदिली, भय↓, भीरुता, षंढता) ←1भ्वादि॰√क्लिब्

क्वचित् 18.12, अव्य॰ (कतई, कभी भी, कहीं भी) ←सना॰ किम् + अव्य॰ प्रत्यय चित्

(क्ष)

क्षणम् 3.5, द्विती॰ एक॰ <u>क्षणम्</u> (क्षण, क्षण को); द्वि॰ क्षणे अथवा क्षणौ; बहु॰ क्षणानि अथवा क्षणान् ←न॰ अथवा पु॰ क्षण (घटिका, घटि, छन, दम, निमिष, पलख, पल, मात्रा, लहज, लहम, क्षण) ←6तुदा॰√क्षण्

क्षत्रिय 2.31, पु॰ तद्धित शब्द, क्षत्रे भाव: (चतुर्वण में दूसरा वर्ण; भट, योद्धा, राजपूत, लढवय्या, सुभट, क्षात्र) ←6तुदा॰√क्षण् + 1भ्वादि॰√त्रै

क्षत्रियस्य 2.31, षष्ठी॰ एक॰ <u>क्षत्रियस्य</u> (क्षत्रिय का); द्वि॰ क्षत्रिययो:; बहु॰ क्षत्रियाणाम् ←पु॰ क्षत्रिय↑

क्षत्रिया: 2.32, प्रथ॰ एक॰ क्षत्रिय:; द्वि॰ क्षत्रियौ; बहु॰ <u>क्षत्रिया:</u> (क्षत्रिय लोग) ←पु॰ क्षत्रिय↑

क्षमा 10.4, प्रथ॰ एक॰ <u>क्षमा</u> (क्षमा); द्वि॰ क्षमे; बहु॰ क्षमा: ←स्त्री॰ क्षमा (विमोचन; धैर्य; तितिक्षा, सहनशीलता, सहिष्णुता, सोशिकता) ←1भ्वादि॰√क्षम् (सहन करना)

क्षमी 12.13, पु॰ प्रथ॰ एक॰ <u>क्षमी</u> (क्षमा करने वाला); द्वि॰ क्षमिणौ; बहु॰ क्षमिण: ←वि॰ क्षमिन् (क्षमा करने वाला; सहनशील, सहिष्णु, सोशिक) ←1भ्वादि॰√क्षम् (सहन करना)

क्षय 1.38, (1) वि॰ (अनित्य↑, नश्वर, क्षर↓); (2) पु॰ (ध्वंस, नाश↑, निलय, विनाश↑) ←1भ्वादि॰√क्षि (नाश, क्षय –होना)

क्षयम् 18.25, पु॰ द्विती॰ एक॰ <u>क्षयम्</u> (क्षय को); द्वि॰ क्षयौ; बहु॰ क्षयान् ←वि॰ क्षय↑

क्षयाय 16.9, पु॰ चतु॰ एक॰ <u>क्षयाय</u> (क्षय के लिए); द्वि॰ क्षयाभ्याम्; बहु॰ क्षयेभ्य: ←वि॰ क्षय↑

क्षर 8.4, वि॰ (अनित्य↑, घटने वाला, नश्वर, नाशने वाला, विनाशी, क्षय↑) ←1भ्वादि॰√क्षर् (घटना, बहना)

क्षर: 8.4, पु॰ प्रथ॰ एक॰ <u>क्षर:</u> (क्षर); द्वि॰ क्षरौ; बहु॰ क्षरा: ←वि॰ क्षर↑

क्षरम् 15.18, पु॰ द्विती॰ एक॰ <u>क्षरम्</u> (क्षर–को); द्वि॰ क्षरौ; बहु॰ क्षरान् ←वि॰ क्षर↑

क्षात्रम् 18.43, द्विती॰ एक॰ <u>क्षात्रम्</u> (क्षत्रिय को); द्वि॰ क्षात्रौ; बहु॰ क्षात्रान् ←पु॰ क्षात्र (क्षत्रिय↑)

क्षान्ति: 13.8, प्रथ॰ एक॰ <u>क्षान्ति:</u> (क्षमाशीलता); द्वि॰ क्षान्ती; बहु॰ क्षान्तय: ←स्त्री॰ क्षान्ति (तितिक्षा, सहनशीलता, सहिष्णुता, सोशिकता, क्षमाशीलता) ←1भ्वादि॰√क्षम् (सहन करना)

क्षामये 11.42, लट् वर्त॰ आत्म॰ प्रयो॰ आत्म॰ उत्तम॰ एक॰ <u>क्षामये</u> (मैं आपसे क्षमा की

याचता हूँ); द्वि॰ क्षामयावहे; बहु॰ क्षामयामहे; मध्य॰ एक॰ क्षामयसे; अन्य॰ एक॰ क्षामयते ←1भ्वादि॰√क्षम् (सहन करना, क्षमा करना)

क्षिपामि 16.19, लट् वर्त॰ पर॰ उत्तम॰ एक॰ क्षिपामि (मैं ड़ालता हूँ); द्वि॰ क्षिपाव:; बहु॰ क्षिपाम:; मध्य॰ एक॰ क्षिपसि; अन्य॰ एक॰ क्षिपति ←6तुदा॰√क्षिप् (ड़ालना, फेंकना)

क्षिप्रम् 4.12, क्रिवि॰ क्षिप्र (झट से, जलद, त्वरा से, शीघ्रता से) ←6तुदा॰√क्षिप्

क्षीण 5.25, वि॰ (कमजोर, निर्बल; नष्ट) ←1भ्वादि॰√क्षि (क्षय होना)

क्षीणकल्मषा: 5.25, पु॰ प्रथ॰ एक॰ क्षीणकल्मष:; द्वि॰ क्षीणकल्मषौ; बहु॰ क्षीणकल्मषा: (पाप नष्ट हुए लोग) ←वि॰ बस॰ क्षीणकल्मष, क्षीणम् कल्मषम् यस्य स: (पाप का क्षय हुआ, पाप गया हुआ; अनघ↑, निष्पाप, पाप से छुटा हुआ) ←वि॰ क्षीण↑ + न॰ कल्मष↑

क्षीणे 9.21, न॰ सप्त॰ एक॰ क्षीणे (क्षीण होने पर); द्वि॰ क्षीणयो:; बहु॰ क्षीणेषु ←वि॰ क्षीण↑

क्षुद्रम् 2.3, न॰ प्रथ॰–द्विती॰ एक॰ क्षुद्रम् (क्षुद्र, क्षुद्र–को); द्वि॰ क्षुद्रे; बहु॰ क्षुद्राणि ←वि॰ क्षुद्र (छोटा, नीच) ←7रुधा॰√क्षुद्

क्षेत्र 1.1, न॰ (तीर्थस्थान, भूमि↑, स्थान↑; देह↑, शरीर↑; इलाका, देश, प्रदेश, मण्डल) ←6तुदा॰√क्षि

क्षेत्रम् 13.1, न॰ प्रथ॰–द्विती॰ एक॰ क्षेत्रम् (क्षेत्र, क्षेत्र को); द्वि॰ क्षेत्रे; बहु॰ क्षेत्राणि ←न॰ क्षेत्र↑

क्षेत्रक्षेत्रज्ञयो: 13.3, द्वन्द्व॰ षष्ठी॰ द्वि॰ क्षेत्रस्य च क्षेत्रज्ञस्य च (क्षेत्र और क्षेत्रज्ञ दोनों का,की,के) ←न॰ क्षेत्र↑ + पु॰ क्षेत्रज्ञ↑

क्षेत्रक्षेत्रज्ञसंयोगात् 13.27, पंच॰ एक॰ क्षेत्रक्षेत्रज्ञसंयोगात् (क्षेत्र और क्षेत्रज्ञ के मेल से); द्वि॰ ॰संयोगाभ्याम्; बहु॰ ॰संयोगेभ्य: ←पु॰ तस॰ क्षेत्रक्षेत्रज्ञसंयोग, क्षेत्रस्य च क्षेत्रज्ञस्य च संयोग: (क्षेत्र और क्षेत्रज्ञ का– मिलाप, मेल, युति, संधि, संबंध, समागम, संयोग) ←न॰ क्षेत्र↑ + पु॰ क्षेत्रज्ञ↓ + पु॰ संयोग↑

क्षेत्रज्ञ 13.1, (क्षेत्रज्ञाता; जीवात्मा, परमात्मा↑) ←न॰ क्षेत्र↑ + न॰ ज्ञान↑

क्षेत्रज्ञ: 13.1, प्रथ॰ एक॰ क्षेत्रज्ञ: (क्षेत्रज्ञ); द्वि॰ क्षेत्रज्ञौ; बहु॰ क्षेत्रज्ञा: ←पु॰ क्षेत्रज्ञ↑

क्षेत्रज्ञम् 13.3, द्विती॰ एक॰ क्षेत्रज्ञम् (क्षेत्रज्ञ को); द्वि॰ क्षेत्रज्ञौ; बहु॰ क्षेत्रज्ञान् ←पु॰ क्षेत्रज्ञ↑

क्षेत्री 13.34, पु॰ प्रथ॰ एक॰ क्षेत्री (आत्मा); द्वि॰ क्षेत्रिणौ; बहु॰ क्षेत्रिण: ←वि॰ क्षेत्रिन् (आत्मा↑, जीवात्मा; क्षेत्रवासी, परमात्मा↑) ←न॰ क्षेत्र↑

क्षेम 1.46, वि॰ (मंगल, शुभ; रक्षित, सुरक्षित; प्रसन्न↑, सुखी↑); पु॰ अथवा न॰ (कुशल, खैर, खैरियत, कल्याण, मंगल; रक्षण, संभाल) ←6तुदा॰√क्षि

क्षेमतरम् 1.46, तरभाव क्षेमतर (अधिक प्रसन्न) ←वि॰ क्षेम↑

(ख)

ख 7.4, न॰ (आकाश↑, नभ↑, द्यु↓, शून्य स्थल; स्वर्ग↓) ←1भ्वादि॰√खर्व्

खम् 7.4, प्रथ॰-द्विती॰ एक॰ खम् (आकाश, आकाश को); द्वि॰ खे; बहु॰ खानि ←न॰ ख↑

खे 7.8, सप्त॰ एक॰ खे (आकाश में); द्वि॰ खयो:; बहु॰ खेषु ←न॰ ख↑

(ग)

ग 9.6, वि॰ (जानेवाला, व्याप्त करने वाला) ←√गै

गच्छ 18.62, लोट् पर॰ आज्ञार्थक एक॰ उत्तम॰ गच्छानि; मध्य॰ गच्छ (तू जा); अन्य॰ गच्छतु ←1भ्वादि॰√गम् (जाना, आना, प्राप्त करना)

गच्छति 6.37, लट् वर्त॰ पर॰ एक॰ उत्तम॰ गच्छामि; मध्य॰ गच्छसि; अन्य॰ गच्छति (वह जाता है); अन्य॰ द्वि॰ गच्छत:; अन्य॰ बहु॰ गच्छन्ति↓ ←1भ्वादि॰√गम् (जाना, आना, प्राप्त करना)

गच्छन् 5.8, पु॰ प्रथ॰ एक॰ गच्छन् (जाते हुए); द्वि॰ गच्छन्तौ; बहु॰ गच्छन्त: ←वि॰ गच्छत् (जाने वाला; जाते हुए) ←1भ्वादि॰√गम् (जाना, आना, प्राप्त करना)

गच्छन्ति 2.51, लट् वर्त॰ पर॰ अन्य॰ एक॰ गच्छति↑; द्वि॰ गच्छत:; बहु॰ गच्छन्ति (वे जाते हैं) ←1भ्वादि॰√गम् (जाना, आना, प्राप्त करना)

गजेन्द्राणाम् 10.27, षष्ठी॰ एक॰ गजेन्द्रस्य; द्वि॰ गजेन्द्रयो:; बहु॰ गजेन्द्राणाम् (हाथियों में) ←पु॰ गजेन्द्र (गजों का इंद्र, हाथियों का राजा, हाथी) ←पु॰ गज (करी, कुंजर, मातंग, मंदार, हाथी, हस्ती) ←1भ्वादि॰√गज् + पु॰ इंद्र ←1भ्वादि॰√इन्द् (अधिपति, राजा↓)

गण 7.7, पु॰ (गिरोह, गुट, वर्ग, सङ्घ↓, समाहार, समुदाय, समूह) ←10चुरा॰√गण्

गत 2.11, वि॰ (प्राप्त हुआ; हुआ, गया हुआ, गुजरा हुआ, मरा हुआ, मृत↓) ←1भ्वादि॰√गम् (जाना, आना, होना)

गत: 11.51, पु॰ प्रथ॰ एक॰ गत: (गया हुआ); द्वि॰ गतौ; बहु॰ गता:↓ ←वि॰ गत↑

गतरसम् 17.10, न॰ प्रथ॰-द्विती॰ एक॰ गतरसम् (सूखा, जिसका रस गया हुआ है वह,

॰उसको); द्वि॰ गतरसे; बहु॰ गतरसानि ←वि॰ बस॰ गतरस, गत: रस: यस्य तत् (फीका, रस गया हुआ, रसहीन, सूखा, शुष्क) ←वि॰ गत↑ + पु॰ रस↓

गतव्यथ: 12.16, पु॰ प्रथ॰ एक॰ <u>गतव्यथ:</u> (जिसकी व्यथाएँ समप्त हुई है वह); द्वि॰ गतव्यथौ; बहु॰ गतव्यथा: ←वि॰ बस॰ गतव्यथ, गता: व्यथा: यस्य (व्यथाएँ गया हुआ, दु:ख से छुटा हुआ, निर्दु:ख) ←वि॰ गत↑ + स्त्री॰ व्यथा (कष्ट, दर्द, दु:ख↓, पीड़ा, विकलता) ←1भ्वादि॰√व्यथ्

गतसङ्गस्य 4.23, षष्ठी॰ एक॰ <u>गतसङ्गस्य</u> (जो अनासक्त हुआ है उसका,की,के); द्वि॰ गतसङ्गयो:; बहु॰ गतसङ्गानाम् ←पु॰ बस॰ गतसङ्ग, गत: सङ्ग: यस्य स: (अनासक्त, अलिप्त, सङ्गरहित –हुआ) ←वि॰ गत↑ + पु॰ सङ्ग↓

गतसन्देह: 18.73, प्रथ॰ एक॰ <u>गतसन्देह:</u> (संदेह मिटा हुआ, नि:शंक); द्वि॰ गतसन्देहौ; बहु॰ गतसन्देहा: ←पु॰ बस॰ गतसन्देह, गत: संदेह: यस्य स: (नि:शंक, निर्भ्रान्त, नि:संदेह, संशय गया हुआ, संशयरहित; निश्चित↓) ←वि॰ गत↑ + पु॰ संदेह (अविश्वास, दुविधा, भ्रांति, विकल्प, वितर्क, विभ्रम, शंका, संदेह, संशय↓) ←सम्√दिह् 2अदा॰

गता: 8.15, पु॰ प्रथ॰ एक॰ गत:↑; द्वि॰ गतौ; बहु॰ <u>गता:</u> (गए हुए लोग) ←वि॰ गत↑

गतागतम् 9.21, द्वन्द्व॰ न॰ प्रथ॰–द्विती॰ एक॰ गतम् च आगतम् च (आने वाला तथा जाने वाला, आने–जाने वाले को; आया हुआ और गया हुआ, पुनरावर्तन होने वाला; पुनर्जन्म, जन्मफेरा, फेरी, चक्र↓) ←वि॰ गत↑ + वि॰ आगत↑

गतासु 2.11, वि॰ बस॰ गत: असु: यस्य (गया हुआ; प्राण गया हुआ, मृत↓) ←वि॰ गत↑ + पु॰ असु↑

गतासून् 2.11, द्विती॰ एक॰ गतासुम्; द्वि॰ गतासू; बहु॰ <u>गतासून्</u> (गए हुए लोगों के प्रति) ←पु॰ गतासु↑

गति 2.43, स्त्री॰ (गमन, चाल, जाना; प्रवाह, वेग, प्रेरणा; उपाय, पथ, मार्ग; फल, परिणाम, प्राप्ति; दशा, हालत) ←1भ्वादि॰√गम् (जाना; आना; प्राप्त करना)

गति: 4.17, प्रथ॰ एक॰ <u>गति:</u> (गति); द्वि॰ गती↓; बहु॰ गतय: ←स्त्री॰ गति↑

गतिम् 6.37, द्विती॰ एक॰ <u>गतिम्</u> (गति को); द्वि॰ गती; बहु॰ गती: ←स्त्री॰ गति↑

गती 8.26, स्त्री॰ प्रथ॰ गति:↑; द्वि॰ <u>गती</u> (दो रीति की गतियाँ); बहु॰ गतय: ←स्त्री॰ गति↑

गत्वा 14.15, अव्य॰ (जाकर, होकर; आते जाते हुए) ←1भ्वादि॰√गम्

गदिनम् 11.17, द्विती० एक० गदिनम् (गदाधारी–को); द्वि० गदिनौ; बहु० गदिनः ←पु० बस० गदिन्, गदा अस्ति हस्ते यस्य (गदाधर, गदाधारी) ←स्त्री० गदा (अर्गला, गदा, गर्ज, मुद्गर) ←1भ्वादि०√गद्

गन्तव्यम् 4.24, न० प्रथ०–द्विती० एक० गन्तव्यम् (जो प्राप्त करने योग्य है वह, ०उसको); द्वि० गन्तव्ये; बहु० गन्तव्यानि ←वि० गन्तव्य (गमनीय, गम्य; प्राप्तव्य, प्रापणीय, प्राप्त करने योग्य) ←1भ्वादि०√गम् (जाना; आना; प्राप्त करना)

गन्तासि 2.52, लुट् सामन्य भवि० पर० एक० उत्तम० गन्तास्मि; मध्य० गन्तासि (तू प्राप्त करेगा); अन्य० गन्ता ←1भ्वादि०√गम्

गन्धः 7.9, प्रथ० एक० गन्धः (गन्ध); द्वि० गन्धौ; बहु० गन्धाः ←पु० गन्ध (घ्राण, बास; खुशबू, परिमल, महक, सुगंध, सुवास, सुरभी, सौरभ) ←10चुरा०√गन्ध्

गन्धर्व 10.26, पु० (स्वर्गलोक का गाने वाला, गवैया, गायक) ←गन्ध√अर्व् 1भ्वादि०

गन्धर्वयक्षासुरसिद्धसङ्घाः 11.22, प्रथ० एक० ०सङ्घः; द्वि० ०सङ्घौ; बहु० गन्धर्वयक्षासुरसिद्धसङ्घाः (गन्धर्व, यक्ष, असुर और सिद्धों के झुंड) ←पु० तस० गन्धर्वयक्षासुरसिद्धसङ्घ, गन्धर्वाणाम् च यक्षाणाम् च असुराणाम् च सिद्धानाम् च सङ्घः (गन्धर्व, यक्ष, असुर और सिद्धों का समुदाय) ←पु० गन्धर्व↑ + पु० यक्ष↓ पु० असुर↑ + पु० सिद्ध↓ + पु० सङ्घ↓

गन्धर्वाणाम् 10.26, षष्ठी० एक० गन्धर्वस्य; द्वि० गन्धर्वयोः; बहु० गन्धर्वाणाम् (गंधर्वों में) ←पु० गन्धर्व↑

गन्धान् 15.8, द्विती० एक० गन्धम्; द्वि० गन्धौ; बहु० गन्धान् (गंधों को) ←पु० गन्ध↑

गम 2.3, (1) पु० (कूच, गमन, प्रयाण, प्रस्थान); (2) वि० ऊत्तरगामी प्रत्यय (जाते हुए, प्राप्त करते हुए) ←1भ्वादि०√गम्

गमः 2.3, लोट् संकेतार्थ अथवा लुङ् सामान्य भूत० पर० एक० उत्तम० गमम्; मध्य० गमः (सं० तू प्राप्त हो, भूत० तू हुआ; मा शब्द के आगे भूत० मध्य० एव० आने से लोट् की तरह आज्ञार्थ अभिप्राय होता है); अन्य० गमत् ←1भ्वादि०√गम् (प्राप्त होना)

गम्यते 5.5, लट् वर्त० आत्म० एक० उत्तम० गम्ये; मध्य० गम्यसे; अन्य० गम्यते (वह प्राप्त होता है) ←1भ्वादि०√गम् (आना, प्राप्त होना)

गरीयः 2.6, न० प्रथ०–द्विती० एक० गरीयः (जो श्रेष्ठ है वह, ०उसको); द्वि० गरीयसी; बहु० गरीयांसि ←वि० गरीयस्↓

गरीयस् 2.6, अणीयस् 8.9, भूयस् 2.20↓; ज्यायस् 3.8↓ और श्रेयस् 1.31↓ की तरह

तरभाव सूचक वि० गरीयस् (गुरु↓, वरिष्ठ, श्रेष्ठ↓) ←वि० गुरु↓

गरीयसे 11.37, पु० चतु० एक० <u>गरीयसे</u> (–की अपेक्षा अधिक श्रेष्ठ है उसको); द्वि० गरीयोभ्याम्; बहु० गरीयोभ्य: ←तरभावात्मक वि० गरीयस्↑

गरीयान् 11.43, दो की तुलना, तरभाव– पु० प्रथ० एक० <u>गरीयान्</u> (–की अपेक्षा जो अधिक श्रेष्ठ है वह); द्वि० गरीयांसौ; बहु० गरीयांस: ←वि० गरीयस्↑

गर्भ 3.38, पु० (अर्भक, गाभ, पेट का बच्चा, भ्रूण, हमल; भीतरी भाग, गाभा) ←10चुरा०√गृ

गर्भ: 3.38, प्रथ० एक० <u>गर्भ:</u> (गर्भ); द्वि० गर्भौ; बहु० गर्भा: ←पु० गर्भ↑

गर्भम् 14.3, द्विती० एक० <u>गर्भम्</u> (गर्भ को); द्वि० गर्भौ; बहु० गर्भान् ←पु० गर्भ↑

गवि 5.18, सप्त० एक० <u>गवि</u> (गाय में); द्वि० गवो:; बहु० गोषु ←अनियमित चलने वाला शब्द, स्त्री० गो (गऊ, गाय, गो, गोमाता, दुग्धा, धेनु↓, सुरभी) ←1भ्वादि०√गम्

गहना 4.17, स्त्री० प्रथ० एक० <u>गहना</u> (जो गहन है वह); द्वि० गहने; बहु० गहना: ←वि० गहन (अगम्य, अगाध, अग्राह्य, अथाह, अनधिगम्य, अनाकलनीय, अबोध्य, औंडा, कठिन, क्लिष्ट, गम्भीर, गहन, गहरा, गूढ़, घन, दुराकलन, दुरत्य, दुर्बोध, दुर्ज्ञेय, दुष्कर, दुस्तर, दुस्साध्य, प्रगाढ़, बोधातीत, रहस्यपूर्ण, सखोल, सघन, सान्द्र) ←10चुरा०√गह्

गाण्डीवम् 1.30, न० प्रथ०–द्विती० एक० <u>गाण्डीवम्</u> (गाण्डिव धनुष्य); द्वि० गाण्डीवे; बहु० गाण्डीवानि ←न० गाण्डीव (धनुष्य) अथवा पु० गाण्डिव (अर्जुन का धनुष्य)

गात्राणि 1.29, प्रथ०–द्विती० एक० गात्रम्; द्वि० गात्रे; बहु० <u>गात्राणि</u> (गात्र, गात्रों को) ←न० गात्र (अङ्ग↑, अवयव, गात; शरीर↓) ←1भ्वादि०√गम्

गाम् 15.13, द्विती० एक० <u>गाम्</u> (पृथ्वी को); द्वि० गे; बहु० गा: ←स्त्री० गा (पृथिवी↓) ←5स्वादि०√गै

गायत्री 10.35, प्रथ० एक० <u>गायत्री</u>; द्वि० गायत्र्यौ; बहु० गायत्र्य: ←स्त्री० गायत्री (गायत्री–जप, छंद, मंत्र; ब्राह्मी, वेदमाता, सरस्वती, सावित्री) ←पु० न० गायत्र (24 अक्षरों वाला वैदिक छंद) ←पु० गाय (गान, गीत) ←5स्वादि०√गै (गाना)

गिराम् 10.25, षष्ठी० एक० गिर:; द्वि० गिरो:; बहु० <u>गिराम्</u> (शब्दों में) ←स्त्री० गिर् (इरा, उक्ति, बोली, भाषा↓, वर्ण↓, वचन, वाक्, वाणी, शब्द↓, अक्षर↑) ←9क्र्या०√गॄ

गीतम् 13.5, न० प्रथ०–द्विती० एक० <u>गीतम्</u> (गाया हुआ, गाए हुए को); द्वि० गीते; बहु० गीतानि ←न० गीत (गाना); अथवा वि० गीत (गाया हुआ) ←5स्वादि०√गै (गाना)

गीता 1.1, स्त्री॰ गीयते इति गीता (जो गान किया जाय वह "गीता") ←न॰ गीत↑

गुडाकेश 10.20, पु॰ संबो॰ एक॰ गुडाकेश (हे गुडाकेश!); द्वि॰ गुडाकेशौ; बहु॰ गुडाकेशाः ←वि॰ बस॰ गुडाकेश, गुडाकाया: ईशः यः सः (निद्रा पर काबू पाया हुआ, अर्जुन↑)

गुडाकेशः 2.9, पु॰ प्रथ॰ एक॰ गुडाकेशः (गुडाकेश); द्वि॰ गुडाकेशौ; बहु॰ गुडाकेशाः ←वि॰ गुडाकेश↑

गुडाकेशेन 1.24, पु॰ तृती॰ एक॰ गुडाकेशेन (गुडाकेश के द्वारा); द्वि॰ गुडाकेशाभ्याम्; बहु॰ गुडाकेशैः ←वि॰ गुडाकेश↑

गुण 2.45, पु॰ (गुणधर्म, वृत्ति, स्वभाव↓) ←10चुरा॰√गुण्

गुणकर्मविभागयोः 3.28, द्वन्द्व॰ सप्त॰ द्वि॰ गुणविभागः च कर्मविभागः च (गुण और कर्म के दो विभागों में) ←पु॰ गुण↑ + न॰ कर्मन्↑ + पु॰ विभाग↓

गुणकर्मविभागशः 4.13, अव्य॰ (गुण और कर्म के अनुसार, गुण और कर्म के विभागों के अनुसार) ←पु॰ गुण↑ + न॰ कर्मन्↑ + पु॰ विभाग↓

गुणकर्मसु 3.29, द्वन्द्व॰ सप्त॰ द्वि॰ गुणकमयोः; बहु॰ गुणकर्मसु गुणेषु च कर्मसु च (गुणों में और कर्मों में) ←न॰ गुणकर्म (गुण और कर्म ←पु॰ गुण↑ + न॰ कर्मन्↑

गुणतः 18.29, अव्य॰ (गुणों के अनुसार) ←पु॰ गुण↑

गुणप्रवृद्धाः 15.2, प्रथ॰ एक॰ गुणप्रवृद्धा; द्वि॰ गुणप्रवृद्धे; बहु॰ गुणप्रवृद्धाः (गुणों के द्वारा प्रबल हुई) ←स्त्री॰ तस॰ गुणप्रवृद्धा, गुणात् प्रवृद्धा (गुणों से बढ़ी हुई) ←पु॰ गुण↑ + वि॰ प्रवृद्ध↓

गुणभेदतः 18.19, क्रिवि॰ अव्य॰ (गुणों के भेदों के अनुसार) ←पु॰ तस॰ गुणभेद, गुणानाम् भेदः (गुणों की भिन्नता) ←पु॰ गुण↑ + पु॰ भेद↓

गुणभोक्तृ 13.15, न॰ प्रथ॰–द्विती॰ एक॰ गुणभोक्तृ (गुणों का उपभोग लेने वाला, ॰वाले को); द्वि॰ गुणभोक्तृणी; बहु॰ गुणभोक्तृणि ←वि॰ बस॰ गुणभोक्तृ, गुणान् भुनक्ति यत् (गुणों का भोक्ता, गुणों का उपभोग लेने वाला) ←पु॰ गुण + वि॰ भोक्तृ↓

गुणमय 7.13, वि॰ (गुणयुक्त, त्रिगुणमय, त्रिगुणयुक्त) ←पु॰ गुण↑ + वि॰ मय↓

गुणमयी 7.14, प्रथ॰ एक॰ गुणमयी (जो गुणमयी है वह); द्वि॰ गुणमय्यौ; बहु॰ गुणमय्यः ←स्त्री॰ गुणमयी (गुणमय, गुणयुक्त) ←वि॰ गुणमय↑

गुणमयैः 7.13, पु॰ तृती॰ एक॰ गुणमयेन; द्वि॰ गुणमयाभ्याम्; बहु॰ गुणमयैः (गुणमय भावों से) ←वि॰ गुणमय↑

गुणसङ्ख्याने 18.19, सप्त॰ एक॰ गुणसङ्ख्याने (साङ्ख्य शास्त्र में); द्वि॰ गुणसङ्ख्यानयोः; बहु॰ गुणसङ्ख्यानेषु ←न॰ तस॰ गुणसङ्ख्यान, गुणस्य सङ्ख्यानम् (सङ्ख्या, साङ्ख्य मत, साङ्ख्य शास्त्र) ←पु॰ गुण↑ + न॰ सङ्ख्यान (सङ्ख्या, साङ्ख्य) ←सम्√ख्या 2अदा॰

गुणसङ्गः 13.22, प्रथ॰ एक॰ गुणसङ्गः (गुणासक्ति); द्वि॰ गुणसङ्गौ; बहु॰ गुणसङ्गाः ←पु॰ तस॰ गुणसङ्ग, गुणस्य सङ्गः (गुणे की आसक्ति, गुणों में वासना) ←पु॰ गुण↑ + पु॰ सङ्ग↓

गुणसम्मूढाः 3.29, प्रथ॰ एक॰ गुणसम्मूढः; द्वि॰ गुणसम्मूढौ; बहु॰ गुणसम्मूढाः (गुणों से मुग्ध हुए लोग) ←पु॰ तस॰ गुणसम्मूढ, गुणेन सम्मूढः (गुणासक्त, गुणों से मोहित हुआ, गुणों से भ्रम पाया हुआ) ←पु॰ गुण↑ + वि॰ सम्मूढ↓

गुणाः 3.28, प्रथ॰ एक॰ गुणः; द्वि॰ गुणौ; बहु॰ गुणाः (गुण) ←पु॰ गुण↑

गुणातीतः 14.25, पु॰ प्रथ॰ एक॰ गुणातीतः (जो गुणों से परे है वह); द्वि॰ गुणातीतौ; बहु॰ गुणातीताः ←वि॰ तस॰ गुणातीत, गुणान् अतीतः (गुणों को पार किया हुआ)

गुणान् 13.22, द्विती॰ एक॰ गुणम्; द्वि॰ गुणौ; बहु॰ गुणान् (गुणों को) ←पु॰ गुण↑

गुणान्वितम् 15.10, पु॰ द्विती॰ एक॰ गुणान्वितम् (जो त्रिगुणयुक्त है वह); द्वि॰ गुणान्विते; बहु॰ गुणान्वितानि ←वि॰ तस॰ गुणान्वित, गुणान् अन्वितः (गुणयुक्त, त्रिगुणयुक्त) ←पु॰ गुण↑ + वि॰ अन्वित↑

गुणेभ्यः 14.19, पंच॰ एक॰ गुणात्; द्वि॰ गुणाभ्याम्; बहु॰ गुणेभ्यः (गुणों के व्यतिरिक्त) ←पु॰ गुण↑

गुणेषु 3.28, सप्त॰ एक॰ गुणे; द्वि॰ गुणयोः; बहु॰ गुणेषु (गुणों में) ←पु॰ गुण↑

गुणैः 3.5, तृती॰ एक॰ गुणेन; द्वि॰ गुणाभ्याम्; बहु॰ गुणैः (गुणों के द्वारा) ←पु॰ गुण↑

गुरु 2.5, (1) पु॰ (अध्यापक, आचार्य↑, उपदेष्टा, उपाध्याय, प्राचार्य, शिक्षक); (2) वि॰ (जड़, भारी; बड़ा, श्रेयस्↓, श्रेष्ठ↓) ←10चुरा॰√गृ

गुरुः 11.43, प्रथ॰ एक॰ गुरुः (गुरु); द्वि॰ गुरू; बहु॰ गुरवः ←पु॰ गुरु↑

गुरुणा 6.22, न॰ तृती॰ एक॰ गुरुणा (भारी–से); द्वि॰ गुरुभ्याम्; बहु॰ गुरुभिः ←वि॰ गुरु↑

गुरून् 2.5, पु॰ द्विती॰ एक॰ गुरुम्; द्वि॰ गुरू; बहु॰ गुरून् (गुरुओं को) ←वि॰ गुरु↑

गुह्य 9.1, न॰ (गुप्त, गोपनीय, प्रच्छन्न, संघृत –बात; गूढ़, गौप्य, तिरोभाव, मर्म, रहस्य↓) ←1भ्वादि॰√गुह्

गुह्यतमम् 9.1, न॰ प्रथ॰–द्विती॰ एक॰ गुह्यतमम् (जो गुह्यतम है वह); द्वि॰ गुह्यतमे; बहु॰ गुह्यतमानि ←न॰ गुह्यतम (गुह्यों में गहन, सब से बड़ा गुह्य) ←न॰ गुह्य↑ + कृत् प्रत्यय

तमप् (तमभाव)

गुह्यतरम् 18.63, तरभाव प्रथ०–द्विती० एक० <u>गुह्यतरम्</u> (से बड़ा गुह्य, बड़े गुह्य को); द्वि० गुह्यतरे; बहु० गुह्यतराणि ←न० गुह्यतर (–से बड़ा गुह्य, गूढ़ रहस्य) ←न० गुह्य↑

गुह्यम् 11.1, न० प्रथ०–द्विती० एक० <u>गुह्यम्</u> (गुह्य, गुह्य को); द्वि० गुह्ये; बहु० गुह्यानि ←न० गुह्य↑

गुह्यात् 18.63, पंच० एक० <u>गुह्यात्</u> (गुह्य की अपेक्षा); द्वि० गुह्याभ्याम्; बहु० गुह्येभ्य: ←न० गुह्य↑

गुह्यानाम् 10.38, षष्ठी० एक० गुह्यस्य; द्वि० गुह्ययो:; बहु० <u>गुह्यानाम्</u> (गुह्यों में) ←न० गुह्य↑

गृणन्ति 11.21, लट् वर्त० पर० अन्य० एक० गृणति; द्वि० गृणीत:; बहु० <u>गृणन्ति</u> (वे उच्चारण करते हैं) ←9क्र्या०√गृ

गृहीत्वा 15.8, अव्य० (ग्रहण किए, ले कर, धारण किए) ←9क्र्या०√ग्रह (ग्रहण करना)

गृह्नन् 5.9, पु० प्रथ० एक० <u>गृह्नन्</u> (ग्रहण करते हुए); द्वि० गृह्नन्तौ; बहु० गृह्नन्त: ←वि० गृह्नत् (ग्रहण करते हुए) ←9क्र्या०√ग्रह (ग्रहण करना)

गृह्णाति 2.22, लट् वर्त० पर० एक० उत्तम० गृह्णामि; मध्य० गृह्णासि; अन्य० <u>गृह्णाति</u> (वह ग्रहण करता है) ←9क्र्या०√ग्रह (ग्रहण करना)

गृह्यते 6.35, लट् वर्त० आत्म० एक० उत्तम० गृह्ये; मध्य० गृह्यसे; अन्य० <u>गृह्यते</u> (वह ग्रहण होता है, ०किया जाता है) ←9क्र्या०√ग्रह (ग्रहण करना)

गेहे 6.41, सप्त० एक० <u>गेहे</u> (घर में); द्वि० गेहयो:; बहु० गेहेषु ←न० गेह (अधिवास, अधिष्ठान, आगार, आलय↑, आवास, आश्रय, ओक, केतन, घर, धाम↓, ठौर, डेरा, निकाय, निकेत↑, निकेतन, निलय, निवास↑, निवासस्थान, निवेश, बसेरा, भवन, मकान, सदन) ←9क्र्या०√ग्रह

गोविन्द 1.32, संबो० एक० <u>गोविन्द</u> (हे गोविन्द!); द्वि० गोविन्दौ; बहु० गोविन्दा: ←पु० वि० विना० बस० गोविन्द, गाम् विन्दति य: स: (कृष्ण↑)

गोविन्दम् 2.9, द्विती० एक० <u>गोविन्दम्</u> (गोविंद को); द्वि० गोविन्दौ; बहु० गोविन्दान् ←पु० गोविन्द↑

ग्रसमान: 11.30, पु० प्रथ० एक० <u>ग्रसमान:</u> (निगलते हुए); द्वि० ग्रसमानौ; बहु० ग्रसमाना: ←वि० ग्रसमान (ग्रहण करते हुए; ग्रहण करने वाला, निगलते हुए) ←1भ्वादि०√ग्रस्

ग्रसिष्णु 13.17, न० प्रथ०–द्विती० एक० <u>ग्रसिष्णु</u> (संहारकर्ता, ०को); द्वि० ग्रसिष्णुनी; बहु० ग्रसिष्णूनि ←वि० ग्रसिष्णु (निगलने वाला, ग्रहण करने वाला, संहार करने वाला) ←न०

ग्रसन ←1भ्वादि॰√ग्रस् (निगलना) + गुणधर्म सूचक कृत् प्रत्यय इष्णु↑

ग्राम 6.24, पु॰ (जमाव, समुदाय, समूह; समाज) ←1भ्वादि॰√ग्रस् (निगलना)

ग्राह 16.10, पु॰ (ग्रह, मत, विचार, समझ) ←9क्र्या॰√ग्रह् (लेना, ग्रहण करना)

ग्राह्य 16.10, वि॰ (गम्य, ग्रहण करने योग्य) ←9क्र्या॰√ग्रह् (लेना, ग्रहण करना)

ग्लानिः 4.7, प्रथ॰ एक॰ ग्लानि (ह्रास); द्वि॰ ग्लानी; बहु॰ ग्लानयः ←स्त्री॰ ग्लानि (अधोगति, अपगति, अवनति, दुर्गति, पतन, ह्रास) ←1भ्वादि॰√ग्लै

(घ)

घातयति 2.21, लट् वर्त॰ पर॰ प्रयो॰ एक॰ उत्तम॰ घातयामि; मध्य॰ घातयसि; अन्य॰ घातयति (वह हत्या कराता है) ←2अदा॰√हन् (वध करना)

घोर 3.1, वि॰ (उग्र↑, क्रूर↑, भयंकर, भयानक↓, भीषण) ←6तुदा॰√घुर्

घोरम् 11.49, न॰ प्रथ॰–द्विती॰ एक॰ घोरम् (जो घोर है वह, ॰उसको); द्वि॰ घेरे; बहु॰ घोराणि ←वि॰ घोर↑

घोरे 3.1, न॰ सप्त॰ एक॰ घोरे (भयानक–में); द्वि॰ घोरयोः; बहु॰ घोरेषु ←वि॰ घोर↑

घोषः 1.19, प्रथ॰ एक॰ घोषः (घोष); द्वि॰ घोषौ; बहु॰ घोषाः ←पु॰ घोष (बड़ा– आरव, आवाज, ध्वनि, नाद, निनाद, रव, शब्द, स्वर; गर्जना, विनद↓) ←1भ्वादि॰√घृष्

ीतः 1.35, पु॰ द्विती॰ एक॰ ीतम्; द्वि॰ ीतौ; बहु॰ ीतः (जो मारने आए हुए हैं उनको) ←वि॰ ीत् (जो मारने जा रहा है) ←वि॰ ी (मारने वाला, हत्यारा) ←2अदा॰√हन् (वध करना)

घ्राणम् 15.9, न॰ प्रथ॰–द्विती॰ एक॰ घ्राणम् (नाक, नाक को); द्वि॰ घ्राणे; बहु॰ घ्राणानि ←न॰ घ्राण (घोणा, घ्राणेन्द्रिय, नाक, नासा↓, नासिका) ←1भ्वादि॰√घ्रा

(च)

च 1.1, अव्य॰ (और, व, अधिक↑; सिवाय) ←5स्वादि॰√चि

चक्र 3.16, न॰ (चक्का, चाका, पहिया; सुदर्शन चक्र; अहाता, घेरा, चक्कर, परिधि, वृत्त, फेरा, मंडल, वर्तुल; रहेंट, घटीयंत्र) ←8तना॰√कृ

चक्रम् 3.16, न॰ प्रथ॰–द्विती॰ एक॰ चक्रम् (चक्र, चक्र को); द्वि॰ चक्रे; बहु॰ चक्राणि ←न॰ चक्र↑

चक्रहस्तम् 11.46, पु॰ द्विती॰ एक॰ चक्रहस्तम् (जिसने हाथ में चक्र लिया है उसको); द्वि॰

चक्रहस्तौ; बहु॰ चक्रहस्तान् ←वि॰ बस॰ चक्रहस्त, हस्ते चक्रम् यस्य स: (चक्रपाणि, चक्रधर, चक्रधारी, चक्रिन्↓) ←न॰ चक्र↑ + पु॰ हस्त↓

चक्रिणम् 11.17, पु॰ द्विती॰ एक॰ चक्रिणम् (चक्रधारी को); द्वि॰ चक्रिणौ; बहु॰ चक्रिण: ←बस॰ वि॰ चक्रिन्, चक्रम् अस्ति हस्ते यस्य (चक्रपाणि; चक्रधर, चक्रहस्त↑) ←न॰ चक्र↑

चञ्चल 6.26, वि॰ (अधीर, अस्थिर, चपल, चलित↓; अध्रुव, अस्थायी) ←चञ्च√ला 2अदा॰।

चञ्चलत्वात् 6.33, पंच॰ एक॰ चञ्चलत्वात् (क्षणिकता से, के कारण); द्वि॰ चञ्चलत्वाभ्याम्; बहु॰ चञ्चलत्वेभ्य: ←न॰ चञ्चलत्व (अस्थिरता, चंचलता) ←वि॰ चञ्चल↑

चञ्चलम् 6.26, न॰ प्रथ॰-द्विती॰ एक॰ चञ्चलम् (जो क्षणिक है वह, ०उसको); द्वि॰ चञ्चले; बहु॰ चञ्चलानि ←वि॰ चञ्चल↑

चतुर् 7.16, नित्यबहुवचनान्त वि॰ (चत्वार↓, चार) ←1भ्वादि॰√चत्

चतुर्भुजेन 11.46, पु॰ तृती॰ एक॰ चतुर्भुजेन (चतुर्भुज रूप से); द्वि॰ चतुर्भुजाभ्याम्; बहु॰ चतुर्भुजै: ←वि॰ बस॰ चतुर्भुज, चत्वार: भुजा: यस्य स: (चतुष्पाणि, चार हातों वाला) ←वि॰ चतुर्↑ + पु॰ भुज↓

चतुर्विध 7.16, (1) नित्यएकवचनी समुदायवाचक द्विगु॰ चतुर्णाम् विधानाम् समाहार: (चार-तरह, प्रकार, रीति); (2) वि॰ बस॰ चतुर्णाम् विधानाम् य: (चार प्रकार का) ←वि॰ चतुर्↑ + पु॰ विध↓

चतुर्विधम् 15.14, न॰ प्रथ॰-द्विती॰ एक॰ चतुर्विधम् (जो चार प्रकार का है वह अथवा उसको); द्वि॰ चतुर्विधे; बहु॰ चतुर्विधानि ←वि॰ चतुर्विध↑

चतुर्विधा: 7.16, पु॰ प्रथ॰ एक॰ चतुर्विध:; द्वि॰ चतुर्विधौ; बहु॰ चतुर्विधा: (जो चार प्रकार के हैं वे) ←वि॰ चतुर्विध↑

चत्वार: 10.6, बहु॰ पु॰ प्रथ॰ चत्वार: (चार); द्विती॰ चतुर:; तृती॰ चतुर्भि:; चतु॰ चतुर्भ्य:; पंच॰ चतुर्भ्य:; षष्ठी॰ चतुर्णाम्; सप्त॰ चतुर्षु; संबो॰ चत्वार:; न॰ प्रथ॰ चत्वारि; स्त्री॰ प्रथ॰ चतस्र: ←नित्यबहुवचनान्त वि॰ चतुर्↑

चन 2.47, प्रमाणसूचक अव्य॰ (किञ्चित्, जरा, थोड़ा, थोड़ासा) ←√चन्

चन्द्रमस् 8.25, पु॰ (इन्दु, चंद्र, चंद्रमा, चांद, जर्ण, रजनीश, शशाङ्क↓, शशि, सुधांशु, सोम↓, हिमांशु) ←1भ्वादि॰√चन्द्

चन्द्रमसि 15.12, सप्त॰ एक॰ चन्द्रमसि (चंद्र में); द्वि॰ चन्द्रमसो:; बहु॰ चन्द्रम:सु ←पु॰ चन्द्रमस्↑

चमूम् 1.3, द्विती॰ एक॰ चमूम् (सेना को); द्वि॰ चम्वौ; बहु॰ चमू: ←स्त्री॰ चमू (कटक, दल, पंक्ति, फौज, बल↓, लश्कर, वाहिनी, सेना↓, सैन्य↓) ←1भ्वादि॰√चम्

चर 9.10, वि॰ (अजड़, चल↓, चेतन, जङ्गम; जीवित, जीवधारी, सचेतन, सजीव, हिलने वाला) ←1भ्वादि॰√चर् (चलना)

चरताम् 2.67, पु॰ षष्ठी॰ एक॰ चरत:; द्वि॰ चरतो:; बहु॰ चरताम् (विषय उपभोगते हुए; उपभोगने वालों का,की,के) ←वि॰ चरत् (उपभोग लेते हुए)

चरति 2.71, लट् वर्त॰ पर॰ एक॰ उत्तम॰ चरामि; मध्य॰ चरसि; अन्य॰ चरति (वह आचरण करता है, वर्तता है); अन्य॰ द्वि॰ चरत:; अन्य॰ बहु॰ चरन्ति↓ ←1भ्वादि॰√चर् (जगणे)

चरन् 2.64, पु॰ प्रथ॰ एक॰ चरन् (उपभोग करते हुए); द्वि॰ चरन्तौ; बहु॰ चरन्त: ←वि॰ चरत् (उपभोग करते हुए, करने वाला) ←1भ्वादि॰√चर्

चरन्ति 8.11, अन्य॰ एक॰ चरति↑; द्वि॰ चरत:; बहु॰ चरन्ति (वे वतते हैं) ←1भ्वादि॰√चर् (चलना)

चरम् 13.16, न॰ प्रथ॰–द्विती॰ एक॰ चरम् (चर, जो चर है उसको); द्वि॰ चरे; बहु॰ चराणि ←वि॰ चर↑

चराचर 10.39, द्वन्द्व॰ वि॰ चरम् च अचरम् च (चल–अचल, जङ्गम–स्थावर, जड़–अजड़, सचेतन–अचेतन, सजीव–निर्जीव) ←वि॰ चर↑ + वि॰ अचर↑

चराचरम् 10.39, न॰ प्रथ॰–द्विती॰ एक॰ चराचरम् (चराचर, चराचर को) ←वि॰ चराचर↑

चराचरस्य 11.43, द्वन्द्व॰ षष्ठी॰ एक॰ चरस्य च अचरस्य च (चराचर का,की,के) ←वि॰ चराचर↑

चलति 6.21, लट् वर्त॰ पर॰ एक॰ उत्तम॰ चलामि; मध्य॰ चलसि; अन्य॰ चलति (वह चलता है) ←1भ्वादि॰√चल्

चलम् 6.35, न॰ प्रथ॰–द्विती॰ एक॰ चलम् (चल, जो चल है उसको); द्वि॰ चले; बहु॰ चलानि ←वि॰ चल (चर↑, चल, चलायमान, जङ्गम↓, अजड़, सचेतन, सजीव) ←1भ्वादि॰√चल्

चलितमानस: 6.37, प्रथ॰ एक॰ चलितमानस: (जिसका मन विचलित हुआ है वह); द्वि॰ चलितमानसौ; बहु॰ चलितमानसा: ←पु॰ बस॰ चलितमानस, चलितम् मानसम् यस्य स:

(अस्थिर, कच्चे, विचलित –मन का) ←वि॰ चलित (अस्थिर, आन्दोलित, चञ्चल↑, विचलित) ←1भ्वादि॰√चल् + न॰ मानस (मन, हृदय↓) ←3जुहो॰√मन्

चक्षुः 5.27, प्रथ॰ एक॰ चक्षुः (आंख); द्वि॰ चक्षुषी; बहु॰ चक्षूंषि ←न॰ चक्षुस् (अक्ष, अक्षि↑, आंख, चश्म, ईछन, ईषण, ईक्षण, चक्ष, दृग, दृष्टि, नयन↓, नेत्र↓, लोचन) ←2अदा॰√चक्ष्

चातुर्वर्ण्यम् 4.13, न॰ प्रथ॰–द्विती॰ एक॰ चातुर्वर्ण्यम् (चार वर्णों का– इंतजाम, प्रबंध, व्यवस्था, व्यवहार, व्यापार, समंजन; चार वर्णों का समाहार) ←वि॰ द्विगु॰ चातुर्वर्ण्य, चतुर्णाम् वर्ण्यानाम् समाहारः (चार वर्णों का या वर्णनों का) ←वि॰ चातुर् (चतुर्↑, चत्वार↑, चार) ←वि॰ चतुर्↑ + वि॰ वर्ण्य (वर्णन करने के लिए योग्य, वर्णन का) ←पु॰ वर्ण↓

चान्द्रमसम् 8.25, पु॰ द्विती॰ एक॰ चान्द्रमसम् (चंद्र को); द्वि॰ चान्द्रमसौ; बहु॰ चान्द्रमसाः ←वि॰ चान्द्रमस (चंद्रमा संबंधी) ←पु॰ चन्द्रमस्↑

चापम् 1.47, द्विती॰ एक॰ चापम् (धनुष्य को); द्वि॰ चापौ; बहु॰ चापान् ←पु॰ चाप (कमान, कोदण्ड, धनु↓, धनुष्य, शरासन) ←1भ्वादि॰√चप्

चारिन् 5.27, वि॰ (जाने वाला, घूमने वाला; बहने वाला) ←1भ्वादि॰√चर्

चिकीर्षु 1.23, वि॰ (अभिलाषी, इच्छुक, करना चाहने वाला) ←8तना॰√कृ

चिकीर्षुः 3.25, पु॰ प्रथ॰ एक॰ चिकीर्षुः (जिसको इच्छा है वह); द्वि॰ चिकीर्षू; बहु॰ चिकीर्षवः ←वि॰ चिकीर्षु↑

चित् 2.17, अव्य॰ उपसर्ग (एक, कोई एक, कुछ भी) ←1भ्वादि॰√चित्

चित्तम् 6.18, प्रथ॰–द्विती॰ एक॰ चित्तम् (चित्त); द्वि॰ चित्ते; बहु॰ चित्तानि ←न॰ चित्त (मन, मनस्↓, हृदय↓; मनोयोग, मनोरथ, विचार, विचारशक्ति) ←1भ्वादि॰√चित्

चित्ररथः 10.26, प्रथ॰ एक॰ चित्ररथः (चित्ररथ); द्वि॰ चित्ररथौ; बहु॰ चित्ररथाः ←पु॰ वि॰ विना॰ चित्ररथ

चिन्तयत् 9.22, वि॰ (चिंतन, मनन –करने वाला, करते हुए) ←10चुरा॰√चिन्त्

चिन्तयन्तः 9.22, पु॰ प्रथ॰ एक॰ चिन्तयन्; द्वि॰ चिन्तयन्तौ; बहु॰ चिन्तयन्तः (चिन्तन करते हुए अथवा चिंतन करने वाले लोग) ←वि॰ चिन्तयत्↑

चिन्तयेत् 6.25, विधि॰ आत्म॰ उपदेशार्थ प्रयो॰ विधि॰ एक॰ उत्तम॰ चिन्तयेयम्; मध्य॰ चिन्तयेः; अन्य॰ चिन्तयेत् (उसे चिंतन करना चाहिए) ←10चुरा॰√चिन्त्

चिन्ताम् 16.11, द्विती॰ एक॰ चिन्ताम् (चिन्ता को); द्वि॰ चिन्ते; बहु॰ चिन्ताः ←स्त्री॰ चिन्ता

(डर, धास्ती, फिक्र, विवञ्चना, सोच, हौलदिली, मन को विकल करने वाला भाव; विचार, स्मरण, मन में उठने वाली तथा रुकने वाली भावना; आस्था, धुन, लगन) ←10चुरा॰√चिन्त्

चिन्त्य 10.17, अव्य॰ (गम्य, चिंतनीय, ध्यान करने के लिए योग्य, ध्यातव्य, ध्येय, मननीय, मन्तव्य, विलोकनीय) ←10चुरा॰√चिन्त्

चिन्त्य: 10.17, पु॰ प्रथ॰ एक॰ चिन्त्य: (जो चिंतनीय है वह); द्वि॰ चिन्त्यौ; बहु॰ चिन्त्या: ←वि॰ चिन्त्य↑

चिर 4.39, वि॰ (दीर्घ↓; नित्य↓, सतत↓) ←5स्वादि॰√चि

चिरेण 5.6, क्रिवि॰ तृती॰ एक॰ चिरेण (शीघ्रता से, शीघ्र गति से); द्वि॰ चिराभ्याम्; बहु॰ चिरै: ←वि॰ चिर↑

चूर्णितै: 11.27, न॰ तृती॰ एक॰ चूर्णितेन; द्वि॰ चूर्णिताभ्याम्; बहु॰ चूर्णितै: (जो छिन्न-भिन्न हुए हैं उन्होंने) ←वि॰ चुर्णित (चूरा, चूर्ण, टुकड़े टुकड़े –किया हुआ) ←न॰ चूर्ण (चूरा) ←10चुरा॰√चूर्ण्

चेकितान: 1.5, प्रथ॰ एक॰ चेकितान: (चेकितान); द्वि॰ चेकितानौ; बहु॰ चेकिताना: ←पु॰ विना॰ चेकितान (व्यक्ति परिचय के लिए देखिए- खंड 1, गीता दर्शन↑)

चेत् 2.33, अव्य॰ (अगर, यदि↓) ←1भ्वादि॰√चित्

चेतना 10.22, प्रथ॰ एक॰ चेतना (चेतना); द्वि॰ चेतने; बहु॰ चेतना: ←स्त्री॰ चेतना (जागृति, सजीवता) ←√चित् (जागना)

चेतस् 1.38, न॰ (आत्मा↑; चित्त↑, मति↓, मन, मनस्↓; हृदय↓) ←1भ्वादि॰√चित्

चेतसा 8.8, तृती॰ एक॰ चेतसा (चित्त से); द्वि॰ चेतोभ्याम्; बहु॰ चेतोभि: ←न॰ चेतस्↑

चेष्टते 3.33, लट् वर्त॰ आत्म॰ एक॰ उत्तम॰ चेष्टे; मध्य॰ चेष्टसे; अन्य॰ चेष्टते (वह वर्तता है) ←1भ्वादि॰√चेष्ट् (आचरण, व्यवहार –करना)

चेष्टा 6.17, स्त्री॰ (आचरण, वर्तन, व्यवहार; उद्यम, उद्योग, कोशिश, प्रयत्न, यत्न, श्रम) ←1भ्वादि॰√चेष्ट्

चेष्टा: 18.14, प्रथ॰ एक॰ चेष्टा; द्वि॰ चेष्टे; बहु॰ चेष्टा: (विविध व्यवहार) ←स्त्री॰ चेष्टा↑

चैलाजिनकुशोत्तरम् 6.11, प्रथ॰-द्विती॰ एक॰ चैलाजिनकुशोत्तरम् (बिछाया हुआ वस्त्र, चर्म और दर्भ); द्वि॰ चैलाजिनकुशोत्तरे, बहु॰ चैलाजिनकुशोत्तराणि ←न॰ बस॰ चैलाजिनकुशोत्तर, चैलस्य च आजिनस्य च कुशस्य च उत्तराणि यस्मिन् तत् (वस्त्र, चर्म और दर्भ की तह देकर बिछाया हुआ) ←न॰ चैल (कपड़ा, छादन, वस्त्र, साफ वस्त्र)

←1भ्वादि॰√चेल् + न॰ आजिन (चर्म, मृगचर्म) ←1भ्वादि॰√अज् + पु॰ कुश ←कु√शी 1भ्वादि॰ (कुशदर्भ, कुशा, डाभ; घास, तृण, दर्भ) + वि॰ उत्तर (एक के ऊपर एक बिछाए हुए) ←उद्√तृ 1भ्वादि॰।

चैव 1.1, = च एव (भी) ←अव्य॰ च↑ + अव्य॰ एव↑

च्यवन्ति 9.24, लट् वर्त॰ पर॰ अन्य॰ एक॰ च्यवति; द्वि॰ च्यवत:; बहु॰ च्यवन्ति (वे पतन पाते हैं) ←1भ्वादि॰√च्यु (पड़ना)

(छ)

छन्दस् 10.35, न॰ (छंद, वृत्त; पद्य रचना, शब्द रचना) ←10चुरा॰√छन्द्

छन्दसाम् 10.35 षष्ठी॰ एक॰ छन्दस:; द्वि॰ छन्दसो:; बहु॰ छन्दसाम् (छंदों में) ←न॰ छन्दस्↑

छन्दांसि 15.1, प्रथ॰-द्विती॰ एक॰ छन्द:; द्वि॰ छन्दसी; बहु॰ छन्दांसि (विविध, भिन्न-भिन्न छंद) ←न॰ छन्दस्↑

छन्दोभि: 13.5, तृती॰ एक॰ छन्दसा; द्वि॰ छन्दोभ्याम्; बहु॰ छन्दोभि: (छंदों से, के द्वारा) ←न॰ छन्दस्↑

छलयताम् 10.36, पु॰ षष्ठी॰ एक॰ छलयत:; द्वि॰ छलयतो:; बहु॰ छलयताम् (कपटियों में) ←वि॰ छलयत् (कपटी, गोपन करने वाला; कितव, कूट, छद्मी, छलिया, ठग, दुष्ट, धूर्त, फरेबी, लुच्चा, शठ↓, शास्त्र-विहित-कर्मी) ←10चुरा॰√छल्

छित्त्वा 4.42, अव्य॰ (काट कर, छाट कर, भेद कर) ←7रुधा॰√छिद् (काटना, भेदना)

छिन्दन्ति 2.23, लट् वर्त॰ पर॰ अन्य॰ एक॰ छिनत्ति; अन्य॰ द्वि॰ छिन्त:; अन्य॰ बहु॰ छिन्दन्ति (वे भेदते हैं); उत्तम॰ बहु॰ छिद्म:; मध्य॰ बहु॰ छिन्थ ←7रुधा॰√छिद् (काटना, भेदना)

छिन्न 5.25, वि॰ (काटा हुआ, टुकड़े किया हुआ, नष्ट किया हुआ) ←7रुधा॰√छिद् (काटना, भेदना)

छिन्नद्वैधा: 5.25, पु॰ प्रथ॰ एक॰ छिन्नद्वैध:; द्वि॰ छिन्नद्वैधौ; बहु॰ छिन्नद्वैधा: (दुविधा भाव नष्ट हुए लोग) ←वि॰ बस॰ छिन्नद्वैध, छिन्नम् द्वैधम् यस्य स: (भेदहीन, दुविधाभाव नष्ट हुआ; एकनिष्ठ, एकात्म प्राप्त किया हुआ) ←वि॰ छिन्न↑ + न॰ द्वैध (अनिर्णय, अनिश्चय, अंदेशा, असमंजस, उलझन, किंकर्तव्यमूढता, दुचित्तई, दुविधा भाव, द्वन्द्व, द्विविधा, विमूढता) ←1भ्वादि॰√द्रु

छिन्नसंशयः 18.10, प्रथ॰ एक॰ <u>छिन्नसंशयः</u> (जिसका संशय दूर हुआ है वह); द्वि॰ छिन्नसंशयौ; बहु॰ छिन्नसंशयाः ←पु॰ बस॰ छिन्नसंशय, छिन्नः संशयः यस्य सः (शंकाएँ दूर किया हुआ, संशयहीन; विश्वासपूर्ण) ←पु॰ संशय↓ + वि॰ छिन्न↑

छिन्नाभ्रम् 6.38, न॰ प्रथ॰–द्विती॰ एक॰ <u>छिन्नाभ्रम्</u> (फटा हुआ मेघ, फटे हुए मेघ को); द्वि॰ छिन्नाभ्रे; बहु॰ छिन्नाभ्राणि ←वि॰ तस॰ छिन्नाभ्र, छिन्नम् अभ्रम् (फटा हुआ बादल; आच्छादन दूर किया हुआ, परदा हटाया हुआ, भ्रम दूर किया हुआ) ←वि॰ छिन्न↑ + न॰ अभ्र (आच्छादन, ढकना, परदा, भ्रम का आवरण; आकाश↑, घटा, घन, जलद, बादल, मेघ, दर्दुर, वारिद) ←1भ्वादि॰√अभ्र्

छेत्ता 6.39, प्रथ॰ एक॰ <u>छेत्ता</u> (भेदने वाला); द्वि॰ छेत्तारौ; बहु॰ छेत्तारः ←पु॰ छेत्तृ (काटने वाला, छाटने वाला, भेदने वाला) ←7रुधा॰√छिद् (काटना, भेदना)

छेत्तुम् 6.39 अव्य॰ (काटने के लिए, छाटने के लिए, भेदने के लिए) ←रुधा√छिद् (काटना)

(ज)

ज 1.7, पु॰ (उत्पत्ति, जन्म↓, निर्मिति; योनि के द्वारा जन्म) ←4दिवा॰√जन्

जगत् 7.5, न॰ (इहलोक, जग, दुनिया, पृथिवी↓, ब्रह्माण्ड, भव, भुवन, भूतल, लोक↓, विश्व, संसार, संसृति) ←1भ्वादि॰√गम्

जगत् 7.5, न॰ प्रथ॰–द्विती॰ एक॰ <u>जगत्</u> (जग, जगत् को); द्वि॰ जगती; बहु॰ जगन्ति ←न॰ जगत्↑

जगतः 7.6, षष्ठी॰ एक॰ <u>जगतः</u> (जगत् का,की,के); द्वि॰ जगतोः; बहु॰ जगताम् ←न॰ जगत्↑

जगत्पते 10.15, संबो॰ एक॰ <u>जगत्पते</u> (हे जगत्पति!); द्वि॰ जगत्पती; बहु॰ जगत्पतयः ←पु॰ तस॰ जगत्पति, जगतः पतिः (जगदीश, लोकनायक, विश्वस्वामी); बस॰ जगतः पतिः इव यः सः (कृष्ण↑) ←न॰ जगत्↑ + पु॰ पति↓

जगन्निवास 11.25, पु॰ संबो॰ एक॰ <u>जगन्निवास</u> (हे जनन्निवास!); द्वि॰ जगन्निवासौ; बहु॰ जगन्निवासाः ←वि॰ बस॰ जगन्निवास, जगतः निवासः यः सः (कृष्ण↑) ←न॰ जगत्↑ + पु॰ निवास↓

जघन्यगुणवृत्तिस्थाः 14.18, प्रथ॰ एक॰ ॰वृत्तिस्थः; द्वि॰ ॰वृत्तिस्थौ; बहु॰ <u>जघन्यगुणवृत्तिस्थाः</u> (नीच वृत्ति के लोग) ←पु॰ तस॰ जघन्यगुणवृत्तिस्थ, जघन्यस्य गुणस्य वृत्त्याम् स्थितः

(हीन गुणों में जो स्थित हुआ है वह, निकृष्टगुणी, नीच वृत्ति का) ←वि॰ जघन्य (अन्तिम; निकृष्ट, नीच↓, नीचतम, शूद्र↓, सबसे नीचा, हीन↓) ←2अदा॰√हन् + पु॰ गुण↑ + स्त्री॰ वृत्ति (आचरण, चर्या, चाल, प्रवृत्ति, मनोवृत्ति, व्यवहार; झुकाव, चलन, प्रवृत्ति, शील, स्वभाव) ←1भ्वादि॰√वृत् + वि॰ स्थ↓

जङ्गम 13.27, वि॰ (अस्थिर, क्रियाशील, चर↑, चल↑, चलायमान, चेतन, सचेतन, सजीव) ←√गम् 1भ्वादि॰

जन 1.28, पु॰ (आदमी, इन्सान, नर, पुरुष↓, मनुष्य↓, मानव, व्यक्ति↓; संग्रहवाचक- अवाम, जनता, लोग, मानव जाति, समाज) ←4दिवा॰√जन्

जनः 3.21, प्रथ॰ एक॰ जनः (जन); द्वि॰ जनौ; बहु॰ जनाः↓ ←पु॰ जन↑

जनकादयः 3.20, प्रथ॰ एक॰ जनकादिः; द्वि॰ जनकादी; बहु॰ जनकादयः (जनक इत्यादिक लोग) ←पु॰ बस॰ जनकादि, जनकः आदिः येषाम् तेषाम् समाहारः (जनक आदि ज्ञानी लोग –समूहवाचक) ←पु॰ विना॰ जनक (व्यक्ति परिचय के लिए देखिए- खंड 1, गीता दर्शन↑) + पु॰ आदि↑

जनयेत् 3.26, विधि॰ पर॰ उपदेशार्थ उत्तम॰ एक॰ जनयेयम्; मध्य॰ एक॰ जनयेः; अन्य॰ एक॰ जनयेत् (उसको उत्पन्न, निर्माण करना चाहिए); अन्य॰ द्वि॰ जनयेताम्; अन्य॰ बहु॰ जनयेयुः ←4दिवा॰√जन् (जन्मना)

जनसंसदि 13.11, सप्त॰ एक॰ जनसंसदि (लोगों के समुदाय में); द्वि॰ जनसंसदोः; बहु॰ जनसंसत्सु ←स्त्री॰ तस॰ जनसंसद्, जनानाम् संसद् (लोकसभा, लोकों का संघ) ←पु॰ जन↑ + स्त्री॰ संसद (जमाव, संघ, सभा, समुदाय, समूह) ←सम्√सद् 1भ्वादि॰

जनाः 7.16, प्रथ॰ एक॰ जनः↑; द्वि॰ जनौ; बहु॰ जनाः (लोग) ←पु॰ जन↑

जनाधिपाः 2.12, प्रथ॰ एक॰ जनाधिपः; द्वि॰ जनाधिपौ; बहु॰ जनाधिपाः (राजा लोग) ←पु॰ तस॰ जनाधिप, जनानाम् अधिपः (अधिनायक, जनाधिपति, राजा↓) ←पु॰ जन↑ + पु॰ अधिप↑

जनानाम् 7.28, षष्ठी॰ एक॰ जनस्य; द्वि॰ जनयोः; बहु॰ जनानाम् (लोगों का,की,के) ←पु॰ जन↑

जनार्दन 1.36, संबो॰ एक॰ जनार्दन (हे जनार्दन!); द्वि॰ जनार्दनौ; बहु॰ जनार्दनाः ←पु॰ वि॰ विना॰ बस॰ जनार्दन, दुष्टजनान् अर्दति यः; दुष्टजनानाम् अर्दनः यः सः (दुष्टों का विनाशक, कृष्ण↑) ←पु॰ जन↑ + वि॰ अर्दन (नष्ट करने वाला, नाशक, विनाशक) ←10चुरा॰√अर्द्

जन्तवः 5.15, प्रथ॰ एक॰ जन्तुः; द्वि॰ जन्तू; बहु॰ जन्तवः (जीवात्माएँ) ←पु॰ जन्तु (जीव↓, जीवात्मा, प्राणी) ←4दिवा॰√जन्

जन्म 2.27, प्रथ॰–द्विती॰ एक॰ जन्म (जन्म, जन्मको); द्वि॰ जन्मनी; बहु॰ जन्मानि↓ ←न॰ जन्मन्↓

जन्मकर्मफलप्रदाम् 2.43, द्विती॰ एक॰ ॰फलप्रदा; द्वि॰ ॰फलप्रदे; बहु॰ जन्मकर्मफलप्रदाम् (जन्म और कर्म के फल देने वालों को) ←स्त्री॰ बस॰ जन्मकर्मफलप्रदा, जन्मनः च कर्मणः च फलम् प्रददाति या सा (जन्म और कर्म के फल देने वाली) ←न॰ जन्मन्↑ + न॰ कर्मन्↑ + न॰ फल↓ + वि॰ दा (देने वाली, दात्री) ←वि॰ द↓

जन्मन् 2.27, न॰ (उद्गम, उत्पत्ति, उद्भव↑, उपज, जनन, जन्म↑, निकास, निपज, पैदइश, प्रभव↓, प्रादुर्भाव; आरम्भ↑, प्रारम्भ, शुरूआत) ←4दिवा॰√जन्

जन्मनाम् 7.19, षष्ठी॰ एक॰ जन्मनः; द्वि॰ जन्मनोः; बहु॰ जन्मनाम् (जन्मों का,की,के) ←न॰ जन्मन्↑

जन्मनि 16.20, सप्त॰ एक॰ जन्मनि (जन्म में); द्वि॰ जन्मनोः; बहु॰ जन्मसु ←न॰ जन्मन्↑

जन्मबन्धविनिर्मुक्ताः 2.51, पु॰ प्रथ॰ एक॰ जन्मबन्धविनिर्मुक्तः; द्वि॰ जन्मबन्धविनिर्मुक्तौ; बहु॰ जन्मबन्धविनिर्मुक्ताः (जन्म–मृत्यु के बंधनों से मुक्त हुए लोग) ←वि॰ तस॰ जन्मबन्धविनिर्मुक्त, जन्मनः बन्धात् विमुक्तः (जन्म–मृत्यु के बंधनों से मुक्त हुआ, पुनर्जन्म के चक्र से छुटा हुआ; निर्वाण पाया हुआ, मुक्ति प्राप्त किया हुआ, मोक्ष मिला हुआ) ←न॰ जन्मन्↑ + पु॰ बन्ध↓ + वि॰ विनिर्मुक्त (बंधनरहित हुआ; मुक्त हुआ, छुटा हुआ) ←वि–निर्√मुच् 6तुदा॰

जन्ममृत्युजरादुःखैः 14.20, न॰ द्वन्द्व॰ तृती॰ बहु॰ जन्मना च मृत्युना च जरया च दुःखैः च (जन्म, मृत्यु, बुढ़ापा और पीड़ाओं से) ←न॰ जन्मन्↑ + पु॰ मृत्यु↓ + स्त्री॰ जरा↓ + न॰ दुःख↓

जन्ममृत्युजराव्याधिदुःखदोषानुदर्शनम् 13.9, प्रथ॰–द्विती॰ एक॰ ॰दर्शनम् (जन्म, मृत्यु, जरा, व्याधि, दुःख आदि के दोषों का नित्य विचार, चिंतन, मनन, ध्यान, स्मरण –करना); द्वि॰ ॰दर्शने; बहु॰ ॰दर्शनानि ←न॰ तस॰ जन्ममृत्युजराव्याधिदुःखदोषानुदर्शन, जन्मस्य च मृत्योः च जरायाः च व्याध्याः च दुःखस्य च दोषस्य अनुदर्शनम् (जन्म, मृत्यु, वृद्धत्व, व्याधि और दुःख के दोषों का मन में स्मरण) ←पु॰ जन्मन्↑ + पु॰ मृत्यु↓ + स्त्री॰ जरा↓ + स्त्री॰ व्याधि (आम, पीड़ा, बीमारी, मांद्य, रोग) ←वि–आ√धा 3जुहो॰ + न॰ दुःख↓ + पु॰ दोष↓ + न॰ अनुदर्शन (चिंतन, ध्यान, मनन, मन में विचार, स्मरण)

←अनु√दृश् 1भ्वादि०

जन्मानि 4.5, न० प्रथ०–द्विती० एक० जन्म↑; द्वि० जन्मनी; बहु० जन्मानि (अनेक जन्म, अनेक जन्मों को) ←न० जन्मन्↑

जपयज्ञः 10.25, प्रथ० एक० जपयज्ञः (जपयज्ञ); द्वि० जपयज्ञौ; बहु० जपयज्ञाः ←पु० तस० जपयज्ञ, जपानाम् यज्ञः (जपों का यज्ञ, जपरूपी यज्ञ; गीता में जो जपयज्ञ 10.25, तपयज्ञ 4.28↓, द्रव्ययज्ञ 4.28↓, नामयज्ञ 16.17↓, योगयज्ञ 4.28↓, ज्ञानयज्ञ 4.33↓ आदि कहे गए हैं उनमें एक यज्ञ) ←पु० जप (नाम, मंत्र, स्तोत्र का पुनरुच्चारण) ←1भ्वादि०√जप् + पु० यज्ञ↓

जय 1.8, पु० (कृतकार्यता, जीत, फतह, यश, विजय, विजयश्री, लाभ↓, सफलता) ←1भ्वादि०√जि (जीतना)

जयः 10.36, प्रथ० एक० जयः (विजय); द्वि० जयौ; बहु० जयाः ←पु० जय↑

जयद्रथम् 11.34, द्विती० एक० जयद्रथम् (जयद्रथ को); द्वि० जयद्रथौ; बहु० जयद्रथान् ←पु० विना० जयद्रथ

जयाजयौ 2.38, द्वन्द्व० पु० प्रथ० द्वि० जयः च अजयः च (विजय और पराजय दोनों; जय–अजय, जीतना–हारना, यश–अपयश) ←पु० जय↑ + नत० पु० अजय, न जयः (असफलता, नाकामी, पराजय, पराभव, हार) ←अव्य० अ↑ + पु० जय↑

जयेम 2.6, विधि० पर० विध्यर्थी उत्तम० एक० जयेयम्; द्वि० जयेव; बहु० जयेम; (हम जीतेंगे); मध्य० बहु० जयेत; अन्य० बहु० जयेयुः↓ ←1भ्वादि०√जि (जीतना)

जयेयु 2.6, पर० विध्यर्थी अन्य० एक० जयेत्; द्वि० जयेताम्; बहु० जयेयुः (वे जीतेंगे); उत्तम० बहु० जयेम↑; मध्य० बहु० जयेत ←1भ्वादि०√जि (जीतना)

जरा 2.13, प्रथ० एक० जरा (बुढ़ापा); द्वि० जरे; बहु० जराः ←स्त्री० जरा (जर्जरता, जीर्णत्व, बुढ़ापा, वार्धक्य, वृद्धावस्था) ←4दिवा०√जृ

जरामरणमोक्षाय 7.29, चतु० एक० जरामरणमोक्षाय (जीर्णता और मृत्यु से मुक्ति पाने के लिए); द्वि० ०मोक्षाभ्याम्; बहु० ०मोक्षेभ्यः ←पु० तस० जरामरणमोक्ष, जरायाः च मरणात् च मोक्षः (वृद्धावस्था और मृत्यु से मुक्ति) ←स्त्री० जरा↑ + न० मरण↓ + पु० मोक्ष↓

जहाति 2.50, लट् वर्त० पर० एक० उत्तम० जहामि; मध्य० जहासि; अन्य० जहाति (वह त्यागता है) ←3जुहो०√हा (त्यागना, छोड़ना)

जहि 3.43, लोट् पर० आज्ञार्थक एक० उत्तम० हनानि; मध्य० जहि (तू खात्मा कर); अन्य० हन्तु ←2अदा०√हन् (मारना, वध करना)

जागर्ति 2.69, लट् वर्त॰ पर॰ अन्य॰ एक॰ जागर्ति (वह जागता है); द्वि॰ जागृत:; बहु॰ जाग्रति ←2अदा॰√जागृ (जागना)

जाग्रत: 6.16, पु॰ षष्ठी॰ एक॰ जाग्रत: (रात दिन जागने वाले का,की,के); द्वि॰ जाग्रतो:; बहु॰ जाग्रताम् ←वि॰ जाग्रत् (जागने वाला, जागता हुआ, जागरूक, जागृत, सचेत, सजग; खबरदार, चौकन्ना, सावधान) ←2अदा॰√जागृ (जागना)

जाग्रति 2.69, लट् वर्त॰ पर॰ अन्य॰ एक॰ जागर्ति; द्वि॰ जागृत:; बहु॰ जाग्रति (वे जागते हैं) ←2अदा॰√जागृ (जागना)

जात 2.26, वि॰ (उत्पन्न, व्यक्त↓; उदय, उद्गम, उद्भव, जन्म, प्रकट –हुआ) ←4दिवा॰√जन् (उद्गम, उत्पन्न, उदय, जन्म –होना)

जातस्य 2.27, पु॰ षष्ठी॰ एक॰ जातस्य (जिसका जन्म हुआ है उसका,की,के); द्वि॰ जातयो:; बहु॰ जातानाम् ←वि॰ जात↑

जाता: 10.6, पु॰ प्रथ॰ एक॰ जात:; द्वि॰ जातौ; बहु॰ जाता: (जिनका जन्म हुआ है वे) ←वि॰ जात↑

जातिधर्मा: 1.43, प्रथ॰ एक॰ जातिधर्म:; द्वि॰ जातिधर्मौ; बहु॰ जातिधर्मा: (जातीय गुण, तरीके, रीति) ←पु॰ तस॰ जातिधर्म, जात्या धर्म: ←स्त्री॰ जाति (जन्म से निश्चित होने वाला वर्ग; कुल, वंश, श्रेणी) ←4दिवा॰√जन् (जन्म होना) + पु॰ धर्म↓

जातु 2.12, अव्य॰ (एक बार, कदाचित्, कभी, कभी–कभी, सम्भवत:) ←4दिवा॰√जन्

जानन् 8.27, प्रथ॰ एक॰ जानन् (जानता हुआ); द्वि॰ जानन्तौ; बहु॰ जानन्त: ←वि॰ जानत् (जानते हुए, जानने वाला) ←9क्र्या॰√ज्ञा (अवबोधना, जानना)

जानाति 15.19, लट् वर्त॰ पर॰ एक॰ उत्तम॰ जानामि; मध्य॰ जानासि; अन्य॰ जानाति (वह जानता है) ←9क्र्या॰√ज्ञा (जानना)

जाने 11.25, लट् वर्त॰ आत्म॰ एक॰ उत्तम॰ जाने (मैं जानता हूँ); मध्य॰ जानीषे; अन्य॰ जानीते ←9क्र्या॰√ज्ञा (जानना)

जायते 1.29, लट् वर्त॰ आत्म॰ एक॰ उत्तम॰ जाये; मध्य॰ जायसे; अन्य॰ जायते (वह जन्मता है); द्वि॰ जायेते; बहु॰ जायन्ते↓ ←9क्र्या॰√जन् (जन्मना)

जायन्ते 14.12, लट् वर्त॰ आत्म॰ अन्य॰ एक॰ जायते↑; द्वि॰ जायेते; बहु॰ जायन्ते (वे जन्मते हैं) ←4दिवा॰√जन् (जन्मना)

जाह्नवी 10.31, प्रथ॰ एक॰ जाह्नवी (जान्हवी); द्वि॰ जाह्नव्यौ; बहु॰ जाह्नव्य: ←स्त्री॰ तद्धित शब्द जान्हवी, जन्हो: कन्या (अलकनंदा, गंगा, भागीरथी, भानुमति, वैष्णवी, सुरनदी)

जिगीषताम् 10.38, पु० षष्ठी० एक० जिगीषत:; द्वि० जिगीषतो:; बहु० जिगीषताम् (यशेच्छु लोगों में) ←सन्नन्त वि० जिगीषत् (यशाभिलाषी, यशेच्छु) ←1भ्वादि०√जि (जीतना)

जिघ्रन् 5.8, प्रथ० एक० जिघ्रन् (श्वास लेते हुए); द्वि० जिघ्रन्तौ; बहु० जिघ्रन्त: ←वि जिघ्रत् (सांस लेते हुए) ←1भ्वादि०√घ्रा (बास लेना, सूंघना; श्वास लेना, सांस लेना)

जिजीविषाम: 2.6, सन्नन्त लट् वर्त० पर० प्रथ० एक० जिजीविषामि; द्वि० जिजीविषाव:; बहु० जिजीविषाम: (हम जीना चाहते हैं) ←1भ्वादि०√जि (जीतना) + सन्नन्त वर्त० बहु० विषाम: (हम इच्छा करते हैं, हमें इच्छा है) ←3जुहो०√विष् (इच्छा करना)

जित 5.7, वि० (काबू में लाया हुआ, जीता हुआ; परास्त, प्राप्त, वश, संयमित, हस्तगत – किया हुआ) ←1भ्वादि०√जि

जित: 5.19, पु० प्रथ० एक० जित: (जीता हुआ, जिसने वश किया है वह); द्वि० जितौ; बहु० जिता: ←वि० जित↑

जितसङ्गदोषा: 15.5, प्रथ० एक० जितसङ्गदोष:; द्वि० जितसङ्गदोषौ; बहु० जितसङ्गदोषा: (आसक्ति का दोष जीते हुए लोग) ←पु० तस० जितसङ्गदोष, जित: सङ्गस्य दोष: यस्य (जिसने आसक्तिरूप दोष जीता है वह) ←वि० जित↑ + पु० सङ्ग↓ + पु० दोष↓

जितात्मन् 6.7, पु० बस० जित: आत्मा यस्य (जिसने आत्मा वश किया है जीता है वह) ←वि० जित↑ + पु० आत्मन्↑

जितात्मन: 6.7, षष्ठी० एक० जितात्मन: (आत्मनिग्रही मनुष्य का,की,के); द्वि० जितात्मनो:; बहु० जितात्मनाम् ←पु० जितात्मन्↑

जितात्मा 18.49, प्रथ० एक० जितात्मा (आत्मनिग्रही मनुष्य); द्वि० जितात्मानौ; बहु० जितात्मान: ←पु० जितात्मन्↑

जितेन्द्रिय: 5.7, प्रथ० एक० जितेन्द्रिय: (इन्द्रियाँ वश किया हुआ); द्वि० जितेन्द्रियौ; बहु० जितेन्द्रिया: ←पु० बस० जितेन्द्रिय, जितानि इन्द्रियाणि येन (जिसने इन्द्रियों पर विजय प्राप्त किया है) ←वि० जित↑ + न० इन्द्रिय↑

जित्वा 2.37, अव्य० (काबू में लाकर, जीत कर; परास्त, प्राप्त, वश, संयमित, हस्तगत – किए) ←1भ्वादि०√जि

जिज्ञासु: 6.44, पु० प्रथ० एक० जिज्ञासु: (जिज्ञासु मनुष्य); द्वि० जिज्ञासू; बहु० जिज्ञासव: ←वि० जिज्ञासु (अभिलाषी, इच्छुक, मुमुक्षु) ←9क्र्या०√ज्ञा (जानना)

जीर्णानि 2.22, न० प्रथ०–द्विती० एक० जीर्णम्; द्वि० जीर्णे; बहु० जीर्णानि (घिसे हुए) ←क्त० वि० जीर्ण (जर्जर, पुरातन, पुराना, घिसा हुआ, फटा) ←4दिवा० अथवा 9क्र्या०√जॄ

(जर्जर, पुराना –होना)

जीवति 3.16, लट् वर्त॰ पर॰ एक॰ उत्तम॰ जीवामि; मध्य॰ जीवसि; अन्य॰ जीवति (वह जीता है) ←1भ्वादि॰√जीव् (जीना)

जीव 7.5, पु॰ (अस्तित्व कायम रखना, जीना; आत्मा↓, जी, जीऊ, प्राण↓, अंतरात्मा; जंतु, जीवात्मा, प्राणी, भूत↓) ←1भ्वादि॰√जीव् (जगणे)

जीवनम् 7.9, न॰ प्रथ॰–द्विती॰ एक॰ जीवनम् (जीवन, जीवन को); द्वि॰ जीवने; बहु॰ जीवनानि ←न॰ जीवन (अस्तित्व; आयुष्य; अप्↑, पानी) ←1भ्वादि॰√जीव् (जीना)

जीवभूत 7.5, पु॰ कस॰ जीवितः भूतः (जीवनतत्त्व, अंतरात्मा, जंतु, जीवात्मा; जीवात्मा बना हुआ, जीवधारी, देहधारी, प्राणधारी, प्राणी) ←1भ्वादि॰√जीव् (जीना)

जीवभूतः 15.7, प्रथ॰ एक॰ जीवभूतः (जीवभूत); द्वि॰ जीवभूतौ; बहु॰ जीवभूताः ←पु॰ जीवभूत↑

जीवभूताम् 7.5, स्त्री॰ द्विती॰ एक॰ जीवभूताम् (जीवभूतों को); द्वि॰ जीवभूते; बहु॰ जीवभूताः ←पु॰ जीवभूत↑

जीवलोके 15.7, सप्त॰ एक॰ जीवलोके (इहलोक में); द्वि॰ जीवलोकयोः; बहु॰ जीवलोकेषु ←पु॰ तस॰ जीवलोक, जीवितानाम् लोकः (इहलोक, दुनिया, प्राणी जगत्, भूतलोक, मर्त्यलोक, यह जग, संसार) ←पु॰ जीव↑ + पु॰ लोक↓

जीवितेन 1.32, न॰ तृती॰ एक॰ जीवितेन (जीने से); द्वि॰ जीविताभ्याम्; बहु॰ जीवितैः ←वि॰ जीवित (जीवित, जीवनयुक्त, प्राणधारी) ←1भ्वादि॰√जीव् (जीना)

जुहोषि 9.27, लट् वर्त॰ पर॰ एक॰ उत्तम॰ जुहोमि; मध्य॰ जुहोषि (तू हवन करता है); अन्य॰ जुहोति ←3जुहो॰√हु (हवन करना)

जुह्वति 4.26, लट् वर्त॰ पर॰ अन्य॰ एक॰ जुहोति; द्वि॰ जुहुतः; बहु॰ जुह्वति (वे हवन करते हैं) ←3जुहो॰√हु (हवन करना)

जेतासि 11.34, लुट् सामन्य भवि॰ पर॰ एक॰ उत्तम॰ जेतास्मि; मध्य॰ जेतासि (तू जीतेगा); अन्य॰ जेता ←1भ्वादि॰√जि (जीतना)

जोषयेत् 3.26, विधि॰ पर॰ उपदेशार्थ प्रयो॰ उत्तम॰ एक॰ जोषयेयम्; मध्य॰ एक॰ जोषयेः; अन्य॰ एक॰ जोषयेत् (उसे आनंद के साथ करवा लेना चाहिए); अन्य॰ द्वि॰ जोषयेताम्; अन्य॰ बहु॰ जोषयेयुः ←6तुदा॰√जुष् (आनंदित होना)

(ज्ञ)

ज्ञ 3.26, वि॰ (समास के अन्त में- ज्ञाता, ज्ञानी) ←9क्र्या॰√ज्ञा (जानना)

ज्ञातव्यम् 7.2, न॰ प्रथ॰–द्विती॰ एक॰ ज्ञातव्यम् (जो जानने योग्य है वह, ॰उसको); द्वि॰ ज्ञातव्ये; बहु॰ ज्ञातव्यानि ←वि॰ ज्ञातव्य (जानने योग्य, ज्ञेय↓) ←9क्र्या॰√ज्ञा (जानना)

ज्ञातुम् 11.54, अव्य॰ (जानने के लिए) ←9क्र्या॰√ज्ञा (जानना)

ज्ञातेन 10.42, पु॰ तृती॰ एक॰ ज्ञातेन (जानने से, जान कर); द्वि॰ ज्ञाताभ्याम्; बहु॰ ज्ञातैः ←वि॰ ज्ञात (जाना हुआ, पहिचाना) ←9क्र्या॰√ज्ञा (जानना)

ज्ञात्वा 4.15, अव्य॰ (जान कर, ध्यान में ले कर, समझ कर) ←9क्र्या॰√ज्ञा (जानना)

ज्ञान 3.3, न॰ (उपादान, प्रज्ञा↑, बुद्धि↑, बोध; इल्म, विद्या↑, हुनर; अनुभव, तजुर्बा) ←9क्र्या॰ पर॰√ज्ञा (जानना)

ज्ञानगम्यम् 13.18, न॰ प्रथ॰–द्विती॰ एक॰ ज्ञानगम्यम् (ज्ञान से साध्य होने वाला, ॰वाले को); द्वि॰ ज्ञानगम्ये; बहु॰ ज्ञानगम्यानि ←वि॰ बस॰ ज्ञानगम्य, ज्ञानेन गम्यते यत् तत् (जो बुद्धि को साध्य है वह, बोधगम्य, समझने योग्य, ज्ञान से ज्ञात होने वाला) ←न॰ ज्ञान↑ + वि॰ गम्य (गमनीय, समझने योग्य, साधनीय, साध्य) ←1भ्वादि॰√गम्

ज्ञानचक्षुस् 13.35, (1) न॰ तस॰ ज्ञानस्य चक्षुः (ज्ञानदृष्टि); (2) वि॰ बस॰ ज्ञानयोः चक्षुषी यस्य (अंतर्ज्ञानी, ज्ञानदृष्टि है वह) ←न॰ ज्ञान↑ + न॰ चक्षुस्↑

ज्ञानचक्षुषः 15.10, पु॰ प्रथ॰ बहु॰ ज्ञानचक्षुः; द्वि॰ ज्ञानचक्षुषौ; बहु॰ ज्ञानचक्षुषः (जिनको ज्ञानचक्षु है वे लोग) ←वि॰ ज्ञानचक्षुस्↑

ज्ञानचक्षुषा 13.35, न॰ तृती॰ एक॰ ज्ञानचक्षुषा (ज्ञानचक्षु से); द्वि॰ ज्ञानचक्षुर्भ्याम्; बहु॰ ज्ञानचक्षुर्भिः ←वि॰ ज्ञानचक्षुस्↑

ज्ञानतपसा 4.10, तृती॰ एक॰ ज्ञानतपसा (ज्ञान के तप से); द्वि॰ ज्ञानतपोभ्याम्; बहु॰ ज्ञानतपोभिः ←न॰ तस॰ ज्ञानतपस्, ज्ञानस्य तपः (ज्ञान का तप, ज्ञान की तपश्चर्या) ←न॰ ज्ञान↑ + न॰ तपस्↑

ज्ञानदीपिते 4.27, पु॰ सप्त॰ एक॰ ज्ञानदीपिते (जो ज्ञान से दीप्त हुआ है उसमें); द्वि॰ ज्ञानदीपितयोः; बहु॰ ज्ञानदीपितेषु ←वि॰ तस॰ ज्ञानदीपित, ज्ञानेन दीपितः (ज्ञान से-उजला हुआ, चमका हुआ, प्रकाशित हुआ, प्रदीप्त है वह) ←न॰ ज्ञान↑ + वि॰ दीपित (उजला, प्रकाशित, प्रदीप्त) ←4दिवा॰√दीप्

ज्ञानदीपेन 10.11, तृती॰ एक॰ ज्ञानदीपेन (ज्ञानदीप से); द्वि॰ ज्ञानदीपाभ्याम्; बहु॰ ज्ञानदीपैः ←पु॰ तस॰ ज्ञानदीप, ज्ञानस्य दीपः (ज्ञानज्योति, ज्ञानप्रकाश, ज्ञान का मार्गदर्शक) ←न॰ ज्ञान↑ + पु॰ दीप↑

ज्ञाननिर्धूतकल्मषा: 5.17, पु॰ प्रथ॰ एक॰ ॰कल्मष:; द्वि॰ ॰कल्मषौ; बहु॰ ज्ञाननिर्धूतकल्मषा: (ज्ञान से पाप धुले हुए लोग) ←वि॰ बस॰ ज्ञाननिर्धूतकल्मष, ज्ञानेन निर्धूतानि कल्मषाणि यस्य स: (ज्ञान के द्वारा पाप नष्ट किया हुआ, ज्ञान से निष्पाप हुआ है वह) ←न॰ ज्ञान↑ + अव्य॰ निर्↑ + वि॰ धूत (धोया हुआ, नष्ट किया हुआ) ←6तुदा॰√धू (बाहर निकालना) + न॰ कल्मष↑

ज्ञानप्लवेन 4.36, तृती॰ एक॰ ज्ञानप्लवेन (ज्ञान की नौका से); द्वि॰ ज्ञानप्लवाभ्याम्; बहु॰ ज्ञानप्लवै: ←पु॰ तस॰ ज्ञानप्लव, ज्ञानस्य प्लव: (ज्ञाननैया, ज्ञान की नाव, ज्ञाननौका) ←न॰ ज्ञान↑ + पु॰ प्लव (किश्ति, नाव↑, नैया, नौका) ←1भ्वादि॰√प्लु

ज्ञानम् 3.39, न॰ प्रथ॰-द्विती॰ एक॰ ज्ञानम् (ज्ञान, ज्ञान को); द्वि॰ ज्ञाने; बहु॰ ज्ञानानि ←न॰ ज्ञान↑

ज्ञानयज्ञ 4.33, पु॰ तस॰ ज्ञानस्य यज्ञ: (ज्ञान का यज्ञ, ज्ञानरूपी यज्ञ, ज्ञान की जोपासना, ज्ञानार्जन; गीता में जो जपयज्ञ 10.25↑, तपयज्ञ 4.28↑, द्रव्ययज्ञ 4.28↑, नामयज्ञ 16.17↑, योगयज्ञ 4.28↑, ज्ञानयज्ञ 4.33 आदि दिए हैं उनमें से एक) ←न॰ ज्ञान↑ + पु॰ यज्ञ↑

ज्ञानयज्ञ: 4.33, प्रथ॰ एक॰ ज्ञानयज्ञ: (ज्ञानयज्ञ); द्वि॰ ज्ञानयज्ञौ; बहु॰ ज्ञानयज्ञा: ←पु॰ ज्ञानयज्ञ↑

ज्ञानयज्ञेन 9.15, तृती॰ एक॰ ज्ञानयज्ञेन (ज्ञानयज्ञ से); द्वि॰ ज्ञानयज्ञाभ्याम्; बहु॰ ज्ञानयज्ञै: ←पु॰ ज्ञानयज्ञ↑

ज्ञानयोगव्यवस्थिति: 16.1, प्रथ॰ एक॰ ज्ञानयोगव्यवस्थिति: (ज्ञानयोग में हुई मन की दृढ़ स्थिति); द्वि॰ ॰स्थिती; बहु॰ ॰स्थितय: ←स्त्री॰ तस॰ ज्ञानयोगव्यवस्थिति, ज्ञाने च योगे च व्यवस्थिति: (ज्ञान और कर्मयोग का मन में किया हुआ- निश्चय, प्रबंध, नियम, निर्णय, दृढ़ता, सङ्ग↑) ←न॰ ज्ञान↑ + पु॰ योग↑ + स्त्री॰ व्यवस्थिति (अध्यवसाय, इन्तजाम, दृढ़ता, नियम, निर्णय, निर्धार, निश्चिती, प्रबंध, बंदोबस्त, व्यवस्था, व्यवस्थान, संगति, समंजन) ←वि-अव√स्था 1भ्वादि॰ (स्थापन करना)

ज्ञानयोगेन 3.3, तृती॰ एक॰ ज्ञानयोगेन (ज्ञानयोग से); द्वि॰ ज्ञानयोगाभ्याम्; बहु॰ ज्ञानयोगै: ←पु॰ तस॰ ज्ञानयोग, ज्ञानस्य योग: (साङ्ख्ययोग, ज्ञान का योग) ←न॰ ज्ञान↑ + पु॰ योग↑

ज्ञानवत् 3.33, वि॰ (ज्ञान वाला, ज्ञानवान्↓, ज्ञाता, ज्ञानी↓) ←9क्र्या॰√ज्ञा (जानना)

ज्ञानवताम् 10.38, पु॰ षष्ठी॰ एक॰ ज्ञानवत:; द्वि॰ ज्ञानवतो:; बहु॰ ज्ञानवताम् (ज्ञानवानों में)

←वि॰ ज्ञानवत्↑

ज्ञानवान् 3.33, पु॰ प्रथ॰ एक॰ ज्ञानवान् (ज्ञानवान); द्वि॰ ज्ञानवन्तौ; बहु॰ ज्ञानवन्त: ←वि॰ ज्ञानवत्↑

ज्ञानविज्ञानतृप्तात्मा 6.8, प्रथ॰ एक॰ ज्ञानविज्ञानतृप्तात्मा (ज्ञान और विज्ञान से तृप्त हुआ मनुष्य); द्वि॰ ज्ञानविज्ञानतृप्तात्मानौ; बहु॰ ज्ञानविज्ञानतृप्तात्मान: ←पु॰ बस॰ ज्ञानविज्ञानतृप्तात्मन्, ज्ञानेन च विज्ञानेन च तृप्त: आत्मा यस्य स: (ज्ञान और विज्ञान से तृप्त हुआ आत्मा) ←न॰ ज्ञान↑ + न॰ विज्ञान↑ + वि॰ तृप्त↑ + पु॰ आत्मन्↑

ज्ञानविज्ञाननाशनम् 3.41, पु॰ द्विती॰ एक॰ ज्ञानविज्ञाननाशनम् (ज्ञान और विज्ञान को नष्ट करने वाले को); द्वि॰ ज्ञानविज्ञाननाशनौ; बहु॰ ज्ञानविज्ञाननाशनान् ←वि॰ बस॰ ज्ञानविज्ञाननाशन, ज्ञानस्य च विज्ञानस्य च नाशन: य: स: (ज्ञान को और विज्ञान को नष्ट करने वाला) ←न॰ ज्ञान↑ + न॰ विज्ञान↑ + वि॰ नाशन↑

ज्ञानसङ्गेन 14.6, तृती॰ एक॰ ज्ञानसङ्गेन (ज्ञान की आसक्ति से); द्वि॰ ज्ञानसङ्गाभ्याम्; बहु॰ ज्ञानसङ्गै: ←पु॰ तस॰ ज्ञानसङ्ग, ज्ञानस्य सङ्ग: (ज्ञान का संग, ज्ञान की आसक्ति) ←न॰ ज्ञान↑ + पु॰ सङ्ग↑

ज्ञानसञ्छिन्नसंशयम् 4.41, पु॰ द्विती॰ एक॰ ज्ञानसञ्छिन्नसंशयम् (ज्ञान से संशय दूर हुए मनुष्य को); द्वि॰ ज्ञानसञ्छिन्नसंशयौ; बहु॰ ज्ञानसञ्छिन्नसंशयान् ←वि॰ बस॰ ज्ञानसञ्छिन्नसंशय, ज्ञानेन सञ्छिन्न: संशय: यस्य स: (ज्ञान के द्वारा संशय दूर हुआ, ज्ञान के सहारे नि:संशय हुआ) ←न॰ ज्ञान↑ + वि॰ सञ्छिन्न (काटा हुआ, छाटा हुआ, नष्ट किया हुआ) ←सम्√छिद् 7रुधा॰ + पु॰ संशय↑

ज्ञानस्य 18.50, षष्ठी॰ एक॰ ज्ञानस्य (ज्ञान का,की,के); द्वि॰ ज्ञानयो:; बहु॰ ज्ञानानाम् ←न॰ ज्ञान↑

ज्ञानाग्नि 4.19, पु॰ तस॰ ज्ञानस्य अग्नि: (ज्ञानरूप अग्नि) ←न॰ ज्ञान↑ + पु॰ अग्नि↑

ज्ञानाग्नि: 4.37, प्रथ॰ एक॰ ज्ञानाग्नि: (ज्ञानाग्नि); द्वि॰ ज्ञानाग्नी; बहु॰ ज्ञानाग्नय: ←पु॰ ज्ञानाग्नि↑

ज्ञानाग्निदग्धकर्माणम् 4.19, पु॰ द्विती॰ एक॰ ज्ञानाग्निदग्धकर्माणम् (ज्ञान की अग्नि से कर्मों को दग्ध किए हुए मनुष्य को); द्वि॰ ज्ञानाग्निदग्धकर्माणौ; बहु॰ ज्ञानाग्निदग्धकर्माण: ←वि॰ बस॰ ज्ञानाग्निदग्धकर्मन्, ज्ञानस्य अग्निना दग्धानि कर्माणि यस्य स: (ज्ञान की अग्नि से जिसके कर्म दग्ध हुए हैं) ←पु॰ ज्ञानाग्नि↑ + वि॰ दग्ध (भस्म; जल कर शुद्ध होना) ←1भ्वादि॰√दह + न॰ कर्मन्↑

ज्ञानात् 12.12, पंच॰ एक॰ ज्ञानात् (ज्ञान से, की अपेक्षा); द्वि॰ ज्ञानाभ्याम्; बहु॰ ज्ञानेभ्य:

←न॰ ज्ञान↑

ज्ञानानाम् 14.1, षष्ठी॰ एक॰ ज्ञानस्य; द्वि॰ ज्ञानयो:; बहु॰ <u>ज्ञानानाम्</u> (ज्ञानों में) ←न॰ ज्ञान↑

ज्ञानावस्थितचेतस: 4.23, पु॰ षष्ठी॰ एक॰ <u>ज्ञानावस्थितचेतस:</u> (ज्ञान से चित्त स्थिर हुए मनुष्य का,की,के); द्वि॰ ज्ञानावस्थितचेतसो:; बहु॰ ज्ञानावस्थितचेतसाम् ←वि॰ बस॰ ज्ञानावस्थितचेतस्, ज्ञाने अवस्थितम् चेत: यस्य स: (ज्ञान के सहारे चित्त स्थिर) ←न॰ ज्ञान↑ + वि॰ अवस्थित↑ + न॰ चेतस्↑

ज्ञानासिना 4.42, तृती॰ एक॰ <u>ज्ञानासिना</u> (ज्ञान की तलवार से); द्वि॰ ज्ञानासिभ्याम्; बहु॰ ज्ञानासिभि: ←पु॰ तस॰ ज्ञानासि, ज्ञानस्य असि: (ज्ञान की तलवार, ज्ञानरूप खड्ग) ←न॰ ज्ञान↑ + पु॰ असि (कृपाण, खंजर, खड्ग, खंडा, तलवार, तेग, शमशेर, सिरोही) ←2अदा॰√अस्

ज्ञानिन् 3.39, वि॰ (कृतात्मन्↑, तत्त्वज्ञ, धीमत्↑, मनस्वी, पण्डा, पंडित↑, प्रज्ञ, बुद्ध, बुद्धिमान, मनीषी, मर्मज्ञ, मेधावी, विचक्षण↑, विद्वान्↑, विशेषज्ञ, विज्ञ, सुधी, सुमेध, ज्ञप्ता, ज्ञानी↓, ज्ञानवान्↑) ←न॰ ज्ञान↑

ज्ञानिन: 3.39, (1) पु॰ षष्ठी॰ एक॰ <u>ज्ञानिन:</u> (ज्ञानी का,की,के); द्वि॰ ज्ञानिनो:; बहु॰ ज्ञानिमाम्; (2) (7.17), पु॰ द्विती॰ एक॰ ज्ञानिनम्; द्वि॰ ज्ञानिनौ; बहु॰ <u>ज्ञानिन:</u> (ज्ञानी लोगों को) ←वि॰ ज्ञानिन्↑

ज्ञानिभ्य: 6.46, पु॰ पंच॰ एक॰ ज्ञानिन:; द्वि॰ ज्ञानिभ्याम्; बहु॰ <u>ज्ञानिभ्य:</u> (ज्ञानियों से) ←वि॰ ज्ञानिन्↑

ज्ञानी 7.16, पु॰ प्रथ॰ एक॰ <u>ज्ञानी</u> (ज्ञानी); द्वि॰ ज्ञानिनौ; बहु॰ ज्ञानिन: ←वि॰ ज्ञानिन्↑

ज्ञाने 4.33, सप्त॰ एक॰ <u>ज्ञाने</u> (ज्ञान में); द्वि॰ ज्ञानयो:; बहु॰ ज्ञानेषु ←न॰ ज्ञान↑

ज्ञानेन 4.38, तृती॰ एक॰ <u>ज्ञानेन</u> (ज्ञान से); द्वि॰ ज्ञानाभ्याम्; बहु॰ ज्ञानै: ←न॰ ज्ञान↑

ज्ञास्यसि 7.1, ऌट् अपूर्ण भवि॰ पर॰ एक॰ उत्तम॰ ज्ञास्यामि; मध्य॰ <u>ज्ञास्यसि</u> (तू जानेगा); अन्य॰ ज्ञास्यति ←9क्र्या॰√ज्ञा (जानना)

ज्ञेय 1.39, धासा॰ वि॰ (जानने योग्य; जानने का) ←9क्र्या॰ पर॰√ज्ञा (जानना, परोक्ष करना)

ज्ञेय: 5.3, धासा॰ वि॰ प्रथ॰ एक॰ <u>ज्ञेय:</u> (जो जानने योग्य है वह) द्वि॰ ज्ञेयौ; बहु॰ ज्ञेया: ←9क्र्या॰ पर॰√ज्ञा (जानना, मानना)

ज्ञेयम् 1.39, (1) पु॰ द्विती॰ एक॰ <u>ज्ञेयम्</u> (जो जानने योग्य है उसको); द्वि॰ ज्ञेयौ; बहु॰ ज्ञेयान्; (2) 8.2, न॰ प्रथ॰–द्विती॰ एक॰ <u>ज्ञेयम्</u> (जो जानने योग्य है वह, ॰उसको); द्वि॰

ज्ञेये; बहु॰ ज्ञेयानि ←वि॰ ज्ञेय↑

(ज्य)

ज्यायः 3.8, पु॰ प्रथ॰ एक॰ ज्यायः (जो अधिक श्रेष्ठ है वह); द्वि॰ ज्यायसी↓; बहु॰ ज्यायांसि ←वि॰ ज्यायस्↓

ज्यायस् 3.8, अणीयस् 8.9, गरीयस् 2.6↑, भूयस् 2.20↓ और श्रेयस् 1.31↓ समान तरभाववाचक वि॰ ज्यायस् (की अपेक्षा अधिक- अच्छा, ज्येष्ठ; उकृष्ट, उत्तम, उम्दा, बढ़िया, श्रेष्ठ) ←9क्र्या॰√ज्या (वृद्धि होना)

ज्यायसी 3.1, दो में तुलना, तरभाव प्रथ॰ एक॰ ज्यायः↑; द्वि॰ ज्यायसी (श्रेष्ठतर); बहु॰ ज्यायांसि ←वि॰ ज्यायस्↑

ज्योतिः 8.24, न॰ प्रथ॰–द्विती॰ एक॰ ज्योतिः (ज्योति); द्वि॰ ज्योतिषी; बहु॰ ज्योतीषि ←न॰ ज्योतिस्↓

ज्योतिषाम् 10.21, षष्ठी॰ एक॰ ज्योतिषः; द्वि॰ ज्योतिषोः; बहु॰ ज्योतिषाम् (ज्योतियों में) ←न॰ ज्योतिस्↓

ज्योतिस् 5.24, न॰ (ज्योति, ज्ञानज्योति; तेज, प्रकाश↓) ←1भ्वादि॰√द्युत्

ज्वलद्भिः 11.30, न॰ तृती॰ एक॰ ज्वलता; द्वि॰ ज्वलद्भ्याम्; बहु॰ ज्वलद्भिः (जो ज्वालाग्रही हैं उन्होंने) ←वि॰ ज्वलत् (जलता हुआ, जलने वाला) ←1भ्वादि॰√ज्वल् (जलना, भड़कना)

ज्वलनम् 11.29, न॰ प्रथ॰–द्विती॰ एक॰ ज्वलनम् (जलने वाला, वाली; जलने वाले को, वाली को); द्वि॰ ज्वलने; बहु॰ ज्वलनानि ←न॰ ज्वलन (जलना; चमकना) ←1भ्वादि॰√ज्वल्

(झ)

झषाणाम् 10.31; षष्ठी॰ एक॰ झषस्य; द्वि॰ झषयोः; बहु॰ झषाणाम् (जलचरों में) ←पु॰ झष (मछली, मच्छ, माछ, मीन, मत्स्य; जलचर) ←1भ्वादि॰√झष् (डुबकी मारना, छुपना)

(त)

तत् 1.10, (1) न॰ प्रथ॰–द्विती॰ एक॰ तत् (वह); द्वि॰ ते; बहु॰ तानि↓; (2) 3.1, उपसर्ग

अव्य० (तब, तो, तो फिर, फिर) ←सना० तद्↓

तत 2.17, वि० ढका हुआ; बिखरा हुआ, फैला हुआ, बढ़ा हुआ, व्याप्त; परिपूर्ण) ←8तना०√तन् (फैलना, व्यापन; रचना करना)

तत: 1.13, = अव्य० ततस्↓

ततम् 2.17, न० प्रथ०-द्विती० एक० ततम् (व्याप्त किया हुआ); द्वि० तते; बहु० ततानि ←वि० तत↑

ततस् 1.13, अव्य० (तब, तब से; इधर-उधर, उधर, वहाँ, यहाँ-यहाँ, वहाँ से, से; उससे, उसके परे; अनंतर, उसके बाद, पश्चात्, पीछे से; अतिरिक्त, अपेक्षा, तदपेक्षा; अत एव, अतैव, अन्ततोगत्वा, इस परिस्थिति में, इस कारण, इसलिए, तस्मात्↓, फलत:) ←सना० तद्↓

तत्त्व 2.16, न० (मूल सूत्र, मौलिक या वास्तविक आधार; असलियत, तथ्य, न्याय्य परिस्थिति, वस्तुस्थिति, यथार्थता, वास्तविकता, सत्य↓; निचोड़, निष्कर्ष, रस, सत, सार, सिद्धांत रूप) ←8तना०√तन्

तत्त्वत: 4.9, अव्य० (तत्त्वार्थ देखते हुए, यथार्थ रूप से, वास्तव में) ←न० तत्त्व↑

तत्त्वदर्शिन् 2.16, पु० तस० तत्त्वम् दर्शी (तत्त्व जिसकी दृष्टि में आता है वह मनुष्य, सत्य को देखने वाला, यथार्थ को समझने वाला, असलियत पहिचानने वाला, तत्त्ववादी, तत्त्ववित्↓, तत्त्ववेत्ता, तत्त्वज्ञ, तत्त्वज्ञानी, ज्ञानी↓) ←न० तत्त्व↑ + वि० दर्शिन् (जानने वाला, देखने वाला, पहचानने वाला, समझने वाला) ←1भ्वादि०√दृश् (देखना)

तत्त्वदर्शिन: 4.34, प्रथ० एक० तत्त्वदर्शी; द्वि० तत्त्वदर्शिनौ; बहु० तत्त्वदर्शिन: (ज्ञानी लोग) ←पु० तत्त्वदर्शिन्↑

तत्त्वदर्शिभि: 2.16, तृती० एक० तत्त्वदर्शिना; द्वि० तत्त्वदर्शिभ्याम्; बहु० तत्त्वदर्शिभि: (ज्ञानियों ने) ←पु० तत्त्वदर्शिन्↑

तत्त्वम् 18.1, न० प्रथ०-द्विती० एक० तत्त्वम् (तत्त्व, तत्त्व को); द्वि० तत्त्वे; बहु० तत्त्वानि ←न० तत्त्व↑

तत्त्ववित् 3.28, पु० प्रथ० एक० तत्त्ववित् (तत्त्व जानने वाला); द्वि० तत्त्ववितौ; बहु० तत्त्ववित: ←वि० तत्त्ववित् (तत्त्वदर्शिन्↑, तत्त्ववेत्ता, तत्त्व ज्ञाता, सत्य जानने वाला) ←न० तत्त्व↑ + वि० विद्↓

तत्त्वज्ञानार्थदर्शनम् 13.12, प्रथ०-द्विती० एक० तत्त्वज्ञानार्थदर्शनम् (तत्त्वज्ञान का अर्थ उचित रीति से जानना); द्वि० तत्त्वज्ञानार्थदर्शने; बहु० तत्त्वज्ञानार्थदर्शनानि ←न० तत्त्वज्ञानार्थदर्शन,

तस॰ तत्त्वज्ञानस्य अर्थस्य दर्शनम् (तत्त्वज्ञान का यथोचित अर्थ समझ लेना) ←न॰ तत्त्व↑ + न॰ ज्ञान↓ + पु॰ अर्थ↑ + न॰ दर्शन↓

तत्त्वेन 9.24, तृती॰ एक॰ तत्त्वेन (तत्त्व से); द्वि॰ तत्त्वाभ्याम्; बहु॰ तत्त्वैः ←न॰ तत्त्व↑

तत्पर 4.39, वि॰ (तल्लीन, परायण↓, मग्न, रत↓) ←सना॰ तद्↓ + वि॰ पर↓

तत्परः 4.39, पु॰ प्रथ॰ एक॰ तत्परः (तत्पर); द्वि॰ तत्परौ; बहु॰ तत्पराः ←वि॰ तत्पर↑

तत्परम् 5.16, न॰ प्रथ॰–द्विती॰ एक॰ तत्परम् (तत्पर; जो तत्पर है उसको); द्वि॰ तत्परे, बहु॰ तत्पराणि ←वि॰ तत्पर↑

तत्परायणाः 5.17, पु॰ प्रथ॰ एक॰ तत्परायणः; द्वि॰ तत्परायणौ; बहु॰ तत्परायणाः (उसमें परायण हुए लोग) ←वि॰ तस॰ तत्परायण, तत् परम् अयनम् यस्य (एकनिष्ठ, एकाग्र चित्त का, एक में समर्पित हुआ; भक्त) ←सना॰ तत्↑ + वि॰ परायण↓

तत्प्रसादात् 18.62, पंच॰ एक॰ तत्प्रसादात् (उसके प्रसाद से); द्वि॰ तत्प्रसादाभ्याम्; बहु॰ तत्प्रसादेभ्यः ←पु॰ तस॰ तत्प्रसाद, तस्य प्रसादः (उसका प्रसाद) ←सना॰ तद्↓ + पु॰ प्रसाद↓

तत्र 1.26, अव्य॰ (वहां, उस स्थान पर; उस समय, उस परिस्थिति में) ←सना॰ तद्↓

तत्समक्षम् 11.42, अव्य॰ (उसके समक्ष, सामने) ←सना॰ तद्↓ + वि॰ समक्ष (की उपस्थिति में, आंखों के सामने, समक्ष) ←सम्√अक्ष् 1भ्वादि॰

तथा 1.8, अव्य॰ (वैसा; और, व; उस प्रकार) ←सना॰ तद↓

तथापि 2.26, अव्य॰ (अगरचे, गो कि, यह होकर भी, यद्यपि; तदपि, तत्रापि, तब भी, तो भी, फिर भी) ←सना॰ तद्↓

तथैव 1.8, अव्य॰ = तथा↑ एव↑ (भी, सुद्धां)

तदनन्तरम् 18.55, अव्य॰ (उसके अनंतर, उसके बाद, पश्चात्) ←सना॰ तद्↓ + वि॰ अनन्तर↑

तद् 1.2, सना॰ (वह)

तदर्थम् 3.9, (1) क्रिवि अव्य॰ (वह अर्थ ध्यान में लेते हुए, उस कारण से, इसलिए, उसलिए, उस हेतु से); (2) द्विती॰ एक॰ ←पु॰ तस॰ तदर्थ, तत् अर्थः (वह अर्थ, उसका अर्थ, हेतु, उद्देश) ←सना॰ तद्↑ + पु॰ अर्थ↑

तदर्थीयम् 17.27, न॰ प्रथ॰–द्विती॰ एक॰ तदर्थीयम् (उस हेतु को लिया हुआ, ॰लिए हुए को); द्वि॰ तदर्थीये; बहु॰ तदर्थीयानि ←वि॰ बस॰ तदर्थीय, सः अर्थः यस्य तत् (वह जिसका हेतु है, जो इस उद्देश का है वह) ←क्रिवि॰ तदर्थम्↑

तदा 1.2, अव्य० (तब, उस समय, उस परिस्थिति में) ←सना० तद्↑

तदात्मान: 5.17, प्रथ० एक० तदात्मा; द्वि० तदात्मानौ; बहु० तदात्मान: (तादात्म्य सिद्ध किए हुए लोग) ←पु० बस० तदात्मन्, तस्मिन् आत्मा यस्य स: (आत्मा-आत्मा को भेद से न देखने वाला, आत्मा-आत्मा में दुविधा भाव न रखने वाला, तादात्म्य पाया हुआ) ←सना० तद्↑ + पु० आत्मन्↑

तद्बुद्धय: 5.17, प्रथ० एक० तद्बुद्धि:; द्वि० तद्बुद्धी; बहु० तद्बुद्धय: (तद्रूप बुद्धि के लोग) ←पु० बस० तद्बुद्धि, तस्मिन् बुद्धि: यस्य स: (तद्रूप बुद्धि का, बुद्धि उस प्रकार स्थिर किया हुआ) ←सना० तद् + स्त्री० बुद्धि↓

तद्भावभावित: 8.6, पु० प्रथ० एक० तद्भावभावित: (उस भाव में तल्लीन हुआ मनुष्य); द्वि० तद्भावभावितौ; बहु० तद्भावभाविता: ←वि० तस० तद्भावभावित, तेन भावेन भावित: (उस भाव में मगन, एकनिष्ठ, एकाग्र) ←सना० तत् अथवा तद्↑ + पु० भाव↓ + वि० भावित (ध्यान लगाया हुआ, भावपूर्ण हुआ, सिद्ध) ←1भ्वादि०√भू

तद्वत् 2.70, क्रिवि० (वैसा; उस जैसा, उस समान) ←सना० तद्↑

तद्विद: 13.2, प्रथ० एक० तद्विद्; द्वि० तद्विदौ; बहु० तद्विद: (वह अर्थ जानने वाले लोग) ←पु० तस० तद्विद्, तत् विद् (तदर्थ जानने वाला, मर्मज्ञ, वेत्ता, ज्ञाता, ज्ञानी↓) ←सना० तद्↑ + वि० विद्↓

तनुम् 7.21, द्विती० एक० तनुम् (शरीर को); द्वि० तनू; बहु० तनू: ←स्त्री० तनू (अङ्ग↑, कलेवर↑, काय↑, काया, देह↓, पंजर, पिंड, पुद्गल, बदन, वपु↓, शरीर↓) ←8तना०√तन् (ढकना)

तन्निष्ठा: 5.17, प्रथ० एक० तन्निष्ठ:; द्वि० तन्निष्ठौ; बहु० तन्निष्ठा: (उसमें जिनकी निष्ठा है वे लोग) ←पु० बस० तन्निष्ठ, तस्मिन् निष्ठा यस्य स: (उसमें जिसकी निष्ठा है वह, भक्त↓, श्रद्ध↓) ←सना० तद्↑ + स्त्री० निष्ठा↓

तप: 7.9, प्रथ० एक० तप: (तप); द्वि० तपसी; बहु० तपांसि ←न० तपस्↓

तपन्तम् 11.19, पु० द्विती० एक० तपन्तम् (उष्मा देने वाले को); द्वि० तपन्तौ; बहु० तपत: ←वि० तपत् (तप्त करता हुआ, तपाता हुआ; उष्मा देने वाला, तप्त करने वाला, तपाने वाला) ←1भ्वादि०√तप् (तपाना)

तपस् 4.10, न० (1. उष्मा, गर्मी; 2. अनुष्ठान, तप, तपश्चर्या, तपस्या, तपस्वी भाव, ध्यान, व्रत, साधना; धार्मिक अनुष्ठान, शास्त्रविहित कर्मानुष्ठान) ←1भ्वादि०√तप्

तपसा 11.53, तृती० एक० तपसा (तपश्चर्या से); द्वि० तपोभ्याम्; बहु० तपोभि: ←न०

तपस↑

तपसि 17.27, सप्त॰ एक॰ तपसि (तप में); द्वि॰ तपसो:; बहु॰ तप:सु ←न॰ तपस्↑

तप:सु 8.28, सप्त॰ एक॰ तपसि; द्वि॰ तपसो:; बहु॰ तप:सु (तपों में) ←न॰ तपस्↑

तपस्यसि 9.27, पर॰ नामधातु, एक॰ उत्तम॰ तपस्यामि; मध्य॰ तपस्यसि (तू तपस्या करता है); अन्य॰ तपस्यति ←न॰ तपस्↑ + कृत् प्रत्यय यत्

तपस्विन् 6.46, पु॰ (तप, तपश्चर्या –करने वाला; तपस्वी) ←न॰ तपस्↑

तपस्विभ्य: 6.46, चतु॰ एक॰ तपस्विने; द्वि॰ तपस्विभ्याम्; बहु॰ तपस्विभ्य: (तपस्वियों को) ←पु॰ तपस्विन्↑

तपस्विषु 7.9, सप्त॰ एक॰ तपस्विनि; द्वि॰ तपस्विनो:; बहु॰ तपस्विषु (तपस्वियों में) ←पु॰ तपस्विन्↑

तपामि 9.19, लट् वर्त॰ पर॰ उत्तम॰ एक॰ तपामि (मैं तपाता हूँ); द्वि॰ तपाव:; बहु॰ तपाम:; मध्य॰ एक॰ तपसि; अन्य॰ एक॰ तपति ←1भ्वादि॰√तप् (तपाना)

तपोभि: 11.48, तृती॰ एक॰ तपसा; द्वि॰ तपोभ्याम्; बहु॰ तपोभि: (तपों से, तपों के द्वारा) ←न॰ तपस्↑

तपोयज्ञा: 4.28, प्रथ॰ एक॰ तपोयज्ञ:; द्वि॰ तपोयज्ञौ; बहु॰ तपोयज्ञा: (तपयज्ञ करने वाले) ←पु॰ तपोयज्ञ, तस॰ तपसाम् यज्ञ: (तपों का यज्ञ); बस॰ तपसा यज्ञ: यस्य स: (तपों द्वारा यज्ञ जिसका; तपरूपी यज्ञ करने वाला; गीता में जो जपयज्ञ 10.25↑, तपयज्ञ 4.28, द्रव्ययज्ञ 4.28↓, नामयज्ञ 16.17↓, योगयज्ञ 4.28↓, ज्ञानयज्ञ 4.33↓ आदिक कहे गए हैं उनमे से कोई एक करने वाला) ←न॰ तपस्↑ + पु॰ यज्ञ↓

तप्तम् 17.17, न॰ प्रथ॰–द्विती॰ एक॰ तप्तम् (तपस्या किया हुआ, ॰को); द्वि॰ तप्ते; बहु॰ तप्तानि ←वि॰ तप्त (तप, तपश्चर्या, तपस्या –किया हुआ) ←4दिवा॰√तप् (तपस्या करना)

तप्यन्ते 17.5, लट् वर्त॰ आत्म॰ अन्य॰ एक॰ तप्यते; द्वि॰ तप्येते; बहु॰ तप्यन्ते (वे तपस्या करते हैं); उत्तम॰ बहु॰ तप्ये; मध्य॰ बहु॰ तप्यध्वे ←4दिवा॰√तप् (तपस्या करना)

तम् 2.1, पु॰ द्विती॰ एक॰ तम् (तुझको, तुझे); द्वि॰ तौ; बहु॰ तान्↓ ←सना॰ तद्↑

तम 1.46, तद्धित प्रत्यय (गुणाधिक्य, अधिकता, से अधिक –सूचक) ←√तॄ

तम: 10.11, प्रथ॰–द्विती॰ एक॰ तम: (तमोगुण); द्वि॰ तमसी; बहु॰ तमांसि ←न॰ तमस्↓

तमस् 7.12, न॰ (अंधकार, अंधेरा, तम, तिमिर, तमिस्त्र, ध्वान्त; तमोगुण, भ्रम) ←4दिवा॰√तम् (विकल होना)

तमसः 8.9, (1) पंच॰ एक॰ तमसः (तम से, तम की अपेक्षा); द्वि॰ तमोभ्याम्; बहु॰ तमोभ्यः; (2) 14.16, षष्ठी॰ एक॰ तमसः (तम का); द्वि॰ तमसोः; बहु॰ तमसाम् ←न॰ तमस्↑

तमसा 18.32, तृती॰ एक॰ तमसा (तम से, तम के द्वारा); द्वि॰ तमसोभ्याम्; बहु॰ तमसोभिः ←न॰ तमस्↑

तमसि 14.13, सप्त॰ एक॰ तमसि (तमोगुण में); द्वि॰ तमसोः; बहु॰ तमःसु ←न॰ तमस्↑

तमोद्वारैः 16.22, तृती॰ एक॰ तमोद्वारेण; द्वि॰ तमोद्वाराभ्याम्; बहु॰ तमोद्वारैः (नरक के द्वारों से) ←न॰ तस॰ तमोद्वार, तमसः द्वारम् (अंधेरे की ओर ले जाने वाला, तमोगुण में धकेलने वाला, भ्रम का मार्ग दिखलाने वाला, नीच वृत्ति का, नरक का –द्वार) ←न॰ तमस्↑ + न॰ द्वार↓

तया 2.44, स्त्री॰ तृती॰ एक॰ तया (उससे); द्वि॰ ताभ्याम्; बहु॰ ताभिः ←सना॰ तद्↑

तयोः 3.34, पु॰ न॰ षष्ठी॰ एक॰ तस्य↓; द्वि॰ तयोः (उन दोनों का,की,के); बहु॰ तेषाम्↓ ←सना॰ तद्↑

तरन्ति 7.14, लट् वर्त॰ पर॰ अन्य॰ एक॰ तरति; द्वि॰ तरतः; बहु॰ तरन्ति (वे तर जाते हैं) ←1भ्वादि॰√तॄ (तरना, पार करना)

तरिष्यसि 18.58, लृट् अपूर्ण भवि॰ पर॰ उत्तम॰ तरिष्यामि; मध्य॰ तरिष्यसि (तू तरेगा); अन्य॰ तरिष्यति ←1भ्वादि॰√तॄ (तरना, पार करना)

तव 1.3, पु॰ न॰ षष्ठी॰ एक॰ तव (तेरा); द्वि॰ युवयोः; बहु॰ युष्माकम् ←सना॰ युष्मद्↓

तस्मात् 1.37, अव्य॰ (इसलिए, इस कारण से; इस की अपेक्षा); 8.20, पु॰ पंच॰ एक॰ तस्मात् (उससे); द्वि॰ ताभ्याम्; बहु॰ तेभ्यः ←सना॰ तद्↑

तस्मिन् 14.3, पु॰ न॰ सप्त॰ एक॰ तस्मिन् (उसमें); द्वि॰ तयोः; बहु॰ तेषु↓ ←सना॰ तद्↑

तस्य 1.12, पु॰ न॰ षष्ठी॰ एक॰ तस्य (उसका,की,के); द्वि॰ तयोः↑; बहु॰ तेषाम्↓ ←सना॰ तद्↑

तस्याम् 2.69, सप्त॰ स्त्री॰ एक॰ तस्याम् (उसमें); द्वि॰ तयोः; बहु॰ तासु ←सना॰ तद्↑

तात 6.40, संबो॰ एक॰ तात (हे तात!); द्वि॰ तातौ; बहु॰ ताताः ←पु॰ तात (प्रियजन, प्यारा; पिता) ←8तना॰√तन्

तान् 1.7, पु॰ द्विती॰ एक॰ तम्↑; द्वि॰ तौ; बहु॰ तान् (उनको) ←सना॰ तद्↑

तानि 2.61, न॰ प्रथ॰–द्विती॰ एक॰ तत्↑; द्वि॰ ते; बहु॰ तानि (वे, ॰उनको) ←सना॰ तद्↑

ताम् 7.21, द्विती॰ स्त्री॰ एक॰ ताम् (उसको); द्वि॰ ते; बहु॰ ताः ←सना॰ तद्↑

तामस 7.12, (1) वि॰ (अज्ञानी, तमोगुणी); (2) न॰ (अंधकार, तमस्↑, तिमिर; अज्ञान, मूढ़ता) ←न॰ तमस्↑

तामसः 18.7, पु॰ प्रथ॰ एक॰ तामसः (तामस); द्वि॰ तामसौ; बहु॰ तामसाः↓ ←वि॰ तामस↑

तामसप्रियम् 17.10, न॰ प्रथ॰–द्विती॰ एक॰ तामसप्रियम् (जो तामसी को या तामसियों को प्रिय है वह, ॰उसको); द्वि॰ तामसप्रिये; बहु॰ तामसप्रियाणि ←वि॰ तस॰ तामसप्रिय, तामसानाम् प्रियम् (तामसियों को प्रिय है वह) ←वि॰ तामस↑ + वि॰ प्रिय↓

तामसम् 17.13, पु॰ द्विती॰ एक॰ तामसम् (तामस को, तामसी को); द्वि॰ तामसौ; बहु॰ तामसान् ←वि॰ तामस↑

तामसाः 7.12, पु॰ प्रथ॰ एक॰ तामसः↑; द्वि॰ तामसौ; बहु॰ तामसाः (जो तमोगुणी हैं वे) ←वि॰ तामस↑

तामसी 17.2, स्त्री॰ प्रथ॰ एक॰ तामसी (जो तमोगुणी है वह); द्वि॰ तामस्यौ; बहु॰ तामस्यः ←वि॰ तामस↑

तावत् 2.46, अव्य॰ (तब तक); सार्वनामिक वि॰ (उतना, वैसा) ←सना॰ तद्

तावान् 2.46, पु॰ प्रथ॰ एक॰ तावान् (उतना); द्वि॰ तावान्तौ; बहु॰ तावान्तः ←वि॰ तावत्↑

तासाम् 14.4, स्त्री॰ षष्ठी॰ एक॰ तस्याः (उसका,की,के); द्वि॰ तयोः; बहु॰ तासाम् ←सना॰ तद्↑

तितिक्षस्व 2.14; लोट् आत्म॰ आज्ञार्थक मध्य॰ एक॰ तितिक्षस्व (तू सहन कर); द्वि॰ तितिक्षेताम्; बहु॰ तितिक्षध्वम् ←1भ्वादि॰√तिज् (सहन करना)

तिष्ठति 3.5, लट् वर्त॰ पर॰ एक॰ उत्तम॰ तिष्ठामि; मध्य॰ तिष्ठसि↓; अन्य॰ तिष्ठति (वह रहता है); अन्य॰ द्वि॰ तिष्ठतः; अन्य॰ बहु॰ तिष्ठन्ति↓ ←1भ्वादि॰√स्था (रहना)

तिष्ठन्तम् 13.28, पु॰ द्विती॰ एक॰ तिष्ठन्तम् (जो स्थित हुआ है वह); द्वि॰ तिष्ठन्तौ; बहु॰ तिष्ठन्तः ←वि॰ तिष्ठत् (रहता हुआ, रहने वाला) ←1भ्वादि॰√स्था (रहना)

तिष्ठन्ति 14.18, लट् वर्त॰ पर॰ उत्तम॰ एक॰ तिष्ठति↑; द्वि॰ तिष्ठतः; बहु॰ तिष्ठन्ति (वे रहते हैं) ←1भ्वादि॰√स्था (रहना)

तिष्ठसि 10.16, लट् वर्त॰ पर॰ एक॰ उत्तम॰ तिष्ठामि; मध्य॰ तिष्ठसि (तू रहता है); अन्य॰ तिष्ठति↑ ←1भ्वादि॰√स्था (रहना)

तु 1.2, अव्य॰ (अब; अपितु, किन्तु, परंतु; और, भी, व, सुद्धां; कारण, क्यों कि – आदिक अर्थ अथवा पादपूरक शब्द) ←6तुदा॰√तुद्

तुमुलः 1.13, पु॰ प्रथ॰ एक॰ तुमुलः (तुमुल); द्वि॰ तुमुलौ; बहु॰ तुमुलाः ←(1) वि॰ तुमुल (ऊंचा, कर्कश, कठोर, घनघोर, घोर↑, तुंबल, बुलंद, भयंकर, भयानक↓); (2) पु॰ न॰ (कोलाहल, खलबली, गड़बड़ी, तहलका, धांधल, शोर, सनसनी, हड़कम्प, हड़बड़ी, हलचल, हंगामा, हो–हल्ला) ←2अदा॰√तु

तुल्य 12.19, वि॰ (समान– कीमत का, जोर का, तोल का, भार का, मोल का, वजन का; सम↓, समतोल, समान, सरीखा; अभिन्न, एक श्रेणी का, सदृश↓) ←10√तुल्

तुल्यः 14.25, पु॰ प्रथ॰ एक॰ तुल्यः (समान, जो समतोल है वह); द्वि॰ तुल्यौ; बहु॰ तुल्याः ←वि॰ तुल्य↑

तुल्यनिन्दात्मसंस्तुतिः 14.24, पु॰ प्रथ॰ एक॰ तुल्यनिन्दात्मसंस्तुतिः (आपनी निंदा तथा स्तुति को समान समझने वाला); द्वि॰ ॰संस्तुती; बहु॰ ॰संस्तुतयः ←पु॰ बस॰ तुल्यनिन्दात्मसंस्तुति, तुल्ये निन्दा च आत्मनः संस्तुतिः च यस्मै सः (निज निंदा और स्तुति को समतोल देखने वाला) ←वि॰ तुल्य↑ + स्त्री॰ निन्दा↓ + न॰ आत्मन्↑ + स्त्री॰ संस्तुति (अतीव– तारीफ, प्रशंसा, वाहवाही, स्तुति↓) ←सम्√स्तु 2अदा॰

तुल्यनिन्दास्तुतिः 12.19, पु॰ प्रथ॰ एक॰ तुल्यनिन्दास्तुतिः (निंदा और स्तुति समानता से लेने वाला); द्वि॰ ॰स्तुती; बहु॰ ॰स्तुतयः ←वि॰ बस॰ तुल्यनिन्दास्तुति, तुल्ये निन्दा च स्तुतिः च यस्मै (निंदा और स्तुति को सम मानने वाला) ←वि॰ तुल्य↑ + स्त्री॰ निन्दा↓ + स्त्री॰ स्तुति↓

तुल्यप्रियाप्रियः 14.24, प्रथ॰ एक॰ तुल्यप्रियाप्रियः (प्रिय और अप्रिय समान चाहने वाला); द्वि॰ ॰प्रियौ; बहु॰ ॰प्रियाः ←पु॰ बस॰ तुल्यप्रियाप्रिय, तुल्ये प्रियम् च अप्रियम् च यस्मै सः (प्रीय और अप्रिय समान महसूस करने वाला) ←वि॰ तुल्य↑ + वि॰ प्रिय↓ + वि॰ अप्रिय↑

तुष्ट 2.55, वि॰ (आनंदित, उत्फुल्ल, तृप्त↓, हर्षित; खुश, सन्तुष्ट↓, संतोष पाया हुआ, संतोषी, साबिर) ←4दिवा॰√तुष् (संतोष पाना)

तुष्टः 2.55, पु॰ प्रथ॰ एक॰ तुष्टः (तृप्त); द्वि॰ तुष्टौ; बहु॰ तुष्टाः ←वि॰ तुष्ट↑

तुष्टिः 10.5, प्रथ॰ एक॰ तुष्टिः (तृप्ति); द्वि॰ तुष्टी; बहु॰ तुष्टयः ←स्त्री॰ तुष्टि (आनंद, तृप्ति↓, प्रसन्नता, संतोष) ←4दिवा॰√तुष् (तृप्त होना)

तूष्णीम् 2.9, अव्य॰ (चुप, चुपचाप, न बोलते हुए, मौनता से; निस्पंद, सन्न, स्तब्ध↓. स्थिर↓) ←4दिवा॰√तुष् (प्रसन्न, संतुष्ट –होना)

तुष्यति 6.20, लट् वर्त॰ पर॰ एक॰ उत्तम॰ तुष्यामि; मध्य॰ तुष्यसि; अन्य॰ तुष्यति (वह

संतुष्ट होता है); अन्य० द्वि० तुष्यतः; अन्य० बहु० तुष्यन्ति↓ ←4दिवा०√तुष् (तृप्त होना)

तुष्यन्ति 10.9, लट् वर्त० पर० अन्य० एक० तुष्यति↑; द्वि० तुष्यतः; बहु० तुष्यन्ति (वे संतुष्ट होते हैं) ←4दिवा०√तुष् (तृप्त होना)

तृप्त 3.17, वि० (आनंदित, तुष्ट↑, हर्षित –हुआ; खुश, सन्तुष्ट↓, संतोष पाया हुआ, संतोषी, साबिर) ←4दिवा०√तृप् (प्रसन्न, संतुष्ट –होना)

तृप्तिः 10.18, प्रथ० एक० तृप्तिः (तृप्ति); द्वि० तृप्ती; बहु० तृप्तयः ←स्त्री० तृप्ति (समाधान, तुष्टि↑, प्रसन्नता, संतोष) ←4दिवा०√तृप् (प्रसन्न, संतुष्ट –होना)

तृष्णासङ्गसमुद्भवम् 14.7, द्वितीο एक० तृष्णासङ्गसमुद्भवम् (जो तृष्णा और आसक्ति में उद्भूत हुआ है उसको); द्वि० तृष्णासङ्गसमुद्भवौ; बहु० तृष्णासङ्गसमुद्भवान् ←पु० बस० तृष्णासङ्गसमुद्भव, तृष्णायाः च सङ्गात् च समुद्भवः यस्य सः (लालसा और आसक्ति में उद्गम पाया हुआ) ←स्त्री० तृष्णा (कामना, तृषा, पिपासा, प्यास, लालसा, वासना, हवस) + पु० सङ्ग↓ + पु० समुद्भव↓

ते (1) 1.33, पु० प्रथ० एक० सः↓ द्वि० तौ; बहु० ते (वे) ←सना० तद्↓ (2) 1.7, पु० न० स्त्री० चतु० एक० ते (तुझको); द्वि० वाम्; बहु० वः अथवा युष्मभ्यम् ←सना० युष्मद्↓ (3) 2.7, पु० षष्ठी० एक० ते (तेरा); द्वि० वाम्; बहु० वः अथवा युष्माकम् ←सना० युष्मद्↓ (4) 2.34, स्त्री० षष्ठी० एक० ते (तेरी); द्वि० वाम्; बहु० वः अथवा युष्माकम् ←सना० युष्मद्↓

तेजस् 7.9 न० (आभा, औप, कांति, चमक, तेज, प्रभा↓; अग्नि↑, उष्णता, ज्वाला) ←10चुरा०√तिज् (तेज करना)

तेजः 7.9, न० प्रथ०–द्वितीο एक० तेजः (तेज, तेज को); द्वि० तेजसी; बहु० तेजांसि ←न० तेजस्↑

तेजस्विनाम् 7.10, षष्ठी० एक० तेजस्विनः; द्वि० तेजस्विनोः; बहु० तेजस्विनाम् (तेजस्वियों में) ←पु० तेजस्विन् (तेजस्वी, तेजोपुंज; चमकदार) ←न० तेजस्↑

तेजोभिः 11.30, तृती० एक० तेजसा; द्वि० तेजोभ्याम्; बहु० तेजोभिः (उष्ण किरणों से) ←न० तेजस्↑

तेजोमयम् 11.47, न० प्रथ०–द्वितीο एक० तेजोमयम् (तेज से भरा हुआ, भरे हुए को); द्वि० तेजोमये; बहु० तेजोमयानि ←वि० तद्धित० तेजोमय (तेजदार, तेजपूर्ण, तेजोपुंज, तेजयुक्त) ←न० तेजस्↑ + तद्धित प्रत्यय मय↓

तेजोराशिम् 11.17, द्वितीο एक० तेजोराशिम् (तेज की राशि –को); द्वि० तेजोराशी; बहु०

तेजोराशी: ←स्त्री॰ तस॰ तेजोराशि, तेजस: राशि: (तेज का पुंज) ←न॰ तेजस्↑ + स्त्री॰ राशि (गड्डी, चय, ढेरी, पर्बत, पुंज, समवाय↑, समुच्चय, समाहार, सांठा) ←5स्वादि॰√अश्

तेन 3.38, पु॰ न॰ तृती॰ एक॰ <u>तेन</u> (उससे, उसके द्वारा); द्वि॰ ताभ्याम्; बहु॰ तै:↓ ←सना॰ तद्↑

तेषाम् 5.16, पु॰ न॰ षष्ठी॰ एक॰ तस्य↑ द्वि॰ तयो:; बहु॰ <u>तेषाम्</u> (उनका) ←सना॰ तद्↑

तेषु 2.62, पु॰ न॰ सप्त॰ एक॰ तस्मिन्↑; द्वि॰ तयो:; बहु॰ <u>तेषु</u> (उन पर, उनमें, उनमें) ←सना॰ तद्↑

तै: 3.12, पु॰ न॰ तृती॰ एक॰ तेन↑; द्वि॰ ताभ्याम्; बहु॰ <u>तै:</u> (उनसे, उनके द्वारा) ←सना॰ तद्↑

तोयम् 9.26, न॰ प्रथ॰–द्विती॰ एक॰ ←न॰ तोय (अम्बु↑, अप्↑, अन्भस↑, आप↑, उद, उदक↑, जल, जीवन↑, नीर, पय, पानी, पुष्कर, वारि, सलिल, क्षीर) ←2अदा॰√तु

तौ 2.19, पु॰ प्रथ॰ एक॰ स:↓ द्वि॰ <u>तौ</u> (वे दोनों); बहु॰ ते ←सना॰ तद्↑

(त्य)

त्यक्त 1.9, वि॰ (छोड़ा हुआ, त्यागा हुआ) ←1भ्वादि॰√त्यज् (त्यागना)

त्यक्तजीविता: 1.9, पु॰ प्रथ॰ एक॰ त्यक्तजीवित:; द्वि॰ त्यक्तजीवितौ; बहु॰ <u>त्यक्तजीविता:</u> (जान की चिंता छोड़े हुए) ←वि॰ बस॰ त्यक्तजीवित, त्यक्तम् जीवितम् यस्य (जीवन का त्याग किया हुआ, जान की बाजी लगाया हुआ, प्राण त्यागने को तैयार) ←वि॰ त्यक्त↑ + न॰ जीवित (अस्तित्व, आयुस, जान, जीव↓, जीवन↑, प्राण↓; प्राणधारी) ←1भ्वादि॰√जीव् (जीना)

त्यक्तसर्वपरिग्रह: 4.21, प्रथ॰ एक॰ <u>त्यक्तसर्वपरिग्रह:</u> (सर्व संपत्ति को त्यागा हुआ); द्वि॰ ॰परिग्रहौ; बहु॰ ॰परिग्रहा: ←पु॰ बस॰ त्यक्तसर्वपरिग्रह, त्यक्ता: सर्वे परिग्रहा: येन स: (सब धन छोड़ चुका हुआ) ←वि॰ त्यक्त↑ + सना॰ सर्व↓ + पु॰ परिग्रह (अर्थ, दौलत, धन↓, प्राप्ति, वित्त, संपत्ति)

त्यक्तुम् 18.11, अव्य॰ (त्यागने के लिए, छोड़ने के लिए) ←1भ्वादि॰√त्यज् (त्यागना)

त्यक्त्वा 1.33, अव्य॰ (त्याग कर, छोड़ कर) ←1भ्वादि॰√त्यज् (त्यागना)

त्यजति 8.6, लट् वर्त॰ पर॰ एक॰ उत्तम॰ त्यजामि; मध्य॰ त्यजसि; अन्य॰ <u>त्यजति</u> (वह त्यागता है) ←1भ्वादि॰√त्यज् (त्यागना)

त्यजन् 8.13, प्रथ॰ एक॰ <u>त्यजन्</u> (त्याग करते हुए); द्वि॰ त्यजन्तौ; बहु॰ त्यजन्तः ←वि॰ त्यजत् (त्यागने वाला, छोड़ने वाला; छोड़ते हुए) ←1भ्वादि॰√त्यज् (त्यागना)

त्यजेत् 16.21, विधि॰ पर॰ एक॰ उत्तम॰ त्यजेयम्; मध्य॰ त्यजेः; अन्य॰ <u>त्यजेत्</u> (वह त्यागना चाहिए, वह त्याग करेगा) ←1भ्वादि॰√त्यज् (त्यागना)

त्याग 12.11, पु॰ (अलग होना; छोड़ना, तिलांजली देना; अर्पण, चढ़ावा, न्योछावर, प्रदान, बलिदान, समर्पण; परित्याग, विसर्जन, वैराग्य) ←1भ्वादि॰√त्यज् (त्यागना, छोड़ना; विरक्त होना)

त्यागः 16.2, प्रथ॰ एक॰ <u>त्यागः</u> (त्याग); द्वि॰ त्यागौ; बहु॰ त्यागाः ←पु॰ त्याग↑

त्यागफलम् 18.8 प्रथ॰–द्विती॰ एक॰ <u>त्यागफलम्</u> (त्यागफल, त्याग के फल को); द्वि॰ त्यागफले; बहु॰ त्यागफलानि ←न॰ तस॰ त्यागफल, त्यागस्य फलम् (त्याग का फल, त्याग के द्वारा पाया जाने वाला परिणाम) ←पु॰ त्याग↑ + न॰ फल↓

त्यागम् 18.2, द्विती॰ एक॰ <u>त्यागम्</u> (त्याग को); द्वि॰ त्यागौ; बहु॰ त्यागान् ←पु॰ त्याग↑

त्यागस्य 18.1, षष्ठी॰ एक॰ <u>त्यागस्य</u> (त्याग का,की,के); द्वि॰ त्यागयोः; बहु॰ त्यागानाम् ←पु॰ त्याग↑

त्यागात् 12.12, पंच॰ एक॰ <u>त्यागात्</u> (त्याग से); द्वि॰ त्यागाभ्याम्; बहु॰ त्यागेभ्यः ←पु॰ त्याग↑

त्यागिन् 18.10, पु॰ (छोड़ने वाला, त्यागने वाला, त्यागी↓) ←√त्यज् (त्यागना, छोड़ना)

त्यागी 18.10, प्रथ॰ एक॰ <u>त्यागी</u> (त्यागी मनुष्य); द्वि॰ त्यागिनौ; बहु॰ त्यागिनः ←पु॰ त्यागिन्↑

त्यागे 18.4, सप्त॰ एक॰ <u>त्यागे</u> (त्याग में); द्वि॰ त्यागयोः; बहु॰ त्यागेषु ←पु॰ त्याग↑

त्याज्यम् 18.3, न॰ प्रथ॰–द्विती॰ एक॰ <u>त्याज्यम्</u> (जो छोड़ने के लायक है वह, ॰उसको); द्वि॰ त्याज्ये; बहु॰ त्याज्यानि ←वि॰ त्याज्य (त्यक्तव्य, त्यजनीय, त्यागने के लिए उचित, छोड़ने योग्य) ←1भ्वादि॰√त्यज् (त्यागना)

(त्र)

त्रय 11.20, न॰ (त्रिगूट, तीन का समूह); वि॰ (तिन का समूह, तिहरा, तिलड़ा, तीन, तीन तरह का) ←वि॰ त्रि↓

त्रयम् 16.21, प्रथ॰–द्विती॰ एक॰ <u>त्रयम्</u> (तीन का समूह, समूह को); द्वि॰ त्रये; बहु॰ त्रयाणि ←न॰ त्रय↑

त्रयीधर्मम् 9.21, द्विती॰ एक॰ <u>त्रयीधर्मम्</u> (तीनों वेदों में कहे हुए आचरण को, आचरणों को –समाहारवाचक); द्वि॰ त्रयीधर्मौ; बहु॰ त्रयीधर्मान् ←पु॰ तस॰ त्रयीधर्म, त्रय्या: धर्म: (तीनों वेदों में अथवा सर्व वेदों में कहा हुआ सदाचरण) ←स्त्री॰ त्रयी (1. ऋक्↑, यजुस्↓ और सामवेद↓ का समूह; 2. तिगड्डा, तीन का समूह, त्रिक्, त्रिगूट) ←1भ्वादि॰√तॄ+ पु॰ धर्म↓

त्रायते 2.40, लट् वर्त॰ आत्म॰ एक॰ उत्तम॰ त्राये; मध्य॰ त्रायसे; अन्य॰ <u>त्रायते</u> (वह रक्षण करता है) ←1भ्वादि॰√त्रै (बचाना, रक्षण करना)

त्रि 2.45, वि॰ (तीन); नित्यबहुवचनी प्रथ॰ त्रय↑ द्विती॰ त्रीन्; तृती॰ त्रिभि:↓ चतु॰ त्रिभ्य; पंच॰ त्रिभ्य:; षष्ठी॰ त्रयाणाम्; सप्त॰ त्रिषु↓ ←1भ्वादि॰√तॄ (तरना, पार करना)

त्रिधा 18.19, अव्य॰ (तीन प्रकार से, तीन विभागों से) ←वि॰ त्रि↑

त्रिभि: 7.13, तृती॰ पु॰ <u>त्रिभि:</u> (तीन प्रकारों से); न॰ <u>त्रिभि:</u> (तीन कारणों से); स्त्री॰ तिसृभि: ←वि॰ त्रि↑

त्रिविध 16.21, वि॰ बस॰ त्रयाणाम् विधानाम् समाहार: यस्मिन् (तीन– तरह का, प्रकार का, रीति का) ←वि॰ त्रि↑ + पु॰ विध↓

त्रिविध: 17.7, पु॰ प्रथ॰ एक॰ <u>त्रिविध:</u> (तीन प्रकार का); द्वि॰ त्रिविधौ; बहु॰ त्रिविधा: ←वि॰ त्रिविध↑

त्रिविधम् 16.21, न॰ प्रथ॰–द्विती॰ एक॰ <u>त्रिविधम्</u> (तीन प्रकार का); द्वि॰ त्रिविधे; बहु॰ त्रिविधानि ←वि॰ त्रिविध↑

त्रिविधा 17.2, स्त्री॰ प्रथ॰ एक॰ <u>त्रिविधा</u> (तीन प्रकार की); द्वि॰ त्रिविधे; बहु॰ त्रिविधा: ←वि॰ त्रिविध↑

त्रिषु 3.22, सप्त॰ बहु॰ पु॰ <u>त्रिषु</u> (तीनों में); न॰ <u>त्रिषु</u> (तीनों में); स्त्री॰ तिसृषु ←वि॰ त्रि↑

त्रीन् 14.20, द्विती॰ बहु॰ पु॰ <u>त्रीन्</u> (तीन–को); न॰ त्रीणि; स्त्री॰ त्रिस्र: ←वि॰ त्रि↑

त्रैगुण्य 2.45, वि॰ बस॰ त्रयाणाम् गुणानाम् समाहार: यस्मिन् (तीन गुणों का; जिसमें सत्त्व, रज, तम गुण हैं वह) ←वि॰ त्रि↑ + पु॰ गुण↑

त्रैगुण्यविषया: 2.45, पु॰ प्रथ॰ एक॰ त्रैगुण्यविषय:; द्वि॰ त्रैगुण्यविषयौ; बहु॰ <u>त्रैगुण्यविषया:</u> (तीनों गुण जिनके विषय हैं वे) ←वि॰ बस॰ त्रैगुण्यविषय, त्रैगुण्यम् विषय: यस्य स: (तीनों गुण जिसका विषय है वह) ←न॰ त्रैगुण्य↑ + पु॰ विषय↓

त्रैलोक्यराज्यस्य 1.35, षष्ठी॰ एक॰ <u>त्रैलोक्यराज्यस्य</u> (त्रिभुवन के राज्य का,की,के); द्वि॰ ॰राज्ययो:; बहु॰ त्रैलोक्यराज्याणाम् ←न॰ तस॰ त्रैलोक्यराज्य, त्रैलोकस्य राज्यम् (त्रिभुवन का राज्य) ←न॰ द्विगु॰ त्रैलोक्य, त्रयाणाम् लोकानाम् समाहार: (तीनों लोक, त्रिभुवन;

पाताल, पृथ्वी व स्वर्ग) ←वि॰ त्रि↑ + पु॰ लोक↓ + न॰ राज्य↓

त्रैविद्याः 9.20, पु॰ प्रथ॰ एक॰ त्रैविद्यः; द्वि॰ त्रैविद्यौ; बहु॰ त्रैविद्याः (जो वेदपारंगत हैं वे) ←वि॰ बस॰ त्रैविद्य, तिस्रः विद्याः यस्य सः (तीनों विद्याओं में जो पारंगत है वह, तीनों वेदों का ज्ञाता, वेदपारंगत, वेदवेत्ता); स्त्री॰ द्विगु॰ त्रैविद्या, त्रयाणाम् वेदविद्यानाम् समाहारः (तीन विद्या, तीन वेद, त्रयी↑) ←वि॰ त्रि↑ + स्त्री॰ विद्या↓

(त्व)

त्वक् 1.30, प्रथ॰ एक॰ त्वक् (त्वचा); द्वि॰ त्वचौ; बहु॰ त्वचः ←स्त्री॰ त्वच् (अजिन, ऐण, कृति, खाल, खेट, चमड़ी, चर्म, त्वचा, दृति) ←6तुदा॰√त्वच् (ढकना, छुपाना)

त्वत् 6.39, पंच॰ एक॰ त्वत् (तुझसे); द्वि॰ युवाभ्याम्; बहु॰ युष्मत् ←सना॰ युष्मद्↓

त्वत्तः 11.2, अव्य॰ (आपसे) ←सना॰ त्वत्↑

त्वत्प्रसादात् 18.73, पंच॰ एक॰ त्वत्प्रसादात् (आपके प्रसाद से); द्वि॰ ॰त्वत्प्रसादाभ्याम्; बहु॰ त्वत्प्रसादेभ्यः ←पु॰ तस॰ त्वत्प्रसाद, तव प्रसादः (तेरा प्रसाद, आप से मिला हुआ प्रसाद) ←सना॰ त्वत्↑ + पु॰ प्रसाद↓

त्वत्समः 11.43, पु॰ प्रथ॰ एक॰ त्वत्समः (जो तेरे समान है वह); द्वि॰ त्वत्समौ; बहु॰ त्वत्समाः ←वि॰ तस॰ त्वत्सम, तव समः (तेरे– तुल्य, तोड का, सम, समान –है वह) ←सना॰ त्वत्↑ + वि॰ सम↓

त्वदन्य 6.39, वि॰ (तुझसे– अन्य, दूसरा, निराला, भिन्न; तेरे व्यतिरिक्त, तुझे छोड़कर) ←सना॰ त्वत्↑ + वि॰ अन्य↑

त्वदन्यः 6.39, पु॰ प्रथ॰ एक॰ त्वदन्यः (तुझसे अन्य, जो तुझसे अन्य है वह); द्वि॰ त्वदन्यौ; बहु॰ त्वदन्याः ←वि॰ त्वदन्य↑

त्वदन्येन 11.47, पु॰ तृती॰ एक॰ त्वदन्येन (तेरे सिवा दूसरे किसीसे); द्वि॰ त्वदन्याभ्याम्; बहु॰ त्वदन्यैः ←वि॰ त्वदन्य↑

त्वम् 2.11, प्रथ॰ एक॰ त्वम् (तू); द्वि॰ युवाम्; बहु॰ यूयम् ←सना॰ युष्मद्↓

त्वया 6.33, तृती॰ एक॰ त्वया (तुझसे, तेरे द्वारा); द्वि॰ युवाभ्याम्; बहु॰ युष्माभिः ←सना॰ युष्मद्↓

त्वयि 2.3, सप्त॰ एक॰ त्वयि (तुझमें); द्वि॰ युवयोः; बहु॰ युष्मासु ←सना॰ युष्मद्↓

त्वरमाणाः 11.27, पु॰ प्रथ॰ एक॰ त्वरमाणः; द्वि॰ त्वरमाणौ; बहु॰ त्वरमाणाः (शीघ्रता करते हुए) ←वि॰ त्वरमाण (शीघ्रता करता हुआ, जलद गति से जाने वाला) ←1भ्वादि॰√त्वर्

(जलदी करना)

त्वा 2.2, द्विती० एक० त्वा (तुझको); द्वि० वाम्; बहु० वः ←सना० युष्मद्↓

त्वाम् 2.7, द्विती० एक० त्वाम् (तुझको); द्वि० युवाम्; बहु० युष्मान् ←सना० युष्मद्↓

(द)

द 2.14, उत्तरगामी प्रत्यय वि० (कर, कार, कारक, दा, दाता, दायक, देने वाला, प्रद, प्रदान करने वाला) ←3जुहो०√दा (देना)

दण्डः 10.38, प्रथ० एक० दण्डः (डण्डा); द्वि० दण्डौ; बहु० दण्डाः ←पु० दण्ड (अंकुश, छड़ी, डण्डा; शिक्षा) ←10चुरा०√दण्ड्

दत्त 3.12, (1) वि० (दिया हुआ); (2) न० (दान↓) ←3जुहो०√दा (देना)

दत्तम् 17.28, न० प्रथ०-द्विती० एक० दत्तम् (दिया हुआ, दिए हुए को); द्वि० दत्तौ; बहु० दत्तान् ←वि० दत्त↑

दत्तान् 3.12, पु० द्विती० एक० दत्तम्; द्वि० दत्तौ; बहु० दत्तान् (दिए हुओं को) ←वि० दत्त↑

ददामि 10.10, लट् वर्त० पर० एक० उत्तम० ददामि (मैं देता हूँ); मध्य० ददासि↓; अन्य० ददाति ←3जुहो०√दा (देना)

दादासि 9.27, लट् वर्त० पर० एक० उत्तम० ददामि↑; मध्य० ददासि (तू देता है); अन्य० ददाति ←3जुहो०√दा (देना)

दधामि 14.3, लट् वर्त० पर० एक० उत्तम० दधामि (मैं पोषण करता हूँ); मध्य० दधासि; अन्य० दधाति ←3जुहो०√धा (धारणपोषण करना)

दध्मुः 1.18, लिट् परोक्ष भूत० पर० उत्तम० एक० दध्मौ; मध्य० एक० दध्माथ; अन्य० एक० दध्मौ↓ अन्य० द्वि० दध्मतुः; अन्य० बहु० दध्मुः (उन्होंने- फूंके, बजाये) ←1भ्वादि०√ध्मा (फूँकना)

दध्मौ 1.12, लिट् परोक्ष भूत० पर० उत्तम० एक० दध्मौ; मध्य० एक० दध्माथ; अन्य० एक० दध्मौ (उसने- फूंका, बजाया); अन्य० द्वि० दध्मतुः; अन्य० बहु० दध्मुः↑ ←1भ्वादि०√ध्मा (फूँकना)

दमः 10.4, प्रथ० एक० दमः (दमन); द्वि० दमौ; बहु० दमाः ←पु० दम (दमन, निग्रह↓, नियंत्रण, संयम↓) ←4दिवा०√दम् (दमन, निग्रह, संयमन -करना)

दमयताम् 10.38, पु० षष्ठी० एक० दमयतः; द्वि० दमयतोः; बहु० दमयताम् (दमन करने वालों में) ←वि० दमयत् (दमन, निग्रह, संयम -करने वाला) ←4दिवा०√दम् (दमन, निग्रह,

संयमन –करना)

दम्भ 13.8, पु॰ (अहङ्कार↑, अभिमान↑, आढ्यता, उन्माद, गर्व, घमण्ड, दर्प↓, मगरुरी, मद↓, मैं–मैं, स्वाभिमान; छद्म, ढोंग, प्रतारणा, स्वांग) ←5स्वादि॰√दम्भ्

दम्भः 16.4, प्रथ॰ एक॰ दम्भः (दम्भ); द्वि॰ दम्भौ; बहु॰ दम्भाः ←पु॰ दम्भ↑

दम्भमानमदान्विताः 16.10, पु॰ प्रथ॰ एक॰ ॰मदान्वितः; द्वि॰ ॰मदान्वितौ; बहु॰ दम्भमानमदान्विताः (अहङ्कार, मान और मद से युक्त हुए लोग) ←वि॰ तस॰ दम्भमानमदान्वित, दम्भेन च मानेन च मदेन च अन्वितः (अहंकार, मान और मद से जो युक्त है वह) ←पु॰ दम्भ↑ + पु॰ मान↓ + पु॰ मद↓ + वि॰ अन्वित↑

दम्भार्थम् 17.12, द्विती॰ एक॰ दम्भार्थम् (गर्व दिखाने के हेतु को); द्वि॰ दम्भार्थौ; बहु॰ दम्भार्थान् ←पु॰ तस॰ दम्भार्थ, दम्भस्य अर्थः (गर्व दिखाने का हेतु) ←पु॰ दम्भ↑ + पु॰ अर्थ↑

दम्भाहङ्कारसंयुक्ताः 17.5, पु॰ प्रथ॰ एक॰ ॰संयुक्तः; द्वि॰ ॰संयुक्तौ; बहु॰ दम्भाहङ्कारसंयुक्ताः (गर्व और अहंकार से जो युक्त हैं वे लोग) ←वि॰ तस॰ दम्भाहङ्कारसंयुक्त, दम्भेन च अहङ्कारेण च संयुक्तः (दम्भ और अहंकार युक्त) ←पु॰ दम्भ↑ + पु॰ अहङ्कार + वि॰ संयुक्त (जुड़ा हुआ, मिश्र, युक्त हुआ, समन्वित) ←सम्√भुज् 2अदा॰

दम्भेन 16.17, तृती॰ एक॰ दम्भेन (गर्व से, के द्वारा); द्वि॰ दम्भाभ्याम्; बहु॰ दम्भैः ←पु॰ दम्भ↑

दया 16.2, प्रथ॰ एक॰ दया (दया); द्वि॰ दये; बहु॰ दयाः ←स्त्री॰ दया (अनुकंपा, करुणा, कृपा↑)

दर्प 16.4, पु॰ (अहङ्कार↑, अभिमान↑, गर्व, घमंड, दम्भ↑, दुस्साहस) ←1भ्वादि॰√दृप्

दर्पः 16.4, प्रथ॰ एक॰ दर्पः (दर्प); द्वि॰ दर्पौ; बहु॰ दर्पाः ←पु॰ दर्प↑

दर्पम् 16.18, द्विती॰ एक॰ दर्पम् (अभिमान को); द्वि॰ दर्पौ; बहु॰ दर्पान् ←पु॰ दर्प↑

दर्शन 11.10, न॰ (अवलोकन, दृश्य, दृष्टिपात, नजारा, पर्यवेक्षण; दृष्टि में आना, देखना, ध्यान में आना, समझना) ←1भ्वादि॰√दृश् (देखना)

दर्शनकाङ्क्षिणः 11.52, पु॰ प्रथ॰ एक॰ दर्शनकाङ्क्षी; द्वि॰ दर्शनकाङ्क्षिणौ; बहु॰ दर्शनकाङ्क्षिणः (दर्शनेच्छु लोग) ←वि॰ तस॰ दर्शनकाङ्क्षिन्, दर्शनस्य आकाङ्क्षिन् (दर्शन की इच्छा करने वाला, दर्शनाभिलाषी, दर्शनेच्छु) ←न॰ दर्शन↑ + वि॰ आकाङ्क्षिन् (अभिलाषी, आशा करने वाला, इच्छुक, चाहता) ←आ√कांक्ष् 1भ्वादि॰

दर्शय 11.4, लोट् पर॰ आज्ञार्थ प्रयो॰ एक॰ उत्तम॰ दर्शयानि; मध्य॰ दर्शय (तू दिखला);

अन्य० दर्शयतु ←1भ्वादि०√दृश् (देखना)

दर्शयामास 11.9, लिट् परोक्ष भूत० पर० पर्यायोक्त प्रयो० अन्य० एक० दर्शयामास (वह दिखलाने लगा; उसने दिखलाया); द्वि० दर्शयामासतु:; बहु० दर्शयामासु: ←1भ्वादि०√दृश् (देखना)

दर्शितम् 11.47, न० प्रथ०–द्विती० एक० दर्शितम् (दिखाया हुआ, दिखाए हुए को); द्वि० दर्शिते; बहु० दर्शितानि ←वि० दर्शित (दिखाया हुआ) ←1भ्वादि०√दृश् (देखना)

दश 13.6, नित्यबहुवचनी पु० न० स्त्री० एक० प्रथ० दश (दस); द्विती० दश; तृती० दशभि:; चतु० दशभ्य:; पंच० दशभ्य:; षष्ठी० दशानाम्; सप्त० दशसु ←वि० दशन् (दस); समास में अंत्य न् चा लोप होता है।

दशनान्तरेषु 11.27, सप्त० एक० दशनान्तरे; द्वि० दशनान्तरयो:; बहु० दशनान्तरेषु (दातों की चीरों में) ←न० दशनान्तर, दशनयो: अन्तरम् (दातों के बीच का अंतर) ←न० दशन (दंत, दंष्ट्र, दंष्ट्रा↓, दांत, रद, रदन) ←1भ्वादि०√दंश् (काटना, डंख मारना) + न० अन्तर↑

दंष्ट्राकरालानि 11.25, प्रथ०–द्विती० एक० दंष्ट्राकरालम्; द्वि० दंष्ट्राकराले; बहु० दंष्ट्राकरालानि (जिनके विक्राल खाँग दात हैं वे अथवा उनको) ←न० बस० दंष्ट्राकराल, दंष्ट्राभि: करालानि यस्य तत् (विक्राल दाढ़ों वाला) ←स्त्री० दंष्ट्रा (चौभाड़, दाढ़; दंत, दशन↑, दष्ट्र, दांत, रदन) ←1भ्वादि०√दंश् + वि० कराल↑

दहति 2.23, लट् वर्त० पर० एक० उत्तम० दहामि; मध्य० दहसि; अन्य० दहति (वह जलाता है) ←1भ्वादि०√दह् (जलाना, दहन करना)

दक्ष: 12.16, पु० प्रथ० एक० दक्ष: (जो सचेत, सजग, सावध हुआ है वह); द्वि० दक्षौ; बहु० दक्षा: ←वि० दक्ष (खबरदार, जागरुक, सचेत, सजग, सावध, होशियार) ←1भ्वादि०√दक्ष् (होशियार)

दक्षिणायनम् 8.25, न० प्रथ०–द्विती० एक० दक्षिणायनम् (दक्षिणायन); द्वि० दक्षिणायने; बहु० दक्षिणायनानि ←न० तस० दक्षिणायन, दक्षिणाया: अयनम् (दक्षिणमार्ग; विषुववृत्त से या भू-मध्य रेखा से सूर्य का दक्षिणक्रमण, सूर्य की गति कर्क रेखा से मकर रेखा की ओर झुकी होती है वह अवधि; आषाढ़ से माघ तक के छ: महिने, कर्क संक्रांति से मकर संक्रांति तक का काल, मिथुन से मकर पर्यन्त का समय; देखिए उत्तरायण↑) ←स्त्री० दक्षिणा (दक्षिण दिशा) + न० अयन↑

दातव्यम् 17.20, न० प्रथ०–द्विती० एक० दातव्यम् (जो देने लायक है वह, ०उसको); द्वि०

दातव्ये; बहु॰ दातव्यानि ←वि॰ दातव्य (दानीय, देय; देने योग्य) ←1भ्वादि॰√दा (देना)

दान 8.28, न॰ (दत्त↑; दी हुई वस्तु; अधिदान, खैरात, देन, भेंट, पुरस्कार, प्रदान) ←1भ्वादि॰√दा (देना)

दानक्रिया: 17.25, प्रथ॰ एक॰ दानक्रिया (दान की क्रिया); द्वि॰ दानक्रिये; बहु॰ दानक्रिया: ←स्त्री॰ दानक्रिया, दानस्य क्रिया (दानकर्म, देना) ←न॰ दान↑ + स्त्री॰ क्रिया↑

दानम् 10.5, न॰ प्रथ॰-द्विती॰ एक॰ दानम् (दान, दान को); द्वि॰ दाने, बहु॰ दानानि ←न॰ दान↑

दानवा: 10.14, प्रथ॰ एक॰ दानव:; द्वि॰ दानवौ; बहु॰ दानवा: (दानव लोग) ←पु॰ दानव (असुर↑, राक्षस; दनु का वंश- दानव; और विरुद्धार्थ में- मनु का वंश -मानव↓)

दाने 17.27, सप्त॰ एक॰ दाने (दान में); द्वि॰ दानयो:; बहु॰ दानेषु↓ ←न॰ दान↑

दानेन 11.53, तृती॰ एक॰ दानेन (दान से); द्वि॰ दानाभ्याम्; बहु॰ दानै:↓ ←न॰ दान↑

दानेषु 8.28, सप्त॰ एक॰ दाने↑ द्वि॰ दानयो:; बहु॰ दानेषु (दानों में) ←न॰ दान↑

दानै: 11.48, तृती॰ एक॰ दानेन↑ द्वि॰ दानाभ्याम्; बहु॰ दानै: (दानों से) ←न॰ दान↑

दास्यन्ते 3.12, लृट् अपूर्ण भवि॰ आत्म॰ अन्य॰ एक॰ दास्यते; द्वि॰ दास्येते; बहु॰ दास्यन्ते (यदि वे देंगे) ←3जुहो॰√दा (देना)

दास्यामि 16.15, लृट् अपूर्ण भवि॰ पर॰ उत्तम॰ दास्यामि (मैं दूंगा); मध्य॰ दास्यसि; अन्य॰ दास्यति ←3जुहो॰√दा (देना)

दाक्ष्यम् 18.43, प्रथ॰-द्विती॰ एक॰ दाक्ष्यम् (दाक्षिण्य, दाक्षिण्य को); द्वि॰ दाक्ष्ये; बहु॰ दाक्ष्याणि ←न॰ दाक्ष्य (चातुरी, निपुणता; ईमानदारी, नम्रता, शिष्टाचर, सत्यता; दानवृत्ति, दाक्षिण्य) ←1भ्वादि॰√दक्ष्

दिवि 9.20, सप्त॰ एक॰ दिवि (आकाश में); द्वि॰ दिवो:; बहु॰ द्युषु ←स्त्री॰ तद्धित शब्द दिव्, दिवी भाव: (आकाश↑, द्यु↓, स्वर्ग↓) ←4दिवा॰√दिव्

दिव्य 1.14, वि॰ (अलौकिक, असाधारण, लोकोत्तर; दैवी↓, स्वर्गीय; चमकदार, प्रकाशमान) ←4दिवा॰√दिव्

दिव्यगन्धानुलेपनम् 11.11, न॰ प्रथ॰-द्विती॰ एक॰ दिव्यगन्धानुलेपनम् (जिसमें अति सुवासिक लेप लगे हैं वह, ॰उसको); द्वि॰ दिव्यगन्धानुलेपने; बहु॰ दिव्यगन्धानुलेपनानि ←वि॰ बस॰ दिव्यगन्धानुलेपन, दिव्यानाम् गन्धानाम् अनुलेपनानि यस्मै (बहुत सुवासिक लेपों वाला रूप) ←वि॰ दिव्य↑ + पु॰ गन्ध↑ + न॰ अनुलेपन (उबटन, पलस्तर, लेप) ←अनु√लिप् 6तुदा॰

दिव्यम् 4.9, न॰ प्रथ॰–द्विती॰ एक॰ दिव्यम् (दिव्य, जो दिव्य है उसको); द्वि॰ दिव्ये; बहु॰ दिव्यानि ←वि॰ दिव्य↑

दिव्यमाल्याम्बरधरम् 11.11, न॰ प्रथ॰–द्विती॰ एक॰ दिव्यमाल्याम्बरधरम् (जिसने दिव्य हार व वस्त्र धारण किया है वह अथवा उसको); द्वि॰ दिव्यमाल्याम्बरधरे; बहु॰ दिव्यमाल्याम्बरधराणि ←वि॰ बस॰ दिव्यमाल्याम्बरधर, दिव्यानि माल्यानि च अम्बरधराणि धृतम् यत् (अलौकिक मालाएँ और वस्त्र धारण किया हुआ) ←वि॰ दिव्य↑ + न॰ माल्य (फूल, माला, हार) ←3जुहो॰√मा + न॰ अम्बर (कपड़ा, छादन, पट, परिधान, पोशाक, वसन, वस्त्र; आच्छादन करने वाला, आकाश↑) ←1भ्वादि॰√अम्ब् + वि॰ धर↓

दिव्याः 10.16, पु॰ प्रथ॰ एक॰ दिव्यः (जो अलौकिक है वह); द्वि॰ दिव्यौ↓ ←बहु॰ दिव्याः ←वि॰ दिव्य↑

दिव्यान् 9.20, पु॰ द्विती॰ एक॰ दिव्यम्; द्वि॰ दिव्यौ; बहु॰ दिव्यान् (जो दिव्य हैं उनको) ←वि॰ दिव्य↑

दिव्यानाम् 10.40, पु॰ न॰ षष्ठी॰ एक॰ दिव्यस्य; द्वि॰ दिव्ययोः; बहु॰ दिव्यानाम् (जो दिव्य हैं उनका,की,के) ←वि॰ दिव्य↑

दिव्यानि 11.5, न॰ प्रथ॰–द्विती॰ एक॰ दिव्यम्; द्वि॰ दिव्ये; बहु॰ दिव्यानि (जो दिव्य हैं वे अथवा उनको) ←वि॰ दिव्य↑

दिव्यानेकोद्यतायुधम् 11.10, न॰ प्रथ॰–द्विती॰ एक॰ दिव्यानेकोद्यतायुधम् (जो अनेक दिव्य आयुध धारण किया है वह, ॰उसको); द्वि॰ दिव्यानेकोद्यतायुधे; बहु॰ दिव्यानेकोद्यतायुधानि ←वि॰ बस॰ दिव्यानेकोद्यतायुध, दिव्यानि अनेकानि आयुधानि उद्यतानि यस्मिन् तत् (अनेक दिव्य शस्त्र धारण किया हुआ रूप) ←वि॰ दिव्य↑ + वि॰ अनेक↑ + वि॰ उद्यत↑ + न॰ आयुध↑

दिव्यौ 1.14, पु॰ प्रथ॰ एक॰ दिव्यः; द्वि॰ दिव्यौ (दोनों दिव्य); बहु॰ दिव्याः↑ ←वि॰ दिव्य↑

दिशः 6.13, प्रथ॰ एक॰ दिक् अथवा दिग्; द्वि॰ दिशौ; बहु॰ दिशः (दिशाएँ) ←स्त्री॰ दिश् (दिशा; ओर, तरफ) ←6तुदा॰√दिश्

दीप 6.19, (चिराग, दिया, दीपक, दीपिका; उजाला देने वाला, मार्गदर्शक) ←4दिवा॰√दीप् (जलना, चमकना)

दीपः 6.19, प्रथ॰ एक॰ दीपः (दीप); द्वि॰ दीपौ; बहु॰ दीपाः ←पु॰ दीप↑

दीप्त 11.17, वि॰ (उज्ज्वलित, उदीप्त, कांतिमान, चमकने वाला, प्रकाशमय, प्रज्वलित;

जलता हुआ) ←4दिवा॰√दीप् (जलना, चमकना)

दीप्तम् 11.24, पु॰ द्विती॰ एक॰ दीप्तम् (जो दीप्त है वह); द्वि॰ दीप्तौ; बहु॰ दीप्तान् ←वि॰ दीप्त↑

दीप्तविशालनेत्रम् 11.24, प्रथ॰–द्विती॰ एक॰ दीप्तविशालनेत्रम् (जो प्रकाशमय नेत्रों से युक्त है वह, ॰उसको); द्वि॰ दीप्तविशालनेत्रे; बहु॰ दीप्तविशालनेत्राणि ←न॰ बस॰ दीप्तविशालनेत्र, दीप्तानि च विशालानि च नेत्राणि यस्मिन् (प्रकाशमान नेत्रों से युक्त रूप) ←वि॰ दीप्त↑ + वि॰ विशाल↓ + न॰ नेत्र↓

दीप्तहुताशवक्त्रम् 11.19, प्रथ॰–द्विती॰ एक॰ दीप्तहुताशवक्त्रम् (अग्नि समान प्रज्वलित मुख जिसका है वह, ॰उसको); द्वि॰ दीप्तहुताशवक्त्रे; बहु॰ दीप्तहुताशवक्त्राणि ←न॰ दीप्तहुताशवक्त्र, दीप्तः हुताशनः इव वक्त्रम् यस्य तत् रूपम् (प्रज्वलित अग्नि के समान मुख वाला रूप) ←वि॰ दीप्त↑ + पु॰ हुताशन (अग्नि↑, आग, पावक↓) ←3जुहो॰√हु + न॰ वक्त्र↓

दीप्तानलार्कद्युतिम् 11.17, प्रथ॰–द्विती॰ एक॰ दीप्तानलार्कद्युतिम् (दीप्त अग्नि और सूर्य के समान जिसका प्रकाश है वह, ॰उसको); द्वि॰ दीप्तानलार्कद्युती; बहु॰ दीप्तानलार्कद्युतीनि ←न॰ बस॰ दीप्तानलार्कद्युति, अनलस्य च अर्कस्य च इव दीप्तम् द्युतिः यस्य तत् (अग्नि और सूर्य के समान प्रदीप्त जिसकी कांति है वह रूप) ←वि॰ दीप्त↑ + पु॰ अनल↑ + पु॰ अर्क (सूर्य↓) ←1भ्वादि॰√अर्च् + स्त्री॰ द्युति (आभा, औप, कांति, चमक, दीप्ति, प्रभा↓) ←1भ्वादि॰√द्युत्

दीप्तिमन्तम् 11.17, पु॰ द्विती॰ एक॰ दीप्तिमन्तम् (चमकता); द्वि॰ दीप्तिमतौ; बहु॰ दीप्तिमन्तः ←वि॰ दीप्तिमत् (चमकने वाला) ←4दिवा॰√दीप् (जलना, चमकना)

दीयते 17.20, लट् वर्त॰ आत्म॰ प्रयो॰ एक॰ उत्तम॰ दीये; मध्य॰ दीयसे; अन्य॰ दीयते (वह दिया जाता है) ←3जुहो॰√दा (देना)

दीर्घसूत्री 18.28, पु॰ प्रथ॰ एक॰ दीर्घसूत्री (दीर्घसूत्री); द्वि॰ दीर्घसूत्रिणौ; बहु॰ दीर्घसूत्रिणः ←पु॰ दीर्घसूत्रिन् (टालमटूल, हीलाहवाला, देर, विलंब, ढीलाई, सुस्ती –करने वाला; लापरवाह, सुस्त; विलंब से काम करने वाला) ←वि॰ दीर्घ (लंबा) ←1भ्वादि॰√दॄ + वि॰ सुत्रिन् (कर्मचारी, काम करने वाला) ←10चुरा॰√सूत्र्

दुःख 2.14, न॰ (कष्ट, कारणा, क्लेश↑, खेद, खौफ, तकलीफ, दर्द, दुःसह अनुभव, पीड़ा, यंत्रणा, यातना, विषाद↓, वेदना, व्यथा, शोक↓) ←10चुरा॰√दुःख् (दुःखी होना)

दुःखतरम् 2.36, तरभाव न॰ प्रथ॰–द्विती॰ एक॰ दुःखतरम् (उससे बड़ा दुःख, बड़े दुःख

को) ←वि॰ दुःखतर (उससे भी ज्यादा दुःख) ←न॰ दुःख↑

दुःखम् 5.6, (1) प्रथ॰–द्विती॰ एक॰ दुःखम् (दुःख, दुःख को); द्वि॰ दुःखे; बहु॰ दुःखानि; (2) 12.5, क्रिवि॰ (कष्ट से, दुःख से) ←न॰ दुःख↑

दुःखयोनयः 5.22, प्रथ॰ एक॰ दुःखयोनिः; द्वि॰ दुःखयोनी; बहु॰ दुःखयोनयः (दुःख की योनियाँ) ←पु॰ बस॰ दुःखयोनि, दुःखस्य योनिः यः सः (दुःख की योनि; दुःख का मूल, दुख को जन्म देने वाला, दुःख का कारण) ←न॰ दुःख↑ + स्त्री॰ योनि↓

दुःखशोकामयप्रदाः 17.9, पु॰ प्रथ॰ एक॰ दुःखशोकामयप्रदः; द्वि॰ दुःखशोकामयप्रदौ; बहु॰ दुःखशोकामयप्रदाः (जो दुःख, शोक और रोग दायक हैं वे) ←वि॰ तस॰ दुःखशोकामयप्रद, दुःखम् च शोकम् च आमयम् च प्रददाति इति (दुःख, शोक और रोग दायक) ←न॰ दुःख↑ + पु॰ शोक↓ + पु॰ आमय↑ + प्रत्यय प्रद (कारक, करने वाला, दायक, देने वाला) ←प्र√दा 1भ्वादि॰

दुःखसंयोगवियोगम् 6.23, द्विती॰ एक॰ दुःखसंयोगवियोगम् (जो दुःख से विरहित है उसको); द्वि॰ ॰वियोगौ; बहु॰ ॰वियोगान् ←पु॰ दुःखसंयोगवियोग, तस॰ दुःखस्य संयोगात् वियोगः (दुःख के संयोग से विरहित; दुःखरहित) ←न॰ दुःख↑ + पु॰ संयोग↓ + पु॰ वियोग (विच्छेद, विरह, विरहित –होना) ←वि√युज् 2अदा॰

दुःखहा 6.17, प्रथ॰ एक॰ दुःखहा (जो दुःख हारक है वह); द्वि॰ दुःखहानौ; बहु॰ दुःखहानः ←पु॰ दुखहन् (दुःख हरण करने वाला, दुःखभंजक, दुःखहर्ता, दुःखहारी) ←न॰ दुःख↑ + वि॰ हन (नाश, भंजन, विनाश, हरण –करने वाला) ←2अदा॰√हन् (वध करना)

दुःखान्तम् 18.36, द्विती॰ एक॰ दुःखान्तम् (दुःख के अन्त को); द्वि॰ दुःखान्तौ; बहु॰ दुःखान्तान् ←पु॰ तस॰ दुःखान्त, दुःखस्य अन्तः (दुःख का अथवा दुखों का– अन्त, समाप्ति) ←न॰ दुःख↑ + पु॰ अन्त↑

दुःखालयम् 8.15, प्रथ॰–द्विती॰ एक॰ दुःखालयम् (दुखों का सांठा, दुःख के आलय को); द्वि॰ दुःखालये; बहु॰ दुःखालयानि ←न॰ तस॰ दुःखालय, दुःखस्य दुःखानाम् वा आलयम् (दुःखों का– आलय, घर, धाम↑) ←न॰ दुःख↑ + न॰ आलय↑

दुःखेन 6.22, तृती॰ एक॰ दुःखेन (दुःख से); द्वि॰ दुःखाभ्याम्; बहु॰ दुःखैः ←न॰ दुःख↑

दुःखेषु 2.56, सप्त॰ एक॰ दुःखे; द्वि॰ दुःखयोः; बहु॰ दुःखेषु (दुःखों में) ←न॰ दुःख↑

दुर् 1.2, अव्य॰ उपसर्ग = अव्य॰ दुस्↓ (करने के लिए कठिन; खराब, घटिया, नीच, हलका) ←5स्वादि॰√दु

दुरत्यया 7.14, स्त्री० प्रथ० एक० दुरत्यया (जो दुर्गम है वह); द्वि० दुरत्यये; बहु० दुरत्यया: ←वि० दुरत्यय (अगम्य, दुरतिक्रम, दुर्गम, दुराराध्य, दुरासाध्य, दुरुह, दुस्तर; अतीव दूर) ←दुर्–अति√इ 2अदा०

दुरासदम् 3.43, न० प्रथ०–द्विती० एक० दुरासदम् (जो दुर्धर है वह अथवा उसको); द्वि० दुरासदे; बहु० दुरासदानि ←वि० दुरासद (घोर; धोखेबाज; दुर्धर) ←अव्य० दुर्↑ + पु० आसद (आने वाला, मिलने वाला) ←आ√सद् 1भ्वादि०

दुर्गतिम् 6.40, द्विती० एक० दुर्गतिम् (जो दुर्गम है उसको); द्वि० दुर्गती; बहु० दुर्गती: ←स्त्री० दुर्गति (अपगति, दुरवस्था, दुर्दशा, फजिहत, विपत्ति, शामत) ←अव्य० दुर्↑ + स्त्री० गति↑

दुर्निग्रहम् 6.35, द्विती० एक० दुर्निग्रहम् (जो निग्रह करने के लिए कठिन है उसको); द्वि० दुर्निग्रहौ; बहु० दुर्निग्रहा: ←पु० दुर्निग्रह (अवरोध, काबू, ताबा, निग्रह, प्रतिबंध, वर्जन, वश, संयम –करने के लिए जो कठिन है वह) ←अव्य० दुर्↑ + पु० निग्रह↓

दुर्निरीक्ष्यम् 11.17, पु० द्विती० एक० दुर्निरीक्ष्यम् (निरीक्षण करने के लिए जो कठिन है उसको); द्वि० दुर्निरीक्ष्यौ; बहु० दुर्निरीक्ष्यान् ←वि० दुर्निरीक्ष्य (निरीक्षण करने के लिए कठिन है वह) ←अव्य० दुर्↑ + वि० निरिक्ष्य (निरीक्षण करने के लिए योग्य, दृश्य) ←निर्√ईक्ष् 1भ्वादि०

दुर्बुद्धेः 1.23, षष्ठी० एक० दुर्बुद्धेः (कुबुद्धि मनुष्य का,की,के); द्वि० दुर्बुद्ध्योः; बहु० दुर्बुद्धीनाम् ←पु० बस० दुर्बुद्धि, दुर्–बुद्धिः यस्य सः (कुबुद्धि पाया हुआ, दुर्मति↓, दुर्मेधा↓, मति भ्रष्ट हुआ; दुर्योधन↓) ←अव्य० दुर्↑ + स्त्री० बुद्धि↓

दुर्मतिः 18.16, प्रथ० एक० दुर्मतिः (जिसकी मति कुमति है वह); द्वि० दुर्मती; बहु० दुर्मतयः ←पु० बस० दुर्मति, दुर्–मतिः यस्य सः (कुबुद्धि मनुष्य, दुर्बुद्धि↑, दुर्मेधा↓, मति भ्रष्ट हुआ, मूढ़मति) ←अव्य० दुर्↑ + स्त्री० मति↓

दुर्मेधाः 18.35, पु० प्रथ० एक० दुर्मेधाः (जिसकी बुद्धि कुबुद्धि है वह); द्वि० दुर्मेधसौ; बहु० दुर्मेधसः ←पु० बस० दुर्मेधस्, दुर् मेधा यस्य सः (कुबुद्धि मनुष्य, दुर्बुद्धि↑, दुर्मति↑, मति भ्रष्ट हुआ, मूढ़मति) ←अव्य० दुर्↑ + स्त्री० मेधा↓

दुर्योधनः 1.2, पु० प्रथ० एक० दुर्योधनः (दुर्योधन); द्वि० दुर्योधनौ; बहु० दुर्योधनाः ←विना० दुर्योधन (व्यक्ति परिचय के लिए देखिए– खंड 1, गीता दर्शन↑)

दुर्लभ 6.42, वि० तस० (दुरधिगम, दुरध्यय, दुष्प्राप्य, प्राप्त होने के लिए, मिलने के लिए, लाभ के लिए, साध्य करने के लिए, होने के लिए, हस्तगत करने के लिए, हासिल

करने के लिए –कठिन) ←अव्य॰ दुर्↑ + 1भ्वादि॰√लभ् (लाभ होना)

दुर्लभतरम् 6.42, पु॰ द्विती॰ एक॰ <u>दुर्लभतरम्</u> (–की अपेक्षा जो अधिक दुर्लभ है उसको); द्वि॰ दुर्लभतरौ; बहु॰ दुर्लभतरान् ←वि॰ दुर्लभतर (प्राप्त, साध्य, हस्तगत –होने के लिए ज्यादा कठिन) ←वि॰ दुर्लभ↑ + दो वस्तुओं में तुलना सूचक प्रत्यय तर↑

दुष्कृत 2.50, (1) न॰ (कुकर्म, पाप↓); (2) वि॰ (दुष्कृत्य करने वाला, दुष्ट) ←अव्य॰ दुस्↓ + वि॰ कृत↑

दुष्कृताम् 4.8, पु॰ षष्ठी॰ एक॰ दुष्कृतः; द्वि॰ दुष्कृतोः; बहु॰ <u>दुष्कृताम्</u> (दुष्कृत्य करने वालों का,की,के) ←वि॰ दुष्कृत↑

दुष्कृतिनः 7.15, प्रथ॰ एक॰ दुष्कृती; द्वि॰ दुष्कृतिनौ; बहु॰ <u>दुष्कृतिनः</u> (दुष्कृत्य करने वाले लोग) ←पु॰ दुष्कृतिन् (दुष्कृत्य करने वाला, दुराचरणी; अभद्र, खल, पिशुन, बर्बर) ←दुस्√कृ 8तना॰।

दुष्टासु 1.41, षष्ठी॰ एक॰ दुष्टायाम्; द्वि॰ दुष्टयोः; बहु॰ <u>दुष्टासु</u> (दुष्ट स्त्रीयों में) ←स्त्री॰ दुष्टा (दुष्ट स्त्री) ←4दिवा॰√दुष् (बिगड़ना)

दुष्पूर 3.39, वि॰ (अघोरी, तृप्त न होने वाला, भूखा) ←अव्य॰ दुस्↓

दुष्पूरम् 16.10, पु॰ द्विती॰ एक॰ <u>दुष्पूरम्</u> (भूखे को); द्वि॰ दुष्पूरौ; बहु॰ दुष्पूरान् ←वि॰ दुष्पूर↑

दुष्पूरेण 3.39, पु॰ तृती॰ एक॰ <u>दुष्पूरेण</u> (भूखे से, जो सदा अतृप्त रहता है उससे); द्वि॰ दुष्पूराभ्याम्; बहु॰ दुष्पूरैः ←वि॰ दुष्पूर↑

दूर 2.49, वि॰ (अंतर पर, दूर, दूरवर्ती) ←5स्वादि॰√दु

दूरस्थम् 13.16, न॰ प्रथ॰–द्विती॰ एक॰ <u>दूरस्थम्</u> (जो दूर स्थित है वह, ॰उसको); द्वि॰ दूरस्थे; बहु॰ दूरस्थानि ←वि॰ तस॰ दूरस्थ, दूरे स्थम् (जो दूर है) ←वि॰ दूर↑ + वि॰ स्थ↓

दूरेण 2.49, न॰ तृती॰ एक॰ <u>दूरेण</u> (अधिकता से); द्विती॰ दूराभ्याम्; बहु॰ दूरैः ←वि॰ दूर↑

दुष्प्रापः 6.36, पु॰ प्रथ॰ एक॰ <u>दुष्प्रापः</u> (जो दुर्गम है वह); द्वि॰ दुष्प्रापौ; बहु॰ दुष्प्रापाः ←वि॰ दुष्प्राप (दुराराध्य, दुष्प्रापणीय, दुष्प्राप्तव्य, दुष्प्राप्य, प्राप्त करने के लिए कठिन) ←अव्य॰ दुस्↓ + वि॰ प्राप (प्राप्त करने लायक) ←प्र√आप् 5स्वादि॰।

दुस् 2.50, अव्य॰ उपसर्ग = अव्य॰ दुर् (करने के लिए कठिन; निकृष्ट, नीच, बुरा, हलका, हीन↓) ←5स्वादि॰√दु

(दृ)

दृढनिश्चयः 12.14, प्रथ० एक० <u>दृढनिश्चयः</u> (दृढनिश्चय); द्वि० दृढनिश्चयौ; बहु० दृढनिश्चयाः ←पु० तस० दृढनिश्चय, दृढः निश्चयः (पक्का निश्चय) ←वि० दृढ↓ + पु० निश्चय↓

दृढ 6.34, (अचर↑, अचल↑, अटल, अढल, अडिग, स्थायी, स्थावर↓, स्थिर↓; ठोस, मजबूत, सख्त) ←1भ्वादि०√दृह्

दृढम् 6.34, न० प्रथ०–द्विती० एक० <u>दृढम्</u> (जो दृढ़ है वह, ०उसको); द्वि० दृढे; बहु० दृढानि ←वि० दृढ़↑

दृढव्रताः 7.28, प्रथ० एक० दृढव्रतः; द्वि० दृढव्रतौ; बहु० <u>दृढव्रताः</u> (निग्रही लोग) ←पु० बस० दृढव्रत, दृढम् व्रतम् यस्य सः (दृढ़– निग्रह का, निश्चय का, नियम का, निर्धार का) ←वि० दृढ↑ + न० व्रत↓

दृढेन 15.3, न० तृती० एक० <u>दृढेन</u> (जो दृढ़ है उससे, उसके द्वारा); द्वि० दृढाभ्याम्; बहु० दृढैः ←वि० दृढ↑

दृष्ट 2.16, वि० (जाना हुआ, देखा हुआ, पहिचान का) ←1भ्वादि०√दृश् (देखना)

दृष्टः 2.16, पु० प्रथ० एक० <u>दृष्टः</u> (जो देखा हुआ है वह); द्वि० दृष्टौ; बहु० दृष्टाः ←वि० दृष्ट↑

दृष्टपूर्व 11.6, वि० केवल–सुप्सुप् समास (पहले– देखा, जाना, पहचाना हुआ; पहले का, रोज का, सामान्य) ←वि० दृष्ट↑ + वि० पूर्व↓

दृष्टवान् 11.52, न० प्रथ०–द्विती० एक० <u>दृष्टवान्</u> (देखा); द्वि० दृष्टवन्तौ; बहु० दृष्टवन्तः ←क्तवतु० वि० दृष्टवत् (देखने वाला, देखता हुआ, नजर रखने वाला, नियंता) ←1भ्वादि०√दृश् (देखना)

दृष्टिम् 16.9; द्विती० एक० <u>दृष्टिम्</u> (दृष्टि को); द्वि० दृष्टी; बहु० दृष्टीः ←स्त्री० दृष्टि (आंख, चश्म, खयाल, नजर, निगाह; देखना) ←1भ्वादि०√दृश् (देखना)

दृष्ट्वा 1.2, अव्य० (देख कर) ←1भ्वादि०√दृश् (देखना)

देव 3.11, पु० (ईश्वर↑, देवता↓, भगवान्) ←4दिवा०√दिव् (प्रसन्न होना)

देवता 4.12, स्त्री० (देव↑, उपदेव) ←4दिवा०√दिव्

देवताः 4.12, स्त्री० प्रथ० एक० देवता; द्वि० देवते; बहु० <u>देवताः</u> (देवता गण); अथवा द्विती० एक० देवताम्; द्वि० देवते; बहु० <u>देवताः</u> (देवताओं को) ←स्त्री० देवता↑

देवम् 11.11, द्विती० एक० <u>देवम्</u> (देव को); द्वि० देवौ; बहु० देवान् ←पु० देव↑

देवयजः 7.23, प्रथ॰ एक॰ देवयजः (देवपूजक); द्वि॰ देवयजौ; बहु॰ देवयजाः ←पु॰ तस॰ देवयज, देवतानाम् यजी (देवताओं की पूजा करने वाला अथवा पूजा करने वाले जन समूहवाचक) ←पु॰ देव↑ + वि॰ यजिन् (अर्चना, पूजा, यजन –करने वाला) ←1भ्वादि॰√यज् (यजन करना)

देवदेव 10.15, पु॰ संबो॰ एक॰ देवदेव (हे देवदेव!); द्वि॰ देवदेवौ; बहु॰ देवदेवाः ←वि॰ तस॰ देवदेव, देवानाम् देवः (देवों का देव, देववर↓, देवाधिदेव, देवेश↓, महादेव, महेश्वर, परमेश्वर); बस॰ (कृष्ण↑) ←पु॰ देव↑

देवर्षिः 10.13, पु॰ प्रथ॰ एक॰ देवर्षिः (देवर्षि); द्वि॰ देवर्षी; बहु॰ देवर्षयः ←कस॰ देवर्षि, देवः इव ऋषिः (नारद; महामुनि, महाऋषि, सप्तऋषि) ←पु॰ देव↑ + पु॰ ऋषि↑

देवर्षीणाम् 10.26, षष्ठी॰ एक॰ देवर्षेः; द्वि॰ देवर्ष्योः; बहु॰ देवर्षीणाम् (देवर्षियों में) ←पु॰ देवर्षि↑

देवलः 10.13, प्रथ॰ एक॰ देवलः (देवल मुनि); द्वि॰ देवलौ; बहु॰ देवलाः ←पु॰ विना॰ देवल

देववर 11.31, पु॰ संबो॰ एक॰ देववर (हे देववर!); द्वि॰ देववरौ; बहु॰ देववराः ←वि॰ बस॰ देववर, देवेषु वरः यः (सर्वश्रेष्ठ, सर्वोत्तम –देव, देवदेव↑, देवेश↓) ←पु॰ देव↑ + वि॰ वर↓

देवव्रताः 9.25, प्रथ॰ एक॰ देवव्रतः; द्वि॰ देवव्रतौ; बहु॰ देवव्रताः (देवनिष्ठ लोग) ←पु॰ बस॰ देवव्रत, देवेभ्यः व्रतम् यस्य सः (देवनिष्ठ, देवपूजक, देवभक्त) ←पु॰ देव↑ + न॰ व्रत↓

देवाः 3.11, प्रथ॰ एक॰ देवः; द्वि॰ देवौ; बहु॰ देवाः (देव) ←पु॰ देव↑

देवान् 3.11, द्विती॰ एक॰ देवम्; द्वि॰ देवौ; बहु॰ देवान् (देवों को) ←पु॰ देव↑

देवानाम् 10.2, षष्ठी॰ एक॰ देवस्य; द्वि॰ देवयोः; बहु॰ देवानाम् (देवों में, देवों का,की,के) ←पु॰ देव↑

देवेश 11.25, संबो॰ एक॰ देवेश (हे देवेश!); द्वि॰ देवेशौ; बहु॰ देवेशाः ←पु॰ तस॰ देवेश, देवानाम् ईशः (देवों का ईश, देवदेव↑, देववर, देवाधिदेव); बस॰ (कृष्ण↑) ←पु॰ देव↑ + पु॰ ईश↑

देवेषु 18.40, सप्त॰ एक॰ देवे; द्वि॰ देवयोः; बहु॰ देवेषु (देवों में) ←पु॰ देव↑

देश 6.11, पु॰ (इलाका, प्रदेश, भूमि↓, मुल्क, विभाग, स्थान↓, संस्थान, क्षेत्र↓) ←6तुदा॰√दिश् (आज्ञा देना)

देशे 6.11, सप्त॰ एक॰ देशे (स्थान में); द्वि॰ देशयो:; बहु॰ देशेषु ←पु॰ देश↑

देह 2.13, पु॰ (अङ्ग↑, कलेवर↑, काय↑, काया, गात्र, तनू↑, धाम, पंजर, पिंड, पुद्गल, बदन, वपु↓, वर्त्म, शरीर↓) ←2अदा॰√दिह्

देहभृत् 8.4, वि॰ (कायावान, देहधारी, देहिन्↓) ←पु॰ देह↑ + 3जुहो॰√भृ

देहभृत् 14.14, पु॰ प्रथ॰ एक॰ देहभृत् (देह धारण किया); द्वि॰ देहभृतौ; बहु॰ देहभृत: ←वि॰ देहभृत्↑

देहभृता 18.11, पु॰ तृती॰ प्रथ॰ एक॰ देहभृता (देहधारी ने); द्वि॰ देहभृद्भ्याम्; बहु॰ देहभृद्भि: ←वि॰ देहभृत्↑

देहभृताम् 8.4, पु॰ षष्ठी॰ प्रथ॰ एक॰ देहभृत:; द्वि॰ देहभृतो:; बहु॰ देहभृताम् (देहधारियों में) ←वि॰ देहभृत्↑

देहम् 4.9, द्विती॰ एक॰ देहम् (शरीर को); द्वि॰ देहौ; बहु॰ देहान् ←पु॰ देह↑

देहमाश्रित: 15.14, पु॰ प्रथ॰ एक॰ देहमाश्रित: (जो देह में स्थित हुआ है वह); द्वि॰ देहमाश्रितौ; बहु॰ देहमाश्रिता: ◦ वि॰ देहमाश्रित (शरीर में आश्रय लिया हुआ) ←पु॰ देह + वि॰ आश्रित↑

देहवद्भि: 12.5, पु॰ तृती॰ एक॰ देहवता; द्वि॰ देहवद्भ्याम्; बहु॰ देहवद्भि: (देहधारियों ने) ←वि॰ देहवत् (देहधारण करने वाला) ←पु॰ देह↑ + प्रत्यय वत्↓

देहसमुद्भवान् 14.20, द्विती॰ एक॰ देहसमुद्भवम्; द्वि॰ देहसमुद्भवौ; बहु॰ देहसमुद्भवान् (जो देह से निर्माण हुए हैं उनको) ←पु॰ बस॰ देहसमुद्भव, देहात् समुद्भव: यस्य (देह से उत्पन्न हुआ, देहजन्य, देहनिर्मित) ←पु॰ देह↑ + पु॰ समुद्भव↓

देहा: 2.18, प्रथ॰ एक॰ देह:; द्वि॰ देहौ; बहु॰ देहा: (शरीर) ←पु॰ देह↑

देहान्तरप्राप्ति: 2.13, प्रथ॰ एक॰ देहान्तरप्राप्ति: (अन्य शरीर की प्राप्ति); द्वि॰ देहान्तरप्राप्ती; बहु॰ देहान्तरप्राप्तय: ←स्त्री॰ तस॰ देहान्तरप्राप्ति, देहान्तरस्य प्राप्ति: (दुसरे देह की प्राप्ति, पुनर्जन्म) ←पु॰ देह↑ + न॰ अन्तर↑ + स्त्री॰ प्राप्ति (आगमन, उपलब्धि, मिलना) ←प्र√आप् 5स्वादि॰

देहिन् पु॰ (कायावान, देहधारी, देहभृत्↑; देही, आत्मा↑, जीव, जीवात्मा, शरीरी) ←2अदा॰√दिह्

देहिन: 2.13, षष्ठी॰ एक॰ देहिन: (आत्मा का,की,के); द्वि॰ देहिनो:; बहु॰ देहिनाम्↓ ←पु॰ देहिन्↑

देहिनम् 3.40, द्विती॰ एक॰ देहिनम् (आत्मा को); द्वि॰ देहिनौ; बहु॰ देहिन:↑ ←पु॰

देहिन्↑

देहिनाम् 17.2, षष्ठी॰ एक॰ देहिन:↑; द्वि॰ देहिनो:; बहु॰ देहिनाम् (देहधारियों का,की,के) ←पु॰ देहिन्↑

देही 2.22, प्रथ॰ एक॰ देही (आत्मा, देहधारी); द्वि॰ देहिनौ; बहु॰ देहिन: ←पु॰ देहिन्↑

देहे 2.13, सप्त॰ एक॰ देहे (आत्मा में, देह में); द्वि॰ देहयो:; बहु॰ देहेषु ←पु॰ देह↑

दैत्यानाम् 10.30, षष्ठी॰ एक॰ दैत्यस्य; द्वि॰ दैत्ययो:; बहु॰ दैत्यानाम् (दैत्यों में) ←पु॰ तद्धित शब्द दैत्य, दिते: अपत्यम् (दिति का पुत्र, दिति का वंशज; असुर↑, दनुज, दानव↑, दैतेय) ←4दिवा॰√दो

दैव 4.25, (1) न॰ तद्धित॰ (देव की कृपा, दैवी घटना; किस्मत, तकदीर, दैष्टिक, नसीब, नियति, प्रारब्ध, भवितव्य, भाग, भाग्य, होनी); (2) 16.6, पु॰ (दैवी स्वभाव) ←पु॰ देव↑

दैव: 16.6, प्रथ॰ एक॰ दैव: (दैवी स्वभाव); द्वि॰ दैवौ; बहु॰ दैवा: ←पु॰ दैव↑

दैवम् 4.25, प्रथ॰–द्विती॰ एक॰ दैवम् (दैव, दैव को); द्वि॰ दैवे; बहु॰ दैवानि ←न॰ दैव↑

दैवी 7.14, पु॰ प्रथ॰ एक॰ दैवी (भाग्यवान मनुष्य); द्वि॰ दैविनौ; बहु॰ दैविन: ←वि॰ दैविन् (भागवान, भाग्यवान) ←न॰ दैव↑

दैवीम् 9.13, स्त्री॰ द्विती॰ एक॰ दैवीम् (दैवी प्रकृति को); द्वि॰ दैव्यौ; बहु॰ दैवी: ←वि॰ दैवी ←न॰ दैव↑

दोग्धि 3.10, लट् वर्त॰ पर॰ एक॰ उत्तम॰ दोह्मि; मध्य॰ धोक्षि; अन्य॰ दोग्धि (वह दूध देती है) ←2अदा॰√दुह् (दोहणे)

दोष 1.38, पु॰ (अपराध, गुनाह; कलंक, गर्हा, दाग, धब्बा, बट्टा, लक्ष्म, लाञ्च्न; कमी, कसर; अवगुण, ऐब, खराबी, खोट, त्रुटि, न्यूनता; कलुष, गुणाभाव, दुर्गण, दूषण, बुराई, विकृति, व्यंग; पातक, पाप, दुष्परिणाम) ←4दिवा॰√दुष्

दोषम् 1.38, द्विती॰ एक॰ दोषम् (दोष को); द्वि॰ दोषौ; बहु॰ दोषान् ←पु॰ दोष↑

दोषवत् 18.3, वि॰ (सदोष) ←पु॰ दोष↑ + अव्य॰ प्रत्यय वत्

दोषेण 18.48, तृती॰ एक॰ दोषेण (दोष से); द्वि॰ दोषाभ्याम्; बहु॰ दोषै:↓ ←पु॰ दोष↑

दोषै: 1.43, तृती॰ एक॰ दोषेण↑; द्वि॰ दोषाभ्याम्; बहु॰ दोषै: (दोषों से) ←पु॰ दोष↑

द्यावापृथिव्यो: 11.20, द्वन्द्व॰ षष्ठी॰ द्वि॰ द्यो: च पृथिव्या: च (अंतरिक्ष और पृथ्वी का,की,के) ←स्त्री॰ द्यो अथवा दिव् (अंतरिक्ष, आकाश↑, ख↑, नभोमण्डल) ←4दिवा॰√दिव् + स्त्री॰ पृथिवी↓

द्यूतम् 10.36, प्रथ०–द्विती० एक० द्यूतम् (द्यूत); द्वि० द्यूते; बहु० द्यूतानि ←न० द्यूत (अक्षक्रीड़ा, कैतव, जुआ, दुरोदर, पण, पासा)

द्युम्न 1.17, न० (चमक, तेज, शक्ति) ←द्यु√म्ना 1भ्वादि०

द्रवन्ति 11.28, लट् वर्त० पर० अन्य० एक० द्रवति; द्वि० द्रवतः; बहु० द्रवन्ति (वे बहते हैं) ←1भ्वादि०√द्रु (गलना, चूना, द्रवना, पसीजना, पिघलना, बहना)

द्रव्यमयात् 4.33, पु० पंच० एक० द्रव्यमयात् (जो द्रव्यरूप है उसकी अपेक्षा); द्वि० द्रव्यमयाभ्याम्; बहु० द्रव्यमयेभ्यः ←वि० द्रव्यमय (द्रव्य का, द्रव्य से सिद्ध होने वाला) ←न० द्रव्य (वस्तु, संसारिक वस्तु; चीज, द्रव्य, पदार्थ, सामग्री) ←1भ्वादि०√द्रु + प्रत्यय मय↓

द्रव्ययज्ञाः 4.28, प्रथ० एक० द्रव्ययज्ञ; द्वि० द्रव्ययज्ञौ; बहु० द्रव्ययज्ञाः (द्रव्ययज्ञ, द्रव्ययज्ञ करने वाले) ←पु० बस० द्रव्ययज्ञ, द्रव्येण यज्ञः यस्य सः (द्रव्यदान का यज्ञ करने वाला; गीता में जो जपयज्ञ 10.25↑, तपयज्ञ 4.28↑, द्रव्ययज्ञ 4.28, नामयज्ञ 16.17↓, योगयज्ञ 4.28↓, ज्ञानयज्ञ 4.33↓ आदि दिए गए हैं उनमें किसी एक को करने वाला) ←न० द्रव्य↑ + पु० यज्ञ↓

द्रष्टा 14.19, प्रथ० एक० द्रष्टा (नियंता); द्वि० द्रष्टारो; बहु० द्रष्टारः ←पु० द्रष्टृ (देखभाल, देखरेख, निगरानी, निरीक्षण, रक्षा, संरक्षण, हिफाजत –करने वाला; नजर रखने वाला, पहरा देने वाला) ←1भ्वादि०√दृश् (देखना)

द्रष्टुम् 11.3, अव्य० (देखने के लिए) ←1भ्वादि०√दृश् (देखना)

द्रक्ष्यसि 4.35, लृट् अपूर्ण भवि० पर० एक० उत्तम० द्रक्ष्यामि; मध्य० द्रक्ष्यसि (तू देखेगा); अन्य० द्रक्ष्यति ←1भ्वादि०√दृश् (देखना)

द्रुपदः 1.4, प्रथ० एक० द्रुपदः (द्रुपद); द्वि० द्रुपदौ; बहु० द्रुपदाः ←पु० विना० द्रुपद (व्यक्ति परिचय के लिए देखिए– खंड 1, गीता दर्शन↑)

द्रुपदपुत्रेण 1.3, तृती० एक० द्रुपदपुत्रेण (द्रुपदपुत्र से, ०ने); द्वि० द्रुपदपुत्राभ्याम्; बहु० द्रुपदपुत्रैः ←पु० तस० द्रुपदपुत्र, द्रुपदस्य पुत्रः (द्रुपद का पुत्र); विना० (धृष्टद्युम्न) व्यक्ति परिचय के लिए देखिए– खंड 1, गीता दर्शन↑

द्रोणः 11.26, प्रथ० एक० द्रोणः (द्रोण); द्वि० द्रोणौ; बहु० द्रोणाः ←पु० विना० द्रोण (द्रोणाचार्य)

द्रोणम् 2.4, द्विती० एक० द्रोणम् (द्रोण को); द्वि० द्रोणौ; बहु० द्रोणान् ←पु० विना० द्रोण

द्रोह 1.38, पु० (उत्पात, उपद्रव, घात, बगावत, विद्रोह, विश्वासघात; ईर्ष्या, द्वेष↓)

←4दिवा॰√द्रुह्

द्रौपदेयाः 1.6, पु॰ प्रथ॰ एक॰ द्रौपदेयः; द्वि॰ द्रौपदेयौ; बहु॰ द्रौपदेयाः (द्रौपदी के पुत्र) ←वि॰ तद्धित शब्द द्रौपदेय, द्रौपद्याः अपत्यम् पुमान् (द्रौपदी का पुत्र, द्रौपदीपुत्र) व्यक्ति परिचय के लिए देखिए- खंड 1, गीता दर्शन↑

द्वन्द्व 2.45, (1) न॰ (असमंजस, किंकर्तव्य विमूढ़ता, दुविधा, द्विविधा, द्विभाव, विरुद्धार्थी अथवा विषम भाव; देखिए खंड 1, "गीता दर्शन" श्लोक 2.15 की टिप्पणी↑); (2) पु॰ विना॰ (द्वंन्द्व समास) ←1भ्वादि॰√द्रु

द्वन्द्वः 10.33, पु॰ प्रथ॰ एक॰ द्वन्द्वः (द्वन्द्व); द्वि॰ द्वन्द्वौ; बहु॰ द्वन्द्वाः ←विना॰ द्वन्द्व↑

द्वन्द्वमोहनिर्मुक्ताः 7.28, पु॰ प्रथ॰ एक॰ द्वन्द्वमोहनिर्मुक्तः; द्वि॰ द्वन्द्वमोहनिर्मुक्तौ; बहु॰ द्वन्द्वमोहनिर्मुक्ताः (द्विभावों के भ्रम से विरहित हुए लोग) ←वि॰ तस॰ द्वन्द्वमोहनिर्मुक्त, द्वन्द्वानाम् मोहात् निर्मुक्तः (द्विभावों के मोह से विरहित) ←न॰ द्वन्द्व↑ + पु॰ मोह↓ + वि॰ निर्मुक्त (मुक्त↓, रहित, विरहित↓ –हुआ; छुटा हुआ, स्वच्छंद) ←निर्√मुच् 6तुदा॰

द्वन्द्वमोहेन 7.27, तृती॰ एक॰ द्वन्द्वमोहेन (द्विभावों के भ्रम से); द्वि॰ द्वन्द्वमोहाभ्याम्; बहु॰ द्वन्द्वमोहैः ←पु॰ तस॰ द्वन्द्वमोह, द्वन्द्वानाम् मोहः (विरोधी गुणों से उत्पन्न हुई भ्रांति, द्विभावों से निर्माण हुआ भ्रम) ←न॰ द्वन्द्व↑ + पु॰ मोह↓

द्वन्द्वातीतः 4.22, पु॰ प्रथ॰ एक॰ द्वन्द्वातीतः (जो द्विभावों के परे है वह); द्वि॰ द्वन्द्वातीतौ; बहु॰ द्वन्द्वातीताः ←वि॰ तस॰ द्वन्द्वातीत, द्वन्द्वेभ्यः अतीतः (द्विभावों को पार किया) ←न॰ द्वन्द्व↑ + वि॰ अतीत↑

द्वन्द्वैः 15.5, तृती॰ एक॰ द्वन्द्वेन; द्वि॰ द्वन्द्वाभ्याम्; बहु॰ द्वन्द्वैः (द्वन्द्वों से) ←न॰ द्वन्द्व↑

द्वार 2.32, न॰ (किवाड़, दरवाजा, मुख↓; पथ, बाट, प्रवेश, मार्ग, रास्ता –दिखाने वाला) ←1भ्वादि॰√द्रु

द्वारम् 16.21, न॰ प्रथ॰–द्विती॰ एक॰ द्वारम् (द्वार); द्वि॰ द्वारे; बहु॰ द्वाराणि ←न॰ द्वार↑

द्वि 1.7, संख्या वि॰ (दो; जोड़ा); नित्यद्विवचनी पु॰ प्रथ॰ द्वौ; द्विती॰ द्वौ; तृती॰ द्वाभ्याम्; चतु॰ द्वाभ्याम्; पंच॰ द्वाभ्याम्; षष्ठी॰ द्वयोः; सप्त॰ द्वयोः ←1भ्वादि॰√द्रु

द्विज 1.7, बस॰ वि॰ द्वौ जन्मसंस्कारौ जायेते यस्य सः (द्विजन्मा, जिसके दो जन्मसंस्कार हुए हैं वह, विप्र, अंडज, चंद्र, दांत, ब्राह्मण) ←वि॰ द्वि↑ + पु॰ ज↑

द्विजोत्तम 1.7, पु॰ संबो एक॰ द्विजोत्तम (हे द्विजोत्तम!); द्वि॰ द्विजोत्तमौ; बहु॰ द्विजोत्तमाः ←वि॰ तस॰ द्विजोत्तम, द्विजेषु उत्तमः यः सः; अथवा द्वाभ्याम् जन्मसंस्काराभ्याम् जायते यः सः (सर्वश्रेष्ठ द्विज) ←वि॰ द्विज↑ + वि॰ उत्तम↑

द्विविधा 3.3, स्त्री॰ प्रथ॰ एक॰ द्विविधा (दो तरह की); द्वि॰ द्विविधे; बहु॰ द्विविधा: ←वि॰ बस॰ द्विविध, द्वौ विधे यस्या: सा (दो- तरह की, प्रकार की, मार्गों की, रीति की) ←वि॰ द्वि↑ + पु॰ विध↓

द्विषत: 16.19, पु॰ प्रथ॰ एक॰ द्विषत्; द्वि॰ द्विषतौ; बहु॰ द्विषत: (द्वेष करते हुए) ←वि॰ द्विषत् (द्वेष करता हुआ अथवा करने वाला; द्वेष्टा, मत्सरी); पु॰ द्विषत् (अहित↑, अरि↑, दुष्मन, परिपंथिन्↓, रिपु↑, वैरी, शत्रु↓, सपत्न) ←2अदा॰√द्विष् (द्वेष, वैर करना)

द्वेष 2.64, पु॰ (घृणा; ईर्ष्या, मत्सर; शत्रुत्व) ←2अदा॰√द्विष् (घृणा, वैर, शत्रुत्व –करना)

द्वेष: 13.7, प्रथ॰ एक॰ द्वेष: (द्वेष); द्वि॰ द्वेषौ; बहु॰ द्वेषा: ←पु॰ द्वेष↑

द्वेष्टि 2.57, लट् वर्त॰ पर॰ एक॰ उत्तम॰ द्वेष्मि; मध्य॰ द्वेक्षि; अन्य॰ पर॰ द्वेष्टि (वह द्वेष करता है); अन्य॰ द्वि॰ द्विष्ट:; अन्य॰ बहु॰ द्विषन्ति ←2अदा॰√द्विष् (द्वेष करना)

द्वेष्य 6.9, कर्म॰ विधि॰ धासा॰ वि॰ (घृणा, द्वेष –करने के लिए योग्य अथवा करने वाला) ←2अदा॰√द्विष् (द्वेष करना)

द्वेष्य: 9.29, पु॰ प्रथ॰ एक॰ द्वेष्य: (द्वेष करने वाला); द्वि॰ द्वेष्यौ; बहु॰ द्वेष्या: ←वि॰ द्वेष्य↑

द्वौ 15.16, न॰ प्रथ॰–द्विती॰ पु॰ द्वौ (दो, दोनों, दोनों को); न॰ द्वे; स्त्री॰ द्वे ←वित्यद्विवचनि वि॰ द्वि↑

(ध)

धनञ्जय 2.48, पु॰ संबो॰ एक॰ धनञ्जय (हे धनञ्जय!); द्वि॰ धनञ्जयौ; बहु॰ धनञ्जया: ←विना॰ बस॰ धनञ्जय, धनम् जयति य: (धन जीतने वाला, अर्जुन↑) ←न॰ धन↓ + 1भ्वादि॰√जि (जीतना)

धनञ्जय: 1.15, प्रथ॰ एक॰ धनञ्जय: (धनञ्जय); द्वि॰ धनञ्जयौ; बहु॰ धनञ्जया: ←पु॰ धनञ्जय↑

धन 1.15, न॰ (अर्थ, धन, दौलत, द्रव्य, पूँजी, पैसा, माल, मुद्रा, वित्त, संपत्ति) ←3जुहो॰√धन्

धनम् 16.13, न॰ प्रथ॰–द्विती॰ एक॰ धनम् (धन अथवा धन को); द्वि॰ धने; बहु॰ धनानि ←न॰ धन↑

धनमानमदान्विता: 16.17, पु॰ प्रथ॰ एक॰ ॰मदान्वित:; द्वि॰ ॰मदान्वितौ; बहु॰ धनमानमदान्विता: (धन, मान, और मद से उन्मत्त हुए लोग) ←वि॰ तस॰

धनमानमदान्वित, धनेन च मानेन च मदेन च अन्वित: (पैसा, अहंकार और मस्ती से उन्मत्त) ←न॰ धन↑ + पु॰ मान↓ + पु॰ मद↓ + वि॰ अन्वित↑

धनानि 1.33, न॰ प्रथ॰–द्विती॰ एक॰ धनम्; द्वि॰ धने; बहु॰ धनानि (धन के संच; धनसंग्रहों को) ←न॰ धन↑

धनुः 1.20, न॰ प्रथ॰–द्विती॰ एक॰ धनुः (धनुष्य, धनुष्य को); द्वि॰ धनुषी; बहु॰ धनूंषि ←न॰ धनुस् (कमान, कार्मुक, कोदण्ड, चाप↑, धनु, धनुष्य, शरासन) ←3जुहो॰√धन्

धनुर्धरः 18.78, पु॰ प्रथ॰ एक॰ धनुर्धरः (धनुष्य धारण करने वाला, किया हुआ); द्वि॰ धनुर्धरौ; बहु॰ धनुर्धरा: ←वि॰ धनुर्धर (इष्वास↑, धनुष्य धारण करने वाला; कमनैत, तीरंदाज, धन्वी, धनुष्क, धनुष्मान); बस॰ धनु: धरति य: स: (अर्जुन↑) ←न॰ धनुस्↑ + वि॰ धर↓

धर 11.11, वि॰ (धारण करने वाला, धारक, धारी) ←1भ्वादि॰√धृ

धर्म 1.1, पु॰ (वह काम जिसके द्वारा इस लोक में अभ्युदय होता है और परलोक में मोक्ष प्राप्त होता है, समयोचित कर्तव्य; आस्तिक बुद्धि, ईमान, खरापन, नीति↓, दीन, नैतिकता, न्याय, सदाचार, सत्यता । गीता में धर्म शब्द का अर्थ पंथ, मज़हब, संप्रदाय आदि दृष्टि से नहीं होता है ।) ←1भ्वादि॰√धृ (धारण करना)

धर्मकामार्थान् 18.34, द्वन्द्व॰ द्विती॰ बहु॰ धर्मम् च कामम् च अर्थम् च (धर्म अथवा सदाचरण, काम अथवा कामना और अर्थ अथवा व्यवहार को) ←पु॰ धर्म↑ + पु॰ काम↑ + पु॰ अर्थ↑

धर्मम् 18.31, द्विती॰ एक॰ धर्मम् (धर्म को); द्वि॰ धर्मौ; बहु॰ धर्मान् ←पु॰ धर्म↑

धर्मसम्मूढचेताः 2.7, प्रथ॰ एक॰ धर्मसम्मूढचेताः (धर्म के बाबत में जो मूढ़ हुआ है वह); द्वि॰ धर्मसम्मूढचेतसौ; बहु॰ धर्मसम्मूढचेतस: ←पु॰ बस॰ धर्मसम्मूढचेतस्, धर्मे सम्मूढम् चेत: यस्य स: (सदाचार के विषय में भ्रम में पड़ा हुआ) ←पु॰ धर्म↑ + वि॰ सम्मूढ↓ + न॰ चेतस्↑

धर्मसंस्थापनार्थाय 4.8, चतु॰ एक॰ धर्मसंस्थापनार्थाय (धर्म पुन: स्थापित करने के लिए); द्वि॰ धर्मसंस्थापनार्थाभ्याम्; बहु॰ धर्मसंस्थापनार्थेभ्य: ←पु॰ तस॰ धर्मसंस्थापनार्थ, धर्मस्य संस्थापनस्य अर्थ: (धर्म का पुनरुत्थापन करने के– कारण, उद्देश, हेतु) ←पु॰ धर्म↑ + न॰ संस्थापन (नवोद्धार, पुनरोद्धार, पुनरुत्थापन, पुनरुज्जीवन, पुन: स्थापन करना, संस्थापना) ←सम्√स्था 1भ्वादि॰ + पु॰ अर्थ↑

धर्मस्य 2.40, षष्ठी॰ एक॰ धर्मस्य (धर्म का,की,के); द्वि॰ धर्मयो:; बहु॰ धर्माणाम् ←पु॰

धर्म↑

धर्मक्षेत्रे 1.1, सप्त॰ एक॰ धर्मक्षेत्रे (धर्मस्थान पर); द्वि॰ धर्मक्षेत्रयो:; बहु॰ धर्मक्षेत्रेषु ←न॰ तस॰ धर्मक्षेत्र, धर्मस्य क्षेत्रम् (धर्मभूमि, धर्मस्थान, पवित्र क्षेत्र, सत्कर्म का स्थान) ←पु॰ धर्म↑ + न॰ क्षेत्र↓

धर्मात्मा 9.31, पु॰ प्रथ॰ एक॰ धर्मात्मा (सदाचारी मनुष्य); द्वि॰ धर्मात्मानौ; बहु॰ धर्मात्मान: ←वि॰ बस॰ धर्मात्मा, धर्मे आत्मा यस्य स: (धर्म का, नीति का, सदाचार का –पालन करने वाला) ←पु॰ धर्म↑ + पु॰ आत्मन्↑

धर्माविरुद्ध: 7.11, पु॰ प्रथ॰ एक॰ धर्माविरुद्ध: (जो सदाचार के अनुसार है वह); द्वि॰ धर्माविरुद्धौ; बहु॰ धर्माविरुद्धा: ←वि॰ बस॰ धर्माविरुद्ध, धर्मेण अविरुद्ध: य: स: (धार्मिक, धर्मबद्ध, धर्म के अनुसार) ←पु॰ धर्म↑ + नत॰ वि॰ अविरुद्ध (सुसंगत, अनुकूल) ←अ–वि√रुध् 7रुधा॰

धर्मे 1.40, सप्त॰ एक॰ धर्मे (सदाचार में); द्वि॰ धर्मयो:; बहु॰ धर्मेषु ←पु॰ धर्म↑

धर्म्य 2.31, वि॰ (धर्मोचित, धर्मबद्ध, धर्मानुकूल, धर्म के अनुसार) ←पु॰ धर्म↑

धर्म्यम् 2.33, पु॰ द्वितीय॰ एक॰ धर्म्यम् (नीति को, सदाचार को जो अनुकूल है उसको); द्वि॰ धर्म्यौ; बहु॰ धर्म्यान् ←वि॰ धर्म्य↑

धर्म्यात् 2.31, पंच॰ एक॰ धर्म्यात् (धर्म से, की अपेक्षा); द्वि॰ धर्म्याभ्याम्; बहु॰ धर्मेभ्य: ←पु॰ धर्म्य↑

धर्म्यामृतम् 12.20, न॰ प्रथ॰–द्विती॰ एक॰ धर्म्यामृतम् (सदाचाररूप अमृत, ॰को); द्वि॰ धर्म्यामृते; बहु॰ धर्म्यामृतानि ←न॰ कस॰ धर्म्यामृत, धर्म: अमृतम् इव (धर्मरूप अमृत) ←वि॰ धर्म्य↑ + न॰ अमृत↑

धाता 9.17, प्रथ॰ एक॰ धाता (देने वाला); द्वि॰ धातरौ; बहु॰ धातर: ←पु॰ धातृ↓

धातारम् 8.9, द्विती॰ एक॰ धातारम् (देने वाले को); द्वि॰ धातारौ; बहु॰ धातृन् ←पु॰ धातृ↓

धातृ 8.9, पु॰ (ग्रहण कर्ता, धारण कर्ता, जीवन दाता, देने वाला; ब्रह्मा; पालक, पालन कर्ता, पोषक, पोषण कर्ता, विष्णु↓; भरणपोषण कर्ता) ←3जुहो॰√धा (ग्रहण करना, रखना)

धाम 8.21, प्रथ॰ एक॰ धाम (धाम); द्वि॰ धाम्नी अथवा धामनी; बहु॰ धामानि ←न॰ धामन् (आलय↑, निकेत, निवास↓, स्थान↓; तीर्थ स्थान, पुण्य स्थान) ←3जुहो॰√धा

धारयते 18.33, लट् वर्त॰ आत्म॰ प्रयो॰ एक॰ उत्तम॰ धारये; मध्य॰ धारयसे; अन्य॰ धारयते (उससे धारण होता है, वह धारण किया जाता है) ←1भ्वादि॰√धृ (धारण करना)

धारयन् 5.9, प्रथ॰ एक॰ धारयन् (धारण करते हुए); द्वि॰ धारयन्तौ; बहु॰ धारयन्त: ←वि॰ धारयत् (धारण करते हुए, धारणा करने वाला) ←1भ्वादि॰√धृ (धारण करना)

धारयामि 15.13, लट् वर्त॰ पर॰ प्रयो॰ एक॰ उत्तम॰ धारयामि (मैं धारण करता हूँ, मुझसे धारण किया जाता है); मध्य॰ धारयसि; अन्य॰ धारयति ←1भ्वादि॰√धृ (धारण करना)

धार्तराष्ट्र 1.23, वि॰ तद्धित शब्द, धृतराष्ट्रस्य अपत्यम् पुमान् (धृतराष्ट्र का पुत्र; कौरव; दुर्योधन↑)

धार्तराष्ट्रस्य 1.23, पु॰ षष्ठी॰ एक॰ धार्तराष्ट्रस्य (धृतराष्ट्र के पुत्र का,की,के); द्वि॰ धार्तराष्ट्रयो:; बहु॰ धार्तराष्ट्राणाम्↓ ←वि॰ धार्तराष्ट्र↑

धार्तराष्ट्रा: 1.46, पु॰ प्रथ॰ एक॰ धार्तराष्ट्र:; द्वि॰ धार्तराष्ट्रौ; बहु॰ धार्तराष्ट्रा: (धृतराष्ट्र के पुत्र, कौरव लोग) ←वि॰ धार्तराष्ट्र↑

धार्तराष्ट्राणाम् 1.19, पु॰ षष्ठी॰ एक॰ धार्तराष्ट्रस्य↑; द्वि॰ धार्तराष्ट्रयो:; बहु॰ धार्तराष्ट्राणाम् (धृतराष्ट्र के पुत्रों का,की,के) ←वि॰ धार्तराष्ट्र↑

धार्तराष्ट्रान् 1.20, पु॰ द्विती॰ एक॰ धार्तराष्ट्रम्; द्वि॰ धार्तराष्ट्रौ; बहु॰ धार्तराष्ट्रान् (धृतराष्ट्र के पुत्रों को, कौरवों को) ←वि॰ धार्तराष्ट्र↑

धार्यते 7.5, लट् वर्त॰ आत्म॰ प्रयो॰ आत्म॰ एक॰ उत्तम॰ धार्ये; मध्य॰ धार्यसे; अन्य॰ धार्यते (उससे धारण किया जाता है) ←1भ्वादि॰√धृ (धारण करना)

धीमत् 1.3, वि॰ (अक्लमंद, अभिज्ञ, कुशल, कोविद, चतुर, दक्ष, नागर, निपुण, निष्णात, प्रविण, प्राज्ञ, बुध, बुद्ध, बुद्धिमान्↓, मनीषी, मेधावी, विवेकी, विशारद, विज्ञ, सुजान, सुधी, होशियार, ज्ञानी↓) ←1भ्वादि॰√ध्यै (ध्यान करना)

धीमता 1.3, पु॰ तृती॰ एक॰ धीमता (बुद्धिमान–ने); द्वि॰ धीमद्भ्याम्; बहु॰ धीमद्भि: ←वि॰ धीमत्↑

धीमताम् 6.42, पु॰ षष्ठी॰ एक॰ धीमत:; द्वि॰ धीमतो:; बहु॰ धीमताम् (बुद्धिमानों का,की,के) ←वि॰ धीमत्↑

धीर 2.13, (1) पु॰ (जिसमें धाष्टर्य, धृष्टता, ढिठाई, धैर्य, धृति↓, निडरपन, निर्भयता, साहस, हिम्मत –है वह); (2) वि॰ (ढाढ़सयुक्त, ढीठ, दृढ़↓, धैर्ययुक्त, धैर्यवान, निडर, बेखौफ, बेडर, साहसी) ←धी√रा 2अदा॰

धीर: 2.13, पु॰ प्रथ॰ एक॰ धीर: (धीरपुरुष); द्वि॰ धीरौ; बहु॰ धीरा: ←वि॰ धीर↑

धीरम् 2.15, द्विती॰ एक॰ धीरम् (धीरपुरुष को); द्वि॰ धीरौ; बहु॰ धीरान् ←पु॰ धीर↑

धूम 3.38, पु॰ (तम, तमस्↑, धूआँ, धूम, धूम्र, धूम्र, धूमल, धूवाँ) ←1भ्वादि॰√धू

धूमः 8.25, प्रथ॰ एक॰ धूमः (धूम); द्वि॰ धूमौ; बहु॰ धूमाः ←पु॰ धूम↑

धूमेन 3.38, तृती॰ एक॰ धूमेन (धूएँ से); द्वि॰ धूमाभ्याम्; बहु॰ धूमैः ←पु॰ धूम↑

धृतराष्ट्र 11.26, वि॰ विना॰ बस॰ धृतम् राष्ट्रम् राजति यः (देश का अधिकृत राजा, धृतराष्ट्र) ←वि॰ धृत (अधिकृत) ←1भ्वादि॰√धृ + न॰ राष्ट्र (देश, राज्य↓) ←1भ्वादि॰√राज्

धृतराष्ट्रः 1.1, प्रथ॰ एक॰ धृतराष्ट्रः (धृतराष्ट्र); द्वि॰ धृतराष्ट्रौ; बहु॰ धृतराष्ट्राः ←पु॰ धृतराष्ट्र↑

धृतराष्ट्रस्य 11.26, षष्ठी॰ एक॰ धृतराष्ट्रस्य (धृतराष्ट्र का,की,के); द्वि॰ धृतराष्ट्रयोः; बहु॰ धृतराष्ट्राणाम् ←पु॰ धृतराष्ट्र↑

धृति 6.25, स्त्री॰ (धीर↑; तुष्टि, धैर्य, स्थैर्य) ←1भ्वादि॰√धृ

धृतिः 10.34, प्रथ॰ एक॰ धृतिः (धैर्य); द्वि॰ धृती; बहु॰ धृतयः ←स्त्री॰ धृति↑

धृतिगृहीतया 6.25, तृती॰ एक॰ धृतिगृहीतया (जो धृतियुक्त है उसने); द्वि॰ धृतिगृहीताभ्याम्; बहु॰ धृतिगृहीताभिः ←स्त्री॰ तस॰ धृतिगृहीता, धृत्या गृहिता (धैर्ययुक्त, धैर्यवान, साहसी) ←स्त्री॰ धृति↑ + वि॰ गृहीता (ग्रहण की हुई, युक्त) ←9क्र्या॰√ग्रह्

धृतिम् 11.24, द्विती॰ एक॰ धृतिम् (धृति को); द्वि॰ धृती; बहु॰ धृतीः ←स्त्री॰ धृति↑

धृतेः 18.29, षष्ठी॰ एक॰ धृतेः (धृति का,की,के); द्वि॰ धृत्योः; बहु॰ धृतीनाम् ←स्त्री॰ धृति↑

धृत्या 18.33, तृती॰ एक॰ धृत्या (धृति से); द्वि॰ धृतिभ्याम्; बहु॰ धृतिभिः ←स्त्री॰ धृति↑

धृत्युत्साहसमन्वितः 18.26, पु॰ प्रथ॰ एक॰ धृत्युत्साहसमन्वितः (धैर्य और दृढ़ता से जो युक्त है वह); द्वि॰ ॰समन्वितौ; बहु॰ ॰समन्विताः ←वि॰ तस॰ धृत्युत्साहसमन्वित, धृत्या च उत्साहेन च समन्वितः (धैर्य और दृढ़ता से युक्त) ←स्त्री॰ धृति↑ + पु॰ उत्साह (आतुरता, आवेग, इच्छा, उत्कंठा, उत्कलिका, उत्सुकता, कौतुहल, जिज्ञासा, उमंग, जोम, जोष, दृढ़ता, प्रेरणा, प्रोत्साहन, साहस, सामर्थ्य↓) ←उद्√सह् 1भ्वादि॰ + वि॰ समन्वित↓

धृष्टकेतुः 1.5, प्रथ॰ एक॰ धृष्टकेतुः (धृष्टकेतु); द्वि॰ धृष्टकेतू; बहु॰ धृष्टकेतवः ←वि॰ अग्रेसर; साहसी; पु॰ विना॰ धृष्टकेतु (व्यक्ति परिचय के लिए देखिए– खंड 1, 'गीता दर्शन')

धृष्टद्युम्नः 1.17, प्रथ॰ एक॰ धृष्टद्युम्नः (धृष्टद्युम्न); द्वि॰ धृष्टद्युम्नौ; बहु॰ धृष्टद्युम्नाः ←वि॰ बस॰ धृष्टम् द्युम्नम् यस्य सः (जो साहस और कांति से युक्त है); पु॰ विना॰ धृष्टद्युम्न (व्यक्ति परिचय के लिए देखिए– खंड 1, गीता दर्शन↑)

धेनूनाम् 10.28, षष्ठी॰ एक॰ धेन्वाः; द्वि॰ धेन्वोः; बहु॰ धेनूनाम् (गायों में) ←स्त्री॰ धेनु

(गाय, गो↑) ←10चुरा०√धे

ध्यान 12.12, (एकाग्र चिंतन, मनन, लीनता, विचार मग्नता) ←1भ्वादि०√ध्यै (विचार करना)

ध्यानम् 12.12, न० प्रथ०–द्विती० एक० ध्यानम् (ध्यान, ध्यान को); द्वि० ध्याने; बहु० ध्यानानि ←न० ध्यान↑

ध्यानयोगपरः 18.52, पु० प्रथ० एक० ध्यानयोगपरः (जो ध्याननिष्ठ है वह); द्वि० ध्यानयोगपरौ; बहु० ध्यानयोगपराः ←वि० बस० ध्यानयोगपर, ध्यानम् च योगः च परः यस्य सः (ध्यानयोग का परायण, ध्यानयोग में एकनिष्ठ) ←न० ध्यान↑ + पु० योग↓ + वि० पर↓

ध्यानात् 12.12, पंच० एक० ध्यानात् (ध्यान की अपेक्षा); द्वि० ध्यानाभ्याम्; बहु० ध्यानेभ्यः ←न० ध्यान↑

ध्यानेन 13.25, तृती० एक० ध्यानेन (ध्यान से, के द्वारा); द्वि० ध्यानाभ्याम्; बहु० ध्यानैः ←न० ध्यान↑

ध्यायत् 2.62, वि० (चिंतन, ध्यान, मनन –करते हुए) ←1भ्वादि०√ध्यै (ध्यान करना)

ध्यायतः 2.62, पु० षष्ठी० एक० ध्यायतः (ध्यान करने वाले का,की,के); द्वि० ध्यायतोः; बहु० ध्यायताम् ←वि० ध्यायत्↑

ध्यायन्तः 12.6, पु० प्रथ० एक० ध्यायन्; द्वि० ध्यायन्तौ; बहु० ध्यायन्तः (ध्यान करने वाले) ←वि० ध्यायत्↑

ध्रुव 2.27, वि० (अटल, अढल, अडिग, अक्षय↑, अक्षर↑; दृढ↑, चिर↑, नित्य↓, पक्का) ←1भ्वादि०√धृ

ध्रुवः 2.27, पु० प्रथ० एक० ध्रुवः (जो दृढ़ है वह); द्वि० ध्रुवौ; बहु० ध्रुवाः ←वि० ध्रुव↑

ध्रुवा 18.78, स्त्री० प्रथ० एक० ध्रुवा (जो दृढ़ है वह); द्वि० ध्रुवे; बहु० ध्रुवाः ←वि० ध्रुव↑

ध्रुवम् 2.27, पु० द्विती० एक० ध्रुवम् (जो दृढ़ है उसको); द्वि० ध्रुवे; बहु० ध्रुवाणि ←वि० ध्रुव↑

(न)

न 1.30, अव्य० = उपसर्ग अन्↑ (अ↑, नकारार्थ, न, नहीं) ←4दिवा०√नह्

नः 1.32, (1) पु० न० स्त्री० चतु० एक० मह्यम् अथवा मे↓; द्वि० नौ अथवा आवाभ्याम्; बहु० नः अथवा अस्मभ्यम् (हमें, हमको) ←सना० अस्मद्↑ (2) 1.33, पु० न० स्त्री०

षष्ठी॰ एक॰ मे अथवा मम↓; द्वि॰ नौ अथवा आवयो:↑; बहु॰ न: अथवा अस्माकम्↑ (हमरा,री,रे) ←सना॰ अस्मद्↑

नकुलः 1.16, प्रथ॰ एक॰ नकुल: (नकुल); द्वि॰ नकुलौ; बहु॰ नकुला: ←पु॰ विना॰ नकुल (व्यक्ति परिचय के लिए देखिए- खंड 1, गीता दर्शन↑)

नचिर 5.6, वि॰ नत॰ (झट से, जल्दी से, तत्काल, तुरत, तुरंत, फौरन, विना विलंब, देरी न लगाते हुए, सत्वर, क्षण में) ←अव्य॰ न↑ + वि॰ चिर↑

नचिरात् 12.7, सुप्सुप्-केवल समास (शीघ्रतर) ←वि॰ नचिर↑

नचिरेण 5.6, अव्य॰ अचिरम् अतति इति (विना विलंब, शीघ्रता से) ←वि॰ नचिर↑

नदीनाम् 11.28, षष्ठी॰ एक॰ नद्या:; द्वि॰ नद्यो:; बहु॰ नदीनाम् (नदों में) ←स्त्री॰ नदी (आपगा, तटिनी, तरंगिणी, धुनी, नद, नदी, सरिता; ओघ, जलोघ, प्रवाह, बहाव) ←1भ्वादि॰√नद्

नभस् 1.19, न॰ (अंबर, आकाश↑, ख↑, गगन, द्यु↑, वायुमंडल) ←1भ्वादि॰√नभ्

नभः 1.19, प्रथ॰ एक॰ नभ: (आकाश); द्वि॰ नभसी; बहु॰ नभांसि ←न॰ नभस्↑

नभःस्पृशम् 11.24, न॰ प्रथ॰-द्विती॰ एक॰ नभ:स्पृशम् (जो गगनचुंबी है वह, ॰उसको); द्वि॰ नभ:स्पृशे; बहु॰ नभ:स्पृशानि ←वि॰ बस॰ नभ:स्पृश, नभ: स्पृषति यत् (आकाश को स्पर्श करने वाला, गगनचुंबी) ←न॰ नभस्↑ + वि॰ स्पृश (स्पर्श करने वाला) ←पु॰ स्पर्श↓

नमः 11.31, = अव्य॰ नमस्; अथवा न॰ प्रथ॰-द्विती॰ एक॰ (अभिवादन, नमन, नमस्कार, प्रणति, प्रणाम, प्रणिपात↓, वंदन, हाथ जोड़ना) ←1भ्वादि॰√नम्

नमस् 9.14, अव्य॰ (नमन, नमस्कार, प्रणाम, वंदन; स्तुति↓, स्तोत्र) ←1भ्वादि॰√नम् (नमस्कार करना)

नमस्कुरु 9.34, लोट् उपदेशार्थ एक॰ उत्तम॰ नमस्करवाणि; मध्य॰ नमस्कुरु (तू नमस्कार कर); अन्य॰ नमस्करोतु ←नमस्√कृ (नमस्कार करना) 8तना॰

नमस्कृत्वा 11.35, अव्य॰ (नमन, नमस्कार, प्रणाम, वंदना -किए; हाथ जोड़ कर)

नमस्यन्तः 9.14, प्रथ॰ एक॰ नमस्यन्; द्वि॰ नमस्यन्तौ; बहु॰ नमस्यन्त: (नमस्कार करते हुए) ←वि॰ नमस्यत् (नमस्कार करते हुए) ←अव्य॰ नमस्↑

नमस्यन्ति 11.36, लृट् अपूर्ण भवि॰ पर॰ उत्तम॰ एक॰ नमस्यामि; मध्य॰ एक॰ नमस्यसि; अन्य॰ एक॰ नमस्यति; अन्य॰ द्वि॰ नमस्यत:; अन्य॰ बहु॰ नमस्यन्ति (वे नमस्कार करेंगे) ←1भ्वादि॰√नम् (नमस्कार करना)

नमेरन् 11.37, आत्म॰ विध्यर्थी एक॰ उत्तम॰ नमेय; मध्य॰ नमेथाः; अन्य॰ नमेत; अन्य॰ द्वि॰ नमेयाताम्; अन्य॰ बहु॰ <u>नमेरन्</u> (उन्हें नमन करना चाहिए, वे नमन करें) ←1भ्वादि॰√नम् (नमस्कार करना)

नयन 11.10, न॰ (अक्ष, अक्षि↓, आंख, चश्म, ईछन, ईषण, ईक्षण↑, चक्ष, चक्षु↓, दृग, दृष्टि, नेत्र↓, लोचन) ←1भ्वादि॰√नी

नयेत् 6.26, विधि॰ पर॰ एक॰ उत्तम॰ नयेय; मध्य॰ नयेथाः; अन्य॰ <u>नयेत्</u> अथवा नयेत (वह– की ओर लगावे) ←1भ्वादि॰√नी (ले जाना)

नर 1.5, पु॰ (आदमी, इन्सान, नृ, पुरुष↓, पुंस↓, मनुज, मनुष्य↓, मानुष, मानव↓) ←1भ्वादि॰√नृ

नरः 2.22, प्रथ॰ एक॰ <u>नरः</u> (नर); द्वि॰ नरौ; बहु॰ नराः ←पु॰ नर↑

नरक 1.42, पु॰ (पाताल लोक; दुर्गत, निरय, यातनामय जग; 21 प्रकार के जो नरक कहे गएँ हैं उनमें कोई भी एक) ←1भ्वादि॰√नृ

नरकस्य 16.21, षष्ठी॰ एक॰ <u>नरकस्य</u> (नरक का,की,के); द्वि॰ नरकयोः; बहु॰ नरकाणाम् ←पु॰ नरक↑

नरकाय 1.42, चतु॰ एक <u>नरकाय</u> (नरक को); द्वि॰ नरकाभ्याम्; बहु॰ नरकेभ्यः ←पु॰ नरक↑

नरके 1.44, सप्त॰ एक <u>नरके</u> (नरक में); द्वि॰ नरकयोः; बहु॰ नरकेषु ←पु॰ नरक↑

नरपुङ्गवः 1.5, प्रथ॰ एक॰ <u>नरपुङ्गवः</u> (नरपुङ्गव); द्वि॰ नरपुङ्गवौ; बहु॰ नरपुङ्गवाः ←पु॰ बस॰ नरपुङ्गव, नरेषु पुङ्गवः यः सः (नरवीर, नरश्रेष्ठ) ←पु॰ नर↑ + पु॰ पुङ्गव (मुख्य, प्रधान, श्रेष्ठ –मनुष्य; नंदी, ऋषभ↑) ←पु॰ पुंस्↓

नरलोकवीराः 11.28, पु॰ प्रथ॰ एक॰ नरलोकवीरः; द्वि॰ नरलोकवीरौ; बहु॰ <u>नरलोकवीराः</u> (नरवीर लोग) ←पु॰ तस॰ नरलोकवीर, नृलोके वीरः (मनुष्यों में वीर मनुष्य) ←पु॰ नर↑ + पु॰ लोक↓ + वि॰ वीर↓

नराणाम् 10.27, षष्ठी॰ एक॰ नरस्य; द्वि॰ नरयोः; बहु॰ <u>नराणाम्</u> (मनुष्यों में) ←पु॰ नर↑

नराधम 7.15, वि॰ तस॰ नरेषु अधमः (अधम, दुष्ट, नीच –मनुष्य) ←पु॰ नर↑ + वि॰ अधम↑

नराधमाः 7.15, पु॰ प्रथ॰ एक॰ नराधमः; द्वि॰ नराधमौ; बहु॰ <u>नराधमाः</u> (नराधम लोग) ←वि॰ नराधम↑

नराधमान् 16.19, पु॰ द्विती॰ एक॰ नराधमम्; द्वि॰ नराधमौ; बहु॰ <u>नराधमान्</u> (नीच लोगों

को) ←वि॰ नराधम↑

नराधिपम् 10.27, द्विती॰ एक॰ नराधिपम् (नराधिपति-को); द्वि॰ नराधिपौ; बहु॰ नराधिपान् ←पु॰ तस॰ नराधिप, नराणाम् अधिपः (मनुष्यों का– अधिप, अधिपति, राजा) ←पु॰ नर↑ + पु॰ अधिप↑

नरैः 17.17, तृती॰ एक॰ नरेण; द्वि॰ नराभ्याम्; बहु॰ नरैः (मनुष्यों ने) ←पु॰ नर↑

नवद्वारे 5.13, सप्त॰ एक॰ नवद्वारे (नौ द्वारों वाले देह में); द्वि॰ नवद्वारयो:; बहु॰ नवद्वारेषु ←पु॰ बस॰ नवद्वार, नव द्वाराणि यस्मै (नौ द्वारों का, देह↑) ←सदाबहुवचनी संख्या वि॰ नवन्, समास करते हुए अन्त्य न् का लोप होता है (नव, नौ) ←2अदा॰√नु + न॰ द्वार↑

नवानि 2.22, न॰ प्रथ॰–द्विती॰ एक॰ नवम्; द्वि॰ नवे; बहु॰ नवानि (जो नए हैं वे, ॰उनको) ←वि॰ नव (नया, नवीन, नूतन, सद्य) ←2अदा॰√नु

नश्यत् 8.20, वि॰ (नाश होते हुए) ←4दिवा॰√नश् (अदृष्ट होना)

नश्यति 6.38, एक॰ उत्तम॰ नश्यामि; मध्य॰ नश्यसि; अन्य॰ नश्यति (वह अदृश्य होता है) ←4दिवा॰√नश् (अदृष्ट होना)

नश्यत्सु 8.20, पु॰ सप्त॰ एक॰ नश्यति; द्वि॰ नश्यतो:; बहु॰ नश्यत्सु (नाशों में) ← वि॰ नश्यत्↑

नष्ट 1.40, वि॰ (नाश, विनाश –पाया हुआ; उपहत↑, तबाह, ध्वस्त, परास्त, प्रलीन↓, बर्बाद) ←4दिवा॰√नश् (नष्ट होना)

नष्टः 4.2, पु॰ प्रथ॰ एक॰ नष्टः (जो नष्ट हुआ है वह); द्वि॰ नष्टौ; बहु॰ नष्टाः ←वि॰ नष्ट↑

नष्टान् 3.32, पु॰ द्विती॰ एक॰ नष्टम्; द्वि॰ नष्टौ; बहु॰ नष्टान् (जो नष्ट हुए हैं उनको) ←वि॰ नष्ट↑

नष्टात्मानः 16.9, प्रथ॰ एक॰ नष्टात्मा; द्वि॰ नष्टत्मानौ; बहु॰ नष्टात्मानः (नष्ट लोग, नष्ट आत्मा के लोग) ←पु॰ बस॰ नष्टात्मन्, नष्टः आत्मा यस्य (जिसका सदाचार नष्ट हुआ है, जिसकी विचारबुद्धि नष्ट हुई है, जो भ्रम में पड़ा है वह) ←वि॰ नष्ट↑ + पु॰ आत्मन्↑

नष्टे 1.40, पु॰ सप्त॰ एक॰ नष्टे (नाश में); द्वि॰ नष्टयो:; बहु॰ नष्टेषु ←वि॰ नष्ट↑

नक्षत्राणाम् 10.21, षष्ठी॰ एक॰ नक्षत्रस्य; द्वि॰ नक्षत्रयो:; बहु॰ नक्षत्राणाम् (नक्षत्रों में) ←न॰ नक्षत्र (उडु, ग्रह, तारा) ←1भ्वादि॰√नक्ष्

नागानाम् 10.29, षष्ठी॰ एक॰ नागस्य; द्वि॰ नागयो:; बहु॰ नागानाम् (नागों में) ←पु॰ नाग

(अही, उरग↑, भुजंग, फणधर, मणिघर, पन्नग, सारंग, विषधर, विषैला सांप) ←न√अग् 1भ्वादि॰

नातिमानिता 16.3, पु॰ प्रथ॰ एक॰ नातिमानिता (जिसमें गर्व नहीं है वह); द्वि॰ नातिमानिते; बहु॰ नातिमानिता: ←अव्य॰ न↑ + वि॰ नत॰ अतिमानित, न अतिमानित: (गर्विष्ठ) ←वि॰ अति↑ + वि॰ मानित (गर्विष्ठ, मानी; प्रतिष्ठित, सम्मानित) ←3जुहो॰√मन्

नाना 1.9, अव्य॰ उपसर्ग (अनेक प्रकार के, तरह तरह के, विविध↓) ←4दिवा॰√नह्

नानाभावान् 18.21, पु॰ द्वितीं॰ एक॰ भावम्; द्वि॰ भावौ; बहु॰ भावान् (भावों को) ← उपसर्ग नाना↑ + पु॰ भाव↓

नानावर्णाकृतीनि 11.5, न॰ प्रथ॰-द्विती॰ एक॰ वर्णाकृति; द्वि॰ वर्णाकृतिनी; बहु॰ वर्णाकृतीनि (अनेक रंग व आकृतियाँ) ←वि॰ बस॰ वर्णाकृतिन्, वर्णानाम् आकृति यस्य तत् (जिसकी आकृति रंगीन है वह; अनेक स्वरूपाची मूर्ति) ←पु॰ वर्ण↓ + स्त्री॰ आकृति (आकार; प्रतिमा, मूर्ति↓, रूप, शक्ल, सूरत) + उपसर्ग नाना↑

नानाविधानि 11.5, न॰ प्रथ॰-द्विती॰ एक॰ विधम्; द्वि॰ विधे; बहु॰ विधानि (विविध प्रकार के) ←वि॰ बस॰ नानाविध, नाना विधा: यस्मै ←पु॰ विध↓ + उपसर्ग नाना↑

नानाशस्त्रप्रहरणा: 1.9, पु॰ प्रथ॰ एक॰ शस्त्रप्रहरण:; द्वि॰ शस्त्रप्रहरणौ; बहु॰ शस्त्रप्रहरणा: (विविध शस्त्र धारण चलानेवाले लोग) ←वि॰ बस॰ शस्त्रप्रहरण, नाना शस्त्राणि प्रहरणानि यस्य स: (जो शस्त्र चलाता है वह) ←उपसर्ग नाना↑ + न॰ शस्त्र (अवजार, अस्त्र, आयुध↑, हथियार) + न॰ प्रहरण (प्रहार, वार; शस्त्र↓) ←प्र√हृ 1भ्वादि॰

नान्यगामिना 8.8, पु॰ तृती॰ एक॰ नान्यगामिना (जो एकनिष्ठ है उससे, उसके द्वारा; एकाग्रता से); द्वि॰ नान्यगामिभ्याम्; बहु॰ नान्यगामिभि: ←वि॰ तस॰ नान्यगामिन्, न अन्यगामिन् (एकनिष्ठ, एकाग्र; न विचलने वाला; दूसरी ओर चित्त न देने वाला) ←अव्य॰ न↑ + वि॰ अन्य↑ + वि॰ गामिन् (जाने वाला, फिसलने वाला, भटकने वाला) ←1भ्वादि॰√गम् (जाना)

नाम 16.17, प्रथ॰ एक॰ नाम (नाम); द्वि॰ नाम्नी अथवा नामनि; बहु॰ नामानि ←न॰ नामन् (अभिधान, आख्या, नाम, संज्ञा↓) ←1भ्वादि॰√म्ना

नामयज्ञै: 16.17, तृती॰ एक॰ नामयज्ञेन; द्वि॰ नामयज्ञाभ्याम्; बहु॰ नामयज्ञै: (नाम मात्र के लिए किए हुए यज्ञों द्वारा) ←पु॰ तस॰ नामयज्ञ, नामन: यज्ञ: (दिखाऊ यज्ञ, नाममात्र यज्ञ, नाम के लिए ही किया हुआ यज्ञ) ←न॰ नाम↑ + पु॰ यज्ञ↓

नायका: 1.7, प्रथ॰ एक॰ नायक:; द्वि॰ नायकौ; बहु॰ नायका: (नेता लोग) ←पु॰ नायक

(फौजफार, सरदार, सेनाध्यक्ष, सेनानी, सेनापति; अग्रेसर, अध्यक्ष, नेता, पुढारी, मालिक, मुखिया, मुख्य↓, संचालक, सूत्रधार, स्वामी) ←1भ्वादि०√नी

नारद: 10.13, प्रथ० एक० <u>नारद:</u> (नारद मुनि); द्वि० नारदौ; बहु० नारदा: ←पु० विना० नारद

नारीणाम् 10.34, षष्ठी० एक० नार्या:; द्वि० नार्यो:; बहु० <u>नारीणाम्</u> (नारियों में) ←स्त्री० नारी (महिला, स्त्री↓) ←1भ्वादि०√नृ

नावम् 2.67, द्विती० एक० <u>नावम्</u> (नौका को); द्वि० नावौ; बहु० नाव: ←स्त्री० नौ (उडुप, किश्ती, जलयान, डोंगी, तरंग, तरणि, तरी, नाव, नैया, नौ, नौका, प्लव, बेड़ा, वहित्र, होड़) ←6तुदा०√नुद्

नाश 2.40, पु० (ध्वंस, विनाश↓, संहार; लय, लोप) ←4दिवा०√नश् (नाश करना)

नाशन 3.41, (1) वि० (नष्ट करने वाला, नाश करने वाला, नाशक, विनाशी); (2) न० (नाश, विनाश↓) ←4दिवा०√नश् (नाश करना)

नाशनम् 16.21, न० प्रथ०–द्विती० एक० <u>नाशनम्</u> (नष्ट करने वाला, वाले को); द्वि० नाशने; बहु० नाशनानि ←वि० नाशन↑

नाशयामि 10.11, लट् वर्त० पर० प्रयो० एक० उत्तम <u>नाशयामि</u> (मैं नाश कराता हूँ, मुझसे नाश किया जाता है); मध्य० नाशयसि; अन्य० नाशयति ←3जुहो०√नश् (नाश करना)

नाशाय 11.29, चतु० एक० <u>नाशाय</u> (नाश करने के लिए); द्वि० नाशाभ्याम्; बहु० नाशेभ्य: ←पु० नाश↑

नाशितम् 5.16, न० प्रथ०–द्विती० एक० <u>नाशितम्</u> (जो नष्ट हुआ है वह अथवा उसको); द्वि० नाशिते; बहु० नाशितानि ←वि० नाशित (नष्ट हुए) ←4दिवा०√नश् (नाश करना)

नासाभ्यन्तरचारिणौ 5.27, न० प्रथ०–द्विती० एक० नासाभ्यन्तरचारिणम्; द्वि० <u>नासाभ्यन्तरचारिणौ</u> (दोनों नासिकाओं में बहने वाले); बहु० नासाभ्यन्तरचारिण: ←वि० तस० नासाभ्यन्तरचारिन्, नासयो: अभ्यन्तरे चारी (नासिकाओं में बहने वाला; उच्छ्वास और श्वास) ←1भ्वादि०√नास् ←स्त्री० नासा (नकुट, नक्र, घ्राण↑, नाक, नासिका) + वि० अभ्यन्तर (भीतरी, आंतरिक) ←अभि√अन् 4दिवा० + वि० चारिन्↑

नासिकाग्रम् 6.13, न० प्रथ०–द्विती० एक० <u>नासिकाग्रम्</u> (नाक का अग्र, नासिका के अग्र को); द्वि० नासिकाग्रे; बहु० नासिकाग्राणि ←न० तस० नासिकाग्र, नासिकाया: अग्रम् (नाक का– अग्र, सिरा) ←स्त्री० नासिका (घ्राण↑, घ्राणेन्द्रिय, नाक) ←1भ्वादि०√नास् + न० अग्र↑

नि 1.7, अव्य० (क्रियावाचक और संज्ञावाचक शब्दों को लगने वाला उपसर्ग; अधोगति,

नीचता, आधिक्य, समूह, आदेश, सातत्य, निपुणता, बंधन, संयोग, हानि, प्रदर्शन, निश्चय, स्वीकृति, संदेह इत्यादि सूचक) ←1भ्वादि॰√नी (ले जाना)

निगच्छति 9.31, लट् वर्त॰ पर॰ एक॰ उत्तम॰ निगच्छामि; मध्य॰ निगच्छसि; अन्य॰ निगच्छति (वह प्राप्त करता है) ←1भ्वादि॰√गम् (जाना)

निगृहीतानि 2.68, न॰ प्रथ॰–द्विती॰ एक॰ निगृहीतम्; द्वि॰ निगृहीते; बहु॰ निगृहीतानि (निग्रह किए हुए, ॰को) ←वि॰ निगृहीत (काबू किया हुआ, दमन किया हुआ, निग्रह किया हुआ, रोका हुआ, संयमित किया हुआ) ←पु॰ निग्रह↓

निगृह्णामि 9.19, लट् वर्त॰ पर॰ एक॰ उत्तम॰ निगृह्णामि (मैं रोकता हूँ); मध्य॰ निगृह्णासि; अन्य॰ निगृह्णाति ←नि√ग्रह् 9क्र्या॰ (निग्रह करना, रोकना)

निग्रह 3.33, पु॰ (अडंगा, अटकाव, अवरोध, काबू, ताबा, दम↑, दमन, नियमन, प्रतिबंध, रुकावट, रोक, वर्जन, व्यवधान, संयम↓, संयोजन) ←नि√ग्रह् 9क्र्या॰ (निग्रह करना, रोकना)

निग्रहः 3.33, प्रथ॰ एक॰ निग्रहः (निग्रह); द्वि॰ निग्रहौ; बहु॰ निग्रहाः ←पु॰ निग्रह↑

निग्रहम् 6.34, द्विती॰ एक॰ निग्रहम् (निग्रह को); द्वि॰ निग्रहौ; बहु॰ निग्रहान् ←पु॰ निग्रह↑

नित्य 2.15, (1) अव्य॰ (बारंबार, सततम्↓, सदा↓); (2) वि॰ 2.18, (अनश्वर, अविनाशी↑, शाश्वत↓; चिर↑, ध्रुव↑, स्थिर↓, स्थायी) ←1भ्वादि॰√नी

नित्यः 2.20, पु॰ प्रथ॰ एक॰ नित्यः (जो नित्य है वह); द्वि॰ नित्यौ; बहु॰ नित्याः ←वि॰ नित्य↑

नित्यजातम् 2.26, पु॰ द्विती॰ एक॰ नित्यजातम् (बारंबार जन्म लेने वाला, ॰वाले को,); द्वि॰ नित्यजातौ; बहु॰ नित्यजातान् ←वि॰ नित्यजात (पुनःपुनः जन्म लेने वाला, पुनर्जन्म लेने वाला) ←वि॰ नित्य↑ + वि॰ जात↑

नित्यतृप्तः 4.20, पु॰ प्रथ॰ एक॰ नित्यतृप्तः (जो सदा तृप्त रहता है वह); द्वि॰ नित्यतृप्तौ; बहु॰ नित्यतृप्ताः ←वि॰ नित्यतृप्त (चिरतृप्त) ←वि॰ नित्य↑ + वि॰ तृप्त↑

नित्यम् 2.21, (1) पु॰ द्विती॰ एक॰ नित्यम् (जो नित्य है उसको); द्वि॰ नित्यौ; बहु॰ नित्यान्; (2) न॰ प्रथ॰–द्विती॰ एक॰ नित्यम् (जो नित्य है वह); द्वि॰ नित्ये; बहु॰ नित्यानि ←वि॰ नित्य↑ अथवा (3) अव्य॰ (नित्यता से, सतत↓, सदा)

नित्ययुक्त 7.17, वि॰ तस॰ नित्यम् युक्तः (सदा अभिरत↑, दंग, मग्न, रत, ऐक्यभाव में स्थित –हुआ; सश्रद्ध) ←वि॰ नित्य↑ + वि॰ युक्त↓

नित्ययुक्तः 7.17, पु॰ प्रथ॰ एक॰ नित्ययुक्तः (जो नित्ययुक्त है वह); द्वि॰ नित्ययुक्तौ; बहु॰

नित्ययुक्ता:↓ ←वि॰ नित्ययुक्त↑

नित्ययुक्तस्य 8.14, पु॰ षष्ठी॰ एक॰ नित्ययुक्तस्य् (नित्ययुक्त का,की,के); द्वि॰ नित्ययुक्तयो:; बहु॰ नित्ययुक्तामाम् ←वि॰ नित्ययुक्त↑

नित्ययुक्ता: 9.14, पु॰ प्रथ॰ एक॰ नित्ययुक्त:↑; द्वि॰ नित्ययुक्तौ; बहु॰ नित्ययुक्ता: (जो नित्ययुक्त हैं वे लोग) ←वि॰ नित्ययुक्त↑

नित्यवैरिणा 3.39, तृती॰ एक॰ नित्यवैरिणा (चिर शत्रु से); द्वि॰ नित्यवैरिभ्याम्; बहु॰ नित्यवैरिभि: ←पु॰ तस॰ नित्यवैरिन्, नित्यम् वैरी (अखंड, चिर, पक्का, सदा का वैरी) ←वि॰ नित्य↑ + वि॰ वैरिन् (दुष्मन, परिपंथिन्↓, वैरी, शत्रु↓, सपत्न) ←10चुरा॰√वीर्

नित्यश: 8.14, = अव्य॰ नित्यशस् (निरंतर, प्रतिदिन, रोज, सतत↓, सदा↓, हमेशा) ←वि॰ नित्य↑

नित्यसत्त्वस्थ: 2.45, पु॰ प्रथ॰ एक॰ नित्यसत्त्वस्थ: (सदा स्वत्त्व गुण में स्थित हो वह, जो कभी सदाचार न छोड़े वह); द्वि॰ नित्यसत्त्वस्थौ; बहु॰ नित्यसत्त्वस्था: ←वि॰ तस॰ नित्यसत्त्वस्थ, नित्यम् सत्वे स्थ: (सदा– सत्त्व में, सदाचरण में, स्वभाव में –स्थित; रज और तम गुण छोड़ा हुआ, सदा सत्त्वगुण में वर्तने वाला, जो कभी भी धैर्य नहीं छोड़ता वह) ←अव्य॰ नित्यम्↑ + न॰ सत्त्व↓ + वि॰ स्थ↓

नित्यसंन्यासी 5.3, पु॰ प्रथ॰ एक॰ नित्यसंन्यासी (नित परित्यागी); द्वि॰ नित्यसंन्यासिनौ; बहु॰ नित्यसंन्यासिन: ←वि॰ तस॰ नित्यसंन्यासिन्, नित्यम् संन्यासी (सदैवसंन्यासी, जिसमें सर्वकाल संन्यास की भावना है वह) ←अव्य॰ नित्यम्↑ + पु॰ संन्यासिन्↓

नित्यस्य 2.18, षष्ठी॰ एक॰ नित्यस्य (जो नित्य है उसका,की,के); द्वि॰ नित्ययो:; बहु॰ नित्यानाम् ←वि॰ नित्य↑

नित्याभियुक्तानाम् 9.22, पु॰ षष्ठी॰ एक॰ नित्याभियुक्तस्य; द्वि॰ नित्याभियुक्तयो:; बहु॰ नित्याभियुक्तानाम् (जो सदा एकनिष्ठ हैं उनका,की,के) ←वि॰ तस॰ नित्याभियुक्त, नित्यम् अभियुक्त: (सदा ऐक्यभाव में स्थित) ←अव्य॰ नित्यम्↑ + वि॰ अभियुक्त (अटल भक्ति का, अविचल श्रद्धा का, निष्ठावान, स्थिर विश्वास का) ←अभि√युज् 2अदा॰

निन्दा 12.19, स्त्री॰ (उपक्रोश, उपहास, कुत्सा, गर्हा, टीका, धिक्कार, निर्भर्त्सना, भर्त्सना) ←1भ्वादि॰√निन्द्

निद्रा 14.8, स्त्री॰ (नींद, सुप्ति, सोना) ←1भ्वादि॰√निन्द्

निद्रालस्यप्रमादोत्थम् 18.39, पु॰ द्विती॰ एक॰ निद्रालस्यप्रमादोत्थम् (निद्रा, आलस और नशा में वर्तने वाले को); द्वि॰ ॰प्रमादोत्थौ; बहु॰ ॰प्रमादोत्थान् ←वि॰ तस॰

निद्रालस्यप्रमादोत्थ, निद्रया च आलस्येन च प्रमादेन च उत्थित: (निद्रा, आलस और नशा में चूर रहता है वह) ←स्त्री॰ निद्रा↑ + न॰ आलस्य↑ + पु॰ प्रमाद↓ + वि॰ उत्थ↑

निधन 2.28, न॰ (अंत, देहान्त, देहावसान, मरण, मरना, मृत्यु↓, मौत) ←3जुहो॰√धा

निधनम् 3.35, प्रथ॰–द्विती॰ एक॰ निधनम् (मृत्यु, मुत्यु को); द्वि॰ निधने; बहु॰ निधनानि↓ ←न॰ निधन↑

निधनानि 2.28, प्रथ॰–द्विती॰ एक॰ निधनम्↑; द्वि॰ निधने; बहु॰ निधनानि (बारंबार मृत्यु, मृत्यु के पश्चात्) ←न॰ निधन↑

निधानम् 9.18, प्रथ॰–द्विती॰ एक॰ निधानम् (कोश, कोश को); द्वि॰ निधाने; बहु॰ निधानानि ←न॰ निधान (आकर, कोश, कोष, खजाना, निधि, भंडार, सञ्च, संपत्ति, सांठा) ←3जुहो॰√धा

निन्दन्त: 2.36, प्रथ॰ एक॰ निन्दन्; द्वि॰ निन्दन्तौ; बहु॰ निन्दन्त: (निंदा करते हुए) ←वि॰ निन्दत् (कलंक लगाते हुए, निंदा करते हुए) ←1भ्वादि॰√निन्द् (निंदा करना)

निबद्ध: 18.60, पु॰ प्रथ॰ एक॰ निबद्ध: (जो बद्ध है वह); द्वि॰ निबद्धौ; बहु॰ निबद्धा: ←वि॰ निबद्ध (जकड़ा हुआ, बंधन में पड़ा हुआ, बद्ध↓) ←9क्र्या॰√बन्ध् (बांधना)

निबद्ध्यते 4.22, लट् वर्त॰ आत्म॰ एक॰ उत्तम॰ निबद्ध्ये; मध्य॰ निबद्ध्यसे; अन्य॰ निबद्ध्यते (वह बद्ध होता है) ←9क्र्या॰√बध् (बद्ध होना)

निबध्नन्ति 4.41, लट् वर्त॰ पर॰ अन्य॰ एक॰ निबध्नाति↓; द्वि॰ निबध्नीत:; बहु॰ निबध्नन्ति (वे बद्ध करते हैं) ←9क्र्या॰√बन्ध् (बांधना)

निबध्नाति 14.7, लट् वर्त॰ पर॰ अन्य॰ एक॰ निबध्नाति (वह बद्ध करता है); द्वि॰ निबध्नीत:; बहु॰ निबध्नन्ति↑ ←9क्र्या॰√बन्ध् (बांधना)

निबन्धाय 16.5, चतु॰ एक॰ निबन्धाय (बंधन के लिए); द्वि॰ निबन्धाभ्याम्; बहु॰ निबन्धेभ्य: ←पु॰ निबन्ध (अधीनता, आधार, उपाधान; बंधन, बंधनकारक है वह, बेड़ी; बांधना) ←√बन्ध् (बांधना)

निबोध 1.7, लोट् पर॰ आज्ञार्थ एक॰ उत्तम॰ निबोधानि; मध्य॰ निबोध (तू समझ ले); अन्य॰ निबोधतु ←1भ्वादि॰√बुध् (जानना)

निमित्त 1.31, न॰ (उद्देश्य, कारण↑, हेतु↓) ←नि√मिद् 7रुधा॰

निमित्तमात्रम् 11.33, क्रिवि॰ (निमित्त के कारण, केवल निमित्त, कारण के लिए) ←न॰ निमित्त↑ + (1) अर्थवाचक वि॰ मात्र (केवल, फक्त); समास के अन्त में– मात्रम्, मात्र, मात्रमपि ←3जुहो॰√मा

निमित्तानि 1.31, प्रथ०–द्विती० एक० निमित्तम् (निमित्त, निमित्त को); द्वि० निमित्ते; बहु० निमित्तानि ←न० निमित्त↑

निमिषन् 5.9, प्रथ० एक० निमिषन् (नेत्र मीचते हुए, खोलते-बंद करते हुए); द्वि० निमिषन्तौ; बहु० निमिषन्तः ←वि० निमिषत् (आंखे मीचना) ←नि√मिष् 6तुदा० (नेत्र खोलना बंद करना)

नियत 1.44, वि० अगत्य, नित्य↑, विहित↓; नियमित, सदा↓, हमेशा; अनुसार कर, निश्चित, नियम के अनुसार, नियोजित, निर्बन्धित, नियंत्रित, बद्ध↓, शासित, संयत↓, संयमित) ←नि√यम् 1भ्वादि०

नियतम् 3.8, न० प्रथ०–द्विती० एक० नियतम् (जो अगत्य, विहित, नित्य, रोज का है वह, ०उसको); द्विव0 नियते; बहु० नियतानि ←वि० नियत↑

नियतमानसः 6.15, पु० प्रथ० एक० नियतमानसः (जिसने अपना मन वश किया है वह); द्वि० नियतमानसौ; बहु० नियतमानसाः ←वि० बस० नियतमानस, नियतम् मानसम् यस्य सः (मन पर– निग्रह, नियंत्रण, नियमन –किया हुआ) ←वि० नियत↑ + न० मानस↓

नियतस्य 18.7, पु० षष्ठी० एक० नियतस्य (दैनिक, जो रोज का है उसका,की,के); द्वि० नियतयोः; बहु० नियतानाम् ←वि० नियत↑

नियताः 7.20, पु० प्रथ० एक० नियतः; द्वि० नियतौ; बहु० नियताः (जो विहित हैं वे) ←वि० नियत↑

नियतात्मभिः 8.2, तृती० एक० नियतात्मना; द्वि० नियतात्मभ्याम्; बहु० नियतात्मभिः (युक्त हुए योगियों ने) ←पु० बस० नियतात्मन्, नियतः आत्मा यस्य सः (नियतचित्त, युक्तचित्त) ←वि० नियत↑ + पु० आत्मन्↑

नियताहाराः 4.30, प्रथ० एक० नियताहारः; द्वि० नियताहारौ; बहु० नियताहाराः (नियम के अनुसार, बकायदा, नियोजित, निश्चित –आहार लेने वाले लोग) ←पु० बस० नियताहार, नियतः आहारः यस्य सः (नियमित आहार लेने वाला) ←वि० नियत↑ + पु० आहार↑

नियमम् 7.20, द्विती० एक० नियमम् (विधि को); द्वि० नियमौ; बहु० नियमान् ←पु० नियम (क्रम, पद्धति, प्रबंध, बंधा हुआ क्रम, समंजन; परिपाटी, परंपरा, प्रचलित व्यवस्था, रीति, विधि↓, विधान↓) ←नि√यम् 1भ्वादि०

नियम्य 3.7, अव्य० (निग्रह किए, नियमन किए, रोख कर, रोध कर, संयमन किए) ←नि√यम् 1भ्वादि०

नियोजयसि 3.1, लट् वर्त० पर० प्रयो० एक० उत्तम० नियोजयामि; मध्य० नियोजयसि (तुझ

द्वारा नियोजन किया जाता है); अन्य० नियोजयति ←नि√युज् (जोड़ना) 2अदा०

नियोजितः 3.36, पु० प्रथ० एक० नियोजितः (नियोजित किया हुआ); द्वि० नियोजितौ; बहु० नियोजिताः ←वि० नियोजित (अनुरोध, आज्ञा, प्रवृत्त, योजना –किया हुआ)

नियोक्ष्यति 18.59, लृट् अपूर्ण भवि० पर० एक० उत्तम० नियोक्ष्यामि; मध्य० नियोक्ष्यसि; बहु० नियोक्ष्यति (वह योजना करेगा, वह अनिवार्य करेगा; वह बद्ध, मजबूर, लाचार, विवश करेगा) ←नि√युज् 6तुदा० (जोड़ना)

निर् 1.22, = अव्य० निः, निस् (अ↑, न↑, विना↓, व्यतिरिक्त, रहित, सिवा, सिवाय) ←1भ्वादि०√नृ

निरग्निः 6.1, पु० प्रथ० एक० निरग्निः (जो यजन से अलिप्त है वह); द्वि० निरग्नी; बहु० निरग्नयः ←वि० बस० निरग्नि, अग्नये न यजति यः सः (यजन से अलिप्त, यागक्रिया का त्याग किया हुआ) ←अव्य० निर्↑ + पु० अग्नि↑

निरहङ्कारः 2.71, पु० प्रथ० एक० निरहङ्कारः (जिसमें अहंकार नहीं है वह); द्वि० निरहङ्कारौ; बहु० निरहङ्काराः ←वि० बस० निरहङ्कार, नास्ति अहङ्कारः यस्य सः (जिसमें अहंकार नहीं है वह, निराभिमानी) ←अव्य० निर्↑ + अव्य० अहम् (अहंता, मैं–मैं) + वि० कार↑

निराशीः 3.30, = पु० प्रथ० एक० निराशीः (तटस्थ); द्विव० निराशौ; बहु० निराशः ←वि० निराशीस् (आशारहित, तटस्थ) ←अव्य० निर्↑ + वि० आशिन्↑

निराश्रयः 4.20, पु० प्रथ० एक० निराश्रयः (जिसने आश्रय नहीं लिया है वह); द्वि० निराश्रयौ; बहु० निराश्रयाः ←वि० बस० निराश्रय, नास्ति आश्रयः यस्य सः (आश्रयरहित, निराश्रयी) ←अव्य० निर्↑ + पु० आश्रय↑

निराहारस्य 2.59, पु० षष्ठी० एक० निराहारस्य (उपभोग न लेने वाले का,की,के); द्वि० निराहारयोः; बहु० निराहाराणाम् ←वि० बस० निराहार, नास्ति आहारः यस्य सः (आस्वाद, उपभोग, भोग –न लेने वाला) ←अव्य० निर्↑ + पु० आहार↑

निरीक्षे 1.22, लट् वर्त० आत्म० एक० उत्तम० निरीक्षे (मैं निरीक्षण करता हूँ); मध्य० निरीक्षसे; अन्य० निरीक्षते ←निर्√ईक्ष् 1भ्वादि० (देखना)

निरुद्धम् 6.20, न० प्रथ०–द्वितीय० एक० निरुद्धम् (जो बद्ध है वह, ०उसको); द्वि० निरुद्धे; बहु० निरुद्धानि ←वि० निरुद्ध (अवरुद्ध, नियंत्रित, प्रतिबद्ध, प्रतिरुद्ध, बद्ध↓, बंधा गया हुआ, रोका गया हुआ) ←नि√रुध् 7रुधा० (रोकना)

निरुध्य 8.12, अव्य० (बद्ध किए, रोक कर, स्थिर करके) ←7रुधा०√रुध् (रोकना)

निर्गुण 13.15, वि० बस० नास्ति गुणः यस्मिन् (गुणरहित, गुणातीत↑; सत्त्व, रज तम गुणों

के परे; त्रिगुणातीत) ←अव्य० निर्↑ + पु० गुण↑

निर्गुणत्वात् 13.32, पंच० एक० <u>निर्गुणत्वात्</u> (गुणरहित होने के कारण); द्वि० निर्गुणाभ्याम्; बहु० निर्गुणेभ्य: ←न० निर्गुणत्व ←वि० निर्गुण↑

निर्गुणम् 13.15; न० प्रथ०–द्विती० एक० <u>निर्गुणम्</u> (जो निर्गुण है वह, ०उसको); द्वि० निर्गुणे; बहु० निर्गुणानि ←वि० निर्गुण↑

निर्देश: 17.23, प्रथ० एक० <u>निर्देश:</u> (निर्देश); द्वि० निर्देशौ; बहु० निर्देशा: ←पु० निर्देश (आदेश; कथन, उल्लेख, बखान, वर्णन, विवरण, वृत्तांत) ←निर्√दिश् 6तुदा०

निर्दोषम् 5.19, (1) न० प्रथ०–द्विती० एक० <u>निर्दोषम्</u> (जो निष्कलंक है वह अथवा उसको); द्वि० निर्दोषे; बहु० निर्दोषानि; (2) पु० द्विती० एक० <u>निर्दोषम्</u> (जो निर्दोष है उसको); द्वि० निर्दोषौ; बहु० निर्दोषान् ←वि० बस० निर्दोष, नास्ति दोष: यस्मिन् (जिसमें कोई खोट नहीं वह; त्रुटिहीन, दोषरहित, निष्कलंक) ←अव्य० निर्↑ + पु० दोष↑

निर्द्वन्द्व: 2.45, पु० प्रथ० एक० <u>निर्द्वन्द्व:</u> (जो द्विभावरहित है वह); द्वि० निर्द्वन्द्वौ; बहु० निर्द्वन्द्वा: ←वि० बस० निर्द्वन्द्व, नास्ति द्वन्द्वस्य भाव: यस्मिन् (द्विभाव विरहित) ←अव्य० निर्↑ + न० द्वन्द्व↑

निर्मम: 2.71, पु० प्रथ० एक० <u>निर्मम:</u> (जो आसक्तिरहित है वह); द्वि० निर्ममौ; बहु० निर्ममा: ←वि० बस० निर्मम, नास्ति ममत्वम् यस्मिन् (अनासक्त, आसक्तिहीन, ममत्वहीन, "मैं" व "मेरा" की भावना जिसमें नहीं है वह, मोहरहित, विरक्त) ←अव्य० निर्↑ + सना० मम↑

निर्मल 14.6, वि० बस० नास्ति मलम् यस्मिन् (निर्मल, मलहीन, विमल, शुद्ध↓, साफ, स्वच्छ) ←अव्य० निर्↑ + पु० मल↓

निर्मलत्वात् 14.6, पंच० एक० <u>निर्मलत्वात्</u> (निर्मलत्व के कारण); द्वि० निर्मलत्वाभ्याम्; बहु० निर्मलत्वेभ्य: ←न० निर्मलत्व (निर्मलता, पावित्र्य, शुद्धि↓) ←वि० निर्मल↑

निर्मलम् 14.16, न० प्रथ०–द्विती० एक० <u>निर्मलम्</u> (निर्मल, जो निर्मल है उसको); द्वि० निर्मले; बहु० निर्मलानि ←वि० निर्मल↑

निर्मानमोहा: 15.5, पु० प्रथ० एक० <u>निर्मानमोह:</u> (जो मान और मोहरहित है वह); द्वि० निर्मानमोहौ; बहु० निर्मानमोहा: ←वि० बस० निर्मानमोह, नास्ति मान: च मोह: च यस्मिन् (मान और मोहरहित) ←अव्य० निर्↑ + पु० मान↓ + पु० मोह↓

निर्वाण 2.72, (1) वि० (मुक्त); (2) पु० (मुक्ति↓ मोक्ष↓, विमोचन; परमोच्च निवासस्थान) ←निर्√वा 2अदा०

निर्वाणपरमाम् 6.15, स्त्री॰ द्विती॰ एक॰ निर्वाणपरमाम् (परममोक्ष देने वाली को); द्वि॰ निर्वाणपरमे; बहु॰ निर्वाणपरमाः ←वि॰ बस॰ निर्वाणपरमा, निर्वाणम् परमम् यया सा (परममोक्ष देने वाली) ←वि॰ निर्वाण↓ + वि॰ परम↓

निर्योगक्षेमः 2.45, पु॰ प्रथ॰ एक॰ निर्योगक्षेमः (जो योग और क्षेमरहित है वह); द्वि॰ निर्योगक्षेमौ; बहु॰ निर्योगक्षेमाः ←वि॰ बस॰ निर्योगक्षेम, नास्ति योगः च क्षेमम् च यस्य (योग और क्षेमरहित) ←अव्य॰ निर्↑ + पु॰ योग↓ + न॰ क्षेम↓

निर्विकारः 18.26, पु॰ प्रथ॰ एक॰ निर्विकारः (जो विकाररहित है वह); द्वि॰ निर्विकारौ; बहु॰ निर्विकाराः ←वि॰ बस॰ निर्विकार, नास्ति विकारः यस्मिन् (परिवर्तन न होने वाला, न बदलने वाला, विकाररहित, विकृतिहीन; उद्वेगशून्य) ←अव्य॰ निर्↑ + पु॰ विकार↓

निर्वेदम् 2.52, द्विती॰ एक॰ निर्वेदम् (वैराग्य, वैराग्य को); द्वि॰ निर्वेदौ; बहु॰ निर्वेदान् ←पु॰ निर्वेद (अनास्था, उदासीनवृत्ति, औदासीन्य, निःस्पृहता, विरक्ति, वैराग्य↓) ←अव्य॰ निर्↑ + पु॰ वेद (एहसास; प्रतीति, भान)

निर्वैरः 11.55, पु॰ प्रथ॰ एक॰ निर्वैरः (जो वैररहित है वह); द्वि॰ निर्वैरौ; बहु॰ निर्वैराः ←वि॰ बस॰ निर्वैर, नास्ति वैरभावः यस्मिन् (जो शत्रुभाव से विरहित है वह) ←अव्य॰ निर्↑ + न॰ वैर (शत्रुत्व) ←10चुरा॰√वीर्

निवर्तते 2.59, लट् वर्त॰ आत्म॰ एक॰ उत्तम॰ निवर्ते; मध्य॰ निवर्तसे; अन्य॰ निवर्तते (वह दूर होता है); अन्य॰ द्वि॰ निवर्तेते; अन्य॰ बहु॰ निवर्तन्ते↓ ←नि√वृत् (न रहना) 1भ्वादि॰

निवर्तन्ति 15.4, लट् वर्त॰ पर॰ अन्य॰ एक॰ निवर्तति; द्वि॰ निवर्ततः; बहु॰ निवर्तन्ति (वे दूर करते हैं) ←नि√वृत् (न रहना) 1भ्वादि॰

निवर्तन्ते 8.21, लट् वर्त॰ आत्म॰ अन्य॰ एक॰ निवर्तते↑; द्वि॰ निवर्तेते; बहु॰ निवर्तन्ते (वे दूर होते हैं, वे लौटते हैं, वे वापिस आते हैं) ←नि√वृत् (न रहना) 1भ्वादि॰

निवर्तितुम् 1.39, अव्य॰ (निवृत्त होने के लिए) ←नि√वृत् (न रहना) 1भ्वादि॰

निवसिष्यसि 12.8, लृट् अपूर्ण भवि॰ पर॰ एक॰ उत्तम॰ निवसिष्यामि; मध्य॰ निवसिष्यसि (तू निवास करेगा); अन्य॰ निवसिष्यति ←नि√वस् (रहना) 1भ्वादि॰

निवातस्थः 6.19, पु॰ प्रथ॰ एक॰ निवातस्थः (जो शांतता में है वह); द्वि॰ निवातस्थौ; बहु॰ निवातस्थाः ←वि॰ तस॰ निवातस्थ, निवाते स्थः (निवात वातावरण में स्थित) ←वि॰ निवात (जहाँ हवा नहीं बह रही है वहां; निवात, निर्वात, शांत↓, सुनसान, स्तब्ध↓) ←नि√वा 2अदा॰ + वि॰ स्थ↓

निवास 9.18, पु॰ (आश्रम, आश्रय स्थान, गेह, घर, निकेत, विश्राम स्थान) ←नि√वस्

1भ्वादि॰

निवासः 9.18, प्रथ॰ एक॰ निवासः (निवास); द्वि॰ निवासौ; बहु॰ निवासा: ←पु॰ निवास↑

निवृत्त 14.22, वि॰ (वापस गया हुआ; बंद हुआ, समाप्त हुआ; त्याग किया हुआ, छोड़ा हुआ) ←नि√वृत् (न रहना) 1भ्वादि॰

निवृत्तानि 14.22, न॰ प्रथ॰–द्विती॰ एक॰ निवृत्तम्; द्वि॰ निवृत्ते; बहु॰ निवृत्तानि (निवृत्त हुए, ॰को) ←वि॰ निवृत्त↑

निवृत्तिम् 16.7, द्विती॰ एक॰ निवृत्तिम् (अप्राप्ति, संन्यास –को); द्वि॰ निवृत्ती; बहु॰ नवृत्ती: ←स्त्री॰ निवृत्ति (वापस जाना, बंद होना, समाप्त होना, न रहना) ←नि√वृत् (न रहना) 1भ्वादि॰

निवेशय 12.8, लोट् आज्ञार्थक पर॰ एक॰ उत्तम॰ निवेशयानि; मध्य॰ निवेशय (तू स्थापन, स्थिर, प्रविष्ट –कर); अन्य॰ निवेशयतु ←नि√विश् 6तुदा॰ (स्थिर होना, विश्राम लेना)

निशा 2.69; प्रथ॰ एक॰ निशा (रात्र); द्वि॰ निशे; बहु॰ निशा: ←स्त्री॰ निशा (यामिनी, रजनी, रात्र, रात्रि↓) ←1भ्वादि॰√निश्

निश्चय 2.37, पु॰ (दृढ़– निग्रह↑, निर्णय, निर्धार, विचार, यकीन, विश्वास, संशयरहित ज्ञान) ←निस्√चि 5स्वादि॰

निश्चयम् 18.4, द्विती॰ एक॰ निश्चयम् (निश्चय को); द्वि॰ निश्चयौ; बहु॰ निश्चयान् ←पु॰ निश्चय↑

निश्चयेन 6.23, तृती॰ एक॰ निश्चयेन (निश्चय से); द्वि॰ निश्चयाभ्याम्; बहु॰ निश्चयै: ←पु॰ निश्चय↑

निश्चरति 6.26, लट् वर्त॰ पर॰ एक॰ उत्तम॰ निश्चरामि; मध्य॰ निश्चरसि; अन्य॰ निश्चरति (वह भटकता है, विचरता है) ←1भ्वादि॰√चर् (विचरना)

निश्चला 2.53, स्त्री॰ प्रथ॰ एक॰ निश्चला (जो स्थिर है वह); द्वि॰ निश्चले; बहु॰ निश्चला: ←वि॰ निश्चल (अचल,↑ शांत↓, स्तब्ध↓, स्थिर↓) ←निस्√चल् 1भ्वादि॰ (चलना)

निश्चित 2.7; वि॰ (अटल, निश्चय का पात्र); क्रिवि॰ (निश्चितता से) ←निस्√चि 5स्वादि॰

निश्चितम् 2.7, न॰ प्रथ॰–द्विती॰ एक॰ निश्चितम् (निश्चित, निश्चित–को); द्वि॰ निश्चिते; बहु॰ निश्चितानि ←वि॰ निश्चित↑

निश्चिताः 16.11, पु॰ स्त्री॰ प्रथ॰ एक॰ निश्चित: अथवा निश्चिता; द्वि॰ निश्चितौ अथवा निश्चिते; बहु॰ निश्चिता: (गृहीत धरे हुए, पकड़े हुए, माने हुए हैं वे) ←वि॰ निश्चित↑

निश्चित्य 3.2, अव्य॰ (ठीक निश्चित किए) ←निर्√चि 5स्वादि॰

निःश्रेयसकरौ 5.2, पु॰ प्रथ॰ एक॰ निःश्रेयसकरः; द्वि॰ निःश्रेयसकरौ (जो गुणकारी हैं वे दोनों); बहु॰ निःश्रेयसकराः ←अव्य॰ निस्↓ + वि॰ श्रेयसकर (उत्तम करने वाला, गुणकारी, भला करने वाला, लाभ देने वाला) ←वि॰ श्रेयस्↓ + वि॰ कर↑

निष्ठा 3.3, स्त्री॰ (आस्तिक्य↑, भक्ति↓, भरोसा, यकीन, विश्वास, श्रद्धा↓) ←नि√स्था 1भ्वादि॰

निःस्पृहः 2.71, पु॰ प्रथ॰ एक॰ निःस्पृहः (जो निःस्पृह है वह); द्वि॰ निःस्पृहौ; बहु॰ निःस्पृहाः ←वि॰ बस॰ निःस्पृह, नास्ति स्पृहा यस्मिन् सः (कामनाशून्य; वासनारहित, संतुष्ट) ←नि√स्पृह् 10चुरा॰

निस्त्रैगुण्यः 2.45, पु॰ प्रथ॰ एक॰ निस्त्रैगुण्यः (जो त्रिगुणातीत है वह); द्वि॰ निस्त्रैगुण्यौ; बहु॰ निस्त्रैगुण्याः ←वि॰ नब॰ निस्त्रैगुण्य, नास्ति त्रैगुण्यम् विषयः यस्य सः (तीनों गुणों के विरहित, गुणहीन; जो त्रिगुणातीत है वह) ←अव्य॰ निस्↑ + न॰ त्रैगुण्य↑ अथवा वि॰ त्रि↑ + पु॰ गुण↑

निहताः 11.33, पु॰ प्रथ॰ एक॰ निहतः; द्वि॰ निहतौ; बहु॰ निहताः (मारे हुए) ←वि॰ निहत (नष्ट किया हुआ, मारा गया हुआ, हत्या किया हुआ) ←नि√हन् (मारना) 2अदा॰

निहत्य 1.36, अव्य॰ (मार कर, नष्ट किए, हत्या किए) ←नि√हन् 2अदा॰

नीतिः 10.38, प्रथ॰ एक॰ नीतिः (नीति); द्वि॰ नीती; बहु॰ नीतयः ←स्त्री॰ नीति (आचार रीति, व्यवहार का नियम; धर्म↑, शील, सदाचरण, सदाचार) ←1भ्वादि॰√नी

नु 1.35, अव्य॰ (अनिश्चितता, संदेह, सम्भावना आदि सूचकता) ←6तुदा॰√नुद्

नृ 7.8, पु॰ (नर↑, मनुष्य↓, मानव↓) ←1भ्वादि॰√नृ

नृलोके 11.48, सप्त0 एक॰ नृलोके (मनुष्य लोक में); द्वि॰ नृलोकयोः; बहु॰ नृलोकेषु ←पु॰ तस॰ नृलोक, नृणाम् लोकः (इहलोक, दुनिया, मनुष्य लोक, जग, संसार) ←पु॰ नृ↑ + पु॰ लोक↓

नृषु 7.8, सप्त0 एक॰ नरि; द्वि॰ न्रोः; बहु॰ नृषु (मनुष्यों में) ←पु॰ नृ↑

नेत्र 11.16, न॰ (अक्ष, अक्षि↑, आंख, चश्म, ईछन, ईषण, ईक्षण, चक्ष, चक्षु↑, दृग, दृष्टि, नयन↑, लोचन, विलोचन) ←1भ्वादि॰√नी

नैष्कर्म्य 3.4, न॰ तद्धित शब्द, निष्कर्मस्य भावः (कर्म न करने का भाव, सर्व कर्मों का त्याग, नित्यानित्य कर्मों का त्याग, कर्मसंन्यास, निष्क्रियता; निष्कर्म) ←निस्√कृ 8तना॰

नैष्कर्म्यम् 3.4, न॰ प्रथ॰–द्विती॰ एक॰ नैष्कर्म्यम् (नैष्कर्म्य, नैष्कर्म्य को); द्वि॰ नैष्कर्म्ये;

बहु॰ नैष्कर्म्याणि ←न॰ नैष्कर्म्य↑

नैष्कर्म्यसिद्धिम् 18.49, द्विती॰ एक॰ नैष्कर्म्यसिद्धिम् (निष्कामसिद्धि को); द्वि॰ नैष्कर्म्यसिद्धी; बहु॰ नैष्कर्म्यसिद्धी: ←स्त्री॰ तस॰ नैष्कर्म्यसिद्धि, नैष्कर्म्यस्य सिद्धि: (निष्काम सिद्धि) ←न॰ नैष्कर्म्य↑ + स्त्री॰ सिद्धि↓

नैष्कृतिक: 18.28, पु॰ प्रथ॰ एक॰ नैष्कृतिक: (जो घातकी है वह); द्वि॰ नैष्कृतिकौ; बहु॰ नैष्कृतिका: ←वि॰ नैष्कृतिक (घातकी, द्वेषी, मत्सरी) ←नि√कृ 8तना॰

नैष्ठिकीम् 5.12, द्विती॰ एक॰ नैष्ठिकीम् (जो दृढ है उसको); द्वि॰ नैष्ठिकी; बहु॰ नैष्ठिकी: ←स्त्री॰ नैष्ठिकी (निष्ठावान, निष्ठायुक्त; अंतिम, निर्णित; अक्षय, दृढ↑, सर्वोच्च) ←स्त्री॰ निष्ठा↑

नो 17.28, अव्य॰ (न↑, नहीं) ←4दिवा॰√नह्

न्याय्यम् 18.15, न॰ प्रथ॰–द्विती॰ एक॰ न्याय्यम् (जो न्याय्य है वह, ॰उसको); द्वि॰ न्याय्ये; बहु॰ न्याय्यानि ←वि॰ न्याय्य (उचित, नियमबद्ध, न्यायबद्ध, नीति का, योग्य) ←नि√इ 1भ्वादि॰

न्यासम् 18.2, द्विती॰ एक॰ न्यासम् (त्याग को); द्वि॰ न्यासौ; बहु॰ न्यासान् ←पु॰ न्यास (अर्पण करना, त्याग, संन्यास; रखना, स्थापना) ←नि√अस् 2अदा॰

(प)

पचन्ति 3.13, लट् वर्त॰ पर॰ अन्य॰ एक॰ पचति; द्वि॰ पचत:; बहु॰ पचन्ति (वे पकाते हैं) ←1भ्वादि॰ √पच् (पकाना)

पचामि 15.14, लट् वर्त॰ पर॰ उत्तम॰ एक॰ पचामि (मैं पचाता हूँ); द्वि॰ पचाव:; बहु॰ पचाम: ←1भ्वादि॰ √पच् (पचाना)

पञ्च 13.6, बहु॰ पु॰ न॰ स्त्री॰ प्रथ॰ पञ्च (पांच); द्विती॰ पञ्च; तृती॰ पञ्चभि:; चतु॰ पञ्चभ्य:; पंच॰ पञ्चभ्य:; षष्ठी॰ पञ्चानाम्; सप्त॰ पञ्चसु ←नित्यबहुवचनी संख्या वि॰ पञ्चन् (पंच, पांच) ←1भ्वादि॰√पञ्च् –सामासिक रूप में पञ्चन् के अन्त्य न् का लोप होता है ।

पञ्चमम् 18.14, पु॰ द्विती॰ एक॰ पञ्चमम् (पाँचवाँ); द्विती॰ पञ्चमौ; बहु॰ पञ्चमान् ←क्रमवाचक संख्या वि॰ पञ्चम् (पाँचवाँ) ←1भ्वादि॰√पञ्च्

पणवानकगोमुखा: 1.13, द्वन्द्व॰ प्रथ॰ बहु॰ पणवा: च आनका: च गोमुखा: च (पणव और आनक और गोमुख) ←पु॰ पणव (डंका, ढोल, दुंदुभी, नक्कारा, नगाड़ा, नौबत)

←पण्√वा 2अदा॰ + पु॰ आनक (दुन्दुभि) ←4दिवा॰√अन् + पु॰ अथवा न॰ गोमुख (शंख↓, बिगुल, सिंघा) ←1भ्वादि॰√गम् + 1भ्वादि॰√खन्

पण्डित 2.11, पु॰ तद्धित शब्द, पण्डा सञ्जाता यस्य (विपश्चित्↓, विद्वान्↓, ज्ञानी↓); वि॰ (कोविद, चतुर, धीमत्↑, नागर, निपुण, निष्णात, पटु, प्रविण, बुद्धिमान्↓, बुद्धिवान, मेधावी, विदुष, विद्वान्↓, विशेषज्ञ, विज्ञ, ज्ञाता, ज्ञानी↓) ←10चुरा॰√पण्ड्

पण्डितम् 4.19, द्विती॰ एक॰ पण्डितम् (पंडित को); द्वि॰ पण्डितौ; बहु॰ पण्डितान् ←पु॰ पण्डित↑

पण्डिताः 2.11, प्रथ॰ एक॰ पण्डितः; द्वि॰ पण्डितौ; बहु॰ पण्डिताः (पंडित लोग) ←पु॰ पण्डित↑

पतङ्गाः 11.29, प्रथ॰ एक॰ पतङ्ग (पतंग); द्वि॰ पतङ्गौ; बहु॰ पतङ्गाः ←पु॰ पतङ्ग (पतंग, पतंगा, फतिंगा, फनगा, परवाना, शलभ) ←1भ्वादि॰√पत्

पतन्ति 1.42, लट् वर्त॰ पर॰ अन्य॰ पतति; द्वि॰ पततः; बहु॰ पतन्ति (वे गिरते हैं, उनका पतन होता हैं) ←1भ्वादि॰√पत् (नीचे गिरन)

पति 1.18, पु॰ (अधीश, ईश्वर↑, कान्त, प्रभु↓, भरतार, भर्ता↓, भ्रतार, मालक, राजा↓, शासक, स्वामी) ←1भ्वादि॰√पा

पत्र 5.10, न॰ (दल, पर्ण↓, पत्ता, पल्लव, पात; किसलय) ←1भ्वादि॰√पत्

पत्रम् 9.26, न॰ प्रथ॰–द्विती॰ एक॰ पत्रम् (पत्ता, पत्ते को); द्वि॰ पत्रे; बहु॰ पत्राणि ←न॰ पत्र↑

पथि 6.38, सप्त॰ एक॰ पथि (मार्ग में); द्वि॰ पथोः; बहु॰ पथिषु ←अनियमित चलने वाला शब्द, पु॰ पथिन् (मार्ग, रास्ता); सामासिक रूप में पथिन् के अंतिम न् का लोप होता है; किन्तु यह शब्द समास के उत्तरपद में आने से इस शब्द का रूप "पथ" होता है ←1भ्वादि॰√पथ्

पद 2.51, न॰ (1. अधिष्ठान, ओहदा, जगह, पद, स्थान↓; 2. दर्जा, वर्ग, श्रेणी 3. उपाधि, पदवी; 4. अन्घ्रि, गोड़, चरण, टंगरी, टांग, पग, पाद, पांव, पैर; कदम, डग) ←4दिवा॰√पद्

पदम् 2.51, न॰ प्रथ॰–द्विती॰ एक॰ पदम् (पद, पद को); द्वि॰ पदे; बहु॰ पदानि ←न॰ पद↑

पद्मपत्रम् 5.10, प्रथ॰–द्विती॰ एक॰ पद्मपत्रम् (कमल का पत्ता, कमल के पत्ते को); द्वि॰ पद्मपत्रे; बहु॰ पद्मपत्राणि ←न॰ तस॰ पद्मपत्र, पद्मस्य पत्रम् (कमल का पर्ण) ←न॰ पद्म

(कमल↑) ←4दिवा॰√पद् + न॰ पत्र↑

पर 2.3, (1) सना॰ वि॰ (आद्य↑; उच्चतर, परे का; अन्य↑, इतर↑, दूसरा, पराया, बेगाना, भिन्न↓; एकनिष्ठ, परायण↓); (2) न॰ (परब्रह्म); (3) पु॰ (परलोक) ←3जुहो॰√पृ

पर: 4.40, पु॰ प्रथ॰ एक॰ पर: (पर, परलोक); द्वि॰ परौ; बहु॰ परा: ←वि॰ पर↑

परत: 3.42, = अव्य॰ परतस् (अन्यथा, नहीं तो; बाहर, आगे, पीछे, ऊपर, सामने)

परतरम् 7.7, न॰ प्रथ॰–द्विती॰ एक॰ परतरम् (–के परे है वह, ॰उसको); द्वि॰ परतरे; बहु॰ परतराणि ←तरभावात्मक वि॰ परतर ←वि॰ पर↑ + प्रत्यय तर↑

परधर्म 3.35, पु॰ तस॰ परस्य धर्म: (किसी दूसरे के लिए नियोजित किया हुआ आचरण; दूसरे के स्वभाव को योग्य होने वाला गुण; निजी प्रकृति को न भाने वाला आचार) ←वि॰ पर↑ + पु॰ धर्म↑

परधर्म: 3.35, प्रथ॰ एक॰ परधर्म: (परधर्म); द्वि॰ परधर्मौ; बहु॰ परधर्मा: ←पु॰ परधर्म↑

परधर्मात् 3.35, पंच॰ एक॰ परधर्मात् (परधर्म की अपेक्षा); द्वि॰ परधर्माभ्याम्; बहु॰ परधर्मेभ्य: ←पु॰ परधर्म↑

परन्तप 2.3, पु॰ संबो॰ एक॰ परन्तप (हे परंतप!); द्वि॰ परन्तपौ; बहु॰ परन्तपा: ←वि॰ बस॰ परन्तप, परान् तापयति य: स: (अर्जुन 2.3, धृतराष्ट्र 2.9)

परम् 2.12, अव्य॰ (उच्च, श्रेष्ठ↓; अधिक↑; पश्चात, सामने, आद्य↑, पूर्व↓) ←5स्वादि॰√पृ

परम 1.17, वि॰ (उत्कृष्ट, प्रधान, वरिष्ठ, सर्वश्रेष्ठ, सर्वोच्च, सार्वभौम) ←3जुहो॰√मा

परम: 6.32, पु॰ प्रथ॰ एक॰ परम: (परम); द्वि॰ परमौ; बहु॰ परमा: ←वि॰ परम↑

परमम् 8.3, न॰ प्रथ॰–द्विती॰ एक॰ परमम् (परम, जो परम है उसको); द्वि॰ परमे; बहु॰ परमाणि ←वि॰ परम↑

परमात्मा 6.7, प्रथ॰ एक॰ परमात्मा (परमपुरुष); द्वि॰ परमात्मानौ; बहु॰ परमात्मान: ←पु॰ बस॰ परमात्मन्, परम: आत्मा यस्य स: (परमपुरुष; कृष्ण↑) ←वि॰ परम↑ + पु॰ आत्मन्↑

परमाम् 8.13, स्त्री॰ द्विती॰ एक॰ परमाम् (जो परम है उसको); द्वि॰ परमे; बहु॰ परमा: ←वि॰ परम↑

परमेश्वर 11.3, संबो॰ एक॰ परमेश्वर (हे परमेश्वर!); द्वि॰ परमेश्वरौ; बहु॰ परमेश्वरा: ←(1) पु॰ कस॰ परमेश्वर, परम: ईश्वर: (देवदेव↑, देवाधिदेव, महादेव); (2) बस॰ परम: ईश्वर: य: स: (कृष्ण↑) ←वि॰ परम↑ + पु॰ ईश्वर↑

परमेश्वरम् 13.28, द्विती॰ एक॰ <u>परमेश्वरम्</u> (परमेश्वर को); द्वि॰ परमेश्वरौ; बहु॰ परमेश्वरान् ←पु॰ परमेश्वर↑

परमेष्वास: 1.17, पु॰ प्रथ॰ एक॰ <u>परमेष्वास:</u> (जो महान धनुर्धर है वह); द्वि॰ परमेष्वासौ; बहु॰ परमेष्वासा: ←वि॰ बस॰ परमेष्वास, (1) परम: इष्वास: य: स: ←वि॰ परम↑ + पु॰ इष्वास, इषुम् आसयति य: (धनुर्धर); (2) परमौ इषु च आस: च यस्य स: (महाधनुर्धर; महायोद्धा) ←वि॰ परम↑ + वि॰ इष्वास↑ अथवा पु॰ इषु↑ + पु॰ आस↑

परम्पराप्राप्तम् 4.2, पु॰ द्विती॰ एक॰ <u>परम्पराप्राप्तम्</u> (परंपरा से चलता आए हुए को); द्वि॰ परम्पराप्राप्तौ; बहु॰ परम्पराप्राप्तान् ←वि॰ तस॰ परम्पराप्राप्त, परम्परया प्राप्तम् (परंपरा से आया हुआ, वंशों के साथ चलता आया हुआ) ←स्त्री॰ परम्परा (उत्तराधिकार, क्रम, मालिका; परिपाटी; संप्रदाय) ←3जुहो॰√पृ + वि॰ प्राप्त↓

परया 1.27, स्त्री॰ तृती॰ एक॰ <u>परया</u> (अत्यंत–ने, अत्यंत–से); द्वि॰ पराभ्याम्; बहु॰ पराभि: ←वि॰ परा↓

परस्तात् 8.9, (1) अव्य॰ (उच्चतर, बाहर, परे, पार); अथवा (2) पंच॰ एक॰ <u>परस्तात्</u> (–से परे); द्वि॰ परस्ताभ्याम्; बहु॰ परस्तेभ्य: ←वि॰ परस्त (समाप्त) ←वि॰ पर↑ + पु॰ अस्त (समाप्ति) ←2अदा॰√अस्

परस्पर 3.11, वि॰ (अन्योन्य, आपस का, इतरेतर) ←वि॰ पर↑

परस्परम् 3.11, पु॰ द्विती॰ एक॰ <u>परस्परम्</u> (परस्पर–को); द्वि॰ परस्परौ; बहु॰ परस्परान् ←वि॰ परस्पर↑

परस्य 17.19, पु॰ षष्ठी॰ एक॰ <u>परस्य</u> (परस्पर का,की,के); द्वि॰ परयो:; बहु॰ पराणाम् ←वि॰ पर↑

परा 3.42, (1) अव्य॰ (विमोक्ष, विक्रम, न्यग्भाव, प्रत्यावृत्ति, भृशार्थ, गति, प्राधान्य इत्यादि सूचक उपसर्ग) ←√पृ; (2) प्रथ॰ एक॰ <u>परा</u> (परम); द्वि॰ परे; बहु॰ परा: ←स्त्री॰ परा (पर↑, परम↑, चेतन, सर्व वस्तुओं का भीतरी तत्त्व) ←वि॰ पर↑

पराणि 3.42, न॰ प्रथ॰–द्विती॰ एक॰ परम्; द्वि॰ परे; बहु॰ <u>पराणि</u> (जो परम है वह, ॰उसको) ←वि॰ पर↑

पराम् 4.39, स्त्री॰ द्विती॰ एक॰ <u>पराम्</u> (परम–को); द्वि॰ परे; बहु॰ परा: ←स्त्री॰ परा↑

परायण 4.29 (1) वि॰ (अधीन, अभीष्ट, निष्ठ, भक्त↓, अनुरक्त, तत्पर, मत्पर↓, लीन, वशीभूत); (2) न॰ (अनुरक्त, भक्त↓) ←वि॰ पर↓ + न॰ अयन↑

परि 1.30, अव्य॰ (अच्छि तरह से, पूर्णता से; अति↑; सर्व↓ इत्यादि सूचक उपसर्ग)

←5स्वादि०√पृ

परिकीर्तितः 18.7, पु० प्रथ० एक० परिकीर्तितः (कहा गया हुआ); द्वि० परिकीर्तितौ; बहु० परिकीर्तिताः ←वि० परिकीर्तित (कहा, जाना, पहचाना –गया हुआ) ←अव्य० परि↑ + स्त्री० कीर्ति↑

परिक्लिष्टम् 17.21, न० प्रथ०–द्विती० एक० परिक्लिष्टम् (जो क्लेशपूर्वक है वह, ०उसको); द्वि० परिक्लिष्टे; बहु० परिक्लिष्टानि ←वि० परिक्लिष्ट (अतीव कष्ट, क्लेश, पीड़ा –दायक) ←अव्य० परि↑ + वि० क्लिष्ट (कष्ट, क्लेश दायक) ←पु० क्लेश↑

परिग्रह 4.21, पु० (धनदौलत, संपत्ति; उपलब्धी, प्राप्ति, लाभ↓, लोभ↓, स्वीकृति; सङ्ग्रह↓) ←परि√ग्रह् 9क्र्या०

परिग्रहम् 18.53, द्विती० एक० परिग्रहम् (लोभ को); द्वि० परिग्रहौ; बहु० परिग्रहान् ←पु० परिग्रह↑

परिचर्यात्मकम् 18.44, (1) क्रिवि० अव्य० (सेवात्मक); (2) प्रथ०–द्विती० एक० परिचर्यात्मकम् (सेवा संबंधी, जो सेवात्मक है उसको); द्वि० परिचर्यात्मके; बहु० परिचर्यात्मकानि ←वि० परिचर्यात्मक (सेवात्मक, सेवा बाबत, सेवा संबंधी) ←स्त्री० परिचर्या (सेवा↓) ←परि√चर् 1भ्वादि०

परिचक्षते 17.13, लट् वर्त० आत्म० एक० उत्तम० परिचक्षवे; मध्य० परिचक्षषे; अन्य० परिचक्षते (वह जानता है, देखता है, समझता है) ←2अदा०√चक्ष् (देखना) + उपसर्ग परि↑

परिचिन्तयन् 10.17, प्रथ० एक० परिचिन्तयन् (मनन करते हुए); द्वि० परिचिन्तयन्तौ; बहु० परिचिन्तयन्तः ←वि० परिचिन्तयत् (चिंतन, ध्यान, मनन –करते हुए) ←उपसर्ग परि↑ + वि० चिन्तयत्↑

परिणामे 18.37, सप्त० एक० परिणामे (परिणाम में); द्वि० परिणामयोः; बहु० परिणामेषु ←पु० परिणाम (अंत↑, समाप्ति; फलप्राप्ति, फल↑) ←परि√नम् 1भ्वादि०

परित्यज्य 18.66, अव्य० (अर्पण किए; दूर किए, पूर्ण त्याग किए, रहित किए, वैराग्य ले कर) ←उपसर्ग परि↑ + 1भ्वादि०√त्यज् (त्यागना)

परित्यागः 18.7, प्रथ० एक० परित्यागः (समर्पण); द्वि० परित्यागौ; बहु० परित्यागाः ←पु० परित्याग (पूर्ण त्याग करना, रहित करना, वैराग्य लेना, समर्पण करना) ←उपसर्ग परि↑ + 1भ्वादि०√त्यज् (त्यागना)

परित्यागिन् 12.16, वि० (अनासक्त, पूर्ण त्याग किया हुआ, विरक्त) ←परि√त्यज् 1भ्वादि०

परित्राणाय 4.8, चतु॰ एक॰ परित्राणाय (अनिष्ट से संरक्षण करने के लिए); द्वि॰ परित्राणाभ्याम्; बहु॰ परित्राणेभ्यः ←पु॰ परित्राण (अनिष्ट से निवारण, पूर्ण रक्षण, संपूर्ण बचाव, संकट से सुरक्षित आश्रय, रक्षा) ←उपसर्ग परि↑ + 1भ्वादि॰√त्रै (रक्षण करना)

परिदह्यते 1.30, लट् वर्त॰ आत्म॰ एक॰ उत्तम॰ परिदह्ये; मध्य॰ परिदह्यसे; अन्य॰ परिदह्यते (वह जलती है, उसका दहन होता है; वह जली जारही है) ←परि√दह् 1भ्वादि॰ (जलना)

परिदेवना 2.28, प्रथ॰ एक॰ परिदेवना (विलाप); द्वि॰ परिदेवने; बहु॰ परिदेवनाः ←स्त्री॰ परिदेवना ←न॰ परिदेवन (धांयधांय रोना, बिलखना, अति विलाप करना) ←उपसर्ग परि↑ + न॰ देवन (विलाप, विलाप करना) ←√दिव् 4दिवा॰

परिपन्थिनौ 3.34, प्रथ॰ एक॰ परिपन्थी; द्वि॰ परिपन्थिनौ (दोनों ही लुटारु हैं उनको); बहु॰ परिपन्थिनः ←पु॰ परिपन्थिन् (डाकू, लुटारु) ←उपसर्ग परि↑ + वि॰ पन्थिन् (मार्ग रोका हुआ, रास्ते में डटा हुआ) ←1भ्वादि॰√पथ्

परिप्रश्नेन 4.34, तृती॰ एक॰ परिप्रश्नेन (पुनःपुनः किए हुए प्रश्नों से, सङ्गति के द्वारा); द्वि॰ परिप्रश्नाभ्याम्; बहु॰ परिप्रश्नैः ←पु॰ प्रास॰ परिप्रश्न (जिज्ञासा, युक्तायुक्तता, ज्ञान प्राप्त करने के लिए बार-बार प्रश्न करने की क्रिया, सङ्गति) ←उपसर्ग परि↑ + पु॰ प्रश्न (जिज्ञासा, पूछताछ, पृच्छा, विचारणा, सवाल; समस्या, विचरणीय विषय) ←6तुदा॰√प्रच्छ्

परिमार्गितव्यम् 15.4, न॰ प्रथ॰-द्विती॰ एक॰ मार्गितव्यम् (अन्वेशण करने, खोजने, गवेषणा करने, ढूँढने के किए जो उचित है वह, ॰उसको); द्वि॰ मार्गितव्ये; बहु॰ मार्गितव्यानि ←उपसर्ग परि↑ + वि॰ मार्गितव्य (खोजने योग्य, याचितव्य) ←10चुरा॰√मार्ग्

परिशुष्यति 1.29, लट् वर्त॰ पर॰ अन्य॰ एक॰ परिशुष्यति (वह बहुत शुष्क होता है); द्वि॰ परिशुष्यतः; बहु॰ परिशुष्यन्ति ←परि√शुष् 4दिवा॰ (सूखना)

परिसमाप्यते 4.33, लट् वर्त॰ आत्म॰ एक॰ उत्तम॰ परिसमाप्ये; मध्य॰ परिसमाप्यसे; अन्य॰ परिसमाप्यते (वह पूर्ण समाप्त होता है) ←परि-सम्√आप् 5स्वादि॰ (पहूँचना)

परिज्ञाता 18.18, प्रथ॰ एक॰ परिज्ञाता (सर्वज्ञ); द्वि॰ परिज्ञातरौ; बहु॰ परिज्ञातरः ←पु॰ परिज्ञातृ (सर्व जानने वाला, सर्वज्ञ, सर्वज्ञानी) ←परि√ज्ञा 9क्र्या॰

पर्जन्य 3.14, पु॰ (पानी, बारिश, वर्षण, वर्षा, वृष्टि) ←परि√पृष् 1भ्वादि॰

पर्जन्यः 3.14, प्रथ॰ एक॰ पर्जन्यः (वर्षा); द्वि॰ पर्जन्यौ; बहु॰ पर्जन्याः ←पु॰ पर्जन्य↑

पर्जन्यात् 3.14, पंच॰ एक॰ पर्जन्यात् (वर्षा से); द्वि॰ पर्जन्याभ्याम्; बहु॰ पर्जन्येभ्यः ←पु॰ पर्जन्य↑

पर्णानि 15.1, प्रथ॰-द्विती॰ एक॰ पर्णम्; द्वि॰ पर्णे; बहु॰ पर्णानि (पत्ते) ←न॰ पर्ण (पत्ता,

पत्र↑) ←10चुरा०√पर्ण्

पर्यवतिष्ठते 2.65, लट् वर्त० आत्म० एक० उत्तम० पर्यवतिष्ठे; मध्य० पर्यवतिष्ठसे; अन्य० पर्यवतिष्ठते (वह स्थिर होता है) ←परि–अव√स्था 1भ्वादि० (खड़ा रहना)

पर्याप्तम् 1.10, न० प्रथ०–द्विती० एक० पर्याप्तम् (जो परिमित है वह, ०उसको); द्वि० पर्याप्ते; बहु० पर्याप्तानि ←वि० पर्याप्त (पूर्ण; समाप्त हुआ; परिमित, सीमित, परिमेय, सीमित; बृहत्↓; अलम्, काफी, बस, यथेष्ट, योग्य) ←परि√आप् 5स्वादि० ←अ–परि√आप् 3जुहो०

पर्युपासते 4.25, लट् वर्त० आत्म० अन्य० एक० पर्युपास्ते; द्वि० पर्युपासाते; बहु० पर्युपासते (वे उपासना करते हैं) ←परि–उप√आस् 2अदा० (बैठना)

पर्युषितम् 17.10, न० प्रथ०–द्विती० एक० पर्युषितम् (बासा, जो बासा है उसको); द्वि० पर्युषिते; बहु० पर्युषितानि ←वि० पर्युषित (बचा हुआ, बासा, मर्ख, दूसरे जून का, कुम्हलाया) ←परि√वस् 1भ्वादि० (रहना)

पवताम् 10.31, पु० षष्ठी० एक० पवत:; द्वि० पवतो:; बहु० पवताम् (बहने वालों में) ←वि० पवत् (बहने वाला) ←1भ्वादि०√पू

पवित्रम् 4.38, न० प्रथ०–द्विती० एक० पवित्रम् (जो पवित्र है वह, ०उसको); द्वि० पवित्रे; बहु० पवित्राणि ←वि० पवित्र (अमल, पावन↓, पुण्य↓, पुनित, पूत, मंगल; निर्मल↑, विमल, विशुद्ध↓, शुद्ध↓) ←1भ्वादि०√पू

पवनः 10.31, प्रथ० एक० पवन: (वायु); द्वि० पवनौ; बहु० पवना: ←पु० पवन (अनिल, गंधवह, पवमान, मरुत्↓, वात, वायु↓, समीर, हवा) ←1भ्वादि०√पू

पश्य 1.3, लोट् पर० निमंत्रणार्थ एक० उत्तम० पश्यानि; मध्य० पश्य (तू देख); अन्य० पश्यतु ←1भ्वादि०√दृश् (देखना)

पश्यत् 2.69, वि० (देखते हुए; देखने वाला, अंतश्चक्षु से देखने वाला, आत्मनिरीक्षण करने वाला; दृष्टि खुली रखने वाला, सचेत, सजग, सतर्क, ज्ञानी↓) ←1भ्वादि०√दृश् (देखना)

पश्यतः 2.69, पष्ठी० एक० पश्यत: (आत्मनिरीक्षण करने वाले का,की,के); द्वि० पश्यतो:; बहु० पश्यताम् ←वि० पश्यत्↑

पश्यति 2.29, लट् वर्त० पर० उत्तम० एक० पश्यामि↓; मध्य० एक० पश्यसि; अन्य० एक० पश्यति (वह देखता है); अन्य० द्वि० पश्यत:; अन्य० बहु० पश्यन्ति↓ ←1भ्वादि०√दृश् (देखना)

पश्यन् 5.8, प्रथ॰ एक॰ पश्यन् (अवलोकन करते हुए, देखते हुए); द्वि॰ पश्यन्तौ; बहु॰ पश्यन्तः ←वि॰ पश्यत्↑

पश्यन्ति 1.38, लट् वर्त॰ पर॰ उत्तम॰ बहु॰ पश्यामः; मध्य॰ बहु॰ पश्यथ; अन्य॰ एक॰ पश्यति↑; अन्य॰ द्वि॰ पश्यतः; अन्य॰ बहु॰ पश्यन्ति (वे देखते हैं) ←1भ्वादि॰√दृश् (देखना)

पश्यामि 1.31, लट् वर्त॰ पर॰ उत्तम॰ एक॰ पश्यामि (मैं देखता हूँ); मध्य॰ एक॰ पश्यसि; अन्य॰ एक॰ पश्यति↑; उत्तम॰ द्वि॰ पश्यावः; उत्तम॰ बहु॰ पश्यामः ←1भ्वादि॰√दृश् (देखना)

पश्येत् 4.18, विधि॰ पर॰ पथदर्शक अन्य॰ एक॰ पश्येत् (उसे देखना चाहिए); द्वि॰ पश्येताम्; बहु॰ पश्येयुः ←1भ्वादि॰√दृश् (देखना)

पक्षिणाम् 10.30, षष्ठी॰ एक॰ पक्षिणः; द्वि॰ पक्षिणोः; बहु॰ पक्षिणाम् (पक्षियों में) ←पु॰ पक्षिन् (अंडज, खग, खेचर, चंचुभृत, चिड़ी, चिड़िया, नभचर, पखेरू, पंछी, पतंग, परिंदा, पक्षी, पाखरू, पाखी, विहग, विहंग, शकुन्त) ←10चुरा॰√पक्ष्

पाञ्चजन्यम् 1.15, द्विती॰ एक॰ पाञ्चजन्यम् (पाञ्चजन्य को); द्वि॰ पाञ्चजन्यौ; बहु॰ पाञ्चजन्यान् ←पु॰ विना॰ पाञ्चजन्य (श्रीकृष्ण का शंख)

पाणि 1.46, पु॰ (कर↑, बांह, बाहु↓, भुज↓, भुजा, हस्त↓, हाथ) ←1भ्वादि॰√पण्

पाण्डव 4.35, पु॰ संबो॰ एक॰ पाण्डव (हे पाण्डव!); द्वि॰ पाण्डवौ; बहु॰ पाण्डवाः ←वि॰ (पाण्डव, पाण्डु का पुत्र, पाण्डवपक्षीय); पु॰ तद्धित शब्द पाण्डव, पाण्डोः अपत्यम् पुमान् (अर्जुन↑)

पाण्डवः 1.14, प्रथ॰ एक॰ पाण्डवः (पाण्डव); द्वि॰ पाण्डवौ; बहु॰ पाण्डवाः↓ ←पु॰ पाण्डव↑

पाण्डवाः 1.1, प्रथ॰ एक॰ पाण्डवः↑; द्वि॰ पाण्डवौ; बहु॰ पाण्डवाः (पाण्डव, पाण्डवपक्षीय लोग) ←पु॰ पाण्डव↑ । महाभारत में पाण्डवाः शब्द का प्रयोग पाण्डवेयाः इस प्रकार भी पाया जाता है (आदि॰ 146.19)

पाण्डवानाम् 10.37, षष्ठी॰ एक॰ पाण्डवस्य; द्वि॰ पाण्डवयोः; बहु॰ पाण्डवानाम् (पाण्डवों का,की,के) ←पु॰ पाण्डव↑

पाण्डवानीकम् 1.2, प्रथ॰–द्विती॰ एक॰ पाण्डवानीकम् (पाण्डवों का सैन्य, ॰सैन्यको); द्वि॰ पाण्डवानीके; बहु॰ पाण्डवानीकानि ←न॰ तस॰ पाण्डवानीक, पाण्डवानाम् अनीकम् (पाण्डवों की सेना) ←पु॰ पाण्डव↑ + न॰ अनीक↑

पाण्डुपुत्राणाम् 1.3, षष्ठी। एक० पाण्डुपुत्रस्य; द्वि० पाण्डुपुत्रयो:; बहु० पाण्डुपुत्राणाम् (पाण्डु के पुत्रों का,की,के) ←पु० तस० पाण्डुपुत्र, पाण्डो: पुत्र: (पाण्डु का पुत्र, पाण्डवपुत्र, पांडव↑) ←पु० पाण्डव↑ + पु० पुत्र↓

पातकम् 1.38, प्रथ०-द्विती० एक० पातकम् (पाप, पाप को); द्वि० पातके; बहु० पातकानि ←न० पातक (अघ↑, कल्मष↑, किल्बिष↑, दुरित, पाप↓, वृजिन↓; गुनाह) ←1भ्वादि०√पत्

पात्र 17.20, (1) वि० (योग्य, लायक, समर्थ↓, क्षम); (2) पु० (उचित, योग्य, लायक – व्यक्ति) ←1भ्वादि०√पा

पात्रे 17.20, सप्त० (किन्तु यहाँ 17.20 में चतुर्थी के समान अर्थ) एक० पात्रे (योग्य व्यक्ति के लिए); द्वि० पात्रयो:; बहु० पात्रेषु ←न० पात्र↑

पाप 1.36, (1) पु० (पापी मनुष्य; दुराचार); (2) न० (अघ↑, अपकर्म, अपधर्म, कर्दम, कलिमल, कलुष, कल्क, कल्मष↑, किल्बिष↑, कुकर्म, कृच्छ, दुरित, पातक↑, वृजिन↓; दोष, गुनाह); (3) वि० (पातकी, पाप कमाने वाला, पापी) ←1भ्वादि०√पा

पापकृत्तम: 4.36, पु० प्रथ० एक० पापकृत्तम: (पातकी मनुष्य); द्वि० पापकृत्तमौ; बहु० पापकृत्तमा: ←तमभावात्मक वि० पापकृत्तम (बहुत पातकी, पाप कमाने वाला, सब से पापी) ←वि० पापकृत् (पापी, पाप करने वाला) ←न० पाप↑ + वि० कृत्↑

पापम् 1.36, न० प्रथ०-द्विती० एक० पापम् (पाप, पाप को); द्वि० पापे; बहु० पापानि ←न० पाप↑

पापयोनय: 9.32, प्रथ० एक० पापयोनि:; द्वि० पापयोनी; बहु० पापयोनय: (पापी योनियाँ; पापी योनि में जन्म पाए हुए लोग) ←(1) स्त्री० तस० पापयोनि, पापिनी योनि: (पातकी योनि); (2) पु० बस० पापिनी योनि: यस्य स: (पापी, पापी योनि पाया हुआ) ←न० पाप↑ + स्त्री० योनि↓

पापा: 3.13, न० प्रथ०-द्विती० एक० पाप:; द्वि० पापौ; बहु० पापा: (पापी लोग) ←वि० पाप↑

पापात् 1.39, न० पंच० एक० पापात् (पाप से); द्वि० पापाभ्याम्; बहु० पापेभ्य:↓ ←वि० पाप↑

पापेन 5.10, न० तृती० एक० पापेन (पाप से, के द्वारा); द्वि० पापाभ्याम्; बहु० पापै: ←वि० पाप↑

पापेभ्य: 4.36, पु० पंच० एक० पापात्↑; द्वि० पापाभ्याम्; बहु० पापेभ्य: (पापियों से)

←वि॰ पाप↑

पापेषु 6.9, न॰ सप्त॰ एक॰ पापे (पाप में); द्वि॰ पापयो:; बहु॰ पापेषु ←वि॰ पाप↑

पाप्मन् 3.37,, पु॰ (पातक↑, पाप↑) ←1भ्वादि॰√पा

पाप्मानम् 3.41, द्विती॰ एक॰ पाप्मानम् (पाप को); द्वि॰ पाप्मानौ; बहु॰ पाप्मान: ←पु॰ पाप्मन्↑

पावक: 2.23, प्रथ॰ एक॰ पावक: (पावक); द्वि॰ पावकौ; बहु॰ पावका: ←पु॰ पावक (अग्नि↑, आग, ज्वाला, हुताशन; सूर्य↓) ←1भ्वादि॰√पू

पावनानि 18.5, न॰ प्रथ॰–द्विती॰ एक॰ पावनम्; द्वि॰ पावने; बहु॰ पावनानि (जो पावन हैं वे, ॰उनको) ←वि॰ पावन (पवित्र↑, पूज्य↓; विशुद्ध↓, शुद्ध↓) ←1भ्वादि॰√पू

पारुष्यम् 16.4, प्रथ॰–द्विती॰ एक॰ पारुष्यम् (निष्ठुरता); द्वि॰ पारुष्ये; बहु॰ पारुष्याणि ←न॰ पारुष्य (उग्रता, कठोरता, कडुआपन; कुवाच्य) ←3जुहो॰√पृ

पार्थ 1.25, पु॰ संबो एक॰ पार्थ (हे पार्थ!); द्वि॰ पार्थौ; बहु॰ पार्था: ←वि॰ पु॰ तद्धित शब्द पार्थ, पृथाया: अपत्यम् पुमान् (पृथापुत्र, अर्जुन↑)

पार्थ: 1.25, प्रथ॰ एक॰ पार्थ: (पार्थ); द्वि॰ पार्थौ; बहु॰ पार्था: ←पु॰ पार्थ↑

पार्थस्य 18.74, षष्ठी॰ एक॰ पार्थस्य (पार्थ का,की,के); द्वि॰ पार्थयो:; बहु॰ पार्थानाम् ←पु॰ पार्थ↑

पार्थाय 11.9, चतु॰ एक॰ पार्थाय (पार्थ को); द्वि॰ पार्थाभ्याम्; बहु॰ पार्थेभ्य: ←पु॰ पार्थ↑

पितर: 1.34, प्रथ॰ एक॰ पिता; द्वि॰ पितरौ; बहु॰ पितर: (पितर लोग) ←पु॰ पितृ↓

पिता 9.17, प्रथ॰ एक॰ पिता (पिता); द्वि॰ पितरौ; बहु॰ पितर: ←पु॰ पितृ↓

पितामह 1.12, पु॰ तस॰ पितु: पिता (दादा, पितृपिता; बुजुर्ग, वयस्क, वृद्ध –मनुष्य); बस॰ पितृषु महान् य: (भीष्म) ←पु॰ पितृ↑ + वि॰ महत्↓

पितामह: 1.12, प्रथ॰ एक॰ पितामह: (पितामह); द्वि॰ पितामहौ; बहु॰ पितामहा:↓ ←पु॰ पितामह↑

पितामहा: 1.34, प्रथ॰ एक॰ पितामह:↑; द्वि॰ पितामहौ; बहु॰ पितामहा: (दादे, वयस्क लोग) ←पु॰ पितामह↑

पितामहान् 1.26, द्विती॰ एक॰ पितामहम्; द्वि॰ पितामहौ; बहु॰ पितामहान् (दादाओं को) ←पु॰ पितामह↑

पितृ 1.12, पु॰ (ज, जनक, जन्मदाता, तात↑, पितर, पिता↑, बाप, बाबा, बापू, वप्ता, वप्र, वालिद; अग्रज, पूर्वज) ←1भ्वादि॰√पा

पितृव्रता: 9.25, प्रथ॰ एक॰ पितृव्रत:; द्वि॰ पितृव्रतौ; बहु॰ <u>पितृव्रता:</u> (पितृव्रती लोग) ←पु॰ बस॰ पितृव्रत, पितृभ्य: व्रतम् यस्य (पितरों को पूजने वाला, पूर्वजों की आराधना करने वाला) ←पु॰ पितृ↑ + न॰ व्रत↓

पितृणाम् 10.29, षष्ठी॰ एक॰ पितु:; द्वि॰ पित्रो:; बहु॰ <u>पितृणाम्</u> (पितरों में) ←पु॰ पितृ↑

पितृन् 1.25, द्विती॰ एक॰ पितरम्; द्वि॰ पितरौ; बहु॰ <u>पितृन्</u> (पितरों को) ←पु॰ पितृ↑

पिबति 9.20, लट् पर॰ अन्य॰ एक॰ <u>पिबति</u> (वह पीता है); द्वि॰ पिबत:; बहु॰ पिबन्ति ←1भ्वादि॰√पा (पीना)

पीडया 17.19, तृती॰ एक॰ <u>पीडया</u> (पीड़ा देने के उद्देश से); द्वि॰ पीडाभ्याम्; बहु॰ पीडाभि: ←स्त्री॰ पीडा (कष्ट, दर्द, दुख, पीड़ा; अनिष्ट, हानि↓) ←10चुरा॰√पीड्

पुण्य 6.41, (1) न॰ (शुभ कर्म, सुकर्म; पवित्रता); (2) वि॰ (पवित्र↑, मंगल, विशुद्ध↓, शुद्ध↓) ←1भ्वादि॰√पू

पुण्य: 7.9, पु॰ प्रथ॰ एक॰ <u>पुण्य:</u> (पवित्र); द्वि॰ पुण्यौ; बहु॰ पुण्या:↓ ←वि॰ पुण्य↑

पुण्यकर्मणाम् 7.28, षष्ठी॰ एक॰ पुण्यकर्मण:; द्वि॰ पुण्यकर्मणो:; बहु॰ <u>पुण्यकर्मणाम्</u> (पुण्य कर्म करने वाले लोगों का,की,के) ←पु॰ बस॰ पुण्यकर्मन्, पुण्यम् कर्म यस्य स: (शुभकर्म; पुण्यकर्म करने वाला, पुण्यकर्मी) ←न॰ पुण्य↑ + न॰ कर्मन्

पुण्यकृताम् 6.41, पु॰ षष्ठी॰ एक॰ पुण्यकृत:; द्वि॰ पुण्यकृतो:; बहु॰ <u>पुण्यकृताम्</u> (पुण्यकर्मी लोगों का,की,के) ←वि॰ पुण्यकृत् (पुण्यकर्म करता हुआ, पुण्यकर्मी) ←न॰ पुण्य↑ + वि॰ कृत्↑

पुण्यफलम् 8.28, प्रथ॰-द्विती॰ एक॰ <u>पुण्यफलम्</u> (पुण्यफल); द्वि॰ पुण्यफले; बहु॰ पुण्यफलानि ←न॰ पुण्यफल, कस॰ पुण्यम् फलम् (अच्छा फल, शुभ फल) ←न॰ पुण्य↑ + न॰ फल↓

पुण्यम् 9.20, पु॰ द्विती॰ एक॰ <u>पुण्यम्</u> (पवित्र); द्वि॰ पुण्यौ; बहु॰ पुण्यान् ←वि॰ पुण्य↑

पुण्या: 9.33, पु॰ प्रथ॰ एक॰ पुण्य:↑; द्वि॰ पुण्यौ; बहु॰ <u>पुण्या:</u> (जो पवित्र हैं वे लोग) ←वि॰ पुण्य↑

पुण्ये 9.21, पु॰ सप्त॰ एक॰ <u>पुण्ये</u> (पुण्य में); द्वि॰ पुण्ययो:; बहु॰ पुण्येषु ←वि॰ पुण्य↑

पुत्रदारगृहादिषु 13.10, द्वन्द्व॰ सप्त॰ बहु॰ पुत्रेषु च दारे च गृहे च आदौ च (पुत्र, पत्नी, गृह, आदि में) ←पु॰ पुत्र↓ + पु॰ बहु॰ दार (अर्द्धांगिनी, जाया, पत्नी, भार्या, स्त्री) ←6तुदा॰√दृ + न॰ गृह (घर, निकेत, निवास↑, निवेश) ←9क्र्या॰√ग्रह + पु॰ आदि↑

पुत्र 1.3, पु॰ (अपत्य, आत्मज, तनय, तनुज, नन्द, नन्दन, पुत्र, पूत, बेटा, लड़का, वत्स,

सन्तान, सुत, सूनु, स्वज) ←पुत्√त्रै 1भ्वादि०

पुत्रस्य 11.44, षष्ठी० एक० पुत्रस्य (पुत्र का,की,के); द्वि० पुत्रयो:; बहु० पुत्राणाम् ←पु० पुत्र↑

पुत्रा: 1.34, प्रथ० एक० पुत्र:; द्वि० पुत्रौ; बहु० पुत्रा: (लड़के) ←पु० पुत्र↑

पुत्रान् 1.25, द्विती० एक० पुत्रम्; द्वि० पुत्रौ; बहु० पुत्रान् (पुत्रों को) ←पु० पुत्र↑

पुन: 8.26, = अव्य० पुनर्↓

पुनर् 4.9, = अव्य० पुन: (दुबारा, दूसरी बार, पुनरपि, पुनश्च, पुन:, फिर, लौट कर) ←1भ्वादि०√पन्

पुनरावर्तिन: 8.16, पु० प्रथ० एक० पुनरावर्ती; द्वि० पुनरावर्तिनौ; बहु० पुनरावर्तिन: (पुनरुद्भूत होने वाले) ←वि० पुनरावर्तिन् (पुनरुद्भूत होने वाला, पुनर्जन्म लेने वाला) ←अव्य० पुनर्↑ + वि० आवर्तिन् (होने वाला) ←स्त्री० आवृत्ति↑

पुनर्जन्म 4.9, न० प्रथ०–द्विती० एक० पुनर्जन्म (पुनर्जन्म, पुनर्जन्म को); द्वि० पुनर्जन्मनी; बहु० पुनर्जन्मानि ←न० पुनर्जन्मन् (पुनरुद्भाव, पुनर्जन्म) ←अव्य० पुनर्↑ + न० जन्मन्↑

पुनर्धनम् 16.13, न० प्रथ०–द्विती० एक० पुनर्धनम् (दुसरों का भी धन, दूसरों के धन को); द्वि० पुनर्धने; बहु० पुनर्धनानि ←न० पुनर्धन (और धन, वह भी धन; दूसरा भी धन, दूसरे का भी धन) ←अव्य० पुनर्↑ + न० धन↑

पुमान् 2.71, प्रथ० एक० पुमान् (पुरुष); द्वि० पुमांसौ; बहु० पुमांस: ←पु० पुंस्↓

पुरस्तात् 11.40, अव्य० (आगे, सामने) ←6तुदा०√पुर्

पुरा 3.3, अव्य० (अतीत समय में, पहले, पुरातन काल में, प्राचीन काल में, सनातन काल में) ←6तुदा०√पुर्

पुराण 2.20, वि० (आद्य↑, पुराणा, प्राचीन, सनातन↓) ←पुरा√नी 1भ्वादि०

पुराण: 2.20, पु० प्रथ० एक० पुराण: (जो सनातन है वह); द्वि० पुराणौ; बहु० पुराणा: ←वि० पुराण↑

पुराणम् 8.9, पु० द्विती० एक० पुराणम् (जो सनातन है उसको); द्वि० पुराणौ; बहु० पुराणान् ←वि० पुराण↑

पुराणी 15.4, स्त्री० प्रथ० एक० पुराणी (जो सनातन है वह); द्वि० पुराण्यौ; बहु० पुराण्य: ←वि० पुराण↑

पुरातन: 4.3, पु० प्रथ० एक० पुरातन: (जो सनातन है वह); द्वि० पुरातनौ; बहु० पुरातना: ←वि० पुरातन (अतीत↑, पहले का, पुराण↑, पुराणी↑, प्राचीन, सनातन↓) ←6तुदा०√पुर्

पुरुजित् 1.5, प्रथ० एक० <u>पुरुजित्</u> (पुरुजित्); द्वि० पुरुजितौ; बहु० पुरुजित: ←पु० विना० पुरुजित् (व्यक्ति परिचय के लिए देखिए- खंड 1, गीता दर्शन↑)

पुरुष 2.15, पु० (आदमी, इन्सान, जन↑, धव, नर↑, मर्द, मनुष्य↓, मानव↓, पुमान्↑, पुंस, पूरुष↓, व्यक्ति↓; परमपुरुष) ←6तुदा०√पुर्

पुरुष: 2.21, प्रथ० एक० <u>पुरुष:</u> (पुरुष); द्वि० पुरुषौ↓; बहु० पुरुषा:↓ ←पु० पुरुष↑

पुरुषम् 2.15, द्विती० एक० <u>पुरुषम्</u> (पुरुष को); द्वि० पुरुषौ; बहु० पुरुषान् ←पु० पुरुष↑

पुरुषर्षभ 2.15, पु० संबो० एक० <u>पुरुषर्षभ</u> (हे पुरुषर्षभ!); द्वि० पुरुषर्षभौ; बहु० पुरुषर्षभा: ←वि० बस० पुरुषर्षभ, पुरुषाणाम् ऋषभ: य: स: (पुरुषश्रेष्ठ, अर्जुन↑) ←पु० पुरुष↑ + पु० ऋषभ↑

पुरुषव्याघ्र 18.4, पु० संबो० एक० <u>पुरुषव्याघ्र</u> (हे पुरुषव्याघ्र!); द्वि० पुरुषव्याघ्रौ; बहु० पुरुषव्याघ्रा: ←वि० बस० पुरुषव्याघ्र, पुरुषेषु व्याघ्र: य: स: (पुरुषश्रेष्ठ, अर्जुन↑) ←पु० पुरुष↑ + पु० व्याघ्र (बाघ, श्वापद, सिंह↓) ←वि–आ√घ्रा 1भ्वादि०

पुरुषस्य 2.60, षष्ठी० एक० <u>पुरुषस्य</u> (पुरुष का,की,के); द्वि० पुरुषयो:; बहु० पुरुषाणाम् ←पु० पुरुष↑

पुरुषा: 9.3, प्रथ० एक० पुरुष:↑; द्वि० पुरुषौ↓; बहु० <u>पुरुषा:</u> (मनुष्य लोग) ←पु० पुरुष↑

पुरुषोत्तम 8.1, पु० संबो० एक० <u>पुरुषोत्तम</u> (हे परुषोत्तम!) ←(1) वि० पुरुषोत्तम (उत्तम पुरुष, सर्वोत्तम पुरुष); (2) पु० बस० पुरुषेषु उत्तम: य: स: (कृष्ण↑)

पुरुषोत्तम: 15.18, प्रथ० एक० <u>पुरुषोत्तम:</u> (जो पुरुषोत्तम है वह); द्वि० पुरुषोत्तमौ; बहु० पुरुषोत्तमा: ←पु० पुरुषोत्तम↑

पुरुषोत्तमम् 15.19, द्विती० एक० <u>पुरुषोत्तमम्</u> (पुरुषोत्तम को); द्वि० पुरुषोत्तमौ; बहु० पुरुषोत्तमान् ←पु० पुरुषोत्तम↑

पुरुषौ 15.16, प्रथ० एक० पुरुष:↑; द्वि० <u>पुरुषौ</u> (दो पुरुष); बहु० पुरुषा:↑ ←पु० पुरुष↑

पुरे 5.13, सप्त० एक० <u>पुरे</u> (नगरी में); द्वि० पुरयो:; बहु० पुरेषु ←न० पुर (गांव, ग्राम, नगर, नगरी, निगम, पत्तन, पट्ट, पट्टन, पुर, पुरा, पुरी) ←3जुहो०√पृ

पुरोधसाम् 10.24, षष्ठी० एक० पुरोधस:; द्वि० पुरोधसो:; बहु० <u>पुरोधसाम्</u> (पुरोहितों में) ←पु० पुरोधस् (उपाध्याय, पुरोहित) ←अव्य० पुरस् ←10चुरा०√पूर्व् + 3जुहो०√धा

पुष्कलाभि: 11.21, स्त्री० तृती० एक० पुष्कलया; द्वि० पुष्कलाभ्याम्; बहु० <u>पुष्कलाभि:</u> (उत्तमोत्तमों–से, जो अति उत्तम हैं उनके द्वारा) ←वि० पुष्कल (अधिक↑, बहुत, विपुल; उत्कृष्ट, उतमोत्तम) ←10चुरा०√पष्

पुष्णामि 15.13, लट् वर्त॰ पर॰ एक॰ उत्तम॰ पुष्णामि (मैं पुष्ट करता हूँ); मध्य॰ पुष्णसि; अन्य॰ पुष्णाति ←9क्र्या॰√पुष् (पुष्ट करना, पुष्टि देना, बढ़ाना, सशक्त करना)

पुष्पम् 9.26, न॰ प्रथ॰–द्विती॰ एक॰ पुष्पम् (फूल, फूल को); द्वि॰ पुष्पे; बहु॰ पुष्पाणि ←न॰ पुष्प (कुसुम, गुल, प्रसून, फूल, मंजरी, माल्य, शगूफा, सुम, सुमन, सून) ←4दिवा॰√पुष्प्

पुष्पिताम् 2.42, स्त्री॰ द्विती॰ एक॰ पुष्पिताम् (फुलों से सजी हुई को, सजाई हुई को); द्वि॰ पुष्पिते; बहु॰ पुष्पिताः ←वि॰ तद्धित शब्द पुष्पिता, पुष्पाणि सञ्जातानि यस्याः (फुलों से सजी हुई, पुष्पमय; अलंकृत, आकर्षक, मोहक) ←4दिवा॰√पुष्प्

पुंस् 2.62, पु॰ अनियमित चलने वाला शब्द पुंस् (मनुष्य↓, पुरुष↑) ←1भ्वादि॰√पू

पुंसः 2.62, षष्ठी॰ एक॰ पुंसः (पुरुष का,की,के); द्वि॰ पुंसोः; बहु॰ पुंसाम् ←पु॰ पुंस्↑

पूजा 2.4, स्त्री॰ (अर्चना, आदर, बंदगी, वंदना, सत्कार↓, सम्मान; भक्ति↓, सेवा) ←10चुरा॰√पूज्

पूजार्हौ 2.4, पु॰ द्विती॰ एक॰ पूजार्हम्; द्वि॰ पूजार्हौ (जो दोनों ही वंदनीय हैं उनको); बहु॰ पूजार्हान् ←वि॰ तस॰ पूजार्ह, पूजाम् अर्हति इति (पूजनीय, पूज्य↓, वंदनीय) ←1भ्वादि॰√पू

पूज्यः 11.43, पु॰ प्रथ॰ एक॰ पूज्यः (जो वंदनीय है वह); द्वि॰ पूज्यौ; बहु॰ पूज्याः ←वि॰ पूज्य (अर्चनीय, आदरणीय, आराध्य, पूजनीय, पूजार्ह↑, माननीय, वंदनीय) ←10चुरा॰√पूज्

पूतपापाः 9.20, प्रथ॰ एक॰ पूतपापः; द्वि॰ पूतपापौ; बहु॰ पूतपापाः (पाप धोए हुए लोग) ←पु॰ बस॰ पूतपाप, पूतम् पापम् यस्य (पाप नष्ट किए हुए, प्रायश्चित्त करके पवित्रता पाया हुआ) ←वि॰ पूत↓ + न॰ पाप↑

पूत 4.10, क्त॰ वि॰ (प्रायश्चित्त करके पवित्र हुआ; पाप धोया हुआ) ←1भ्वादि॰√पू

पूताः 4.10, पु॰ प्रथ॰ एक॰ पूतः; द्वि॰ पूतौ; बहु॰ पूताः (पवित्र लोग) ←वि॰ पूत↑

पूति 17.10, न॰ प्रथ॰–द्विती॰ एक॰ पूति (जो दुर्गंधयुक्त है वह, ॰उसको); द्वि॰ पूतिनी; बहु॰ पूतीनि ←वि॰ पूति (दुर्गंध युक्त) ←1भ्वादि॰√पू

पूरुषः 3.19, प्रथ॰ एक॰ पुरुषः (पुरुष); द्वि॰ पुरुषौ; बहु॰ परुषाः ←पु॰ पूरुष = पु॰ पुरुष 2.15↑

पूर्व 4.15, सना॰ वि॰ (पहला; आद्य↑, प्रथम, प्राचीन, शुरूआत का; समग्र↓, समूचा, संपूर्ण); स्त्री॰ पूर्व (पुरबा, पूर्वा, प्रतीची, प्राक्, प्राची) ←10चुरा॰√पूर्व्

पूर्वक 9.23, वि॰ (के अनुसार, मुताबिक) ←10चुरा॰√पूर्व् (निवास करना)

पूर्वम् 11.33, क्रिवि॰ (प्रथम, पहले) ←वि॰ पूर्व↑

पूर्वतरम् 4.15, न॰ प्रथ॰-द्विती॰ एक॰ पूर्वतरम् (के पहले, जो आद्य है उसको); द्वि॰ पूर्वतरे; बहु॰ पूर्वतराणि ←तरभावात्मक वि॰ पूर्वतर (आद्य, से भी पहले का, पूर्व का; पुरखा, पूर्वज) ←वि॰ पूर्व↑

पूर्वाभ्यासेन 6.44, तृती॰ एक॰ पूर्वाभ्यासेन (पहले किए हुए अभ्यास से); द्वि॰ पूर्वाभ्यासाभ्याम्; बहु॰ पूर्वाभ्यासै: ←पु॰ तस॰ पूर्वाभ्यास, पूर्वेण अभ्यास: (पहले किया हुआ अथवा पुन:पुन्हा प्राप्त किया हुआ अध्ययन, अभ्यास) ←वि॰ पूर्व↑ + पु॰ अभ्यास↑

पूर्वे 10.6, सप्त॰ एक॰ पूर्वे (आदिकाल में); द्वि॰ पूर्वयो:; बहु॰ पूर्वेषु ←वि॰ पूर्व↑

पूर्वै: 4.15, पु॰ तृती॰ एक॰ पूर्वेण; द्वि॰ पूर्वाभ्याम्; बहु॰ पूर्वै: (आदिकाल के लोगों ने) ←वि॰ पूर्व↑

पृच्छामि 2.7, लट् वर्त॰ पर॰ उत्तम॰ एक॰ पृच्छामि (मैं पूछता हूँ); द्वि॰ पृच्छाव:; बहु॰ पृच्छाम: ←6तुदा॰√प्रछ् (पूछना, प्रश्न करना)

पृथक् 1.18, अव्य॰ (अलग-अलग, भिन्न-भिन्न; अलहदा, जुदा, विच्छिन्न, वियुक्त) ←1भ्वादि॰√प्रथ्

पृथक्त्वेन 9.15, तृती॰ एक॰ पृथक्त्वेन (भिन्न भाव से); द्वि॰ पृथक्त्वाभ्याम्; बहु॰ पृथक्त्वै: ←न॰ पृथक्त्व (भिन्नभिन्नता, विविधता) ←अव्य॰ पृथक्↑

पृथग्विध 10.5, वि॰ (नाना रीति का, भिन्नभिन्न तरह का, विविध) ←अव्य॰ पृथक्↑ + वि॰ विध↓

पृथग्विधम् 18.14, न॰ प्रथ॰-द्विती॰ एक॰ पृथग्विधम् (जो भिन्न है वह, ॰उसको); द्वि॰ पृथग्विधे; बहु॰ पृथग्विधानि ←वि॰ पृथग्विध↑

पृथग्विधा: 10.5, पु॰ प्रथ॰ एक॰ पृथग्विध:; द्वि॰ पृथग्विधौ; बहु॰ पृथग्विधा: (जो भिन्न हैं वे) ←वि॰ पृथग्विध↑

पृथग्विधान् 18.21, पु॰ द्विती॰ एक॰ पृथग्विधम्; द्वि॰ पृथग्विधौ; बहु॰ पृथग्विधान् (जो भिन्न हैं उनको) ←वि॰ पृथग्विध↑

पृथिवी 1.18, स्त्री॰ (अदिति, अवनि↑, अवनी, उर्वी, गा↑, जगती, जमीन, धरणी, धरती, धरा, धरित्री, पृथ्वी, भू, भूमि, मही↓, मेदिनी, रसा, वसुधा, वसुंधरा, शाश्वती↓, क्षमा, क्षिति) ←1भ्वादि॰√प्रथ्

पृथिवीपते 1.18, संबो॰ एक॰ पृथिवीपते (हे पृथिवीपति!); द्वि॰ पृथिवीपती; बहु॰ पृथिवीपतय: ←पु॰ (1) तस॰ पृथिवीपति, पृथिव्या: पति: (अवनिपाल, भूपति, महीधर, महीक्षित, राजा↓); (2) बस॰ पृथिव्या: पति: इव य: स: (धृतराष्ट्र) ←स्त्री॰ पृथिवी↑ + पु॰ पति↑

पृथिवीम् 1.19, द्विती॰ एक॰ पृथिवीम् (पृथ्वी को); द्वि॰ पृथिव्यौ; बहु॰ पृथिव्य: ←स्त्री॰ पृथिवी↑

पृथिव्याम् 7.9, सप्त॰ एक॰ पृथिव्याम् (पृथ्वी में); द्वि॰ पृथिव्यो:; बहु॰ पृथिवीषु ←स्त्री॰ पृथिवी↑

पृष्ठत: 11.40, अव्य॰ (पीछे; ऊपरी, ऊपर से) ←न॰ पृष्ठ (पीठ, पीछला भाग; ऊपर का भाग) ←1भ्वादि॰√पृष्

पौण्ड्रम् 1.15, द्विती॰ एक॰ पौण्ड्रम् (पौण्ड्र को); द्वि॰ पौण्ड्रौ; बहु॰ पौण्ड्रा: ←पु॰ वि॰ विना॰ पौण्ड्र

पौत्र 1.26, पु॰ तद्धित शब्द (नप्ता, नाती, पोता) ←पु॰ पुत्र↑

पौत्रा: 1.34, प्रथ॰ एक॰ पौत्र:; द्वि॰ पौत्रौ; बहु॰ पौत्रा: (पोते) ←पु॰ पौत्र↑

पौत्रान् 1.25, द्विती॰ पौत्रम्; द्वि॰ पौत्रौ; बहु॰ पौत्रान् (पोतों को) ←पु॰ पौत्र↑

पौरुषम् 7.8, न॰ प्रथ॰–द्विती॰ एक॰ पौरुषम् (पौरुषत्व, पौरुषत्व को); द्वि॰ पौरुषे; बहु॰ पौरुषाणि ←वि॰ तद्धित शब्द पौरुष, पुरुषस्य भाव: (पुरुष का भाव; पौरुषत्व) ←पु॰ पुरुष↑

पौर्वदेहिकम् 6.43, पु॰ द्विती॰ एक॰ पौर्वदेहिकम् (पूर्वजन्म में सिद्ध किए हुए को); द्वि॰ पौर्वदेहिकौ; बहु॰ पौर्वदेहिकान् ←वि॰ पौर्वदेहिक (पहले के देह में प्राप्त हुआ, पूर्वजन्म में साध्य किया हुआ) ←वि॰ पौर्व (पहले का) ←वि॰ पूर्व↑ + वि॰ देहिक (देहिन्, देह प्राप्त किया हुआ) ←पु॰ देह↑

(प्र)

प्र 1.9, अव्य॰ शब्दप्रयोगी उपसर्ग (1. क्रियावाचक अर्थ से– पहिले, प्रथम; सामने; विशेषवाचक अर्थ से– अत्यधिकता, विपुलता, प्रचुरता, विशिष्टता; 2. संज्ञावाचक अर्थ से– आरम्भ, प्रारम्भ, अंतर, शक्ति, घनिष्ठता, उद्भव, पूर्णता, वियोग, व्यतिरिक्तता, उत्तमता, पावित्र्य, इच्छा, अवसान, प्रतिष्ठा ...इत्यादिक) ←1भ्वादि॰√प्रथ्

प्रकाश 7.25, पु॰ (1. आभा, आलोक, उजाला, उजियाला, ओज, औप, कांति, चमक,

ज्योति, तेज, दीप्ति, द्युति, प्रद्योत, प्रभा↓, भास्↓, रोशनी, विभा; 2. अकल, प्रज्ञा, बोध, समझ, ज्ञान↓; वि॰ 3. गोचर, जाहिर, प्रकट, व्यक्त↓) ←प्र√काश् 1भ्वादि॰

प्रकाशः 7.25, प्रथ॰ एक॰ प्रकाशः (प्रकाश); द्वि॰ प्रकाशौ; बहु॰ प्रकाशाः ←पु॰ प्रकाश↑

प्रकाशकम् 14.6, न॰ प्रथ॰–द्विती॰ एक॰ प्रकाशकम् (प्रकाशने वाला, ॰वाले को); द्वि॰ प्रकाशके; बहु॰ प्रकाशकानि ←वि॰ प्रकाशक (दिखाने वाला, प्रकट करने वाला, व्यक्त करने वाला; चमकने वाला, दिखने वाला) ←पु॰ प्रकाश↑

प्रकाशम् 14.22, द्विती॰ एक॰ प्रकाशम् (प्रकाश को); द्वि॰ प्रकाशे; बहु॰ प्रकाशानि ←पु॰ प्रकाश↑

प्रकाशयति 5.16, लट् वर्त॰ पर॰ प्रयो॰ एक॰ उत्तम॰ प्रकाशयामि; मध्य॰ प्रकाशयसि; अन्य॰ प्रकाशयति (वह उद्घाटित, प्रकाशित, प्रदर्शित, स्पष्ट कराता है, दिखलाता है, दर्शन कराता है) ←प्र√काश् 1भ्वादि॰

प्रकीर्त्या 11.36, तृती॰ एक॰ प्रकीर्त्या (प्रशंसा से); द्वि॰ प्रकीर्तिभ्याम्; बहु॰ प्रकीर्तिभिः ←स्त्री॰ प्रकीर्ति (कीर्ति↑, ख्याति, प्रशंसा, प्रसिद्धि) ←स्त्री॰ कीर्ति↑

प्रकृति 3.5, स्त्री॰ (ईश्वरी माया, निसर्ग, माया↓, सृष्टि; अंगजात गुण, गुणधर्म, देहधर्म, सहज गुण, स्वभाव↓, स्वाभाविक गुण; विकृति का विपर्याय) ←प्र√कृ 8तना॰

प्रकृतिः 7.4, प्रथ॰ एक॰ प्रकृतिः (प्रकृति); द्वि॰ प्रकृती; बहु॰ प्रकृतयः ←स्त्री॰ प्रकृति↑

प्रकृतिज 3.5, पु॰ वि॰ बस॰ प्रकृत्या जन्म यस्य सः (प्रकृतिजन्य, प्रकृतिजात, प्रकृतिसम्भूत, प्रकृति से निर्माण या निकला हुआ) ←स्त्री॰ प्रकृति↑ + वि॰ ज↑

प्रकृतिजान् 13.22, द्विती॰ एक॰ प्रकृतिजम् (प्रकृतिजन्य, जो प्रकृति से निर्मण हुआ है उसको); द्वि॰ प्रकृतिजौ; बहु॰ प्रकृतिजान् ←पु॰ प्रकृतिज↑

प्रकृतिजैः 3.5, पु॰ तृती॰ एक॰ प्रकृतिजेन; द्वि॰ प्रकृतिजाभ्याम्; बहु॰ प्रकृतिजैः (स्वभावजात–से) ←वि॰ प्रकृतिज↑

प्रकृतिम् 3.33, द्विती॰ एक॰ प्रकृतिम् (प्रकृति को); द्वि॰ प्रकृती; बहु॰ प्रकृतीः ←स्त्री॰ प्रकृति↑

प्रकृतिसम्भव 13.20, पु॰ वि॰ बस॰ प्रकृत्या सम्भवः यस्य सः (प्रकृतिजन्य, प्रकृतिज, प्रकृतिजात, प्रकृति से निकला हुआ) ←स्त्री॰ प्रकृति↑ + पु॰ सम्भव↓

प्रकृतिसम्भवान् 13.20, द्विती॰ एक॰ प्रकृतिसम्भवम्; द्वि॰ प्रकृतिसम्भवौ; बहु॰ प्रकृतिसम्भवान् (जो प्रकृति से निर्माण हुए हैं उनको) ←पु॰ प्रकृतिसम्भव↑

प्रकृतिसम्भवाः 14.5, प्रथ॰ एक॰ प्रकृतिसम्भवः; द्वि॰ प्रकृतिसम्भवौ; बहु॰ प्रकृतिसम्भवाः

(जो प्रकृति से निर्माण हुए हैं वे) ←पु॰ प्रकृतिसम्भव↑

प्रकृतिस्थ 13.22, वि॰ तस॰ प्रकृतौ स्थः (जो प्रकृति में स्थित है वह) ←स्त्री॰ प्रकृति↑ + वि॰ स्थ↓

प्रकृतिस्थः 13.22, पु॰ प्रथ॰ एक॰ प्रकृतिस्थः (जो प्रकृति में स्थित है वह); द्वि॰ प्रकृतिस्थौ; बहु॰ प्रकृतिस्थाः ←वि॰ प्रकृतिस्थ↑

प्रकृतिस्थानि 15.7, न॰ प्रथ॰–द्विती॰ एक॰ प्रकृतिस्थम्; द्वि॰ प्रकृतिस्थे; बहु॰ प्रकृतिस्थानि (जो प्रकृति में स्थित हैं वे, उन्होंने) ←वि॰ प्रकृतिस्थ↑

प्रकृतेः 3.27, (1) षष्ठी॰ एक॰ प्रकृतेः (प्रकृति का,की,के); द्वि॰ प्रकृत्योः; बहु॰ प्रकृतीनाम्; (2) पंच॰ एक॰ प्रकृतेः (प्रकृति से); द्वि॰ प्रकृतिभ्याम्; बहु॰ प्रकृतिभ्यः ←स्त्री॰ प्रकृति↑

प्रकृत्या 7.20, तृती॰ एक॰ प्रकृत्या (प्रकृति से, के द्वारा); द्वि॰ प्रकृतिभ्याम्; बहु॰ प्रकृतिभिः ←स्त्री॰ प्रकृति↑

प्रजनः 10.28, प्रथ॰ एक॰ प्रजनः (जन्म); द्वि॰ प्रजनौ; बहु॰ प्रजनाः ←पु॰ प्रजन (जनन; जन्म) ←प्र√जन् 4दिवा॰

प्रजहाति 2.55, लट् वर्त॰ पर॰ उत्तम॰ एक॰ प्रजहामि; मध्य॰ एक॰ प्रजहासि; अन्य॰ एक॰ प्रजहाति (वह त्यागता है); अन्य॰ द्वि॰ प्रजहितः अथवा प्रजहीतः; अन्य॰ बहु॰ प्रजहति ←3जुहो॰√हा (त्यागना)

प्रजहि 3.41, लोट् निमंत्रणार्थ पर॰ उत्तम॰ एक॰ प्रजहानि; मध्य॰ एक॰ प्रजहि (तू खात्मा कर); अन्य॰ एक॰ प्रजहन्तु; मध्य॰ द्वि॰ प्रजहतम्; मध्य॰ बहु॰ प्रजहत ←3जुहो॰√हा (मारना)

प्रजाः 3.10, प्रथ॰ एक॰ प्रजा; द्वि॰ प्रजे; बहु॰ प्रजाः (भिन्न–भिन्न प्रजाएँ); अथवा द्विती॰ एक॰ प्रजाम्; द्वि॰ प्रजे; बहु॰ प्रजाः (प्रजाओं को) ←स्त्री॰ प्रजा (जनता, प्रजा, रिआया, रैयत, लोग, लोक↓; संतति) ←प्र√जन् 4दिवा॰

प्रजानाति 18.31, लट् वर्त॰ पर॰ एक॰ उत्तम॰ प्रजानामि↓; मध्य॰ प्रजानासि; अन्य॰ प्रजानाति (वह जानता है) ←प्र√ज्ञा 9क्र्या॰ (जानना)

प्रजानामि 11.31, लट् वर्त॰ पर॰ एक॰ उत्तम॰ प्रजानामि (मैं जानता हूँ); मध्य॰ प्रजानासि; अन्य॰ प्रजानाति ←प्र√ज्ञा 9क्र्या॰ (जानना)

प्रजापतिः 3.10, प्रथ॰ एक॰ प्रजापतिः (प्रजापति); द्वि॰ प्रजापती; बहु॰ प्रजापतयः ←पु॰ बस॰ प्रजापति, प्रजायाः पति इव यः सः (प्रजा का अधिपति, ब्रह्मा) ←स्त्री॰ पजा↑ +

पु॰ पति↑ (व्यक्ति परिचय के लिए देखिए– खंड 1, गीता दर्शन↑)

प्रणम्य 11.14, अव्य॰ (नमस्कार, प्रणाम, वंदन –किए) ←प्र√नम् 1भ्वादि॰1

प्रणयेन 11.41, तृती॰ एक॰ प्रणयेन (प्रेम से); द्वि॰ प्रणयाभ्याम्; बहु॰ प्रणयै: ←पु॰ प्रणय (प्रीति↓, प्रेम, मैत्री) ←प्र√नी 1भ्वादि॰

प्रणव: 7.8, प्रथ॰ एक॰ प्रणव: (प्रणव); द्वि॰ प्रणवौ; बहु॰ प्रणवा: ←पु॰ प्रणव (ॐ↑, ओङ्कार↑) ←प्र√नू 2अदा॰

प्रणश्यति 2.63, लट् वर्त॰ पर॰ एक॰ उत्तम॰ प्रणश्यामि↓; मध्य॰ प्रणश्यसि; अन्य॰ प्रणश्यति (वह नष्ट होता है) ←प्र√नश् 3जुहो॰ (अदृष्ट होना)

प्रणश्यन्ति 1.40, लट् वर्त॰ पर॰ उत्तम॰ बहु॰ प्रणश्याम:; मध्य॰ बहु॰ प्रणश्यथ; अन्य॰ बहु॰ प्रणश्यन्ति (वे अदृश्य होते हैं) ←प्र√नश् (अदृष्ट होना) 3जुहो॰

प्रणश्यामि 6.30, लट् वर्त॰ पर॰ एक॰ उत्तम॰ प्रणश्यामि (मैं अदृश्य होता हूँ); मध्य॰ प्रणश्यसि; अन्य॰ प्रणश्यति↑ प्र←√नश् 3जुहो॰ (अदृष्ट होना)

प्रणिधाय 11.44, अव्य॰ (अर्पण किए, चरण पर रख कर) ←प्र-नि√धा 3जुहो॰।

प्रणिपातेन 4.34, तृती॰ एक॰ प्रणिपातेन (प्रणिपात के सह); द्वि॰ प्रणिपाताभ्याम्; बहु॰ प्रणिपातै: ←पु॰ प्रणिपात (अनुनय, मिन्नत, प्रणति, प्रार्थना, विनती, विनय; चरण पर सिर रख कर, दंडवत प्रणाम किए) ←प्र-नि√पत् 1भ्वादि॰।

प्रतपन्ति 11.30, लट् वर्त॰ पर॰ उत्तम॰ एक॰ प्रतपामि; मध्य॰ एक॰ प्रतपसि; अन्य॰ एक॰ प्रतपति; अन्य॰ द्वि॰ प्रतपत:; अन्य॰ बहु॰ प्रतपन्ति (वे अतीव तपाते हैं, तपा रहे हैं) ←प्र√तप् 1भ्वादि॰ (तपना)

प्रतापवान् 1.12, पु॰ प्रथ॰ एक॰ प्रतापवान् (पराक्रमी); द्वि॰ प्रतापवन्तौ; बहु॰ प्रतापवन्त: ←वि॰ प्रतापवत् (गौरवान्वित, महिमान्वित, पराक्रमी, शूर↓, सामर्थ्यवान) ←पु॰ प्रताप (पराक्रम) ←प्र√तप् 1भ्वादि॰ + तद्धित॰ वत्↓

प्रति 2.43, अव्य॰ (की ओर; प्रत्येक; विरुद्ध) ←1भ्वादि॰√प्रथ्

प्रतिजानीहि 9.31, लोट् पर॰ आज्ञार्थ एक॰ उत्तम॰ प्रतिजानानि; मध्य॰ प्रतिजानीहि (तू समझ ले); अन्य॰ प्रतिजानातु ←प्रति√ज्ञा 9क्र्या॰ (जानना)

प्रतिजाने 18.65, लट् वर्त॰ आत्म॰ एक॰ उत्तम॰ प्रतिजाने (मैं वचन देता हूँ); मध्य॰ प्रतिजानीषे; अन्य॰ प्रतिजानीते ←प्रति√ज्ञा 9क्र्या॰ (जानना)

प्रतिपद्यते 14.14, लट् वर्त॰ आत्म॰ एक॰ उत्तम॰ प्रतिपद्ये; मध्य॰ प्रतिपद्यसे; अन्य॰ प्रतिपद्यते (वह जाकर मिलता है) ←प्रति √पद् 4दिवा॰ (पैदल जाना)

प्रतियोत्स्यामि 2.4, ऌट् अपूर्ण भवि॰ पर॰ एक॰ उत्तम॰ प्रतियोत्स्यामि; (मैं लड़ूँगा, मैं लड़ाई करूँगा); मध्य॰ प्रतियोत्स्यसि; अन्य॰ प्रतियोत्स्यति ←प्रति √युध् 2अदा॰ (लड़ना)

प्रतिष्ठा 2.70, स्त्री॰ (अवस्थान, स्थिति↓, स्थापना, स्थायित्व, स्थिरता; उच्चपद, कीर्ति↑) ←प्रति√स्था 1भ्वादि॰

प्रतिष्ठा 14.27, प्रथ॰ एक॰ प्रतिष्ठा (प्रतिष्ठा); द्वि॰ प्रतिष्ठे; बहु॰ प्रतिष्ठाः ←स्त्री॰ प्रतिष्ठा↑

प्रतिष्ठाप्य 6.11, अव्य॰ (आसन लगाए, स्थापन किए, स्थिर होकर) ←प्रति√स्था 1भ्वादि॰

प्रतिष्ठित 2.57, वि॰ (अवस्थित↑, खड़ा, स्थापन किया हुआ, स्थापित) ←प्रति√स्था 1भ्वादि॰

प्रतिष्ठितम् 3.15, न॰ प्रथ॰–द्वितीं॰ एक॰ प्रतिष्ठितम् (जो प्रतिष्ठित है वह, ॰उसको); द्वि॰ प्रतिष्ठितौ; बहु॰ प्रतिष्ठितान् ←वि॰ प्रतिष्ठित↑

प्रतिष्ठिता 2.57, स्त्री॰ प्रथ॰ एक॰ प्रतिष्ठिता (जो प्रतिष्ठित है वह); द्वि॰ प्रतिष्ठिते; बहु॰ प्रतिष्ठिताः ←वि॰ प्रतिष्ठित↑

प्रत्यनीकेषु 11.32, सप्त॰ एक॰ प्रत्यनीके; द्वि॰ प्रत्यनीकयोः; बहु॰ प्रत्यनीकेषु (प्रतिस्पर्धियों में) ←पु॰ प्रत्यनीक (प्रतिपक्ष, प्रतिस्पर्धी पक्ष, मुख़ालिफ़, विपक्ष, विरुद्ध पक्ष) ←अव्य॰ प्रति↑ + पु॰ अनीक↑

प्रत्यवायः 2.40, प्रथ॰ एक॰ प्रत्यवायः (प्रत्यवाय); द्वि॰ प्रत्यवायौ; बहु॰ प्रत्यवायाः ←पु॰ प्रत्यवाय (न्यूनता, बाधा, वीि, विरुद्ध परिणाम, विक्षेप, व्याघात, ह्रास; पाप↑) ←प्रति–अव√अय् 1भ्वादि॰

प्रत्यक्षावगमम् 9.2, प्रथ॰–द्वितीं॰ एक॰ प्रत्यक्षावगमम् (प्रत्यक्ष अनुभव, ॰अनुभव को); द्वि॰ प्रत्यक्षावगमे; बहु॰ प्रत्यक्षावगमाणि ←न॰ बस॰ प्रत्यक्षावगम, प्रत्यक्षः अवगमः यस्य तत् (प्रत्यय, प्रत्यक्ष अनुभव; प्रत्यक्ष अनुभव से मिला हुआ ज्ञान, तजुर्बा, संज्ञान) ←वि॰ प्रत्यक्ष (साक्षात्↓, स्वयं↓, स्वतः; आंखों सामने, दृष्टिगत, दृष्टिगोचर, दृश्य, साक्ष्य) ←प्रति√अक्ष् 1भ्वादि॰ + न॰ अवगमन अथवा पु॰ अवगम (अनुभूति, अहसास, जानना, तजुर्बा, धारणा, समझ, ज्ञान↓) ←अव√गम् 1भ्वादि॰

प्रत्युपकारार्थम् 17.21, पु॰ द्वितीं॰ एक॰ प्रत्युपकारार्थम् (उपकार के बदले में किए हुए उपकार के हेतु अथवा हेतु को); द्वि॰ प्रत्युपकारार्थौ; बहु॰ प्रत्युपकारार्थान् ←पु॰ तस॰ प्रत्युपकारार्थ, प्रत्युपकारस्य अर्थः (उपकार की पूर्ति का हेतु, परोपकार का उद्देश; उपकार का बदला, अदायगी, परिशोधन, –इत्यादि का हेतु; परोपकार, बदला,

मुआवजा, मुबादल, मुबादला) ←अव्य॰ प्रति↑ + पु॰ उपकार (परिचर्या, ऋण) ←उप√कृ 8तना॰ + पु॰ अर्थ↑

प्रथितः 15.18, पु॰ प्रथ॰ एक॰ प्रथितः (जो प्रख्यात है वह); द्वि॰ प्रथितौ; बहु॰ प्रथिताः ←वि॰ प्रथित (जो प्रख्यात, प्रसिद्ध, मशहूर, विख्यात, विश्रुत है वह) ←1भ्वादि॰√प्रथ्

प्रदध्मतुः 1.14, लिट् परोक्ष भूत॰ पर॰ उत्तम॰ एक॰ प्रदध्मौ; मध्य॰ एक॰ प्रदध्माथ; अन्य॰ एक॰ प्रदध्मौ; अन्य॰ द्वि॰ प्रदध्मतुः (उन दोनों ने जोर से फूंके); अन्य॰ बहु॰ प्रदध्मुः ←प्र√ध्मा 1भ्वादि॰ (फूँकना, बजाना)

प्रदिष्टम् 8.28, न॰ प्रथ॰-द्विती॰ एक॰ प्रदिष्टम् (दिखाया हुआ, दिखाए हुए को); द्वि॰ प्रदिष्टे; बहु॰ प्रदिष्टानि ←वि॰ प्रदिष्ट (दिखाया हुआ, बतलाया हुआ) ←प्र√दिश् 6तुदा॰

प्रदीप्तम् 11.29, न॰ प्रथ॰-द्विती॰ एक॰ प्रदीप्तम् (जो प्रदीप्त है वह, ॰उसको); द्वि॰ प्रदीप्ते; बहु॰ प्रदीप्तानि ←वि॰ प्रदीप्त (तेजस्वी, प्रखर जलता हुआ) ←प्र√दीप् 4दिवा॰

प्रदुष्यन्ति 1.41, लट् वर्त॰ पर॰ अन्य॰ एक॰ प्रदुष्यति; द्वि॰ प्रदुष्यतः; बहु॰ प्रदुष्यन्ति (वे दूषित होते हैं) ←प्र√दुष् 4दिवा॰ (अपवित्र होना, दूषित होना)

प्रद्विषन्तः 16.18, प्रथ॰ एक॰ प्रद्विषन्; द्वि॰ प्रद्विषन्तौ; बहु॰ प्रद्विषन्तः (द्वेष करते हुए, द्वेष करने वाले) ←वि॰ प्रद्विषत् (द्वेष, मत्सर, ईर्ष्या –करते हुए) ←प्र√द्विष् 2अदा॰

प्रनष्टः 18.72, पु॰ प्रथ॰ एक॰ प्रनष्टः (जो अगोचर है वह); द्वि॰ प्रनष्टौ; बहु॰ प्रनष्टाः ←वि॰ प्रनष्ट (अगोचर, अदृश्य, अदृष्ट, अन्तर्धान, ओझल; गया हुआ, न दिखने वाला, नष्ट) ←प्र√नश् 3जुहो॰

प्रपद्यते 7.19, लट् वर्त॰ आत्म॰ अन्य॰ एक॰ प्रपद्यते (वह शरण में आता है); द्वि॰ प्रपद्येते; बहु॰ प्रपद्यन्ते↓ ←प्र√पद् 4दिवा॰ (चलना)

प्रपद्यन्ते 4.11, लट् वर्त॰ आत्म॰ अन्य॰ एक॰ प्रपद्यते↑; द्वि॰ प्रपद्येते; बहु॰ प्रपद्यन्ते (वे शरण में आते हैं) ←प्र√पद् 4दिवा॰ (चलना)

प्रपद्ये 15.4, लट् वर्त॰ आत्म॰ एक॰ उत्तम॰ प्रपद्ये (मैं शरण में आता हूँ); मध्य॰ प्रपद्यसे; अन्य॰ प्रपद्यते↑ ←प्र√पद् 4दिवा॰ (चलना)

प्रपन्न 2.7, वि॰ (शरण आया हुआ, शरणागत) ←प्र√पद् 4दिवा॰

प्रपन्नम् 2.7, पु॰ द्विती॰ एक॰ प्रपन्नम् (शरण आए हुए को); द्वि॰ प्रपन्नौ; बहु॰ प्रपन्नान् ←वि॰ प्रपन्न↑

प्रपश्य 11.49, लोट् पर॰ आज्ञार्थ एक॰ उत्तम॰ प्रपश्यानि; मध्य॰ प्रपश्य (तू देख); अन्य॰ प्रपश्यतु ←प्र√दृश् 1भ्वादि॰ (देखना)

प्रपश्यद्भिः 1.39, पु॰ तृती॰ एक॰ प्रपश्यता; द्वि॰ प्रपश्यद्भ्याम्; बहु॰ प्रपश्यद्भिः (जानने वालों ने) ←वि॰ प्रपश्यत् (जानते हुए, जानने वाला) ←√दृश् (देखना)

प्रपश्यामि 2.8, लट् वर्त॰ पर॰ एक॰ उत्तम॰ प्रपश्यामि (मैं स्पष्ट जानता हूँ); मध्य॰ प्रपश्यसि; अन्य॰ प्रपश्यति ←प्र√दृश् 1भ्वादि॰ (देखना)

प्रपितामहः 11.39, प्रथ॰ एक॰ प्रपितामहः (परम पिता); द्वि॰ प्रपितामहौ; बहु॰ प्रपितामहाः ←पु॰ प्रपितामह (परदादा, परनाना, पितामह का पिता; देवाधिदेव; परमेश्वर, ब्रह्माचाही पिता) ←पु॰ पितामह↑

प्रभव 6.24, (उद्गम, उत्पत्ति, मूल कारण; दबदबा, धाक, पराक्रम, प्रभाव↓, प्रभुत्व, रौब, सत्ता) ←प्र√भू 1भ्वादि॰

प्रभवः 7.6, प्रथ॰ एक॰ प्रभवः (प्रभव); द्वि॰ प्रभवौ; बहु॰ प्रभवाः ←पु॰ प्रभव↑

प्रभवति 8.19, लट् वर्त॰ पर॰ उत्तम॰ एक॰ प्रभवामि; मध्य॰ एक॰ प्रभवसि; अन्य॰ एक॰ प्रभवति (वह होता है, वह जन्म लेता है); अन्य॰ द्वि॰ प्रभवतः; अन्य॰ बहु॰ प्रभवन्ति; अन्य॰ द्वि॰ प्रभवतः; अन्य॰ बहु॰ प्रभवन्ति↓ ←प्र√भू 1भ्वादि॰

प्रभवन्ति 8.18, लट् वर्त॰ पर॰ उत्तम॰ एक॰ प्रभवामि; मध्य॰ एक॰ प्रभवसि; अन्य॰ एक॰ प्रभवति↑; अन्य॰ द्वि॰ प्रभवतः; अन्य॰ बहु॰ प्रभवन्ति (वे होते हैं, वे जन्म लेते हैं) ←प्र√भू 1भ्वादि॰

प्रभवम् 10.2, द्विती॰ एक॰ प्रभवम् (प्रभुत्व को); द्वि॰ प्रभवौ; बहु॰ प्रभवान् ←पु॰ प्रभव↑

प्रभविष्णु 13.17, न॰ प्रथ॰–द्विती॰ एक॰ प्रभविष्णु (प्रभविष्णु; निर्माणकर्ता को); द्वि॰ प्रभविष्णुनी; बहु॰ प्रभविष्णूनि ←न॰ प्रभविष्णु (निर्माणकर्ता, पालनपोषण कर्ता; विष्णु↓; स्वामी) ←पु॰ प्रभव↑

प्रभा 7.8, प्रथ॰ एक॰ प्रभा (प्रभा); द्वि॰ प्रभे; बहु॰ प्रभाः ←स्त्री॰ प्रभा (उजाला, प्रकाश; कांति, चमक, तेज, दीप्ति, द्युति) ←प्र√भा 2अदा॰

प्रभाव 11.43, पु॰ (ऐश्वर्य↑, तेजस्↑; प्रभव↑, सामर्थ्य↓) ←प्र√भू 1भ्वादि॰

प्रभाषेत 2.54, आत्म॰ विध्यर्थी एक॰ उत्तम॰ प्रभाषेय; मध्य॰ प्रभाषेथाः; अन्य॰ प्रभाषेत (वह कहे, उसे कहना चाहिए) ←प्र√भाष् 1भ्वादि॰ (बोलना, निरूपण करना)

प्रभु 5.14, पु॰ (मालिक, राजा↓, स्वामी; देव↑) ←प्र√भू 1भ्वादि॰

प्रभुः 5.14, प्रथ॰ एक॰ प्रभु (प्रभु); द्वि॰ प्रभू; बहु॰ प्रभवः ←पु॰ प्रभु↑

प्रभो 11.4, संबो॰ एक॰ प्रभो (हे प्रभु!, हे प्रभो!); द्वि॰ प्रभू; बहु॰ प्रभवः ←पु॰ प्रभु↑

प्रमाणम् 3.21, प्रथ॰–द्विती॰ एक॰ प्रमाणम् (प्रमाण, प्रमाण को); द्वि॰ प्रमाणे; बहु॰

प्रमाणानि ←न॰ प्रमाण (उदाहरण, परिमाण, माप, मर्यादा; उपपत्ति, प्रत्यय, सबूत, शहादत, साक्ष्य) ←प्र√मा 3जुहो॰

प्रमाथिन् 2.60, वि॰ (बलपूर्वक हरण करने वाला; कष्ट दायक, पीड़ा देने वाला) ←प्र√मथ् 1भ्वादि॰

प्रमाथि 6.34, न॰ प्रथ॰–द्विती॰ एक॰ प्रमाथि (व्याकुल करने वाला, ॰वाले को); द्वि॰ प्रमाथिनी; बहु॰ प्रमाथीनि ←वि॰ प्रमाथिन्↑

प्रमाथीनि 2.60, न॰ प्रथ॰–द्विती॰ एक॰ प्रमाथि; द्वि॰ प्रमाथिनी; बहु॰ प्रमाथीनि (व्याकुल करनेवाली, जो कष्टदायक हैं उनको) ←वि॰ प्रमाथिन्↑

प्रमाद 11.41, पु॰ (असावधानी, गलती; नशा, मस्ती, दीवानापन) ←प्र√मद् 1भ्वादि॰ (नशा में होना)

प्रमादः 14.13, प्रथ॰ एक॰ प्रमादः (प्रमाद); द्वि॰ प्रमादौ; बहु॰ प्रमादाः ←पु॰ प्रमाद↑

प्रमादमोहौ 14.17, द्वन्द्व॰ प्रथ॰ द्वि॰ प्रमादः च मोहः च (प्रमाद और मोह दोनों) ←पु॰ प्रमाद↑ + पु॰ मोह↓

प्रमादात् 11.41, पंच॰ एक॰ प्रमादात् (प्रमाद से); द्वि॰ प्रमादाभ्याम्; बहु॰ प्रमादेभ्यः ←पु॰ प्रमाद↑

प्रमादालस्यनिद्राभिः 14.8, द्वन्द्व॰ तृती॰ बहु॰ प्रमादेन च आलस्येन च निद्रया च (प्रमाद, आलस्य और निद्रा से) ←पु॰ प्रमाद↑ + न॰ आलस्य↑ + स्त्री॰ निद्रा↑

प्रमादे 14.9, सप्त॰ एक॰ प्रमादे (प्रमाद में); द्वि॰ प्रमादयोः; बहु॰ प्रमादेषु ←पु॰ प्रमाद↑

प्रमुच्यते 5.3, लट् वर्त॰ आत्म॰ अन्य॰ एक॰ प्रमुच्यते (वह मुक्त होता है); द्वि॰ प्रमुच्येते; बहु॰ प्रमुच्यन्ते ←प्र√मुच् 6तुदा॰ (मुक्त होना)

प्रमुख 1.25 वि॰ (प्रथम; प्रधान, मुख्य↓, श्रेष्ठ↓) ←प्र√खन् 1भ्वादि॰

प्रमुखे 2.6, पु॰ सप्त॰ एक॰ प्रमुखे (आगे, समक्ष, सामने); द्वि॰ प्रमुखयोः; बहु॰ प्रमुखेषु ←वि॰ प्रमुख↑

प्रमेय 2.18, वि॰ (सिद्ध करने योग्य) ←प्र√मा 3जुहो॰

प्रयच्छति 9.26, लट् वर्त॰ पर॰ प्रथ॰ उत्तम॰ प्रयच्छामि; मध्य॰ प्रयच्छसि; अन्य॰ प्रयच्छति (वह अर्पण करता है) ←प्र√यम् 1भ्वादि॰ (उपरत होना)

प्रयतात्मनः 9.26, पष्ठी॰ एक॰ प्रयतात्मनः (शुद्ध चित्त वाले का,की,के); द्वि॰ प्रयतात्मनोः; बहु॰ प्रयतात्मनाम् ←पु॰ प्रयतात्मन् (बहुत शुद्ध चित्त की व्यक्ति; परम संयमी) ←वि॰ प्रयत (जितेन्द्रिय; तपस्या के द्वारा पवित्र हुआ; यत्नशील) ←प्र√यत्

1भ्वादि० + पु० आत्मन्↑

प्रयत्नात् 6.45, पंच० एक० प्रयत्नात् (प्रयत्न से); द्वि० प्रयत्नाभ्याम्; बहु० प्रयत्नेभ्यः ←पु० प्रयत्न (प्रयास, यत्न) ←प्र√यत् 1भ्वादि०

प्रयाणकाले 7.30, सप्त० एक० प्रयाणकाले (मृत्युक्षण में); द्वि० प्रयाणकालयोः; बहु० प्रयाणकालेषु ←पु० तस० प्रयाणकाल, प्रयाणस्य कालः (जाने की बेला, अंत्य यात्रा का क्षण; मृत्यु समय) ←न० प्रयाण (प्रस्थान, यात्रा; मृत्यु↓) ←प्र√या 2अदा० + पु० काल↑

प्रयाताः 8.23, पु० प्रथ० एक० प्रयातः; द्वि० प्रयातौ; बहु० प्रयाताः (गए हुए लोग) ←वि० प्रयात (सदा के लिए गया हुआ, यात्रा पूर्ण किया हुआ; मरा हुआ, मृत↓) ←प्र√या 2अदा० (गमन करना, जाना)

प्रयाति 8.5, लट् वर्त० पर० उत्तम० एक० प्रयामि; मध्य० एक० प्रयासि; अन्य० एक० प्रयाति (वह प्रयाण करता है); अन्य० द्वि० प्रयातः; अन्य० बहु० प्रयान्ति ←प्र√या 2अदा० (गमन करना, जाना)

प्रयुक्तः 3.36, पु० प्रथ० एक० प्रयुक्तः (जो प्रेरित है वह); द्वि० प्रयुक्तौ; बहु० प्रयुक्ताः ←वि० प्रयुक्त (उद्यत हुआ, हुआ, प्रयोग के लिए उद्यत हुआ, प्रेरित) ←प्र√युज् 2अदा०

प्रयुज्यते 17.26, लट् वर्त० आत्म० प्रथ० उत्तम० प्रयुज्ये; मध्य० एक० प्रयुज्यसे; अन्य० एक० प्रयुज्यते (वह युक्त होता है); अन्य० द्वि० प्रयोत्सेते; बहु० प्रयोत्सन्ते ←प्र√युज् 2अदा० (युक्त होना)

प्रलपन् 5.9, प्रथ० एक० प्रलपन् (प्रलाप करते हुए); द्वि० प्रलपन्तौ; बहु० प्रलपन्तः ←वि० प्रलपत् (आलाप, कथन, प्रलाप, बातचीत, बोलना, वार्तालाप, सम्भाषण –करते हुए) ←न० प्रलपन (बोलना, वार्तालाप, सम्भाषण) ←प्र√लप् 1भ्वादि० (बड़बड़ाना, बोलना)

प्रलय 7.6, पु० (कल्पान्त, कृतान्त↑, प्रारब्ध; संपूर्ण नाश↑, लय, विनाश↓; मृत्यु↓) ←प्र√ली 4दिवा०

प्रलयः 7.6, प्रथ० एक० प्रलयः (प्रलय); द्वि० प्रलयौ; बहु० प्रलयाः ←पु० प्रलय↑

प्रलयम् 14.14, द्विती० एक० प्रलयम् (मृत्यु को); द्वि० प्रलयौ; बहु० प्रलयान् ←पु० प्रलय↑

प्रलयान्ताम् 16.11, स्त्री० द्विती० एक० प्रलयान्ताम् (मरने तक रहने वाली को); द्वि० प्रलयान्ते; बहु० प्रलयान्ताः ←पु० तस० प्रलयान्त, प्रलयस्य अन्तः ←पु० प्रलय↑ + पु० अन्त↑

प्रलये 14.2, सप्त० एक० प्रलये (प्रलय में); द्वि० प्रलयोः; बहु० प्रलयेषु ←पु० प्रलय↑

प्रलीनः 14.15, पु० प्रथ० एक० प्रलीनः (मरा हुआ); द्वि० प्रलीनौ; बहु० प्रलीनाः ←वि०

प्रलीन (अचेत, बेहोष, मरा हुआ, मृत↓, विनष्ट, नष्ट↑) ←प्र√ली 4दिवा॰

प्रलीयते 8.19, लट् वर्त॰ आत्म॰ उत्तम॰ एक॰ प्रलीये; मध्य॰ एक॰ प्रलीयसे; अन्य॰ एक॰ प्रलीयते (वह लय पाता है); अन्य॰ द्वि॰ प्रलीयेते; अन्य॰ बहु॰ प्रलीयन्ते↓ ←प्र√ली 4दिवा॰

प्रलीयन्ते 8.18, लट् वर्त॰ आत्म॰ उत्तम॰ एक॰ प्रलीये; मध्य॰ एक॰ प्रलीयसे; अन्य॰ एक॰ प्रलीयते↑; अन्य॰ द्वि॰ प्रलीयेते; अन्य॰ बहु॰ प्रलीयन्ते (वे लय पाते हैं) ←प्र√ली 4दिवा॰

प्रवदताम् 10.32, पु॰ षष्ठी॰ एक॰ प्रवदत:; द्वि॰ प्रवदतो:; बहु॰ प्रवदताम् (वाद करने वालों में) ←वि॰ प्रवदत् (वाद करते हुए, करने वाला, विवाद करने वाला; प्रवक्ता) ←प्र√वद् 1भ्वादि॰

प्रवदन्ति 2.42, लट् पर॰ अन्य॰ एक॰ प्रवदति; द्वि॰ प्रवदत:; बहु॰ प्रवदन्ति (वे बतलाते हैं) ←प्र√वद् 1भ्वादि॰ (बोलना)

प्रवर्तते 5.14, लट् वर्त॰ आत्म॰ एक॰ उत्तम॰ प्रवर्ते; मध्य॰ प्रवर्तसे; अन्य॰ प्रवर्तते (वह वर्तता है, प्रवृत्त होता है; वह विद्यमान होता है); द्वि॰ प्रवर्तेते; बहु॰ प्रवर्तन्ते↓ ←प्र√वृत् 1भ्वादि॰ (विद्यमान होना)

प्रवर्तन्ते 16.10, लट् वर्त॰ आत्म॰ अन्य॰ एक॰ प्रवर्तते↑; द्वि॰ प्रवर्तेते; बहु॰ प्रवर्तन्ते (वे विद्यमान होते हैं) ←प्र√वृत् 1भ्वादि॰ (विद्यमान होना)

प्रवर्तितम् 3.16, न॰ प्रथ॰–द्विती॰ एक॰ प्रवर्तितम् (प्रवर्तित किया हुआ, ॰किए हुए को); द्वि॰ प्रवर्तिते; बहु॰ प्रवर्तितानि ←वि॰ प्रवर्तित (विद्यमान किया हुआ; आरम्भ किया हुआ, चलाया हुआ, शुरू किया हुआ) ←प्र√वृत् 1भ्वादि॰ (विद्यमान होना)

प्रवक्ष्यामि 4.16, लृट् अपूर्ण भवि॰ पर॰ प्रथ॰ उत्तम॰ प्रवक्ष्यामि (मैं स्पष्ट कहूँगा); मध्य॰ प्रवक्ष्यसि; अन्य॰ प्रवक्ष्यति ←प्र√वच् 2अदा॰ (बोलना)

प्रवक्ष्ये 8.11, लृट् अपूर्ण भवि॰ आत्म॰ प्रथ॰ उत्तम॰ प्रवक्ष्ये (मैं स्पष्ट बोलूँगा); मध्य॰ प्रवक्ष्यसे; अन्य॰ प्रवक्ष्यते ←प्र√वच् 2अदा॰ (बोलना)

प्रविभक्त 11.13, वि॰ (अलग अलग किया हुआ, पृथक् किया हुआ, भाग किया हुआ, विभाजित किया हुआ) ←प्र–वि√भज् 1भ्वादि॰

प्रविभक्तम् 11.13, न॰ प्रथ॰–द्विती॰ एक॰ प्रविभक्तम् (विभक्त किया हुआ, ॰किए हुए को); द्वि॰ प्रविभक्ते; बहु॰ प्रविभक्तानि↓ ←वि॰ प्रविभक्त↑

प्रविभक्तानि 18.41, न॰ प्रथ॰–द्विती॰ एक॰ प्रविभक्तम्↑; द्वि॰ प्रविभक्ते; बहु॰ प्रविभक्तानि

(विभक्त किए हुए, ◦किए हुओं को) ←वि◦ प्रविभक्त↑

प्रविलीयते 4.23, लट् वर्त◦ आत्म◦ उत्तम◦ एक◦ प्रविलीये; मध्य◦ एक◦ प्रविलीयसे; अन्य◦ एक◦ प्रविलीयते (वह विलीन, लय, लुप्त होता है); अन्य◦ द्वि◦ प्रविलीयेते; अन्य◦ बहु◦ प्रविलीयन्ते ←प्र-वि√ली 4दिवा◦

प्रविशन्ति 2.70, लट् वर्त◦ पर◦ अन्य◦ एक◦ प्रविशति; द्वि◦ प्रविशतः; बहु◦ प्रविशन्ति (वे प्रवेश करते हैं) ←प्र√विश् 6तुदा◦ (प्रवेश करना)

प्रवृत्त 4.20 वि◦ (तत्पर) ←प्र√वृत् 1भ्वादि◦

प्रवृत्तः 11.32, पु◦ प्रथ◦ एक◦ प्रवृत्तः (जो प्रवृत्त हुआ है वह); द्वि◦ प्रवृत्तौ; बहु◦ प्रवृत्ताः ←वि◦ प्रवृत्त↑

प्रवृत्ति 11.31, स्त्री◦ (आरम्भ↑, उद्गम, उत्पति, प्राकट्य; अर्थ↑, बोध, भाव↓, सातत्य, हेतु↓) ←प्र√वृत् 1भ्वादि◦

प्रवृत्तिः 14.12, प्रथ◦ एक◦ प्रवृत्तिः (प्रवृत्ति; कर्म, प्राप्ति); द्वि◦ प्रवृत्ती; बहु◦ प्रवृत्तयः ←स्त्री◦ प्रवृत्ति↑

प्रवृत्तिम् 11.31, द्विती◦ एक◦ प्रवृत्तिम् (प्रवृत्ति को); द्वि◦ प्रवृत्ती; बहु◦ प्रवृत्तीः ←स्त्री◦ प्रवृत्ति↑

प्रवृत्ते 1.20, पु◦ सप्त◦ एक◦ प्रवृत्ते (प्रवृत्ति में); द्वि◦ प्रवृत्तयोः; बहु◦ प्रवृत्तेषु ←वि◦ प्रवृत्त↑

प्रवृद्ध 11.32, वि◦ (उन्नत हुआ, बढ़ा हुआ, वृद्धिंगत; आधिक्य, उन्नति, प्राचुर्य, प्राबल्य, वृद्धि –पाया हुआ) ←1भ्वादि◦√वृध् (बढ़ना)

प्रवृद्धः 11.32, पु◦ प्रथ◦ एक◦ प्रवृद्धः (जो प्रवृद्ध हुआ है वह); द्वि◦ प्रवृद्धौ; बहु◦ प्रवृद्धाः ←वि◦ प्रवृद्ध↑

प्रवृद्धे 14.14, न◦ सप्त◦ एक◦ प्रवृद्धे (वृद्धि में); द्वि◦ प्रवृद्धयोः; बहु◦ प्रवृद्धेषु ←वि◦ प्रवृद्ध↑

प्रवेष्टुम् 11.54, अस◦ (प्रवेश करने के लिए) ←प्र√विश् 6तुदा◦ (प्रवेश करना)

प्रव्यथित 11.20, प्रादि◦ वि◦ (बहुत व्यथित होना, डरना) ←प्र√व्यथ् 1भ्वादि◦ (भयभीत होना, विकल होना)

प्रव्यथितम् 11.20, प्रादि◦ न◦ प्रथ◦-द्विती◦ एक◦ प्रव्यथितम् (जो बहुत व्यथित हुए हैं वे अथवा उनको); द्वि◦ प्रव्यथिते; बहु◦ प्रव्यथितानि ←वि◦ प्रव्यथित↑

प्रव्यथिताः 11.23, पु◦ प्रथ◦ एक◦ प्रव्यथितः; द्वि◦ प्रव्यथितौ; बहु◦ प्रव्यथिताः (व्यथित हुए लोग) ←वि◦ प्रव्यथित↑

प्रव्यथितान्तरात्मा 11.24, पु० प्रथ० एक० <u>प्रव्यथितान्तरात्मा</u> (जिसका अंत:करण व्यथित हुआ है वह); द्वि० प्रव्यथितान्तरात्मानौ; बहु० प्रव्यथितान्तरात्मान: ←वि० बस० प्रव्यथितान्तरात्मन्, प्रव्यथित: अन्तरात्मा यस्य (जिसका अंत:करण भयभीत, विकल, व्यथित –है वह) ←वि० प्रव्यथित↑ + पु० अन्तरात्मन्↑

प्रशस्ते 17.26, न० सप्त० एक० <u>प्रशस्ते</u> (शुभ कर्म में); द्वि० प्रशस्तयो:; बहु० प्रशस्तेषु ←वि० प्रशस्त (विस्तृत, शुभ↓, श्रेष्ठ↓) ←प्र√शंस् 1भ्वादि०

प्रशान्त 6.7, वि० (अत्यंत शांत, निश्चल↑, स्थिर↓) ←प्र√शम् 4दिवा०

प्रशान्तमनसम् 6.27, पु० द्विती० एक० <u>प्रशान्तमनसम्</u> (शांत हुए मन के मनुष्य को); द्वि० प्रशान्तमनसौ; बहु० प्रशान्तमनस: ←पु० बस० प्रशान्तमनस्, प्रशान्तम् मन: यस्य स: (जिसका मन शांत हुआ है वह) ←वि० प्रशान्त↑ + न० मनस्↓

प्रशान्तस्य 6.7, पु० षष्ठी० एक० <u>प्रशान्तस्य</u> (शांत मन के मनुष्य का,की,के); द्वि० प्रशान्तयो:; बहु० प्रशान्तानाम् ←वि० प्रशान्त↑

प्रशान्तात्मा 6.14, प्रथ० एक० <u>प्रशान्तात्मा</u> (शांत चित्त का मनुष्य); द्वि० प्रशान्तात्मानौ; बहु० प्रशान्तात्मान: ←पु० बस० प्रशान्तात्मन्, प्रशान्त: आत्मा यस्य स: (जिसका मन शांत हुआ है) ←वि० प्रशान्त↑ + पु० आत्मन्↑

प्रसक्त 2.44, वि० (आसक्त↑, कामुक, लंपट) ←प्र√सञ्ज् 1भ्वादि०

प्रसक्ता: 16.16, पु० प्रथ० एक० प्रसक्त:; द्वि० प्रसक्तौ; बहु० <u>प्रसक्ता:</u> (आसक्त लोग) ←वि० प्रसक्त↑

प्रसङ्गेन 18.34, तृती० एक० <u>प्रसङ्गेन</u> (प्रसंग से, आसक्ति के कारण से); द्वि० प्रसङ्गाभ्याम्; बहु० प्रसङ्गै: ←पु० प्रसङ्ग (अनुराग, आसक्ति) ←प्र√सज्ज् 1भ्वादि०

प्रसन्न 2.65, वि० (आनंदित, आल्हादित, खुश, तृप्त↑, सन्तुष्ट↓) ←प्र√सद् 1भ्वादि०

प्रसन्नचेतस: 2.65, पु० षष्ठी० एक० <u>प्रसन्नचेस:</u> (जिसका चित्त प्रसन्न हुआ है उसका,की,के); द्वि० प्रसन्नचेतसो; बहु० प्रसन्नचेतसाम् ←वि० बस० प्रसन्नचेतस्, प्रसन्नम् चेत: यस्य स: (जिसका चित्त संतुष्ट है वह, प्रसन्नात्मा↓) ←वि० प्रसन्न↑ + न० चेतस्↑

प्रसन्नात्मा 18.54, प्रथ० एक० <u>प्रसन्नात्मा</u> (प्रसन्न चित्त का मनुष्य); द्वि० प्रसन्नात्मानौ; बहु० प्रसन्नात्मान: ←पु० बस० प्रसन्नात्मन्, प्रसन्न: आत्मा यस्य स: (प्रसन्नचेतस्↑) ←वि० प्रसन्न↑ + पु० आत्मन्↑

प्रसन्नेन 11.47, पु० तृती० एक० <u>प्रसन्नेन</u> (प्रसन्नता से); द्वि० प्रसन्नाभ्याम्; बहु० प्रसन्नै: ←वि० प्रसन्न↑

प्रसभम् 2.60, अव्य० (इच्छा के विरुद्ध, जबरदस्ती से, बलपूर्वक; हठपूर्वक, बहुतायत से) ←प्र–सह√भा 2अदा०

प्रसविष्यध्वम् 3.10, लृङ्० हेत्वर्थक आत्म० उत्तम० एक० प्रसविष्ये; मध्य० एक० प्रसविष्यथा:; अन्य० एक० प्रसविष्यत; मध्य० द्वि० प्रसविष्येथाम्; मध्य० बहु० प्रसविष्यध्वम् (आप वृद्धि करोगे); उत्तम० बहु० प्रसविष्यामहि; अन्य० बहु० प्रसविष्यन्त ←प्र√सू 5स्वादि० (सोम यजन करना)

प्रसाद 2.64, पु० (प्रसाद; अनुग्रह, कृपा↑, मन की शांति, प्रसन्नता; निर्मलता, प्रांजलता, स्वच्छता) ←प्र√सद् 1भ्वादि०

प्रसादम् 2.64, द्विती० एक० प्रसादम् (प्रसाद को); द्वि० प्रसादौ; बहु० प्रसादान् ←पु० प्रसाद↑

प्रसादये 11.44, लट् वर्त० आत्म० एक० उत्तम० प्रसादये (मुझ से याचना होती है, मैं याचना करता हूँ); मध्य० प्रसादयसे; अन्य० प्रसादयते ←प्र√सद् 1भ्वादि०

प्रसादे 2.65, सप्त० एक० प्रसादे (मन को मिली हुई शांति में); द्वि० प्रसादयो:; बहु० प्रसादेषु ←पु० प्रसाद↑

प्रसिद्ध्येत् 3.8, पर० विध्यर्थी एक० उत्तम० प्रसिद्ध्येम्; मध्य० प्रसिद्ध्ये:; अन्य० प्रसिद्ध्येत् (वह सफल होगा, सिद्धि पाएगा) ←प्र√सिध् (सिद्ध होना) 4दिवा०

प्रसीद 11.25, लोट् पर० आज्ञार्थ उत्तम० प्रसीदानि; मध्य० प्रसीद (तू प्रसन्न हो); अन्य० प्रसीदतु ←प्र√सद् 1भ्वादि०

प्रसृत 15.2, वि० (फैला हुआ, बढ़ा हुआ, विकसित) ←प्र√सृ 1भ्वादि०

प्रसृता 15.4, स्त्री० प्रथ० एक० प्रसृता (जो प्रसृत हुई है वह); द्वि० प्रसृते; बहु० प्रसृता: ←वि० प्रसृत↑

प्रसृता: 15.2, स्त्री० प्रथ० एक० प्रसृता; द्वि० प्रसृते; बहु० प्रसृता: (जो प्रसृत हुई हैं वे) ←वि० प्रसृत↑

प्रहसन् 2.10, प्रथ० एक० प्रहसन् (हंसते हुए); द्वि० प्रहसन्तौ; बहु० प्रहसन्त: ←वि० प्रहसत् (मुस्कुराते, स्मित करते, मंद हंसते –हुए) ←1भ्वादि०√हस् (हंसना)

प्रहास्यसि 2.39, लृट् अपूर्ण भवि० पर० एक० उत्तम० प्रहास्यामि; मध्य० प्रहास्यसि (तू छुड़ाएगा); बहु० प्रहास्यति ←प्र√हा 3जुहो० (त्यागना)

प्रहृष्येत् 5.20, विधि० पर० एक० उत्तम० प्रहृष्येयम्; मध्य० प्रहृष्ये:; अन्य० प्रहृष्येत् (वह हर्षित होगा) ←प्र√हृष् 4दिवा० (रोंगटे खड़े होना)

प्रहृष्यति 11.36, लट् वर्त॰ पर॰ एक॰ उत्तम॰ प्रहृष्यामि; मध्य॰ प्रहृष्यसि; अन्य॰ प्रहृष्यति (वह हर्षित होता है) ←प्र√हृष् 4दिवा॰ (रोंगटे खड़े होना)

प्रह्लादः 10.30, प्रथ॰ एक॰ प्रह्लादः (प्रह्लाद); द्वि॰ प्रह्लादौ; बहु॰ प्रह्लादा: ←पु॰ विना॰ प्रह्लाद

प्रज्ञा 2.57, प्रथ॰ एक॰ प्रज्ञा (प्रज्ञा); द्वि॰ प्रज्ञे; बहु॰ प्रज्ञा: ←स्त्री॰ प्रज्ञा (प्रतिभा, बुद्धि↓, विवेक, संवेदना, ज्ञान↓) ←प्र√ज्ञा 9क्र्या॰

प्रज्ञाम् 2.67, द्विती॰ एक॰ प्रज्ञाम् (बुद्धि को); द्वि॰ प्रज्ञे; बहु॰ प्रज्ञा: ←स्त्री॰ प्रज्ञा↑

प्रज्ञावादान् 2.11, द्विती॰ एक॰ प्रज्ञावादम्; द्वि॰ प्रज्ञावादौ; बहु॰ प्रज्ञावादान् (बुद्धि युक्त विवादों को) ←पु॰ तस॰ प्रज्ञावाद, प्रज्ञाया: वाद: (कुशल विवाद, चतुर वाद, प्रतिभापूर्ण अथवा प्रभावशाली बातें; पांडित्य के कथन –समूहवाचक) ←स्त्री॰ प्रज्ञा↑ + पु॰ वाद↓

प्राक् 5.23, (1) पु॰ प्रथ॰ एक॰ प्राक् अथवा प्राग् (जो पहले हुआ है वह); द्वि॰ प्राचौ; बहु॰ प्राच: ←वि॰ प्राच् अथवा प्राञ्च् (पहला, पूर्व; सामने); (2) अव्य॰ (पहले) ←प्र√अञ्च् 1भ्वादि॰

प्राकृतः 18.28, पु॰ प्रथ॰ एक॰ प्राकृत: (प्राकृत); द्वि॰ प्राकृतौ; बहु॰ प्राकृता: ←वि॰ प्राकृत (अशिक्षित; मामूली, साधारण) ←प्र√कृ 8तना॰

प्राञ्जलयः 11.21, पु॰ प्रथ॰ एक॰ प्राञ्जलि:; द्वि॰ प्राञ्जली; बहु॰ प्राञ्जलय: (हाथ जोड़े हुए) ←वि॰ प्राञ्जलि (अंजलिबद्ध, नमस्कृत, हाथ जोड़ा हुआ) ←पु॰ अंजलि (जोड़े हुए हाथ, नमस्कार किए हुए हाथ) ←प्र√अञ्ज् 7रुधा॰ (जोड़ना, मिलाना)

प्राण 1.33, पु॰ (जीव↑; श्वास; शरीर के प्राण, अपान, समान, व्यान और उदान इन पांच वायुओं में से एक वायु) ←प्र√अन् 4दिवा॰

प्राणकर्माणि 4.27, न॰ प्रथ॰–द्विती॰ एक॰ प्राणकर्म; द्वि॰ प्राणकर्मणी; बहु॰ प्राणकर्माणि (सांस और उच्छ्वास के कर्म, ॰कर्मों को) ←न॰ तस॰ प्राणकर्मन्, प्राणस्य कर्म (प्राण का कर्म, प्राणवायु का अथवा श्वास संबंधित कर्म) ←पु॰ प्राण↑ + न॰ कर्मन्↑

प्राणम् 4.29, द्विती॰ एक॰ प्राणम् (प्राण को, सांस को); द्वि॰ प्राणौ; बहु॰ प्राणान् ←पु॰ प्राण↑

प्राणान् 1.33, द्विती॰ एक॰ प्राणम्; द्वि॰ प्राणौ; बहु॰ प्राणान् (प्राणों को) ←पु॰ प्राण↑

प्राणापानगती 4.29, द्वन्द्व॰ द्विती॰ द्वि॰ प्राणस्य गति: च अपानस्य गति: च (प्राण और अपान दोनों गतियाँ, श्वासोच्छ्वास की गतियाँ) ←पु॰ प्राण↑ + पु॰ अपान↑ + स्त्री॰ गति↑

प्राणापानसमायुक्तः 15.14, प्रथ॰ एक॰ प्राणापानसमायुक्त: (जो श्वासोच्छ्वास युक्त है वह);

द्वि॰ ॰युक्तौ; बहु॰ ॰युक्ता: ←वि॰ तस॰ प्राणापानसमायुक्त:, प्राणे च अपाने च समायुक्त: ←पु॰ प्राण↑ + पु॰ अपान↑ + वि॰ समायुक्त (जुड़ा हुआ, युक्त हुआ, संबंधित किया हुआ) ←सम्-आ√युज् 2अदा॰

प्राणापानौ 5.27, द्वन्द्व॰ प्रथ॰ द्वि॰ प्राण: च अपान: च (श्वास और उच्छ्वास दोनों, प्राण और अपान, श्वास और उच्छ्वास) ←पु॰ प्राण↑ + पु॰ अपान↑

प्राणायामपरायणा: 4.29, प्रथ॰ एक॰ प्राणायामपरायण:; द्वि॰ प्राणायामपरायणौ; बहु॰ प्राणायामपरायणा: (प्राणायाम में जो तल्लीन हुए हैं वे) ←पु॰ बस॰ प्राणायामपरायण, प्राणस्य आयमम् परायणम् यस्य स: (प्राणायाम में– तल्लीन, दंग, मगशूल, मग्न, परायण –हुआ) ←पु॰ प्राण↑ + पु॰ आयाम (विस्तार; संयम↓) ←आ√यम् 1भ्वादि॰+ न॰ परायण↑

प्राणिनाम् 15.14, षष्ठी॰ एक॰ प्राणिन:; द्वि॰ प्राणिनो; बहु॰ प्राणिनाम् (प्राणियों का,की,के) ←पु॰ प्राणिन् (जंतु, जीव↑, जीवधारी, देहधारी, प्राणधारी, प्राणि) सामासिक रूप में प्राणिन् के अंत न् का लोप होता है ←प्र√अन् 4दिवा॰

प्राणे 4.29, सप्त॰ एक॰ प्राणे (सांस में); द्वि॰ प्राणयो:; बहु॰ प्राणेषु↓ ←पु॰ प्राण↑

प्राणेषु 4.30, सप्त॰ एक॰ प्राणे↑; द्वि॰ प्राणयो:; बहु॰ प्राणेषु (सासों में) ←पु॰ प्राण↑

प्राधान्यत: 10.19, अव्य॰ (प्रमुखप्रमुख, मुख्यमुख्य) ←प्र√धा 3जुहो॰

प्राप्त: 18.50, पु॰ प्रथ॰ एक॰ प्राप्त: (जो प्राप्त हुआ है वह, जिसने सिद्धि प्राप्त की है वह); द्वि॰ प्राप्तौ; बहु॰ प्राप्ता: ←वि॰ प्राप्त (अवगत, प्रदान किया हुए, मिला हुआ; आए हुए, हाथ में आया हुआ) ←प्र√आप् 5स्वादि॰

प्राप्नुयात् 18.71, विध्यर्थी पर॰ उत्तम॰ एक॰ प्राप्नुयाम्; मध्य॰ एक॰ प्राप्नुया:; अन्य॰ एक॰ प्राप्नुयात् (उसको प्राप्त करना चाहिए; वह प्राप्त होगा); अन्य॰ द्वि॰ प्राप्नुयाताम्; अन्य॰ बहु॰ प्राप्नुयु: ←प्र√आप् 5स्वादि॰ (प्राप्त करना)

प्राप्नुवन्ति 12.4, लट् वर्त॰ पर॰ उत्तम॰ एक॰ प्राप्नोमि; मध्य॰ एक॰ प्राप्नोषि; अन्य॰ एक॰ प्राप्नोति; अन्य॰ द्वि॰ प्राप्नुत:; अन्य॰ बहु॰ प्राप्नुवन्ति (वे प्राप्त करते हैं) ←5स्वादि॰√आप् (प्राप्त करना)

प्राप्य 2.57, अव्य॰ (प्राप्त होकर, मिल कर, साध्य होकर) ←प्र√आप् 5स्वादि॰

प्राप्यते 5.5, लट् वर्त॰ आत्म॰ एक॰ उत्तम॰ प्राप्ये; मध्य॰ प्राप्यसे; अन्य॰ प्राप्यते (उसको प्राप्त होता है, वह प्राप्त किया जाता है) ←प्र√आप् 5स्वादि॰ (प्राप्त करना)

प्राप्स्यसि 2.37, लृट् अपूर्ण भवि॰ पर॰ एक॰ उत्तम॰ प्राप्स्यामि; मध्य॰ प्राप्स्यसि (तू प्राप्त होगा); अन्य॰ प्राप्स्यति ←प्र√आप् 5स्वादि॰ (प्राप्त करना; पहूँचना)

प्राप्स्ये 16.13, लृट् अपूर्ण भवि॰ आत्म॰ एक॰ उत्तम॰ प्राप्स्ये (मैं प्राप्त करूँगा); मध्य॰ प्राप्स्यसे; अन्य॰ प्राप्स्यते ←प्र√आप् 5स्वादि॰ (प्राप्त करना)

प्रारभते 18.15, लट् वर्त॰ आत्म॰ अन्य॰ एक॰ प्रारभते (उसका आरम्भ होता है); द्वि॰ प्रारभेते; बहु॰ प्रारभन्ते ←प्र–आ√रभ् 1भ्वादि॰ (आरम्भ करना)

प्रार्थयन्ते 9.20, लट् वर्त॰ आत्म॰ अन्य॰ एक॰ प्रार्थयते; द्वि॰ प्रार्थयेते; बहु॰ प्रार्थयन्ते (वे याचना, प्रार्थना करते हैं) ←प्र√अर्थ् 10चुरा॰

प्राह 4.1, लट् वर्त॰ आत्म॰ तृपु॰ एक॰ प्राह (वह बोला, उसने कहा); द्वि॰ प्राहतुः, बहु॰ प्राहुः↓ ←प्र√अह् 5स्वादि॰ (कहना)

प्राहुः 6.2, लिट् परोक्ष भूत॰ पर॰ अन्य॰ एक॰ प्राह↑; द्वि॰ प्राहतुः; बहु॰ प्राहुः (उन्होंने कहा, वे कहते हैं) ←प्र√अह् (कहना)

प्रिय 1.23, वि॰ (चहेता, मनभाया, प्यारा) ←9क्र्या॰√प्री; उभ॰ (तृप्त, प्रसन्न –करना) ←10चुरा॰√प्री आत्म॰ (अच्छा लगना); पर॰ (खुष करना)

प्रियः 7.17, पु॰ प्रथ॰ एक॰ प्रियः (जो प्यारा है वह); द्वि॰ प्रियौ; बहु॰ प्रियाः ←वि॰ प्रिय↑

प्रियकृत्तमः 18.69, पु॰ प्रथ॰ एक॰ प्रियकृत्तमः (बहुत भला करने वाला); द्वि॰ प्रियकृत्तमौ; बहु॰ प्रियकृत्तमाः ←तमभाव वि॰ प्रियकृत्तम (अतीव भला करने वाला) ←वि॰ प्रियकृत् (शुभ करने वाला) ←वि॰ प्रिय↑ + वि॰ कृत्↑ + प्रतय तम↑

प्रियचिकीर्षवः 1.23, प्रथ॰ एक॰ प्रियचिकीर्षुः; द्वि॰ प्रियचिकीर्षू; बहु॰ प्रियचिकीर्षवः (हितेच्छू लोग) ←पु॰ प्रियचिकीर्षु (अच्छाई की, कल्याण की, कुशल की, खैरियत की, प्रीय की, भलाई की, मंगल की, शुभ की, लाभ की, हित की, क्षेम की –इच्छा करने वाला, हितेच्छु) ←वि॰ प्रिय↑ + वि॰ चिकीर्षु↑

प्रियतरः 18.69, प्रथ॰ एक॰ प्रियतरः (जो अधिक प्रिय है वह); द्वि॰ प्रियतरौ; बहु॰ प्रियतराः ←तरभावात्मक पु॰ प्रियतर (अधिक प्रिय) ←वि॰ प्रिय↑

प्रियम् 5.20, पु॰ द्वितीं॰ एक॰ प्रियम् (जो प्रिय है उसको); द्वि॰ प्रियौ; बहु॰ प्रियान् ←वि॰ प्रिय↑

प्रियहितम् 17.15, द्वन्द्व॰ न॰ प्रथ॰–द्विती॰ एक॰ प्रियम् च हितम् च (जो प्रिय और लाभ दायक है उसको; प्रिय और लाभ दायक) ←वि॰ प्रिय↑ + वि॰ हित↓

प्रियाः 12.20, पु॰ प्रथ॰ एक॰ प्रियः; द्वि॰ प्रियौ; बहु॰ प्रियाः (प्यारे, प्रिय) ←वि॰ प्रिय↑

प्रियाय 11.44, पु॰ चतु॰ एक॰ प्रियाय (जो प्रिय है उसको, उसके लिए); द्वि॰ प्रियाभ्याम्; बहु॰ प्रियेभ्यः ←वि॰ प्रिय↑

प्रियाया: 11.44, षष्ठी॰ एक॰ <u>प्रियाया:</u> (जो प्रिय है उसका,की,के); द्वि॰ प्रिययो:; बहु॰ प्रियाणाम् ←स्त्री॰ प्रिया (पत्नी, सखी) ←वि॰ प्रिय↑

प्रीतमना: 11.49, पु॰ प्रथ॰ एक॰ <u>प्रीतमना:</u> (जो प्रेमयुक्त मन का है वह); द्वि॰ प्रीतमनसौ; बहु॰ प्रीतमनस: ←वि॰ बस॰ प्रीतमनस्, प्रीतम् मन: यस्य स: ←वि॰ प्रीत (प्यारा, प्रिय, प्रेम का; प्रसन्न↑, सन्तुष्ट↓) ←9क्र्या॰√प्री + न॰ मनस्↓

प्रीति 1.36, (अनुकंपा, अनुग्रह↑, अनुराग, आसक्ति, इश्क, उल्फत, चाह, पसंदगी, प्यार, प्रेम, ममता, मैत्री, मोहब्बत, रुचि, लगाव, लाड़, स्नेह, सख्य, सौहार्द; आनंद, हर्ष↓) ←9क्र्या॰√प्री

प्रीति: 1.36, प्रथ॰ एक॰ <u>प्रीति:</u> (प्रीति); द्वि॰ प्रीती; बहु॰ प्रीतय: ←स्त्री॰ प्रीति↑

प्रीतिपूर्वकम् 10.10, क्रिवि॰ अव्य॰ (प्रीतिपूर्वक, प्रेम से, श्रद्धायुक्त होकर) ←स्त्री॰ प्रीति↑

प्रीयमाणाय 10.1, पु॰ चतु॰ एक॰ <u>प्रीयमाणाय</u> (जो प्रिय है उसको, प्रेमी को); द्वि॰ प्रीयमाणाभ्याम्; बहु॰ प्रीयमाणेभ्य: ←वि॰ प्रीयमाण (अति प्रेमी, प्रेमयुक्त, स्नेहमय) ←वि॰ प्रिय↑

प्रेतान् 17.4, पु॰ द्विती॰ एक॰ प्रेतम्; द्वि॰ प्रेतौ; बहु॰ <u>प्रेतान्</u> (प्रेतों को) ←वि॰ प्रेत (मृत, मरा); अथवा पु॰ (कुणप, मुरदा, मुर्दा, मृतक, मृत देह, लाश, शव) ←प्र√इ 1भ्वादि॰

प्रेत्य 17.28, अव्य॰ (मर कर, मृत होकर) ←प्र√इ 1भ्वादि॰

प्रेप्सु 18.23, वि॰ (अभिलाषी, इच्छुक, चाहने वाला) ←प्र√आप् 10चुरा॰

प्रोक्त 3.3, वि॰ (कथन किया हुआ, कहा हुआ, बोला हुआ) ←प्र√वच् 2अदा॰ (बोलना)

प्रोक्त: 4.3, पु॰ प्रथ॰ एक॰ <u>प्रोक्त:</u> (जो कथन किया हुआ, कहा हुआ, बोला हुआ है वह); द्वि॰ प्रोक्तौ; बहु॰ प्रोक्ता: ←वि॰ प्रोक्त↑

प्रोक्तम् 8.1, द्विती॰ 1. एक॰ पु॰ न॰ <u>प्रोक्तम्</u> (जो कथन किया हुआ, कहा हुआ, बोला हुआ, कहा गया है उसको); 2. द्वि॰ पु॰ प्रोक्तौ, न॰ प्रोक्ते; 3. बहु॰ पु॰ प्रोक्तान्, न॰ प्रोक्तानि↓ ←वि॰ प्रोक्त↑

प्रोक्तवान् 4.1, पु॰ प्रथ॰ एक॰ <u>प्रोक्तवान्</u> (कथन किया, कहा, बोला); द्वि॰ प्रोक्तवन्तौ; बहु॰ प्रोक्तवन्त: ←क्तवतु॰ वि॰ प्रोक्तवत् (बोलते हुए) ←प्र√वच् 2अदा॰

प्रोक्ता 3.3, स्त्री॰ प्रथ॰ एक॰ <u>प्रोक्ता</u> (कथन की हुई, कही हुई, बोली हुई); द्वि॰ प्रोक्ते; बहु॰ प्रोक्ता: ←वि॰ प्रोक्त↑

प्रोक्तानि 18.13, न॰ प्रथ॰–द्विती॰ एक॰ प्रोक्तम्↑; द्वि॰ प्रोक्ते; बहु॰ <u>प्रोक्तानि</u> (कथन किए हुए, कहे हुए, बोले हुए) ←वि॰ प्रोक्त↑

प्रोच्यते 18.19, लट् वर्त॰ आत्म॰ एक॰ उत्तम॰ प्रोच्ये; मध्य॰ प्रोच्यसे; अन्य॰ प्रोच्यते (वह कथन किया, कहा, बोला जाता है) ←प्र√वच् 2अदा॰

प्रोच्यमानम् 18.29, पु॰ द्विती॰ एक॰ प्रोच्यमानम् (जो कथन किया, कहा, बोला जा रहा है उसको); द्वि॰ प्रोच्यमानौ; बहु॰ प्रोच्यमानान् ←वि॰ प्रोच्यमान (जो कथन किया, कहा, बोला जा रहा है वह)

प्रोतम् 7.7, न॰ प्रथ॰-द्विती॰ एक॰ प्रोतम् (गूँथा हुआ); द्वि॰ प्रोते; बहु॰ प्रोतानि ←वि॰ प्रोत (गूथा, गूँथा, पिरोया –हुआ) ←प्र√वे 1भ्वादि॰

(फ)

फल 2.43, न॰ (नतीजा, निर्णय, निष्पत्ति, निष्पन्न; बक्षिस, फल; अंत, परिणाम) ←1भ्वादि॰√फल्

फलम् 2.51, न॰ प्रथ॰-द्विती॰ एक॰ फलम् (फल, फल को); द्वि॰ फले; बहु॰ फलानि ←न॰ फल↑

फलहेतव: 2.49, प्रथ॰ एक॰ फलहेतु:; द्वि॰ फलहेतू; बहु॰ फलहेतव: (फल के हेतु) ←पु॰ तस॰ फलहेतु, फलस्य हेतु: (फल का हेतु, फल की आकांक्षा, फल की इच्छा) ←न॰ फल↑ + पु॰ हेतु↓

फलाकाङ्क्षी 18.34, प्रथ॰ एक॰ फलाकाङ्क्षी (फल की आशा करने वाला); द्वि॰ फलाकाङ्क्षिणौ; बहु॰ फलाकाङ्क्षिण: ←पु॰ तस॰ फलाकाङ्क्षिन्, फलस्य आकाङ्क्षिन् (कामुक, लालची; फल की आशा करने वाला, फलेच्छु) ←न॰ फल↑ + वि॰ आकांक्षिन् (इच्छुक) ←आ√कांक्ष् 1भ्वादि॰।

फलानि 18.6, न॰ प्रथ॰-द्विती॰ एक॰ फलम्; द्वि॰ फले; बहु॰ फलानि (फल, फलों को) ←न॰ फल↑

फले 5.12, सप्त॰ एक॰ फले (फल में); द्वि॰ फलयो:; बहु॰ फलेषु↓ ←न॰ फल↑

फलेषु 2.47, सप्त॰ एक॰ फले↑; द्वि॰ फलयो:; बहु॰ फलेषु (फलों में) ←न॰ फल↑

(ब)

बत 1.45, अव्य॰ (अरे! ओह! हाय!; खेद, शोक, करुणा, दया, अचम्भा, आश्चर्य, संतोष, हर्ष आदि सूचित करने वाला उद्गार)

बद्धा: 16.12, पु॰ प्रथ॰ एक॰ बद्ध:; द्वि॰ बद्धौ; बहु॰ बद्धा: (जकड़े हुए, जो जकड़े हुए

हैं वे) ←वि॰ बद्ध (जकड़ा हुआ, बंधा हुआ; जो मुक्त, स्वच्छंद, स्वतंत्र –नहीं है वह) ←9क्र्या॰√बन्ध् (बांधना)

बध्नाति 14.6, लट् वर्त॰ पर॰ एक॰ उत्तम॰ बध्नामि; मध्य॰ बध्नासि; अन्य॰ बध्नाति (वह बद्ध करता है) ←9क्र्या॰√बन्ध् (बांधना)

बध्यते 4.14, लट् वर्त॰ आत्म॰ एक॰ उत्तम॰ बध्ये; मध्य॰ बध्यसे; अन्य॰ बध्यते (वह बद्ध होता है) ←9क्र्या॰√बन्ध् (बांधना)

बन्ध 1.27, पु॰ (कैद, हिरासत; डोरी, पाश, फंदा, बंधन, बेड़ी, शृंखला) ←9क्र्या॰√बन्ध् (बांधना)

बन्धम् 18.30, द्विती॰ एक॰ बन्धम् (बंधन को); द्वि॰ बन्धौ; बहु॰ बन्धान् ←पु॰ बन्ध↑

बन्धात् 5.3, पंच॰ एक॰ बन्धात् (बंधन से); द्वि॰ बन्धाभ्याम्; बहु॰ बन्धेभ्य: ←पु॰ बन्ध↑

बन्धु 1.27, पु॰ (भाई, भ्रातृ↓, भ्राता, सगर्भ, सहोदर; बिरादर, सुहृद्↓, स्नेही; बंधुवर्ग, सजातीय –समुदायवाचक) ←9क्र्या॰√बन्ध् (बांधना)

बन्धु: 6.5, प्रथ॰ एक॰ बन्धु: (बंधु); द्वि॰ बन्धू; बहु॰ बान्धव: ←पु॰ बन्धु↑

बन्धुषु 6.9, सप्त॰ एक॰ बन्धौ; द्वि॰ बन्ध्वो:; बहु॰ बन्धुषु (बंधुओं में) ←पु॰ बन्धु↑

बन्धून् 1.27, द्विती॰ एक॰ बन्धुम्; द्वि॰ बन्धू; बहु॰ बन्धून् (बंधु लोगों को) ←पु॰ बन्धु↑

बभूव 2.9, लिट् परोक्ष भूत॰ पर॰ अन्य॰ एक॰ बभूव (वह हुआ); द्वि॰ बभूवतु:; बहु॰ बभूवु: ←1भ्वादि॰√भू (होना)

बल 1.10, न॰ (1. ऊर्जा, औकात, जोर, ताकत, तेज, प्रभाव↑, बल, बिसात, योग्यता, वीर्य, शक्ति, सामर्थ्य↓, हैसियत, क्षमता; 2. चमू↑, दल, पंक्ति, फौज, लश्कर, वाहिनी, सेना↓, सैन्य↓) ←1भ्वादि॰√बल्

बलम् 1.10, न॰ प्रथ॰–द्विती॰ एक॰ बलम् (बल, बल को); द्वि॰ बले; बहु॰ बलानि ←न॰ बल↑

बलवत् 6.34, 1. क्रिवि॰ (बल से); 2. वि॰ (प्रभावी; बलवान, शक्तिशाली); 3. न॰ प्रथ॰–द्विती॰ एक॰ बलवत् (जो बलवान है वह, ॰उसको); द्वि॰ बलवती; बहु॰ बलवान्ति ←1भ्वादि॰√बल्

बलवताम् 7.11, पु॰ षष्ठी॰ एक॰ बलवत:; द्वि॰ बलवतो:; बहु॰ बलवताम् (बलवानों में) ←वि॰ बलवत्↑

बलवान् 16.14, पु॰ प्रथ॰ एक॰ बलवान् (जो शक्तिशाली है वह); द्वि॰ बलवन्तौ; बहु॰ बलवन्त: ←वि॰ बलवत्↑

बलात् 3.36, 1.क्रिवि॰ (बलपूर्वक); 2. पंच॰ एक॰ <u>बलात्</u> (बल से); द्वि॰ बलाभ्याम्; बहु॰ बलेभ्यः ←न॰ बल↑

बहु 1.9, वि॰ (अति↑, अतीव, अनेक↑, नाना↑, बहुत); स्त्री॰ बहु अथवा बह्वी ←1भ्वादि॰√बंह्

बहवः 1.9, पु॰ प्रथ॰ एक॰ <u>बहुः</u> (बहु); द्वि॰ बहू; बहु॰ बहवः ←वि॰ बहु↑

बहिः 5.27, = अव्य॰ बहिस् (अलग; बाहर) ←1भ्वादि॰√वह्

बहुदंष्ट्राकरालम् 11.23, न॰ प्रथ॰–द्विती॰ एक॰ <u>बहुदंष्ट्राकरालम्</u> (जिसकी अनेक विक्राल दाढों हैं वह, ॰उसको); द्वि॰ बहुदंष्ट्राकराले; बहु॰ बहुदंष्ट्राकरालानि ←वि॰ बस॰ बहुदंष्ट्राकराल, बहुभिः–बह्वीभीः दंष्ट्राभिः करालम् यत् (बहुत विक्राल दाढ़ों वाला) ←वि॰ बहु↑ + स्त्री॰ दंष्ट्रा↑ + वि॰ कराल↑

बहुधा 9.15, अव्य॰ (अनेक प्रकार से, नाना तरह से, विविध रीति से) ←1भ्वादि॰√बंह्

बहुना 10.42, पु॰ तृती॰ एक॰ <u>बहुना</u> (विविध रीतियों से, गहनता से); द्वि॰ बहुभ्याम्; बहु॰ बहुभिः ←वि॰ बहु↑

बहुबाहूरुपादम् 11.23, न॰ प्रथ॰–द्विती॰ एक॰ <u>बहुबाहूरुपादम्</u> (जिसके अनेक हाथ, वक्ष, तथा पांव हैं वह, ॰उसको); द्वि॰ बहुबाहूरुपादे; बहु॰ बहुबाहूरुपादानि ←वि॰ बस॰ बहुबाहूरुपाद, बहवः बाहवः च उरसः च पादाः च यस्मिन् तत् (अनेक भुजा, वक्ष और पांव वाला) ←वि॰ बहु↑ + पु॰ बाहु↓ + पु॰ ऊरु (जंघा, जांघ, जानु) ←2अदा॰√ऊर्णु + पु॰ पाद (चरण, पांव) ←4दिवा॰√पद्

बहुमतः 2.35, पु॰ प्रथ॰ एक॰ <u>बहुमतः</u> (जो बहुमान्य है वह); द्वि॰ बहुमतौ; बहु॰ बहुमताः ←वि॰ बहुमत (बहुमान्य, माननीय, सम्मान्य) ←वि॰ बहु↑ + न॰ मत↓

बहुल 2.43, वि॰ (अतीव↑, अत्यधिक, अधिक, अनल्प, अनेक, अमित, असंख्य, प्रचुर, बहु↑, बहुत, भूरि) ←1भ्वादि॰√बंह्

बहुलायासम् 18.24, न॰ प्रथ॰–द्विती॰ एक॰ <u>बहुलायासम्</u> (जो परिश्रमपूर्वक किया गया है वह अथवा उसको); द्वि॰ बहुलायासे; बहु॰ बहुलायासानि ←पु॰ बस॰ बहुलायास, बहुलाः आयासः यस्मिन् तत् (अनेक कष्ट वा परिश्रम से किया हुआ) ←वि॰ बहुल↑ + पु॰ आयास (उद्योग, कष्ट, परिश्रम, प्रयत्न, प्रयास, यत्न) ←आ√यस् 4दिवा॰

बहुवक्त्रनेत्रम् 11.23, न॰ प्रथ॰–द्विती॰ एक॰ <u>बहुवक्त्रनेत्रम्</u> (जिसके अनेक मुख व नेत्र है वह, ॰उसको); द्वि॰ बहुवक्त्रनेत्रे; बहु॰ बहुवक्त्रनेत्राणि ←वि॰ बस॰ बहुवक्त्रनेत्र, बहूनि वक्त्राणि च नेत्राणि च यस्मिन् तत् (अनेक मुख व नेत्र वाला) ←वि॰ बहु↑ + न॰ वक्त्र↓

+ न॰ नेत्र↑

बहुविधाः 4.32, पु॰ प्रथ॰ एक॰ बहुविधः; द्वि॰ बहुविधौ; बहु॰ बहुविधाः (जो विविध रीति के हैं वे) ←वि॰ बस॰ बहुविध, बहवः विधाः यस्य सः (नाना प्रकार का) ←वि॰ बहु↑ + पु॰ विध↓

बहुशाखाः 2.41, स्त्री॰ प्रथ॰ एक॰ बहुशाखा; द्वि॰ बहुशाखे; बहु॰ बहुशाखाः (जिनकी अनेक शाखाएँ हैं वे) ←वि॰ बस॰ बहुशाखा, बहवः शाखाः यस्याः सा (जिसकी अनेक शाखाएँ हैं वह) ←वि॰ बहु↑ + स्त्री॰ शाखा↓

बहूदरम् 11.23, न॰ प्रथ॰–द्विती॰ एक॰ बहूदरम् (जिसके अनेक उदर हैं वह, ॰उसको); द्वि॰ बहूदरे; बहु॰ बहूदराणि ←वि॰ बस॰ बहुदर, बहूनि उदराणि यस्मिन् तत् (अनेक पेटों वाला) ←वि॰ बहु↑ + न॰ उदर (पेट) ←उद्√ऋ 1भ्वादि॰

बहून् 2.36, पु॰ द्विती॰ एक॰ बहुम्; द्वि॰ बहू; बहु॰ बहून् (अनेकों–को) ←वि॰ बहु↑

बहूनाम् 7.19, न॰ षष्ठी॰ एक॰ बहोः; द्वि॰ बह्वोः; बहु॰ बहूनाम् (अनेकों–का,की,के) ←वि॰ बहु↑

बहूनि 4.5, न॰ प्रथ॰–द्विती॰ एक॰ बहु; द्वि॰ बहुनी; बहु॰ बहूनि (अनेक, अनेकों को) ←वि॰ बहु↑

बाहु 1.18, पु॰ (कर↑, पाणि↑, बाजू, बांह, बाहुदंड, भुज↑, भुजा, हस्त↓, हाथ) ←1भ्वादि॰√बाध्

बालाः 5.4, पु॰ प्रथ॰ एक॰ बालः; द्वि॰ बालौ; बहु॰ बालाः (बालक) ←वि॰ पु॰ बाल (बच्चा, बाल, बालक; अज्ञ↑) ←1भ्वादि॰√बल्

बाह्य 5.21, वि॰ (बाहर का) ←1भ्वादि॰√वह्

बाह्यस्पर्शेषु 5.21, सप्त॰ एक॰ बाह्यस्पर्शे; द्वि॰ बाह्यस्पर्शयोः; बहु॰ बाह्यस्पर्शेषु (बाह्य स्पर्शों में) ←पु॰ कस॰ बाह्यस्षर्श, बाह्यः स्पर्शः (बाहरी- अनुभव, आल्हाद, विषय, संपर्क, संबंध, समागम, संवेदना, सुख) ←वि॰ बाह्य↑ + पु॰ स्पर्श↓

बाह्यान् 5.27, पु॰ द्विती॰ एक॰ बाह्यम्; द्वि॰ बाह्यौ; बहु॰ बाह्यान् (जो बाहरी हैं उनको) ←वि॰ बाह्य↑

बिभर्ति 15.17, लट् वर्त॰ पर॰ प्रथ॰ उत्तम॰ बिभर्मि; मध्य॰ बिभर्षि; अन्य॰ बिभर्ति (वह धारण–पोषण करता है) ←3जुहो॰√भृ (पालना)

बीज 7.10, न॰ (उत्पादन का कारण, दाना, बीज; उद्गम, धातु, मूल↓) ←वि√जन् 4दिवा॰

बीजप्रदः 14.4, पु॰ प्रथ॰ एक॰ बीजप्रदः (जो बीज बोता है वह); द्वि॰ बीजप्रदौ; बहु॰

बीजप्रदा: ←वि॰ बस॰ बीजप्रद, बीजम् प्रददाति य: स: (बीज बोने वाला; पिता↑, पितृ↑, बाप) ←न॰ बीज↑ + पु॰ प्रदातृ (दाता, देने वाला) ←प्र√स 1भ्वादि॰

बीजम् 7.10, प्रथ॰–द्विती॰ एक॰ <u>बीजम्</u> (बीज, बीज को); द्वि॰ बीजे; बहु॰ बीजानि ←न॰ बीज↑

बुद्धय: 2.41, प्रथ॰ एक॰ बुद्धि:; द्वि॰ बुद्धी; बहु॰ <u>बुद्धय:</u> (बुद्धियाँ) ←स्त्री॰ बुद्धि↓

बुद्धि 1.23, स्त्री॰ (अक्ल, धी↓, मति↓, मेधा↓, प्रज्ञा↑, धारणाशक्ति, पंडा, प्रतिभा, प्रेक्षा, मनीषा, विचारशक्ति, समझ, स्मरणशक्ति, स्मृति↓, ज्ञप्ति; प्रकृति का पहला परिणाम, अंत:करण की निश्चयात्मिका वृत्ति) ←1भ्वादि॰√बुध्

बुद्धि: 2.39, प्रथ॰ एक॰ <u>बुद्धि:</u> (बुद्धि); द्वि॰ बुद्धी; बहु॰ बुद्धय: ←स्त्री॰ बुद्धि↑

बुद्धिग्राह्यम् 6.21, न॰ प्रथ॰–द्विती॰ एक॰ <u>बुद्धिग्राह्यम्</u> (बुद्धि से जो ग्रहण किया जा सकता है वह अथवा उसको); द्वि॰ बुद्धिग्राह्ये; बहु॰ बुद्धिग्राह्याणि ←वि॰ तस॰ बुद्धिग्राह्य, बुद्ध्या ग्राह्यम् (बुद्धिगम्य, बुद्धि से ग्रहण किया जा सकने वाला) ←स्त्री॰ बुद्धि↑ + वि॰ ग्राह्य (गम्य, ग्रहण करने के लिए शक्य) ←9क्र्या॰√ग्रह्

बुद्धिनाश 2.63, पु॰ तस॰ बुद्ध्या: नाश: (बुद्धिभ्रंश, बुद्धि का विनाश) ←स्त्री॰ बुद्धि↑ + पु॰ नाश↑

बुद्धिनाश: 2.63, प्रथ॰ एक॰ <u>बुद्धिनाश:</u> (बुद्धिनाश); द्वि॰ बुद्धिनाशौ; बहु॰ बुद्धिनाशा: ←पु॰ बुद्धिनाश↑

बुद्धिनाशात् 2.63, पंच॰ एक॰ <u>बुद्धिनाशात्</u> (बुद्धिनाश से); द्वि॰ बुद्धिनाशाभ्याम्; बहु॰ बुद्धिनाशेभ्य: ←पु॰ बुद्धिनाश↑

बुद्धिभेदम् 3.26, द्विती॰ एक॰ <u>बुद्धिभेदम्</u> (मतभेद को); द्वि॰ बुद्धिभेदौ; बहु॰ बुद्धिभेदान् ←पु॰ तस॰ बुद्धिभेद, बुद्ध्या: भेद: (आलोडन, मतभेद, विवाद) ←स्त्री॰ बुद्धि↑ + पु॰ भेद↓

बुद्धिम् 3.2, द्विती॰ एक॰ <u>बुद्धिम्</u> (बुद्धि को); द्वि॰ बुद्धी; बहु॰ बुद्धी: ←स्त्री॰ बुद्धि↑

बुद्धिमत् 4.18, वि॰ (चतुर, बुद्धिमान्↓, बुद्धियुक्त, बुद्धिवान, समझदार) ←1भ्वादि॰√बुध् (जानना, समझना)

बुद्धिमताम् 7.10, पु॰ षष्ठी॰ एक॰ बुद्धिमत:; द्वि॰ बुद्धिमतो:; बहु॰ <u>बुद्धिमताम्</u> (बुद्धिमानों में) ←वि॰ बुद्धिमत्↑

बुद्धिमान् 4.18, पु॰ प्रथ॰ एक॰ <u>बुद्धिमान्</u> (बुद्धिमान); द्वि॰ बुद्धिमन्तौ; बहु॰ बुद्धिमन्त: ←वि॰ बुद्धिमत्↑

बुद्धियुक्त 2.50, वि॰ तस॰ बुद्ध्या युक्तः (बुद्धिमान्↑, बुद्धिवान; सबुद्धि, बुद्धि के साथ) ←स्त्री॰ बुद्धि↑ + वि॰ युक्त↓

बुद्धियुक्तः 2.50, पु॰ प्रथ॰ एक॰ बुद्धियुक्तः (बुद्धियुक्त मनुष्य); द्वि॰ बुद्धियुक्तौ; बहु॰ बुद्धियुक्ताः↓ ←वि॰ बुद्धियुक्त↑

बुद्धियुक्ताः 2.51, पु॰ प्रथ॰ एक॰ बुद्धियुक्तः↑; द्वि॰ बुद्धियुक्तौ; बहु॰ बुद्धियुक्ताः (बुद्धियुक्त लोग) ←वि॰ बुद्धियुक्त↑

बुद्धियोग 2.49, पु॰ तस॰ बुद्ध्याः योगः (बुद्धि को सदा सम रखने का योग) ←स्त्री॰ बुद्धि↑ + पु॰ योग↓

बुद्धियोगम् 10.10, द्विती॰ एक॰ बुद्धियोगम् (बुद्धियोग को); द्वि॰ बुद्धियोगौ; बहु॰ बुद्धियोगान् ←पु॰ बुद्धियोग↑

बुद्धियोगात् 2.49, पंच॰ एक॰ बुद्धियोगात् (बुद्धियोग से, बुद्धियोग से भी); द्वि॰ बुद्धियोगाभ्याम्; बहु॰ बुद्धियोगेभ्यः ←पु॰ बुद्धियोग↑

बुद्धिसंयोगम् 6.43, द्विती॰ एक॰ बुद्धिसंयोगम् (बुद्धिसंयोग को); द्वि॰ बुद्धिसंयोगौ; बहु॰ बुद्धिसंयोगान् ←पु॰ तस॰ बुद्धिसंयोग, बुद्ध्याः संयोगः (बुद्धि की पुनः प्राप्ति, बुद्धि का पुनः संस्कार) ←स्त्री॰ बुद्धि↑ + पु॰ संयोग↓

बुद्धेः 3.42, (1) पंच॰ एक॰ बुद्धेः अथवा बुद्ध्याः (बुद्धि से, की अपेक्षा); द्वि॰ बुद्धिभ्याम्; बहु॰ बुद्धिभ्यः; (2) 18.29, एक॰ षष्ठी॰ बुद्धेः अथवा बुद्ध्याः (बुद्धि का,की,के); द्वि॰ बुद्ध्योः; बहु॰ बुद्धीनाम् ←स्त्री॰ बुद्धि↑

बुद्धौ 2.49, सप्त॰ एक॰ बुद्धौ (बुद्धि में); द्वि॰ बुद्ध्योः; बहु॰ बुद्धिषु ←स्त्री॰ बुद्धि↑

बुद्ध्या 2.39, तृती॰ एक॰ बुद्ध्या (बुद्धि से, के द्वारा, के जरिए); द्वि॰ बुद्धिभ्याम्; बहु॰ बुद्धिभिः ←स्त्री॰ बुद्धि↑

बुद्ध्वा 3.43, अव्य॰ (जान कर, समझ कर) ←1भ्वादि॰√बुध्

बुध 4.19, वि॰ (बुद्धिमान्↑, बुद्धिवान; जानने वाला, ज्ञाता) ←1भ्वादि॰√बुध्

बुधः 5.22, पु॰ प्रथ॰ एक॰ बुधः (ज्ञाता); द्वि॰ बुधौ; बहु॰ बुधाः↓ ←वि॰ बुध↑

बुधाः 4.19, पु॰ प्रथ॰ एक॰ बुधः↑; द्वि॰ बुधौ; बहु॰ बुधाः (ज्ञाता लोग) ←वि॰ बुध↑

बृहत् 10.24, (उत्तम↑; अप्रमेय, पर्याप्त↑, प्रशस्त, बड़ा, भव्य, विशाल↓, विस्तृत, विस्तिर्ण; सधन) ←1भ्वादि॰√बृह्

बृहत्साम 10.35, न॰ प्रथ॰–द्विती॰ एक॰ बृहत्साम (बृहत्साम, बृहत्साम को); द्वि॰ बृहत्सामनी; बहु॰ बृहत्सामानि ←वि॰ बृहत्सामन् (ऋग्वेद के प्रथम मण्डल के दशम्

अनुवाक के सूक्त बावन से इंद्र देवता की पंद्रह ऋचाएँ) ←वि॰ बृहत्↑ + न॰ सामन्↓

बृहस्पतिम् 10.24, द्विती॰ एक॰ <u>बृहस्पतिम्</u> (बृहस्पति को); द्वि॰ बृहस्पती; बहु॰ बृहस्पतीन् ←पु॰ विना॰ बृहस्पति (ईज्य, गुरु, गोष्पति, देवेज्य, वाचस्पति)

बोद्धव्यम् 4.17, न॰ प्रथ॰-द्विती॰ एक॰ <u>बोद्धव्यम्</u> (जो जानने योग्य है वह, ०उसको); द्वि॰ बोद्धव्ये; बहु॰ बोद्धव्यानि ←वि॰ बोद्धव्य (बोधितव्य, जो जानना चाहिए वह, जानने योग्य) ←1भ्वादि॰√बुध् (जानना, समझना)

बोधयन्तः 10.9, प्रयो॰ प्रथ॰ एक॰ बोधयन्; द्वि॰ बोधयन्तौ; बहु॰ <u>बोधयन्तः</u> (समझाते हुए; समझाने वाले, जताने वाले, बोध कराने वाला) ←वि॰ बोधयत् (बोध करता हुआ) ←1भ्वादि॰√बुध्

ब्र

ब्रवीमि 1.7, लट् वर्त॰ पर॰ प्रथ॰ उत्तम॰ <u>ब्रवीमि</u> (मैं बोलता हूँ); मध्य॰ ब्रवीषि↓; अन्य॰ ब्रवीति ←2अदा॰√ब्रू (स्पष्ट बोलना, बोलना)

ब्रवीषि 10.13, लट् वर्त॰ पर॰ एक॰ उत्तम॰ ब्रवीमि↑; मध्य॰ <u>ब्रवीषि</u> (तू बोलता है); अन्य॰ ब्रवीति ←2अदा॰√ब्रू (स्पष्ट बोलना, बोलना)

ब्रह्मकर्म 18.42, प्रथ॰ एक॰ <u>ब्रह्मकर्म</u> (ब्रह्मकर्म); द्वि॰ ब्रह्मकर्मणी; बहु॰ ब्रह्मकर्माणि ←न॰ तस॰ ब्रह्मकर्मन्, ब्रह्मणः कर्म (ब्राह्मण का स्वाभाविक कर्म; वेदादि पाठ कर्म) ←न॰ ब्रह्मन्↓ + न॰ कर्मन्↑

ब्रह्मकर्मसमाधिना 4.24, पु॰ तृती॰ एक॰ <u>ब्रह्मकर्मसमाधिना</u> (जो ब्रह्मकर्म में तल्लीन है उसकी ओर से); द्वि॰ ब्रह्मकर्मसमाधिभ्याम्; बहु॰ ब्रह्मकर्मसमाधिभिः ←वि॰ बस॰ ब्रह्मकर्मसमाधिन्, ब्रह्मणः कर्मणि समाधिः यस्य सः (ब्रह्मकर्म में समाधिस्थ हुआ, ब्रह्मकर्म में रत) ←न॰ ब्रह्मन्↓ + न॰ कर्मन्↑ + स्त्री॰ समाधि↓

ब्रह्मचर्य 8.11, न॰ तद्धित-शब्द, ब्रह्मचारिणः व्रतः (ब्रह्मचारी का व्रत; चार आश्रमों में पहला आश्रम, मैथुन विरहित आचरण, ब्रह्मसाक्षात्कार की साधना) ←6तुदा॰√बृंह (यत्न करना) ←न॰ ब्रह्मन्↓ + वि॰ चर्य अथवा स्त्री॰ चर्या (गति↑, चाल; अनुष्ठान, आचरण, व्यवहार, पद्धति, रीति; निर्वाह, भक्षण, रक्षण) ←1भ्वादि॰√चर्

ब्रह्मचर्यम् 8.11, प्रथ॰-द्विती॰ एक॰ <u>ब्रह्मचर्यम्</u> (ब्रह्मचर्य, ब्रह्मचर्य को); द्वि॰ ब्रह्मचर्ये; बहु॰ ब्रह्मचर्याणि ←न॰ ब्रह्मचर्य↑

ब्रह्मचारिव्रते 6.14, सप्त॰ एक॰ <u>ब्रह्मचारिव्रते</u> (ब्रह्मचारी के व्रत में, ब्रह्मचर्य में, संयम में);

द्वि॰ ब्रह्मचारिव्रतयो:; बहु॰ ब्रह्मचारिव्रतेषु ←न॰ तस॰ ब्रह्मचारिव्रत, ब्रह्मचारिण: व्रतम् (ब्रह्मचारी का आचरण; ब्रह्मचर्य व्रत का पालन –देखिए ब्रह्मचर्य↑) + न॰ व्रत↓

ब्रह्मण: 11.37, (1) पंच॰ एक॰ <u>ब्रह्मण:</u> (बह्मा सेभी); द्वि॰ ब्रह्मभ्याम्; बहु॰ ब्रह्मभ्य:; (2) 4.32, षष्ठी॰ एक॰ <u>ब्रह्मण:</u> (बह्म का, वेद का,की,के); द्वि॰ ब्रह्मणो:; बहु॰ ब्रह्मणाम् ←पु॰ अथवा न॰ ब्रह्मन्↓

ब्रह्मणा 4.24, तृती॰ एक॰ <u>ब्रह्मणा</u> (बह्म से, के द्वारा); द्वि॰ ब्रह्मभ्याम्; बहु॰ ब्रह्मभि: ←पु॰ अथवा न॰ ब्रह्मन्↓

ब्रह्मणि 5.10, सप्त॰ एक॰ <u>ब्रह्मणि</u> (बह्म में); द्वि॰ ब्रह्मणो:; बहु॰ ब्रह्मसु ←पु॰ अथवा न॰ ब्रह्मन्↓

ब्रह्मन् 2.72, (1) न॰ (ॐ↑, प्रणव↑, परब्रह्म, परमात्मा↑, मोक्ष↑; वेद↓); (2) पु॰ (ब्रह्मदेव, ब्रह्मा, विष्णु); सामासिक रूप में ब्रह्मन् के अन्त न् का लोप होता है और "ब्रह्म" यही शब्द रूप रह जाता है । (एक वचन प्रथमा में पु॰ ब्रह्मा; न॰ ब्रह्म; और द्वितीया में पु॰ ब्रह्माणम्; न॰ ब्रह्म; अन्य विभक्तिरूप न॰ ब्रह्मन् के समान होते हैं↑) ←1भ्वादि॰√बृंह्

ब्रह्मनिर्वाणम् 2.72, द्विती॰ एक॰ <u>ब्रह्मनिर्वाणम्</u> (ब्रह्ममोक्ष को); द्वि॰ ब्रह्मनिर्वाणौ; बहु॰ ब्रह्मनिर्वाणान् ←पु॰ तस॰ ब्रह्मनिर्वाण, ब्रह्मण: निर्वाण: (ब्रह्ममोक्ष, परममोक्ष; ब्रह्म का निवास स्थान) ←न॰ ब्रह्मन्↑ + पु॰ निर्वाण↑

ब्रह्मभूत 5.24, भू॰ वि॰ ब्रह्म एव अभूत (ब्रह्म के गुणों को, ब्रह्मस्वरूप को ग्रहण किया हुआ; ब्रह्म पाया हुआ, ब्रह्मस्वरूप; आत्मज्ञानी) ←न॰ ब्रह्मन् + पु॰ भूत↓

ब्रह्मभूत: 5.24, पु॰ प्रथ॰ एक॰ <u>ब्रह्मभूत:</u> (ब्रह्मभूत); द्वि॰ ब्रह्मभूतौ; बहु॰ ब्रह्मभूता: ←वि॰ ब्रह्मभूत↑

ब्रह्मभूतम् 6.27, पु॰ द्विती॰ एक॰ <u>ब्रह्मभूतम्</u> (जिसने ब्रह्म साध्य किया है उसको); द्वि॰ ब्रह्मभूतौ; बहु॰ ब्रह्मभूतान् ←वि॰ ब्रह्मभूत↑

ब्रह्मभूयाय 14.26, पु॰ चतु॰ एक॰ <u>ब्रह्मभूयाय</u> (जिसने ब्रह्म साध्य किया है उसको, उसके लिए); द्वि॰ ब्रह्मभूयाभ्याम्; बहु॰ ब्रह्मभूयेभ्य: ←वि॰ ब्रह्मभूय (ब्रह्मपद पाया हुआ, ब्रह्मप्राप्त, ब्रह्म में समाया हुआ, ब्रह्म के साथ एकरूप है वह) ←न॰ ब्रह्मन्↑ + (1) सामासिक रूप के अन्त में आने वाला– न॰ भूय (होने की अथवा रहाने की स्थिति, होने की अथवा रहने की कृति); अथवा (2) वि॰ भूयस् (होना) ←1भ्वादि॰√भू

ब्रह्मयोगयुक्तात्मा 5.21, प्रथ॰ एक॰ <u>ब्रह्मयोगयुक्तात्मा</u> (ब्रह्म के साथ एकरूप हुआ आत्मा);

द्वि॰ ब्रह्मयोगयुक्तात्मानौ; बहु॰ ब्रह्मयोगयुक्तात्मान: ←पु॰ बस॰ ब्रह्मयोगयुक्तात्मन्, ब्रह्मणि योगेन युक्त: आत्मा यस्य स: (ब्रह्म से एकरूप होकर आत्मा ब्रह्म में युक्त किया हुआ, ब्रह्मरूप से संयुक्त) ←न॰ ब्रह्मन्↑ + पु॰ योग↓ + वि॰ युक्त↓ + पु॰ आत्मन्↑

ब्रह्मवादिनाम् 17.24, षष्ठी॰ एक॰ ब्रह्मवादिन:; द्वि॰ ब्रह्मवादिनो:; बहु॰ <u>ब्रह्मवादिनाम्</u> (ब्रह्मवादी लोगों का, की, के) ←पु॰ तस॰ ब्रह्मवादिन्, ब्रह्मण: वादी (ब्रह्मवेत्ता, ब्रह्मज्ञानी) ←न॰ ब्रह्मन्↑ + पु॰ वादिन्↓

ब्रह्मविद् 5.20, वि॰ (ब्रह्म को जानने वाला, ब्रह्मवेत्ता, ब्रह्मज्ञानी) ←न॰ ब्रह्मन्↑ + वि॰ विद्↓

ब्रह्मविद: 8.24, पु॰ प्रथ॰ एक॰ ब्रह्मविद्; द्वि॰ ब्रह्मविदौ; बहु॰ <u>ब्रह्मविद:</u> (ब्रह्मज्ञानी लोग) ←वि॰ ब्रह्मविद्↑

ब्रह्मसंस्पर्शम् 6.28, द्विती॰ एक॰ <u>ब्रह्मसंस्पर्शम्</u> (ब्रह्मप्राप्ति को); द्वि॰ ब्रह्मसंस्पर्शौ; बहु॰ ब्रह्मसंस्पर्शान् ←पु॰ (1) तस॰ ब्रह्मसंस्पर्श, ब्रह्मण: संस्पर्शम् (ब्रह्मप्राप्ति, ब्रह्म संयोग, ब्रह्म के साथ मेल); (2) वि॰ बस॰ (ब्रह्म के साथ जिसका संबंध, संस्पर्श, संयोग हुआ है वह) ←न॰ ब्रह्मन्↑ + पु॰ संस्पर्श↓

ब्रह्मसूत्र 13.5, न॰ तस॰ ब्रह्मण: सूत्रम् (पशुपत ब्रह्मोपनिषद में यह पाया जाता है कि- महर्षि बादरायण रचित ब्रह्मसूत्र नाम का यह वेदान्तदर्शन ब्रह्म का प्रतिपादन करता है इसलिए इस दर्शन को ब्रह्मसूत्र कहते हैं । इस ब्रह्मसूत्र की भौतिक हवियों को मात्रा कहते हैं, बौद्धिक हवियों को हंस कहते हैं और उनके प्रणव को भी ब्रह्मसूत्र ही कहते हैं) ←न॰ ब्रह्मन्↑ + न॰ सूत्र (सूक्त, रचना) ←10चुरा॰√सूत्र

ब्रह्मसूत्रपदै: 13.5, तृती॰ एक॰ ब्रह्मसूत्रपदेन; द्वि॰ ब्रह्मसूत्रपदाभ्याम्; बहु॰ <u>ब्रह्मसूत्रपदै:</u> (ब्रह्मसूत्र के पदों से, पदों द्वारा) ←न॰ तस॰ ब्रह्मसूत्रपद, ब्रह्मसूत्रस्य पदम् (ब्रह्मसूत्र का- पद, श्लोक, सूत्र) ←न॰ ब्रह्मसूत्र↑ + न॰ पद↑

ब्रह्माग्नौ 4.24, सप्त॰ एक॰ <u>ब्रह्माग्नौ</u> (ब्रह्माग्नि में); द्वि॰ ब्रह्माग्न्यो:; बहु॰ ब्रह्माग्निषु ←पु॰ कस॰ ब्रह्माग्नि (ब्रह्मरूप अग्नि) ←न॰ ब्रह्मन्↑ + पु॰ अग्नि↑

ब्रह्माणम् 11.15, पु॰ द्विती॰ एक॰ <u>ब्रह्माणम्</u> (ब्रह्मदेव को, ब्रह्मा को); द्वि॰ ब्रह्माणौ; बहु॰ ब्रह्माण: ←पु॰ ब्रह्मन् (ब्रह्मदेव, ब्रह्मा) ←1भ्वादि॰√बृंह

ब्रह्मोद्भवम् 3.15, द्विती॰ एक॰ <u>ब्रह्मोद्भवम्</u> (जो ब्रह्म से उत्पन्न हुआ है उसको); द्वि॰ ब्रह्मोद्भवौ; बहु॰ ब्रह्मोद्भवान् ←पु॰ बस॰ ब्रह्मोद्भव, ब्रह्मण: उद्भव: यस्य (ब्रह्म से उद्भूत हुआ; ब्रह्म से उत्पन्न) ० न॰ ब्रह्मन्↑ + पु॰ उद्भव↑

ब्राह्मण 2.46, पु० (द्विज, विप्र; ब्रह्मकर्मी; वेदाध्ययन करने वाला, ज्ञानी↓; एक वेदांग, वैदिक ग्रंथ) ←1भ्वादि०√बृंह

ब्राह्मणस्य 2.46, षष्ठी० एक० ब्राह्मणस्य (ब्राह्मण का,की,के); द्वि० ब्राह्मणयो:; बहु० ब्राह्मणानाम् ←पु० ब्राह्मण↑

ब्राह्मणक्षत्रियविशाम् 18.41, द्वन्द्व० षष्ठी० बहु० ब्राह्मणानाम् च क्षत्रियाणाम् च विशाम् च (ब्राह्मण, क्षत्रिय और वैश्यों का,की,के) ←पु० ब्राह्मण↑ + पु० क्षत्रिय↓ + पु० विश् (बनिया, मोदी, परचूनी, पंसारी, महाजन, वणिक्, वार्तिक, वैश्य↓, व्यापारी) ←6तुदा०√विश्

ब्राह्मणा: 9.33, प्रथ० एक० ब्राह्मण:; द्वि० ब्राह्मणौ; बहु० ब्राह्मणा: (ब्रह्मण लोग) ←पु० ब्राह्मण↑

ब्राह्मणे 5.18, सप्त० एक० ब्राह्मणे (ब्राह्मण में); द्वि० ब्राह्मणयो:; बहु० ब्राह्मणेषु ←पु० ब्राह्मण↑

ब्राह्मी 2.72, स्त्री० एक० ब्राह्मी (ब्रह्मप्राप्ति की); द्वि० ब्राह्म्यौ; बहु० ब्राह्म्य: ←न० ब्रह्मन्↑

ब्रूहि 2.7. लोट् पर० आज्ञार्थ एक० उत्तम० ब्रवाणि; मध्य० ब्रूहि (तू कह, बता, बोल); अन्य० ब्रवीतु ←2अदा०√ब्रू (स्पष्ट बोलना, बोलना)

(भ)

भक्त 4.3, (1) पु० (आस्तिक, उपासक, पूजक, श्रद्धधान); (2) वि० (निष्ठ, पूजा करने वाला, परायण, श्रद्ध↓) ←1भ्वादि०√भज् (पूजन करना)

भक्त: 4.3, प्रथ० एक० भक्त: (भक्त); द्वि० भक्तौ; बहु० भक्ता: ←पु० भक्त↑

भक्ता: 9.23, प्रथ० एक० भक्त:; द्वि० भक्तौ; बहु० भक्ता: (भक्त जन) ←पु० भक्त↑

भक्ति 7.17, स्त्री० (आस्तिक्य↑, निष्ठा↑, परायणता, श्रद्धा↓, अर्चा, आराधना, उपासना, पूजा↑, प्रार्थना) ←1भ्वादि०√भज् (पूजा करना)

भक्ति: 13.11, प्रथ० एक० भक्ति: (भक्ति); द्वि० भक्ती; बहु० भक्तय: ←स्त्री० भक्ति↑

भक्तिम् 18.68, द्विती० एक० भक्तिम् (भक्ति को); द्वि० भक्ती; बहु० भक्ती: ←स्त्री० भक्ति↑

भक्तिमान् 12.17, पु० प्रथ० एक० भक्तिमान् (भक्तिशाली); द्वि० भक्तिमन्तौ; बहु० भक्तिमन्त: ←वि० भक्तिमत् (भक्ति करने वाला) ←स्त्री० भक्ति↑

भक्तियोगेन 14.26, तृती० एक० भक्तियोगेन (भक्तियोग से); द्वि० भक्तियोगाभ्याम्; बहु० भक्तियोगै: ←पु० तस० भक्तियोग, भक्ते: योग: (भक्तियोग, बुद्धियोग) ←स्त्री० भक्ति↑ +

पु॰ योग↓

भक्त्या 8.10, तृती॰ एक॰ भक्त्या (भक्ति से, के द्वारा); द्वि॰ भक्तिभ्याम्; बहु॰ भक्तिभि: ←स्त्री॰ भक्ति↑

भक्त्युपहृतम् 9.26, न॰ प्रथ॰-द्विती॰ एक॰ भक्त्युपहृतम् (भक्तिभाव से-अर्पण किया हुआ, भक्ति से अर्पण किए हुए को); द्वि॰ भक्त्युपहृते; बहु॰ भक्त्युपहृतानि ←वि॰ तस॰ भक्त्युपहृत, भक्त्या उपहृतम् (चित्त से, मन से, भक्तिभाव से-अर्पण किया हुआ) ←स्त्री॰ भक्ति↑ + वि॰ उपहृत (अर्पण, उपहार, भेंट -किया हुआ) ←उप√हृ 1भ्वादि॰

भगवत् 10.14, वि॰ (ईश्वरी, ऐश्वर्ययुक्त; पूज्य↑, सम्माननीय) ←1भ्वादि॰√भज्

भगवन् 10.14, पु॰ संबो॰ एक॰ भगवन् (हे भगवान्!); द्वि॰ भगवन्तौ; बहु॰ भगवन्त: ←वि॰ भगवत्↑

भगवान् 2.2, पु॰ प्रथ॰ एक॰ भगवान् (भगवान); द्वि॰ भगवन्तौ; बहु॰ भगवन्त: ←वि॰ भगवत्↑

भजताम् 10.10, पु॰ षष्ठी॰ एक॰ भजत:; द्वि॰ भजतो:; बहु॰ भजताम् (भक्ति करने वालों का,की,के) ←वि॰ भजत् (पूजन, भक्ति, भजन, मनन -करते हुए, करने वाला) ←1भ्वादि॰√भज्

भजति 6.31, लट् वर्त॰ पर॰ एक॰ उत्तम॰ भजामि↓; मध्य॰ भजसि:; अन्य॰ भजति (वह भजता है); अन्य॰ द्वि॰ भजत:; अन्य॰ बहु॰ भजन्ति↓ ←1भ्वादि॰√भज् (भजना)

भजते 6.47, लट् वर्त॰ आत्म॰ एक॰ उत्तम॰ भजे; मध्य॰ भजसे; अन्य॰ भजते (वह भजता है); अन्य॰ द्वि॰ भजेते; अन्य॰ बहु॰ भजन्ते↓ ←1भ्वादि॰√भज् (भजना)

भजन्ति 9.13, लट् वर्त॰ पर॰ अन्य॰ एक॰ भजति↑; द्वि॰ भजत:; बहु॰ भजन्ति (वे भजते हैं); उत्तम॰ बहु॰ भजाम:; मध्य॰ बहु॰ भजथ ←1भ्वादि॰√भज् (भजना)

भजन्ते 7.16, लट् वर्त॰ आत्म॰ अन्य॰ एक॰ भजते↑; द्वि॰ भजेते; बहु॰ भजन्ते (वे भजते हैं); उत्तम॰ बहु॰ भजामहे; मध्य॰ बहु॰ भजध्वे ←1भ्वादि॰√भज् (भजना)

भजस्व 9.33, लोट् पर॰ आज्ञार्थ आत्म॰ एक॰ उत्तम॰ भजै; मध्य॰ भजस्व (तू भज); अन्य॰ भजताम्; मध्य॰ द्वि॰ भजेथाम्; मध्य॰ बहु॰ भजध्वम् ←1भ्वादि॰√भज् (भजना)

भजामि 4.11, लट् वर्त॰ पर॰ उत्तम॰ एक॰ भजामि (मैं भजता हूँ); द्वि॰ भजाव:; बहु॰ भजाम:; मध्य॰ एक॰ भजसि; अन्य॰ एक॰ भजति↑ ←1भ्वादि॰√भज् (भजना)

भय 2.35, न॰ (खतरा, धासरा, धास्ती, धोखा, डर, भीति; आंतक, जरब, धाक, दबदबा, दरारा, दहशत, रौब, वचक, हैबत) ←3जुहो॰√भी

भयम् 10.4, प्रथ॰–द्विती॰ एक॰ <u>भयम्</u> (भय, भय को); द्वि॰ भये; बहु॰ भयानि ←न॰ भय↑

भयात् 2.35, पंच॰ एक॰ <u>भयात्</u> (भय के कारण); द्वि॰ भयाभ्याम्; बहु॰ भयेभ्यः ←न॰ भय↑

भयानकानि 11.27, न॰ प्रथ॰–द्विती॰ एक॰ भयानकम्; द्वि॰ भयानके; बहु॰ <u>भयानकानि</u> (जो भयानक है वह, ॰उसको) ←वि॰ भयानक (उत्ताल, घोर↑, डरावना, भयंकर, भयजनक, भयावह, भयप्रद, भयसूचक, भयोत्पादक, भीतिदायक, भीषण, विकट; अपायकारक, धोखादायक, प्राणघातक, संकट का)

भयाभये 18.30; द्वन्द्व॰ प्रथ॰–द्विती॰ द्वि॰ भयम् च अभयम् च (भय और अभय दोनों; भय और अभय को) ←न॰ भय↑ + न॰ अभय↑

भयावहः 3.35, पु॰ प्रथ॰ एक॰ <u>भयावहः</u> (भयावह); द्वि॰ भयावहौ; बहु॰ भयावहाः ←वि॰ भयावह (भयप्रद, भयसूचक, भयोत्पादक, भीतिदायक; अपायकारक, जोखिम का, धोखादायक, प्राणघातक, संकट का) ←न॰ भय↑

भयेन 11.45, तृती॰ एक॰ <u>भयेन</u> (भय से); द्वि॰ भयाभ्याम्; बहु॰ भयैः ←न॰ भय↑

भरत 3.41, पु॰ विना॰ (दुश्यन्त तथा शकुन्तला का पुत्र; एक चक्रवर्ती राजा, भारत व भारतीय वंशों का जनक, देखिए महाभारतीय विशाल वंशवृक्ष, खंड 1, 'गीता दर्शन') ←3जुहो॰√भृ

भरतर्षभ 3.41, पु॰ संबो॰ एक॰ <u>भरतर्षभ</u> (हे भरतर्षभ!); द्वि॰ भरतर्षभौ; बहु॰ भरतर्षभाः ←वि॰ बस॰ भरतर्षभ, भरतानाम् ऋषभः यः सः (अर्जुन↑) ←पु॰ भरत↑ + पु॰ ऋषभ↑

भरतश्रेष्ठ 17.12, पु॰ संबो॰ एक॰ <u>भरतश्रेष्ठ</u> (हे भरतश्रेष्ठ!); द्वि॰ ॰श्रेष्ठौ; बहु॰ ॰श्रेष्ठाः ←वि॰ विना॰ बस॰ भरतश्रेष्ठ, भरतेषु श्रेष्ठः यः सः (अर्जुन↑) ←पु॰ भरत↑ + वि॰ श्रेष्ठ↓

भरतसत्तम 18.4 पु॰ संबो॰ एक॰ <u>भरतसत्तम</u> (हे भरतसत्तम!); द्वि॰ ॰सत्तमौ; बहु॰ ॰सत्तमाः ←वि॰ बस॰ भरतसत्तम, भरतेषु सत्तमः यः सः (अर्जुन↑) ←पु॰ भरत↑ + वि॰ सत्तम↓

भर्तृ 9.18, पु॰ (धारण पोषण करने वाला, पालन करने वाला, पति↑, प्रभु↑, मालक, स्वामी) ←3जुहो॰√भृ

भर्ता 9.18, प्रथ॰ एक॰ <u>भर्ता</u> (भर्ता); द्वि॰ भर्तारौ; बहु॰ भर्तारः ←पु॰ भर्तृ↑

भव 2.45, लोट् आज्ञार्थ पर॰ एक॰ उत्तम॰ भवानि; मध्य॰ <u>भव</u> (तू हो); अन्य॰ भवतु ←1भ्वादि॰√भू (होना)

भव 10.4, पु॰ (अस्तित्व, उत्पत्ति; संसार↓) ←1भ्वादि॰√भू (होना, होना)

भव: 10.4, प्रथ॰ एक॰ भव: (भव); द्वि॰ भवौ; बहु॰ भवा: ←पु॰ भव↑

भवत् 1.8, सना॰ पु॰ स्त्री॰ (स्वत:, स्वयं) ←2अदा॰√भा

भवत: 4.4, (1) षष्ठी॰ एक॰ भवत: (अपना); द्वि॰ भवतो:; बहु॰ भवताम्: ←सना॰ भवत्↑; (2) 14.17 लट् वर्त॰ पर॰ अन्य॰ भवति↓; अन्य॰ द्वि॰ भवत: (वे दोनों होते हैं); अन्य॰ बहु॰ भवन्ति↓ ←1भ्वादि॰√भू (होना)

भवति 1.44, लट् वर्त॰ पर॰ एक॰ उत्तम॰ भवामि↓; मध्य॰ भवसि; अन्य॰ भवति (वह होता है, वह रहता है); अन्य॰ द्वि॰ भवत:↑; अन्य॰ बहु॰ भवन्ति↓ ←1भ्वादि॰√भू (होना)

भवन्त: 1.11, पु॰ प्रथ॰ एक॰ भवान्; द्वि॰ भवन्तौ; बहु॰ भवन्त: (आप, आप सब) ←सना॰ भवत्↑

भवन्तम् 11.31, पु॰ द्विती॰ एक॰ भवन्तम् (आप को); द्वि॰ भवन्तौ; बहु॰ भवत: ←सना॰ भवत्↑

भवन्ति 3.14, लट् वर्त॰ पर॰ अन्य॰ एक॰ भवति↑; द्वि॰ भवत:↑; बहु॰ भवन्ति (वे होते हैं, रहते हैं) ←1भ्वादि॰भू (होना)

भवान् 1.8, पु॰ प्रथ॰ एक॰ भवान् (आप); द्वि॰ भवन्तौ; बहु॰ भवन्त: ←सना॰ भवत्↑

भवामि 12.7, लट् वर्त॰ पर॰ एक॰ उत्तम॰ भवामि (मैं होता, रहता हूँ); मध्य॰ भवसि; अन्य॰ भवति↑ ←1भ्वादि॰√भू (होना)

भवाप्ययौ 11.2, द्वन्द्व॰ पु॰ द्विती॰ द्वि॰ भव: च अप्यय: च (उद्गम और अन्त दोनों को) ←पु॰ भव↑ + पु॰ अप्यय (न होना, अन्त होना) ←अपि√इण् 2अदा॰

भविता 2.20, लुट् सामन्य भवि॰ पर॰ उत्तम॰ एक॰ भवितास्मि; मध्य॰ एक॰ भवितासि; अन्य॰ एक॰ भविता; (वह होगा) अन्य॰ द्वि॰ भवितारौ; अन्य॰ बहु॰ भवितार: ←1भ्वादि॰भू

भविष्यताम् 10.34, पु॰ षष्ठी॰ एक॰ भविष्यत:; द्वि॰ भविष्यतो:; बहु॰ भविष्यताम् (भविष्य में होने वालों में) ←वि॰ भविष्यत् (अनागत, आने वाला, आसन्न, उत्तर काल का, जन्मने वाला, होने वाला, होनहार; भविष्य में होने वाला) ←√भू (होना)

भविष्यति 16.13, लृट् अपूर्ण भवि॰ पर॰ एक॰ उत्तम॰ भविष्यामि; मध्य॰ भविष्यसि; अन्य॰ भविष्यति (वह होगा, रहेगा); अन्य॰ द्वि॰ भविष्यत:; अन्य॰ बहु॰ भविष्यन्ति↓ ←1भ्वादि॰√भू (होना)

भविष्यन्ति 11.32, लृट् अपूर्ण भवि॰ पर॰ अन्य॰ एक॰ भविष्यति↑; द्वि॰ भविष्यत:; बहु॰ भविष्यन्ति (वे होंगे, वे रहेंगे); उत्तम॰ बहु॰ भविष्याम:; मध्य॰ बहु॰ भविष्यथ

←1भ्वादि॰√भू (होना)

भविष्याणि 7.26, न॰ प्रथ॰–द्विती॰ एक॰ भविष्यम्; द्वि॰ भविष्ये; बहु॰ भविष्याणि (भविष्यत् काल में होने वाले, होने वालों को) ←वि॰ भविष्य (आगे होने वाला, भविष्यत् में होने वाला) ←1भ्वादि॰√भू (होना)

भविष्यामः 2.12, लृट् अपूर्ण भवि॰ पर॰ उत्तम॰ एक॰ भविष्यामि; द्वि॰ भविष्यावः; बहु॰ भविष्यामः (हम होंगे) ←1भ्वादि॰√भू (होना)

भवेत् 1.46, पर॰ विध्यर्थक एक॰ उत्तम॰ भवेयम्; मध्य॰ भवेः; अन्य॰ भवेत् (वह होगा, उसे होना चाहिए) ←1भ्वादि॰√भू (होना)

भस्मसात् 4.37, अव्य॰ (जल कर– छार, खाक, भस्म, समाप्त) ←3जुहो॰√भस्

भाः 11.12, प्रथ॰ एक॰ भाः (कांति); द्वि॰ भासौ; बहु॰ भासः ←स्त्री॰ भास्↓

भारत 1.24, पु॰ संबो॰ एक॰ भारत (हे भारत!); द्वि॰ भारतौ; बहु॰ भारताः ←वि॰ (भरत का वंशज); तद्धित शब्द भारत, भरतस्य गोत्रापत्यम् (2.14 अर्जुन, 1.24 धृतराष्ट्र) ←पु॰ भरत↑

भाव 2.7, पु॰ (अस्तित्व, अस्तिभाव, विद्यमानता; प्रकृति↓, भावना↓, वृत्ति, स्वभाव↓; अनुराग, प्रेम; निष्ठा↑, भक्ति↑, श्रद्धा↓) ←1भ्वादि॰√भू (होना)

भावः 2.16, प्रथ॰ एक॰ भावः (भाव); द्वि॰ भावौ; बहु॰ भावाः↓ ←पु॰ भाव↑

भावना 2.66, प्रथ॰ एक॰ भावना (भावना); द्वि॰ भावने; बहु॰ भावनाः ←स्त्री॰ भावना (ध्यान, भक्ति↑, श्रद्धा↓; धारणा, प्रतीति, विचार, ज्ञान↓) ←1भ्वादि॰√भू

भावम् 7.15, द्विती॰ एक॰ भावम् (भाव को); द्वि॰ भावौ; बहु॰ भावान् ←पु॰ भाव↑

भावयत 3.11, लोट् पर॰ निमंत्रणार्थ उत्तम॰ एक॰ भावयानि; मध्य॰ एक॰ भावय; अन्य॰ एक॰ भावयतु; मध्य॰ द्वि॰ भावयतम्; मध्य॰ बहु॰ भावयत (आपके द्वारा वे संतुष्ट हो, आप उन्हें सन्तुष्ट करें); उत्तम॰ बहु॰ भावयाम; अन्य॰ बहु॰ भावयन्तु ←1भ्वादि॰√भू

भावयन्तः 3.11, पु॰ प्रथ॰ एक॰ भावयन्; द्वि॰ भावयन्तौ; बहु॰ भावयन्तः (संतुष्ट करते हुए, ॰करने वाले) ←वि॰ भावयत् (संतुष्ट होते हुए, करते हुए) ←1भ्वादि॰√भू (होना)

भावयन्तु 3.11, लोट् पर॰ निमंत्रणार्थ उत्तम॰ एक॰ भावयानि; मध्य॰ एक॰ भावय; अन्य॰ एक॰ भावयतु; मध्य॰ द्वि॰ भावयतम्; मध्य॰ बहु॰ भावयत; उत्तम॰ बहु॰ भावयाम; अन्य॰ बहु॰ भावयन्तु (वे संतुष्ट करें) ←1भ्वादि॰√भू (होना)

भावसमन्विताः 10.8, पु॰ प्रथ॰ एक॰ भावसमन्वितः; द्वि॰ भावसमन्वितौ; बहु॰ भावसमन्विताः (जो भक्तियुक्त हैं वे) ←वि॰ तस॰ भावसमन्वित, भावेन समन्वितः

(भक्तिपूर्ण, भक्तियुक्त, भक्त↑) ←पु॰ भाव↑ + वि॰ समन्वित (अन्वित, एकत्र हुआ, मिला हुआ, युक्त↓, सम्पन्न↓, संयुक्त) ←पु॰ समवाय↓

भावसंशुद्धिः 17.16, प्रथ॰ एक॰ भावसंशुद्धि (भावना की पवित्रता); द्वि॰ भावसंशुद्धी; बहु॰ भावसंशुद्धयः ←स्त्री॰ तस॰ भावसंशुद्धि, भावस्य संशुद्धि (भावना की निर्मलता, पवित्रता, शुद्धि↓, सफाई) ←पु॰ भाव↑ + स्त्री॰ संशुद्धि↓

भावाः 7.12, प्रथ॰ एक॰ भावः↑; द्वि॰ भावौ; बहु॰ भावाः (भाव) ←पु॰ भाव↑

भावित 3.12, वि॰ (तृप्त हुआ, भावपूर्ण; परिपूर्ण, व्याप्त↓) ←1भ्वादि॰√भू (होना)

भावेषु 10.17, सप्त॰ एक॰ भावे; द्वि॰ भावयोः; बहु॰ भावेषु (भावों में) ←पु॰ भाव↑

भावैः 7.13, तृती॰ एक॰ भावेन; द्वि॰ भावाभ्याम्; बहु॰ भावैः (भावों से, के द्वारा) ←पु॰ भाव↑

भाषसे 2.11, लट् वर्त॰ आत्म॰ मध्य॰ एक॰ भाषसे (तू बोलता है); द्वि॰ भाषथे; बहु॰ भाषध्वे ←1भ्वादि॰√भाष् (बोलना)

भाषा 2.54, प्रथ॰ एक॰ भाषा (भाषा); द्वि॰ भाषे; बहु॰ भाषाः ←स्त्री॰ भाषा (निर्वचन, परिभाषा, व्याख्या, स्पष्टीकरण; उक्ति, जबान, वाक्, वाणी)

भास् 11.12, स्त्री॰ (उजाला, कांति, चमक, तेज, प्रकाश↑; उष्णता) ←1भ्वादि॰√भास् (चमकना)

भासः 11.12, प्रथ॰-द्विती॰ एक॰ भाः; द्वि॰ भासौ; बहु॰ भासाः (किरण, किरणों ने, किरणों को) ←स्त्री॰ भास्↑

भासयते 15.6, लट् वर्त॰ आत्म॰ प्रयो॰ एक॰ उत्तम॰ भासये; मध्य॰ भासयसे; अन्य॰ भासयते (वह प्रकाशित कराता है; उससे अथवा उसके द्वारा प्रकाशित होता है, वह प्रकाशित किया जाता है) ←1भ्वादि॰√भास् (प्रकाशित होना)

भास्वता 10.11, पु॰ तृती॰ एक॰ भास्वता (तेजस्वी -से, के द्वारा); द्वि॰ भास्वताभ्याम्; बहु॰ भास्वद्भिः ←वि॰ भास्वत (प्रकाश, प्रकाशित -करने वाला) ←√भास (प्रकाशना)

भिन्ना 7.4, स्त्री॰ प्रथ॰ एक॰ भिन्ना (जो भिन्न है वह); द्वि॰ भिन्ने; बहु॰ भिन्नाः ←वि॰ भिन्न (निराला, अलग, पृथक्↑; इतर↑, अन्य, दूसरा, पर↑) ←7रुधा॰√भिद्

भी 6.14, (1) स्त्री॰ (भय↑, भीति); (2) प्रथ॰ एक॰ भी; द्विव॰ भियौ; बहु॰ भियः ←3जुहो॰√भी (भयभीत होना, डरना)

भीत 11.21, वि॰ (भयभीत हुआ, डरा हुआ) ←3जुहो॰√भी (भयभीत होना)

भीतभीतः 11.35, अव्य॰ (भीति से, डर कर) ←वि॰ भीत↑

भीतम् 11.50, पु॰ द्विती॰ एक॰ भीतम् (डरे हुए को); द्वि॰ भीतौ; बहु॰ भीतान् ←वि॰ भीत↑

भीताः 11.21, पु॰ प्रथ॰ एक॰ भीतः; द्वि॰ भीतौ; बहु॰ भीताः (डरे हुए) ←वि॰ भीत↑

भीतानि 11.36, न॰ प्रथ॰–द्विती॰ एक॰ भीतम्; द्वि॰ भीते; बहु॰ भीतानि (डरे हुए, डरे हुओं को) ←वि॰ भीत↑

भीम 1.4, पु॰ विना॰ (कुन्तीपुत्र, ज्येष्ठतर पाण्डव, भीमसेन) व्यक्ति परिचय के लिए देखिए–खंड 1, गीता दर्शन↑ ←3जुहो॰√भी

भीमकर्मा 1.15, पु॰ प्रथ॰ एक॰ भीमकर्मा (भयानक काम करने वाला); द्वि॰ भीमकर्माणौ; बहु॰ भीमकर्माणः ←वि॰ बस॰ भीमकर्मन्, भीमम् कर्म यस्य सः (अचाट, भयंकर, भयानक, –कर्म करने वाला) ←वि॰ भीम (बलाढ्य, भयंकर, भयानक↑, भय दायक) ←3जुहो॰√भी + न॰ कर्मन्↑

भीमाभिरक्षितम् 1.10, न॰ प्रथ॰–द्विती॰ एक॰ भीमाभिरक्षितम् (भीम ने रक्षण किया हुआ); द्वि॰ भीमाभिरक्षिते; बहु॰ भीमाभिरक्षितानि ←वि॰ तस॰ भीमाभिरक्षितम्, भीमेन अभिरक्षितम् (भीम ने रक्षण, संरक्षण किया हुआ) ←पु॰ भीम↑ + वि॰ अभिरक्षित (रक्षण किया हुआ, संरक्षण किया हुआ) ←अभि√रक्ष् 1भ्वादि॰ (रक्षण करना)

भीमार्जुनसमाः 1.4, पु॰ प्रथ॰ एक॰ भीमार्जुनसमः; द्वि॰ भीमार्जुनसमौ; बहु॰ भीमार्जुनसमाः (जो भीम और अर्जुन के समान हैं वे) ←वि॰ तस॰ भीमार्जुनसम, भीमस्य अर्जुनस्य वा समः (भीम वा अर्जुन के– जोड़ का, तुल्य, तोल का, बराबर का, मुकाबले का, सदृश, समान, सानी) ←पु॰ भीम↑ + पु॰ अर्जुन↑ + वि॰ सम↓

भीष्म 1.8, पु॰ वि॰ विना॰ (देवव्रत, भीष्माचार्य) व्यक्ति परिचय के लिए देखिए– खंड 1, गीता दर्शन↑ ←3जुहो॰√भी

भीष्मः 1.8, प्रथ॰ एक॰ भीष्मः (भीष्म); द्वि॰ भीष्मौ; बहु॰ भीष्माः ←पु॰ भीष्म↑

भीष्मद्रोणप्रमुखतः 1.25, क्रिवि॰ अव्य॰ भीष्मस्य च द्रोणस्य च प्रमुखतः (भीष्म और द्रोण दोनों के आगे, समक्ष, सम्मुख, सामने) ←पु॰ भीष्म↑ + पु॰ द्रोण↑ + उत्तरगामी अव्य॰ प्रमुखतस् (की उपस्थिति में, आगे, समक्ष↓, सामने) ←प्र√खन् 1भ्वादि॰

भीष्मम् 1.11, द्विती॰ एक॰ भीष्मम् (भीष्म को); द्वि॰ भीष्मौ; बहु॰ भीष्मान् ←पु॰ भीष्म↑

भीष्माभिरक्षितम् 1.10, न॰ प्रथ॰–द्विती॰ एक॰ भीष्माभिरक्षितम् (भीष्म ने रक्षण किया हुआ); द्वि॰ भीष्माभिरक्षिते; बहु॰ भीष्माभिरक्षितानि ←वि॰ तस॰ भीष्माभिरक्षित, भीष्मेन अभिरक्षितम् (भीष्म ने रक्षण, संरक्षण किया हुआ) ←पु॰ भीष्म↑ + वि॰ अभिरक्षित

(रक्षण किया हुआ, संरक्षण किया हुआ) ←अभि॰√रक्ष् (रक्षण करना) 1भ्वादि॰

भुक्त्वा 9.21, अव्य॰ (खा कर, भक्षण किए; उपभोग कर, भोग कर) ←7रुधा॰√भुज्

भुङ्क्ते 3.12, लट् आत्म॰ एक॰ उत्तम॰ भुञ्जे; मध्य॰ भुङ्क्षे; अन्य॰ भुङ्क्ते (वह खाता है); अन्य॰ द्वि॰ भुञ्जाते; बहु॰ भुञ्जते↓ ←7रुधा॰√भुज् (खाना, भोगना)

भुङ्क्ष्व 11.33, लोट् आज्ञार्थक आत्म॰ एक॰ उत्तम॰ भुञ्जै; मध्य॰ भुङ्क्ष्व (तू उपभोग ले); अन्य॰ भुङ्क्ताम् ←7रुधा॰√भुज् (भोगना)

भुज 11.46, पु॰ (कर↑, पाणि↑, बाहु↑, हस्त↓, हाथ) ←7रुधा॰√भुज्

भुञ्जते 3.13, लट् वर्त॰ आत्म॰ एक॰ उत्तम॰ भुञ्जे; मध्य॰ भुङ्क्षे; अन्य॰ भुङ्क्ते↑; अन्य॰ द्वि॰ भुञ्जाते; बहु॰ भुञ्जते (वे उपभोग करते हैं, खाते हैं) ←7रुधा॰√भुज् (खाना, भोगना)

भुञ्जानम् 15.10, पु॰ द्विती॰ एक॰ भुञ्जानम् (उपभोग लेने वाले को); द्वि॰ भुञ्जानौ; बहु॰ भुञ्जानान् ←वि॰ भुञ्जान (खाने वाला, उपभोग लेने वाला, भोगने वाला) ←6तुदा॰√भुज् (खाना, भोगना)

भुञ्जीय 2.5, कर्म॰ विधि॰ धासा॰ वि॰ (भोगने योग्य, उपभोग के लिए उचित, भोगितव्य, भोग्य) ←6तुदा॰√भुज् (खाना, भोगना)

भुनक्ति, भुजः 4.31, लट् वर्त॰ पर॰ उत्तम॰ भुनज्मि; मध्य॰ भुनक्षि; अन्य॰ भुनक्ति (वह खाता है) ←7रुधा॰√भुज् (खाना)

भुवि 18.69, सप्त॰ एक॰ भुवि (जग में); द्वि॰ भुवोः; बहु॰ भूषु ←स्त्री॰ भू (जग, भूमि↓, पृथ्वी) ←1भ्वादि॰√भू

भूः 2.47, संकेतार्थ एक॰ उत्तम॰ भूवम्; मध्य॰ भूः (तू हो, तू होवे, तू रवे, तू रहे); अन्य॰ भूत् ←1भ्वादि॰√भू (होना)

भूत 2.27, न॰ (तत्त्व, पदार्थ, वस्तु; कोई भी वस्तु चाहे वह निर्जीव, सजीव अथवा दैवी हो; मनुष्य↑, प्रेत, पिशाच, पिशुन, वेताल, शैतान; पृथ्वी, पानी, अग्नि↑, वायु↑, आकाश↑) ←1भ्वादि॰√भू (होना)

भूतगणान् 17.4, द्विती॰ एक॰ भूतगणम्; द्वि॰ भूतगणौ; बहु॰ भूतगणान् (भूतों को, भूत पदार्थों की ओर) ←पु॰ तस॰ भूतगण, भूतानाम् गणः (भूत, भूत संच, भूत समुदाय, भूतग्राम) ←न॰ भूत↑ + पु॰ गण↑

भूतग्राम 9.19, पु॰ तस॰ भूतानाम् ग्रामः (भूतों का संच) ←न॰ भूत↑ + पु॰ ग्राम↑

भूतग्रामः 8.19, प्रथ॰ एक॰ भूतग्रामः (भूत संच); द्वि॰ भूतग्रामौ; बहु॰ भूतग्रामाः ←पु॰

भूतग्राम↑

भूतग्रामम् 9.8, द्विती० एक० भूतग्रामम् (भूत संच को); द्वि० भूतग्रामौ; बहु० भूतग्रामान् ←पु० भूतग्राम↑

भूतपृथग्भावम् 13.31, द्विती० एक० भूतपृथग्भावम् (भूतों-भूतों की भिन्नता को); द्वि० ०भावौ; बहु० ०भावान् ←पु० तस० भूतपृथग्भाव, भूतानाम् पृथक् भाव: (वैयक्तिक जीव में पाई जाने वाली भिन्नता, भूतों-भूतों में दिखाई देने वाले भिन्न-भिन्न भाव समूहवाचक) ←न० भूत↑ + वि० पृथक्↑ + पु० भाव↑

भूतप्रकृतिमोक्षम् 13.35, द्विती० एक० भूतप्रकृतिमोक्षम् (प्रकृति के विकारों से भूतों को मिलने वाले मोक्ष को); द्वि० ०मोक्षौ; बहु० ०मोक्षान् ←पु० तस० भूतप्रकृतिमोक्ष, भूतानाम् प्रकृत्या: मोक्ष: (प्रकृति और उसके विकारों से भूतों को मिलने वाला मोक्ष) ←न० भूत↑ + स्त्री० प्रकृति↑ + पु० मोक्ष↓

भूतभर्तृ 13.17, न० प्रथ०-द्विती० एक० भूतभर्तृ (भूतों का पालन करने वाला, ०वाले को); द्वि० भूतभर्तृणी; बहु० भूतभर्तृणि ←वि० तस० भूतभर्तृ, भूतानाम् भर्तृ (जीवों का धारण पोषण करने वाला, पालन करने वाला) ←न० भूत↑ + पु० भर्तृ↑

भूतभावन 9.5, पु० संबो० एक० भूतभावन (हे भूतभावन!); द्वि० भूतभावनौ; बहु० भूतभावना: ←वि० बस० भूतभावन, भूतानि भावयति य: स: (सर्व भूतों को जन्म, जीव, जीवन, प्राण देने वाला; भर्ता, परब्रह्म, विष्णु) ←न० भूत↑ + वि० भावन (उत्पादक, जन्मदाता, जीवन दाता; सृष्टिकर्ता) ←1भ्वादि०√भू (होना)

भूतभावन: 9.5, प्रथ० एक० भूतभावन: (भूतों को जीवन देने वाला); द्वि० भूतभावनौ; बहु० भूतभावना: ←पु० भूतभावन↑

भूतभावोद्भवकार: 8.3, प्रथ० एक० भूतभावोद्भवकार: (भूतों में भावना उत्पन्न करने वाला); द्वि० भूतभावोद्भवकारौ; बहु० भूतभावोद्भवकारा: ←पु० तस० भूतभावोद्भवकार, भूतानाम् भावान् उद्भवकार: (भूतों के भाव निर्माण करने वाला, भूतों की भावनाएँ उत्पन्न करने वाला) ←न० भूत↑ + पु० भाव↑ + पु० उद्भव↑ + वि० कार↑

भूतभृत् 9.5, पु० प्रथ० एक० भूतभृत् (भूतों का पोषण करने वाला); द्वि० भूतभृतौ; बहु० भूतभृत: ←वि० तस० भूतभृत्, भूतानि विभर्ति इति (जीवितों का धारण, पोषण, पालन करने वाला, भूतभर्तृ) ←न० भूत↑ + वि० भृ ←3जुहो०√भृ

भूतम् 10.39, न० प्रथ०-द्विती० एक० भूतम् (भूत, भूत को); द्वि० भूते; बहु० भूतानि↓ ←न० भूत↑

भूतमहेश्वरम् 9.11, द्विती॰ एक॰ <u>भूतमहेश्वरम्</u> (भूतों के महान ईश्वर को); द्वि॰ भूतमहेश्वरौ; बहु॰ भूतमहेश्वरान् ←पु॰ तस॰ भूतमहेश्वर, भूतानाम् महेश्वरः (भूतों का महान ईश्वर) ←न॰ भूत↑ + वि॰ महेश्वर (परमेश्वर↑, महादेव, महान ईश्वर) ←वि॰ महा↓ + पु॰ ईश्वर↑

भूतविशेषसङ्घान् 11.15, द्विती॰ एक॰ ॰सङ्घम्; द्वि॰ ॰सङ्घौ; बहु॰ <u>भूतविशेषसङ्घान्</u> (पंचमहाभूतों के समुदायों को) ←पु॰ तस॰ भूतविशेषसङ्घ, भूतानम् विशेषाणाम् सङ्घः (अनेक भूतों का समूह, भूतग्राम, भूतसमुदाय) ←न॰ भूत↑ + वि॰ विशेष↓ + पु॰ सङ्घ↓

भूतसर्गौ 16.6, प्रथ॰ एक॰ भूतसर्गः; द्वि॰ <u>भूतसर्गौ</u> (भूतों के दो स्वभाव); बहु॰ भूतसर्गाः; अथवा द्विती॰ एक॰ भूतसर्गम्; द्वि॰ <u>भूतसर्गौ</u> (भूतों के दो स्वभावों को); बहु॰ भूतसर्गान् ←पु॰ तस॰ भूतसर्ग, भूतानाम् सर्गः (भूतों की प्रकृति, भूतों का स्वभाव) ←न॰ भूत↑ + पु॰ सर्ग↓

भूतस्थः 9.5, पु॰ प्रथ॰ एक॰ <u>भूतस्थः</u> (जो भूतों में विद्यमान है वह, भूतों में पाया जाने वाला); द्वि॰ भूतस्थौ; बहु॰ भूतस्थाः ←वि॰ तस॰ भूतस्थ, भूतेषु स्थः (भूतों में स्थित रहने वाला) ←न॰ भूत↑ + वि॰ स्थ↓

भूतादिम् 9.13, पु॰ द्विती॰ एक॰ <u>भूतादिम्</u> (भूतों के जन्मदाता को); द्वि॰ भूतादी; बहु॰ भूतादीन् ←वि॰ बस॰ भूतादि, भूतानम् आदि यः (भूतों का– आदि, उद्गम, जन्मदाता) ←न॰ भूत↑ + पु॰ आदि↑

भूतानाम् 4.6, षष्ठी॰ एक॰ भूतस्य; द्वि॰ भूतयोः; बहु॰ <u>भूतानाम्</u> (भूतों का,की,के) ←न॰ भूत↑

भूतानि 2.28, प्रथ॰–द्विती॰ एक॰ भूतम्↑; द्वि॰ भूते; बहु॰ <u>भूतानि</u> (प्राणी, भूत, सर्व लोग; प्राणियों के प्रति) ←न॰ भूत↑

भूतिः 18.78, प्रथ॰ एक॰ <u>भूतिः</u> (यश); द्वि॰ भूती; बहु॰ भूतयः ←स्त्री॰ भूति (यश, सफलता; वैभव, संपत्ति) ←1भ्वादि॰√भू

भूतेज्याः 9.25, पु॰ प्रथ॰ एक॰ भूतेज्यः; द्वि॰ भूतेज्यौ; बहु॰ <u>भूतेज्याः</u> (भूतों पर जिनकी निष्ठा है वे लोग) ←बस॰ वि॰ भूतेज्य, भूतेभ्यः इज्या यस्य (भूतों में जिसकी श्रद्धा है वह) ←न॰ भूत↑ + स्त्री॰ इज्या↑

भूतेश 10.15, पु॰ संबो॰ एक॰ <u>भूतेश</u> (हे भूतेश!); द्वि॰ भूतेशौ; बहु॰ भूतेशाः ←वि॰ तस॰ भूतेश, भूतानम् ईशः (भूतों का ईश्वर); बस॰ भूतानाम् ईश यः (कृष्ण↑) ←न॰ भूत↑ + पु॰ ईश↑

भूतेषु 7.11, सप्त॰ एक॰ भूते; द्वि॰ भूतयोः; बहु॰ भूतेषु (भूतों में) ←पु॰ भूत↑

भूत्वा 2.20, अव्य॰ (हुए, होकर, होने के पश्चात्) ←1भ्वादि॰√भू

भूमि 2.8, स्त्री॰ (अदिति, अवनि↑, अवनी, गा↑, जमीन, धरणी, धरती, धरित्री, धरा, पृथ्वी, पृथिवी↑, भुई, भू, मही↓, रसा, वसुंधरा, शाश्वती↓, क्षमा, क्षिति) ←1भ्वादि॰√भू

भूमिः 7.4, प्रथ॰ एक॰ भूमिः (भूमि); द्वि॰ भूमी; बहु॰ भूमयः ←स्त्री॰ भूमि↑

भूमौ 2.8, सप्त॰ एक॰ भूमौ (भूमि पर); द्वि॰ भूम्यो; बहु॰ भूमिषुः ←स्त्री॰ भूमि↑

भूयः 2.20, = अव्य॰ भूयस् (अधिक, और, पुनः) ←1भ्वादि॰√भू (होना, होना)

भृगुः 10.25, प्रथ॰ एक॰ भृगुः (भृगु मुनि); द्वि॰ भृगू; बहु॰ भृगवः ←पु॰ विना॰ भृगु

भेद 3.26, पु॰ (अंतर, तफावत, फरक, वैषम्य; विभाजन; जाति, द्वैत्व) ←7रुधा॰√भिद्

भेदम् 17.7, द्विती॰ एक॰ भेदम् (भेद को); द्वि॰ भेदौ; बहु॰ भेदान् ←पु॰ भेद↑

भेर्यः 1.13, प्रथ॰ एक॰ भेरी; द्वि॰ भेर्यौ; बहु॰ भेर्यः (भेरियाँ) ←स्त्री॰ भेरी (ढक्का, ढोल, ढोलक, नगाड़ा, पटह) ←3जुहो॰√भी

भैक्ष्यम् 2.5, प्रथ॰–द्विती॰ एक॰ भैक्ष्यम् (भिक्षा, भिक्षा को); द्वि॰ भैक्ष्ये; बहु॰ भैक्ष्याणि ←(1) न॰ भैक्ष्य (भिक्षा, भीख; दान, याचना); (2) वि॰ (भिक्षा मांग कर निर्वाह करने वाला, भिक्षु) ←1भ्वादि॰√भिक्ष्

भोक्ता 9.24, पु॰ प्रथ॰ एक॰ भोक्ता (उपभोग लेने वाला); द्वि॰ भोक्तारौ; बहु॰ भोक्तारः ←वि॰ भोक्तृ↓

भोक्तारम् 5.29, पु॰ द्विती॰ एक॰ भोक्तारम् (भोग लेने वाले को); द्वि॰ भोक्तारौ; बहु॰ भोक्तॄन् ←वि॰ भोक्तृ↓

भोक्तुम् 2.5, अव्य॰ (अनुभव, उपभोग, उपयोग, भोग –लेने के लिए) ←7रुधा॰√भुज् (खाना, उपभोगना)

भोक्तृ 5.29, वि॰ (अनुभव लेने वाला, उपभोग लेने वाला, खाने वाला, भोगने वाला) ←7रुधा॰√भुज् (खाना, उपभोगना)

भोक्तृत्वे 13.21, सप्त॰ एक॰ भोक्तृत्वे (उपभोग के बाबत में, विषय में, संबंध में); द्वि॰ भोक्तृत्वयोः; बहु॰ भोक्तृत्वेषु ←न॰ भोक्तृत्व (अधिकार, अनुभूति; उपभोग, भक्षण, भोग↓) ←7रुधा॰√भुज्

भोग 1.32, पु॰ (आहार↑, उपयोग, प्रयोग, भक्षण; अनुभव, आनंद, आस्वाद, प्रतीति) ←7रुधा॰√भुज् (खाना, भक्षण करना)

भोगाः 1.33, प्रथ॰ एक॰ भोगः; द्वि॰ भोगौ; बहु॰ भोगाः (भोग) ←पु॰ भोग↑

भोगान् 2.5, द्विती॰ एक॰ भोगम्; द्वि॰ भोगौ; बहु॰ भोगान् (भोगों को) ←पु॰ भोग↑

भोगी 16.14, पु॰ प्रथ॰ एक॰ भोगी (उपभोग लेने वाला); द्वि॰ भागिनौ; बहु॰ भोगिनः ←वि॰ भोगिन् (अनुभव लेने वाला, उपभोग लेने वाला, खाने वाला, भोक्तृ↑, भोगने वाला) ←7रुधा॰√भुज्

भोगैः 1.32, तृती॰ एक॰ भोगेन; द्वि॰ भोगाभ्याम्; बहु॰ भोगैः (भोगों से) ←पु॰ भोग↑

भोगैश्वर्यगतिम् 2.43, द्विती॰ एक॰ भोगैश्वर्यगतिम् (भोग और ऐश्वर्य की गति को); द्वि॰ भोगैश्वर्यगती; बहु॰ भोगैश्वर्यगतीः ←स्त्री॰ तस॰ भोगैश्वर्यगति, भोगानाम् च ऐश्वर्यस्य च समाहारस्य गति (भोग, ऐश्वर्य की गति, प्राप्ति, वृद्धि) ←पु॰ भोग↑ + न॰ ऐश्वर्य↑ + स्त्री॰ गति↑

भोगैश्वर्यप्रसक्तानाम् 2.44, पु॰ षष्ठी॰ एक॰ ॰प्रसक्तस्य; द्वि॰ ॰प्रसक्तयोः; बहु॰ भोगैश्वर्यप्रसक्तानाम् (भोग और ऐश्वर्य में जो आसक्त हुए हैं उनका,की,के) ←वि॰ तस॰ भोगैश्वर्यप्रसक्त, भोगेषु च ऐश्वर्ये च प्रसक्तः (भोगों में और ऐश्वर्य में जिसकी मति आसक्त हुई है वह, ऐषाराम में लंपट) ←पु॰ भोग↑ + न॰ ऐश्चर्य↑ + वि॰ प्रसक्त↑

भोजनम् 17.10, प्रथ॰–द्विती॰ एक॰ भोजनम् (भोजन, भोजन को); द्वि॰ भोजने; बहु॰ भोजनानि ←न॰ भोजन (आहार; खाना, भोजन) ←7रुधा॰√भुज्

भोक्ष्यसे 2.37, लृट् अपूर्ण भवि॰ आत्म॰ मध्य॰ एक॰ भोक्ष्यसे (तू भोगेगा); द्वि॰ भोक्ष्येथे; बहु॰ भोक्ष्यध्वे ←7रुधा॰√भुज् (उपभोगना)

भ्रमति 1.30, लट् वर्त॰ पर॰ एक॰ उत्तम॰ भ्रमामि; मध्य॰ भ्रमसि; अन्य॰ भ्रमति अथवा भ्रम्यति (वह भ्रम में पड़ता है, पड़ रहा है) ←1भ्वादि॰√भ्रम् (भ्रम में पड़ना)

भ्रातॄन् 1.26, द्विती॰ एक॰ भ्रातरम्; द्वि॰ भ्रातरौ; बहु॰ भ्रातॄन् (बंधु जनों को, बंधुओं को) ←पु॰ भ्रातृ (बंधु, भाई, सहोदर) ←1भ्वादि॰√भ्राज्

भ्रामयन् 18.61, प्रथ॰ एक॰ भ्रामयन् (भ्रमण करते हुए); द्वि॰ भ्रामयन्तौ; बहु॰ भ्रामयन्तः ←वि॰ भ्रामयत् (भ्रमण, परिक्रमा, परिभ्रमण, पर्यटन, प्रदक्षिणा, फेरी –कराते हुए; घुमाते हुए) ←1भ्वादि॰√भ्रम् (भटकना)

भ्रुवोः 5.27, षष्ठी॰ एक॰ भ्रुवाः; द्वि॰ भ्रुवोः (दोनों भौंहों के); बहु॰ भ्रूनाम् ←स्त्री॰ भ्रू (भृकुटी, भौं, भौंह, भ्रकुटि, भ्रू) ←1भ्वादि॰√भ्रम्

(म)

मकरः 10.31, प्रथ॰ एक॰ मकरः (मकर); द्वि॰ मकरौ; बहु॰ मकराः ←पु॰ मकर (अवहार,

किराट, कुंभीर, क्रेड़, ग्राह, घड़ियाल, नीरकुंजर, नक्र, मगर, मगरमच्छ) ←म√कृ 8तना॰

मच्चित्त 6.14, वि॰ बस॰ मयि चित्तम् यस्य (मत्पर, मत्परायण, मुझ में चित्त स्थिर किया हुआ) ←सना॰ मत्↓ + न॰ चित्त↑

मच्चित्तः 6.14, पु॰ प्रथ॰ एक॰ मच्चित्तः (जो मत्परायण है वह); द्वि॰ मच्चित्तौ; बहु॰ मच्चित्ताः↓ ←वि॰ मच्चित्त↑

मच्चित्ताः 10.9, पु॰ प्रथ॰ एक॰ मच्चित्तः↑; द्वि॰ मच्चित्तौ; बहु॰ मच्चित्ताः (मत्परायण हुए लोग) ←वि॰ मच्चित्त↑

मणिगणाः 7.7, प्रथ॰ एक॰ मणिगणः; द्वि॰ मणिगणौ; बहु॰ मणिगणाः (मणियों के समुदाय) ←पु॰ तस॰ मणिगण, मणीनाम् गणः (मणि समूहवाचक) ←पु॰ अथवा स्त्री॰ मणि (मणि, मोति, मौक्तिक; जवाहर, नग, नगीना, रत्न) ←1भ्वादि॰√मण् + पु॰ गण↑

मत् 1.9, (1) पंच॰ एक॰ मत् (मुझसे); द्वि॰ आवाभ्याम्; बहु॰ अस्मत् ←सना॰ अस्मद्↑; (2) तद्धित प्रत्यय 1.3, मतुप् का आदेश (अन्वित↑, युक्त↓, सम्पन्न↓)

मत 2.35, (1) न॰ (अभिमान्यता, राय, सम्मति, सलाह; अंदाज, अनुमान, कल्पना, धारणा, विचार, विश्वास, सिद्धांत); (2) वि॰ (अनुमान, कल्पना, मान्य, विचार –किया हुआ; पसंद, प्रशंसा, सम्मान –किया हुआ) ←4दिवा॰√मन् (मानना)

मतः 6.32, पु॰ प्रथ॰ एक॰ मतः (माना गया हुआ); द्वि॰ मतौ; बहु॰ मताः↓ ←वि॰ मत↑

मतम् 3.31, न॰ प्रथ॰–द्विती॰ एक॰ मतम् (विचार, विचार को); द्वि॰ मते; बहु॰ मतानि ←वि॰ मत↑

मता 3.1, स्त्री॰ प्रथ॰ एक॰ मता (कल्पना); द्वि॰ मते; बहु॰ मताः ←वि॰ मत↑

मताः 12.2, पु॰ प्रथ॰ एक॰ मतः↑; द्वि॰ मतौ; बहु॰ मताः (माने गए हुए) ←वि॰ मत↑

मति 6.36, स्त्री॰ (मति, बुद्धि↑, मेधा↓) ←4दिवा॰√मन्

मतिः 6.36, स्त्री॰ प्रथ॰ एक॰ मतिः (मति); द्वि॰ मती; बहु॰ मतयः ←स्त्री॰ मति↑

मते 8.26, स्त्री॰ प्रथ॰ एक॰ मता; द्वि॰ मते (जो दो प्रकार की जानी गई हैं वे); बहु॰ मताः ←वि॰ मत↑

मत्कर्मकृत् 11.55, प्रथ॰ एक॰ मत्कर्मकृत् (मेरे प्रीत्यर्थ कर्म करते हुए); द्वि॰ मत्कर्मकृतौ; बहु॰ मत्कर्मकृतः ←वि॰ मत्कर्मकृत् (मेरे वास्ते कर्म करते हुए) ←प्रत्यय मत्↑ + न॰ कर्मन्↑ + वि॰ कृत्↑

मत्कर्मपरमः 12.10, पु॰ प्रथ॰ एक॰ मत्कर्मपरमः (मेरे प्रति कर्म करने में जो परायण है वह); द्वि॰ ॰परमौ; + बहु॰ ॰परमाः ←वि॰ मत्कर्मपरम (मेरे लिए कर्म करने में परायण

हुआ, मेरे खातिर कर्म करना जिसके लिए सर्वोच्च है वह) ←प्रत्यय मत्↑ + न॰ कर्मन्↑ + वि॰ परम↑

मत्त: 7.7, अव्य॰ (मुझसे; मेरे अपेक्षा) ←सना॰ मत्↑

मत्पर 2.61, वि॰ बस॰ अहम् पर: यस्य; मयि परायण: य: (मद्गत↓, मत्परम↓, मत्परायण↓, मुझे परमोच्च ध्येय मानने वाला, मुझमें परायण है वह) ←प्रत्यय मत्↑ + वि॰ पर↑

मत्पर: 2.61, पु॰ प्रथ॰ एक॰ मत्पर: (जो मुझमें परायण है वह); द्वि॰ मत्परौ; बहु॰ मत्परा:↓ ←वि॰ मत्पर↑

मत्परम 11.55, वि॰ बस॰ अहम् परम: यस्य स: (मद्गत↓, मत्पर↑, मत्परायण↓, मुझे परमोच्च ध्येय मानने वाला, मुझमें परायण है वह) ←प्रत्यय मत्↑ + वि॰ परम्↑

मत्परम: 11.55, पु॰ प्रथ॰ एक॰ मत्परम: (मुझे परम जानने वाला); द्वि॰ मत्परमौ; बहु॰ मत्परमा:↓ ←वि॰ मत्परम↑

मत्परमा: 11.55, पु॰ प्रथ॰ एक॰ मत्परम:↑; द्वि॰ मत्परमौ; बहु॰ मत्परमा: (मुझे परम जानने वाले) ←वि॰ मत्परम↑

मत्परा: 12.6, पु॰ प्रथ॰ एक॰ मत्पर:↑; द्वि॰ मत्परौ; बहु॰ मत्परा: (जो मत्पर हैं वे लोग) ←वि॰ मत्पर↑

मत्परायण: 9.34, पु॰ प्रथ॰ एक॰ मत्परायण: (जो मुझमें परायण है वह); द्वि॰ मत्परायणौ; बहु॰ मत्परायणा: ←वि॰ बस॰ मत्परायण (मद्गत↓, मत्पर↑, मत्परम↑, मुझे परमोच्च ध्येय मानने वाला, मुझमें परायण) ←प्रत्यय मत्↑ + वि॰ परायण↑

मत्प्रसादात् 18.56, पंच॰ एक॰ मत्प्रसादात् (मेरी कृपा के कारण); द्वि॰ मत्प्रसादाभ्याम्; बहु॰ मत्प्रसादेभ्य: ←पु॰ तस॰ मत्प्रसाद, मम प्रसाद: (मेरा प्रसाद, मेरी कृपा) ←प्रत्यय मत्↑ + पु॰ प्रसाद↑

मत्वा 3.28, अव्य॰ (जान कर, मान कर, समझ कर) ←4दिवा॰√मन् (जानना, मानना)

मत्संस्थाम् 6.15, स्त्री॰ द्विती॰ एक॰ मत्संस्थाम् (जो मुझमें स्थित हुई है उसको); द्वि॰ मत्संस्थे; बहु॰ मत्संस्था: ←वि॰ बस॰ मत्संस्था, मयि संस्था यस्या: (मुझमें एकत्रित, संगठित, स्थित) ←प्रत्यय मत्↑ + स्त्री॰ संस्था (संगठन) ←सम्√स्था 1भ्वादि॰ (स्थिरना)

मत्स्थानि 9.4, न॰ प्रथ॰-द्विती॰ एक॰ मत्स्थम्; द्वि॰ मत्स्थे; बहु॰ मत्स्थानि (मुझमें स्थित हुए, ॰हुओं को) ←वि॰ तस॰ मत्स्थ, मयि स्थम् (मुझमें स्थित है वह) ←प्रत्यय मत्↑ + वि॰ स्थ↓

मद 16.10, पु० (कामुकता, लंपटता; मस्ती, विक्षिप्तता; अनुराग, नशा) ←1भ्वादि०√मद् (मस्ती मारना)

मदनुग्रहाय 11.1, चतु० एक० मदनुग्रहाय (मुझ पर कृपा करने के लिए); द्वि० मदनुग्रहाभ्याम्; बहु० मदनुग्रहेभ्य: ←पु० तस० मदनुग्रह, मम अनुग्रह: (जो मुझ पर है वह- अनुकूलता, अनुग्रह, कृपा) ←प्रत्यय मत्↑ + पु० अनुग्रह↑

मदम् 18.35, द्वि‍ती० एक० मदम् (मद को); द्वि० मदौ; बहु० मदान् ←पु० मद↑

मदर्थ 1.9, पु० तस० मम अर्थ: (मेरे- अर्थ, कारण, खातिर, प्रति, प्रीत्यर्थ, लिए) ←प्रत्यय मत्↑ + पु० अर्थ↑

मदर्थम् 12.10, द्वि‍ती० एक० मदर्थम् (मेरे हेतु, मेरे अर्थ को); द्वि० मदर्थौ; बहु० मदर्थान् ←पु० मदर्थ↑

मदर्थे 1.9, सप्त० एक० मदर्थे (मेरे लिए, मेरे कारण, मेरे हेतु में); द्वि० मदर्थयो:; बहु० मदर्थेषु ←पु० मदर्थ↑

मदर्पणम् 9.27, न० प्रथ०-द्वि‍ती० एक० मदर्पणम् (मुझे अर्पण किया हुआ, ०किए हुए को); द्वि० मदर्पणे; बहु० मदर्पणानि ←वि० बस० मदर्पण, मयि अर्पणम् यत् (मुझे- अर्पण किया हुआ, सौंपा हुआ) ←सना० मत्↑ + न० अर्पण↑

मदाश्रय: 7.1, प्रथ० एक० मदाश्रय: (मेरा आश्रय); द्वि० मदाश्रयौ; बहु० मदाश्रया: ←पु० तस० मदाश्रय, मम आश्रय: (मेरा आश्रय, आसरा; मेरी छाया) ←सना० मत् + पु० आश्रय↑

मद्गत 6.47, वि० तस० मयि गतम् (मत्पर↑, मत्परम↑, मत्परायण↑, मुझमें आया हुआ, मुझे आकर मिला हुआ) ←सन० मत्↑ + वि० गत↑

मद्गतप्राणा: 10.9, पु० प्रथ० एक० मद्गतप्राण:; द्वि० मद्गतप्राणौ; बहु० मद्गतप्राणा: (मेरे प्रीत्यर्थ प्राण की बाजी लगाए हुए लोग) ←वि० बस० मद्गतप्राण, मयि गत: प्राण: यस्य स: (मुझमें- प्राण लगाया हुआ, प्राण अर्पण किया हुआ) ←वि० मद्गत↑ + पु० प्राण↑

मद्गतेन 6.47, न० तृती० एक० मद्गतेन (मुझमें स्थिर किए –अंत:करण– से); द्वि० मद्गताभ्याम्; बहु० मद्गतै: ←वि० तस० मद्गत, मयि गतम् (मत्पर↑, मत्परम↑, मत्परायण↑, मुझमें आया हुआ, मुझे आकर मिला हुआ) ←सन० मत्↑ + वि० गत↑

मद्भक्त 7.23, पु० तस० मम भक्त: (मेरा भक्त; मत्पर↑, मत्परायण हुआ; मुझ पर निष्ठा, भक्ति, श्रद्धा, विश्वास है वह) ←सना० मत्↑ + पु० भक्त↑

मद्भक्त: 9.34, प्रथ० एक० मद्भक्त: (मेरा भक्त); द्वि० मद्भक्तौ; बहु० मद्भक्ता:↓ ←पु०

मद्भक्त↑

मद्भक्ता: 7.23, प्रथ॰ एक॰ मद्भक्त:↑; द्वि॰ मद्भक्तौ; बहु॰ मद्भक्ता: (मेरे भक्त) ←पु॰ मद्भक्त↑

मद्भक्तिम् 18.54, द्विती॰ एक॰ मद्भक्तिम् (मुझ पर की हुई भक्ति को); द्वि॰ मद्भक्ती; बहु॰ मद्भक्ती: ←स्त्री॰ तस॰ मद्भक्ति, मयि भक्ति: (मुझ पर की हुई– निष्ठा, भक्ति, श्रद्धा) ←सना॰ मत्↑ + स्त्री॰ भक्ति↑

मद्भक्तेषु 18.68, सप्त॰ एक॰ मद्भक्ते; द्वि॰ मद्भक्तयो:; बहु॰ मद्भक्तेषु (मेरे भक्तों में) ←पु॰ मद्भक्त↑

मद्भाव 4.10, (1) पु॰ तस॰ मयि भाव: (मेरी भक्ति; मेरा अनुराग, भाव, स्वभाव); (2) वि॰ बस॰ मयि भाव: यस्य स: (मेरी भक्ति, अनुराग, भाव, स्वभाव –जानने वाला; मद्भक्त↑, मेरा भक्त) ←सना॰ मत्↑ + पु॰ भाव↑

मद्भावम् 4.10, द्विती॰ एक॰ मद्भावम् (मेरे भाव को); द्वि॰ मद्भावौ; बहु॰ मद्भावान् ←पु॰ मद्भाव↑

मद्भावा: 10.6, प्रथ॰ एक॰ मद्भाव:; द्वि॰ मद्भावौ; बहु॰ मद्भावा: (मेरे भक्त, मेरा भाव रखने वाले) ←पु॰ मद्भाव↑

मद्भावाय 13.19, चतु॰ एक॰ मद्भावाय (मेरे भाव को); द्वि॰ मद्भावाभ्याम्; बहु॰ मद्भावेभ्य: ←पु॰ मद्भाव↑

मद्याजिन् 9.25, वि॰ तस॰ मम यजी (मुझे यजन करने वाला, मेरी आराधना करने वाला) ←सना॰ मत्↑ + वि॰ यजिन्↓

मद्याजिन: 9.25, पु॰ प्रथ॰ एक॰ मद्याजी↓; द्वि॰ मद्याजिनौ; बहु॰ मद्याजिन: (मुझे यजन करने वाले लोग) ←वि॰ मद्याजिन्↑

मद्याजी 9.34, पु॰ प्रथ॰ एक॰ मद्याजी (मुझे यजन करने वाला); द्वि॰ मद्याजिनौ; बहु॰ मद्याजिन:↑ ←वि॰ मद्याजिन्↑

मद्योगम् 12.11, पु॰ द्विती॰ एक॰ मद्योगम् (मेरे योग को); द्वि॰ मद्योगौ; बहु॰ मद्योगान् ←वि॰ तस॰ मद्योग, मम योग: (मेरा योग, मैंने कहा हुआ योग, मेरी प्राप्ति का योग) ←सना॰ मत्↑ + पु॰ योग↓

मद्व्यपाश्रय: 18.56, पु॰ प्रथ॰ एक॰ मद्व्यपाश्रय: (मेरे आश्रय के तले आया हुआ); द्वि॰ मद्व्यपाश्रयौ; बहु॰ मद्व्यपाश्रया: ←वि॰ बस॰ मद्व्यपाश्रय, अहम् व्यपाश्रय: यस्य स: (मेरा आश्रय लिया हुआ, मेरे आश्रय में आया हुआ, मद्भक्त↑, मत्परायण↑, मत्पर↑, मन्मन↓)

←सना॰ मत्↑ + पु॰ व्यपाश्रय↓

मधुसूदन 1.35, पु॰ संबो॰ एक॰ मधुसूदन (हे मधुसूदन!); द्वि॰ मधुसूदनौ; बहु॰ मधुसूदना: ←वि॰ बस॰ मधुसूदन, मधु: नामानम् दैत्यम् सूदयति य: स: (कृष्ण↑) ←पु॰ मधु (मधु नाम का राक्षस) + न॰ सूदन↓

मधुसूदन: 2.1, प्रथ॰ एक॰ मधुसूदन: (मधुसूदन); द्वि॰ मधुसूदनौ; बहु॰ मधुसूदना: ←पु॰ मधुसूदन↑

मध्य 1.21, (1) न॰ (दरमियान, बीच; मध्यांतर, बीच वाला भाग, मध्यबिंदु, मांझ; नाभी, मकरज); (2) 10.20, वि॰ (बीच का, भीतरी, मध्यवर्ती; समांतर) ←1भ्वादि॰√मह

मध्यम् 10.20, न॰ प्रथ॰-द्विती॰ एक॰ मध्यम् (मध्य, मध्य को); द्वि॰ मध्ये; बहु॰ मध्यानि (देखिए व्यक्तमध्यानि↓) ←वि॰ मध्य↑

मध्ये 1.21, सप्त॰ एक॰ मध्ये (दरमियान, में, बीच में); द्वि॰ मध्ययो:; बहु॰ मध्येषु ←न॰ मध्य↑

मन: 1.30, प्रथ॰-द्विती॰ एक॰ मन: (मन, मन को); द्वि॰ मनसी; बहु॰ मनांसि ←न॰ मनस्↓

मन:प्रसाद: 17.16, प्रथ॰ एक॰ मन:प्रसाद: (मन का संतोष); द्वि॰ मन:प्रसादौ; बहु॰ मन:प्रसादा: ←पु॰ तस॰ मन:प्रसाद, मनस: प्रसाद: (मन का संतोष, मन की प्रसन्नता) ←न॰ मनस्↓ + पु॰ प्रसाद↑

मन:प्राणेन्द्रियक्रिया: 18.33, प्रथ॰ एक॰ ॰क्रिया; द्वि॰ ॰क्रिये; बहु॰ मन:प्राणेन्द्रियक्रिया: (मन, प्राण और इन्द्रियों की क्रियाएँ) ←स्त्री॰ तस॰ मन:प्राणेन्द्रियक्रिया, मनस: च प्राणस्य च इन्द्रियाणाम् च क्रियाणाम् समाहार: (मन, प्राण और इन्द्रियों की क्रियाएँ समूहवाचक) ←न॰ मनस्↓ + पु॰ प्राण↑ + न॰ इन्द्रिय↑ + स्त्री॰ क्रिया↑

मनव: 10.6, प्रथ॰ एक॰ मनु:; द्वि॰ मनू; बहु॰ मनव: (चौदह मनु) ←पु॰ मनु↓

मनवे 4.1, चतु॰ एक॰ मनवे (मनु को); द्वि॰ मनुभ्याम्; बहु॰ मनुभ्य: ←पु॰ मनु↓

मन:षष्ठानि 15.7, न॰ प्रथ॰-द्विती॰ एक॰ मन:षष्ठम्; द्वि॰ मन:षष्ठे; बहु॰ मन:षष्ठानि (मन जिनका छठा अंश है वे, ॰उनको) ←वि॰ मन:षष्ठ, मन: षष्ठं यस्य तत् (छठा इन्द्रिय मन; पांच अन्य इन्द्रियाँ और छठा तत्त्व मन) ←न॰ मनस्↓ + वि॰ षष्ठ↓

मनस् 1.30, न॰ (अंत:करण, उर, मन, चित्त↑, चेतस्↑, जी, मानस, हृद↓, हृदय↓) ←4दिवा॰√मन्

मनस: 3.42, पंच॰ एक॰ मनस: (मन से, की अपेक्षा); द्वि॰ मनोभ्याम्; बहु॰ मनोभ्य:

←न॰ मनस्↓

मनसा 3.6, तृती॰ एक॰ मनसा (मन से, के द्वारा); द्वि॰ मनोभ्याम; बहु॰ मनोभि: ←न॰ मनस्↓

मनीषिण: 2.51, पु॰ प्रथ॰ एक॰ मनिषी; द्वि॰ मनीषिणौ; बहु॰ मनीषिण: (ज्ञानी लोग) ←वि॰ मनीषिन्↓

मनीषिणाम् 18.5, पु॰ षष्ठी॰ एक॰ मनीषिण:; द्वि॰ मनीषिणो:; बहु॰ मनीषिणाम् (ज्ञानी लोगों का,की,के) ←वि॰ मनीषिन्↓

मनीषिन् 2.51, वि॰ (बुद्धिमान्↑, बुद्धिवान, विचारवान) ←4दिवा॰√मन्

मनु 1.44 पु॰ विना॰ (मनु, व्यक्ति–परिचय देखिए– खंड 1, गीता दर्शन↑) ←4दिवा॰√मन्

मनु: 4.1, प्रथ॰ एक॰ मनु: (मनु); द्वि॰ मनू; बहु॰ मनव: ←पु॰ मनु↓

मनुष्य 1.44, पु॰ (मनु का अपत्य; आदमी, नर↑, नृ, पुंस, मनुज, मानव↓, मानुष, व्यक्ति↓; पुरुष↑) ←4दिवा॰√मन्

मनुष्यलोके 15.2, सप्त॰ एक॰ मनुष्यलोके (इहलोक में); द्वि॰ मनुष्यलोकयो:; बहु॰ मनुष्यलोकेषु ←पु॰ तस॰ मनुष्यलोक, मनुष्याणाम् लोक: (इहलोक, दुनिया, मर्त्य लोक, लोक↓, संसार) ←पु॰ मनुष्य↑ + पु॰ लोक↓

मनुष्या: 3.23, प्रथ॰ एक॰ मनुष्य:; द्वि॰ मनुष्यौ; बहु॰ मनुष्या: (मनुष्य लोग, मानव लोग) ←पु॰ मनुष्य↑

मनुष्याणाम् 1.44, षष्ठी॰ एक॰ मनुष्यस्य; द्वि॰ मनुष्ययो:; बहु॰ मनुष्याणाम् (मानवों का,की,के) ←पु॰ मनुष्य↑

मनुष्येषु 4.18, सप्त॰ एक॰ मनुष्ये; द्वि॰ मनुष्ययो:; बहु॰ मनुष्येषु (मनुष्यों में) ←पु॰ मनुष्य↑

मनोगतान् 2.55, पु॰ द्विती॰ एक॰ मनोगतम्; द्वि॰ मनोगतौ; बहु॰ मनोगतान् (मन में आए हुओं को) ←वि॰ तस॰ मनोगत, मनसि आगत: (मन में आया हुआ, विचारजन्य) ←न॰ मनस्↑ + वि॰ गत↑

मनोरथम् 16.13, पु॰ द्विती॰ एक॰ मनोरथम् (मन में आए हुए विचार को); द्वि॰ मनोरथौ; बहु॰ मनोरथान् ←वि॰ मनोरथ, कस॰ रथ: इव मन:; तस॰ मनस: रथ: (मनरूपी रथ; मन में आया हुआ विचार, मनसूबा, मनोकामना) ←न॰ मनस्↑ + पु॰ रथ↓

मन्तव्य: 9.30, पु॰ प्रथ॰ एक॰ मन्तव्य: (जो मानने योग्य है वह); द्वि॰ मन्तव्यौ; बहु॰ मन्तव्या: ←वि॰ मन्तव्य (मानितव्य, मानने के लिए योग्य, माननीय) ←4दिवा॰√मन्

मन्त्र 9.16, पु॰ मन्त्र (ऋषि प्रणीत, जप करने की, पवित्र अथवा विशिष्ट- अक्षर समुदाय, शब्द, शब्द समूह, वाक्य, श्लोक; प्रणाली)

मन्त्रः 9.16, प्रथ॰ एक॰ मन्त्रः (मंत्र); द्वि॰ मन्त्रौ; बहु॰ मन्त्राः ←पु॰ मन्त्र↑

मन्त्रहीनम् 17.13, न॰ प्रथ॰–द्वितीः एक॰ मन्त्रहीनम् (मंत्र के विना किया हुआ, ॰किए हुए को); द्वि॰ मन्त्रहीने; बहु॰ मन्त्रहीनानि ←वि॰ मन्त्रहीन (मंत्र विरहित, मंत्र के विना, मंत्र के सिवाय, मंत्र न कहते हुए) ←पु॰ मन्त्र↑ + वि॰ हीन↓

मन्दान् 3.29, पु॰ द्वितीः एक॰ मन्दम्; द्वि॰ मन्दौ; बहु॰ मन्दान् (मंद लोगों को) ←वि॰ मन्द (मंदबुद्धि, मूर्ख; धीमा, सुस्त) ←1भ्वादि॰√मन्द् (सुस्त पड़ना)

मन्मनाः 9.34, पु॰ प्रथ॰ एक॰ मन्मनाः (मुझमें मन लगाया हुआ मनुष्य); द्वि॰ मन्मनसौ; बहु॰ मन्मनसः ←वि॰ बस॰ मन्मनस् (मुझमें मन लगाया हुआ, मत्पर↑, पत्परायण↑, मद्भक्त↑, मन्मय↓) ←सना॰ मत्↑ + न॰ मनस्↑

मन्मयाः 4.10, पु॰ प्रथ॰ एक॰ मन्मयः; द्वि॰ मन्मयौ; बहु॰ मन्मयाः (मुझे ही सर्वस्व मानने वाले) ←वि॰ मन्मय (मेरे–मय हुआ, जिसका मैं ही सर्वस्व हूँ वह, मैं जिसको अनन्य हूँ वह) ←सना॰ मत्↑ + वि॰ मय↓

मन्यते 2.19, लट् वर्त॰ आत्म॰ उत्तम॰ एक॰ मन्ये; मध्य॰ एक॰ मन्यसे↓; अन्य॰ एक॰ मन्यते (वह मानता है); अन्य॰ द्वि॰ मन्येते; अन्य॰ बहु॰ मन्यन्ते↓ ←4दिवा॰√मन् (मानना)

मन्यन्ते 7.24, लट् वर्त॰ आत्म॰ उत्तम॰ एक॰ मन्ये; मध्य॰ एक॰ मन्यसे↓; अन्य॰ एक॰ मन्यते↑; अन्य॰ द्वि॰ मन्येते; अन्य॰ बहु॰ मन्यन्ते (वे मानते हैं) ←4दिवा॰√मन् (मानना)

मन्यसे 2.26, लट् वर्त॰ आत्म॰ उत्तम॰ एक॰ मन्ये; मध्य॰ एक॰ मन्यसे (तू मानता है); अन्य॰ एक॰ मन्यते↑; अन्य॰ द्वि॰ मन्येते; अन्य॰ बहु॰ मन्यन्ते↑ ←4दिवा॰√मन् (मानना)

मन्ये 6.34, लट् वर्त॰ आत्म॰ उत्तम॰ एक॰ मन्ये (मैं मानता हूँ); मध्य॰ एक॰ मन्यसे; अन्य॰ एक॰ मन्यते; अन्य॰ द्वि॰ मन्येते; अन्य॰ बहु॰ मन्यन्ते ←4दिवा॰√मन् (मानना)

मन्येत 5.8, पर॰ विध्यर्थी अन्य॰ एक॰ मन्येत (उसे मानना चाहिए, वह माने); द्वि॰ मन्येयाताम्; बहु॰ मन्येरन् ←4दिवा॰√मन् (मानना)

मंस्यन्ते 2.35, लृट् अपूर्ण भवि॰ आत्म॰ अन्य॰ एक॰ मंस्यते; द्वि॰ मंस्येते; बहु॰ मंस्यन्ते (वे माने गे) ←4दिवा॰√मन् (मानना)

मम 1.7, पु॰ न॰ स्त्री॰ षष्ठी॰ एक॰ मम (मेरा,री,रे); द्वि॰ आवयोः↑; बहु॰ अस्माकम्↑ ←सना॰ अस्मद्↑

मय 4.10, वि॰ उत्तरगामी तद्धित प्रत्यय (घिरा, छाया, भरा, फैला –हुआ; युक्त↓, व्याप्त)

←1भ्वादि॰√मय्

मया 1.22, पु॰ न॰ स्त्री॰ तृती॰ एक॰ मया (मुझसे, मेरे द्वारा); द्वि॰ आवाभ्याम्; बहु॰ अस्माभि:↑ ←सना॰ अस्मद्↑

मयि 3.30, पु॰ न॰ स्त्री॰ सप्त॰ एक॰ मयि (मुझमें, मेरेमें); द्वि॰ आवयो:; बहु॰ अस्मासु ←सना॰ अस्मद्↑

मरण 2.34, न॰ (अंत, उपसंहार, देवाज्ञा, देहान्त, देहावसान, निधन↑, मरण, मृत्यु↓, मौत) ←6तुदा॰√मृ

मरणात् 2.34, पंच॰ एक॰ मरणात् (मरण से, मृत्यु की अपेक्षा); द्वि॰ मरणाभ्याम्; बहु॰ मरणेभ्य: ←न॰ मरण↑

मरीचि: 10.21, प्रथ॰ एक॰ मरीचि: (मरीचि); द्वि॰ मरीची; बहु॰ मरीचय: ←पु॰ विना॰ मरीचि

मरुत् 10.21, (1) पु॰ (पवन↑, पवमान, वात, वायु↓, समीर, हवा); (2) वि॰ (बहने वाला) ←6तुदा॰√मृ

मरुत: 11.6, पु॰ द्विती॰ एक॰ मरुत्; द्वि॰ मरुतौ; बहु॰ मरुत: (49 मरुतों का मरुद्गण) ←न॰ मरुत्↑

मरुताम् 10.21, षष्ठी॰ एक॰ मरुत:; द्वि॰ मरुतो:; बहु॰ मरुताम् (मरुतों में) ←न॰ मरुत्↑

मर्त्य 9.21, वि॰ तद्धित शब्द, मृतस्य भाव: (जिसकी मृत्यु होनी ही है वह, मरने वाला) ←6तुदा॰√मृ

मर्त्यलोकम् 9.21, द्विती॰ एक॰ मर्त्यलोकम् (इहलोक को); द्वि॰ मर्त्यलोकौ; बहु॰ मर्त्यलोकान् ←पु॰ तस॰ मर्त्यलोक, मर्त्यानाम् लोक: (इहलोक, दुनिया, भूलोक, मनुष्यलोक↑, लोक↓, संसार) ←वि॰ मर्त्य↑ + पु॰ लोक↓

मर्त्येषु 10.3, पु॰ सप्त॰ एक॰ मर्त्ये; द्वि॰ मर्त्ययो:; बहु॰ मर्त्येषु (मर्त्य लोगों में) ←वि॰ मर्त्य↑

मल 3.38, पु॰ न॰ (धूल, मैल) ←1भ्वादि॰√मल्

मलेन 3.38, तृती॰ एक॰ मलेन (मैल से); द्वि॰ मलाभ्याम्; बहु॰ मलै: ←पु॰ मल↑

महत् 1.3, वि॰ (अति↑, अत्यन्त↑, प्रकाण्ड, प्रगाढ़, प्रखर, प्रचण्ड, बड़ा, भव्य, भीषण, महान, विस्तृत; महत्व का, श्रेष्ठ↓) ←1भ्वादि॰√मह

महत: 2.40; न॰ पंच॰ एक॰ महत: (महान-से); द्वि॰ महद्भ्याम्; बहु॰ महद्भ्य: ←वि॰ महत्

महता 4.2, पु॰ तृती॰ एक॰ <u>महता</u> (बड़े–से, के साथ); द्वि॰ महद्भ्याम्; बहु॰ महद्भिः ←वि॰ महत्

महति 1.14, पु॰ सप्त॰ एक॰ <u>महति</u> (बड़े–में); द्वि॰ महतोः; बहु॰ महत्सु ←वि॰ महत्

महतीम् 1.3, स्त्री॰ द्विती॰ एक॰ <u>महतीम्</u> (बड़ी–को); द्वि॰ महत्यौ; बहु॰ महतीः ←वि॰ महत्↑

महत्पापम् 1.45, प्रथ॰–द्विती॰ पंच॰ एक॰ <u>महत्पापम्</u> (बड़ा पाप, बड़े पाप को); द्वि॰ महत्पापे; बहु॰ महत्पापानि ←न॰ कस॰ महत्पाप, महान् पापम् (महान पाप, बड़ा पाप) ←वि॰ महत्↑ + न॰ पाप↑

महर्षि 10.2, पु॰ कस॰ महान् ऋषिः (देवर्षि, महाऋषि, महामुनि, महायोगी) ←वि॰ महा + पु॰ ऋषि↑

महर्षयः 10.2, पु॰ प्रथ॰ एक॰ महर्षिः; द्वि॰ महर्षी; बहु॰ <u>महर्षयः</u> (महर्षि लोग) ←वि॰ महर्षि↑

महर्षीणाम् 10.2, पु॰ षष्ठी॰ एक॰ महर्षेः; द्वि॰ महर्ष्योः; बहु॰ <u>महर्षीणाम्</u> (महर्षियों में) ←वि॰ महर्षि↑

महर्षिसिद्धसङ्घाः 11.21, प्रथ॰ ॰सङ्घः; द्वि॰ ॰सङ्घौ; बहु॰ <u>महर्षिसिद्धसङ्घाः</u> (महर्षि और सिद्धों के संघ) ←पु॰ तस॰ महर्षिसिद्धसङ्घ, महर्षीणाम् च सिद्धानाम् च सङ्घः (महर्षिगण और सिद्धगण का समूह) ←पु॰ महर्षि↑ + पु॰ सिद्ध↓ + पु॰ सङ्घ↓

महा 1.3, = वि॰ महत्↑ (गहन, प्रकाण्ड, प्रचण्ड, महान्↓, बड़ा; श्रेष्ठ↓) ("महत्" विशेषण का समास में आत्व होने से "महा" यह सामासिक विशेषण तयार होता है) ←1भ्वादि॰√मह्

महात्मन् 11.20, संबो॰ एक॰ <u>महात्मन्</u> (हे महात्मन्!); द्वि॰ महात्मानौ; बहु॰ महात्मानः ←वि॰ बस॰ पु॰ महात्मन्, महान् आत्मा यस्य सः (महात्मा, महानुभाव, महापुरुष; कृष्ण↑) ←वि॰ महा↑ + पु॰ आत्मन्↑

महात्मानः 8.15, (1) प्रथ॰ एक॰ महात्मा↓; द्वि॰ महात्मानौ; बहु॰ <u>महात्मानः</u> (महात्मा लोग); (2) 11.12, षष्ठी॰ एक॰ <u>महात्मनः</u> (प्रभु का,की,के); द्वि॰ महात्मनोः; बहु॰ महात्मानाम् ←पु॰ महात्मन्↑

महात्मा 7.19, प्रथ॰ एक॰ <u>महात्मा</u> (महात्मा); द्वि॰ महात्मानौ; बहु॰ महात्मानः↑ ←पु॰ महात्मन्↑

महान् 9.6, पु॰ प्रथ॰ एक॰ <u>महान्</u> (महान); द्वि॰ महान्तौ; बहु॰ महान्तः ←वि॰ महत्↑

महानुभावान् 2.5, पु॰ द्वितीं॰ एक॰ महानुभावम्; द्वि॰ महानुभावौ; बहु॰ महानुभावान् (महापुरुषों को)←वि॰ बस॰ महानुभाव, महान् अनुभवः यस्य (महात्मा, महापुरुष; महा-अनुभवी, महाज्ञानी) ←वि॰ महा↑ + पु॰ अनुभव (प्रात्यक्षिक ज्ञान, परीक्षण से प्राप्त हुआ ज्ञन) ←अनु√भू 1भ्वादि॰

महापाप्मा 3.37, पु॰ प्रथ॰ एक॰ महापाप्मा (महा पातकी); द्वि॰ महापाप्मानौ; बहु॰ महापाप्मानः ←(1) वि॰ कस॰ महापाप्मन्, महान् पाप्मा (महा पातकी, महा पापी); (2) पु॰ (महा पातक, महा पाप) ←वि॰ महा↑ + पु॰ पाप्मन्↑

महाबाहु 1.18, बस॰ महान्तौ बाहू यस्य (1) वि॰ (प्रबल भुजाओं वाला, सामर्थ्यवान, शक्तिशाली, पराक्रमी); (2) पु॰ अभिमन्यु 1.18, अर्जुन 2.26, श्रीकृष्ण 6.38) ←वि॰ महा↑ + पु॰ बाहु↑

महाबाहुः 1.18, पु॰ प्रथ॰ एक॰ महाबाहुः (महाबाहु); द्वि॰ महाबाहू; बहु॰ महाबाहवः ←वि॰ महाबाहु↑

महाबाहो 2.26, पु॰ संबो॰ एक॰ महाबाहो (हे महाबाहु!); द्वि॰ महाबाहू; बहु॰ महाबाहवः ←वि॰ महाबाहु↑

महाभूतानि 13.6, प्रथ॰-द्वितीं॰ एक॰ महाभूतम्; द्वि॰ महाभूते; बहु॰ महाभूतानि (महाभूत, महाभूतों को) ←न॰ महाभूत (पंच महाभूतों में एक, पंच महाभूत – पृथ्वी, पानी, अग्नि, वायु और आकाश) ←वि॰ महा↑ + पु॰ भूत↑

महायोगेश्वरः 11.9, पु॰ प्रथ॰ एक॰ महायोगेश्वरः (महायोगेश्वर); द्वि॰ महायोगेश्वरौ; बहु॰ महायोगेश्वराः ←वि॰ बस॰ महायोगेश्वर, योगानाम् महान् ईश्वरः (योगों का महान ईश्वर, कृष्ण↑) ←वि॰ महा↑ + पु॰ योग↑ + पु॰ ईश्वर↑

महारथ 1.4, वि॰ बस॰ महान् रथी यः सः (अतिरथी, महारथी; महायोद्धा) ←वि॰ महा↑ + पु॰ रथ↓

महारथः 1.4, पु॰ प्रथ॰ एक॰ महारथः (महायोद्धा); द्वि॰ महारथौ; बहु॰ महारथाः↓ ←वि॰ महारथ↑

महारथाः 1.6, पु॰ प्रथ॰ एक॰ महारथः↑; द्वि॰ महारथौ; बहु॰ महारथाः (महायोद्धा लोग) ←वि॰ महारथ↑

महाशङ्खम् 1.15, द्वितीं॰ एक॰ महाशङ्खम् (बहुत बड़े शंख को); द्वि॰ महाशङ्खौ; बहु॰ महाशङ्खान् ←पु॰ कस॰ महाशङ्ख, महान् शंखः (बड़ा शंख, सबसे बड़ा शंख; पौण्ड्र) ←वि॰ महा↑ + पु॰ शङ्ख↑

महाशनः 3.37, पु॰ प्रथ॰ एक॰ <u>महाशनः</u> (भूख न मिटने वाला, जो सदा ही भूखा रहता है वह); द्वि॰ महाशनौ; बहु॰ महाशना: ←वि॰ बस॰ महाशन, महान् अशनः यस्य सः (अतृप्त, कभी भी तृप्त न होने वाला, बुभुक्षित, भूखा, क्षुधातुर, क्षुधालु, क्षुधित) ←वि॰ महा↑ + न॰ अशन (खाना, भक्षण, भोजन; फैलना, व्याप्ति) ←9क्र्या॰√अश्

महिमानम् 11.41, द्विती॰ एक॰ <u>महिमानम्</u> (महिमा को); द्वि॰ महिमानौ; बहु॰ महिमान: ←पु॰ तद्धित शब्द महिमन्, महतः भावः (गरिमा, गुरुता, महत्त्व, महात्म्य, महिमा, बड़प्पन, वर्यता, श्रेष्ठता) ←वि॰ महत्↑ + पु॰ मन↑

मही 1.21, स्त्री॰ (अदिती, अवनि↑, अवनी, गा↑, जमीन, धरणी, धरती, धरित्री, धरा, पृथ्वी, पृथिवी↑, भुई, भू, भूमि↑, रसा, वसुंधरा, शाश्वती↓, क्षमा, क्षिति) ←1भ्वादि॰√मह्

महीकृते 1.35, पु॰ सप्त॰ एक॰ <u>महीकृते</u> (भूमि के कारण में); द्वि॰ महीकृतयो:; बहु॰ महीकृतेषु ←वि॰ महीकृत (भूमि के लिए, भूमि के राज्य के लिए) ←स्त्री॰ मही↑ + वि॰ कृत↑

महीपते 1.21, पु॰ संबो॰ एक॰ <u>महीपते</u> (हे महीपति!); द्वि॰ महीपती; बहु॰ महीपतय: ←वि॰ बस॰ महीपति, मह्याः पति इव यः (धृतराष्ट्र↑) ←स्त्री॰ मही↑ + पु॰ पति↑

महीम् 2.37, द्विती॰ एक॰ <u>महीम्</u> (पृथ्वी को); द्वि॰ मह्यौ; बहु॰ मही: ←स्त्री॰ मही↑

महीक्षिताम् 1.25, पु॰ षष्ठी॰ एक॰ महीक्षितस्य; द्वि॰ महीक्षितयो:; बहु॰ <u>महीक्षिताम्</u> (महीपालों का,की,के) ←वि॰ महीक्षित् (अवनिपाल, भूपति, महीपति↑, राजा↓) ←स्त्री॰ मही↑

महेश्वरः 13.23, पु॰ प्रथ॰ एक॰ <u>महेश्वरः</u> (महेश्वर); द्वि॰ महेश्वरौ; बहु॰ महेश्वरा: ←वि॰ (1) कस॰ महेश्वर, महान् ईश्वरः (महान् ईश्वर, महादेव, परमेश्वर); (2) बस॰ ईश्वरेषु महान् यः सः (कृष्ण↑) ←वि॰ महा↑ + पु॰ ईश्वर↑

महेष्वासाः 1.4, पु॰ प्रथ॰ एक॰ महेष्वास:; द्वि॰ महेष्वासौ; बहु॰ <u>महेष्वासाः</u> (महाधनुर्धर योद्धा लोग) ←वि॰ कस॰ महेष्वास, महान् इष्वासः ←वि॰ बस॰ (1) वि॰ महत्↑ + पु॰ इष्वास, इषुम् आसयति यः (धनुर्धर); (2) महान्तौ इषू च आसः च यस्य सः (महाधनुर्धर; महायोद्धा) ←वि॰ महा↑ + पु॰ इष्वास↑ अथवा पु॰ इषु↑ + पु॰ आस↑

मा 2.3, अव्य॰ (न, न कर, नहीं चाहिए, न हो, न होवे, मत, मत कर) ←3जुहो॰√मा

मा शुचः 16.5, संकेतार्थ मध्य॰ एक॰ (तू शोक मत कर) ←अव्य॰ मा↑ + मध्य॰ एक॰ शुच:↓

मा स्म 2.3, अव्य॰ (न हो, न कर, मत कर) ←अव्य॰ मा↑ + अव्य॰ स्म↓

माता 9.17, प्रथ॰ एक॰ <u>माता</u> (माँ, मातृ); द्वि॰ मातरौ; बहु॰ मातर: ←स्त्री॰ मातृ↓

मातुल 1.25, पु॰ (मामा, मामू) ←10चुरा॰√मान्

मातुला: 1.34, प्रथ॰ एक॰ मातुल:; द्वि॰ मातुलौ; बहु॰ <u>मातुला:</u> (मामे) ←पु॰ मातुल↑

मातुलान् 1.25, द्विती॰ एक॰ मातुलम्; द्वि॰ मातुलौ; बहु॰ <u>मातुलान्</u> (मामाओं को) ←पु॰ मातुल↑

मातृ 1.26, स्त्री॰ (जननी, जनी, जन्मदा, जन्मदात्री, जा, माँ, माई, माता↑) ←10चुरा॰√मान्

मात्रास्पर्शा: 2.14, प्रथ॰ एक॰ मात्रास्पर्श; द्वि॰ मात्रास्पर्शौ बहु॰ <u>मात्रास्पर्शा:</u> (विषयों के संपर्क) ←पु॰ तस॰ मात्रास्पर्श, मात्राणाम् स्पर्श: (विषयों का संपर्क, विषयवस्तुओं का संयोग, विषयेन्द्रियों की संवेदना) ←स्त्री॰ मात्रा (जड़ तत्त्व; इन्द्रियवृत्ति, विषय वस्तु, संसारी वस्तु) ←3जुहो॰√मा + पु॰ स्पर्श (अनुभव, संपर्क, संयोग↓, संवेदना) ←10चुरा॰√स्पर्श्

माधव 1.37, पु॰ संबो॰ एक॰ <u>माधव</u> (हे माधव!); द्वि॰ माधवौ; बहु॰ माधवा: ←वि॰ बस॰ माधव, मा–लक्ष्म्या: धव: य: स: (लक्ष्मीपति, विष्णु↓, कृष्ण↑)

माधव: 1.14, प्रथ॰ एक॰ <u>माधव:</u> (माधव); द्वि॰ माधवौ; बहु॰ माधवा: ←पु॰ माधव↑

मान 6.7, पु॰ (अभिमान, अहङ्कार↑, आत्मसम्मान, गर्व; गौरव, प्रतिष्ठा↑, सम्मान) ←1भ्वादि॰√मन् (अहंकार करना) ←4दिवा॰√मन् (जानना, मानना)

मानव 3.17, पु॰ (आदमी, इन्सान, नर↑, पुरुष↑, मनुष्य↑, व्यक्ति↓)

मानव: 3.17, प्रथ॰ एक॰ <u>मानव:</u> (मनुष्य); द्वि॰ मानवौ; बहु॰ मानवा:↓ ←पु॰ मानव↑

मानवा: 3.31, प्रथ॰ एक॰ मानव:↑; द्वि॰ मानवौ; बहु॰ <u>मानवा:</u> (मनुष्य लोग) ←पु॰ मानव↑

मानस 1.47, न॰ (चित्त↑, मन, मनस्↑, हृदय↓); वि॰ (मानसिक, मन का) ←न॰ मनस्↑

मानसम् 17.16, न॰ प्रथ॰–द्विती॰ एक॰ <u>मानसम्</u> (मन संबंधित); द्वि॰ मानसे; बहु॰ मानसानि ←न॰ मानस↑

मानसा: 10.6, पु॰ प्रथ॰ एक॰ मानस:; द्वि॰ मानसौ; बहु॰ <u>मानसा:</u> (मन से उत्पन्न हुए) ←वि॰ मानस↑

मानापमानयो: 6.7, द्वन्द्व॰ सप्त॰ एक॰ द्वि॰ माने च अपमाने च (मान और अपमान में) ←पु॰ मान↑ + पु॰ अपमान ←अप√मन् 4दिवा॰ (अनादर, अवमान, अवज्ञा, निर्भत्सना, बेआब्रू, भर्त्सना, मानखंडना, मानभंग)

मानुष 4.12, (1) वि० (मनुष्य संबंधी; मानवी); (2) न० (पुरुषार्थ, मनुष्यत्व) ←4दिवा०√मान्

मानुषम् 11.51, न० प्रथ०-द्विती० एक० <u>मानुषम्</u> (मानवी, –को); द्वि० मानुषे; बहु० मानुषाणि ←वि० मानुष↑

मानुषीम् 9.11, स्त्री० द्विती० एक० <u>मानुषीम्</u> (जो मानवी है उसको); द्वि० मानुषी; बहु० मानुषी: ←वि० मानुष↑

मानुषे 4.12, न० सप्त० एक० <u>मानुषे</u> (मानव–में); द्वि० मानुषयो:; बहु० मानुषेषु ←वि० मानुष↑

माम् 1.46, द्विती० एक० <u>माम्</u> (मुझे); द्वि० आवाम्; बहु० अस्मान्↑ ←सना० अस्मद्↑

मामक 1.1, वि० (मेरा) ←सना० अस्मद्↑

मामकम् 15.12, पु० द्विती० एक० <u>मामकम्</u> (मेरेको, जो मेरा है उसको); द्वि० मामकौ; बहु० मामकान् ←वि० मामक↑

मामका: 1.1, पु० प्रथ० एक० मामक:; द्वि० मामकौ; बहु० <u>मामका:</u> (मेरे) ←वि० मामक↑

मामिकाम् 9.7, स्त्री० द्विती० एक० <u>मामिकाम्</u> (मेरी, जो मेरी है उसको); द्वि० मामिके; बहु० मामिका: ←वि० मामक↑

मायया 7.15, तृती० एक० <u>मायया</u> (माया से); द्वि० मायाभ्याम्; बहु० मायाभि: ←स्त्री० माया↑

माया 7.14, स्त्री० (ईश्वरी शक्ति) ←3जुहो०√मा

मायाम् 7.14, द्विती० एक० <u>मायाम्</u> (माया को); द्वि० माये; बहु० माया: ←स्त्री० माया↑

मारुत: 2.23, प्रथ० एक० <u>मारुत:</u> (मारुत); द्वि० मारुतौ; बहु० मारुता: ←पु० मारुत (पवन↑, वायु↓, हवा) ←पु० मरुत्↑

मार्गशीर्ष: 10.35, प्रथ० एक० <u>मार्गशीर्ष:</u> (मार्गशीर्ष); द्वि० मार्गशीर्षौ; बहु० मार्गशीर्षा: ←पु० विना० मार्गशीर्ष (चैत्र, वैशाख, ज्येष्ठ, आषाढ, श्रावण, भाद्रपद, आश्विन, कार्तिक, मार्गशीर्ष, पौष, माघ और फाल्गुन इन बारह महीनों में नवाँ महीना, अंग्रेजी महीनों में नोव्हेंबर-डिसेंबर का एक मीहने का काल; अगहन का महीना; अग्रहायण, मधुमास, मंगसिर, माग, मार्ग, मार्गशिर)

मार्दवम् 16.2, प्रथ०-द्विती० एक० <u>मार्दवम्</u> (मृदुता, मुदुता को); द्वि० मार्दवे; बहु० मार्दवानि ←न० मार्दव (कोमलता, नाजुकता, मृदुता) ←1भ्वादि०√मद्

मास 8.24, पु० (महीना, माह) ←4दिवा०√मस्

मासानाम् 10.35, षष्ठी॰ एक॰ मासस्य ; द्वि॰ मासयो:; बहु॰ मासानाम् (महीनों में) ←पु॰ मास↑

माहात्म्यम् 11.2, प्रथ॰-द्विती॰ एक॰ माहात्म्यम् (माहात्म्य, माहात्म्य को); द्वि॰ माहात्म्ये; बहु॰ माहात्म्यानि ←न॰ माहात्म्य (गरिमा, गौरव, महत्त्व, महिमा) ←महा√अत् 1भ्वादि॰।

मित्र 1.38, पु॰ बस॰ मैत्र: भाव: यस्मिन् स: (दोस्त, सखा↓, साथी, स्नेही, हमराही) ←1भ्वादि॰√मिद् (स्नेह करना)

मित्रद्रोहे 1.38, सप्त॰ एक॰ मित्रद्रोहे (मित्र के द्रोह में, मित्रघात में); द्वि॰ मित्रद्रोहयो:; बहु॰ मित्रद्रोहेषु ←पु॰ तस॰ मित्रद्रोह, मित्रस्य द्रोह: (मित्रघात) ←पु॰ मित्र↑ + पु॰ द्रोह↑

मित्रारिपक्षयो: 14.25, द्वन्द्व॰ सप्त॰ द्वि॰ मित्रपक्षे च अरिपक्षे च (मित्र और शत्रु दोनों पक्षों में) ←पु॰ मित्र↑ + पु॰ अरि↑ + पु॰ पक्ष ←10चुरा॰√पक्ष्

मित्रे 12.18, सप्त॰ एक॰ मित्रे (मित्र में); द्वि॰ मित्रयो:; बहु॰ मित्रेषु ←पु॰ मित्र↑

मिथ्या 3.6, विशेषणार्थक अव्य॰ (अतथ्य, अनृत, अप्राकृतिक, अप्रामाणिक, अयथार्थ, अवास्तविक, अलीक, असत्य↑, असहज, कृत्रिम, खोटा, चूक, झूठ, ढोंग का, दांभिक, दिखावटी, नकली, फजूल, बनावटी, मृषा, लुच्चा, स्वांग का; निरर्थक, वितथ, विपरीत↓, वृथा, व्यर्थ) 1भ्वादि॰√मिथ् (मिलावट करना)

मिथ्याचार: 3.6, प्रथ॰ एक॰ मिथ्याचार: (मिथ्याचार); द्वि॰ मिथ्याचारौ; बहु॰ मिथ्याचारा: ←पु॰ बस॰ मिथ्याचार, मिथ्या: आचार: यस्य स: (मिथ्या- आचरण, वर्तन; मिथ्या आचरणी, अप्रामाणिक, ढोंगी, दांभिक, दिखाऊ, बनावटी –मनुष्य) ←अव्य॰ मिथ्या↑ + पु॰ आचार (आचरण; आचरण करने वाला) ←आ√चर् 1भ्वादि॰।

मिश्रम् 18.12, न॰ प्रथ॰-द्विती॰ एक॰ मिश्रम् (जो मिश्र है वह या उसको); द्वि॰ मिश्रे; बहु॰ मिश्राणि ←वि॰ मिश्र (एकत्रित, मिला, संयुक्त) ←10चुरा॰√मिश्र्

मुक्त 5.28, वि॰ (अनर्गल, अनियंत्रित, अबद्ध, अबाध, उच्छृंखल, उद्दंड, निरंकुश, स्वच्छंद, स्वतंत्र, स्ववश, स्वाधीन, स्वायत्त, छुटा, स्वेच्छ, स्वैर, क्षिप्त; छुटकारा, मुक्ति, निर्वाण, निस्तार, मोक्ष, विमोचन –पाया हुआ) ←6तुदा॰√मुच् (स्वतंत्र करना)

मुक्त: 5.28, पु॰ प्रथ॰ एक॰ मुक्त: (जो मुक्त है वह); द्वि॰ मुक्तौ; बहु॰ मुक्ता: ←वि॰ मुक्त↑

मुक्तम् 18.40, न॰ प्रथ॰-द्विती॰ एक॰ मुक्तम् (जो मुक्त है वह या उसको); द्वि॰ मुक्ते; बहु॰ मुक्तानि ←वि॰ मुक्त↑

मुक्तसङ्ग: 3.9, पु॰ प्रथ॰ एक॰ मुक्तसङ्ग: (मुक्तसङ्ग); द्वि॰ मुक्तसङ्गौ; बहु॰ मुक्तसङ्गा: ←वि॰ बस॰ मुक्तसङ्ग, मुक्त: सङ्ग: येन स: (अनासक्त, बंधनमुक्त, संग से मुक्त) ←वि॰ मुक्त↑ +

पु॰ सङ्ग↓

मुक्तस्य 4.23, पु॰ षष्ठी॰ एक॰ मुक्तस्य (मुक्त मनुष्य का,की,के); द्वि॰ मुक्तयोः; बहु॰ मुक्तानाम् ←वि॰ मुक्त↑

मुक्त्वा 8.5, अव्य॰ (अनासक्त, अबद्ध, मुक्त, स्वाधीन –होकर) ←6तुदा॰√मुच् (मुक्त होना)

मुख 1.29, न॰ (चेहरा, थूथन, थोबड़ा, मुखड़ा; आनन, तुंड, मुख, मुंह, वक्त्र↓, वदन↓) ←1भ्वादि॰√खन् (खोदना)

मुखम् 1.29, प्रथ॰–द्विती॰ एक॰ मुखम् (मुख, मुख को); द्वि॰ मुखे; बहु॰ मुखानि↓ ←न॰ मुख↑

मुखानि 11.25, प्रथ॰–द्विती॰ एक॰ मुखम्↑; द्वि॰ मुखे; बहु॰ मुखानि (मुख, मुखों को) ←न॰ मुख↑

मुखे 4.32, सप्त॰ एक॰ मुखे (मुख में); द्वि॰ मुखयोः; बहु॰ मुखेषु ←न॰ मुख↑

मुख्य 10.24, वि॰ (प्रधान, प्रमुख↑, मुख्य, श्रेष्ठ↓) ←1भ्वादि॰√खन्

मुख्यम् 10.24, पु॰ द्विती॰ एक॰ मुख्यम् (मुख्य, मुख्य–को); द्वि॰ मुख्यौ; बहु॰ मुख्यान् ←वि॰ मुख्य↑

मुच्यन्ते 3.13, लट् वर्त॰ आत्म॰ अन्य॰ एक॰ मुच्यते; द्वि॰ मुच्येते; बहु॰ मुच्यन्ते (वे मुक्त होते हैं) ←1भ्वादि॰√मुच् (मुक्त होना)

मुनि 2.56, पु॰ (ऋषि↑, तपस्वी, तापस, मौनव्रती, मौनी, योगी↓, संत, संन्यासी, साधक, साधु↓, सिद्ध↓) ←4दिवा॰√मन्

मुनयः 14.1, प्रथ॰ एक॰ मुनिः↓; द्वि॰ मुनी; बहु॰ मुनयः (मुनि जन) ←पु॰ मुनि↑

मुनिः 2.56, प्रथ॰ एक॰ मुनिः (मुनि); द्वि॰ मुनी; बहु॰ मुनयः↑ ←पु॰ मुनि↑

मुनीनाम् 10.37, षष्ठी॰ एक॰ मुनेः↓; द्वि॰ मुन्योः; बहु॰ मुनीनाम् (मुनियों में) ←पु॰ मुनि↑

मुनेः 2.69, षष्ठी॰ एक॰ मुनेः (मुनि का,की,के); द्वि॰ मुन्योः; बहु॰ मुनीनाम्↑ ←पु॰ मुनि↑

मुमुक्षुभिः 4.15, पु॰ तृती॰ एक॰ मुमुक्षुणा; द्वि॰ मुमुक्षुभ्याम्; बहु॰ मुमुक्षुभिः (मोक्षाभिलाषी लोगों ने) ←वि॰ मुमुक्षु (निर्वाणपरायण, संसारिक आवागमन के बंधनों से छुटकारा पाने का इच्छुक, मोक्षाभिलाषी) ←6तुदा॰√मुच् (मुक्त होना)

मुह्यति 2.13, लट् वर्त॰ पर॰ अन्य॰ एक॰ मुह्यति (वह मोहित होता है, भ्रम पाता है); द्वि॰ मुह्यतः; बहु॰ मुह्यन्ति↓ ←4दिवा॰√मुह् (भ्रम पाना, मुक्त होना)

मुह्यन्ति 5.15, लट् वर्त॰ पर॰ अन्य॰ एक॰ मुह्यति↑; द्वि॰ मुह्यतः; बहु॰ मुह्यन्ति (वे भ्रम पाते हैं) ←4दिवा॰√मुह् (मुक्त होना)

मुहुर्मुहुः 18.76, = मुहुः मुहुः ←अव्य॰ मुहुस् (पुनःपुनः, रह-रह कर, बार-बार, बारंबार) ←4दिवा॰√मुह्

मूढ 7.15, पु॰ अथवा वि॰ (अज्ञ↑, मूर्ख) ←4दिवा॰√मुह् (अक॰ मूर्ख बनना; सक॰ भूलना, मोहित होना)

मूढः 7.25 प्रथ॰ एक॰ मूढः (मूढ़ मनुष्य); द्वि॰ मूढौ; बहु॰ मूढाः↓ ←पु॰ मूढ↑

मूढग्राहेण 17.19, तृती॰ एक॰ मूढग्राहेण (मिथ्या ग्रह से); द्वि॰ मूढग्राहाभ्याम्; बहु॰ मूढग्राहैः ←पु॰ तस॰ मूढग्राह, मूढस्य ग्राहः (मिथ्या- ग्रह, समझ) ←वि॰ मूढ↑ + पु॰ ग्राह↑

मूढयोनिषु 14.15, सप्त॰ एक॰ मूढयोनौ; द्वि॰ मूढयोन्योः; बहु॰ मूढयोनिषु (मूढ़ योनियों में) ←स्त्री॰ तस॰ मूढयोनि, मूढा योनिः (मूर्ख का- गर्भ, जन्म) ←वि॰ मूढ↑ + स्त्री॰ योनि↓

मूढाः 7.15, प्रथ॰ एक॰ मूढः↑; द्वि॰ मूढौ; बहु॰ मूढाः (मूढ़ लोग) ←पु॰ मूढ↑

मूर्ति 9.4, स्त्री॰ (प्रतिमा, रूप↓, स्वरूप; काया, देह↑, शरीर↓) ←1भ्वादि॰√मुर्च्छ् (मुर्च्छित होना)

मूर्तयः 14.4, प्रथ॰ एक॰ मूर्तिः; द्वि॰ मूर्ती; बहु॰ मूर्तयः (मूर्तियाँ) ←स्त्री॰ मूर्ति↑

मूर्ध्नि 8.12, सप्त॰ एक॰ मूर्ध्नि (मस्तिष्क में); द्वि॰ मूर्ध्नोः; बहु॰ मूर्ध्नसु ←पु॰ मूर्ध्नन् (मस्तक, मस्तिष्क, माथा, सिर) ←1भ्वादि॰√मुर्व्

मूल 15.1, न॰ (जड़, मूल; आदि↑, आदिकारण, आधार, तत्त्व↑, नींव, बुनियाद, सत्यांश) ←1भ्वादि॰√मूल्

मूलानि 15.2, प्रथ॰-द्विती॰ एक॰ मूलम्; द्वि॰ मूले; बहु॰ मूलानि (जड़ें, जड़ों को) ←न॰ मूल↑

मृगाणाम् 10.30, षष्ठी॰ एक॰ मृगस्य; द्वि॰ मृगयोः; बहु॰ मृगाणाम् (मृगों में) ←पु॰ मृग (चतुष्पाद जानवर; हिरन, सांभर) ←10चुरा॰√मृग् (शिकार करना)

मृगेन्द्रः 10.30, पु॰ प्रथ॰ एक॰ मृगेन्द्रः (सिंह); द्वि॰ मृगेन्द्रौ; बहु॰ मृगेन्द्राः ←वि॰ बस॰ मृगेन्द्र, मृगाणाम् इन्द्रः यः (चतुष्पाद जानवरों का राजा; केसरी, मृगराज, व्याघ्र, सिंह↓, शेर) ←पु॰ मृग↑ + पु॰ इन्द्र (राजा↓) ←1भ्वादि॰√इन्द्

मृत 2.26, वि॰ (मृत्यु आया हुआ, मरा हुआ; गोलोक वासी, दिवंगत, प्रलीन↑, स्वर्ग वासी, स्वर्गीय) ←6तुदा॰√मृ (मरना)

मृतम् 2.26, पु॰ द्विती॰ एक॰ मृतम् (मरे हुए को); द्वि॰ मृतौ; बहु॰ मृतान् ←वि॰ मृत↑

मृतस्य 2.27, पु॰ षष्ठी॰ एक॰ मृतस्य (मरे हुए का,की,के); द्वि॰ मृतयोः; बहु॰ मृतानाम् ←वि॰ मृत↑

मृत्यु 2.27, पु० (अंत, अंतिम यात्रा, अवसान, इंतकाल, ऊर्ध्वरोहण, कालधर्म, कृतान्त, देहत्याग, देहपात, देहान्त, निधन↑, निपात, पंचत्व, प्राण वियोग, प्राणान्त, मरण↑, महाप्रस्थान, महायात्रा, मौत, यम आज्ञा, स्वर्गवास; प्रयाण↑) ←6तुदा०√मृ (मरना)

मृत्युः 2.27, प्रथ० एक० मृत्युः (मृत्यु); द्वि० मृत्यू; बहु० मृत्यवः ←पु० मृत्यु↑

मृत्युम् 13.26, द्विती० एक० मृत्युम् (मृत्यु को); द्वि० मृत्यू; बहु० मृत्यून् ←पु० मृत्यु↑

मृत्युसंसारवर्त्मनि 9.3, सप्त० एक० मृत्युसंसारवर्त्मनि (भवसागर में); द्वि० मृत्युसंसारवर्त्मनोः; बहु० मृत्युसंसारवर्त्मसु ←न० तस० मृत्युसंसारवर्त्मन्, मृत्योः च संसारस्य च वर्त्म (मृत्यु, संसार और वर्त्म; मृत्युसंसार सागर, भवसागर) ←पु० मृत्यु↑ + पु० संसार↓ + न० वर्त्मन्↓

मृत्युसंसारसागरात् 12.7, पंच० एक० मृत्युसंसारसागरात् (भवसागर से); द्वि० ०सागराभ्याम्; बहु० ०सागरेभ्यः ←पु० तस० मृत्युसंसारसागर, मृत्योः च संसारस्य च सागरः (भवसागर; मृत्युमय संसार) ←पु० मृत्यु↑ + पु० संसार↓ + पु० सागर↓

मे (1) 2.7, पु० न० स्त्री० चतु० एक० मे (मुझे); द्वि० नौ अथवा आवाभ्याम्; बहु० नः अथवा अस्मभ्यम् ←सना० अस्मद्↑ (2) 1.21, पु० न० स्त्री० षष्ठी० एक० मे (मेरा,री,रे); द्वि० नौ अथवा आवयोः↑; बहु० नः अथवा अस्माकम्↑ ←सना० अस्मद्↑

मेधा 10.34, स्त्री० (प्रतिभा, प्रज्ञा, बुद्धि↑, स्मरण शक्ति, स्मृति↓) ←1भ्वादि०√मेध्

मेधावी 18.10, पु० प्रथ० एक० मेधावी (जिसकी बुद्धि कुशाग्र है वह); द्वि० मेधाविनौ; बहु० मेधाविनः ←वि० मेधाविन् (कुशाग्र बुद्धि का, तीव्र स्मरणशक्ति का, धीमान, प्रतिभाशाली, बुद्धिमान्↑, बुद्धिवान) ←1भ्वादि०√मेध्

मेरुः 10.23, प्रथ० एक० मेरुः (मेरु पर्वत); द्वि० मेरू; बहु० मेरवः ←पु० विना० मेरु (रत्नसानु, सुमेरु)

मैत्रः 12.13, पु० प्रथ० एक० मैत्रः (जिसमें मित्रभाव है वह); द्वि० मैत्रौ; बहु० मैत्राः ←वि० मैत्र (मित्रत्व का, स्नेह का) ←4दिवा०√मिद्

मोघ 3.16, वि० (नाहक, निरर्थक, निरुद्देश्य, निष्प्रयोजन, निष्फल, फजूल, फालतु, बेकार, बेमतलब, यूँही, विनाकारण, वृथा, व्यर्थ) ←4दिवा०√मुह

मोघकर्माणः 9.12, पु० प्रथ० एक० मोघकर्मा; द्वि० मोघकर्माणौ; बहु० मोघकर्माणः (अनावश्यक कर्म करने वाले लोग) ←वि० बस० मोघकर्मन्, मोघम् कर्म यस्य सः (अनावश्यक, निरर्थक, निष्फल –कष्ट करने वाला, व्यर्थ कर्म करने वाला) ←वि० मोघ↑ + न० कर्मन्↑

मोघम् 3.16, (1) अव्य० (अनावश्यक, निरर्थक, निरुद्देश्य, निष्फल, फालतु, बेकार, व्यर्थ); (2) द्विती० एक० मोघम् (व्यर्थ–को); द्वि० मोघौ; बहु० मोघान् ←वि० मोघ↑

मोघज्ञाना: 9.12, पु० प्रथ० एक० मोघज्ञान:; द्वि० मोघज्ञानौ; बहु० मोघज्ञाना: (निष्फल ज्ञान के लोग) ←वि० बस० मोघज्ञान, मोघम् ज्ञान: यस्य स: (अकल का दुष्मन, बेकाम अकल का मनुष्य, निरर्थक बुद्धिवान) ←वि० मोघ↑ + न० ज्ञान↓

मोघाशा: 9.12, पु० प्रथ० एक० मोघाश:; द्वि० मोघाशौ; बहु० मोघाशा: (वृथा इच्छा रखने वाले लोग) ←वि० बस० मोघाश, मोघा आशा यस्य स: (निरर्थक, विनाकारण आशा रखने वाला) ←वि० मोघ↑ + स्त्री० आशा↑

मोदिष्ये 16.15, लृट् अपूर्ण भवि० आत्म० उत्तम० एक० मोदिष्ये (मैं मोद करूँगा); द्वि० मोदिष्यावहे; बहु० मोदिष्यामहे; मध्य० एक० मोदिष्यसे; अन्य० एक० मोदिष्यते ←1भ्वादि०√मुद् (आनंदित, हर्षित होना)

मोह 2.52, पु० (अज्ञान↑, मूर्खता; उलझन, भ्रम, भ्रांति) ←4दिवा०√मुह् (मूर्ख, मोहित, व्याकुल –होना)

मोह: 11.1, प्रथ० एक० मोह: (मोह); द्वि० माहौ; बहु० मोहा: ←पु० मोह↑

मोहकलिलम् 2.52, न० प्रथ०–द्विती० एक० मोहकलिलम् (मोहरूप कीचड़, ०कीचड़ को); द्वि० मोहकलिले; बहु० मोहकलिलानि ←न० तस० मोहकलिल, मोहस्य कलिलम् (मोहरूप कीचड़, भ्रम की दलदल) ←पु० मोह↑ + न० कलिल (कीच, कीचड़, पंक; दलदल) ←1भ्वादि०√कल्

मोहजालसमावृता: 16.16, पु० प्रथ० एक० मोहजालसमावृत:; द्वि० मोहजालसमावृतौ; बहु० मोहजालसमावृता: (मोह के जाल में फंसे हुए हैं वे) ←वि० तस० मोहजालसमावृत, मोहस्य जालेन समावृत: (भ्रम के जाल में फंसा हुआ, भ्रांति से घिरा हुआ, मोह से आवृत्त) ←पु० मोह↑ + न० जाल (जाला, पकड़) ←1भ्वादि०√जल् + वि० समावृत (आवृत्त हुआ, घिरा हुआ, ढका हुआ) ←सम्–आ√वृ 9क्र्या०

मोहनम् 14.8, प्रथ०–द्विती० एक० मोहनम् (जो मनमोहक है वह, ०उसको); द्वि० मोहने; बहु० मोहनानि ←न० वि० मोहन (मनमोहक, मायाजाल में फंसाने वाला, मोह उत्पन्न करने वाला, व्याकुल करने वाला) ←4दिवा०√मुह्

मोहम् 14.22, द्विती० एक० मोहम् (मोह को); द्वि० मोहौ; बहु० मोहान् ←पु० मोह↑

मोहयसि 3.2, लट् वर्त० पर० प्रयो० एक० उत्तम० मोहयामि; मध्य० मोहयसि (तू उलझन में, भ्रम में फंसाता है); अन्य० मोहयति ←4दिवा०√मुह् (व्याकुल होना)

मोहात् 16.10, पंच॰ एक॰ <u>मोहात्</u> (मोह से, भ्रम के कारण); द्वि॰ मोहाभ्याम्; बहु॰ मोहेभ्य: ←पु॰ मोह↑

मोहित 4.16, वि॰ (भ्रम में पड़ा हुआ, भ्रांत हुआ, मुग्ध हुआ, मोहजाल में अटका, व्याकुल) ←4दिवा॰√मुह् (भ्रम में पड़ना, व्याकुल होना)

मोहितम् 7.13, पु॰ द्विती॰ एक॰ <u>मोहितम्</u> (मोह में पड़े हुए को); द्वि॰ मोहितौ; बहु॰ मोहितान् ←वि॰ मोहित↑

मोहिता: 4.16, पु॰ प्रथ॰ एक॰ मोहित:; द्वि॰ मोहितौ; बहु॰ <u>मोहिता:</u> (मोह में पड़े हुए लोग) ←वि॰ मोहित↑

मोहिनीम् 9.12, द्विती॰ एक॰ <u>मोहिनीम्</u> (मोह में डालने वाली को); द्वि॰ मोहिन्यौ; बहु॰ मोहिनी: ←स्त्री॰ वि॰ मोहिनी (भुलाने वाली, भ्रम में डालने वाली, व्याकुल करने वाली) ←4दिवा॰√मुह्

मोक्ष 5.28, पु॰ (निर्वाण↑, मुक्ति, विमोचन; छुटकारा, रिहाई) ←10चुरा॰√मोक्ष् (मुक्त करना)

मोक्षकाङ्क्षिभि: 17.25, पु॰ तृती॰ एक॰ मोक्षकाङ्क्षिना; द्वि॰ मोक्षकाङ्क्षिभ्याम्; बहु॰ <u>मोक्षकाङ्क्षिभि:</u> (मुमुक्षु लोगों द्वारा) ←वि॰ तस॰ मोक्षकाङ्क्षिन्, मोक्षस्य कांक्षिन् (मुक्ति की आशा करने वाला, मुमुक्षु, मोक्षाभिलाषी) ←पु॰ मोक्ष↑ + पु॰ काङ्क्षिन् (अभिलाषा, आशा, इच्छा –करने वाला) ←1भ्वादि॰√कांक्ष्

मोक्षपरायण: 5.28, पु॰ प्रथ॰ एक॰ <u>मोक्षपरायण:</u> (मोक्षेच्छु); द्वि॰ मोक्षपरायणौ; बहु॰ मोक्षपरायणा: ←वि॰ बस॰ मोक्षपरायण, मोक्ष: परम् अयनम् यस्य (मुक्ति जिसके लिए परमोच्च ध्येय है वह, मोक्ष पर आसक्त हुआ, मोक्षेच्छु) ←पु॰ मोक्ष↑ + वि॰ परायण↑

मोक्षम् 18.30, द्विती॰ एक॰ <u>मोक्षम्</u> (मोक्ष को); द्वि॰ मोक्षौ; बहु॰ मोक्षान् ←पु॰ मोक्ष↑

मोक्षयिष्यामि 18.66, लृट् अपूर्ण भवि॰ पर॰ प्रयो॰ एक॰ उत्तम॰ <u>मोक्षयिष्यामि</u> (मेरे द्वारा मुक्त किया जाएगा); मध्य॰ मोक्षयिष्यसि; अन्य॰ मोक्षयिष्यति ←2अदा॰√मुच् (मुक्त करना)

मोक्ष्यसे 4.16, लृट् अपूर्ण भवि॰ आत्म॰ एक॰ उत्तम॰ मोक्ष्ये; मध्य॰ <u>मोक्ष्यसे</u> (तू मुक्त होगा); अन्य॰ मोक्ष्यते ←2अदा॰√मुच् (मुक्त करना)

मौनम् 10.38, प्रथ॰–द्विती॰ एक॰ <u>मौनम्</u> (मौन, मौन को); द्वि॰ मौने; बहु॰ मौनानि ←न॰ तद्धित शब्द मौन, मुने: भाव: (अवाक्, खामोश, चुप –रहना; मुनि का भाव, शांति↓, स्तब्धता) ←4दिवा॰√मन्

मौनी 12.19, पु॰ प्रथ॰ एक॰ <u>मौनी</u> (मौन धरने वाला); द्वि॰ मौनिनौ; बहु॰ मौनिन: ←वि॰ मौनिन् (मुनि↑, मुनि भाव का, मौन व्रत धारण किया हुआ, शान्त↓, स्तब्ध↓)

←4दिवा◦√मन्

म्रियते 2.20, लट् वर्त◦ आत्म◦ एक◦ उत्तम◦ म्रिये; मध्य◦ म्रियसे; अन्य◦ म्रियते (वह मरता है) ←6तुदा◦√मृ (मरना)

(य)

यः 2.19, पु◦ प्रथ◦ एक◦ यः (जो); द्वि◦ यौ; बहु◦ ये↓ ←सना◦ यद्↑

यजन्तः 9.15, पु◦ प्रथ◦ एक◦ यजन्; द्वि◦ यजन्तौ; बहु◦ यजन्तः (यजन करने वाले लोग) ←वि◦ यजत् (यजन, यज्ञ, याग –करता हुआ, करने वाला) ←1भ्वादि◦√यज् (याग करना)

यजन्ति 9.23, लट् वर्त◦ पर◦ उत्तम◦ एक◦ यजति; द्वि◦ यजतः; बहु◦ यजन्ति (वे यजन करते हैं, पूजा करते हैं) ←1भ्वादि◦√यज् (याग करना)

यजन्ते 4.12, लट् वर्त◦ आत्म◦ उत्तम◦ एक◦ यजते; द्वि◦ यजेते; बहु◦ यजन्ते (वे यजन करते है, पूजते हैं) ←1भ्वादि◦√यज् (याग करना)

यजिन् 7.23, वि◦ (आराधना, यजन, यज्ञ –करने वाला) ←1भ्वादि◦√यज् (याग करना)

यजुः 9.17, प्रथ◦ एक◦ यजुः (यजुर्वेद); द्वि◦ यजुषी; बहु◦ यजूंषि ←न◦ विना◦ यजुस् (यजुर्वेद; यज्ञोपयोगी गद्य मंत्र) ←1भ्वादि◦√यज्

यत् 1.45, (1) न◦ प्रथ◦–द्विती◦ एक◦ यत् (जो, जिसको) द्वि◦ ये; बहु◦ यानि (2) अव्य◦ (कि, जिसलिए; जहाँ, जिसमें, जिसके बीच, भीतर) ←सना◦ यद्↑

यतः 6.26, = अव्य◦ यतस् (जो, जिस कारण से, जिस लिए; जिसने, जिससे; जहाँ से)

यत 4.21, वि◦ (निग्रही, वश↓, संयत↓, संयमी) ←10चुरा◦√यम् (दमन, निग्रह करना)

यतचित्तस्य 6.19, पु◦ षष्ठी◦ एक◦ यतचित्तस्य (आत्मनिग्रही का,की,के); द्वि◦ यतचित्तयोः; बहु◦ यतचित्तानाम् ←वि◦ बस◦ यतचित्त, यतम् चित्तम् यस्य सः (आत्मनिग्रही, चित्त संयमित किया हुआ) ←वि◦ यत↑ + न◦ चित्त↑

यतचित्तात्मा 4.21, प्रथ◦ एक◦ यतचित्तात्मा (चित्त संयमित किया हुआ मनुष्य); द्वि◦ यतचित्तात्मानौ; बहु◦ यतचित्तात्मानः ←पु◦ बस◦ यतचित्तात्मन्, यतम् चित्तम् च आत्मा च यस्य सः (आत्मनिग्रही, चित्त संयमित किया हुआ) ←वि◦ यत↑ + न◦ चित्त↑

यतचित्तेन्द्रियक्रियः 6.12, पु◦ प्रथ◦ एक◦ यतचित्तेन्द्रियक्रियः (मन की और इन्द्रियों कि क्रियाएँ संयमित किया हुआ मनुष्य); द्वि◦ ◦क्रियौ; बहु◦ ◦क्रियाः ←वि◦ बस◦ यतचित्तेन्द्रियक्रिय, यताः चित्तस्य च इन्द्रियाणाम् क्रियाः यस्य सः (मन की और इन्द्रियों की क्रियाएँ संयमित किया हुआ, तन और मन को निग्रह में रखा हुआ) ←वि◦ यत↑ +

न॰ चित्त + न॰ इन्द्रिय↑ + स्त्र॰ क्रिया↑

यतचेतसाम् 5.26, पु॰ षष्ठी॰ एक॰ यतचेतस:; द्वि॰ यतचेतसो:; बहु॰ यतचेतसाम् (आत्मनिग्रहीं मनुष्य का,की,के) ←वि॰ बस॰ यतचेतस्, यत: चेत: यस्य स: (चित्त वश किया हुआ; आत्मनिग्रही, आत्मसंयमी) ←वि॰ यत↑ + न॰ चेतस्↑

यतत् 2.60 वि॰ (यत्न करते हुए, निग्रह करते हुए, निग्रह करने वाला, संयमन करने वाला; प्रयत्न करने वाला) ←1भ्वादि॰√यत् (प्रयत्न करना)

यतत: 2.60, पु॰ षष्ठी॰ एक॰ यतत: (निग्रह करने वाले का,की,के); द्वि॰ यततो:; बहु॰ यतताम्↓ ←वि॰ यतत्↑

यतता 6.36, पु॰ तृती॰ एक॰ यतता (आत्मनिग्रही मनुष्य से, के द्वारा); द्वि॰ यतताभ्याम्; बहु॰ यतद्भि: ←वि॰ यतत्↑

यतताम् 7.3, पु॰ षष्ठी॰ एक॰ यतत:↑; द्वि॰ यततो:; बहु॰ यतताम् (आत्मनिग्रही मनुष्य का,की,के) ←वि॰ यतत्↑

यतति 7.3, लट् वर्त॰ पर॰ उत्तम॰ एक॰ यतति (वह यत्न करता है); द्वि॰ यतत:; बहु॰ यतन्ति↓ ←1भ्वादि॰√यत् (यत्न करना)

यतते 6.43, लट् वर्त॰ आत्म॰ अन्य॰ एक॰ यतते (वह यत्न करता है, खटता है); द्वि॰ यतेते; बहु॰ यतन्ते ←1भ्वादि॰√यत् (यत्न करना)

यतन्त: 9.14, पु॰ प्रथ॰ एक॰ यतन्; द्वि॰ यतन्तौ; बहु॰ यतन्त: (यत्नशील लोग) ←वि॰ यतत्↑

यतन्ति 7.29, लट् वर्त॰ पर॰ अन्य॰ एक॰ यतति↑; द्वि॰ यतत:; बहु॰ यतन्ति (वे यत्न करते हैं) ←1भ्वादि॰√यत् (यत्न करना)

यतमान: 6.45, पु॰ प्रथ॰ एक॰ यतमान: (यत्न करता हुआ); द्वि॰ यतमानौ; बहु॰ यतमाना: ←वि॰ यतमान (यत्न करता हुआ) ←1भ्वादि॰√यत् (प्रयत्न करना)

यतय: 4.28, प्रथ॰ एक॰ यति:; द्वि॰ यती; बहु॰ यतय: (यति लोग) ←पु॰ यति↓

यतवाक्कायमानस: 18.52, प्रथ॰ एक॰ यतवाक्कायमानस: (वाणी, काया और हृदय पर जिसका निग्रह है वह); द्वि॰ ॰मानसौ; बहु॰ ॰मानसा: ←पु॰ बस॰ यतवाक्कायमानस, यता वाक् च कायम् च मानसम् च यस्य स: (निग्रह में वाणी, काया और हृदय रखने वाला) ←वि॰ यत↑ + स्त्री॰ वाच्↓ + न॰ काय↑ + न॰ मानस↑

यतात्मवान् 12.11, पु॰ प्रथ॰ एक॰ यतात्मवान् (आत्मसंयमी मनुष्य); द्वि॰ यतात्मवन्तौ; बहु॰ यतात्मवन्त: ←वि॰ यतात्मवत् (प्रयत्न करते हुए, करने वाला) ←1भ्वादि॰√यत्

(प्रयत्न करना)

यतात्मन् 5.25, पु॰ बस॰ यत: आत्मा यस्य (निग्रही, संयमी –मनुष्य; यति) ←वि॰ यत↑ + पु॰ आत्मन्↑

यतात्मा 12.14, प्रथ॰ एक॰ यतात्मा (निग्रही मनुष्य); द्वि॰ यतात्मानौ; बहु॰ यतात्मान: ←पु॰ यतात्मन्↑

यतात्मान: 5.25, प्रथ॰ एक॰ यतात्मा; द्वि॰ यतात्मानौ; बहु॰ यतात्मान: (निग्रही लोग) ←पु॰ यतात्मन्↑

यति 4.28, पु॰ (यतात्मा, संन्यासी) ←1भ्वादि॰√यत् (प्रयत्न, यत्न –करना)

यतीनाम् 5.26, पष्ठी॰ एक॰ यते:; द्वि॰ यत्यो:; बहु॰ यतीनाम् (निग्रही मनुष्यों का,की,के) ←पु॰ यति↑

यतेन्द्रियमनोबुद्धि: 5.28, पु॰ प्रथ॰ एक॰ यतेन्द्रियमनोबुद्धि: (इन्द्रियाँ, मन और बुद्धि संयमित किया हुआ मनुष्य); द्वि॰ ॰बुद्धी; बहु॰ ॰बुद्धय: ←वि॰ बस॰ यतेन्द्रियमनोबुद्धि, यतानि इन्द्रियाणि च मन: च बुद्धि: च यस्य स: (इन्द्रियाँ, मन और बुद्धि को संयत किया हुआ) ←वि॰ यत↑ + न॰ इन्द्रिय↑ + मनस्↑ +स्त्री॰ बुद्धि↑

यत्प्रभाव: 13.4, प्रथ॰ एक॰ यत्प्रभाव: (इसका प्रभाव); द्वि॰ यत्प्रभावौ; बहु॰ यत्प्रभावा: ←पु॰ तस॰ यत्प्रभाव, यस्य प्रभाव: (इसका प्रभाव, इसका प्रभुत्व) ←सना॰ यत्↑ + पु॰ प्रभाव↑

यत्र 6.20, अव्य॰ (जहाँ, जब, जिधर, जिसमें) ←सना॰ यद्↑

यथा 1.11, अव्य॰ (कि भाँति, जैसा, जैसाकि, वत्↓, नामत:; जिस– प्रकार, रीति, मार्ग, कारण, उद्देश –से) ←सना॰ यद्↑

यथाभागम् 1.11, अव्य॰ (जैसा भाग मिला है, जैसी नियुक्ति हुई है, जैसी तैनाति हुई है, जहाँ नियोजित किया है) ←अव्य॰ यथा↑ + पु॰ भाग (मिली हुई– जिम्मेवारी, जगह, हुद्दा, नियोजना) ←1भ्वादि॰√भज्

यथावत् 18.19, अव्य॰ (उचित प्रकार से, नियम के अनुसार; जैसा था वैसा; मन चाहे वैसा) ←सना॰ यद्↓

यद् 1.7, सना॰ पु॰ स्त्री॰ न॰ (जो) ←1भ्वादि॰√यज्

यदा 2.52, अव्य॰ (जहाँ, जब) ←सना॰ यद्↑

यदि 1.46, अव्य॰ (कदाचित; अगर, जो, यदि, बशर्ते कि) ←सना॰ यद्↑

यदृच्छया 2.32, तृती॰ एक॰ यदृच्छया (अपने आप से, अचानक, अनायस, प्रयास के

विना, आसानी से, स्वत: से); द्वि० यदृच्छाभ्याम्; बहु० यदृच्छाभि: ←स्त्री० यदृच्छा↓

यदृच्छा 2.32, स्त्री० (जैसी इच्छा हो वैसा, मन के मुताबिक आचार, स्वेच्छाचरण) ←यद्√ऋच्छ् 6तुदा०

यदृच्छालाभसन्तुष्ट: 4.22, पु० प्रथ० एक० यदृच्छालाभसन्तुष्ट: (जो मिला उसमें जो संतुष्ट होता है वह); द्वि० ०सन्तुष्टौ; बहु० ०सन्तुष्टा: ←वि० तस० यदृच्छालाभसन्तुष्ट, यदृच्छया लाभेन सन्तुष्ट: (मिला उसमें संतुष्ट होने वाला, स्वेच्छा पूर्ण हुई है यह सदा समझने वाला) ←स्त्री० यदृच्छा↑ + पु० लाभ↓ + वि० सन्तुष्ट↓

यद्यपि 1.38, अव्य० (अगरचे, गोकि, यदि) ←सना० यद्↑

यद्वत् 2.70, अव्य० (जैसा, जिस प्रकार; जब तक) ←सना० यद्↑

यद्विकारि 13.4, न० प्रथ०-द्विती० एक० यद्विकारि (जो विकारों सहित है वह); द्वि० यद्विकारिणी; बहु० यद्विकारीणि ←वि० तस० यद्विकारिन्, यत् विकारिन् (जो जिन विकारों वाला है उन विकारों सह) ←सना० यत्↑ + पु० विकार↓

यन्त्रारूढानि 18.61, न० प्रथ०-द्विती० एक० यन्त्रारूढम्; द्वि० यन्त्रारूढे; बहु० यन्त्रारूढानि (यंत्र को जोते हुए, ०जोते हुओं को) ←वि० तस० यन्त्रारूढ, यन्त्रे आरूढम् (यंत्र को जोता हुआ, यंत्र पर आरुढ) ←न० यन्त्र (अवजार, उपकरण, साधन) ←10चुरा०√यन्त्र् + वि० आरूढ↑

यम् 2.15, पु० द्विती० एक० यम् (जिसको); द्वि० यौ; बहु० यान् ←सना० यद्↑

यम: 10.29, प्रथ० एक० यम: (यम); द्वि० यमौ; बहु० यमा: ←पु० विना० यम (यमराज, धर्मराज) ←1भ्वादि०√यम्

यया 2.39, स्त्री० तृती० एक० यया (जिसने, जिसके द्वारा, जिसके जरीये); द्वि० याभ्याम्; बहु० याभि: ←सना० यद्↑

यश: 10.5, न० (10.5 में पु० समान प्रयोग) प्रथ० एक० यश: (यश); द्वि० यशसी; बहु० यशांसि ←न० यशस्↓

यशस् 10.5, न० (कीर्ति↑, ख्याति, प्रशस्ति, प्रसिद्धि, मशहुरी, विरद, विश्रुति, शोहरत, समाख्या; जय↑, विजय, विजयश्री, सिद्धि↓) ←2अदा०√अस्

यष्टव्यम् 17.11, पु० द्विती० एक० यष्टव्यम् (जो यजन करने के लिए उचित है उसको); द्वि० यष्टव्यौ; बहु० यष्टव्यान् ←धासा० वि० यष्टव्य (यजन करने के लिए योग्य, यजनीय) ←1भ्वादि०√यज् (यजन करना)

यस्मात् 12.15, पु० न० पंच० एक० यस्मात् (जिससे); द्वि० याभ्याम्; बहु० येभ्य: ←सना०

यद्↑

यस्य 2.61, पु॰ न॰ षष्ठी॰ एक॰ यस्य (जिसका); द्वि॰ ययो:; बहु॰ येषाम्↓ ←सना॰ यद्↑

यस्याम् 2.69, स्त्री॰ सप्त॰ एक॰ यस्याम् (जिसमें); द्वि॰ ययो:; बहु॰ यासु ←सना॰ यद्↑

यस्मिन् 6.22, पु॰ न॰ सप्त॰ एक॰ यस्मिन् (जिसमें); द्वि॰ ययो:; बहु॰ येषु ←सना॰ यद्↑

यक्ष 10.23, पु॰ (देवयोनि के विशेष राजा लोग, दैवी राजा, राजा कुबेर, किंकर, गुह्यक; भूत प्रेत) ←10चुरा॰√यक्ष

यक्षरक्षसाम् 10.23, द्वन्द्व॰ षष्ठी॰ द्वि॰ यक्षरक्षसो:; बहु॰ यक्षेषु च रक्षसाम् च (यक्ष-राक्षसों में) ←न॰ यक्ष↑ + न॰ रक्षस्↓

यक्षरक्षांसि 17.4, द्वन्द्व॰ न॰ प्रथ॰-द्विती॰ बहु॰ यक्षाणि च रक्षांसि च (यक्ष-राक्षसों को) ←न॰ यक्ष↑ + रक्षस्↓

यक्ष्ये 16.15, लृट् अपूर्ण भवि॰ आत्म॰ एक॰ उत्तम॰ यक्ष्ये (मैं यज्ञ करूँगा); मध्य॰ यक्ष्यसे; अन्य॰ यक्ष्यते ←1भ्वादि॰√यज् (याग करना)

यज्ञ 3.9, पु॰ (अग्निहोत्र; अध्वर, अभिषव, अहुत, आहव, इज्या↑, इष्टि, क्रतु, दिविष्ट, मख, मन्यु, यजन, याग, वर्हि, वाज, वितान, सवन, स्तोम, हव, हवन, होम) ←1भ्वादि॰√यज्

यज्ञ: 3.14, प्रथ॰ एक॰ यज्ञ: (यज्ञ); द्वि॰ यज्ञौ; बहु॰ यज्ञा: ←पु॰ यज्ञ↑

यज्ञतप:क्रिया: 17.25, प्रथ॰ एक॰ यज्ञतप:क्रिया; द्वि॰ यज्ञतप:क्रिये; बहु॰ यज्ञतप:क्रिया: (यज्ञ और तपों की क्रियाएँ) ←स्त्री॰ तस॰ यज्ञतप:क्रिया, यज्ञानाम् च तपसाम् च क्रियाणाम् समाहार: (यज्ञ और तप की क्रियाएँ समूहवाचक) ←पु॰ यज्ञ↑ + न॰ तपस्↑ + स्त्री॰ क्रिया↑

यज्ञतपसाम् 5.29, न॰ द्वन्द्व॰ षष्ठी॰ द्वि॰ यज्ञतपसो:; बहु॰ यज्ञानाम् च तपसाम् च (यज्ञों का और तपों का) ←पु॰ यज्ञ↑ न॰ तपस्↑

यज्ञदानतप:कर्म 18.3, प्रथ॰-द्विती॰ एक॰ यज्ञदानतप:कर्म (यज्ञ, दान और तप के कर्मों का समाहार); द्वि॰ यज्ञदानतप:कर्मणी; बहु॰ तस॰ यज्ञदानतप:कर्माणि; ←न॰ तस॰ यज्ञदानतप:कर्म, यज्ञानाम् च दानानाम् च तपसाम् च कर्म (यज्ञ, दान और तप के कर्म समूहवाचक) ←पु॰ यज्ञ↑ + न॰ दान↑ + न॰ तपस्↑ + न॰ कर्मन्↑

यज्ञदानतप:क्रिया: 17.24, प्रथ॰ एक॰ यज्ञदानतप:क्रिया; द्वि॰ यज्ञदानतप:क्रिये; बहु॰ यज्ञदानतप:क्रिया: (यज्ञ, दान और तप की क्रियाएँ) ←स्त्री॰ तस॰ यज्ञदानतप:क्रिया, यज्ञानाम् च दानानम् च तपसाम् च क्रियाणाम् समाहार: (यज्ञ, दान और तप की क्रियाएँ

–समूहवाचक) ←पु॰ यज्ञ↑ + न॰ दान↑ + न॰ तपस्↑ + स्त्री॰ क्रिया↑

यज्ञभाविताः 3.12, प्रथ॰ एक॰ यज्ञभावितः; द्वि॰ यज्ञभावितौ; बहु॰ <u>यज्ञभाविताः</u> (यज्ञ के द्वारा तृप्त हुए लोग) ←पु॰ तस॰ यज्ञभावित, यज्ञेन भावितः (यज्ञ से तृप्त हुआ योगी) ←पु॰ यज्ञ↑ + वि॰ भावित↑

यज्ञम् 4.25, द्विती॰ एक॰ <u>यज्ञम्</u> (यज्ञ को) ; द्वि॰ यज्ञौ; बहु॰ यज्ञान् ←पु॰ यज्ञ↑

यज्ञविदः 4.30, पु॰ प्रथ॰ एक॰ यज्ञविद्; द्वि॰ यज्ञविदौ; बहु॰ <u>यज्ञविदः</u> (यज्ञ जानने वाले लोग) ←वि॰ यज्ञविद् (यज्ञ जानने वाला, यज्ञवेत्ता) ←पु॰ यज्ञ↑ + वि॰ विद्↓

यज्ञशिष्टामृतभुजः 4.31, पु॰ प्रथ॰ एक॰ यज्ञशिष्टामृतभुक्–ग्; द्वि॰ यज्ञशिष्टामृतभुजौ; बहु॰ <u>यज्ञशिष्टामृतभुजः</u> (यज्ञ का अवशिष्ट अमृत भक्षण करके तृप्त हुए लोग) ←वि॰ बस॰ यज्ञशिष्टामृतभुज्, यज्ञस्य अवशिष्टम् भुनक्ति यः सः (यज्ञ का अवशिष्ट अमृत भक्षण किए तृप्त हुआ; यज्ञ के अन्त में बचा हुआ अन्न खाकर संतुष्ट हुआ योगी) ←पु॰ यज्ञ↑ + वि॰ शिष्ट↓ + न॰ अमृत↑ + वि॰ भुज् (उपभोग लेने वाला; खाने वाला, भक्षण करने वाला) ←7रुधा॰√भुज् (उपभोग लेना, खाना)

यज्ञशिष्टाशिनः 3.13, पु॰ प्रथ॰ एक॰ यज्ञशिष्टाशी; द्वि॰ यज्ञशिष्टाशिनौ; बहु॰ <u>यज्ञशिष्टाशिनः</u> (यज्ञ का अवशिष्ट भक्षण करने वाले लोग) ←वि॰ तस॰ यज्ञशिष्टाशिन्, यज्ञस्य अवशिष्टम् आशिन् (यज्ञ का अवशिष्ट भक्षण करने वाला; यज्ञ के अन्त में बचा हुआ अन्न खाने वाला) ←पु॰ यज्ञ↑ + वि॰ शिष्ट↓ + पु॰ आशिन्↑

यज्ञक्षपितकल्मषाः 4.30, पु॰ प्रथ॰ एक॰ ॰कल्मषः; द्वि॰ ॰कल्मषौ; बहु॰ <u>यज्ञक्षपितकल्मषाः</u> (यज्ञ के द्वारा पाप नष्ट किए हुए लोग) ←वि॰ बस॰ यज्ञक्षपितकल्मष, यज्ञेन क्षपितम् कल्मषम् यस्य सः (यज्ञ के द्वारा पाप– धुल गया हुआ, नष्ट) ←पु॰ यज्ञ↑ + वि॰ क्षपित (धुल गया हुआ, साफ) + न॰ कल्मष↑

यज्ञाः 4.32, प्रथ॰ एक॰ यज्ञः; द्वि॰ यज्ञौ; बहु॰ <u>यज्ञाः</u> (यज्ञ) ←पु॰ यज्ञ↑

यज्ञात् 3.14, पंच॰ एक॰ <u>यज्ञात्</u> (यज्ञ से); द्वि॰ यज्ञाभ्याम्; बहु॰ यज्ञेभ्यः ←पु॰ यज्ञ↑

यज्ञानाम् 10.25, षष्ठी॰ एक॰ यज्ञस्य; द्वि॰ यज्ञयोः; बहु॰ <u>यज्ञानाम्</u> (यज्ञों का,की,के) ←पु॰ यज्ञ↑

यज्ञाय 4.23, चतु॰ एक॰ <u>यज्ञाय</u> (यज्ञ के लिए); द्वि॰ यज्ञाभ्याम्; बहु॰ यज्ञेभ्यः ←पु॰ यज्ञ↑

यज्ञार्थात् 3.9, पंच॰ एक॰ <u>यज्ञार्थात्</u> (यज्ञ का हेतु ले कर); द्वि॰ यज्ञार्थाभ्याम्; बहु॰ यज्ञार्थेभ्यः ←पु॰ तस॰ यज्ञार्थ, यज्ञस्य अर्थः (यज्ञ का उद्देश, हेतु) ←पु॰ यज्ञ↑ + पु॰ अर्थ↑

यज्ञे 3.15, सप्त॰ एक॰ यज्ञे (यज्ञ में); द्वि॰ यज्ञयो:; बहु॰ यज्ञेषु↓ ←पु॰ यज्ञ↑

यज्ञेन 4.25, तृती॰ एक॰ यज्ञेन (यज्ञ से); द्वि॰ यज्ञाभ्याम्; बहु॰ यज्ञै:↓ ←पु॰ यज्ञ↑

यज्ञेषु 8.28, सप्त॰ एक॰ यज्ञे↑; द्वि॰ यज्ञयो:; बहु॰ यज्ञेषु (यज्ञों में) ←पु॰ यज्ञ↑

यज्ञै: 9.20, तृती॰ एक॰ यज्ञेन↑; द्वि॰ यज्ञाभ्याम्; बहु॰ यज्ञै: (यज्ञों से, यज्ञों द्वारा) ←पु॰ यज्ञ↑

या 2.69, स्त्री॰ प्रथ॰ एक॰ या (जो); द्वि॰ ये; बहु॰ या: ←सना॰ यद्↑

या: 14.4, स्त्री॰ प्रथ॰ एक॰ या; द्वि॰ ये; बहु॰ या: (जो) ←सना॰ यद्↑

यातयामम् 17.10, न॰ प्रथ॰–द्विती॰ एक॰ यातयामम् (तीन घंटों का बासा, तीन घंटे पहले पकाया हुआ, एक प्रहर गुजरा हुआ, एक याम के पहले का); द्वि॰ यातयामे; बहु॰ यातयामानि ←वि॰ बस॰ यातयाम, यात: याम: यस्य ←वि॰ यात (हुआ, गया हुआ) ←2अदा॰√या + पु॰ याम (तीन घंटों की अवधि, प्रहर) ←2अदा॰√या

याति 6.45, लट् वर्त॰ पर॰ एक॰ उत्तम॰ यामि; मध्य॰ यासि; अन्य॰ याति (वह प्राप्त करता है) ←2अदा॰√या (प्राप्त करना)

यादव 11.41, पु॰ संबो॰ एक॰ यादव (हे यादव!); द्वि॰ यादवौ; बहु॰ यादवा: ←वि॰ तद्धित शब्द यादव, यदो: अपत्यम् (यदुपुत्र, कृष्ण↑)

यादसाम् 10.29, षष्ठी॰ एक॰ यादस:; द्वि॰ यादसो:; बहु॰ यादसाम् (जलचरों में) ←न॰ यादस् (जलचर, जलजीवी; जलजंतु) ←2अदा॰√या

यादृक् 13.4, अव्य॰ (जैसा, जिस– तरह का, प्रकार का, रीति का) ←सना॰ यद्↑

यान् 2.6, पु॰ द्विती॰ एक॰ यम्↑; द्वि॰ यौ; बहु॰ यान् (जिनको) ←सना॰ यद्↑

यान्ति 3.33, लट् वर्त॰ पर॰ बहु॰ उत्तम॰ याम:; मध्य॰ याथ; अन्य॰ यान्ति (वे प्राप्त करते हैं) ←2अदा॰√या (प्राप्त करना)

याभि: 10.16, स्त्री॰ तृती॰ एक॰ यया; द्वि॰ याभ्याम्; बहु॰ याभि: (जिनसे) ←सना॰ यद्↑

याम् 2.42, स्त्री॰ द्विती॰ एक॰ याम् (जिसको); द्वि॰ ये; बहु॰ या: ←सना॰ यद्↑

यावत् 1.22, (1) सार्वनामिक वि॰ (जितना); (2) अव्य॰ (जब तक; इस अवधि में, उतने में) ←सना॰ यद्↑

यावान् 2.46, पु॰ प्रथ॰ एक॰ यावान् (जितना); द्वि॰ यावन्तौ; बहु॰ यावन्त: ←वि॰ यावत्↑

यास्यसि 2.35, लृट् अपूर्ण भवि॰ पर॰ एक॰ उत्तम॰ यास्यामि; मध्य॰ यास्यसि (तू प्राप्त करेगा); अन्य॰ यास्यति ←2अदा॰√या (प्राप्त करना)

युक्त 1.14, वि॰ (जो अन्वित, युति, संबद्ध, सज्ज, सिद्ध –हुआ है; सम्पन्न↓)

←7रुधा०√युज् (जोड़ना, मिलाना, संयुक्त करना)

युक्तः 2.39, पु० प्रथ० एक० युक्तः (युक्त); द्वि० युक्तौ; बहु० युक्ताः ←वि० युक्त↑

युक्तचेतसः 7.30, पु० प्रथ० एक० युक्तचेताः; द्वि० युक्तचेतसौ; बहु० युक्तचेतसः (चित्त जोड़े हुए लोग) ←वि० बस० युक्तचेतस्, युक्तम् चेतः यस्य सः (चित्त जोड़ा हुआ, युक्तचित्त) ←वि० युक्त↑ + न० चेतस↑

युक्तचेष्टस्य 6.17, पु० षष्ठी० एक० युक्तचेष्टस्य (जिसका आचरण अनुरूप, यथायोग्य, यथोचित, है उसका,की,के); द्वि० युक्तचेष्टयोः; बहु० युक्तचेष्टानाम् ←वि० बस० युक्तचेष्ट, युक्ता चेष्टा यस्य सः (आचरण- अनुरूप, मुआफिक, अनुकूल, ठीक, यथायोग्य, यथोचित् है वह) ←वि० युक्त↑ + स्त्री० चेष्टा↑

युक्ततम 6.47, तमभावात्मक वि० (अत्यंत संपन्न; परम श्रेष्ठ) ←वि० युक्त↑

युक्ततमः 6.47, पु० प्रथ० एक० युक्ततमः (जो सर्वसंपन्न है वह); द्वि० युक्ततमौ; बहु० युक्ततमाः↓ ←वि० युक्ततम↑

युक्ततमाः 12.2, पु० प्रथ० एक० युक्ततमः↑; द्वि० युक्ततमौ; बहु० युक्ततमाः (जो सर्वसंपन्न हैं वे) ←वि० युक्ततम↑

युक्तस्वप्नावबोधस्य 6.17, पु० षष्ठी० एक० युक्तस्वप्नावबोधस्य (जिसका सोना और जागना अनुरूप है उस मनुष्य का,की,के); द्वि० ०बोधयोः; बहु० ०बोधानाम् ←वि० बस० युक्तस्वप्नावबोध, युक्तम् स्वप्नम् च अवबोधः च यस्य सः (सोना व जागना यथायोग्य है वह; बहुत कम वा बहुत अधिक न सोने वाला, विषम समय में निद्राभास न करने वाला) ←वि० युक्त↑ + न० स्वप्न↓ + पु० अवबोध (नींद से उठना; जागना) ←अव√बुध् 1भ्वादि०

युक्तात्मा 7.18, पु० प्रथ० एक० युक्तात्मा (जो एकचित्त है वह); द्वि० युक्तात्मानौ; बहु० युक्तात्मानः ←वि० बस० युक्तात्मन्, युक्तः आत्मा यस्य सः (एकचित्त, चित्त जोड़ा हुआ, युक्त हुआ, युक्तात्मा) ←वि० युक्त↑ + पु० आत्मन्↑

युक्ताहारविहारस्य 6.17, पु० षष्ठी० एक० युक्ताहारविहारस्य (यथोचित् आहार और विहार करने वाले का); द्वि० ०विहारयोः; बहु० ०विहाराणाम् ←वि० बस० युक्ताहारविहार, युक्तः आहारः च विहारः च यस्य सः (अनुरूप आहार और विहार करने वाला, बहुत कम वा बहुत अधिक न खाने वा भटकने वाला) ←वि० युक्त↑ + पु० आहार↑ + पु० विहार↓

युक्ते 1.14, पु० सप्त० एक० युक्ते (युक्त मनुष्य में); द्वि० युक्तयोः; बहु० युक्तेषु ←वि० युक्त↑

युक्तैः 17.17, पु० तृती० एक० युक्तेन; द्वि० युक्ताभ्याम्; बहु० युक्तैः (युक्त मनुष्यों ने) ←वि०

युक्त↑

युक्त्वा 9.34, अव्य॰ (जोड़ कर, युक्त किए) ←7रुधा॰√युज् (जोड़ना, मिलाना, संयुक्त करना)

युग 4.8, न॰ (जमाना, जुग; कल्प, काल, दीर्घकाल; सत्ययुग, त्रेतायुग, द्वापरयुग, कलियुग) ←2अदा॰√युज्

युगपत् 11.12, अव्य॰ (एक ही समय में, एक कालिक, एकसाथ, समकालिक, समकालीन, समसामयिक) ←न॰ युग↑

युगसहस्रान्ताम् 8.17, स्त्री॰ द्विती॰ एक॰ युगसहस्रान्ताम् (हजारों युगों में अंत होने वाली को); द्वि॰ युगसहस्रान्ते; बहु॰ युगसहस्रान्ता: ←बस॰ युगसहस्रान्त, सहस्रेण युगेन अन्त: यस्य (दशों सदियों, शतियों, शताब्दियों, सहस्र वर्षों, हजारों युगों –तक चलने वाला) ←न॰ युग↑ + वि॰ सहस्र↓ + पु॰ अन्त↑

युगे 4.8; सप्त॰ एक॰ युगे (युग में); द्वि॰ युगयो:; बहु॰ युगेषु ←न॰ युग↑

युज्यते 10.7, लट् वर्त॰ आत्म॰ एक॰ उत्तम॰ युज्ये; मध्य॰ एक॰ युज्यसे; अन्य॰ एक॰ युज्यते (वह युक्त होता है); अन्य॰ द्वि॰ योत्सेते; बहु॰ योत्सन्ते ←4दिवा॰√युज् (युक्त होना)

युज्यस्व 2.38, लोट् आत्म॰ आज्ञार्थ आत्म॰ एक॰ उत्तम॰ युज्यै; मध्य॰ युज्यस्व (तू युक्त हो); अन्य॰ युज्यताम् ←4दिवा॰√युज् (युक्त होना)

युञ्जत् 6.15, वि॰ (चित्त जोड़ने वाला, चिन्तन करने वाला, ध्यान लगाने वाला, मनन करने वाला) ←4दिवा॰√युज् (जोड़ना)

युञ्जत: 6.19, पु॰ षष्ठी॰ एक॰ युञ्जत: (मनन करने वाले का,की,के); द्वि॰ युञ्जतो:; बहु॰ युञ्जताम् ←वि॰ युञ्जत्↑

युञ्जन् 6.15, प्रथ॰ एक॰ युञ्जन् (मनन करते हुए); द्वि॰ युञ्जन्तौ; बहु॰ युञ्जन्त: ←वि॰ युञ्जत्↑

युञ्ज्यात् 6.12, विधि॰ पर॰ एक॰ उत्तम॰ युञ्ज्याम्; मध्य॰ युञ्ज्या:; अन्य॰ युञ्ज्यात् (वह मन को ध्यानस्थ करे) ←4दिवा॰√युज (जोड़ना)

युञ्जीत 6.10, विधि॰ आत्म॰ एक॰ उत्तम॰ युञ्जीत (उसे ध्यानस्य होना चाहिए, मनन करना चाहिए); मध्य॰ युञ्जीयाताम्; अन्य॰ युञ्जीरन् ←4दिवा॰√युज (जोड़ना)

युद्ध 1.9, न॰ (अनीक, आजि, आयोधन, आहव↑, कलह, जंग, द्वन्द्व↑, धमासान, मुठभेड़, लड़ाई, योधन, रण↓, संगर, सङ्ग्राम↓, सङ्ख्य↓, संफेटा, समर, समाघात,

समित्↓, समिति↓, समुदय, समुद्यम↑, समोह) ←4दिवा०√युध् (युद्ध करना)

युद्धम् 2.32, प्रथ०-द्विती० एक० युद्धम् (युद्ध, युद्ध को); द्वि० युद्धे; बहु० युद्धानि ←न० युद्ध↑

युद्धविशारदाः 1.9, पु० प्रथ० एक० युद्धविशारदः; द्वि० युद्धविशारदौ; बहु० युद्धविशारदाः (जो युद्ध में निपुण हैं वे) ←वि० युद्धविशारद, युद्धे विशारदः (युद्धकुशल, युद्धपटु, युद्धनिपुण, युद्धप्रवीण) ←न० युद्ध↑ + वि० विशारद (अनुभवी, कसबी, कुशल, तरबेज, नागर, निपुण, निष्णात, पटु, पारंगत, प्रवीण, वाकबगार, ज्ञाता) ←वि-शाल√दा 1भ्वादि०

युद्धात् 2.31, पंच० एक० युद्धात् (युद्ध से, की अपेक्षा); द्वि० युद्धयोः; बहु० युद्धेभ्यः ←न० युद्ध↑

युद्धाय 2.37, चतु० एक० युद्धाय (युद्ध को); द्वि० युद्धाभ्याम्; बहु० युद्धेभ्यः ←न० युद्ध↑

युद्धे 1.23, सप्त० एक० युद्धे (युद्ध में); द्वि० युद्धयोः; बहु० युद्धेषु ←न० युद्ध↑

युद्धय 8.7, लोट् निमंत्रणार्थक पर० एक० उत्तम० युद्धयानि; मध्य० युद्धय (तू युद्ध कर); अन्य० युद्धयतु ←4दिवा०√युध् (युद्ध करना)

युद्धयस्व 2.18, लोट् आत्म० निमंत्रणार्थक आत्म० एक० उत्तम० युध्यै; मध्य० युध्यस्व (तू युद्ध कर); अन्य० युध्यताम् ←4दिवा०√युध् (युद्ध करना)

युधामन्युः 1.6; प्रथ० एक० युधामन्युः (युधामन्यु); द्वि० युधामन्यू; बहु० युधामन्यवः ←पु० विना० युधामन्यु (व्यक्ति परिचय के लिए देखिए- खंड 1, गीता दर्शन↑)

युधि 1.4, सप्त० एक० युधि (लड़ाई में); द्वि० युधोः; बहु० युत्सु ←स्त्री० युध् ←4दिवा०√युध् (लड़ना)

युधिष्ठिरः 1.16, पु० प्रथ० एक० युधिष्ठिरः (युधिष्ठिर); द्वि० युधिष्ठिरौ; बहु० युधिष्ठिराः ←विना० युधिष्ठिर, अलुक तस० युधि स्थिरः (युद्ध में स्थिर रहने वाला) व्यक्ति परिचय के लिए देखिए- खंड 1, गीता दर्शन↑

युयुत्सु 1.1, वि० (युद्ध की इच्छा करने वाला, युद्धेच्छु) ←स्त्री० युध् ←2अदा०√युध्

युयुत्सवः 1.1, पु० प्रथ० एक० युयुत्सुः; द्वि० युयुत्सू; बहु० युयुत्सवः (युद्ध की इच्छा करने वाले, युद्धेच्छु लोग) ←वि० युयुत्स↑

युयुत्सुम् 1.28, पु० द्विती० एक० युयुत्सुम् (युद्धेच्छु को); द्वि० युयुत्सू; बहु० युयुत्सून् ←वि० युयुत्सु↑

युयुधानः 1.4, पु० प्रथ० एक० युयुधानः (युयुधान); द्वि० युयुधानौ; बहु० युयुधानाः ←विना० युयुधान (सात्यकी) व्यक्ति परिचय के लिए देखिए- खंड 1, गीता दर्शन↑

युष्मद् 1.3, सना॰ पु॰ न॰ स्त्री॰ (तू, आप)

ये 1.7, पु॰ प्रथ॰ एक॰ य:↑; द्वि॰ यौ; बहु॰ ये (जो) ←सना॰ यद्↑

येन 2.17, पु॰ न॰ तृती॰ एक॰ येन (जिससे); द्वि॰ याभ्याम्; बहु॰ यै: ←सना॰ यद्↑

येषाम् 1.33, पु॰ न॰ षष्ठी॰ एक॰ यस्य↑; द्वि॰ ययो:; बहु॰ येषाम् (जिनका) ←सना॰ यद्↑

योक्तव्य: 6.23, पु॰ प्रथ॰ एक॰ योक्तव्य: (अभ्यास करने के लिए योग्य है वह); द्वि॰ योक्तव्यौ; बहु॰ योक्तव्या: ←वि॰ योक्तव्य (अभ्यास करने के लिए, युति करने के लिए – उचित; योजनीय) ←7रुधा॰√युज् (जोड़ना)

योग 2.39, पु॰ (मिलाप, मेल; योग– निद्रा, प्रमाण, विपर्यय, विकल्प और स्मृति इन पांच चित्तवृत्तियों का निरोध; चित्तवृत्ति का नियंत्रण, संन्यास) ←7रुधा॰√युज् (जोड़ना, संयुक्त करना)

योग: 2.48, प्रथ॰ एक॰ योग: (योग); द्वि॰ योगौ; बहु॰ योगा: ←पु॰ योग↑

योगधारणाम् 8.12, द्विती॰ एक॰ योगधारणाम् (योगाभ्यास को); द्वि॰ योगधारणे; बहु॰ योगधारणा: ←स्त्री॰ तस॰ योगधारणा, यागस्य धारणा (योगबुद्धि, योगाभ्यास) ←पु॰ योग↑ + स्त्री॰ धारणा (धारण करने की क्रिया अथवा भाव; ग्रहण करना; अभ्यास, निश्चय, बुद्धि, विश्वास, समझ) ←1भ्वादि॰√धृ

योगबलेन 8.10, तृती॰ एक॰ योगबलेन (योग के बल से); द्वि॰ योगबलाभ्याम्; बहु॰ योगबलै: ←न॰ तस॰ योगबल, योगस्य बलम् (योगबल, योग का– आधार, आश्रय, जोर, प्रभाव) ←पु॰ योग↑ + न॰ बल↑

योगभ्रष्ट: 6.41, पु॰ प्रथ॰ एक॰ योगभ्रष्ट: (जो योग के पथ से विचलित हुआ है वह); द्वि॰ योगभ्रष्टौ; बहु॰ योगभ्रष्टा: ←वि॰ तस॰ योगभ्रष्ट, योगात् भ्रष्ट: (योग के मार्ग से– अध:पतन हुआ, गिरा हुआ, पतित हुआ, भ्रष्ट हुआ, हटा हुआ) ←पु॰ योग↑ + वि॰ भ्रष्ट (अपवित्र, पतित) ←4दिवा॰√भ्रंश् (पतन होना)

योगम् 2.53, द्विती॰ एक॰ योगम् (योग को); द्वि॰ योगौ; बहु॰ योगान् ←पु॰ योग↑

योगमायासमावृत: 7.25, पु॰ प्रथ॰ एक॰ योगमायासमावृत: (योगमाया से व्यापलेला); द्वि॰ ॰समावृतौ; बहु॰ ॰समावृता: ←वि॰ तस॰ योगमायासमावृत, योगस्य मायया समावृत: (योग की माया से व्याप्त हुआ; योगमाया से ढका हुआ) ←पु॰ योग↑ + स्त्री॰ माया↑ + वि॰ समावृत↓

योगयज्ञा: 4.28, प्रथ॰ एक॰ योगयज्ञ; द्वि॰ योगयज्ञौ; बहु॰ योगयज्ञा: (योगयज्ञ) ←पु॰ तस॰ योगयज्ञ, योगस्य यज्ञ: (योगरूपी यज्ञ; गीता में जो जपयज्ञ 10.25↑, तपयज्ञ 4.28↑,

द्रव्ययज्ञ 4.28↑, नामयज्ञ 16.17↑, योगयज्ञ 4.28, ज्ञानयज्ञ 4.33↓ आदि यज्ञ कहे गए है उनमें से एक यज्ञ) ←पु॰ योग↑ + पु॰ यज्ञ↑

योगयुक्तः 5.6, पु॰ प्रथ॰ एक॰ योगयुक्तः (जिसकी योग से युति हुई है वह); द्वि॰ योगयुक्तौ; बहु॰ योगयुक्ताः ←वि॰ तस॰ योगयुक्त, योगेन युक्तः (योग से युति हुआ, योग से युक्त हुआ, योग हस्तगत किया हुआ; योगयुक्त, योगसंपन्न, योगी) ←पु॰ योग↑ + वि॰ युक्त↑

योगयुक्तात्मा 6.29, प्रथ॰ एक॰ योगयुक्तात्मा (योग से युति हुआ मनुष्य); द्वि॰ योगयुक्तात्मनौ; बहु॰ योगयुक्तात्मनः ←पु॰ बस॰ योगयुक्तात्मन्, योगेन युक्तः आत्मा यस्य सः (योग से युति हुआ, योग से युक्त हुआ, योग हस्तगत किया हुआ, योगयुक्त, योगसंपन्न –मनुष्य; योगी) ←पु॰ योग↑ + वि॰ युक्त↑ + पु॰ आत्मन्↑

योगवित्तमाः 12.1, पु॰ प्रथ॰ एक॰ योगवित्तमः; द्वि॰ योगवित्तमौ; बहु॰ योगवित्तमाः (सर्वोत्तम योगवेत्ता लोग) ←वि॰ बस॰ योगवित्तम, योगस्य वित्तमः यः सः (सर्वोत्तम– योग जानने वाला, योगवेत्ता, योगज्ञाता) ←पु॰ योग↑ + तमभाववाचक वि॰ वित्तम (श्रेष्ठ– जानने वाला, वेत्ता, ज्ञानी↓) ←वि॰ विद्↑ + प्रत्यय तम↑

योगसंन्यस्तकर्माणम् 4.41, पु॰ प्रथ॰ एक॰ योगसंन्यस्तकर्माणम् (योग के द्वारा जिसने कर्म त्यागे हैं वह); द्वि॰ ॰कर्माणौ; बहु॰ ॰कर्माणः ←वि॰ बस॰ योगसंन्यस्तकर्मन्, योगेन संन्यस्तम् कर्म येन सः (निष्काम योग के सहारे अपने कर्म जिसने त्यागे हैं वह मनुष्य; कर्मयोगी) ←पु॰ योग↑ + वि॰ संन्यस्त↓ + न॰ कर्मन्↑

योगसंसिद्धः 4.38, पु॰ प्रथ॰ एक॰ योगसंसिद्धः (जिसने योगसिद्धि प्राप्त की है वह); द्वि॰ योगसंसिद्धौ; बहु॰ योगसंसिद्धाः ←वि॰ तस॰ योगसंसिद्ध, योगेन संसिद्धः (योगसंपन्न, योगसिद्धि प्राप्त किया हुआ) ←पु॰ योग↑ + वि॰ संसिद्ध↓

योगसंसिद्धिम् 6.37, द्विती॰ एक॰ योगसंसिद्धिम् (योगसिद्धि को); द्वि॰ योगसंसिद्धी; बहु॰ योगसंसिद्धीः ←स्त्री॰ तस॰ योगसंसिद्धि, योगस्य संसिद्धिः (योग की पूर्ण सिद्धि, योग की संपन्नता) ←पु॰ योग↑ + स्त्री॰ संसिद्धि↑

योगसंज्ञितम् 6.23, पु॰ द्विती॰ एक॰ योगसंज्ञितम् ("योग" कहा जाने वाले को); द्वि॰ योगसंज्ञितौ; बहु॰ योगसंज्ञितान् ←वि॰ तस॰ योगसंज्ञित, योग इति संक्षितम् ("योग" संज्ञा प्राप्त, "योग" नाम से कहा गया हुआ) ←पु॰ योग↑ + वि॰ संज्ञित↓

योगसेवया 6.20, तृती॰ एक॰ योगसेवया (योगाभ्यास से); द्वि॰ योगसेवाभ्याम्; बहु॰ योगसेवाभिः ←स्त्री॰ तस॰ योगसेवा, योगस्य सेवा (योगाभ्यास; योग का आचरण, पालन,

मनन, सेवा) ←पु॰ योग↑ + स्त्री॰ सेवा↓

योगस्थः 2.48, पु॰ प्रथ॰ एक॰ योगस्थः (जो योग में स्थित है वह); द्वि॰ योगस्थौ; बहु॰ योगस्थाः ←वि॰ तस॰ योगस्थ, योगे स्थः (योग आचरण में लाने वाला, योग में स्थित हुआ, योगारुढ) ←पु॰ योग↑ + वि॰ स्थ↓

योगस्य 6.44, षष्ठी॰ एक॰ योगस्य (योग का,की,के); द्वि॰ योगयोः; बहु॰ योगानाम् ←पु॰ योग↑

योगक्षेमम् 9.22, द्वन्द्व॰ द्विती॰ एक॰ योगः च क्षेमः च (योगक्षेम को, योग की प्राप्ति और उसके रक्षण को) ←पु॰ योग↑ + न॰ पु॰ क्षेम↓

योगात् 6.37, पंच॰ एक॰ योगात् (योग से); द्वि॰ योगाभ्याम्; बहु॰ योगेभ्यः ←पु॰ योग↑

योगाय 2.50, चतु॰ एक॰ योगाय (योग को, के लिए); द्वि॰ योगाभ्याम्; बहु॰ योगेभ्यः ←पु॰ योग↑

योगारुढ 6.3, वि॰ तस॰ योगे आरूढः (योग हस्तगत किया हुआ, योग की सिद्धि पाया हुआ) ←पु॰ योग↑ + वि॰ आरुढ↑

योगारुढः 6.4, पु॰ प्रथ॰ एक॰ योगारुढः (जो योगारुढ है वह); द्वि॰ योगारुढौ; बहु॰ योगारुढाः ←वि॰ योगारुढ↑

योगारुढस्य 6.3, पु॰ षष्ठी॰ एक॰ योगारुढस्य (जो योगारुढ हुआ है उसका,की,के); द्वि॰ योगारुढयोः; बहु॰ योगारुढानाम् ←वि॰ योगारुढ↑

योगिन् 3.3, पु॰ (योगसंपन्न, योगाचरणी, योगी↓; ऋषि↑, यति↑, साधु↓, सिद्ध↓) ←पु॰ योग↑

योगिनः 4.25, (1) द्विती॰ एक॰ योगिनम्; द्वि॰ योगिनौ; बहु॰ योगिनः (योगियों को); (2) 6.19, षष्ठी॰ एक॰ योगिनः (योगियों का,की,के); द्वि॰ योगिनोः; बहु॰ योगिनाम् ←पु॰ योगिन्↑

योगिनम् 6.27, द्विती॰ एक॰ योगिनम् (योगी को); द्वि॰ योगिनौ; बहु॰ योगिनः ←पु॰ योगिन्↑

योगिनाम् 3.3, षष्ठी॰ एक॰ योगिनः; द्वि॰ योगिनोः; बहु॰ योगिनाम् (योगियों का,की,के) ←पु॰ योगिन्↑

योगी 5.24, प्रथ॰ एक॰ योगी (योगी); द्वि॰ योगिनौ; बहु॰ योगिनः ←पु॰ योगिन्↑

योगे 2.39, सप्त॰ एक॰ योगे (योग में); द्वि॰ योगयोः; बहु॰ योगेषु ←पु॰ योग↑

योगेन 10.7, तृती॰ एक॰ योगेन (योग से); द्वि॰ योगाभ्याम्; बहु॰ योगैः↓ ←पु॰ योग↑

योगेश्वर 11.4, पु॰ संबो॰ एक॰ योगेश्वर (हे योगेश्वर!); द्वि॰ योगेश्वरौ; बहु॰ योगेश्वराः ←वि॰ बस॰ योगेश्वर, योगानाम् ईश्वरः यः सः (कृष्ण↑)

योगेश्वरः 18.78, प्रथ॰ एक॰ योगेश्वरः (योगेश्वर); द्वि॰ योगेश्वरौ; बहु॰ योगेश्वराः ←पु॰ योगेश्वर↑

योगेश्वरात् 18.75, पंच॰ एक॰ योगेश्वरात् (योगेश्वर से); द्वि॰ योगेश्वराभ्याम्; बहु॰ योगेश्वरेभ्यः ←पु॰ योगेश्वर↑

योगैः 5.5, तृती॰ एक॰ योगेन↑; द्वि॰ योगाभ्याम्; बहु॰ योगैः (योगों द्वारा) ←पु॰ योग↑

योत्समानान् 1.23, पु॰ द्विती॰ एक॰ योत्समानम्; द्वि॰ योत्समानौ; बहु॰ योत्समानान् (जो युद्ध करने जारहे हैं वे लोग) ←वि॰ योत्समान (युद्ध करने जारहा है वह, युद्ध करता हुआ) ←4दिवा॰√युध् (युद्ध करना)

योत्स्ये 2.9, लृट् अपूर्ण भवि॰ आत्म॰ उत्तम॰ एक॰ योत्से (मैं युद्ध करूँगा); द्वि॰ योत्सावहे; बहु॰ योत्सामहे ←4दिवा॰√युध् (लड़ना)

योद्धव्यम् 1.22, न॰ प्रथ॰–द्विती॰ एक॰ योद्धव्यम् (जिससे युद्ध करना उचित है वह, ॰उसको); द्वि॰ योद्धव्ये; बहु॰ योद्धव्यानि ←वि॰ योद्धव्य (युद्ध करने के लिए उचित) ←4दिवा॰√युध् (लड़ना)

योद्धुकामान् 1.22, द्विती॰ एक॰ योद्धुकामम्; द्वि॰ योद्धुकामौ; बहु॰ योद्धुकामान् (युद्ध की कामना धरे हुए लोग) ←पु॰ बस॰ योद्धुकाम, योद्धुम् इति कामः यस्य सः (जिसको युद्ध की कामना, युद्धेच्छा है वह) ←न॰ युद्ध↑ + पु॰ काम↑

योध 11.26, पु॰ (जुझार, प्रवीर, भट, लड़वैया, युयुधान, योद्धा, रण बाँकुरा; सिपाही, सैनिक) ←4दिवा॰√युध् (लड़ना)

योधमुख्यैः 11.26, तृती॰ एक॰ योधमुख्येन; द्वि॰ योधमुख्याभ्याम्; बहु॰ योधमुख्यैः (मुख्य योद्धाओं के सह, सहित) ←पु॰ तस॰ योधमुख्य, योधानाम् मुख्यः (महायोद्धा; प्रधान, प्रमुख, मुख्य योद्धा) ←पु॰ योध↑ + वि॰ मुख्य↑

योधवीरान् 11.34, द्विती॰ एक॰ योधवीरम्; द्वि॰ योधवीरौ; बहु॰ योधवीरान् (महायोद्धाओं को) ←पु॰ तस॰ योधवीर, योधेषु वीरः (महायोद्धा, वीर योद्धा, शूरवीर) ←पु॰ योध↑ + वि॰ वीर↓

योधाः 11.32, प्रथ॰ एक॰ योधः; द्वि॰ योधौ; बहु॰ योधाः (योद्धा लोग) ←पु॰ योध↑

योनि 5.22, स्त्री॰ (उद्गम स्थान, गर्भाशय, भग; 84 लक्ष उद्गमस्थान→ मनुष्य 4 लक्ष, जलचर 9 लक्ष, पक्षी 10 लक्ष, कृमी 11 लक्ष, चतुष्पाद 23 लक्ष और स्थावर 27 लक्ष)

←2अदा०√यु (जोड़ना, मिलाना, संमिश्र करना; अलग करना)

योनिः 14.3, प्रथ० एक० योनिः (योनि); द्वि० योनी; बहु० योनयः ←स्त्री० योनि↑

योनिम् 16.20, द्विती० एक० योनिम् (योनि को); द्वि० योनी; बहु० योनीः ←स्त्री० योनि↑

योनिषु 16.19, सप्त० एक० योनौ; द्वि० योन्योः; बहु० योनिषु (योनियों में) ←स्त्री० योनि↑

यौवनम् 2.13, प्रथ०–द्विती० एक० यौवनम् (यौवन, योवन को); द्वि० यौवने; बहु० यौवनानि ←न० तद्धित शब्द यौवन, यूनः भावः (जवानी, तरुणावस्था, तारुण्य, युवावस्था) ←वि० युवन् (जवान, तरुण) ←2अदा०√यु

(र)

रजः 14.5, प्रथ०–द्विती० एक० रजः (रजोगुण, रजोगुण को); द्वि० रजसी; बहु० रजांसि ←न० रजस्↓

रजस् 3.37, न० (रजोगुण; स्वाभाविक तीन गुणों में दूसरा) ←4दिवा०√रञ्ज्

रजसः 14.16, षष्ठी० एक० रजसः (रजोगुण का,की,के); द्वि० रजसोः; बहु० रजसाम् ←न० रजस्↑

रजसि 14.12, सप्त० एक० रजसि (रजोगुण में); द्वि० रजसोः; बहु० रजःसु ←न० रजस्↑

रजोगुणसमुद्भवः 3.37, पु० प्रथ० एक० रजोगुणसमुद्भवः (जो रजोगुण से उत्पन्न हुआ है वह); द्वि० ०समुद्भवौ; बहु० ०समुद्भवाः ←वि० बस० रजोगुणसमुद्भव, रजसः गुणात् समुद्भवः यस्य (रजोगुणजन्य, रजोगुणोद्भूत; रजोगुण से– उद्गम, उत्पत्ति, उत्पन्न, उद्भव, जन्म, निर्माण –हुआ) ←न० रजस्↑ + पु० गुण↑ + पु० समुद्भव↓

रण 1.22, न० (युद्ध↑, लड़ाई, सङ्ग्राम↓, सङ्ख्य↓, समर; लड़ाई का मैदान, रणक्षेत्र, रण) ←1भ्वादि०√रण् (झनकारना)

रणात् 2.35, पंच० एक० रणात् (रण से); द्वि० रणाभ्याम्; बहु० रणेभ्यः ←न० रण↑

रणे 1.46, सप्त० एक० रणे (रण में); द्वि० रणयोः; बहु० रणेषु ←न० रण↑

रत 2.42, वि० (अनुरक्त, उद्यमी, चूर, दंग, निमग्न, मग्न, लीन; आविष्ट↑, गढ़ा हुआ) ←1भ्वादि०√रम् (रमना; अनुरक्त, लीन होना)

रताः 5.25, पु० प्रथ० एक० रतः; द्वि० रतौ; बहु० रताः (जो रत हुए हैं वे) ←वि० रत↑

रति 3.17, स्त्री० (आनंद, आह्लाद, सन्तोष, हर्ष↓) ←1भ्वादि०√रम् (प्रसन्न होना)

रथ 1.4, पु० (घोड़े की गाडी, प्रवहन, यान, रथ, स्यन्दन↓) ←1भ्वादि०√रम् (घूमना)

रथम् 1.21, द्विती० एक० रथम् (रथ को); द्वि० रथौ; बहु० रथान् ←पु० रथ↑

रथोत्तमम् 1.24, द्विती॰ एक॰ <u>रथोत्तमम्</u> (जो उत्तम है उस रथ को); द्वि॰ रथोत्तमौ; बहु॰ रथोत्तमान् ←पु॰ बस॰ रथोत्तम, रथेषु उत्तमः यः (उत्तम रथ; सर्व रथों में उत्तम रथ) ←पु॰ रथ↑ + वि॰ उत्तम↑

रथोपस्थे 1.47, सप्त॰ एक॰ <u>रथोपस्थे</u> (रथ के बीच वाले भाग में); द्वि॰ रथोपस्थयोः; बहु॰ रथोपस्थेषु ←पु॰ तस॰ रथोपस्थ, रथस्य उपस्थः (रथ का मध्य भाग, बीच वाला भाग, मध्य कक्ष) ←पु॰ रथ↑ + पु॰ उपस्थ (बीच वाला, भीतरी, मध्य -भाग) ←उप√स्था 1भ्वादि॰

रमते 5.22, लट् वर्त॰ आत्म॰ अन्य॰ एक॰ <u>रमते</u> (वह रत होता है); द्वि॰ रमेते; बहु॰ रमन्ते ←1भ्वादि॰√रम् (प्रसन्न होना)

रमन्ति 10.9, लट् वर्त॰ पर॰ अन्य॰ एक॰ रमति; द्वि॰ रमतः; बहु॰ <u>रमन्ति</u> (वे प्रसन्न करते हैं) ←1भ्वादि॰√रम् (प्रसन्न करना)

रविः 10.21, प्रथ॰ एक॰ <u>रविः</u> (रवि); द्वि॰ रवी; बहु॰ रवयः ←पु॰ रवि (आदित्य, भानु, सूर्य↓) ←2अदा॰√रु

रस 2.59, पु॰ (आर्द्रता, आसव, तरलता, द्रवता; अर्क, तत्त्व↑, सत, सार; आनंद, प्रीति↑, प्रेम, रसन↓, रुचि, हर्ष↓; आस्वाद, जायका) ←10चुरा॰√रस्

रसः 2.59, प्रथ॰ एक॰ <u>रसः</u> (रस); द्वि॰ रसौ; बहु॰ रसाः ←पु॰ रस↑

रसनम् 15.9, प्रथ॰-द्विती॰ एक॰ <u>रसनम्</u> (रसन, रसना को); द्वि॰ रसने; बहु॰ रसनानि ←न॰ रसन (रस↑, स्वाद; जबान, जिह्वा, जीभ, रसना, रसा, लोला) ←10चुरा॰√रस् (स्वाद लेना)

रसवर्जम् 2.59, पु॰ द्विती॰ एक॰ <u>रसवर्जम्</u> (रस के व्यतिरिक्त, सिवाय, छोड़ कर है उसको); द्वि॰ रसवर्जौ; बहु॰ रसवर्जान् ←वि॰ रसवर्ज (रस त्याग; रस की चाह न होना; रस को- परे किए, छोड़ कर, सिवाय) ←पु॰ रस↑ + पु॰ वर्ज (त्याग; जाना, त्यागना, छोड़ना) ←2अदा॰√वृज् (त्यागना)

रसात्मकः 15.13, पु॰ प्रथ॰ एक॰ <u>रसात्मकः</u> (रसात्मक); द्वि॰ रसात्मकौ; बहु॰ रसात्मकाः ←वि॰ रसात्मक (रस से बना हुआ) ←पु॰ रस↑ + वि॰ आत्मक↑

रस्याः 17.8, पु॰ प्रथ॰ एक॰ रस्यः; द्वि॰ रस्यौ; बहु॰ <u>रस्याः</u> (जो रस युक्त हैं वे) ←वि॰ रस्य (रस का, रसयुक्त, रसीला) ←पु॰ रस↑

रहस्यम् 4.3, न॰ प्रथ॰-द्विती॰ एक॰ <u>रहस्यम्</u> (रहस्य, रहस्य को); द्वि॰ रहस्ये; बहु॰ रहस्यानि ←न॰ रहस्य (खूबी, गुह्य↑, गूढ़, मर्म) ←1भ्वादि॰√रम्

रहसि 6.10, सप्त॰ एक॰ रहसि (एकांत में); द्वि॰ रहसोः; बहु॰ रहःसु ←न॰ रहस् (एकांत, निर्जनता, निवांत स्थान; शांतता) ←भादि॰√रह् (त्यागना)

रक्षस् 10.23, न॰ (क्रूर मानव, दानव↑, दैत्य↑, राक्षस; निशाचर) ←1भ्वादि॰√रक्ष्

रक्षांसि 11.36, प्रथ॰ एक॰ रक्षसः; द्वि॰ रक्षसी; बहु॰ रक्षांसि (राक्षस लोग) ←न॰ रक्षस्↑

राग 2.56, पु॰ (अनुराग, आसक्ति, प्रीति↑; आनंद, हर्ष↓) ←√रञ्ज् (अनुरक्त, प्रसन्न, संतुष्ट –होना)

रागद्वेषवियुक्तैः 2.64, पु॰ तृती॰ एक॰ ॰वियुक्तेन; द्वि॰ ॰वियुक्ताभ्याम्; बहु॰ रागद्वेषवियुक्तैः (राग और द्वेष से जो विरक्त हुए हैं उन्होंने, उनसे) ←वि॰ तस॰ रागद्वेषवियुक्त, रागात् च द्वेषात् च वियुक्तः (राग और द्वेष से– अलग हुआ, दूर हुआ, मुक्त हुआ, वियोग प्राप्त) ←पु॰ राग↑ + पु॰ द्वेष↑ + वि॰ वियुक्त↓

रागद्वेषौ 3.34, द्वन्द्व॰ द्विती॰ द्वि॰ रागम् च द्वेषम् च (राग और द्वेष दोनों को, प्रीति और द्वेष को) ←पु॰ राग↑ + पु॰ द्वेष↑

रागात्मकम् 14.7, न॰ प्रथ॰–द्विती॰ एक॰ रागात्मकम् (रागात्मक, जो रागमय है उसको); द्वि॰ रागात्मके; बहु॰ रागात्मकानि ←वि॰ रागात्मक (आसक्तिमय, अनुरागयुक्त, प्रीतिपूर्वक, प्रीति के द्वारा निर्माण) ←पु॰ राग↑ + वि॰ आत्मक↑

रागी 18.27, पु॰ प्रथ॰ एक॰ रागी (जो प्रीतिपूर्ण है वह); द्वि॰ रागिनौ; बहु॰ रागिनः ←वि॰ रागिन् (अनुरागी, प्रीतिपूर्ण, प्रेमयुक्त) पु॰ राग↑

राजगुह्यम् 9.2, न॰ प्रथ॰–द्विती॰ एक॰ राजगुह्यम् (सर्वश्रेष्ठ रहस्य, ॰रहस्य को); द्वि॰ राजगुह्ये; बहु॰ राजगुह्यानि ←न॰ कस॰ राजगुह्य, राजा इव श्रेष्ठं गुह्यम् (गहन गुह्य, गूढ़तम रहस्य, सर्वश्रेष्ठ रहस्य, गुह्यों का राजा) ←न॰ गुह्य↑ + पु॰ राजा↓

राजन् 11.9, संबो॰ एक॰ राजन् (हे राजा!); द्वि॰ राजानौ; बहु॰ राजानः ←पु॰ राजन् (अधिप↑, अधिपति, नरेंद्र, नाथ, नायक, नृप, नृपति, नरेश, पति↑, भूप, भूपाल, भूपति, राणा, राजा↓, राया, स्वामी)

राजर्षयः 4.2, प्रथ॰ एक॰ राजर्षिः; द्वि॰ राजर्षी; बहु॰ राजर्षयः (राजर्षि लोग) ←पु॰ तस॰ राजर्षि, ऋषिषु राजा (देवर्षि, महर्षि, महाऋषि) ←पु॰ राज् अथवा राट् (राजा↓) ←1भ्वादि॰√राज् + पु॰ ऋषि↑

राजविद्या 9.2, प्रथ॰ एक॰ राजविद्या (राजविद्या); द्वि॰ राजविद्ये; बहु॰ राजविद्याः ←स्त्री॰ तस॰ राजविद्या, विद्यासु राट् (सर्वश्रेष्ठ विद्या, विद्याओं का राजा) ←पु॰ राज् अथवा राट् (राजा) ←1भ्वादि॰√राज् + स्त्री॰ विद्या↓

राजस 7.12, वि॰ (रजोगुणसंबंधी, रजोगुणयुक्त, रजोगुणी) ←न॰ रज↑

राजस: 18.27 पु॰ प्रथ॰ एक॰ राजस: (रजोगुणी); द्वि॰ राजसौ; बहु॰ राजसा: ←वि॰ राजस↑

राजसम् 17.12, पु॰ द्विती॰ एक॰ राजसम् (जो राजस है उसको); द्वि॰ राजसौ; बहु॰ राजसान् ←वि॰ राजस↑

राजसस्य 17.9, पु॰ षष्ठी॰ एक॰ राजसस्य (राजसी का,की,के); द्वि॰ राजसयो:; बहु॰ राजसानाम् ←वि॰ राजस↑

राजसा: 7.12, पु॰ प्रथ॰ एक॰ राजस:; द्वि॰ राजसौ; बहु॰ राजसा: (जो रजोगुणी हैं वे) ←वि॰ राजस↑

राजसी 17.2, स्त्री॰ प्रथ॰ एक॰ राजसी (जो राजोगुणी है वह); द्वि॰ राजस्यौ; बहु॰ राजस्य: ←वि॰ राजस↑

राजा 1.2, प्रथ॰ एक॰ राजा (राजा); द्वि॰ राजानौ; बहु॰ राजान: ←पु॰ राजन्↑

राज्य 1.32, न॰ तद्धित शब्द, राज्ञ: कर्म (अधिकार, शासन, सत्ता; देश) ←1भ्वादि॰√राज् (शोभित होना, सोहना)

राज्यम् 1.32, न॰ प्रथ॰-द्विती॰ एक॰ राज्यम् (राज्य, राज्य को); द्वि॰ राज्ये; बहु॰ राज्यानि ←न॰ राज्य↑

राज्यसुखलोभेन 1.45, तृती॰ एक॰ राज्यसुखलोभेन (राज्य और सुख के लोभ से); द्वि॰ ॰लोभाभ्याम्; बहु॰ ॰लोभै: ←पु॰ तस॰ राज्यसुखलोभ, राज्यस्य सुखस्य लोभ: (राज्य के सुख का लोभ) ←न॰ राज्य↑ + न॰ सुख↑ + पु॰ लोभ↓

राज्येन 1.32, तृती॰ एक॰ राज्येन (राज्य के लाभ से); द्वि॰ राज्याभ्याम्; बहु॰ राज्यै: ←न॰ राज्य↑

रात्रि 8.17, स्त्री॰ (तमा, निशा↑, यामिनी, रजनी, रात्र, विभा, क्षपा) ←2अदा॰√रा

रात्रि: 8.25, प्रथ॰ एक॰ रात्रि: (रात्र); द्वि॰ रात्री; बहु॰ रात्रय: ←स्त्री॰ रात्रि↑

रात्रिम् 8.17, द्विती॰ एक॰ रात्रिम् (रात्रि को); द्वि॰ रात्री; बहु॰ रात्रि: ←स्त्री॰ रात्रि↑

रात्र्यागमे 8.18, सप्त॰ एक॰ रात्र्यागमे (रात्रि के आरम्भ में); द्वि॰ रात्र्यागमयो:; बहु॰ रात्र्यागमेषु ←पु॰ तस॰ रात्र्यागम, रात्रे: आगम: (रात का– आरम्भ, उद्भव, रात्रि की शुरूआत) ←स्त्री॰ रात्रि↑ + पु॰ आगम↑

राम: 10.31, प्रथ॰ एक॰ राम: (राम); द्वि॰ रामौ; बहु॰ रामा: ←पु॰ विना॰ राम (दशरथनंदन, रघुनाथ, राघव, रामचंद्र, श्रीराम, सीतापति) ←1भ्वादि॰√रम्

राक्षसीम् 9.12, स्त्री॰ द्विती॰ एक॰ राक्षसीम् (जो राक्षसी स्वभाव की है उसको); द्वि॰ राक्षस्यौ; बहु॰ राक्षसी: ←वि॰ राक्षसी (क्रूर स्वभाव की, दैत्यभावी, राक्षस के समान) ←1भ्वादि॰√रक्ष्

रिपु: 6.5, प्रथ॰ एक॰ रिपु: (रिपु); द्वि॰ रिपु; बहु॰ रिपव: ←पु॰ रिपु (अरि↑, दुष्मन, द्विषत्, परिपंथिन्↓, रिपु↑, वैरी, शत्रु↓, सपत्न) ←1भ्वादि॰√रप्

रुद्ध्वा 4.29, अव्य॰ (रुकावट डाल कर, रोक कर, रोध कर) ←7रुधा॰√रुध् (रोकना)

रुद्र 10.23, पु॰ (अदिति के ग्यारह रुद्र पुत्रों में एक; शिव, शङ्कर↓) ←2अदा॰√रुद्

रुद्राणाम् 10.23, षष्ठी॰ एक॰ रुद्रस्य; द्वि॰ रुद्रयो:; बहु॰ रुद्राणाम् (रुद्रों में) ←पु॰ रुद्र↑

रुद्रादित्या: 11.22, द्वन्द्व॰ प्रथ॰ द्वि॰ रुद्रादित्यौ; बहु॰ रुद्रादित्या: रुद्रा: च आदित्या: च (रुद्र और आदित्य गण) ←पु॰ रुद्र↑ + पु॰ आदित्य↑

रुद्रान् 11.6, द्विती॰ एक॰ रुद्रम्; द्वि॰ रुद्रौ; बहु॰ रुद्रान् (रुद्रों को) ←पु॰ रुद्र↑

रुधिरप्रदिग्धान् 2.5, पु॰ द्विती॰ एक॰ ॰प्रदिग्धम्; द्वि॰ ॰प्रदिग्धौ; बहु॰ रुधिरप्रदिग्धान् (जो रक्त से भरे हुए हैं वे) ←वि॰ तस॰ रुधिरप्रदिग्ध, रुधिरेण प्रदिग्ध: (रक्त से– भरा, भीना, भीगा, लिप्त, सना हुआ) ←न॰ रुधिर (खून, रक्त, लहु, लोहित, शोण) ←7रुधा॰√रुध् + वि॰ प्रदिग्ध (चुपड़ा, पोता, भरा, भिना, भीगा, लथपथ, लिपटा, लिप्त, सना –हुआ) ←प्र√दिह् 2अदा॰

रूप 3.39, न॰ (आकार, चर्या, स्वरूप, प्रकृति) ←4दिवा॰√रूप्

रूपम् 11.3, प्रथ॰–द्विती॰ एक॰ रूपम् (रूप, रूप को); द्वि॰ रूपे; बहु॰ रूपाणि↓ ←न॰ रूप↑

रूपस्य 11.52, षष्ठी॰ एक॰ रूपस्य (रूप का,की,के); द्वि॰ रूपयो:; बहु॰ रूपाणाम् ←न॰ रूप↑

रूपाणि 11.5, प्रथ॰–द्विती॰ एक॰ रूपम्↑; द्वि॰ रूपे; बहु॰ रूपाणि (रूप, रूपों को) ←न॰ रूप↑

रूपेण 11.46, तृती॰ एक॰ रूपेण (रूप से); द्वि॰ रूपाभ्याम्; बहु॰ रूपै: ←न॰ रूप↑

रोमन् 1.29, न॰ (रोआँ, रोंगटा, रोम, रोमांच, लोमश; कँपकँपी) ←2अदा॰√रु

रोमहर्ष: 1.29, प्रथ॰ एक॰ रोमहर्ष: (रोमहर्ष); द्वि॰ रोमहर्षौ; बहु॰ रोमहर्षा: ←पु॰ तस॰ रोमनि हर्ष: (सिहरी, कांटा, रोंगटा खड़ा होना, रोमांच उठना; कांपना, थर्राना, दहलाना) ←न॰ रोमन्↑ + पु॰ हर्ष↓

रोमहर्षणम् 18.74, प्रथ॰–द्विती॰ एक॰ रोमहर्षणम् (जो रोमांचकारी है वह, ॰उसको); द्वि॰

रोमहर्षणे; बहु॰ रोमहर्षणानि ←न॰ तस॰ रोमहर्षण, रोमनि हर्षणम् (रोंगटा खड़ा होना, रोमांच उठना) ←न॰ रोमन्↑ + वि॰ हर्षण (विस्मय, हर्ष –कारक) ←1भ्वादि॰√हृष्

(ल)

लघ्वाशी 18.52, पु॰ प्रथ॰ एक॰ लघ्वाशी (संक्षिप्त आहार लेने वाला); द्वि॰ लघ्वाशिनौ; बहु॰ लघ्वाशिन: ←वि॰ कस॰ लघ्वाशिन्, लघु: आशिन् (इनागिना, नपातुला, लघु, संक्षिप्त –खाने वाला; मिताहारी) ←वि॰ लघु (कम, थोड़ा, संक्षिप्त) ←1भ्वादि॰√लङ्घ् + वि॰ आशिन्↑

लब्धम् 16.13, न॰ प्रथ॰–द्विती॰ एक॰ लब्धम् (मिलाया गया, जो प्राप्त किया गया है उसको); द्वि॰ लब्धे; बहु॰ लब्धानि ←वि॰ लब्ध (मिलाया हुआ, प्राप्त किया हुआ) ←1भ्वादि॰√लभ् (प्राप्त करना)

लब्धा 18.73, स्त्री॰ प्रथ॰ एक॰ लब्धा (जो प्राप्त की गई है वह); द्वि॰ लब्धे; बहु॰ लब्धा: ←वि॰ लब्धा (मिलाई हुई, प्राप्त की हुई) ←1भ्वादि॰√लभ् (प्राप्त करना)

लब्ध्वा 4.39, अव्य॰ (अधिकार में लाने के लिए, मिलाने के लिए, प्राप्ति के लिए) ←1भ्वादि॰√लभ् (प्राप्त करना)

लभते 4.39, लट् वर्त॰ आत्म॰ उत्तम॰ एक॰ लभे↓; मध्य॰ एक॰ लभसे; अन्य॰ एक॰ लभते (उसको प्राप्त होता है, वह प्राप्त करता है); अन्य॰ द्वि॰ लभेते; अन्य॰ बहु॰ लभन्ते↓ ←1भ्वादि॰√लभ् (प्राप्त करना)

लभन्ते 2.32, लट् वर्त॰ आत्म॰ अन्य॰ एक॰ लभते↑; द्वि॰ लभेते; बहु॰ लभन्ते (उनको प्राप्त होता है, वे प्राप्त करते हैं) ←1भ्वादि॰√लभ् (प्राप्त करना)

लभस्व 11.33, लोट् आत्म॰ आज्ञार्थक एक॰ उत्तम॰ लभै; मध्य॰ लभस्व (तू प्राप्त कर); अन्य॰ लभताम् ←1भ्वादि॰√लभ् (प्राप्त करना)

लभे 11.25, लट् वर्त॰ आत्म॰ एक॰ उत्तम॰ लभे (मैं प्राप्त करता हूँ); मध्य॰ लभसे; अन्य॰ लभते↑ ←1भ्वादि॰√लभ् (प्राप्त करना)

लभेत 18.8, पर॰ विध्यर्थी एक॰ उत्तम॰ लभेय; मध्य॰ लभेथा:; अन्य॰ लभेत (उसको प्राप्त होगा, ॰उसको प्राप्त करना चाहिए, वह प्राप्त करे) ←1भ्वादि॰√लभ् (प्राप्त करना)

लभ्य: 8.22, पु॰ प्रथ॰ एक॰ लभ्य: (जो प्राप्त होने के लिए योग्य है वह); द्वि॰ लभ्यौ; बहु॰ लभ्या: ←वि॰ लभ्य (प्राप्त होने लायक) ←1भ्वादि॰√लभ् (प्राप्त करना)

लाघवम् 2.35, प्रथ॰–द्विती॰ एक॰ लाघवम् (जो तुच्छ है वह, ॰उसको); द्वि॰ लाघवे; बहु॰

लाघवानि ←न॰ लाघव (अल्पता, तुच्छता, लघुता, हीनता) ←1भ्वादि॰√लाघ्

लाभ 2.38, पु॰ (उपकृति, उपार्जना, परिग्रह↑, प्राप्ति, संपादन; नफा, फायदा, मुनाफा; जय↑)

लाभम् 6.22, द्विती॰ एक॰ लाभम् (लाभ को); द्वि॰ लाभौ; बहु॰ लाभान् ←पु॰ लाभ↑

लाभालाभौ 2.38 द्वन्द्व॰ प्रथ॰ द्वि॰ लाभः च अलाभः च (लाभ और अलाभ दोनों, जय अपजय, प्राप्ति अप्राप्ति, फायदा नुकसान) ←पु॰ लाभ↑ + पु॰ नत॰ अलाभ ←पु॰ लाभ↑

लिङ्गैः 14.21, तृती॰ एक॰ लिङ्गेन; द्वि॰ लिङ्गाभ्याम्; बहु॰ लिङ्गैः (लक्षणों से) ←पु॰ लिङ्ग (चिन्ह, निशान, प्रतीक, लक्षण) ←1भ्वादि॰√लिंग्

लिप्यते 5.7, लट् वर्त॰ आत्म॰ अन्य॰ एक॰ लिप्यते (वह लिपायमान होता है); द्वि॰ लिप्येते; बहु॰ लिप्यन्ते ←6तुदा॰√लिप् (चिपकना, लिपायमान होना)

लिम्पन्ति 4.14, लट् वर्त॰ पर॰ अन्य॰ एक॰ लिम्पति; द्वि॰ लिम्पतः; बहु॰ लिम्पन्ति (वे चिपकते हैं) ←6तुदा॰√लिप् (चिपकना, लिपायमान होना)

लुप्तपिण्डोदकक्रियाः 1.42, पु॰ प्रथ॰ एक॰ लुप्तपिण्डोदकक्रियाः; द्वि॰ लुप्तपिण्डोदकक्रियौ; बहु॰ लुप्तपिण्डोदकक्रियाः (लुप्त हुई हैं पिंड और उदक की क्रियाएँ जिनकी) ←वि॰ बस॰ लुप्तपिण्डोदकक्रिया, लुप्ताः पिण्डस्य च उदकस्य च क्रियाणाम् समाहृतिः यस्य (नष्ट हुई हैं पिंड, उदक आदि क्रियाएँ जिसकी) ←वि॰ लुप्त (लप्प्त, नष्ट) ←6तुदा॰√लुप् + न॰ पिण्ड (स्वर्गीय पितरों को अर्पण किया हुआ भोजन) ←10चुरा॰√पिण्ड् + न॰ उदक↑ + स्त्री॰ क्रिया↑

लुब्धः 18.27, पु॰ प्रथ॰ एक॰ लुब्धः (मोह पाया हुआ, लोभी); द्वि॰ लुब्धौ; बहु॰ लुब्धाः ←वि॰ लुब्ध (अभिलाषी, इच्छुक, आकांक्षा युक्त, लोभी) ←4दिवा॰√लुभ् (अभिलाषा करना)

लेलिह्यसे 11.30, लट् वर्त॰ आत्म॰ एक॰ उत्तम॰ लेलिहे; मध्य॰ लेलिक्षे अथवा लेलिह्यसे (तू चाटता है, तू चाट रहा है); अन्य॰ लेलीढे ←2अदा॰√लिह् (चाटना)

लोक 2.5, पु॰ (जन↑, प्रजा↑, मनुष्य↑; भुवन, संसार; जग; पाताल, पृथ्वी, स्वर्ग↓); (समुदायवाचक– लोग; जग, जगत्↑, विश्व↓; अतल, वितल, सुतल, रसातल, तलातल, महातल व पाताल के सात लोक मिला कर एक अधिलोक; और भूलोक, भुवलोक, स्वर्गलोक, महर्लोक, जनलोक, तपोलोक व सत्यलोक के सात लोक मिला कर एक ऊर्ध्वलोक– कुल चौदह लोक अथवा चौदह भुवन; अथवा पाताल, पृथ्वी व स्वर्ग के

तीन लोक मिला कर एक त्रिलोक, त्रिभुवन अथवा लोकत्रय) ←1भ्वादि॰√लोक् (देखना)

लोकः 3.9, प्रथ॰ एक॰ <u>लोकः</u> (लोक, लोग); द्वि॰ लोकौ; **बहु॰** लोकाः↓ ←पु॰ लोक↑

लोकत्रय 11.20 न॰ तस॰ लोकानाम् त्रयम् (त्रिलोक, त्रिभुवन) ←पु॰ लोक↑ + न॰ त्रय↑

लोकत्रयम् 11.20, प्रथ॰–द्विती॰ एक॰ <u>लोकत्रयम्</u> (त्रिलोक, त्रिलोक को); द्वि॰ लोकत्रये; बहु॰ लोकत्रयाणि ←न॰ लोकत्रय↑

लोकत्रये 11.43, सप्त॰ एक॰ <u>लोकत्रये</u> (त्रिलोक में); द्वि॰ लोकत्रयोः; **बहु॰** लोकत्रयेषु ←न॰ लोकत्रय↑

लोकम् 9.33, द्विती॰ एक॰ <u>लोकम्</u> (जग को); द्वि॰ लोकौ; **बहु॰** लोकान्↓ ←पु॰ लोक↑

लोकमहेश्वरम् 10.3, द्विती॰ एक॰ <u>लोकमहेश्वरम्</u> (लोकमहेश्वर–को); द्वि॰ लोकमहेश्वरौ; बहु॰ महेश्वरान् ←पु॰ तस॰ लोकमहेश्वर, लोकानाम् महेश्वरः (लोकों का महान् ईश्वर, महादेव, परमेश्वर↑) ←पु॰ लोक↑ + वि॰ महा↑ + पु॰ ईश्वर↑

लोकसङ्ग्रहम् 3.20, द्विती॰ एक॰ <u>लोकसङ्ग्रहम्</u> (जन समुदाय को); द्वि॰ लोकसङ्ग्रहौ; बहु॰ लोकसङ्ग्रहान् ←पु॰ तस॰ लोकसङ्ग्रह, लोकानाम् सङ्ग्रहः (जग; जन, लोग – समुदायवाचक; लोगों का समुदाय, समूह) ←पु॰ लोक↑ + पु॰ सङ्ग्रह↓

लोकस्य 5.14, षष्ठी॰ एक॰ <u>लोकस्य</u> (लोक का; लोगों का समुदायवाचक); द्वि॰ लोकयोः; बहु॰ लोकानाम् ←पु॰ लोक↑

लोकक्षयकृत् 11.32, पु॰ प्रथ॰ एक॰ <u>लोकक्षयकृत्</u> (लोगों का क्षय करने वाला); द्वि॰ लोकक्षयकृतौ; **बहु॰** लोकक्षयकृतः ←वि॰ लोकक्षयकृत् (लोगों का विनाश करते हुए अथवा करने वाला) ←पु॰ लोक↑ + पु॰ क्षय↓ + वि॰ कृत्↑

लोकाः 3.24, प्रथ॰ एक॰ लोकः↑; द्वि॰ लोकौ; **बहु॰** <u>लोकाः</u> (भिन्न–भिन्न लोग) ←पु॰ लोक↑

लोकात् 12.15, पंच॰ एक॰ <u>लोकात्</u> (लोगों से); द्वि॰ लोकाभ्याम्; **बहु॰** लोकेभ्यः ←पु॰ लोक↑

लोकान् 6.41, द्विती॰ एक॰ लोकम्↑; द्वि॰ लोकौ; **बहु॰** <u>लोकान्</u> (लोगों को; लोकों को) ←पु॰ लोक↑

लोके 2.5, सप्त॰ एक॰ <u>लोके</u> (लोक में, जग में); द्वि॰ लोकयोः; **बहु॰** लोकेषु↓ ←पु॰ लोक↑

लोकेषु 3.22, सप्त॰ एक॰ लोके↑; द्वि॰ लोकयोः; **बहु॰** <u>लोकेषु</u> (लोगों में) ←पु॰ लोक↑

लोभ 1.38, पु॰ (परिग्रह↑; लालच, लालासा; लाभ की तीव्र इच्छा) ←4दिवा॰√लुभ्

(अभिलाषा करना)

लोभः 14.12, प्रथ॰ एक॰ लोभः (लोभ); द्वि॰ लोभौ; बहु॰ लोभाः ←पु॰ लोभ↑

लोभोपहतचेतसः 1.38, पु॰ प्रथ॰ एक॰ लोभोपहतचेताः; द्वि॰ लोभोपहतचेतसौ; बहु॰ लोभोपहतचेतसः (लोभ से मति भ्रष्ट हुए लोग) ←वि॰ बस॰ लोभोपहतचेतस्, लोभेन उपहतम् चेतः यस्य सः (लालच या लालसा से मति– आहत, उपहत, नष्ट, भ्रष्ट –हुआ) ←पु॰ लोभ↑ + वि॰ उपहत↑ + न॰ चेतस्↑

(व)

वः (1) 3.10, पु॰ न॰ स्त्री॰ षष्ठी॰ एक॰ ते; द्वि॰ वाम्; बहु॰ वः (आपका, आप लोगों का,की,के) ←सना॰ युष्मद्↓; (2) 3.11, पु॰ न॰ स्त्री॰ चतु॰ एक॰ ते; द्वि॰ वाम्; बहु॰ वः (आप को, आप लोगों को; आप के लिए, आप लोगों के लिए) ←सना॰ युष्मद्↓

वक्तुम् 10.16, अव्य॰ (कहने के लिए, बोलने के लिए) ←2अदा॰√वच् (बोलना)

वक्त्र 11.10, न॰ (आनन, मुख↑, वदन↓) ←2अदा॰√वच्

वक्त्राणि 11.27, न॰ प्रथ॰–द्विती॰ एक॰ वक्त्रम्; द्वि॰ वक्त्रे; बहु॰ वक्त्राणि (मुख; मुखों को) ←न॰ वक्त्र↑

वचः 2.10, (1) प्रथ॰ एक॰ वचः (वचन); द्वि॰ वचौ; बहु॰ वचाः ←पु॰ वच (आदेश, वचन↓, वाक्य↓); (2) प्रथ॰ एक॰ वचः (वचन); द्वि॰ वचसी; बहु॰ वचांसि ←न॰ वचस् (आदेश, वचन↓, वाक्य↓) ←2अदा॰√वच् (कथन करना)

वचनम् 1.2, प्रथ॰–द्विती॰ एक॰ वचनम् (वचन, वचन को); द्वि॰ वचने; बहु॰ वचनानि ←न॰ वचन (आदेश, उक्ति, कथन, निर्देश↓, परामर्श, कहना, बोलना, वक्तव्य, वचन↓, वाक्य↓, शब्द↓; वाणी) ←2अदा॰√वच् (कथन करना)

वज्रम् 10.28, प्रथ॰–द्विती॰ एक॰ वज्रम् (वज्र, वज्र को); द्वि॰ वज्रे; बहु॰ वज्राणि ←न॰ वज्र (अशानि, कुलिश, गाज, बिजली; विनाशक हथियार; इंद्र का आयुध) ←1भ्वादि॰√वज्

वत् 2.29, उत्तरगामी तद्धित प्रत्यय (1) (सदृश↓, सम↓, समान); (2) 1.5, (एक वस्तु की दूसरी वस्तु में विद्यमानता) ←2अदा॰√वा

वद 3.2, लोट् पर॰ निमंत्रणार्थ एक॰ उत्तम॰ वदानि; मध्य॰ वद (तू बता); अन्य॰ वदतु ←1भ्वादि॰√वद् (बोलना)

वदति 2.29, लट् वर्त॰ पर॰ उत्तम॰ एक॰ वदामि↓; मध्य॰ एक॰ वदसि; अन्य॰ एक॰

वदति (वह बोलता है); अन्य० द्वि० वदत:; अन्य० बहु० वदन्ति↓ ←1भ्वादि०√वद् (बोलना)

वदनैः 11.30; तृती० एक० वदनेन; द्वि० वदनाभ्याम्; बहु० वदनैः (मुखों से) ←न० वदन (चेहरा; आनन, मुख↑, मुंह, वक्त्र↑; रूप↑) ←1भ्वादि०√वद् (बोलना)

वदन्ति 8.11, लट् वर्त० पर० उत्तम० एक० वदामि; मध्य० एक० वदसि; अन्य० एक० वदति↑; अन्य० द्वि० वदत:; अन्य० बहु० वदन्ति (वे बोलते हैं) ←1भ्वादि०√वद् (बोलना)

वदसि 10.14, लट् वर्त० पर० उत्तम० एक० वदामि; मध्य० एक० वदसि (तू बोलता है); अन्य० एक० वदति↑; मध्य० द्वि० वदथ:; द्विपु० बहु० वदथ ←1भ्वादि०√वद् (बोलना)

वदिष्यन्ति 2.36, लृट् अपूर्ण भवि० पर० उत्तम० एक० वदिष्यामि; मध्य० एक० वदिष्यसि; अन्य० एक० वदिष्यति; अन्य० द्वि० वदिष्यत:; अन्य० बहु० वदिष्यन्ति (वे बोलेंगे) ←1भ्वादि०√वद् (बोलना)

वपु 11.50, न० (अङ्ग↑, कलेवर↑, काय↑, काया, तनू↑, देह↑, पंजर, पिंड, पुद्गल, बदन, देह↑, शरीर↓) ←1भ्वादि०√वप्

वयम् 1.37, प्रथ० एक० अहम्↑; द्वि० आवाम्; बहु० वयम् (हम) ←सना० अस्मद्↑

वर 8.4, वि० (ऊत्तम↑, श्रेष्ठ↓) ←1भ्वादि०√वृ

वरुणः 10.29, प्रथ० एक० वरुण: (वरुण); द्वि० वरुणौ; बहु० वरुणा: ←पु० वरुण (एक आदित्य, जल देवता) ←1भ्वादि०√वृ

वर्जित 7.11, वि० (अनादृत, वञ्चित, रहित, विवर्जित↓; निषिद्ध; त्यागा हुआ, छोड़ा हुआ) ←2अदा०√वृज् (त्यागना)

वर्ण 1.41, पु० (अक्षर↑, गिर्↑, हरफ; रूप↓; वर्णन; श्रेणी; चमक, तेज, रंग) ←10चुरा०√वर्ण् (वर्णन करना, व्याख्या करना, प्रशंसा करना)

वर्णसङ्करः 1.41, प्रथ० एक० वर्णसङ्कर: (वर्णसङ्कर); द्वि० वर्णसङ्करौ; बहु० वर्णसङ्करा: ←पु० तस० वर्णसङ्कर, वर्णानाम् सङ्कर: (चार वर्णों की खिचड़ी, मेल, मिश्रण; अरजल, जारज, मिश्र पैदाइश) ←पु० वर्ण↑ + पु० सङ्कर↓

वर्णसङ्करकारकै 1.43, पु० तृती० एक० ०कारकेण; द्वि० ०कारकाभ्याम्; बहु० वर्णसङ्करकारकै: (वर्णसंकरकारकों–से) ←वि० तस० वर्णसङ्करकारक, वर्णानाम् सङ्करस्य कारक: (वर्णसंकर– कराने वाला, गढ़ाने वाला, घड़ाने वाला, बनाने वाला) ←पु० वर्ण↑ + पु० सङ्कर↓ + वि० कारक↑

वर्तते 5.26, लट् वर्त० आत्म० एक० उत्तम० वर्ते↓; मध्य० वर्तसे; अन्य० वर्तते (वह वर्तता

है, वह रहता है) ←1भ्वादि॰√वृत् (आचरण करना, रहना)

वर्तन्ते 3.28, लट् वर्त॰ आत्म॰ बहु॰ उत्तम॰ वर्तामहे; मध्य॰ वर्तध्वे; अन्य॰ वर्तन्ते (वे वर्तते हैं) ←1भ्वादि॰√वृत् (आचरण करना, रहना)

वर्तमान 6.31, वि॰ (आज का, चालू, मौजूद, विद्यमान, जो हाजिर है वह; जीवित); धासा॰ वि॰ (करता हुआ, वर्तता हुआ, वर्ताव करता हुआ, वर्ताव करने वाला) ←1भ्वादि॰√वृत् (विद्यमान होना)

वर्तमानः 6.31, पु॰ प्रथ॰ एक॰ वर्तमानः (जो वर्तमान है वह; जो वर्तता, वर्ताव करता है वह); द्वि॰ वर्तमानौ; बहु॰ वर्तमाना: ←वि॰ वर्तमान↑

वर्तमानानि 7.26, न॰ प्रथ॰–द्विती॰ एक॰ वर्तमानम्; द्वि॰ वर्तमाने; बहु॰ वर्तमानानि (जो वर्तमान हैं वे, ॰उनको) ←वि॰ वर्तमान↑

वर्ते 3.22, लट् वर्त॰ आत्म॰ उत्तम॰ एक॰ वर्ते (मैं आचरण करता हूँ); द्वि॰ वर्तावहे; बहु॰ वर्तामहे; मध्य॰ एक॰ वर्तसे; अन्य॰ एक॰ वर्तते↑ ←4दिवा॰ अथवा 1भ्वादि॰√वृत् (आचरण करना; विद्यमान होना)

वर्तेत 6.6, आत्म॰ विध्यर्थी एक॰ उत्तम॰ वर्तेय; मध्य॰ वर्तेथा:; अन्य॰ वर्तेत (वह वर्तन करे) ←1भ्वादि॰√वृत् (होना, रहना)

वर्तेयम् 3.23, पर॰ विध्यर्थी एक॰ उत्तम॰ वर्तेयम् (मैं आचरण करूँगा, मैं वर्तन करूँ); मध्य॰ वर्तेः; अन्य॰ वर्तेत् ←4दिवा॰√वृत् (आचरना)

वर्त्मन् 3.23, न॰ (कृति, मार्ग, रास्ता, रीत) ←4दिवा॰√वृत् (आचरना)

वर्षम् 9.19, प्रथ॰–द्विती॰ एक॰ वर्षम् (वर्षा, वर्षा को); द्वि॰ वर्षे; बहु॰ वर्षाणि ←न॰ वर्ष (पर्जन्य↑, पावस, प्रावृट्, प्रावृष, बरसात, बारिश, वर्षण, वर्षा, वृष्टि, संपात) ←1भ्वादि॰√वृष् (वृष्टि होना)

वश 2.61, (1) पु॰ (अधीन, आज्ञाधारक, आज्ञानुवर्ती; अधिकार, काबू, ताबा); (2) न॰ (अभिलाषा, इच्छा, कामना) ←2अदा॰√वश् (अभिलाषा करना)

वशम् 3.34, द्विती॰ एक॰ वशम् (जो वश हुआ है उसको); द्वि॰ वशौ; बहु॰ वशान् ←पु॰ वश↑

वशात् 9.8, पंच॰ एक॰ वशात् (वश करके); द्वि॰ वशाभ्याम्; बहु॰ वशेभ्य: ←पु॰ वश↑

वशी 5.13, पु॰ प्रथ॰ एक॰ वशी (वश करने वाला, जीतेन्द्रिय); द्वि॰ वशिनौ; बहु॰ वशिन: ←वि॰ वशिन् (अधीन, आज्ञाधारक, वश –किया हुआ; अधिकार में, आज्ञा में, काबू में, ताबे में –आया हुआ) ←2अदा॰√वश् (अभिलाषा करना)

वशे 2.61, सप्त० एक० वशे (बस में, वश में); द्वि० वशयो:; बहु० वशेषु ←पु० वश↑

वश्यात्मना 6.36, तृती० एक० वश्यात्मना (आत्मनिग्रही के द्वारा); द्वि० वश्यात्मभ्याम्; बहु० वश्यात्मभि: ←पु० बस० वश्यात्मन्, वश्य: आत्मा यस्य स: (चित्त वश किया हुआ, आत्मनिग्रही, आत्मसंयमी) ←वि० वश्य (जीता हुआ, वश किया हुआ) ←पु० वश↑ + पु० आत्मन्↑

वसव: 11.22, प्रथ० एक० वसु:; द्वि० वसू; बहु० वसव: (अष्ट वसु, आठ वसु) ←पु० वसु↓

वसु 10.23, पु० (अदिति के आठ वसु पुत्र समूहवाचक अथवा उनमें कोई एक; अग्नि↑, पावक↑) ←1भ्वादि०√वस्

वसून् 11.6, द्विती० एक० वसुम्; द्वि० वसू; बहु० वसून् (वसुओं को) ←पु० वसु↑

वसूनाम् 10.23, षष्ठी० एक० वसो:; द्वि० वस्वो:; बहु० वसूनाम् (वसुओं का, की, के) ←पु० वसु↑

वहामि 9.22, लट् वर्त० पर० एक० उत्तम० वहामि (मैं वहन करता हूँ); मध्य० वहसि; अन्य० वहति ←1भ्वादि०√वह् (वहन करना, बहा ले जाना)

वह्नि: 3.38, प्रथ० एक० वह्नि: (अग्नि); द्वि० वह्नी; बहु० वह्नय: ←स्त्री० (अग्नि↑, आग, पावक↑; पचन शक्ति)

वक्ष्यामि 7.2, लट् अपूर्ण भवि० पर० एक० उत्तम० वक्ष्यामि (मैं कहूँगा); मध्य० वक्ष्यसि; अन्य० वक्ष्यति ←2अदा०√वच् (बोलना)

वा 1.32, अव्य० (अथवा↑, अथवा, या, वा, नहीं तो; और, भी, तथा↑) ←2अदा०√वा

वाक् 10.34, प्रथ० एक० वाक् अथवा वाग् (वाणी); द्वि० वाचौ; बहु० वाच: ←स्त्री० वाच्↓

वाक्य 1.21, न० (उक्ति, कथन, बोलना, भाषण, वक्तव्य, वचन↑, व्याहर, सम्भाषण; शब्द↑, शब्द समूह) ←2अदा०√वच् (बोलना)

वाक्यम् 1.21, प्रथ०-द्विती० एक० वाक्यम् (वचन, वचन को); द्वि० वाक्ये; बहु० वाक्यानि ←न० वाक्य↑

वाक्येन 3.2, तृती० एक० वाक्येन (वचन से); द्वि० वाक्याभ्याम्; बहु० वाक्यै: ←न० वाक्य↑

वाच् 2.42, स्त्री० (भाषा↑; बोलना, वाणी) ←2अदा०√वच् (बोलना)

वाचम् 2.42, द्विती० एक० वाचम् (वचन को); द्वि० वाचौ; बहु० वाच: ←स्त्री० वाच्↑

वाच्यम् 18.67, न० प्रथ०-द्विती० एक० वाच्यम् (वक्तव्य, वक्तव्य को); द्वि० वाच्ये; बहु०

वाच्यानि ←वि॰ वाच्य (बोलने के लिए योग्य, वचनीय, वक्तव्य) ←2अदा॰√वच् (बोलना)

वाङ्मयम् 17.15, न॰ प्रथ॰–द्विती॰ एक॰ <u>वाङ्मयम्</u> (वाङ्मय, वाङ्मय को); द्वि॰ वाङ्मये; बहु॰ वाङ्मयानि ←(1) वि॰ वाङ्मय (वाणीसंपन्न); (2) न॰ वाङ्मय (वाणीसंपन्न रचना, साहित्य) ←2अदा॰√वच् (बोलना)

वाद 2.11, पु॰ (कथन, बखान, वचन↑, शब्द↑; भाषण, संभाषण) ←1भ्वादि॰√वद् (बोलना, वर्णन करना)

वादः 10.32, प्रथ॰ एक॰ <u>वादः</u> (वाद); द्वि॰ वादौ; बहु॰ वादाः ←पु॰ वाद↑

वादिन् 2.42, पु॰ (भाष्यकार, वक्ता, वादी; वेत्ता↑) ←1भ्वादि॰√वद्

वादिनः 2.42, प्रथ॰ एक॰ वादी; द्वि॰ वादिनौ; बहु॰ <u>वादिनः</u> (वक्ता लोग) ←पु॰ वादिन्↑

वायु 2.67, पु॰ (पवन↑, हवा; शरीर के प्राण↑, अपान↑, समान, व्यान और उदान के पांच वायुओं में एक वायु; अथवा अंतरिक्ष में बहने वले प्रवह, आवह, उद्वह, संवह, विवह, परिवह और परावह के सात वायुओं में एक; अथवा इन सात वायुओं के प्रत्येक सात उप-विभागों में कोई एक) ←2अदा॰√वा

वायुः 2.67, प्रथ॰ एक॰ <u>वायुः</u> (वायु); द्वि॰ वायू; बहु॰ वायवः ←पु॰ वायु↑

वायोः 6.34, षष्ठी॰ एक॰ <u>वायोः</u> (वायु का,की,के); द्वि॰ वाय्वोः; बहु॰ वायूनाम् ←पु॰ वायु↑

वार्ष्णेय 1.41, संबो॰ एक॰ <u>वार्ष्णेय</u> (हे वार्ष्णेय!); द्वि॰ वार्ष्णेयौ; बहु॰ वार्ष्णेयाः ←पु॰ वि॰ तद्धित शब्द वार्ष्णेय, वृष्णेः अपत्यम् (वृष्णिकुलोत्पन्न, वृष्णि वंश में जन्मा हुआ); विना॰ वार्ष्णेय (कृष्ण↑)

वासः 1.44, प्रथ॰ एक॰ <u>वासः</u> (निवास); द्वि॰ वासौ; बहु॰ वासाः ←पु॰ वास (अवस्थान, निवास↑, रहना; आश्रयस्थान, घर) ←1भ्वादि॰√वस्

वासवः 10.22, प्रथ॰ एक॰ <u>वासवः</u> (इन्द्र); द्वि॰ वासवौ; बहु॰ वासवाः ←पु॰ वि॰ वासव (इन्द्र, पुरन्दर, वज्री) ←1भ्वादि॰√वस्

वासांसि 2.22, प्रथ॰–द्विती॰ एक॰ वाससः; द्वि॰ वाससी; बहु॰ <u>वासांसि</u> (कपड़े, कपड़ों को) ←न॰ वासस् (कपड़ा, लत्ता, वस्त्र) ←1भ्वादि॰√वस्

वासुकिः 10.28, प्रथ॰ एक॰ <u>वासुकिः</u> (वासुकि); द्वि॰ वासुकी; बहु॰ वासुकयः ←पु॰ विना॰ वासुकि (कश्यप और क्रोधवशा का पुत्र सर्पराज वासुकि; अहिराज, शेषनाग, सहसवदन) परिचय के लिए- म. वि. वंशवृक्ष, खंड 1↑

वासुदेवः 7.19, प्रथ॰ एक॰ <u>वासुदेवः</u> (वासुदेव); द्वि॰ वासुदेवौ; बहु॰ वासुदेवाः ←पु॰

तद्धित शब्द वासुदेव, वसुदेवस्य अपत्यम् पुमान् (वसुदेव का पुत्र); विना॰ (कृष्ण↑) व्यक्ति परिचय के लिए देखिए– खंड 1, गीता दर्शन↑

वासुदेवस्य 18.74, षष्ठी॰ एक॰ वासुदेवस्य (वासुदेव का,की,के); द्वि॰ वासुदेवयो:; बहु॰ वासुदेवानाम् ←पु॰ वासुदेव↑

वि 1.6, अव्य॰ (विपरीतार्थ; आधिक्यार्थ; विशिष्टता दर्शक) ←2अदा॰√वा

विकम्पितुम् 2.31, अव्य॰ (कंपायमान होने के लिए, डगमगाने के लिए, विचलित होने के लिए) ←वि√कम्प् 1भ्वादि॰

विकर्ण: 1.8, प्रथ॰ एक॰ विकर्ण: (विकर्ण); द्वि॰ विकर्णौ; बहु॰ विकर्णा: ←पु॰ विना॰ विकर्ण (व्यक्ति परिचय के लिए देखिए– खंड 1, गीता दर्शन↑)

विकर्मण: 4.17, षष्ठी॰ एक॰ विकर्मण: (निषिद्ध कर्म का,की,के); द्वि॰ विकर्मणो:; बहु॰ विकर्माणाम् ←(1) न॰ विकर्मन्, विगतम् विपरितम् विरुद्धम् निषिद्धम् व कर्म (अनुचित कर्म, निषिद्ध कर्म, विपरीत कर्म, विरुद्ध कर्म); (2) पु॰ नब॰ विगतम् विपरितम् विरुद्धम् निषिद्धम् व कर्म यस्य स: (विकमइ करणारा) ←वि॰ वि↑ + न॰ कर्मन्↑

विकार 13.4, पु॰ (परिवर्तन, बदल, रूपांतर, विकृति, विक्रिया; क्षय↓) ←वि√कृ 8तना॰

विकारान् 13.20, द्विती॰ एक॰ विकारम्; द्वि॰ विकारौ; बहु॰ विकारान् (विकारों को) ←पु॰ विकार↑

विक्रान्त: 1.6, पु॰ प्रथ॰ एक॰ विक्रान्त: (वीर); द्वि॰ विक्रान्तौ; बहु॰ विक्रान्ता: ←वि॰ विक्रान्त (बलवान, वीर↓, शूर↓; जीतने वाला, विजयी) ←वि√क्रम् 1भ्वादि॰

विगतभी: 6.14, पु॰ प्रथ॰ एक॰ विगतभी: (भय गया हुआ); द्वि॰ विगतभियौ; बहु॰ विगतभिय: ←बस॰ विगतभी, विगता भी यस्य ←वि॰ विगत↑ + स्त्री॰ भी↑

विगत 2.56, वि॰ (अतीत↑, गत↑, हुआ; गया हुआ, होकर गया हुआ; रहित, हीन↓; मरा हुआ, मृत↑) ←वि॰ वि↑ + वि॰ गत↑

विगत: 11.1, पु॰ प्रथ॰ एक॰ विगत: (गया हुआ); द्वि॰ विगतौ; बहु॰ विगता: ←वि॰ विगत↑

विगतकल्मष: 6.28, पु॰ प्रथ॰ एक॰ विगतकल्मष: (पाप गया हुआ मनुष्य); द्वि॰ विगतकल्मषौ; बहु॰ विगतकल्मषा: ←वि॰ बस॰ विगतकल्मष, विगतम् कल्मषम् यस्य स: (पाप गया हुआ, पाप नष्ट) ←वि॰ विगत↑ + न॰ कल्मष↑

विगतज्वर: 3.30, पु॰ प्रथ॰ एक॰ विगतज्वर: (व्यथा गया हुआ मनुष्य); द्वि॰ विगतज्वरौ; बहु॰ विगतज्वरा: ←वि॰ बस॰ विगतज्वर, विगत: ज्वर: यस्य स: (व्यथा गया हुआ, दु:ख

गया हुआ) ←वि॰ विगत↑ + पु॰ ज्वर (व्यथा दु:ख↑, पीड़ा, व्यथा↓)

विगतस्पृहः 2.56, पु॰ प्रथ॰ एक॰ विगतस्पृह: (नि:स्पृह मनुष्य); द्वि॰ विगतस्पृहौ; बहु॰ विगतस्पृहा: ←वि॰ बस॰ विगतस्पृह, विगता स्पृहा यस्य स: (नि:स्पृह↑; ईर्ष्या रहित) ←वि॰ विगत↑ + स्त्री॰ स्पृहा↓

विगतेच्छाभयक्रोधः 5.28, पु॰ प्रथ॰ एक॰ विगतेच्छाभयक्रोध: (वासना, भय और क्रोध गया हुआ मनुष्य); द्वि॰ ॰क्रोधौ; बहु॰ ॰क्रोधा: ←वि॰ बस॰ विगतेच्छाभयक्रोध, इच्छा च भयम् च क्रोध: च विगता: यस्य स: (वासना, भय और क्रोध नष्ट किया हुआ) ←वि॰ विगत↑ + स्त्री॰ इच्छा↑ + न॰ भय↑ + पु॰ क्रोध↑

विगुणः 3.35, पु॰ प्रथ॰ एक॰ विगुण: (विपरीत गुण); द्वि॰ विगुणौ; बहु॰ विगुणा: ←पु॰ तस॰ विगुण, विपरीत: गुण: (विपरीत गुण; दुर्गुण, विकृति) ←वि॰ वि↑ + पु॰ गुण↑

विचक्षणाः 18.2, पु॰ प्रथ॰ एक॰ विचक्षण:; द्वि॰ विचक्षणौ; बहु॰ विचक्षणा:; (सतर्क, सचेत, सजग लोग) ←वि॰ विचक्षण (चौकस, दीर्घदर्शी, धीमत्↑, सतर्क, सचेत, सजग, सावधान; निपुण, निष्णात; बुद्धिमान्↑, बुद्धिवान, विद्वान्↓) ←वि√चक्ष् 2अदा॰

विचालयेत् 3.29, पर॰ विध्यर्थी एक॰ उत्तम॰ विचालेयम्; मध्य॰ विचालये:; अन्य॰ विचालयेत् (उसको विचलति करना चाहिए, वह विचलित करे) ←वि√चल् 1भ्वादि॰ (हिलना)

विचाल्यते 6.22, लट् वर्त॰ आत्म॰ कर्म॰ एक॰ उत्तम॰ विचाल्ये; मध्य॰ विचाल्यसे; अन्य॰ विचाल्यते (वह विचलित होता है) ←वि√चल् 1भ्वादि॰ (हिलना)

विचेतसः 9.12, पु॰ प्रथ॰ एक॰ विचेता: (मूढ़ मनुष्य); द्वि॰ विचेतसौ; बहु॰ विचेतस: ←वि॰ बस॰ विचेतस्, विपरीतम् चेत: यस्य स: (बुद्धि भ्रष्ट हुआ मनुष्य; बुद्धिशून्य, बुद्धिहीन) ←वि॰ वि↑ + न॰ चेतस्↑

विजय 1.32, पु॰ (जय↑, यश↑) ←वि॰ वि↑ + पु॰ जय↑

विजयः 18.78, प्रथ॰ एक॰ विजय: (विजय); द्वि॰ विजयौ; बहु॰ विजया: ←पु॰ विजय↑

विजयम् 1.32 द्विती॰ एक॰ विजयम् (विजय को); द्वि॰ विजयौ; बहु॰ विजयान् ←पु॰ विजय↑

विजानतः 2.46, पु॰ षष्ठी॰ एक॰ विजानत: (ज्ञानी का,की,के); द्वि॰ विजानतो:; बहु॰ विजानताम् ←वि॰ विजानत् (जानता हुआ, जानने वाला) ←9क्र्या॰√ज्ञा (जानना)

विजानीतः 2.19, लट् वर्त॰ पर॰ अन्य॰ एक॰ विजानाति; द्वि॰ विजानीत: (वे दोनों जानते हैं); बहु॰ विजानन्ति; उत्तम॰ द्वि॰ विजानीव:; मध्य॰ द्वि॰ विजानीथ: ←9क्र्या॰√ज्ञा

(जानना)

विजानीयाम् 4.4, विधि॰ पर॰ एक॰ उत्तम॰ विजानीयाम् (मुझे समझना चाहिए, मैं जानूँ) मध्य॰ विजानीया:; अन्य॰ विजानीयात् ←9क्र्या॰√ज्ञा (जानना)

विजित 5.7, वि॰ (जीता हुआ; काबू, ताबा, निग्रह, बस, वश, संयम, संयमन –किया हुआ) ←वि॰ वि↑ + वि॰ जित↑

विजितात्मा 5.7, प्रथ॰ एक॰ विजितात्मा (आत्मा जीता हुआ मनुष्य); द्वि॰ विजितात्मानौ; बहु॰ विजितात्मान: ←पु॰ बस॰ विजितात्मन्, विजित: आत्मा यस्य स: (आत्मा जीता हुआ, शरीर पर काबू किया हुआ, इन्द्रियाँ बस में लाया हुआ; आत्मनिग्रही, आत्मसंयमी, जितेन्द्रिय↑, जीतात्मा, विजितेन्द्रिय↓) ←वि॰ विजित↑ + पु॰ आत्मन्↑

विजितेन्द्रिय: 6.8, पु॰ प्रथ॰ एक॰ विजितेन्द्रिय: (इंन्द्रियों को जीता हुआ मनुष्य); द्वि॰ विजितेन्द्रियौ; बहु॰ विजितेन्द्रिया: ←वि॰ बस॰ विजितेन्द्रिय, विजितानि इन्द्रियाणि यस्य स: (इंन्द्रियाँ जीता हुआ, शरीर पर काबू किया हुआ; आत्मनिग्रही, आत्मसंयमी, जितेन्द्रिय↑, जीतात्मा, विजितात्म↑) ←वि॰ विजित↑ + न॰ इन्द्रिय↑

वितता: 4.32, पु॰ प्रथ॰ एक॰ वितत:; द्वि॰ विततौ; बहु॰ वितता: (जो विस्तारपूर्वक हैं, संपन्न हुए हैं वे) ←वि॰ वितत (फैला हुआ, विसृत, व्याप्त↓; सम्पन्न↓) ←वि√तन् 8तना॰

वित्तेश: 10.23, पु॰ प्रथ॰ एक॰ वित्तेश: (कुबेर); द्वि॰ वित्तेशौ; बहु॰ वित्तेशा: ←वि॰ (1) तस॰ वित्तेश, वितस्य ईश: (धन देवता); (2) बस॰ वितस्य ईश: इव य: स: (धनाधिप, कुबेर – अलकाधिपति, ऐड, ऐलविल, किन्नरेश, पौलस्त्य, यक्षराज, वसुद, स्थपति, हर्य्यक्ष) ←न॰ वित्त (धन↑, पैसा, संपत्ति) ←2अदा॰√विद् + पु॰ ईश↑

विद् 3.29, वि॰ (जानने वाला, वेत्ता↓, ज्ञाता) ←2अदा॰√विद् (जानना)

विदधामि 7.21, लट् वर्त॰ पर॰ उत्तम॰ एक॰ विदधामि (मैं धारण करता हूँ, मैं पालन–पोषण करता हूँ); द्वि॰ विदध्व:; बहु॰ विदध्म:; मध्य॰ एक॰ विदधासि; अन्य॰ एक॰ विदधाति ←वि√धा 3जुहो॰ (धारण करना)

विदितात्मनाम् 5.26, पु॰ षष्ठी॰ एक॰ विदितात्मन:; द्वि॰ विदितात्मनो:; बहु॰ विदितात्मनाम् (जो आत्मज्ञान से संपन्न हैं उनका,की,के) ←वि॰ बस॰ विदितात्मन्, विदित: आत्मा यस्य स: (आत्मज्ञान संपन्न, ज्ञानसंपन्न, सक्षात्कार पाया हुआ) ←(1) वि॰ विदित (अवगत, जाना हुआ, ज्ञात↓); (2) पु॰ (पंडित↑, विद्वान, ज्ञानी↓) ←2अदा॰√विद् + पु॰ आत्मन↑

विदित्वा 2.25, अव्य॰ (जान कर, पहिचान कर; ध्यान में ले कर, समझ कर) ←2अदा॰√विद् (जानना)

विदुः 4.2, लट् वर्त॰ पर॰ उत्तम॰ एक॰ **वेद↓**; मध्य॰ एक॰ **वेत्थ↓**; उत्तम॰ बहु॰ **विद्म↓**; मध्य॰ बहु॰ विद; अन्य॰ एक॰ **वेद↓**; अन्य॰ द्वि॰ विदतु:; अन्य॰ बहु॰ विदु: (वे जानते हैं, उन्होंने जाना) ←2अदा॰√विद्

विद्धि 2.17, लोट् आज्ञार्थक पर॰ एक॰ उत्तम॰ विदाङ्करवाणि; मध्य॰ विदाङ्कुरु अथवा विद्धि (तू जान, तू समझ ले); अन्य॰ विदाङ्करुतात् ←2अदा॰√विद् (जानना, समझना)

विद्मः 2.6, लट् वर्त॰ पर॰ एक॰ उत्तम॰ **वेद्मि** अथवा **वेद↓**; द्वि॰ विद्व: अथवा विद्व; बहु॰ विद्म: अथवा विद्म (हम जानते हैं) ←8तना॰√विद् (जानना)

विद्यते 2.16, लट् वर्त॰ आत्म॰ अन्य॰ एक॰ विद्यते (वह होता है, रहता है); द्वि॰ विद्येते; बहु॰ विद्यन्ते ←8तना॰√विद् (होना, होना)

विद्यात् 6.23, विधि॰ पर॰ एक॰ उत्तम॰ विद्याम्; मध्य॰ विद्या:; अन्य॰ विद्यात् (वह जाने, वह समझ ले) ←2अदा॰√विद् (जानना)

विद्या 5.18, स्त्री॰ (इल्म, कला, गुण, विद्या, विज्ञान↓, शास्त्र↓, हुनर, ज्ञान↓) ←2अदा॰√विद् (जानना)

विद्यानाम् 10.32, षष्ठी॰ एक॰ विद्याया:; द्वि॰ विद्ययो:; बहु॰ विद्यानाम् (विद्याओं में) ←स्त्री॰ विद्या↑

विद्याम् 10.17, विधि॰ पर॰ उत्तम॰ विद्याम् (मुझे जानना चाहिए, मैं समझ लूँ, मैं समझूँ); मध्य॰ विद्या:; अन्य॰ विद्यात् ←2अदा॰√विद् (जानना)

विद्याविनयसम्पन्ने 5.18, पु॰ सप्त॰ एक॰ विद्याविनयसम्पन्ने (जो ज्ञान और नम्रता से परिपूर्ण है उसमें); द्वि॰ ॰सम्पन्नयो:; बहु॰ ॰सम्पन्नेषु ←वि॰ तस॰ विद्याविनयसम्पन्न, विद्यया च विनयेन च सम्पन्न: (ज्ञान से और नम्रता से जो परिपूर्ण है वह) ←स्त्री॰ विद्या↑ + पु॰ विनय (नम्रता, निरभिमानता, लीनता, शिष्टाचार) ←वि√नी 1भ्वादि॰ + वि॰ सम्पन्न↓

विद्वस् 3.25, अनियमित चलने वाला शब्द, पु॰ वि॰ (जानता हुआ, पंडित↑, विद्वान, विशेषज्ञ, ज्ञाता, ज्ञानी↓) ←2अदा॰√विद् (जानना)

विद्वान् 3.25, पु॰ प्रथ॰ एक॰ विद्वान् (विद्वान्, ज्ञानी↓); द्वि॰ विद्वांसौ; बहु॰ विद्वांस: ←वि॰ विद्वस्↑

विध 3.3, पु॰ (तरह, मार्ग, प्रकार, रीति) ←6तुदा॰√विध्

विधान 16.24, न॰ (नियम↑, विधि↓, शास्त्र की आज्ञा) ←वि√धा 3जुहो॰

विधानोक्ताः 17.24, पु॰ प्रथ॰ एक॰ विधानोक्त:; द्वि॰ विधानोक्तौ; बहु॰ विधानोक्ता: (जो शास्त्रोक्त हैं वे) ←वि॰ तस॰ विधानोक्त, विधानेन उक्त: (विधानों ने, विधि के विधानों ने,

शास्त्र के विधानों ने, शास्त्रों ने– समूहवाचक –कहा हुआ) ←न॰ विधान↑ + वि॰ उक्त↑

विधि 9.23, पु॰ (1. धर्मशास्त्र; आदेश, प्रणाली, रस्म, रूढ़ी, विधान↑; 2. उपाय, आचरण, ढंग, ढब, तदबीर, तरीका, पद्धति, प्रकार, प्रथा, रिवाज, रीति; 3. किस्मत, तकदीर, दैव, नियति, प्रारब्ध, भवितव्य, भाग्य, विरञ्चि, विधाता, संयोग) ←वि√धा 3जुहो॰

विधिदृष्टः 17.11, पु॰ प्रथ॰ एक॰ विधिदृष्टः (विधि के विधानों के अनुसार किया हुआ); द्वि॰ विधिदृष्टौ; बहु॰ विधिदृष्टाः ←वि॰ तस॰ विधिदृष्ट, विध्या दृष्टः (विधि की दृष्टि से, शास्त्र में कहा है वैसा, विधि के, विधान के, निर्देश के, नियमों के अनुसार) ←पु॰ विधि↑ + वि॰ दृष्ट↑

विधिहीनम् 17.13, न॰ प्रथ॰–द्विती॰ एक॰ विधिहीनम् (जो विधि के विधानों के अनुसार नहीं है वह, ॰उसको); द्वि॰ विधिहीने; बहु॰ विधिहीनानि ←वि॰ विधिहीन (विधिविरहित, विनाविधि, नियम न पालते हुए, शास्त्र के विरुद्ध) ←पु॰ विधि↑ + वि॰ हीन↓

विधीयते 2.44, लट् वर्त॰ आत्म॰ एक॰ उत्तम॰ विधीये; मध्य॰ विधीयसे; अन्य॰ विधीयते (वह होता है) ←3जुहो॰√धी (आधार देना)

विधेयात्मा 2.64, पु॰ प्रथ॰ एक॰ विधेयात्मा (जो आत्मयुक्त है वह); द्वि॰ विधेयात्मानौ; बहु॰ विधेयात्मनः ←वि॰ तस॰ विधेयात्मन्, विधेयः आत्मा यस्य सः (विनम्र अंतःकरण का) ←वि॰ विधेय (आज्ञाधारक, आज्ञा पालने वाला; वशीभूत, स्वाधीन) ←वि√धा 3जुहो॰ + पु॰ आत्मन्↑

विनङ्क्ष्यसि 18.58, लृट् अपूर्ण भवि॰ पर॰ एक॰ उत्तम॰ विनङ्क्ष्यामि; मध्य॰ विनङ्क्ष्यसि (तू नाश पाएगा); अन्य॰ विनङ्क्ष्यति ←4दिवा॰√नश् (अदृष्ट होना)

विनद्य 1.12, धासा॰ वि॰ (आवाज किए, गर्जना करके) ←पु॰ विनद (आवाज, उद्घोष, घोष↑, ध्वनि, नाद; गर्जना) ←वि√नद् 1भ्वादि॰

विनश्यति 4.40, लट् वर्त॰ पर॰ एक॰ उत्तम॰ विनश्यामि; मध्य॰ विनश्यसि; अन्य॰ विनश्यति (वह भ्रष्ट होता है) ←3जुहो॰√नश् (अदृष्ट होना)

विनश्यत्सु 13.28, पु॰ सप्त॰ एक॰ विनश्यति; द्वि॰ विनश्यतोः; बहु॰ विनश्यत्सु (विनाश होते हुए भी उनमें) ←वि॰ विनश्यत् (पूर्ण नाश होते हुए) ←आधिक्यार्थक अव्य॰ वि↑ + वि॰ नश्यत्↑

विना 10.39, अव्य॰ (अलावा, रहित, विरहित↓, व्यतिरिक्त, सिवा, सिवाय, शून्य, हीन) ←वि॰ वि↑ + अव्य॰ ना↑

विनाश 2.17, पु॰ विशेषेण नाशः (नाश, पूर्ण नाश) ←आधिक्यार्थक अव्य॰ वि↑ + √नश् (नष्ट होना, नाश पाना, लुप्त होना)

विनाशः 6.40, प्रथ॰ एक॰ विनाशः (विनाश); द्वि॰ विनाशौ; बहु॰ विनाशाः ←पु॰ विनाश↑

विनाशम् 2.17, द्विती॰ एक॰ विनाशम् (विनाश को); द्वि॰ विनाशौ; बहु॰ विनाशान् ←पु॰ विनाश↑

विनाशाय 4.8, चतु॰ एक॰ विनाशाय (विनाश के लिए); द्वि॰ विनाशाभ्याम्; बहु॰ विनाशेभ्यः ←पु॰ विनाश↑

विनिश्चितैः 13.5, न॰ तृती॰ एक॰ विनिश्चितेन; द्वि॰ विनिश्चिताभ्याम्; बहु॰ विनिश्चितैः (जो निश्चित हैं उन्होंने) ←वि॰ विनिश्चित (बहुत- निश्चित, अटल, पक्का; सुनिश्चित, दृढ़ निश्वय का) ←अव्य॰ वि↑ + वि॰ निश्चित↑

विनियतम् 6.18, न॰ प्रथ॰–द्विती॰ एक॰ विनियतम् (जो संयमित किया है वह, ॰उसको); द्वि॰ विनियते; बहु॰ विनियतानि ←वि॰ विनियत (निर्बन्धित, नियंत्रित, बद्ध↑, शासित, संयत↓, संयमित) ←वि॰ वि + क्रिवि॰ नियत↑

विनियम्य 6.24, अव्य॰ (निग्रह, नियंत्रण, संयमन, वश, स्वाधीन –किए) ←वि–नि√यम् 1भ्वादि॰

विनिवर्तन्ते 2.59, लट् वर्त॰ आत्म॰ उत्तम॰ एक॰ विनिवर्ते; मध्य॰ एक॰ विनिवर्तसे; अन्य॰ एक॰ विनिवर्तते; द्वि॰ विनिवर्तेते; बहु॰ विनिवर्तन्ते (वे रहते हैं, जाते हैं, होते हैं) ←वि–नि√वृत् (जाना)

विनिवृत्तकामाः 15.5, पु॰ प्रथ॰ एक॰ ॰कामः; द्वि॰ ॰कामौ; बहु॰ विनिवृत्तकामाः (वासनाओं से निवृत्त हुए लोग) ←पु॰ बस॰ विनिवृत्तकाम, कामात् विनिवृत्तः यः सः (वासनाओं से निवृत्त हुआ, कामना नष्ट हुआ; लालसा पूर्णतः गया हुआ, मिथ्या विचार त्यागा हुआ) ←अव्य॰ वि↑ + वि॰ निवृत्त + पु॰ काम↑

विन्दति 4.38, लट् वर्त॰ पर॰ उत्तम॰ विन्दामि↓; मध्य॰ विन्दसि; अन्य॰ विन्दति (वह पाता है) ←6तुदा॰√विद् (लाभ होना)

विन्दते 5.4, लट् वर्त॰ आत्म॰ एक॰ उत्तम॰ विन्दे; मध्य॰ विन्दसे; अन्य॰ विन्दते (वह पाता है) ←6तुदा॰√विद् (लाभ होना)

विन्दामि 11.24, लट् वर्त॰ पर॰ एक॰ उत्तम॰ विन्दामि (मैं पाता हूँ); मध्य॰ विन्दसि; अन्य॰ विन्दति↑ ←6तुदा॰√विद् (लाभ होना)

विपश्चितः 2.60, पु॰ प्रथ॰ एक॰ विपश्चितः (बुद्धिवान मनुष्य); द्वि॰ विपश्चितौ; बहु॰

विपश्चिता: ←वि॰ विपश्चित (कुशाग्र बुद्धि का, चौकस, बुद्धिमान्↑, बुद्धिवान, पंडित↑, सूक्ष्मदर्शी) ←वि-प्र←चित् 1भ्वादि॰

विपरिवर्तते 9.10, लट् वर्त॰ आत्म॰ उत्तम॰ एक॰ विपरिवर्ते; मध्य॰ एक॰ विपरिवर्तसे; अन्य॰ एक॰ विपरिवर्तते (वह आना जाना करता है); द्वि॰ विपरिवर्तेते; बहु॰ विपरिवर्तन्ते ←वि–परि√वृत् (घूमना, आना–जाना करना) 1भ्वादि॰

विपरीत 1.31, वि॰ (असत्य↑, उलटा, खिलाफ, प्रतिकूल, प्रतीव, विरुद्ध, विरोधी; अशुभ↑) ←वि–परि√इ 1भ्वादि॰

विपरीतम् 18.15, न॰ प्रथ॰–द्विती॰ एक॰ विपरीतम् (विपरीत, जो विपरीत है उसको); द्वि॰ विपरीते; बहु॰ विपरीतानि↓ ←वि॰ विपरीत↑

विपरीतान् 18.32, पु॰ द्विती॰ एक॰ विपरीतम्; द्वि॰ विपरीतौ; बहु॰ विपरीतान् (जो विपरीत हैं उनको) ←वि॰ विपरीत↑

विपरीतानि 1.31, न॰ प्रथ॰–द्विती॰ एक॰ विपरीतम्↑; द्वि॰ विपरीते; बहु॰ विपरीतानि (जो विपरीत हैं वे उनको) ←वि॰ विपरीत↑

विभक्त 13.17, वि॰ (पृथक् किया हुआ, बांटा हुआ) ←1भ्वादि॰√भज् (बाँटना, विभाजन करना)

विभक्तम् 13.17, पु॰ द्विती॰ एक॰ विभक्तम् (पृथक् किया हुआ); द्वि॰ विभक्तौ; बहु॰ विभक्तान् ←वि॰ विभक्त↑

विभक्तेषु 18.20, पु॰ सप्त॰ एक॰ विभक्ते; द्वि॰ विभक्तयो:; बहु॰ विभक्तेषु (जो पृथक् किए हैं उनमें) ←वि॰ विभक्त↑

विभाग 3.28, पु॰ (अंश, बांट, बटवारा) ←वि√भज्

विभावसौ 7.9, सप्त॰ एक॰ विभावसौ (अग्नि में); द्वि॰ विभावस्वो:; बहु॰ विभावसुषु ←पु॰ विभावसु (अग्नि↑, आग; सूर्य↓) ←स्त्री॰ विभावसा (दीप्ति, प्रभा↑) ←वि√भास् 1भ्वादि॰

विभु 5.15, पु॰ (ईश्वर↑, प्रभु↑; ब्रह्मा, विष्णु↓, कृष्ण↑) ←वि√भू 1भ्वादि॰

विभु: 5.15, प्रथ॰ एक॰ विभु: (विभु); द्वि॰ विभू; बहु॰ विभव: ←पु॰ विभु↑

विभुम् 10.12, द्विती॰ एक॰ विभुम् (विभु को); द्वि॰ विभू; बहु॰ विभून् ←पु॰ विभु↑

विभूति 10.7, स्त्री॰ (ऐश्वर्य↑, गरिमा, महिमा, वैभव, शक्ति) ←वि√भू 1भ्वादि॰

विभूतीनाम् 10.40, षष्ठी॰ एक॰ विभूते:↓; द्वि॰ विभूत्यो:; बहु॰ विभूतीनाम् (विभूतियों का,की,के) ←स्त्री॰ विभूति↑

विभूतिभि: 10.16, तृती॰ एक॰ विभूत्या; द्वि॰ विभूतिभ्याम्; बहु॰ विभूतिभि: (विभूतियों से)

←स्त्री॰ विभूति↑

विभूतिम् 10.7, द्वितीः एकः <u>विभूतिम्</u> (विभूति को); द्विः विभूती; बहुः विभूतीः ←स्त्री॰ विभूति↑

विभूतिमत् 10.41, वि॰ (ऐश्वर्य युक्त, विभूति युक्त, महीमा युक्त, वैभवपूर्ण) ←स्त्री॰ विभूति↑ + उतरगामी तद्धित प्रत्यय मत् (हुआ, युक्त, सह)↑

विभूतेः 10.40, षष्ठी॰ एक॰ <u>विभूतेः</u> (विभूति का,की,के); द्वि॰ विभूत्योः; बहु॰ विभूतीनाम्↑ ←स्त्री॰ विभूति↑

विभृत 8.4, वि॰ (धारण किया हुआ) ←वि√भृ 3जुहो॰

विमत्सरः 4.22, पु॰ प्रथ॰ एक॰ <u>विमत्सरः</u> (जो मत्सररहित है वह); द्वि॰ विमत्सरौ; बहु॰ विमत्सराः ←वि॰ बस॰ विमत्सर, विगतो मत्सरः यस्य सः (मत्सर गया हुआ, मत्सररहित) ←वि॰ वि↑ + पु॰ मत्सर (ईर्ष्या, द्वेष↑) ←1भ्वादि॰√मद् (पागल होना)

विमुक्त 9.28, वि॰ (अबद्ध, अनासक्त, मुक्त↑, छुटा हुआ, स्वच्छंद, स्वैर) ←6तुदा॰√मुच् (मुक्त करना)

विमुक्तः 9.28, पु॰ प्रथ॰ एक॰ <u>विमुक्तः</u> (जो मुक्त हुआ है वह); द्वि॰ विमुक्तौ; बहु॰ विमुक्ताः↓ ←वि॰ विमुक्त↑

विमुक्ताः 15.5, पु॰ प्रथ॰ एक॰ विमुक्तः↑; द्वि॰ विमुक्तौ; बहु॰ <u>विमुक्ताः</u> (मुक्त हुए लोग) ←वि॰ विमुक्त↑

विमुच्य 18.53, अव्य॰ (अबद्ध, अनासक्त, मुक्त, मुक्त, स्वच्छंद –होकर) ←6तुदा॰√मुच् (मुक्त करना)

विमुञ्चति 18.35, लट् वर्त॰ पर॰ उत्तम॰ एक॰ विमुञ्चामि; मध्य॰ एक॰ विमुञ्चसि; अन्य॰ एक॰ <u>विमुञ्चति</u> (वह मुक्त होता है); अन्य॰ द्वि॰ विमुञ्चतः; अन्य॰ बहु॰ विमुञ्चन्ति ←6तुदा॰√मुच् (मुक्त करना)

विमुह्यति 2.72, लट् वर्त॰ पर॰ उत्तम॰ एक॰ विमुह्यामि; मध्य॰ एक॰ विमुह्यसि; अन्य॰ एक॰ <u>विमुह्यति</u> (वह भ्रम में पड़ता है); अन्य॰ द्वि॰ विमुह्यतः; अन्य॰ बहु॰ विमुह्यन्ति ←4दिवा॰√मुह् (भ्रम पाना)

विमूढ 3.6, वि॰ (अतिमूढ़, अत्यंत मोहित, भ्रम में फंसा हुआ, मूर्ख, मूढ↑) ←वि√मुह् 4दिवा॰

विमूढः 6.38, पु॰ प्रथ॰ एक॰ <u>विमूढः</u> (जो मूढ़ है वह); द्वि॰ विमूढौ; बहु॰ विमूढाः↓ ←वि॰ विमूढ↑

विमूढभावः 11.49, पु॰ प्रथ॰ एक॰ विमूढभावः (मूढ़भाव से जो व्याप्त है वह); द्वि॰ विमूढभावौ; बहु॰ विमूढभावाः ←वि॰ बस॰ विमूढभाव, विमूढः भावः यस्य सः (भ्रम से व्याप्त हुआ, बुद्धि भ्रष्ट हुआ; मूर्ख धारणा किया हुआ) ←वि॰ विमूढ↑ + पु॰ भाव↑

विमूढाः 15.10, पु॰ प्रथ॰ एक॰ विमूढः↑; द्वि॰ विमूढौ; बहु॰ विमूढाः (मूढ़ लोग) ←वि॰ विमूढ↑

विमूढात्मा 3.6, पु॰ प्रथ॰ एक॰ विमूढात्मा (मूढ़ मनुष्य); द्वि॰ विमूढात्मानौ; बहु॰ विमूढात्मानः ←वि॰ बस॰ विमूढात्मन्, विमूढः आत्मा यस्य सः (भ्रम पाया हुआ, मूढ↑, मूढ़बुद्धि, मूर्ख मनुष्य) ←वि॰ विमूढ↑ + पु॰ आत्मन्↑

विमृश्य 18.63, अव्य॰ (मनन, विचार किए) ←6तुदा॰√मृश् (विचार करना)

विमोहयति 3.40, लट् वर्त॰ पर॰ प्रयो॰ अन्य॰ एक॰ विमोहयति (वह मोह में ड़ालता है); द्वि॰ विमोहयतः; बहु॰ विमोहयन्ति ←4दिवा॰√मुह् (भ्रम पाना)

विमोक्षाय 16.5, चतु॰ एक॰ विमोक्षाय (मोक्ष के लिए); द्वि॰ विमोक्षाभ्याम्; बहु॰ विमोक्षेभ्यः ←पु॰ विमोक्ष (मुक्ति, मोक्ष↑, विमोचन; जन्म मरण से छुटकारा) ←वि√मोक्ष् 10चुरा॰ (मुक्त करना)

विमोक्ष्यसे 4.32, लृट् अपूर्ण भवि॰ आत्म॰ एक॰ उत्तम॰ विमोक्ष्ये; मध्य॰ विमोक्ष्यसे (तुझको मुक्ति मिलेगी); अन्य॰ विमोक्ष्यते ←वि√मुच् 6तुदा॰ (मुक्त करना)

वियुक्त 2.64, वि॰ (जो युक्त नहीं है वह; रहित, हीन↓; अलग हुआ, जुदा, त्याग किया हुआ, दूर हुआ, बिछड़ा, वियोग प्राप्त किया हुआ) ←वि√युज् 7रुधा॰ (जोड़ना, युति करना)

विरहित 17.13, वि॰ (अ↑, न↑, नहीं है वह, विना↑, सिवाय, छोड़ कर) ←वि√रह् 1भ्वादि॰

विराटः 1.4, प्रथ॰ एक॰ विराटः (विराट); द्वि॰ विराटौ; बहु॰ विराटाः ←पु॰ विना॰ विराट (व्यक्ति परिचय के लिए देखिए– खंड 1, गीता दर्शन↑)

विलग्नाः 11.27, पु॰ प्रथ॰ एक॰ विलग्नः; द्वि॰ विलग्नौ; बहु॰ विलग्नाः (बंधे हुए) ←वि॰ विलग्न (अवलम्बित, गड़ा, फंसा, बंधा, चिपटा, लगा, संलग्न –हुआ) ←वि√लग् 1भ्वादि॰

विवर्जित 7.11, वि॰ (अनादृत, वञ्चित, रहित, वर्जित↑; निषिद्ध; पूर्णता से– त्याग किया हुआ, छोड़ा हुआ) ←वि√वृज् 2अदा॰ (त्यागना)

विवस्वत् 4.1, पु॰ विना॰ (मनु विवस्वत्, व्यक्ति–परिचय के लिए देखिए– खंड 1, गीता दर्शन↑)

विवस्वतः 4.4, षष्ठी॰ एक॰ विवस्वतः (विवस्वत का,की,के); द्वि॰ विवस्वतोः; बहु॰ विवस्वताम् ←पु॰ विवस्वत्↑

विवस्वते 4.1, चतु॰ एक॰ विवस्वते (विवस्वत को); द्वि॰ विवस्वद्भ्याम्; बहु॰ विवस्वद्भ्यः ←पु॰ विवस्वत्↑

विवस्वान् 4.1, प्रथ॰ एक॰ विवस्वान् (विवस्वत); द्वि॰ विवस्वन्तौ; बहु॰ विवस्वन्तः ←पु॰ विवस्वत्↑

विविक्त 13.11, वि॰ (अकेला, निर्जन) ←वि√विच् 7रुधा॰

विविक्तसेवी 18.52, पु॰ प्रथ॰ एक॰ विविक्तसेवी (अकेले में रहने वाला); द्वि॰ विविक्तसेविनौ; बहु॰ विविक्तसेविनः ←वि॰ बस॰ विविक्तसेविन्, विविक्तम् सेवते यः सः (एकांत में, एकांत वास में, निवांत में, शांतता में –रहने वाला) ←वि॰ विविक्त↑ + वि॰ सेविन् (अनुगमन करने वाला, उपभोग लेने वाला; रहने वाला) ←1भ्वादि॰√सेव् (अनुगमन करना)

विविध 13.5, वि॰ (नाना↑, भिन्न भिन्न, तरह–तरह के, अनेक रीति के, बहु प्रकार के) ←वि–वि√धा 3जुहो॰

विविधाः 17.25, स्त्री॰ प्रथ॰ एक॰ विविधा; द्वि॰ विविधे; बहु॰ विविधाः (विविध रीतियों की) ←वि॰ विविध↑

विविधैः 13.5, पु॰ तृती॰ एक॰ विविधेन; द्वि॰ विविधाभ्याम्; बहु॰ विविधैः (विविधों –से, के द्वारा) ←वि॰ विविध↑

विवृद्ध 14.11, वि॰ (उभरा, बढ़ा हुआ, वृद्धिंगत) ←वि√वृध् 1भ्वादि॰ (बढ़ना)

विवृद्धम् 14.11, न॰ प्रथ॰–द्विती॰ एक॰ विवृद्धम् (बढ़ा हुआ, बढ़े हुए को); द्वि॰ विवृद्धे; बहु॰ विवृद्धानि ←वि॰ विवृद्ध↑

विवृद्धे 14.12, न॰ सप्त॰ एक॰ विवृद्धे (वृद्धि में); द्वि॰ विवृद्धयोः; बहु॰ विवृद्धेषु ←वि॰ विवृद्ध↑

विशते 18.55, लट् वर्त॰ आत्म॰ अन्य॰ एक॰ विशते (वह प्रवेश करता है); द्वि॰ विशेते; बहु॰ विशन्ते ←6तुदा॰√विश् (प्रवेश करना)

विशन्ति 8.11, लट् वर्त॰ पर॰ अन्य॰ एक॰ विशति; द्वि॰ विशतः; बहु॰ विशन्ति (वे प्रवेश करते हैं) ←6तुदा॰√विश् (प्रवेश करना)

विशाल 9.21, वि॰ (प्रचण्ड, प्रशस्त, बृहत्↑, बड़ा, भव्य) ←वि√शाल् 1भ्वादि॰

विशालम् 9.21, पु॰ द्विती॰ एक॰ विशालम् (जो विशाल है उसको); द्वि॰ विशालौ; बहु॰

विशालान् ←वि॰ विशाल↑

विशिष्टा: 1.7, पु॰ प्रथ॰ एक॰ विशिष्ट:; द्वि॰ विशिष्टौ; बहु॰ विशिष्टा: (जो प्रमुख हैं वे) ←वि॰ विशिष्ट (कीर्तिशाली, प्रधान, प्रमुख↑, प्रसिद्ध, मुख्य↑, विख्यात) ←वि√शिष् 7रुधा॰

विशिष्यते 3.7, लट् वर्त॰ आत्म॰ अन्य॰ एक॰ विशिष्यते (वह श्रेष्ठ –है, रहता है, होता है); द्वि॰ विशिष्येते; बहु॰ विशिष्यन्ते ←वि√शिष् 7रुधा॰ (विशेष, श्रेष्ठ होना, होना)

विशुद्ध 6.12, वि॰ (बहुत निर्मल↑, पूत, शुचि↓, शुद्ध↓, साफ; पवित्र↑; कोरा, निर्भेल, निष्कलंक, सात्त्विक↓) ←वि॰ वि + वि॰ शुद्ध↓

विशुद्धया 18.51, स्त्री॰ तृती॰ एक॰ विशुद्धया (जो शुद्ध है उससे); द्वि॰ विशुद्धाभ्याम्; बहु॰ विशुद्धाभि: ←वि॰ विशुद्धा (अति शुद्ध, अति पवित्र; जिसमें अशुद्धि नहीं वह, निर्मल↑, विमल) ←वि॰ विशुद्ध↑

विशुद्धात्मा 5.7, पु॰ प्रथ॰ एक॰ विशुद्धात्मा (निर्मल चित्त का मनुष्य); द्वि॰ विशुद्धात्मानौ; बहु॰ विशुद्धात्मान: ←वि॰ बस॰ विशुद्धात्मन्, विशुद्ध: आत्मा यस्य स: (निर्मल, शुद्ध, साफ –चित्त का) ←वि॰ विशुद्ध↑ + पु॰ आत्मन्↑

विशुद्धि 6.12, स्त्री॰ (पावित्र्य, शुद्धि↓) ←वि√शुध् 4दिवा॰ (पवित्र होना)

विशेष 2.43, वि॰ (अधिक↑, अनेक↑, विपुल; अनूठा, असाधारण, न्यारा, विलक्षण) ←वि√शिष् 7रुधा॰

विश्व 11.16, न॰ (जग, जगत्↑, ब्रह्मांड, संसार↓; समूहवाचक त्रिभुवन, चौदह भुवन – देखिए लोक↑) ←6तुदा॰√विश्

विश्वतोमुख 9.15, (1) पु॰ बस॰ विश्वतो मुखम् यस्य स: (कृष्ण↑, परमेश्वर↑); (2) वि॰ (जिसकी दृष्टि सर्वत्र है वह; सर्वज्ञाता, सर्वव्यापी) ←अव्य॰ विश्वतस् (सारे जग में, सर्व विश्व में, सर्वत्र↓, सर्व दिशाओं से) ←6तुदा॰√विश् + न॰ मुख↑

विश्वतोमुख: 10.33, पु॰ प्रथ॰ एक॰ विश्वतोमुख: (सर्वज्ञ, सर्वज्ञाता); द्वि॰ ॰मुखौ; बहु॰ ॰मुखा: ←वि॰ विश्वतोमुख↑

विश्वतोमुखम् 9.15, पु॰ द्विती॰ एक॰ विश्वतोमुखम् (सर्वज्ञाता को); द्वि॰ विश्वतोमुखौ; बहु॰ विश्वतोमुखान् ←वि॰ विश्वतोमुख↑

विश्वम् 11.19, प्रथ॰–द्विती॰ एक॰ विश्वम् (विश्व, विश्व को); द्वि॰ विश्वे; बहु॰ विश्वानि ←न॰ विश्व↑

विश्वमूर्ते 11.46, पु॰ संबो॰ एक॰ विश्वमूर्ते (हे विश्वमूर्ति!); द्वि॰ विश्वमूर्ती; बहु॰

विश्वमूर्तय: ←वि॰ बस॰ विश्वमूर्ति, विश्वम् मूर्ति: यस्य स: (विश्वरूप, कृष्ण↑) ←न॰ विश्व↑ + स्त्री॰ मूर्ति↑

विश्वरूप 11.16, पु॰ संबो॰ एक॰ विश्वरूप (हे विश्वरूप!); द्वि॰ विश्वरूपौ; बहु॰ विश्वरूपा: ←वि॰ बस॰ विश्वरूप, विश्वम् इव रूपम् यस्य (विश्वमूर्ति↑, कृष्ण↑) ←न॰ विश्व↑ + न॰ रूप↑

विश्वस्य 11.18, षष्ठी॰ एक॰ विश्वस्य (विश्व का,की,के); द्वि॰ विश्वयो:; बहु॰ विश्वानाम् ←न॰ विश्व↑

विश्वे 11.22, पु॰ (विश्वदेव; धर्मदेव के विश्व नामक पुत्र का वंश समूहवाचक)

विश्वेश्वर 11.16, पु॰ संबो॰ एक॰ विश्वेश्वर (हे विश्वेश्वर!); द्वि॰ विश्वेश्वरौ; बहु॰ विश्वेश्वरा: ←वि॰ बस॰ विश्वेश्वर, विश्वस्य ईश्वर: य: स: (जग का ईश्वर; जगदीश, जगन्नाथ, जगत्प्रभु; कृष्ण↑) ←न॰ विश्व↑ + पु॰ ईश्वर

विषम् 18.37, न॰ प्रथ॰-द्विती॰ एक॰ विषम् (विष, विष को); द्वि॰ विषे; बहु॰ विषाणि ←(1) न॰ विष (काकोल, कालकूट, गरल, जहर, विख, हलाहल, क्ष्वेड); (2) वि॰ (घातक, प्राणघातक, बाधक) ←3जुहो॰√विष् (फैलना, व्यापना)

विषमे 2.2, न॰ सप्त॰ एक॰ विषमे (विषम में); द्वि॰ विषमयो:; बहु॰ विषमेषु ←वि॰ प्रादि॰ विषम, न विद्यते समम् यत् तत्; विगत: विरुद्ध: वा सम: (जो सम नहीं है वह; अनुचित, अयुग्म, अयथातथ, अयुक्त↑, अयोग्य, अविविक्षित, असम, असमन्वित, प्रतिकूल, बेतुका, विपरीत↓; कठिन, विकट) ←वि√सम् 1भ्वादि॰

विषय 2.45, पु॰ (नेत्र, नाक, कान, मुख और त्वचा इन ज्ञानेन्द्रियों के द्वारा उपलब्ध होने वाले रूप, गंध, शब्द, रस और स्पर्श के व्यवहार; आलेच्य, लौकिक, भोगजन्य, मैथुनी, विवेच्य और संसारिक व्यवहार; उद्देश्य, पदार्थ, वस्तु) ←वि√सि 5स्वादि॰.

विषयप्रवाला: 15.2, प्रथ॰ एक॰ विषयप्रवाला; द्वि॰ विषयप्रवाले; बहु॰ विषयप्रवाला: (विषयरूप जिनके पर्ण हैं वे) ←स्त्री॰ बस॰ विषयप्रवाला, विषया: इव प्रवाला: यस्या: सा (विषयरूप जिसके पर्ण हैं वह) ←पु॰ विषय↑ + पु॰ प्रवाल अथवा प्रबाल (अंकुर, अंखुआ, अंखुवा) ←प्र√बल् 1भ्वादि॰.

विषया: 2.59, प्रथ॰ एक॰ विषय:; द्वि॰ विषयौ; बहु॰ विषया: (विषय) ←पु॰ विषय↑

विषयान् 2.62, द्विती॰ एक॰ विषयम्; द्वि॰ विषयौ; बहु॰ विषयान् (विषयों को) ←पु॰ विषय↑

विषयेन्द्रियसंयोगात् 18.38, पंच॰ एक॰ विषयेन्द्रियसंयोगात् (विषय और इन्द्रिय के संयोग

से); द्वि॰ ॰संयोगाभ्याम्; बहु॰ ॰संयोगेभ्यः ←पु॰ तस॰ विषयेन्द्रियसंयोग, विषयाणाम् च इन्द्रियाणाम् च संयोगः (विषयों का इन्द्रियों से मिलाप, मेल, सन्धि, समागम, संयोग) ←पु॰ विषय↑ + न॰ इन्द्रिय + पु॰ संयोग↓

विषाद 1.27, पु॰ (अफसोस, उदासी, निराशता, नैराश्य; अनुताप, खेद, दुःख↑, निस्तार, पछतावा, परिशोघ, पश्चाताप, प्रायश्चित्त, शोक↓, क्षतिपूर्ति; अज्ञता, मूढ़ता) ←वि√सद् 6तुदा॰

विषादम् 18.35, द्वितीय॰ एक॰ <u>विषादम्</u> (विषाद को); द्वि॰ विषादौ; बहु॰ विषादान् ←पु॰ विषाद↑

विषादी 18.28, पु॰ प्रथ॰ एक॰ <u>विषादी</u> (विषाद पाया हुआ मनुष्य); द्वि॰ विषादिनौ; बहु॰ विषादिनः ←वि॰ विषादिन् (विषाद पाया हुआ; उदास, निराश; अनुतप्त, खेदयुक्त, दुःखी, शोकग्रस्त; मूढ↑) ←पु॰ विषाद↑

विषीदत् 1.27, वि॰ (विषाद करता हुआ, शोक करता हुआ) ←वि√सद् 6तुदा॰

विषीदन् 1.27, (1) क्रिवि॰ (विषादयुक्त); (2) प्रथ॰ एक॰ <u>विषीदन्</u> (विषाद करने वाला); द्वि॰ विषीदन्तौ; बहु॰ विषीदन्तः ←वि॰ विषीदत्↑

विषीदन्तम् 2.1, पु॰ द्विती॰ एक॰ <u>विषीदन्तम्</u> (जो विषादयुक्त है उसको); द्वि॰ विषीदन्तौ; बहु॰ विषीदतः ←वि॰ विषीदत्↑

विष्टभ्य 10.42, अव्य॰ (धारण किए; व्याप कर) ←वि√स्तभ् 9क्र्या॰ (आधार देना)

विष्ठितम् 13.18, न॰ प्रथ॰–द्विती॰ एक॰ <u>विष्ठितम्</u> (जो अधिष्ठित है वह, ॰उसको); द्वि॰ विष्ठिते; बहु॰ विष्ठितानि ←वि॰ विष्ठित (अधिष्ठित, स्थापना किया हुआ, स्थित किया हुआ, स्थिर किया हुआ) ←वि√स्तम्भ् 9क्र्या॰ (स्थिर करना)

विष्णुः 10.21, प्रथ॰ एक॰ <u>विष्णुः</u> (विष्णु); द्वि॰ विष्णू; बहु॰ विष्णवः ←पु॰ विना॰ विष्णु (विष्णु, कृष्ण↑)

विष्णो 11.24, संबो॰ एक॰ <u>विष्णो</u> (हे विष्णु!); द्वि॰ विष्णू; बहु॰ विष्णवः ←पु॰ विष्णु↑

विसर्गः 8.3, प्रथ॰ एक॰ <u>विसर्गः</u> (विसर्ग); द्वि॰ विसर्गौ; बहु॰ विसर्गाः ←पु॰ विसर्ग (उत्पत्ति, उत्सृजन, उद्गम, उद्भव↑, उत्पादन, जनन, निर्माण, सृजन) ←4दिवा॰ आत्म॰ अथवा 6तुदा॰ पर॰ वि√सृज (सृष्ट करना)

विसृजन् 5.9, पु॰ प्रथ॰ एक॰ <u>विसृजन्</u> (देते हुए); द्वि॰ विसृजन्तौ; बहु॰ विसृजन्तः ←वि॰ विसृजत् (छोड़ते हुए, देते हुए) ←4दिवा॰–वि√सृज (सृष्ट करना)

विसृजामि 9.7, लट् वर्त॰ पर॰ एक॰ उत्तम॰ <u>विसृजामि</u> (मैं सृष्ट करता हूँ, मैं अस्तित्व में

लाता हूँ); मध्य॰ विसृजसि; अन्य॰ विसृजति ←4दिवा॰वि√सृज (सृष्ट करना)

विसृज्य 1.47, अव्य॰ (फेंक कर, त्याग किए, विसृजन किए) ←वि√सृज 4दिवा॰ (सृष्ट करना, रचना)

विस्तर 10.40, पु॰ (फैलाव, प्रसार, विस्तार; विस्तृत विवरण) ←वि√स्तृ 9क्र्या॰ (आच्छादना)

विस्तरः 10.40 प्रथ॰ एक॰ विस्तरः (विस्तार); द्वि॰ विस्तरौ; बहु॰ विस्तराः ←पु॰ विस्तर↑

विस्तरशः 11.2, = अव्य॰ विस्तरशस् (खुल कर, विस्तार से, विस्तृतता से) ←पु॰ विस्तर↑

विस्तरस्य 10.19, षष्ठी॰ एक॰ विस्तरस्य (विस्तार का,की,के); द्वि॰ विस्तरयोः; बहु॰ विस्तराणाम् ←पु॰ विस्तर↑

विस्तरेण 10.18, तृती॰ एक॰ विस्तररेण (विस्तार से); द्वि॰ विस्तराभ्याम्; बहु॰ विस्तरैः ←पु॰ विस्तर↑

विस्तारम् 13.31, द्विती॰ एक॰ विस्तारम् (विस्तार को); द्वि॰ विस्तारौ; बहु॰ विस्तारान् ←पु॰ विस्तार (फैलाव, प्रसार, विस्तर↑, वृद्धि) ←वि√स्तृ 9क्र्या॰ (आच्छादना)

विस्मयः 18.77, प्रथ॰ एक॰ विस्मयः (विस्मय); द्वि॰ विस्मयौ; बहु॰ विस्मयाः ←पु॰ विस्मय (अचंभा, अचरज, आश्चर्य↑, ताज्जुब) ←वि√स्मि 1भ्वादि॰

विस्मयाविष्टः 11.14, पु॰ प्रथ॰ एक॰ विस्मयाविष्टः (जो आश्चर्य से चकित है वह); द्वि॰ विस्मयाविष्टौ; बहु॰ विस्मयाविष्टाः ←वि॰ तस॰ विस्मयाविष्ट, विस्मयेन आविष्टः (आश्चर्य चकित, दंग, हक्काबक्का, विस्मित↓) ←पु॰ विस्मय↑ + वि॰ आविष्ट↑

विस्मिताः 11.22, पु॰ प्रथ॰ एक॰ विस्मितः; द्वि॰ विस्मितौ; बहु॰ विस्मिताः (आश्चर्य से चकित हुए हैं वे) ←वि॰ विस्मित (आश्चर्य से चकित, दंग, विस्मयाविष्ट↑, हक्काबक्का) ←पु॰ विस्मय↑

विहाय 2.22, अव्य॰ (त्याग कर, छोड़ कर) ←वि√हा 3जुहो॰

विहार 6.17, पु॰ (आमोद-प्रमोद, केलि, क्रीड़ा, घूमना, नंदि, भटकना, भ्रमण) ←वि√हृ 1भ्वादि॰

विहारशय्यासनभोजनेषु 11.42, द्वन्द्व॰ सप्त॰ बहु॰ विहारे च शय्यायाम् च आसने च भोजने च (विहार, शय्या, आसन भोजन आदि क्रियाओं में) ←पु॰ विहार↑ + स्त्री॰ शय्या (तल्प, पर्यंक, बिछौना, बिस्तर, मंच, शयनपीठ, शैया, सेज; नींद, निद्रा↑, शयन, सुप्ति) ←2अदा॰√शी (लेटना, सोना) + न॰ आसन↑ + न॰ भोजन↑

विहित 7.22, (अगत्य, अनुष्ठित, नित्य↑, विधानोक्त) ←वि√धा 3जुहो॰

विहिताः 17.23, पु॰ प्रथ॰ एक॰ विहितः; द्वि॰ विहितौ; बहु॰ विहिताः (जो अगत्य हैं वे) ←वि॰ विहित↑

विहितान् 7.22, पु॰ द्विती॰ एक॰ विहितम्; द्वि॰ विहितौ; बहु॰ विहितान् (जो अगत्य हैं उनको) ←वि॰ विहित↑

विज्ञातुम् 11.31, अव्य॰ (जानने के लिए, समझने के लिए, जानकारी के लिए) ←वि√ज्ञा 9क्र्या॰ (जानना)

विज्ञान 3.41, न॰ (अनुभवज्ञान, तजुर्बा; शास्त्र↓, ज्ञान↓) ←वि√ज्ञा 9क्र्या॰ (जानना)

विज्ञानम् 18.42, न॰ प्रथ॰–द्विती॰ एक॰ विज्ञानम् (विज्ञान, विज्ञान को); द्वि॰ विज्ञाने; बहु॰ विज्ञानानि ←न॰ विज्ञान↑

विज्ञानसहितम् 9.1, न॰ प्रथ॰–द्विती॰ एक॰ विज्ञानसहितम् (जो विज्ञान के सहित है वह, ॰उसको); द्वि॰ ॰सहिते; बहु॰ ॰सहितानि ←वि॰ सब॰ विज्ञानसहित, विज्ञानेन सहितम् (विज्ञान के सह, सहित, साथ) ←न॰ विज्ञान↑ + वि॰ सहित↓

विज्ञाय 13.19, अव्य॰ (जान कर, समझ कर) ←वि√ज्ञा 9क्र्या॰ (जानना)

वीत 2.56, वि॰ (अंतर्धान हुआ, गया हुआ, लुप्त हुआ; त्यागा हुआ, छोड़ा हुआ; प्रवर्जित, वर्जित↑) ←वि√इ 1भ्वादि॰

वीतरागभयक्रोध 2.56, वि॰ बस॰ वीताः रागः च भयः च क्रोधः च यस्य सः (जिसका अनुराग, भय और क्रोध नष्ट हुआ है वह) ←वि॰ वीत↑ + पु॰ राग↑ + न॰ भय↑ + पु॰ क्रोध↑

वीतरागभयक्रोधः 2.56, पु॰ प्रथ॰ एक॰ वीतरागभयक्रोधः (जिसका अनुराग, भय और क्रोध नष्ट है वह); द्वि॰ ॰क्रोधौ; बहु॰ ॰क्रोधाः ←वि॰ वीतरागभयक्रोध↑

वीतरागभयक्रोधाः 4.10, पु॰ प्रथ॰ एक॰ ॰क्रोधः; द्वि॰ ॰क्रोधौ; बहु॰ वीतरागभयक्रोधाः (जिनका अनुराग, भय और क्रोध नष्ट हुए हैं वे लोग) ←वि॰ वीतरागभयक्रोध↑

वीतरागाः 8.11, पु॰ प्रथ॰ एक॰ वीतरागः; द्वि॰ वीतरागौ; बहु॰ वीतरागाः (अनुराग नष्ट हुए लोग) ←वि॰ बस॰ वीतराग, वीतः रागः यस्य सः (जिसकी आसक्ति नष्ट हुई है वह; अनासक्त, विरक्त) ←वि॰ वीत↑ + पु॰ राग↑

वीर 11.28, वि॰ (पराक्रमी, विक्रमी, शूर↓, वीर्यवान, सामर्थ्यवान, शक्तिवान, बलवान) ←10चुरा॰√वीर्

वीर्य 1.5, न॰ तद्धित शब्द, वीरस्य भावः (पराक्रम, वीरता; शक्ति, सामर्थ्य↓) ←10चुरा॰√वीर्

वीर्यवान् 1.5, पु॰ प्रथ॰ एक॰ वीर्यवान् (शक्तिशाली); द्वि॰ वीर्यवन्तौ; बहु॰ वीर्यवन्तः ←वि॰ वीर्यवत् (बलवान, शक्तिशाली, धैर्यशील, पराक्रमी, वीर↑, शूर↓) ←न॰ वीर्य↑

वीक्षन्ते 11.22, लट् वर्त॰ आत्म॰ अन्य॰ एक॰ वीक्षते; द्वि॰ वीक्षेते; बहु॰ वीक्षन्ते (वे देखते हैं); उत्तम॰ बहु॰ वीक्षामहे; मध्य॰ बहु॰ वीक्षध्वे ←वि√ईक्ष् 1भ्वादि॰(देखना)

वृकोदरः 1.15, पु॰ प्रथ॰ एक॰ वृकोदरः (भेड़िये की तरह जिसका बड़ा पेट है वह); द्वि॰ वृकोदरौ; बहु॰ वृकोदराः ←वि॰ बस॰ वृकोदर, वृकः इव उदरम् यस्य सः (बड़े पेट का, भेड़िये के समान पेट का; भीम) ←पु॰ वृक (भेड़िया) ←1भ्वादि॰√वृ + न॰ उदर↑

वृजिनम् 4.36, प्रथ॰–द्विती॰ एक॰ वृजिनम् (पाप, पाप को); द्वि॰ वृजिने; बहु॰ वृजिनानि ←न॰ वृजिन (अघ↑, कल्मष↑, किल्बिष↑, दुरित, पातक↑, पाप↑) ←1भ्वादि॰√वृष्

वृष्णीनाम् 10.37, षष्ठी॰ एक॰ वृष्णेः; द्वि॰ वृष्ण्योः; बहु॰ वृष्णीनाम् (वृष्णियों में से) ←पु॰ वृष्णि (श्रीकृष्ण, सात्यकि आदिक का एक पूर्वज और उसका कुल)

वेग 5.23, पु॰ (गति↑; प्रवाह, बहाव) ←6तुदा॰√विज्

वेगम् 5.23, द्विती॰ एक॰ वेगम् (वेग को); द्वि॰ वेगौ; बहु॰ वेगान् ←पु॰ वेग↑

वेत्ता 11.38, प्रथ॰ एक॰ वेत्ता (ज्ञाता); द्वि॰ वेत्तरौ; बहु॰ वेत्तरः ←पु॰ वेत्तृ (जानता, ज्ञाता) ←2अदा॰√विद् (जानना)

वेत्ति 2.19, लट् वर्त॰ पर॰ आत्म॰ अन्य॰ एक॰ वेत्ति अथवा वेद↓ (वह जानता है); द्वि॰ वित्तः अथवा विदतुः; बहु॰ विदन्ति अथवा विदुः↑ ←2अदा॰√विद् (जानना)

वेत्थ 4.5, लट् वर्त॰ पर॰ एक॰ उत्तम॰ वेद↓; मध्य॰ वेत्थ (तू जानता है); अन्य॰ वेद↓ ←2अदा॰√विद्

वेद 2.21, लट् वर्त॰ पर॰ एक॰ उत्तम॰ वेद अथवा वेद्मी (मैं जानता हूँ); मध्य॰ वेत्थ↑ अथवा वेत्सि; अन्य॰ वेद अथवा वेत्ति↑ (वह जानता है) ←2अदा॰√विद् (जानना)

वेद 2.42, पु॰ (त्रयीधर्म↑, त्रैविद्या↑; चतुर्वेद; ऋग्वेद, यजुर्वेद, सामवेद↓, अथर्ववेद) ←2अदा॰√विद् (जानना)

वेदयज्ञाध्ययनैः 11.48, द्वन्द्व॰ तृती॰ बहु॰ वेदेन च यज्ञेन च अध्ययनेन च (वेदों से, यज्ञों से और अध्ययनों से) ←पु॰ वेद↑ + पु॰ यज्ञ↑ + न॰ अध्ययन (अध्ययन, अभ्यास↑, पठन, परिपाठ, मनन) ←अधि√इङ् 2अदा॰

वेदवादरताः 2.42, पु॰ प्रथ॰ एक॰ ॰रतः; द्वि॰ ॰रतौ↑ बहु॰ वेदवादरताः (वेद विषयक वाद में रममाण हुए लोग) ←वि॰ तस॰ वेदवादरत, वेदस्य वादे रतः (वेद विषयक वाद में रममाण हुआ) ←पु॰ वेद↑ + पु॰ वाद↑ + वि॰ रत↑

वेदवित् 15.1, वि॰ (वेद जानने वाला, वेदपटु, वेदविद्↓, वेदवेत्ता, वेदज्ञाता) ←पु॰ वेद↑ + वि॰ विद्↑

वेदविद: 8.11, पु॰ प्रथ॰ एक॰ वेदविद्; द्वि॰ वेदविदौ; बहु॰ वेदविद: (वेद ज्ञाता लोग) ←वि॰ वेदविद् (वेद जानने वाला, वेदपटु, वेदवेत्ता, वेदज्ञाता) ←पु॰ वेद↑ + वि॰ विद्↑

वेदा: 2.45, प्रथ॰ एक॰ वेद:; द्वि॰ वेदौ; बहु॰ वेदा: (चारों वेद) ←पु॰ वेद↑

वेदानाम् 10.22, षष्ठी॰ एक॰ वेदस्य; द्वि॰ वेदयो:; बहु॰ वेदानाम् (वेदों में) ←पु॰ वेद↑

वेदान्तकृत् 15.15, पु॰ प्रथ॰ एक॰ वेदान्तकृत् (वेदान्त करने वाला); द्वि॰ वेदान्तकृतौ; बहु॰ वेदान्तकृत: ←वि॰ वेदान्तकृत् (वेद अथवा वेदान्त करने वाला) ←पु॰ वेदान्त (आरण्यक, उपनिषद्, वेदान्त) + वि॰ कृत्↑

वेदितव्यम् 11.18, पु॰ द्विती॰ एक॰ वेदितव्यम् (जो जानने योग्य है वह, ॰उसको); द्वि॰ वेदितव्यौ; बहु॰ वेदितव्यान् ←वि॰ वेदितव्य (जानने के लिए –उचित, योग्य) ←2अदा॰√विद् (जानना)

वेदितुम् 13.1, अव्य॰ (जानने, समझने –के लिए) ←2अदा॰√विद् (जानना)

वेदे 15.18, सप्त॰ एक॰ वेदे (वेद में); द्वि॰ वेदयो:; बहु॰ वेदेषु↓ ←पु॰ वेद↑

वेदेषु 2.46, सप्त॰ एक॰ वेदे↑; द्वि॰ वेदयो:; बहु॰ वेदेषु (वेदों में) ←पु॰ वेद↑

वेद्य 9.17 वि॰ (ग्राह्य, जानने योग्य, ज्ञातव्य) ←2अदा॰√विद् (जानना)

वेद्य: 15.15, पु॰ प्रथ॰ एक॰ वेद्य: (जो जानने योग्य है, ग्राह्य है वह); द्वि॰ वेद्यौ; बहु॰ वेद्या: ←वि॰ वेद्य↑

वेद्यम् 9.17, पु॰ द्विती॰ एक॰ वेद्यम् (जो वेद्य है उसको); द्वि॰ वेद्यौ; बहु॰ वेद्यान् ←वि॰ वेद्य↑

वेदै: 11.53, तृती॰ सप्त॰ एक॰ वेदेन; द्वि॰ वेदाभ्याम्; बहु॰ वेदै: (वेदों से, के द्वारा) ←पु॰ वेद↑

वेपथु: 1.29, प्रथ॰ एक॰ वेपथु: (कम्पन); द्वि॰ वेपथू; बहु॰ वेपथव: ←पु॰ वेपथु (कम्पन, थरथरी) ←1भ्वादि॰√वेप् (थरथराना)

वेपमान: 11.35, पु॰ प्रथ॰ एक॰ वेपमान: (कांपता हुआ); द्वि॰ वेपमानौ; बहु॰ वेपमाना: ←वि॰ वेपमान (कांपता हुआ) ←1भ्वादि॰√वेप् (थरथराना)

वैनतेय: 10.30, पु॰ प्रथ॰ एक॰ वैनतेय: (वैनतेय); द्वि॰ वैनतेयौ; बहु॰ वैनतेया: ←विना॰ तद्धित शब्द वैनतेय, विनताया: अपत्यम् (विनतापुत्र; कश्यपानंदन, खगेन्द्र, गरुड़, तार्क्ष्य, पन्नगाशन, शाल्मली, सुपर्ण) परिचय के लिए– म. वि. वंशवृक्ष, खंड 1↑

वैराग्य 6.35, (अनासक्ति, अरुचि, रंज, विरक्ति) ←वि√रञ्ज् 4दिवा॰

वैराग्यम् 13.9, प्रथ॰–द्विती॰ एक॰ वैराग्यम् (वैराग्य, वैराग्य को); द्वि॰ वैराग्ये; बहु॰ वैराग्याणि ←न॰ वैराग्य↑

वैराग्येण 6.35, तृती॰ एक॰ वैराग्येण (वैराग्य से); द्वि॰ वैराग्याभ्याम्; बहु॰ वैराग्यैः ←न॰ वैराग्य↑

वैरिणम् 3.37, पु॰ द्विती॰ एक॰ वैरिणम् (वैरी, वैरी को); द्वि॰ वैरिणौ; बहु॰ वैरिणः ←वि॰ वैरिन् (वैर करने वाला; अरि↑, दुष्मन, द्विषत्↑, परिपंथिन्↓, रिपु↑, वैरी, शत्रु↓, सपत्न) ←10चुरा॰√वीर्

वैश्य 9.32, पु॰ (चतुर्वर्ण का तीसरा वर्ण; उद्योगी, विश्↑, व्यवसायी, व्यापारी) ←6तुदा॰√विश्

वैश्यकर्म 18.44, प्रथ॰–द्विती॰ एक॰ वैश्यकर्म (वैश्यकर्म, वैश्यकर्म को); द्वि॰ वैश्यकर्मणी; बहु॰ वैश्यकर्माणि ←न॰ तस॰ वैश्यकर्मन्, वैश्यस्य कर्म (चतुर्कर्मों में तीसरा कर्म; उद्योग, व्यवसाय, व्यापार) ←पु॰ वैश्य↑ + न॰ कर्मन्↑

वैश्याः 9.32, प्रथ॰ एक॰ वैश्यः; द्वि॰ वैश्यौ; बहु॰ वैश्याः (वैश्य लोग) ←पु॰ वैश्य↑

वैश्वानरः 15.14, प्रथ॰ एक॰ वैश्वानरः (वैश्वानर); द्वि॰ वैश्वानरौ; बहु॰ वैश्वानराः ←पु॰ वैश्वानर (अग्नि↑; जठराग्नि)

(व्य)

व्यक्त 2.28, (जाहिर, प्रकट, प्रस्फुट, स्पष्ट, अस्तित्व में आया हुआ, गोचर, दृश्यमान, दृष्ट↑, प्रत्यक्ष) ←वि√अञ्ज् 1भ्वादि॰

व्यक्तमध्यानि 2.28, न॰ प्रथ॰–द्विती॰ एक॰ व्यक्तमध्यम्; द्वि॰ व्यक्तमध्ये; बहु॰ व्यक्तमध्यानि (इस बीच जो व्यक्त स्थिति में होता है वह, ॰उसको) ←वि॰ बस॰ व्यक्तमध्य, व्यक्तम् मध्यम् यस्य तत् (अंतरिम, मध्यकाल में व्यक्त स्थिति में पाया जाने वाला, बीच वाले समय में गोचर अथवा प्रकट होने वाला) ←वि॰ व्यक्त↑ + पु॰ मध्य↑

व्यक्तयः 8.18, प्रथ॰ एक॰ व्यक्तिः; द्वि॰ व्यक्ती; बहु॰ व्यक्तयः (व्यक्तियाँ) ←स्त्री॰ व्यक्ति↓

व्यक्ति 7.24, स्त्री॰ (जन↑, जीव↓, प्राणी, मनुष्य↓, अवतार, व्यक्तित्व, व्यष्टि, स्वरूप) ←वि√अञ्ज् 1भ्वादि॰

व्यक्तिम् 7.24, द्विती॰ एक॰ व्यक्तिम् (जिसका व्यक्तित्व है उसको); द्वि॰ व्यक्ती; बहु॰ व्यक्तीः ←स्त्री॰ व्यक्ति↑

व्यतितरिष्यति 2.52, लृट् अपूर्ण भवि॰ पर॰ उत्तम॰ एक॰ व्यतितरिष्यामि; मध्य॰ एक॰ व्यतितरिष्यसि; अन्य॰ एक॰ व्यतितरिष्यति (वह पार करेगा); द्वि॰ व्यतितरिष्यत:; बहु॰ व्यतितरिष्यन्ति ←वि–अति√तृ 1भ्वादि॰ (पार करना, तरून जाना)

व्यतीतानि 4.5, न॰ प्रथ॰–द्विती॰ एक॰ व्यतीतम्; द्वि॰ व्यतीते; बहु॰ व्यतीतानि (हो गए हुए, जो हो गए हैं उनको) ←वि॰ व्यतीत (हो गया गया हुआ; गतकाल का, गुजरा हुआ, पिछला, प्रस्थित, बीता हुआ, भूतकालीन) ←वि–अति√इ 1भ्वादि॰

व्यथन्ति 14.2, लट् वर्त॰ पर॰ अन्य॰ एक॰ व्यथति; द्वि॰ व्यथत:; बहु॰ व्यथन्ति (वे दु:खी करते हैं) ←1भ्वादि॰√व्यथ् (दु:खी होना)

व्यथयन्ति 2.15, लट् वर्त॰ पर॰ प्रयो॰ अन्य॰ एक॰ व्यथयति; द्वि॰ व्यथयत:; बहु॰ व्यथयन्ति (वे दु:खी किए जाते हैं) ←1भ्वादि॰√व्यथ् (दु:खी होना)

व्यथा 11.49, स्त्री॰ (कष्ट, दु:ख↑, पीड़ा, विकलता) ←1भ्वादि॰√व्यथ् (दु:खी होना)

व्यथिष्ठा: 11.34, लुङ् सामान्य भूत॰ आत्म॰ एक॰ उत्तम॰ व्यथिषि; मध्य॰ व्यथिष्ठा: (तू व्यथित); अन्य॰ व्यथिष्ट ←1भ्वादि॰√व्यथ् (व्यथित होना)

व्यदारयत् 1.19, लङ् अनद्य भूत॰ आत्म॰ प्रयो॰ अन्य॰ एक॰ व्यदारयत् (वह विदीर्ण कराता हुआ); द्वि॰ व्यदारयताम्; बहु॰ व्यदारयन् ←वि√दॄ 4दिवा॰ (दु:खी करना)

व्यनुनादयन् 1.19, पु॰ प्रथ॰ एक॰ व्यनुनादयन् (विदीर्ण करने वाला); द्वि॰ व्यनुनादयन्तौ; बहु॰ व्यनुनादयन्त: ←वि॰ व्यनुनादयत् (बड़ा नाद करता हुआ; विदीर्ण करता हुआ; विदीर्ण करने वाला) ←वि–अनु√नद् 1भ्वादि॰ (नाद करना)

व्यपाश्रय 3.18, पु॰ (आश्रय↑, निर्भरता; स्वार्थ) ←1भ्वादि॰√श्रि (आधार, आश्रय लेना; प्राप्त करना, व्यवहार करना) ←वि–अप्–आ√श्री 1भ्वादि॰

व्यपाश्रित्य 9.32, अव्य॰ (आधार, आश्रय, सहारा –ले कर) ←वि–अप्–आ√श्री 1भ्वादि॰

व्यपेतभि: 11.49, पु॰ प्रथ॰ एक॰ व्यपेतभि: (भय नष्ट हुआ मनुष्य); द्वि॰ व्यपेतभ्यौ; बहु॰ व्यपेतभ्य: ←बस॰ व्यपेतभी, व्यपेता भी: यस्य स: (निर्भय हेआ, भय गया हुआ) ←वि–अप्√इ + स्त्री॰ भी↑

व्यभिचारिन् 13.11, वि॰ (उल्लंघन करने वाला, मार्ग भ्रष्ट, व्यभिचारी) ←पु॰ व्यभिचार ←पर॰ वि–अभि√चर् 1भ्वादि॰ (गमन करना, चलना, जाना)

व्यवसाय 2.41, पु॰ (उद्यम, उद्योग, काम काज, धंधा, प्रयत्न; दृढ़ निश्चय) ←वि–अव√सो 3जुहो॰

व्यवसाय: 10.36, प्रथ॰ एक॰ व्यवसाय: (व्यवसाय); द्वि॰ व्यवसायौ; बहु॰ व्यवसाया: ←पु॰

व्यवसाय (उद्योग, धंदा, प्रयत्न; दृढ़ निश्चय) ←वि–अव√सो 3जुहो॰

व्यवसायात्मिका 2.41, स्त्री॰ प्रथ॰ एक॰ व्यवसायात्मिका (निश्चय की); द्वि॰ व्यवसायात्मिके; बहु॰ व्यवसायात्मिकाः ←तद्धित शब्द वि॰ व्यवसायात्मिका, व्यवसायः आत्मा यया (दृढ़ निश्चयी चित्त का, दृढ़निश्चयी) ←पु॰ व्यवसाय↑ + पु॰ आत्मन्↑

व्यवसित 1.45, वि॰ (उद्यत↑, तत्पर↑; योग्य निश्चय किया हुआ, निश्चय के साथ योग्य पथ धरा हुआ) ←वि–अव√सो 3जुहो॰

व्यवसितः 9.30, पु॰ प्रथ॰ एक॰ व्यवसितः (निश्चय किया हुआ); द्वि॰ व्यवसितौ; बहु॰ व्यवसिताः↓ ←वि॰ व्यवसित↑

व्यवसिताः 1.45, पु॰ प्रथ॰ एक॰ व्यवसितः↑; द्वि॰ व्यवसितौ; बहु॰ व्यवसिताः (निश्चय किए हुए) ←वि॰ व्यवसित↑

व्यवस्थित 1.20, (निर्णित, नियोजित, निश्चित, संबद्ध, समंजित, समन्वित; स्वस्थ किया हुआ) ←वि–अव√स्था 1भ्वादि॰

व्यवस्थितान् 1.20; पु॰ द्विती॰ एक॰ व्यवस्थितम्; द्विती॰ व्यवस्थितौ↓; बहु॰ व्यवस्थितान् (जो स्वस्थ हैं उनको) ←वि॰ व्यवस्थित↑

व्यवस्थितौ 3.34, पु॰ द्विती॰ एक॰ व्यवस्थितम्; द्वि॰ व्यवस्थितौ (नियोजित दोनों); बहु॰ व्यवस्थितान्↑ ←वि॰ व्यवस्थित↑

व्यात्ताननम् 11.24, पु॰ द्विती॰ एक॰ व्यात्ताननम् (जिसने जबड़ा खुला किया हुआ है उसको); द्वि॰ व्यात्ताननौ; बहु॰ व्यात्ताननान् ←वि॰ बस॰ व्यात्तानन, व्यात्तम् आननम् यस्य (जिसका आ–फाड़ा हुआ मुख है, जिसने मुख बड़ा खोला हुआ है) ←वि॰ व्यात्त (विस्तृत खोला हुआ) ←वि–आ√दा 1भ्वादि॰ + न॰ आनन (मुख↑, मुंह, वदन↑) ←वि√आप् 5स्वादि॰

व्याप्तम् 11.20, न॰ प्रथ॰–द्विती॰ एक॰ व्याप्तम् (व्याप्त); द्वि॰ व्याप्ते; बहु॰ व्याप्तानि ←वि॰ व्याप्त (घिरा हुआ, फैला हुआ; परिपूर्ण, भरा हुआ, व्याप्त किया हुआ) ←वि√आप् 5स्वादि॰

व्याप्य 10.16, अव्य॰ (व्यापनीय, व्यापने के लिए उचित) ←वि√आप् 5स्वादि॰

व्यामिश्रेण 3.2, न॰ तृती॰ एक॰ व्यामिश्रेण (जो मिश्रित है उसके सहारे); द्वि॰ व्यामिश्राभ्याम्; बहु॰ व्यामिश्रैः ←वि॰ व्यामिश्र (मिश्रित, मिला हुआ; अस्पष्ट) ←वि–आ√मिश्र् 10चुरा॰ (मिलाना)

व्यासः 10.13, पु॰ प्रथ॰ एक॰ व्यासः (व्यास मुनि); द्वि॰ व्यासौ; बहु॰ व्यासाः ←विना॰

व्यास (व्यास मुनि)

व्यासप्रसादात् 18.75, पंच॰ एक॰ व्यासप्रसादात् (व्यास की कृपा से); द्वि॰ ॰प्रसादाभ्याम्; बहु॰ ॰प्रसादेभ्यः ←पु॰ तस॰ व्यासप्रसाद, व्यासस्य प्रसादः (श्री व्यास की कृपा) ←पु॰ व्यास↑ + पु॰ प्रसाद↑

व्याहरन् 8.13, पु॰ प्रथ॰ एक॰ व्याहरन् (उच्चारण करता हुआ, बोलता हुआ); द्वि॰ व्याहरन्तौ; बहु॰ व्याहरन्तः ←वि॰ व्याहरत् (उच्चार करते हुए, बोलते हुए) ←वि–आ√हृ 1भ्वादि॰

व्युदस्य 18.51, अव्य॰ (अस्वीकृत किए, बहिष्कार किए; जीत कर, परास्त किए, मार कर, हनन किए) ←वि–उद्√अस् 2अदा॰

व्यूढ 1.2, वि॰ (व्यूहबद्ध; क्रमवार, तरीके से –रचना किया हुआ) ←1भ्वादि॰√वह्

व्यूढम् 1.2, न॰ प्रथ॰–द्विती॰ एक॰ व्यूढम् (जो व्यूहबद्ध है वह, ॰उसको); द्वि॰ व्यूढे; बहु॰ व्यूढानि ←वि॰ व्यूढ↑

व्यूढाम् 1.3, स्त्री॰ द्विती॰ एक॰ व्यूढाम् (जो व्यूहबद्ध है उसको); द्वि॰ व्यूढे; बहु॰ व्यूढाः ←वि॰ व्यूढ↑

व्रज 18.66, लोट् आज्ञार्थक पर॰ प्रथ॰ एक॰ व्रजानि; मध्य॰ एक॰ व्रज (तू जा); मध्य॰ द्वि॰ व्रजतम्; मध्य॰ बहु॰ व्रजत; अन्य॰ एक॰ व्रजतु ←1भ्वादि॰√व्रज् (जाना)

व्रजेत 2.54, आत्म॰ विध्यर्थी एक॰ उत्तम॰ व्रजेय; मध्य॰ व्रजेथाः; अन्य॰ व्रजेत (उसको गमन करना चाहिए, वह गमन करे) ←1भ्वादि॰√व्रज् (गमन करना, चलना, प्रस्थान करना)

व्रत 4.28, न॰ (नियम↑, निश्चय, प्रण, प्रतिज्ञा, शपथ, सङ्कल्प↓; निष्ठा↑, भक्ति↑) ←1भ्वादि॰√वृ

(श)

शक्नोति 5.23, लट् वर्त॰ पर॰ एक॰ उत्तम॰ शक्नोमि↓; मध्य॰ शक्नोषि↓; अन्य॰ शक्नोति (वह कर सकता है) ←5स्वादि॰√शक् (सकना)

शक्नोमि 1.30, लट् वर्त॰ पर॰ एक॰ उत्तम॰ शक्नोमि (मैं कर सकता हूँ); मध्य॰ शक्नोषि↓; अन्य॰ शक्नोति↑ ←4दिवा॰√शक् (सकना)

शक्नोषि 12.9, लट् वर्त॰ पर॰ एक॰ उत्तम॰ शक्नोमि↑; मध्य॰ शक्नोषि (तू कर सकता है); अन्य॰ शक्नोति↑ ←5स्वादि॰√शक् (सकना)

शक्य 6.36, वि॰ (संभाव्य, संभवनीय, साध्य; करने लायक, होने के लिए संभाव्य, होने योग्य) ←5स्वादि॰√शक् (होना, सकना)

शक्यः 6.36, पु॰ प्रथ॰ एक॰ <u>शक्यः</u> (शक्य); द्वि॰ शक्यौ; बहु॰ शक्याः ←वि॰ शक्य↑

शक्यम् 11.4, पु॰ न॰ द्विती॰ एक॰ <u>शक्यम्</u> (जो शक्य है वह, ॰उसको); द्वि॰ शक्यौ अथवा शक्ये; बहु॰ शक्यान् अथवा शक्यानि ←वि॰ शक्य↑

शक्यसे 11.8, लट् वर्त॰ आत्म॰ मध्य॰ एक॰ <u>शक्यसे</u> (तू कर सकता है); द्वि॰ शक्याथे; बहु॰ शक्यध्वे ←5स्वादि॰√शक् (सकना)

शङ्करः 10.23, पु॰ प्रथ॰ एक॰ <u>शङ्करः</u> (शंकर); द्वि॰ शङ्करौ; बहु॰ शङ्कराः ←विना॰ शङ्कर (कैलाशपति, गंगाधर, गिरिजापति, चंद्रशेखर, त्र्यंबक, नटराज, नीलकंठ, पंचानन, पशुपति, भव, भालचंद्र, भोलानाथ, भूतनाथ, भैरव, महेश, रुद्र, शंभु, शिव, शूलपाणि, सदाशिव, सांब, सिद्धिनाथ, हर)

शङ्ख 1.12, पु॰ (अब्ज, कंबु, कंबोज, घोंघा, शंख) ←4दिवा॰√शम्

शङ्खम् 1.12, द्विती॰ एक॰ <u>शङ्खम्</u> (शंख को); द्वि॰ शङ्खौ↓; बहु॰ शङ्खान्↓ ←पु॰ शङ्ख↑

शङ्खाः 1.13, प्रथ॰ एक॰ शङ्खः; द्वि॰ शङ्खौ; बहु॰ <u>शङ्खाः</u> (अनेक शंख) ←पु॰ शङ्ख↑

शङ्खान् 1.18, द्विती॰ एक॰ शङ्खम्↑; द्वि॰ शङ्खौ↓; बहु॰ <u>शङ्खान्</u> (शंखों को) ←पु॰ शङ्ख↑

शङ्खौ 1.14, द्विती॰ एक॰ शङ्खम्↑; द्वि॰ <u>शङ्खौ</u> (दो शंखों को); बहु॰ शङ्खान्↑ ←पु॰ शङ्ख↑

शठः 18.28, पु॰ प्रथ॰ एक॰ <u>शठः</u> (शठ); द्वि॰ शठौ; बहु॰ शठाः ←वि॰ शठ (कपटि, काँइयाँ, कैतव, चालबाज, चालाक, छलकपटी, छलिया, छली, छद्मी, जिह्म, ठग, दगाबाज, दम्भी, दुराचारी, दुष्ट, धूर्त, धोखेबाज, प्रवंचक, फरेबी, बकवादी, बदमाश, मक्कार, मायी, लफंगा, लबार, लुच्चा, शोहदा, षड्यंत्री) ←1भ्वादि॰√शठ्

शत 11.5, सङ्ख्या वि॰ (दशदश, सैकड़ा, सौ)

शतशः 11.5, = अव्य॰ शतशस् (सैकड़ों; सौ बार)

शत्रु 3.43, पु॰ (अभिघाती, अमित्र, अराति, अरि↑, अहित, दायीज, द्विषत्↑, दुष्मन, दौहद, परिपंथिन्↓, प्रतिपक्षी, रिपु↑, विपक्षी, वैरी, सपत्न) ←1भ्वादि॰√शद्

शत्रुः 16.14, प्रथ॰ एक॰ <u>शत्रुः</u> (शत्रु); द्वि॰ शत्रू; बहु॰ शत्रवः ←पु॰ शत्रु↑

शत्रुत्वे 6.6, सप्त॰ एक॰ <u>शत्रुत्वे</u> (शत्रुत्व में); द्वि॰ शत्रूत्वयोः; बहु॰ शत्रत्वेषु ←न॰ शत्रुत्व (अदावत, अनबन, मनमुटाव, रंजिश, विरोध, वैमनस्य, वैर, वैरभाव, शत्रुता)

शत्रुम् 3.43, द्विती॰ एक॰ <u>शत्रुम्</u> (शत्रु को); द्वि॰ शत्रू; बहु॰ शत्रून्↓ ←पु॰ शत्रु↑

शत्रुवत् 6.6, अव्य॰ (शत्रु प्रमाणे) ←पु॰ शत्रु↑ + प्रत्यय वत्↑

शत्रून् 11.33, द्विती॰ एक॰ शत्रुम्↑; द्वि॰ शत्रू; बहु॰ शत्रून् (शत्रुओं को) ←पु॰ शत्रु↑

शत्रौ 12.18, सप्त॰ एक॰ शत्रौ (शत्रु में); द्वि॰ शत्र्वो:; बहु॰ शत्रुषु ←पु॰ शत्रु↑

शनै: 6.25, = अव्य॰ शनैस् (आहिस्ता, थोड़ा-थोड़ा, धीरे-धीरे, हलु-हलु; उत्तरोत्तर, क्रमश:, क्रमानुगत, क्रमानुसार, अनुक्रम से, यथाक्रम, परिपाटी से, सिलसिलेवार) ←1भ्वादि॰√शद्

शब्द 1.13, पु॰ (आरव, आवाज, ध्वनि, नाद, निनाद, घोष↑, रव; अक्षर↑, वचन↑, वाणी, स्वर, स्वान, संरव) ←10चुरा॰√शब्द्

शब्द: 1.13, प्रथ॰ एक॰ शब्द: (शब्द); द्वि॰ शब्दौ; बहु॰ शब्दा: ←पु॰ शब्द↑

शब्दब्रह्म 6.44, प्रथ॰ एक॰ शब्दब्रह्म (वेद का शब्द); द्वि॰ शब्दब्रह्मणी; बहु॰ शब्दब्रह्माणि ←न॰ केवल समास शब्दब्रह्म, ब्रह्मण: शब्द: (वेद, वेदशब्द) ←पु॰ शब्द↑ + न॰ ब्रह्मन्↑

शब्दादीन् 4.26, पु॰ द्विती॰ एक॰ शब्दादिम्; द्वि॰ शब्दादी; बहु॰ शब्दादीन् (शब्द इत्यादि) ←वि॰ बस॰ शब्दादि, शब्द: आदि: यस्य (शब्द और तत्सम्; शब्द इत्यादि; शब्द आदि) ←पु॰ शब्द↑ + पु॰ आदि↑

शम् 10.23, अव्य॰ (कुशलता, प्रसन्नता, समृद्धि, स्वस्थता -सूचक शब्दप्रयोगी उपसर्ग) ←4दिवा॰√पम्

शम 6.3, पु॰ (इन्द्रियों का निग्रह, मनोनिग्रह, मन:शांति, शांतरस का स्थिर भाव; रोकना, शमन, शांति↓, स्वस्थता, तृप्ति↑) ←4दिवा॰√शम् (शांत होना)

शम: 6.3, प्रथ॰ एक॰ शम: (शम); द्वि॰ शमौ; बहु॰ शमा: ←पु॰ शम↑

शमम् 11.24, द्विती॰ एक॰ शमम् (शम को); द्वि॰ शमौ; बहु॰ शमान् ←पु॰ शम↑

शरणम् 2.49, प्रथ॰-द्विती॰ एक॰ शरणम् (शरण, शरण को); द्वि॰ शरणे; बहु॰ शरणानि ←न॰ शरण (आश्रय↑, रक्षण, संरक्षण); वि॰ (आश्रय मांगने वाला) ←9क्र्या॰√शॄ

शरीर 1.29, न॰ (अङ्ग↑, कलेवर↑, काय↑, काया, तनू↑, देह↑, पंजर, पिंड, पुद्गल, देह↑, बदन, वपु↑) ←9क्र्या॰√शॄ

शरीरम् 13.2, न॰ प्रथ॰-द्विती॰ एक॰ शरीरम् (शरीर, शरीर को); द्वि॰ शरीरे; बहु॰ शरीराणि ←न॰ शरीर↑

शरीरयात्रा 3.8, प्रथ॰ एक॰ शरीरयात्रा (आजीविका); द्वि॰ शरीरयात्रे; बहु॰ शरीरयात्रा: ←स्त्री॰ तस॰ शरीरयात्रा, शरीरस्य यात्रा (आजीविका, उपजीविका, जीवन व्यापार, शरीर निर्वाह, आयुष्य प्रवास, जीवन↑) ←न॰ शरीर↑ + स्त्री॰ यात्रा (गमन, प्रयाण, प्रवास, प्रस्थिति, व्रज्या, सफर; उपजीविका) ←2अदा॰√या

शरीरवाङ्मनोभिः 18.15, द्वन्द्व॰ तृती॰ बहु॰ शरीरेण च वाचा च मनसा च (काया, वाचा और मन से) ←न॰ शरीर↑ + स्त्री॰ वाक् ←2अदा॰√वच् + न॰ मनस्↑

शरीरविमोक्षणात् 5.23, पंच॰ एक॰ शरीरविमोक्षणात् (शरीर का नाश होने तक); द्वि॰ ॰विमोक्षणाभ्याम्; बहु॰ ॰विमोक्षणेभ्यः ←न॰ तस॰ शरीरविमोक्षण, शरीरस्य विमोक्षणम् (शरीर का नश; मुक्ति, निर्वाण, मोक्ष; अपुनरावृत्ति, नए नए शरीरों के चक्र से छुटकारा) ←न॰ शरीर↑ + न॰ विमोक्षण (मुक्ति, निर्वाण↑, मोक्ष↑, विमोचन) ←वि√मोक्ष् 10चुरा॰

शरीरस्थ 13.32, वि॰ तस॰ शरीरे स्थः (शरीर में स्थित) ←न॰ शरीर↑ + वि॰ स्थित↓

शरीरस्थः 13.32, पु॰ प्रथ॰ एक॰ शरीरस्थः (जो शरीर में स्थित है वह); द्वि॰ शरीरस्थौ; बहु॰ शरीरस्थाः ←वि॰ शरीरस्थ↑

शरीरस्थम् 17.6, पु॰ द्विती॰ एक॰ शरीरस्थम् (जो शरीर में स्थित है उसको); द्वि॰ शरीरस्थौ; बहु॰ शरीरस्थान् ←वि॰ शरीरस्थ↑

शरीरिणः 2.18, पु॰ षष्ठी॰ एक॰ शरीरिणः (शरीरधारी का,की,के); द्वि॰ शरीरिणोः; बहु॰ शरीरिणाम् ←(1) वि॰ शरीरिन् (कायाधारी, देहधारी; सचेतन); (2) पु॰ शरीरिन् (आत्मा↑, जीव↑, देही↑) ←न॰ शरीर↑

शरीरे 1.29, सप्त॰ एक॰ शरीरे (शरीर में); द्वि॰ शरीरयोः; बहु॰ शरीरेषु ←न॰ शरीर↑

शर्म 11.25, प्रथ॰–द्विती॰ एक॰ शर्म (शांति, शांति को); द्वि॰ शर्मणी; बहु॰ शर्माणि ←न॰ शर्मन् (आनंद, हर्ष↓; शांति↑, सुख↑) ←9क्र्या॰√शृ

शशाङ्कः 11.39, प्रथ॰ एक॰ शशाङ्कः (चंद्र); द्वि॰ शशाङ्कौ; बहु॰ शशाङ्काः ←पु॰ शशाङ्क (चंद्र, शशि, सोम↓) ←1भ्वादि॰√शश्

शशिन् 7.8, पु॰ (चंद्र, चंद्रमस्↑, शशाङ्क↑, शशि, सोम↓) ←1भ्वादि॰√शश्

शशिसूर्यनेत्रम् 11.19, पु॰ द्विती॰ एक॰ शशिसूर्यनेत्रम् (चन्द्र और सूर्यरूप जिसके नेत्र हैं उसको); द्वि॰ शशिसूर्यनेत्रौ; बहु॰ शशिसूर्यनेत्रान् ←वि॰ बस॰ शशिसूर्यनेत्र, शशी च सूर्यः च नेत्रे यस्य सः (चंद्र और सूर्यरूप नेत्र का) ←पु॰ शशिन्↑ + पु॰ सूर्य↓ + न॰ नेत्र↑

शशिसूर्ययोः 7.8, द्वन्द्व॰ षष्ठी॰ द्वि॰ शशिनः च सूर्यस्य च (चंद्र और सूर्य दोनों का,की,के) ←पु॰ शशिन्↑ + सूर्य↓

शशी 10.21, प्रथ॰ एक॰ शशी (चन्द्र, शशि); द्वि॰ शशिनौ; बहु॰ शशिनः ←पु॰ शशिन्↑

शश्वत् 9.31, अव्य॰ (अखंड, अविरत, अव्यवहित, निरंतर, सतत↓, सदा↓, सदैव, सर्वदा) ←1भ्वादि॰√शश्

शंससि 5.1, लट् वर्त॰ पर॰ एक॰ उत्तम॰ शंसामि; मध्य॰ शंससि (तू प्रशंसा करता है);

अन्य॰ शंसति ←1भ्वादि॰√शंस् (प्रशंसा करना)

शस्त्र 1.46, न॰ (अवजार, अस्त्र, आयुध↑, हथियार) ←1भ्वादि॰√शस् (मारना)

शस्त्रपाणयः 1.46, पु॰ प्रथ॰ एक॰ शस्त्रपाणिः; द्वि॰ शस्त्रपाणी; बहु॰ शस्त्रपाणयः (हाथों में शस्त्र धारण किए हुए लोग) ←वि॰ बस॰ शस्त्रपाणि, शस्त्राणि पाण्योः यस्य सः (हाथों में शस्त्र धारण करने वाला, शस्त्रधारी) ←न॰ शस्त्र↑ + पु॰ पाणि↑

शस्त्रभृताम् 10.31, पु॰ षष्ठी॰ एक॰ शस्त्रभृतः; द्वि॰ शस्त्रभृतोः; बहु॰ शस्त्रभृताम् (शस्त्र धारण करने वालों में) ←वि॰ तस॰ शस्त्रभृत्, शस्त्राणि विभ्रति इति (शस्त्र धारण करने वाला, शस्त्रधर, शस्त्रधारी, शस्त्रपाणि↑) ←न॰ शस्त्र↑ + वि॰ भृत् (धारणकर्ता) ←3जुहो॰√भृ (धारण करना)

शस्त्रसम्पाते 1.20, सप्त॰ एक॰ शस्त्रसम्पाते (शस्त्रसम्पात के समय में); द्वि॰ शस्त्रसम्पातयोः; बहु॰ शस्त्रसम्पातेषु ←पु॰ तस॰ शस्त्रसम्पात, शस्त्राणाम् सम्पातः (शस्त्र प्रहार, शस्त्रपात, शस्त्र संघर्ष) ←न॰ शस्त्र↑ + पु॰ सम्पात (आघात, टार, धडक, परस्पराघात, संघर्ष; पड़ना, पतन, पात) ←सम्√पत् 1भ्वादि॰

शस्त्राणि 2.23, न॰ प्रथ॰-द्विती॰ एक॰ शस्त्रम्; द्वि॰ शस्त्रे; बहु॰ शस्त्राणि (शस्त्र, शस्त्रों को) ←न॰ शस्त्र↑

शाखा 2.41, स्त्री॰ (टहनी, डाल, डाली, शाख) ←1भ्वादि॰√शाख्

शाखाः 15.2, प्रथ॰ एक॰ शाखा; द्वि॰ शाखे; बहु॰ शाखाः (शाखाएँ) ←स्त्री॰ शाखा↑

शाधि 2.7, लोट् पर॰ निमंत्रणार्थ एक॰ उत्तम॰ शासानि; मध्य॰ शाधि (तू सूचना दे); अन्य॰ शास्तु ←2अदा॰√शास् (आज्ञा, शिक्षण देना)

शान्त 6.27, (चुप, मौन, शिथिल, स्थिर↓; सन्तुष्ट↓) ←4दिवा॰√शम् (चुप, संतुष्ट –होना)

शान्तः 18.53, पु॰ प्रथ॰ एक॰ शान्तः (शांत); द्वि॰ शान्तौ; बहु॰ शान्ताः ←वि॰ शान्त↑

शान्तरजसम् 6.27, पु॰ द्विती॰ एक॰ शान्तरजसम् (जिसका राजोगुण शांत हुआ है उसको); द्वि॰ शान्तरजसौ; बहु॰ शान्तरजसः ←वि॰ बस॰ शान्तरज, शान्तम् रजः यस्य सः (जिसका रजोगुण– कम हुआ, मंद, शांत –हुआ है वह) ←वि॰ शान्त↑ + न॰ रजस्↑

शान्ति 2.66, स्त्री॰ (चैन, तृप्ति, संतोष, स्वस्थता) ←4दिवा॰√शम् (संतुष्ट –होना)

शान्तिः 2.66, प्रथ॰ एक॰ शान्तिः (शांति); द्वि॰ शान्ती; बहु॰ शान्तयः ←स्त्री॰ शान्ति↑

शान्तिम् 2.70, द्विती॰ एक॰ शान्तिम् (शांति को); द्वि॰ शान्ती; बहु॰ शान्तीः ←स्त्री॰ शान्ति↑

शाश्वत 1.43, वि॰ (अनश्वर, चिर, स्थायी, नित्य↑; अक्षय↑, अक्षर↑) ←1भ्वादि॰√शश्

शाश्वतः 2.20, पु॰ प्रथ॰ एक॰ शाश्वतः (शाश्वत); द्वि॰ शाश्वतौ; बहु॰ शाश्वताः↓ ←वि॰ शाश्वत↑

शाश्वतधर्मगोप्ता 11.18, प्रथ॰ एक॰ शाश्वतधर्मगोप्ता (धर्म का शाश्वत संरक्षण कर्ता); द्वि॰ ॰गोप्तारौ; बहु॰ ॰गोप्तारः ←पु॰ तस॰ शाश्वतधर्मगोप्तृ, शाश्वतस्य धर्मस्य गोप्ता (धर्म का शाश्वत रक्षण कर्ता, सनातनधर्म रक्षक) ←वि॰ शाश्वत↑ + पु॰ धर्म↑ वि॰ + गोप्तृ (अभिभावक, त्राता, रक्षण करने वाला, रक्षक, राखने वाला, संरक्षक) ←1भ्वादि॰√गुप्

शाश्वतम् 10.12, पु॰ द्विती॰ एक॰ शाश्वतम् (जो शाश्वत है उसको); द्वि॰ शाश्वतौ; बहु॰ शाश्वतान् ←वि॰ शाश्वत↑

शाश्वतस्य 14.27, न॰ षष्ठी॰ एक॰ शाश्वतस्य (नित्य- का,की,के); द्वि॰ शाश्वतयोः; बहु॰ शाश्वतानाम् ←वि॰ शाश्वत↑

शाश्वताः 1.43, पु॰ प्रथ॰ एक॰ शाश्वतः↑; द्वि॰ शाश्वतौ; बहु॰ शाश्वताः (जो नित्य हैं वे) ←वि॰ शाश्वत↑

शाश्वतीः 6.41, स्त्री॰ द्विती॰ एक॰ शाश्वतीम्; द्वि॰ शाश्वत्यौ; बहु॰ शाश्वतीः (जो दीर्घ हैं उनको) ←स्त्री॰ अथवा वि॰ शाश्वती (पृथ्वी; स्थिर↑) ←वि॰ शाश्वत↑

शाश्वते 8.26, स्त्री॰ एक॰ शाश्वता; द्वि॰ शाश्वते (जो शाश्वत हैं वे दो); बहु॰ शाश्वताः ←वि॰ शाश्वत↑

शास्त्र 15.20 न॰ (आदेश, आज्ञा, धर्माज्ञा) ←2अदा॰√शास् (आज्ञा, निर्देश, सूचना –देना; शासन करना)

शास्त्रम् 15.20, प्रथ॰–द्विती॰ एक॰ शास्त्रम् (शास्त्र, शास्त्र को); द्वि॰ शास्त्रे; बहु॰ शास्त्राणि ←न॰ शास्त्र↑

शास्त्रविधानोक्तम् 16.24, न॰ प्रथ॰–द्विती॰ एक॰ शास्त्रविधानोक्तम (जो शास्त्रोक्त है वह, ॰उसको); द्वि॰ ॰विधानोक्ते; बहु॰ ॰विधानोक्तानि ←वि॰ तस॰ शास्त्रविधानोक्त, शास्त्रस्य विधानेन उक्तम् (शास्त्र की विधि ने कहा हुआ, शास्त्रोक्त) ←न॰ शास्त्र↑ + न॰ विधान↑ + वि॰ उक्त↑

शास्त्रविधिम् 16.23, पु॰ द्विती॰ एक॰ शास्त्रविधिम् (शास्त्र के आदेश को); द्वि॰ शास्त्रविधी; बहु॰ शास्त्रविधयः ←पु॰ तस॰ शास्त्रविधि, शास्त्राणाम् विधिः (अनुशासन, शास्त्र का आदेश, आज्ञा, प्रणाली, रीति) ←न॰ शास्त्र↑ + पु॰ विधि↑

शिखण्डी 1.17, पु॰ प्रथ॰ एक॰ शिखण्डी (शिखंडी); द्वि॰ शिखण्डिनौ; बहु॰ शिखण्डिनः

←विना॰ शिखण्डिन् (व्यक्ति परिचय के लिए देखिए– खंड 1, गीता दर्शन↑)

शिखरिणाम् 10.23, पु॰ षष्ठी॰ एक॰ शिखरिण:; द्वि॰ शिखरिणो:; बहु॰ <u>शिखरिणाम्</u> (पर्वतों में) ←वि॰ शिखरिन् (शिखरों वाला); पु॰ (गिरि, तुंग, पर्बत, पहाड़, महीधर, शैल) ←1भ्वादि॰√शी

शिरस् 11.14, न॰ (उत्तमांग↑, खोपड़ी, मस्तक, माथा, मुंड, शीर्ष, शीश, सर, सिर) ←1भ्वादि॰√श्रि

शिरसा 11.14, तृती॰ एक॰ <u>शिरसा</u> (नतमस्तक होकर); द्वि॰ शिरोभ्याम्; बहु॰ शिरोभि: ←न॰ शिरस्↑

शिष्ट 3.13, वि॰ (अवशिष्ट, बचा हुआ) ←7रुधा॰√शिष्

शिष्य 1.3, पु॰ (अध्येता, चेला, छात्र, विद्यार्थी) ←2अदा॰√शास्

शिष्य: 2.7, प्रथ॰ एक॰ <u>शिष्य:</u> (शिष्य); द्वि॰ शिष्यौ; बहु॰ शिष्या: ←पु॰ शिष्य↑

शिष्येण 1.3, तृती॰ एक॰ <u>शिष्येण</u> (शिष्य ने); द्वि॰ शिष्याभ्याम्; बहु॰ शिष्यै: ←पु॰ शिष्य↑

शीत 2.14, वि॰ (ठंढ; आह्लाद दायक) ←1भ्वादि॰√श्यै

शीतोष्णसुखदु:खदा: 2.14, पु॰ प्रथ॰ एक॰ ॰दु:खद:; द्वि॰ ॰दु:खदौ; बहु॰ <u>शीतोष्णसुखदु:खदा:</u> (शीत, उष्ण, सुख और दु:ख देने वाले) ←वि॰ बस॰ शीतोष्णसुखदु:खद, शीतम् च उष्णम् च सुखम् च दु:खम् च ददाति य: स: (शीत, उष्ण, सुख और दु:ख देने वाला) ←वि॰ शीत↑ + वि॰ उष्ण↑ + न॰ सुख↓ + न॰ दु:ख↑ + वि॰ द (उत्पन्न करने वाला, देने वाला, प्रदान करने वाला; दायक, दायी, प्रद) ←1भ्वादि॰√दा

शीतोष्णसुखदु:खेषु 6.7, द्वन्द्व॰ सप्त॰ बहु॰ शीते च उष्णे च सुखे च दु:खे च (शीत, उष्ण, सुख, दु:ख आदि में) ←वि॰ शीत↑ + वि॰ उष्ण↑ + न॰ सुख↓ + न॰ दु:ख↑

शुक्ल 8.24, (1) वि॰ (चमकता, चंद्र प्रकाश वाला; गौर, धवल, पाण्डुर, शुभ्र, श्वेत, सफेद, सित); (2) पु॰ = (शुक्लपक्ष, चांद की रोशनी वाला पखवाड़ा)

शुक्ल: 8.24, प्रथ॰ एक॰ <u>शुक्ल:</u> (शुक्ल); द्वि॰ शुक्लौ; बहु॰ शुक्ला: ←पु॰ अथवा वि॰ शुक्ल↑

शुक्लकृष्णे 8.26, द्वन्द्व॰ स्त्री॰ द्वि॰ शुक्ला च कृष्णा च (शुक्ल और कृष्ण दोनों) ←वि॰ शुक्ल↑ + वि॰ कृष्ण (अंधेरे का, अमावस्या का); अथवा पु॰ (कृष्णपक्ष, अमावस्या का पखवाड़ा) ←6तुदा॰√कृष्

शुच: 16.5, संकेतार्थ मध्य॰ एक॰ पर॰ अक॰ (गम:↑ के समान मा के बाद मध्य॰ एक॰ क्रियापद आने से आज्ञार्थी अभिप्राय होता है और मा + शुच: = तू शोक मत कर यह अर्थ होता है) ←1भ्वादि॰√शुच् (शोक करना)

शुचि 6.11, वि॰ (अकलुष, अमल, निर्दोष, निर्मल, निष्कलंक, पवित्र↑, पुनित, विमल, विशुद्ध↑, शुद्ध↓, सत्य↓, स्वच्छ, सुच्चा) ←1भ्वादि॰√शुच्

शुचि: 12.16, पु॰ प्रथ॰ एक॰ शुचि: (शुचि); द्वि॰ शुची; बहु॰ शुचय: ←वि॰ शुचि↑

शुचीनाम् 6.41, पु॰ षष्ठी॰ एक॰ शुचे:; द्वि॰ शुच्यो:; बहु॰ शुचीनाम् (पवित्र लोगों का,की,के) ←वि॰ शुचि↑

शुचौ 6.11, पु॰ सप्त॰ एक॰ शुचौ (निर्मल स्थान में); द्वि॰ शुच्यो:; बहु॰ शुचिषु ←वि॰ शुचि↑

शुद्ध 5.7, वि॰ (चोख, निर्मल↑, पूत, शुचि↑, शुद्ध, साफ; पवित्र↑, पावन, प्रांजल; कोरा, निर्दोष, निर्भेल, निष्कलंक, विशुद्ध↑, संशुद्ध↓, सात्त्विक↓) ←4दिवा॰√शुध् (पवित्र होना)

शुद्धि 5.11, स्त्री॰ (पावित्र्य, विशुद्धि, क्षालन) ←4दिवा॰√शुध् (पवित्र होना) ←4दिवा॰√शुध्

शुनि 5.18, सप्त॰ एक॰ शुनि (श्वान); द्वि॰ शुनो:; बहु॰ श्वसु ←पु॰ श्वन् (अलिपक, कुक्कुर, कुत्ता, कौलेयक, भषक, भषण, बुक्कन, शुनक, शुनि, श्वशर, श्वान) ←1भ्वादि॰√शिव

शुभ 2.57, वि॰ (अच्छा, मंगल, पवित्र↑; कल्याणप्रद, क्षेमकर); न॰ (कल्याण, लाभ, सौभाग्य) ←6तुदा॰√शुभ् (लाभदायक होना; शोभा देना)

शुभान् 18.71, पु॰ द्विती॰ एक॰ शुभम्; द्वि॰ शुभौ; बहु॰ शुभान् (जो शुभ हैं उनको) ←वि॰ शुभ↑

शुभाशुभपरित्यागी 12.17, पु॰ प्रथ॰ एक॰ शुभाशुभपरित्यागी (शुभ और अशुभ में जो अनासक्त रहे वह); द्वि॰ ॰त्यागिनौ; बहु॰ ॰त्यागिन: ←वि॰ तस॰ शुभाशुभपरित्यागिन्, शुभ: च अशुभ: च परित्यागिन् (शुभ और अशुभ का पूर्ण त्याग किया हुआ, शुभ व अशुभ के दोनों भावों से पूर्णता से तटस्थ) ←पु॰ शुभ↑ + पु॰ अशुभ↑ + वि॰ परित्यागिन्↑

शुभाशुभफलै: 9.28, तृती॰ एक॰ ॰फलेन; द्वि॰ ॰फलाभ्याम्; बहु॰ शुभाशुभफलै: (शुभ और अशुभ फल देने वालों से) ←न॰ बस॰ शुभाशुभफल, शुभम् च अशुभम् च फलानि यस्य तत् (शुभ और अशुभ फल, निष्पन्न, परिणाम –दायक) ←पु॰ शुभ↑ + पु॰ अशुभ↑

+ न॰ फल↑

शुभाशुभम् 2.57, द्वन्द्व॰ न॰ प्रथ॰–द्विती॰ एक॰ शुभम् च अशुभम् च (शुभ और अशुभ, ॰को) ←पु॰ शुभ↑ + पु॰ अशुभ↑

शूद्र 9.32, पु॰ (श्वपाक; अंत्यज, पादज; सेवा स्वभाव का, स्वाभाविक रूप से सेवा चाहने वाला, सेवा जिसका विहित कर्म है वह, चतुर्वर्णाश्रम का चौथा वर्ण) ←1भ्वादि॰√शुच् (स्वच्छ करना)

शूद्रस्य 18.44, षष्ठी॰ एक॰ <u>शूद्रस्य</u> (शूद्र का,की,के); द्वि॰ शूद्रयो:; बहु॰ शूद्राणाम्↓ ←पु॰ शूद्र↑

शूद्रा: 9.32, प्रथ॰ एक॰ शूद्र:; द्वि॰ शूद्रौ; बहु॰ <u>शूद्रा:</u> (शूद्र लोग) ←पु॰ शूद्र↑

शूद्राणाम् 18.41, षष्ठी॰ एक॰ शूद्रस्य↑; द्वि॰ शूद्रयो:; बहु॰ <u>शूद्राणाम्</u> (शूद्रों का,की,के) ←पु॰ शूद्र↑

शूर 1.4, वि॰ (डर न पाने वाला, छातीदार, ढाढ़सी, दिलेर, न डगमगाने वाला, निडर, निर्भय, निर्भिक, पराक्रमी, बहादर, विक्रमी, वीर↑, हिमती) ←10चुरा॰√शूर्

शूरा: 1.4, पु॰ प्रथ॰ एक॰ शूर:; द्वि॰ शूरौ; बहु॰ <u>शूरा:</u> (शूर लोग) ←वि॰ शूर↑

शृणु 2.39, लोट् पर॰ आज्ञार्थ एक॰ उत्तम॰ शृण्वानि; मध्य॰ <u>शृणु</u> (तू सुन); अन्य॰ शृणोतु ←1भ्वादि॰√श्रु (सुनना)

शृणुयात् 18.71, विधि॰ पर॰ प्रेरणार्थक एक॰ उत्तम॰ शृणुयाम्; मध्य॰ शृणुया:; अन्य॰ <u>शृणुयात्</u> (वह सुने, वह सुनेगा, उसे सुनना चाहिए) ←1भ्वादि॰√श्रु (सुनना)

शृणोति 2.29, लट् वर्त॰ पर॰ एक॰ उत्तम॰ शृणोमि; मध्य॰ शृणोषि; अन्य॰ <u>शृणोति</u> (वह सुनता है) ←1भ्वादि॰√श्रु (श्रवण करना)

शृण्वत् 5.8, वि॰ (सुनते हुए, सुनने वाला) ←1भ्वादि॰√श्रु (श्रवण करना)

शृण्वत: 10.18, न॰ षष्ठी॰ एक॰ <u>शृण्वत:</u> (सुनने वाले का); द्वि॰ शृण्वतो:; बहु॰ शृण्वताम् ←वि॰ शृण्वत्↑

शृण्वन् 5.8, पु॰ प्रथ॰ एक॰ <u>शृण्वन्</u> (सुनते हुए); द्वि॰ शृण्वन्तौ; बहु॰ शृण्वन्त: ←वि॰ शृण्वत्↑

शैब्य: 1.5, पु॰ प्रथ॰ एक॰ <u>शैब्य:</u> (शैब्य); द्वि॰ शैब्यौ; बहु॰ शैब्या: ←वि॰ तद्धित शब्द- शिबे: राजा (शिबि देश का राजा); विना॰ शैब्य (गोवासन शैब्य; व्यक्ति परिचय के लिए देखिए- खंड 1, गीता दर्शन↑)

शोक 1.47, पु॰ (दु:ख↑, परम कष्ट, परिताप, पश्चाताप, मनस्ताप, विलाप)

←1भ्वादि०√शुच् (शोक करना)

शोकम् 2.8, द्विती० एक० <u>शोकम्</u> (शोक को); द्वि० शोकौ; बहु० शोकान् ←पु० शोक↑

शोकसंविग्नमानसः 1.47, पु० प्रथ० एक० <u>शोकसंविग्नमानसः</u> (शोक से व्याकुल हुए मन का); द्वि० शोकसंविग्नमानसौ; बहु० शोकसंविग्नमानसाः ←वि० बस० शोकसंविग्नमानस, शोकेन संवीम् मानसम् यस्य सः (जिसका मन दुःख से व्याकुल हुआ है वह) ←पु० शोक↑ + वि० संविग्न (उदास, उद्विग्न, दुःखी, व्याकुल, शोकाकुल, क्षुब्ध) ←सम्√विज् 6तुदा० + न० मानस (चित्त↑, मन, मनस्↑, हृदय↓) ←4दिवा०√मन्

शोचति 12.17, लट् वर्त० पर० एक० उत्तम० शोचामि; मध्य० शोचसि; अन्य० <u>शोचति</u> (वह शोक करता है) ←1भ्वादि०√शुच् (शोक करना)

शोचितुम् 2.26, अव्य० (शोक करने के लिए) ←1भ्वादि०√शुच् (शोक करना)

शोषयति 2.23, लट् वर्त० पर० प्रयो० अन्य० एक० <u>शोषयति</u> (उससे सुखाया जाता है); द्वि० शोषयतः; बहु० शोषयन्ति ←4दिवा०√शुष् (निवृत्त करना; पवित्र करना)

शौच 13.8, न० (निर्मलता, शुद्धि↑, स्वच्छता; मलत्याग) ←1भ्वादि०√शुच्

शौचम् 13.8, प्रथ०–द्विती० एक० <u>शौचम्</u> (निर्मलत्व, निर्मलत्व को); द्वि० शौचे; बहु० शौचानि ←न० शौच↑

शौचमार्जवम् 17.14, द्वन्द्व० न० द्विती० एक० शौचम् च आर्जवम् च (शुद्धि और ऋजुता, स्वच्छता और सादगी) ←न० शौच↑ + पु० आर्जव↑

शौर्यम् 18.43, न० प्रथ०–द्विती० एक० <u>शौर्यम्</u> (शौर्य, शौर्य को); द्वि० शौर्ये बहु० शौर्याणि ←न० तद्धित शब्द शौर्य, शूरस्य भावः (ढाढ़स, ढीठाई, निर्भयता, बहादुरी, हिम्मत, हीय्या) ←10चुरा०√शूर्

श्यालाः 1.34, प्रथ० एक० श्यालः; द्वि० श्यालौ; बहु० <u>श्यालाः</u> (साले) ←पु० श्याल (साला) ←1भ्वादि०√श्यै

(श्र)

श्रद्दधाना: 12.20, पु॰ प्रथ॰ एक॰ श्रद्दधान:; द्वि॰ श्रद्दधानौ; बहु॰ श्रद्दधाना: (निष्ठ लोग) ←वि॰ श्रद्दधान (निष्ठ, निष्ठावान, भक्तिपूर्ण, श्रद्ध↓, श्रद्धावान्↓, श्रद्धालु) ←श्रत्√धा 3जुहो॰

श्रद्ध: 17.3, पु॰ प्रथ॰ एक॰ श्रद्ध: (भक्त); द्वि॰ श्रद्धौ; बहु॰ श्रद्धा: ←वि॰ श्रद्ध (अनुयायी, उपासक, निष्ठ, परायण↑, भक्त↑, भक्तिपूर्ण विश्वास करने वाला, श्रद्दधान↑) ←श्रत्√धा 3जुहो॰

श्रद्धया 6.37, तृती॰ एक॰ श्रद्धया (निष्ठा से); द्वि॰ श्रद्धाभ्याम्; बहु॰ श्रद्धाभि: ←स्त्री॰ श्रद्धा↓

श्रद्धा 17.2, प्रथ॰ एक॰ श्रद्धा (श्रद्धा); द्वि॰ श्रद्धे; बहु॰ श्रद्धा: ←स्त्री॰ श्रद्धा (आदर, आस्था, इज्या↑, निष्ठा↑, परायणता, भरोसा, भक्ति↑, भाव↑, विश्वास) ←श्रत्√धा 3जुहो॰

श्रद्धाम् 7.21, द्विती॰ एक॰ श्रद्धाम् (श्रद्धा को); द्वि॰ श्रद्धे; बहु॰ श्रद्धा: ←स्त्री॰ श्रद्धा↑

श्रद्धामय: 17.3, पु॰ प्रथ॰ एक॰ श्रद्धामय: (श्रद्धामय); द्वि॰ श्रद्धामयौ; बहु॰ श्रद्धामया: ←वि॰ श्रद्धामय (निष्ठवंत, श्रद्ध↑, श्रद्धापूर्ण, श्रद्धा से भरा हुआ, श्रद्धायुक्त) ←स्त्री॰ श्रद्धा↑ + वि॰ मय↑

श्रद्धावत् 3.31, (निष्ठा रखने वाला, श्रद्धा करने वाला) ←श्रत्√धा 3जुहो॰

श्रद्धावन्त: 3.31, पु॰ प्रथ॰ एक॰ श्रद्धावान्↓; द्वि॰ श्रद्धावन्तौ; बहु॰ श्रद्धावन्त: (श्रद्धा रखने वाले) ←वि॰ श्रद्धावत्↑

श्रद्धावान् 4.39, पु॰ प्रथ॰ एक॰ श्रद्धावान् (श्रद्धावान); द्वि॰ श्रद्धावन्तौ; बहु॰ श्रद्धावन्त:↑ ←वि॰ श्रद्धावत्↑

श्रद्धाविरहितम् 17.13, पु॰ द्विती॰ एक॰ श्रद्धाविरहितम् (श्रद्धाहीन मनुष्य को); द्वि॰ ॰विरहितौ; बहु॰ ॰विरहितान् ←वि॰ तस॰ श्रद्धाविरहित, श्रद्धया विरहितम् (अश्रद्ध, जिसमें श्रद्धा नहीं है वह; श्रद्धाहीन) ←स्त्री॰ श्रद्धा↑ + वि॰ विरहित↑

श्रिता: 9.12, पु॰ प्रथ॰ एक॰ श्रित:; द्वि॰ श्रितौ; बहु॰ श्रिता: (आश्रय में आए हुए लोग) ←वि॰ श्रित (आश्रय में आया हुआ, आश्रित↑) ←1भ्वादि॰√श्रि (आश्रय लेना)

श्री: 10.34, प्रथ॰ एक॰ श्री: (लक्ष्मी); द्वि॰ श्रियौ; बहु॰ श्रिय: ←अनियमित चलने वाला शब्द, स्त्री॰ श्री (लक्ष्मी; गौरव, धन↑, लौकिक, संपत्ति, सिद्धि↓; प्रभा↑, सौंदर्य)

←9क्र्या०√श्री

श्रीमत् 10.41, वि० (ऐश्वर्ययुक्त, शोभायुक्त, सुंदर) ←9क्र्या०√श्री

श्रीमताम् 6.41, पु० षष्ठी० एक० श्रीमत:; द्वि० श्रीमतो:; बहु० श्रीमताम् (श्रीमानों का,की,के) ←वि० श्रीमत↑

श्रुत 2.52, वि० (सुना हुआ); न० (सुनने का विषय; वेद↑) ←1भ्वादि०√श्रु

श्रुतम् 18.72, न० प्रथ०-द्विती० एक० श्रुतम् (जो सुना हुआ है वह, ०उसको); द्वि० श्रुते; बहु० श्रुतानि ←वि० श्रुत↑

श्रुतवान् 18.75, पु० प्रथ० एक० श्रुतवान् (सुना); द्वि० श्रुतवन्तौ; बहु० श्रुतवन्त: ←क्तवतु० धासा० श्रुतवत् (सुनते हुए) ←1भ्वादि०√श्रु

श्रुतस्य 2.52, पु० षष्ठी० एक० श्रुतस्य (सुने हुए का,की,के); द्वि० श्रुतयो:; बहु० श्रुताणाम् ←वि० श्रुत↑

श्रुति 2.53, स्त्री० (श्रवण; कर्ण) ←1भ्वादि०√श्रु

श्रुतिपरायणा: 13.26, पु० प्रथ० एक० श्रुतिपरायण:; द्वि० श्रुतिपरायणौ; बहु० श्रुतिपरायणा: (वेदपरायण लोग) ←वि० श्रुतिपरायण, श्रुति: परम् अयनम् यस्य स: (वेदपरायण, वेद को प्रमाण मानने वाला, श्रुतिप्रामाण्य) ←स्त्री० श्रुति↑ + वि० परायण↑

श्रुतिमत् 13.14, न० वि० (श्रतियुक्त) ←स्त्री० श्रुति↑ + प्रत्यय मत्↑

श्रुतिविप्रतिपन्ना 2.53, स्त्री० प्रथ० एक० श्रुतिविप्रतिपन्ना (जो वेदाक्षर वाद में ग्रस्त हुई है वह); द्वि० श्रुतिविप्रतिपन्ने; बहु० श्रुतिविप्रतिपन्ना: ←वि० तस० श्रुतिविप्रतिपन्न, श्रुतिभि: विप्रतिपन्न: (वेदाक्षर वाद में ग्रस्त हुआ है वह) ←स्त्री० श्रुति↑ + वि० विप्रतिपन्न (परस्पर विरुद्ध, मत का विरोधी, वादी, विवाद ग्रस्त, वाद-विवाद से व्याकुल) ←वि-प्रति√पद् 4दिवा०

श्रुत्वा 2.29, अव्य० (सुन कर) ←1भ्वादि०√श्रु (सुनना)

श्रुतौ 11.2, पु० द्विती० एक० श्रुतम्; द्वि० श्रुतौ (दोनों को सुना है, दोनों सुने हैं); बहु० श्रुतान् ←वि० श्रुत↑

श्रेयस् 1.31, अणीयस् 8.9, गरीयस् 2.6↑, भूयस् 2.20↑ और ज्यायस् 3.8↑ के समान तरभाववाचक वि० श्रेयस् (अधिक श्रेयकारी, अधिक लाभ देने वाला; की अपेक्षा अधिक- उत्तम करने वाला, फायदेकारक, भला करने वाला, लाभदायक; गुरु↑, श्रेष्ठ↓) ←9क्र्या०√श्री (श्रेष्ठ)

श्रेय: 1.31, न० प्रथ०-द्विती० एक० श्रेय: (जो श्रेष्ठ है वह, ०उसको); द्वि० श्रेयसी; बहु०

श्रेयांसि ←वि॰ श्रेयस्↑

श्रेयान् 3.35, दो की तुलना सूचक पु॰ प्रथ॰ एक॰ श्रेयान् (अधिक श्रेष्ठ); द्वि॰ श्रेयांसौ; बहु॰ श्रेयांस: ←वि॰ श्रेयस्↑

श्रेष्ठ 3.21 वि॰ (अनुत्तम↑, अग्रणी, अग्रिम, उच्चतम, ज्येष्ठतम, प्रगल्भ, प्रधान, प्रमुख, प्रवर, प्रौढतम, महत्तम, महामन, वरिष्ठ, वरेण्य, वर्य, सबसे बड़ा, सर्वोत्तम, सर्वोत्कृष्ट) ←9क्र्या॰√श्री

श्रेष्ठ: 3.21, पु॰ प्रथ॰ एक॰ श्रेष्ठ: (श्रेष्ठ); द्वि॰ श्रेष्ठौ; बहु॰ श्रेष्ठा: ←वि॰ श्रेष्ठ↑

श्रोतव्यस्य 2.52, पु॰ न॰ षष्ठी॰ एक॰ श्रोतव्यस्य (श्रवणीय बातों का,की,के); द्वि॰ श्रोतव्ययो:; बहु॰ श्रोतव्याणाम् ←वि॰ श्रोतव्य (सुनने योग्य, श्रवणीय) ←1भ्वादि॰√श्रु (सुनना)

श्रोत्र 4.26, न॰ (कर्ण, कान) ←1भ्वादि॰√श्रु

श्रोत्रम् 15.9, न॰ प्रथ॰–द्विती॰ एक॰ श्रोत्रम् (कान, कान को); द्वि॰ श्रोत्रे; बहु॰ श्रोत्राणि ←न॰ श्रोत्र↑

श्रोत्रादीनि 4.26, न॰ प्रथ॰–द्विती॰ एक॰ श्रोत्रादि; द्वि॰ श्रोत्रादिनी; बहु॰ श्रोत्रादीनि (कान आदि, कान तथा अन्य इन्द्रियाँ, ॰इन्द्रियों को) ←वि॰ बस॰ श्रोत्रादिन्, श्रोत्रम् आदि: यस्य तत् (कान इत्यादि, कान और इतर, कान आदि) ←न॰ श्रोत्र↑ + वि॰ आदि↑

श्रोष्यसि 18.58, लृट् अपूर्ण भवि॰ पर॰ एक॰ उत्तम॰ श्रोष्यामि; मध्य॰ श्रोष्यसि (तू सुनेगा); अन्य॰ श्रोष्यति ←1भ्वादि॰√श्रु (सुनना)

श्वपाके 5.18, सप्त॰ एक॰ श्वपाके (शूद्र में); द्वि॰ श्वपाकयो:; बहु॰ श्वपाकेषु ←पु॰ श्वपाक शूद्र) ←1भ्वादि॰√श्वि

श्वशुर 1.26, पु॰ (ससुर) ←शु√अस् 5स्वादि॰

श्वशुरा: 1.34, प्रथ॰ एक॰ श्वशुर:; द्वि॰ श्वशुरौ; बहु॰ श्वशुरा: (ससुर लोग) ←पु॰ श्वशुर↑

श्वशुरान् 1.25, द्विती॰ एक॰ श्वशुरम्; द्वि॰ श्वशुरौ; बहु॰ श्वशुरान् (श्वशुरों को) ←पु॰ श्वशुर↑

श्वसन् 5.8, पु॰ प्रथ॰ एक॰ श्वसन् (सांस लेते हुए); द्वि॰ श्वसन्तौ; बहु॰ श्वसन्त: ←वि॰ श्वसत् (श्वास लेते हुए, श्वासोच्छ्वास करते हुए) ←2अदा॰√श्वस् (श्वास लेना)

श्वेतै: 1.14, पु॰ तृती॰ एक॰ श्वेतेन; द्वि॰ श्वेताभ्याम्; बहु॰ श्वेतै: (सफेदों-से, जो धवल हैं उनके साथ) ←वि॰ श्वेत (उजला, गौर, धवल, धौला, पाण्डुर, शुक्ल, शुभ्र, सफेत,

सित; निर्धुत) ←1भ्वादि०√श्वित्

(ष)

षण्मासाः 8.24, प्रथ० एक० षण्मासः; द्वि० षण्मासौ; बहु० षण्मासाः (छः महिने) ←पु० षण्मास (छः महिने समूहवाचक, छः महीनों का समय) ←वि० षट् (सहा) ←3जुहो०√सो + पु० मास↑

षष्ठ 15.7 वि० (छः; छठा) ←नित्यबहुवचनी संख्या वि० षष् (प्रथ० षट् अथवा षष्ठ; द्विती० षट् अथवा षष्ठ; तृती० षड्भिः; चतु० षड्भ्यः; पंच० षड्भ्यः; पष्ठी० षण्णाम्; सप्त० षट्सु) ←3जुहो०√सो

(स)

स 7.30, संज्ञावाचक पूर्वगामी अव्य० (सम्↓, सम↓, समान, तुल्य↑, सदृश↓; सह↓, सङ्ग↓, इत्यादिक अर्थ) ←3जुहो०√सो

सः 1.13, प्रथ० एक० सः (वह); द्वि० तौ↑ बहु० ते↑ ←पु० सना० तद्↑

सङ्कल्प 4.19, पु० (कृति करने की मन की इच्छा, कल्पना, विचार; इकरार, इच्छा शक्ति, निश्चय, प्रण, प्रतिज्ञा, वादा) ←सम्√कृप् 1भ्वादि०

सङ्कल्पप्रभवान् 6.24, पु० द्विती० एक० ०प्रभवम्; द्वि० ०प्रभवौ; बहु० सङ्कल्पप्रभवान् (विषय चिंतन से जो निर्माण हुए हैं उनको) ←वि० बस० सङ्कल्पप्रभव, सङ्कल्पात् प्रभवः यस्य सः (कल्पना के द्वारा उद्भूत हुआ, मन से उद्गम पाया हुआ, संकल्पजन्य) ←पु० सङ्कल्प↑ + पु० प्रभव↑

सक्त 3.25, वि० (आसक्त↑; संलग्न, संबंध युक्त) ←1भ्वादि०√सञ्ज्

सक्तः 5.12, पु० प्रथ० एक० सक्तः (आसक्त); द्वि० सक्तौ; बहु० सक्ताः↓ ←वि० सक्त↑

सक्तम् 18.22, न० प्रथ०–द्विती० एक० सक्तम् (आसक्त, जो आसक्त है उसको); द्वि० सक्ते; बहु० सक्तानि ←वि० सक्त↑

सक्ताः 3.25, पु० प्रथ० एक० सक्तः↑; द्वि० सक्तौ; बहु० सक्ताः (जो आसक्त हुआ है वह) ←वि० सक्त↑

सखि 1.26, अनियमित शब्द, पु० (इष्ट, दोस्त, मित्र, यार, सखा, सगा, संगी, सहचर, सहाय, साथी, हमराही, हमसफर; समसुखदुःखी, सुहृद्↓, स्नेही, हितचिंतक) ←2अदा०√ख्या

सखा 4.3, प्रथ० एक० सखा (सखा); द्वि० सखायौ; बहु० सखायः ←पु० सखि↑

सखीन् 1.25, द्विती० एक० सखायम्; द्वि० सखायौ; बहु० सखीन् (सखाओं को) ←पु० सखि↑

सखे 11.41, संबो० एक० सखे (हे सखा!); द्वि० सखायौ; बहु० सखायः ←पु० सखि↑

सख्युः 11.44, षष्ठी० एक० सख्युः (सखा का,की,के); द्वि० सख्योः; बहु० सखीनाम् ←पु० सखि↑

सङ्ख्ये 1.47, सप्त० एक० सङ्ख्ये (रण पर); द्वि० सङ्ख्ययोः; बहु० सङ्ख्येषु ←न० सङ्ख्य (युद्ध↑, लड़ाई, सङ्ग्राम↓, समर, रण↑) ←सम्√ख्या 2अदा०

सगद्गदम् 11.35, अव्य० सब० गद्गदेन सह (उफन कर, गद्गद होकर, भर आकर) ←अव्य० स↑ + वि० गदगद (उफना हुआ, गला भर आया हुआ) ←गद्√गद् 1भ्वादि०

सङ्ग्रह 3.20, पु० (मिलाप, योग↑, समाहार, संयोग↓) ←सम्√ग्रह् 9क्र्या०

सङ्ग्रहेण 8.11, तृती० एक० सङ्ग्रहेण (योग से); द्वि० सङ्ग्रहाभ्याम्; बहु० सङ्ग्रहैः ←पु० सङ्ग्रह↑

सङ्ग्रामम् 2.33, द्विती० एक० सङ्ग्रामम् (संग्राम को); द्वि० सङ्ग्रामौ; बहु० सङ्ग्रामान् ←पु० सङ्ग्राम (युद्ध↑, लड़ाई, सङ्ख्य↑, संग्राम, समर) ←10चुरा०√सङ्ग्राम् (युद्ध करना)

सङ्घ 11.15, पु० (गिरोह, जत्था, जमघटा, जमात, जमाव, झुंड, दल, मजमा, संच, संचय, समुदाय, समूह) ←सम्√हन् 2अदा०

सङ्घातः 13.7, प्रथ० एक० सङ्घातः (संयोग); द्वि० सङ्घातौ; बहु० सङ्घाताः ←पु० सङ्घात (ऐक्य, संयोग↓; जमाव, युति, समुदाय, समूह) ←सम्√हन् 2अदा०

सङ्करः 1.42, प्रथ० एक० सङ्करः (संकर); द्वि० सङ्करौ; बहु० सङ्कराः ←पु० सङ्कर (चार वर्णों की खिचडी, मिश्रण; मिश्र पैदास) ←सम्√कृ 8तना०

सङ्करस्य 3.24, षष्ठी० एक० सङ्करस्य (संकर का,की,के); द्वि० सङ्करयोः; बहु० सङ्कराणाम् ←पु० सङ्कर↑

सङ्ग 2.47, पु० (अनुराग, आसक्ति, आसक्ति; मेल, संग, संगति, संगम, संधान, समागम, संयोग↓, संसर्ग, संस्पर्श, सहचार, सहवास, साथ, सोहबत) ←1भ्वादि०√सञ्ज् (जोड़ना, बांधना)

सङ्गः 2.47, प्रथ० एक० सङ्गः (सङ्ग); द्वि० सङ्गौ; बहु० सङ्गाः ←पु० सङ्ग↑

सङ्गम् 2.48, द्विती० एक० सङ्गम् (सङ्ग, सङ्ग को); द्वि० सङ्गौ; बहु० सङ्गान् ←पु० सङ्ग↑

सङ्गरहितम् 18.23, न० प्रथ०–द्विती० एक० सङ्गरहितम् (निःसङ्ग, जो सङ्गरहित है उसको);

द्वि॰ सङ्गरहिते; बहु॰ सङ्गरहितानि ←वि॰ तस॰ सङ्गरहित, सङ्गेन रहितम् (निःसंग; अनासक्त, रागविरहित) ←पु॰ संग↑ + वि॰ रहित (के विना, व्यतिरिक्त, सिवा, सिवाय) ←1भ्वादि॰√रह्

सङ्गवर्जितः 11.55, पु॰ प्रथ॰ एक॰ सङ्गवर्जितः (जो अनासक्त हुआ है वह); द्वि॰ सङ्गवर्जितौ; बहु॰ सङ्गवर्जिताः ←वि॰ तस॰ सङ्गवर्जित, सङ्गात् वर्जितः (अनासक्त हुआ, आसक्ति को त्यागा हुआ, राग वर्जित किया हुआ) ←पु॰ सङ्ग↑ + वि॰ वर्जित↑

सङ्गविवर्जितः 12.18, पु॰ प्रथ॰ एक॰ सङ्गविवर्जितः (जो पूर्ण अनासक्त है वह); द्वि॰ सङ्गविवर्जितौ; बहु॰ सङ्गविवर्जिताः ←वि॰ तस॰ सङ्गविवर्जित, सङ्गात् विवर्जितः (पूर्णता से अनासक्त हुआ, आसक्ति पूर्ण त्यागा हुआ, राग वर्जित किया हुआ) ←पु॰ सङ्ग↑ + वि॰ विवर्जित↑

सङ्गात् 2.62, पंच॰ एक॰ सङ्गात् (आसक्ति से); द्वि॰ सङ्गाभ्याम्; बहु॰ सङ्गेभ्यः ←पु॰ सङ्ग↑

सचराचरम् 9.10, अव्य॰ (चर और अचरों के सह) ←अव्य॰ स↑ + वि॰ चर↑ + वि॰ अचर↑

सचेताः 11.51, पु॰ प्रथ॰ एक॰ सचेताः (शांत चित्त के साथ); द्वि॰ सचेतसौ; बहु॰ सचेतसः ←सब॰ वि॰ सचेतस् (शांत भावना का; चित्त स्थिर हुआ, शान्त↑, सहबुद्धि, स्वस्थचित्त) ←अव्य॰ स↑ + स्त्री॰ चित् (प्रतिभा, बुद्धि↑, विवेक) ←1भ्वादि॰√चित्

सञ्जनयन् 1.12, पु॰ प्रथ॰ एक॰ सञ्जनयन् (बढ़ाते हुए); द्वि॰ सञ्जनयन्तौ; बहु॰ सञ्जनयन्तः ←वि॰ सञ्जनयत् (उत्तेजना देते हुए, दृढ़ करते हुए, प्रोत्साहिन देते हुए, बढ़ाते हुए, बढ़ाने वाला) ←1भ्वादि॰√सञ्ज् (बांधना, संलग्न करना)

सञ्जय 1.1, संबो॰ एक॰ सञ्जय (हे संजय!); द्वि॰ सञ्जयौ; बहु॰ सञ्जयाः ←पु॰ विना॰ सञ्जय (व्यक्ति परिचय के लिए देखिए– खंड 1, गीता दर्शन↑)

सञ्जयः 1.2, प्रथ॰ एक॰ सञ्जयः (संजय); द्वि॰ सञ्जयौ; बहु॰ सञ्जयाः ←पु॰ सञ्जय↑

सञ्जयति 14.9, लट् वर्त॰ पर॰ प्रयो॰ उत्तम॰ एक॰ सञ्जयामि; द्वि॰ सञ्जयसि; बहु॰ सञ्जयति (उसकी ओर से संलग्न किया जाता है) ←1भ्वादि॰√सञ्ज् (बांधना, संलग्न करना)

सञ्जायते 2.62, लट् वर्त॰ आत्म॰ एक॰ उत्तम॰ सञ्जाये; मध्य॰ सञ्जायसे; अन्य॰ सञ्जायते (वह उत्पन्न होता है) ←सम्√जन् 4दिवा॰ (निर्माण करना)

सज्जते 3.28, लट् वर्त॰ आत्म॰ एक॰ उत्तम॰ सज्जे; मध्य॰ सज्जसे; अन्य॰ सज्जते (वह

बद्ध होता है); अन्य॰ द्वि॰ सज्जेते; अन्य॰ बहु॰ सज्जन्ते↓ ←1भ्वादि॰√सञ्ज् (बांधना, संलग्न करना)

सज्जन्ते 3.29, लट् वर्त॰ पर॰ अन्य॰ एक॰ सज्जते↑; द्वि॰ सज्जेते; बहु॰ सज्जन्ते (वे बद्ध होते हैं) ←1भ्वादि॰√सञ्ज् (बांधना, संलग्न करना)

सत् 9.19, वि॰ (नित्य, विद्यमान; होता हुआ, रहता हुआ; सत्य↓; श्रेष्ठ↑); पु॰ (धर्मात्मा, सज्जन, महात्मा, पुण्यात्मा) ←2अदा॰√अस् (होना)

सतः 2.16, न॰ षष्ठी॰ एक॰ सतः (सत् का,की,के); द्वि॰ सतेः; बहु॰ सताम् ←वि॰ सत्↑ ←1भ्वादि॰√अस् (होना, रहना)

सतत 3.19, वि॰ (अखण्ड, अटूट, अविरत, कायम का, चिर↑, नित्य↑, निरंतर, शाश्वत↑, सदैव, सर्वकालिक) ←सम्√तन् 8तना॰

सततम् 3.19, अव्य॰ (नित्यता से, सदा↓, सर्वदा, सदैव) ←वि॰ सतत↑

सततयुक्त 10.10, वि॰ बस॰ सततः युक्तः यः सः (सदा एकाग्र हुआ, सदा लीन) ←वि॰ सतत↑ + वि॰ युक्त↑

सततयुक्ताः 12.1, पु॰ प्रथ॰ एक॰ सततयुक्तः; द्वि॰ सततयुक्तौ; बहु॰ सततयुक्ताः (जो सदा एकाग्र रहते हैं वे) ←वि॰ सततयुक्त↑

सततयुक्तानाम् 10.10, पु॰ षष्ठी॰ एक॰ सततयुक्तस्य; द्वि॰ सततयुक्तयोः; बहु॰ सततयुक्तानाम् (सदा एकाग्र रहने वालों का,की,के) ←वि॰ सततयुक्त↑

सति 18.16, न॰ सप्त॰ एक॰ सति (होते हुए, होने पर); द्वि॰ सतोः; बहु॰ सत्सु ←वि॰ सत्↑

सत्कारमानपूजार्थम् 17.18, द्विती॰ एक॰ सत्कारमानपूजार्थम् (सत्कार, मान और सम्मान प्राप्त होने के हेतु को); द्वि॰ सत्कारमानपूजार्थौ; बहु॰ सत्कारमानपूजार्थान् ←पु॰ तस॰ सत्कारमानपूजार्थ, सत्कारस्य च मानस्य च पूजायाः अर्थः (सत्कार, मान और सम्मान पाने का हेतु) ←पु॰ सत्कार (आदर, गौरव, प्रतिष्ठा) + पु॰ मान↑ + स्त्री॰ पूजा↑ + पु॰ अर्थ↑

सत्कृत 11.42, वि॰ तस॰ सत् कृतः (आदर, सत्कार, सम्मान –किया हुआ; अच्छी तरह से किया हुआ) ←वि॰ सत्↑ + वि॰ कृत↑

सत्तम 4.31, वि॰ सत् विशेषण का तमभाव (सब से अधिक सत्) ←वि॰ सत्↑ + प्रत्या तम↑

सत्त्व 2.15, न॰ (प्रकृति, स्वाभाविक आचरण; सद्भाव, सत्यता; वस्तु) ←2अदा॰√अस्

सत्त्वम् 10.36, प्रथ॰–द्विती॰ एक॰ सत्त्वम् (सत्त्व, सत्त्व को); द्वि॰ सत्त्वे; बहु॰ सत्त्वानि ←न॰ सत्त्व↑

सत्त्ववताम् 10.36, पु॰ षष्ठी॰ एक॰ सत्त्ववत:; द्वि॰ सत्त्ववतो:; बहु॰ सत्त्ववताम् (सत्त्वशीलों में) ←वि॰ सत्त्ववत् (सत्त्व का पालन करने वाला, सत्त्वभावी; सत्य के पथ पर चलने वाला, सत्यपाल, सत्त्वशील) ←न॰ सत्त्व↑ + उत्तरगामी प्रत्यय वत्↑

सत्त्वसंशुद्धि: 16.1, प्रथ॰ एक॰ सत्त्वसंशुद्धि: (आत्मशुद्धि); द्वि॰ सत्त्वसंशुद्धी; बहु॰ सत्त्वसंशुद्धय: ←स्त्री॰ तस॰ सत्त्वसंशुद्धि, सत्त्वस्य संशुद्धि: (अंत:करणशुद्धि, आत्मशुद्धि, स्वभाव की विशुद्धता) ←न॰ सत्त्व↑ + स्त्री॰ संशुद्धि (पूर्णता से शुद्धि, मूलभूत शुद्धि) ←सम्√शुध् 1भ्वादि॰

सत्त्वसमाविष्ट: 18.10, पु॰ प्रथ॰ एक॰ सत्त्वसमाविष्ट: (सत्त्वगुण युक्त); द्वि॰ सत्त्वसमाविष्टौ; बहु॰ सत्त्वसमाविष्टा: ←वि॰ तस॰ सत्त्वसमाविष्ट, सत्त्वे समाविष्ट: (सत्त्वगुण युक्त, सत्त्व से परिपूर्ण, सत्त्व के साथ मिला हुआ) ←न॰ सत्त्व↑ + वि॰ समाविष्ट (के अंतर्गत समाया हुआ, मिला हुआ) ←सम्-आ√विश् 6तुदा॰

सत्त्वस्था: 14.18, पु॰ प्रथ॰ एक॰ सत्त्वस्थ:; द्वि॰ सत्त्वस्थौ; बहु॰ सत्त्वस्था: (सत्त्व में स्थित हैं वे) ←वि॰ तस॰ सत्त्वस्थ, सत्त्वे स्थ: (सत्त्व में स्थित हुआ; अपने स्वभाव में दृढ़ हुआ, स्वगुण से अविचलित) ←न॰ सत्त्व↑ + वि॰ स्थ↓

सत्त्वात् 14.17, पंच॰ एक॰ सत्त्वात् (सत्त्वगुण से); द्वि॰ सत्त्वाभ्याम्; बहु॰ सत्त्वेभ्य: ←न॰ सत्त्व↑

सत्त्वानुरूपा 17.3, स्त्री॰ प्रथ॰ एक॰ सत्त्वानुरूपा (जो स्वभाव के अनुसार है वह); द्वि॰ सत्त्वानुरूपे; बहु॰ सत्त्वानुरूपा: ←वि॰ तस॰ सत्त्वानुरूप, सत्त्वस्य अनुरूप: (अपनी शक्ति के अनुसार, औत्पत्तिक स्वभाव के अनुसार, स्वभाव के अनुरूप) ←न॰ सत्त्व↑ + वि॰ अनुरूप (जैसा, के अनुसार, के समान) ←अनु√रूप् 4दिवा॰

सत्त्वे 14.14, सप्त॰ एक॰ सत्त्वे (सत्त्व में); द्वि॰ सत्त्वयो:; बहु॰ सत्त्वेषु ←न॰ सत्त्व↑

सत्य 10.4, वि॰ न॰ (खरा, तथ्य, यथार्थ, वास्तविकता, सचाई; सत्त्व↓) ←वि॰ सत्↑

सत्यम् 10.4, (1) प्रथ॰–द्विती॰ एक॰ सत्यम् (सत्य, सत्य को); द्वि॰ सत्ये; बहु॰ सत्यानि; (2) 18.65, क्रिवि॰ (सत्यता से) ←वि॰ सत्य↑

सदसद्योनिजन्मसु 13.22, सप्त॰ द्वि॰ जन्मयो:; बहु॰ सदसद्योनिजन्मसु (सत् और असत् योनियों में पाए हुए जन्मों में) ←पु॰ तस॰ सदसद्योनिजन्म, सत् च असत् च योन्यो: जन्मनी (सत् और असत् योनियों में पाए हुए जन्म) ←वि॰ सत्↑ + वि॰ असत्↑ +

स्त्री॰ योनि↑ + पु॰ जन्मन्↑

सदा 5.28, अव्य॰ (अखण्ड, अटूट, अविरत, नित्य↑, निरंतर, सततम्↑, सर्वदा) ←1भ्वादि॰√सद्

सदोषम् 18.48, न॰ प्रथ॰-द्विती॰ एक॰ सदोषम् (सदोष, जो दोषयुक्त है उसको); द्वि॰ सदोषे; बहु॰ सदोषाणि ←सब॰ वि॰ सदोष, दोषेण सह (दोषयुक्त, जो सदोष है वह, दोषपूर्ण, दोषमय) ←पु॰ दोष↑

सदृश 3.33, वि॰ (ईदृश↑, अनुरूप, तुल्य↑, सम↓, सरीखा; उपयुक्त, योग्य, लायक, सन्निभ↑) ←1भ्वादि॰√दृश् (देखना)

सदृश: 16.15, पु॰ प्रथ॰ एक॰ सदृश: (समान); द्वि॰ सदृशौ; बहु॰ सदृशा: ←वि॰ सदृश↑

सदृशम् 3.33, न॰ प्रथ॰-द्विती॰ एक॰ सदृशम् (समान, समान को); द्वि॰ सदृशे; बहु॰ सदृशानि ←वि॰ सदृश↑

सदृशी 11.12, स्त्री॰ प्रथ॰ एक॰ सदृशी (समान); द्वि॰ सदृश्यौ; बहु॰ सदृश्य: ←वि॰ सदृश↑

संदृश्यन्ते 11.27, लट् वर्त॰ आत्म॰ अन्य॰ एक॰ संदृश्यते; द्वि॰ संदृश्येते; बहु॰ संदृश्यन्ते (वे स्पष्ट दिखते हैं) ←सम्√दृश् (दिखना) 1भ्वादि॰

सद्भावे 17.26, सप्त॰ एक॰ सद्भावे (सत्त्वगुण में); द्वि॰ सद्भावयो:; बहु॰ सद्भावेषु ←पु॰ सद्भाव (सत्त्वगुण, सद्गुण, साधुभाव) ←वि॰ सत्↑ + पु॰ भाव↑

सन् 4.6, पु॰ प्रथ॰ एक॰ सन् (होते हुए); द्वि॰ सन्तौ; बहु॰ सन्त: ←वि॰ सत्↑

सनातन 1.40, वि॰ (अनाद्यन्त, आदि अन्त से विरहित, सतत का, सदातन, शाश्वत↑; ध्रुव, सदा रहने वाला, विना अंत का; अनादि↑, जिसका आदि ज्ञात नहीं है वह, जिसकी शुरूआत नहीं है वह, पुराना) ←1भ्वादि॰√सद्

सनातन: 2.24, पु॰ प्रथ॰ एक॰ सनातन: (सनातन); द्वि॰ सनातनौ; बहु॰ सनातना:↓ ←वि॰ सनातन↑

सनातनम् 4.31, न॰ प्रथ॰-द्विती॰ एक॰ सनातनम् (सनातन, सनातन को); द्वि॰ सनातने; बहु॰ सनातनानि ←वि॰ सनातन↑

सनातना: 1.40, पु॰ प्रथ॰ एक॰ सनातन:↑; द्वि॰ सनातनौ; बहु॰ सनातना: (जो सनातन हैं वे) ←वि॰ सनातन↑

सन्त: 3.13, प्रथ॰ एक॰ सन्त: (संत मनुष्य; सन्त लोग समूहवाची); द्वि॰ सन्तौ; बहु॰ सन्ता: ←पु॰ सन्त (महात्मा↑, साधु↓, साधुपुरुष; बैरागी) ←वि॰ सत् ←1भ्वादि॰√सन्

सन्तरिष्यसि 4.36, लृट् अपूर्ण भवि॰ पर॰ एक॰ उत्तम॰ सन्तरिष्यामि; मध्य॰ <u>सन्तरिष्यसि</u> (तू पूर्णता से तर जाएगा); अन्य॰ सन्तरिष्यति ←सम्√तॄ (तरना) 1भ्वादि॰

सन्तुष्ट 3.19, वि॰ (आनंदी, तुष्ट↑, तृप्त↑, प्रसन्न↑, शांति पाया हुआ, समाधान पाया हुआ) ←सम्√तुष् 4दिवा॰

सन्तुष्टः 12.14, पु॰ प्रथ॰ एक॰ <u>सन्तुष्टः</u> (जो संतुष्ट है वह); द्वि॰ सन्तुष्टौ; बहु॰ सन्तुष्टाः ←वि॰ सन्तुष्ट↑

सन्नियम्य 12.4, अव्य॰ (निग्रह किए, नियंत्रित किए, नियमन किए, संभाल कर) ←सम्-नि√यम् 1भ्वादि॰

सन्निविष्टः 15.15, पु॰ प्रथ॰ एक॰ <u>सन्निविष्टः</u> (जो समाविष्ट हुआ है वह); द्वि॰ सन्निविष्टौ; बहु॰ सन्निविष्टाः ←वि॰ तस॰ सन्निविष्ट, सत् निविष्टः (अंतर्गत आया हुआ, मिला हुआ, समाविष्ट) ←सम्-नि√विष् 3जुहो॰

संन्यसनात् 3.4, पु॰ पंच॰ एक॰ <u>संन्यसनात्</u> (विरक्ति से, संन्यास की अपेक्षा); द्वि॰ संन्यसनाभ्याम्; बहु॰ संन्यसनेभ्यः ←वि॰ संन्यसन (संसारी वस्तुओं का त्याग किया हुआ, विरक्त, वैराग्य लिया हुआ) ←सम्-नि√अस् 2अदा॰

संन्यस्त 4.41, वि॰ (छोड़ा हुआ, त्याग किया हुआ, वर्जित किया हुआ) ←सम्-नि√अस् 2अदा॰

संन्यस्य 3.30, अव्य॰ (पूर्ण त्याग किए, वैराग्य धारण किए, पूर्णता से छोड़ कर) ←सम्-नि√अस् 2अदा॰

संन्यास 5.1, पु॰ (त्याग↑, परित्याग↑, संन्यास) ←सम्-नि√अस् 2अदा॰

संन्यासः 5.2, प्रथ॰ एक॰ <u>संन्यासः</u> (संन्यास); द्वि॰ संन्यासौ; बहु॰ संन्यासाः ←पु॰ संन्यास↑

संन्यासम् 5.1, द्विती॰ एक॰ <u>संन्यासम्</u> (संन्यास को); द्वि॰ संन्यासौ; बहु॰ संन्यासान् ←पु॰ संन्यास↑

संन्यासयोगयुक्तात्मा 9.28, प्रथ॰ एक॰ <u>संन्यासयोगयुक्तात्मा</u> (साङ्ख्ययोग के द्वारा संपन्न हुआ है वह); द्वि॰ ॰युक्तात्मानौ; बहु॰ ॰युक्तात्मानः ←पु॰ बस॰ संन्यासयोगयुक्तात्मन्, संन्यासेन च योगेन युक्तः आत्मा यस्य सः (संन्यासयोग से संपन्न हुआ मनुष्य; साङ्ख्ययोग के द्वारा अन्वित) ←पु॰ संन्यास↑ + पु॰ योग↑ + वि॰ युक्त↑ + पु॰ आत्मन्↑

संन्यासस्य 18.1, षष्ठी॰ एक॰ <u>संन्यासस्य</u> (संन्यास का,की,के); द्वि॰ संन्यासयोः; बहु॰ संन्यासानाम् ←पु॰ संन्यास↑

संन्यासिन् 5.3, पु॰ (चतुर्थ आश्रमी; त्यागी↑, विरक्त, संन्यास लिया हुआ, संन्यासी, सब

कुछ छोड़ा हुआ) ←सम्–नि√आस् 2अदा॰

संन्यासिनाम् 18.12, षष्ठी॰ एक॰ संन्यासिन:; द्वि॰ संन्यासिनो:; बहु॰ संन्यासिनाम् (संन्यासियों का,की,के) ←पु॰ संन्यासिन्↑

संन्यासी 6.1, प्रथ॰ एक॰ संन्यासी (संन्यास धारण किया हुआ); द्वि॰ संन्यासिनौ; बहु॰ संन्यासिन: ←पु॰ संन्यासिन्↑

संन्यासेन 18.49, तृती॰ एक॰ संन्यासेन (संन्यास से); द्वि॰ संन्यासाभ्याम्; बहु॰ संन्यासेभ्य: ←पु॰ संन्यास↑

सपत्नान् 11.34, द्विती॰ एक॰ सपत्नम्; द्वि॰ सपत्नौ; बहु॰ सपत्नान् (शत्रुओं को) ←पु॰ सपत्न (अरि↑, द्विषत्↑, रिपु↑, वैरी, शत्रु↑) ←स√पत् 1भ्वादि॰

सप्त 10.6, वि॰ (सात; सातवाँ) ←नित्यबहुवचनी संख्या वि॰ सप्तन् (प्रथ॰ सप्त; द्विती॰ सप्त; तृती॰ सप्तभि:; चतु॰ सप्तभ्य:; पंच॰ सप्तभ्य:; षष्ठी॰ सप्तानाम्; सप्त॰ सप्तसु) ←1भ्वादि॰√सप्

सम् 1.1, अव्य॰ (तुल्य↑, समानता, सादृश्य, बराबरी; युग्म, संयोग↓, पूर्णता, इत्यादि सूचक उपसर्ग) ←3जुहो॰√सो

सम 1.4, सना॰ वि॰ (एक जैसा, जोड़ का, तुल्य↑, तोड़ का, बराबर का, समान, सरीखा; भांति, सदृश↑, सन्निभ↑)

सम: 2.48, पु॰ प्रथ॰ एक॰ सम: (जो सम है वह); द्वि॰ समौ; बहु॰ समा: ←वि॰ सम↑

समग्र 4.23, वि॰ (अखिल, अवग्र, तमाम, नि:शेख, नि:शेष, पूर्ण, सकल, संपूर्ण, सारा, सर्व↓) ←सम्√ग्रह् 9क्र्या॰

समग्रम् 4.23, अव्य॰ (पूर्णत:, यच्चयावत्, समन्त, सर्व↓, सर्वत:↓) ←वि॰ समग्र↑

समग्रान् 11.30, पु॰ द्विती॰ एक॰ समग्रम्; द्वि॰ समग्रौ; बहु॰ समग्रान् (सारों को) ←वि॰ समग्र↑

समचित्तत्वम् 13.10, प्रथ॰–द्विती॰ एक॰ समचित्तत्वम् (चित्त में समत्वभाव रखना; समचित्तत्व को); द्वि॰ समचित्तत्वे; बहु॰ समचित्तत्वानि ←न॰ समचित्तत्व (चित्त की समता, मन का समत्वभाव, द्वन्द्वों के प्रति समान दृष्टि रखने वाला) ←वि॰ सम↑ + न॰ चित्त↑

समता 10.5, प्रथ॰ एक॰ समता (समानता); द्वि॰ समते; बहु॰ समता: ←स्त्री॰ समता (एकरूपता, समत्व↓, सादृश्य, समानता; तटस्थता, निष्पक्षता) ←वि॰ सम↑

समतीतानि 7.26, न॰ प्रथ॰–द्विती॰ एक॰ समतीतम्; द्वि॰ समतीते; बहु॰ समतीतानि (जो

भूतकालीन हैं वे, ०उनको) ←वि० तस० समतीत (अतीत↑, गत↑, हुआ, हो गया हुआ) ←सम्√इ 1भ्वादि०

समतीत्य 14.26, अव्य० (पार किए, लांघ कर, होकर) ←सम्–अति√इ 1भ्वादि०

समत्वम् 2.48, न० प्रथ०–द्विती० एक० समत्वम् (समत्व, समत्व को); द्वि० समत्वे; बहु० समत्वानि ←न० समत्व (समता↑, एकरूपता, सादृश्य, समानता; तटस्थता, निष्पक्षता) ←वि० सम↑

समदर्शनः 6.29, पु० प्रथ० एक० समदर्शनः (तटस्थता); द्वि० समदर्शनौ; बहु० समदर्शनाः ←वि० बस० समदर्शन, सम्यक् दर्शनः यस्य (जो तटस्थ, निष्पक्षपाती, समदर्शी –है वह) ←वि० सम↑ + न० दर्शन↑

समदर्शिनः 5.18, पु० प्रथ० एक० समदर्शी; द्वि० समदर्शिनौ; बहु० समदर्शिनः (तटस्थता से रहने वाले) ←वि० तस० समदर्शिन्, सम्यक् दर्शी (तटस्थ, निष्पक्षपाती, समदर्शी, समबुद्धि –रखने वाला)

समदुःखसुख 2.15, वि० बस० समम् दुःखम् च सुखम् च यस्य सः (दुःख और सुख समान समझने वाला, सुख और दुःख में कोई फरक न महसूस करने वाला, सुख और दुःख एकरूप देखने वाला) ←वि० सम↑ + न० दुःख↑ + न० सुख↓

समदुःखसुखः 12.13, पु० प्रथ० एक० समदुःखसुखः (दुःख और सुख समान समझने वाला); द्वि० समदुःखसुखौ; बहु० समदुःखसुखाः ←वि० समदुःखसुख↑

समदुःखसुखम् 2.15, पु० द्विती० एक० समदुःखसुखम् (दुःख और सुख समान मानने वाले को); द्वि० समदुःखसुखे; बहु० समदुःखसुखानि ←वि० समदुःखसुख↑

समधिगच्छति 3.4, लट् वर्त० पर० एक० उत्तम० समधिगच्छामि; मध्य० समधिगच्छसि; अन्य० समधिगच्छति (वह प्राप्त करता है) ←सम्–अधि√गम् 1भ्वादि० (जाना आना; प्राप्त करना)

समन्त 6.24, प्रादि० (1) वि० सम्यक् अन्तः यत्र (यच्चयावत्, सर्वतः↓; संपूर्ण, समग्र↑; ॠत, उचित्, सम्यक्↓, सही); (2) पु० सम्यक् अन्तः (पराकाष्ठा, सीमा) ←सम्√अम् 1भ्वादि०

समन्ततः 6.24, अव्य० (अगल बगल में, आसपास, इर्दगिर्द, चारों ओर, सर्वत्र↓) ←वि० समन्त↑

समन्तात् 11.17, क्रिवि० (सर्वत्र) ←वि० समन्त↑

समबुद्धि 6.9, वि० बस० सम्यक् बुद्धिः यस्य (द्वन्द्वभावों के प्रति समान बुद्धि रखने वाला;

तटस्थ, निष्पक्षपाती, समदर्शिन्↑) ←वि० सम↑ + स्त्री० बुद्धि↑

समबुद्धयः 12.4, पु० प्रथ० एक० समबुद्धिः↓; द्वि० समबुद्धी; बहु० समबुद्धयः (तटस्थ बुद्धि के लोग) ←वि० समबुद्धि↑

समबुद्धिः 6.9, पु० प्रथ० एक० समबुद्धिः (तटस्थ बुद्धि का मनुष्य); द्वि० समबुद्धी; बहु० समबुद्धयः↑ ←वि० समबुद्धि↑

समम् 5.19, पु० द्विती० एक० समम् (सम); द्वि० समौ; बहु० समान् ←वि० सम↑

समर्थ 2.36, वि० (उचित, उपयुक्त, पात्र, क्षम, शक्तिमान; उचित्, पात्र↑, योग्य, लायक) ←सम्√अर्थ् 10चुरा०

समलोष्टाश्मकाञ्चनः 6.8, पु० प्रथ० एक० समलोष्टाश्मकाञ्चनः (सोना, मिट्टी और पत्थर को समान जानने वाला); द्वि० ०काञ्चनौ; बहु० ०काञ्चनाः ←वि० बस० समलोष्टाश्मकाञ्चन, समानि लोष्टम् च अश्मा च काञ्चनमम् च यस्मै सः (सोना, माटी और रोड़ा एकसमान समझने वाला) ←वि० सम↑ + पु० लोष्ट (प्रशस्ता, मिट्टी, माटी, मृत्, मृत्तिका, मृत्सा, मृदा; लोष्टक, डेला) ←1भ्वादि०√लोष्ट् + पु० अश्मन् (उपल, पत्थर, पाषाण, प्रस्तर, रोड़ा, वज्र, शिला) ←5स्वादि०√अश् + न० काञ्चन (ऋक्थ, कञ्चन, कनक, कर्चूर, कर्बुर, कुंदन, कृशन, चांपेय, निष्क, पिंजान, पीतथ, पुरट, पेश, रुक्म, सुवर्ण, सोना, स्वर्ण, हिरण्य, हेम) ←1भ्वादि०√काञ्च्

समवस्थितम् 13.29, पु० द्विती० एक० समवस्थितम् (जो समभाव में स्थित है उसको); द्वि० समवस्थितौ; बहु० समवस्थितान् ←वि० तस० समवस्थित, समः अवस्थितः (समभाव में स्थित, समान स्थित; अचल, दृढ़, स्थिर –हुआ) ←अव्य० सम्↑ + वि० अवस्थित↑

समवाय 1.1, पु० (संघ, संच, समाहार, समुदाय, समूह) ←सम्–अव√इ 1भ्वादि०

समवेत 1.1, वि० (एकत्र हुए, सञ्चित हुए –समुदायवाचक) ←पु० समवाय↑

समवेताः 1.1, पु० प्रथ० एक० समवेतः; द्वि० समवेतौ; बहु० समवेताः (एकत्र हुए लोग) ←वि० समवेत↑

समवेतान् 1.25, पु० द्विती० एक० समवेतम्; द्वि० समवेतौ; बहु० समवेतान् (जो एकत्र हुए हैं उनको) ←वि० समवेत↑

समक्षम् 11.42, क्रिवि० अव्य० (सामने, आंखों समक्ष) ←वि० अस० समक्ष (आगे, सामने, नजर के सामने, दृष्टिगोचर) ←सम्√अक्ष् 1भ्वादि०

समाः 6.41, प्रथ० एक० समा; द्वि० समे; बहु० समाः (वर्ष) ←स्त्री० समा (वर्ष) ←1भ्वादि०√सम्

समाचर 3.9, लोट् आज्ञार्थक पर॰ एक॰ उत्तम॰ समाचराणि; मध्य॰ समाचर (तू आचरण कर); अन्य॰ समाचरतु ←सम्–आ√चर् 1भ्वादि॰

समाचरन् 3.26, प्रथ॰ एक॰ समाचरन् (सम आचरण करता हुआ); द्वि॰ समाचरन्तौ; बहु॰ समाचरन्तः ←वि॰ समाचरत् (सम आचरण करते हुए, समभाव रखने वाला) ←सम्–आ√चर् 1भ्वादि॰

समागताः 1.23, पु॰ प्रथ॰ एक॰ समागतः (समूहवाचक); द्वि॰ समागतौ; बहु॰ समागताः (एकत्र आए हुए) ←वि॰ तस॰ समागत, समः आगतः (एकत्र आए हुए, मिले हुए – समूहवाचक) ←सम्–आ√गम् 1भ्वादि॰

समाधातुम् 12.9, अव्य॰ (एकाग्र करने के लिए; समाधिस्थ- रखने के लिए, जोड़ने के लिए, संबद्ध करने के लिए) ←सम्–आ√धा 3जुहो॰

समाधाय 17.11, अव्य॰ (तृप्ति, संतोष, समाधान –करने के लिए) ←सम्√धा 3जुहो॰

समाधि 2.44, स्त्री॰ (एकाग्रता, ध्यान मग्नता) ←सम्–आ√धा 3जुहो॰

समाधिस्थस्य 2.54, पु॰ षष्ठी॰ एक॰ समाधिस्थस्य (जो समाधिस्थ है उसका,की,के); द्वि॰ समाधिस्थयोः; बहु॰ समाधिस्थानाम् ←वि॰ तस॰ समाधिस्थ, समाध्याम् समाधौ वा स्थितः (अविचलित, एकाग्र↑, तपस्थ) ←स्त्री॰ समाधि↑ + वि॰ स्थ↓

समाधौ 2.44, सप्त॰ एक॰ समाधौ (समाधि में); द्वि॰ समाध्योः; बहु॰ समाधिषु ←स्त्री॰ समाधि↑

समाप्नोषि 11.40, लट् वर्त॰ पर॰ एक॰ उत्तम॰ समाप्नोमि; मध्य॰ समाप्नोषि (तू व्याप्त करता है); अन्य॰ समाप्नोति ←सम्√आप् 5स्वादि॰

समारम्भाः 4.19, प्रथ॰ एक॰ समारम्भः; द्वि॰ समारम्भौ; बहु॰ समारम्भाः (आरम्भ किए हुए व्यवहार) ←पु॰ समारम्भ (आरम्भ↑, शुरूआत; उद्योग, काम↑, व्यवहार, हाथ में लिया हुआ कार्य) ←सम्–आ√रभ् 1भ्वादि॰ (आरंभ करना)

समावृत 7.25, वि॰ (आवरण लिया हुआ, घिरा हुआ, ढका हुआ, व्याप्त) ←अव्य॰ सम्↑ + वि॰ आवृत्त↑

समास 10.33, पु॰ (संक्षिप्त रूप, संक्षेप; मिश्रण, मेल, समष्टि, समाहार; दो अथवा अधिक शब्दों का बना हुआ एक विधान, पदों का मिलाप) ←अव्य॰ सम्↑ + 4दिवा॰√अस् (समाहार करना)

समासतः 13.19, अव्य॰ (संक्षेप में, संक्षिप्त रीति से; समर्थन किए, समाहार किए) ←पु॰ समास↑

समासेन 13.4, तृती॰ एक॰ <u>समासेन</u> (संक्षेप से); द्वि॰ समासाभ्याम्; बहु॰ समासैः ←पु॰ समास↑

समाहर्तुम् 11.32, अव्य॰ (हरण करने के लिए, विनाश के लिए) ←सम्‌आ√हृ 1भ्वादि॰

समाहितः 6.7, पु॰ प्रथ॰ एक॰ <u>समाहितः</u> (जो स्वस्थ है वह); द्वि॰ समाहितौ; बहु॰ समाहिताः ←वि॰ समाहित (एकत्र किया हुआ; शांत चित्त हुआ, संभला हुआ, स्वस्थ हुआ; केन्द्रित, निहित, लीन, संगृहित, समंजित) ←सम्–आ√धा 3जुहो॰

समितिञ्जयः 1.8, पु॰ प्रथ॰ एक॰ <u>समितिञ्जयः</u> (युद्ध में विजय पाने वाला); द्वि॰ समितिञ्जयौ; बहु॰ समितिञ्जयाः ←वि॰ बस॰ समितिञ्जय, समितिम् जयति यः सः (युद्धों में जीतने वाला, विक्रांत, संग्रामविजयी) ←स्त्री॰ समित् अथवा स्त्री॰ समिति (युद्ध↑, लड़ाई, सङ्ग्राम↑, समर) + पु॰ जय↑

समिद्धः 4.37, पु॰ प्रथ॰ एक॰ <u>समिद्धः</u> (प्रज्वलित); द्वि॰ समिद्धौ; बहु॰ समिद्धाः ←वि॰ समिद्ध (जलता, धड़कता हुआ, प्रज्वलित, भडका हुआ) ←स्त्री॰ समिध् (इध्म, ईंधन, एष, जलावन, लकड़ी, काठ, काष्ठ, समिंधन) ←सम्√इन्ध् 7रुधा॰

समीक्ष्य 1.27, अव्य॰ (देख कर, सामने देख कर; अवलोकन किए, परीक्षण किए, सिंहावलोकन किए) ←सम्√ईक्ष् 1भ्वादि॰

समुद्धर्ता 12.7, प्रथ॰ एक॰ <u>समुद्धर्ता</u> (उद्धार कर्ता); द्वि॰ समुद्धर्तारौ; बहु॰ समुद्धर्तारः ←पु॰ समुद्धर्तृ (उद्धार कर्ता; मुक्ति देने वाला) ←सम्–उद्√धृ 1भ्वादि॰

समुद्भव 3.14, पु॰ (उद्गम, उज्जीवन, उत्पत्ति, उद्भव↑, जन्म↑, निर्मिति) ←सम्–उद्√भू 1भ्वादि॰

समुद्यमे 1.22, सप्त॰ एक॰ <u>समुद्यमे</u> (संग्राम में); द्वि॰ समुद्यमयोः; बहु॰ समुद्यमेषु ←पु॰ स्त्री॰ कस॰ समुद्यम (आक्रमण, संग्राम) ←सम्–उद्√यम् 1भ्वादि॰

समुद्रम् 2.70, द्विती॰ एक॰ <u>समुद्रम्</u> (समुद्र को); द्वि॰ समुद्रौ; बहु॰ समुद्रान् ←पु॰ समुद्र (अब्धी, अर्णव, अब्धी, उदधी, जलधि, पयोधि, रत्नाकर, सागर↓, सिंधु) ←सम्√उन्द् 7रुधा॰

समुपस्थितम् 1.28, (1) पु॰ द्विती॰ एक॰ <u>समुपस्थितम्</u> (जो उपस्थित है उसको); द्वि॰ समुपस्थितौ; बहु॰ समुपस्थितान् (2) 2.2, न॰ प्रथ॰–द्विती॰ एक॰ <u>समुपस्थितम्</u> (जो उपस्थित हुआ है वह, ॰उसको) ←वि॰ तस॰ समुपस्थित (उपस्थित, विद्यमान, हाजिर – हुआ) ←सम्–उप√स्था 1भ्वादि॰

समुपाश्रितः 18.52, पु॰ प्रथ॰ एक॰ <u>समुपाश्रितः</u> (आश्रय किया हुआ); द्वि॰ समुपाश्रितौ;

बहु॰ समुपाश्रिताः ←वि॰ तस॰ समुपाश्रित (आधार, आश्रय, सहारे के लिए –लिया हुआ) ←सम्–उप–आ√श्रि 1भ्वादि॰ (आश्रय लेना)

समृद्ध 11.29, पु॰ वि॰ (आबाद, उन्नत, फला फूला, बढ़ा हुआ, श्रीमंत, सम्पन्न↓, सुबत्ता का) ←4दिवा॰√रुध् (फलना फूलना) ←सम्√ऋध् 3जुहो॰

समृद्धम् 11.33, न॰ प्रथ॰–द्विती॰ एक॰ समृद्धम् (जो समृद्ध है वह, ॰उसको); द्वि॰ समृद्धे; बहु॰ समृद्धानि ←वि॰ समृद्ध↑

समृद्धवेगाः 11.29, पु॰ प्रथ॰ एक॰ समृद्धवेगः; द्वि॰ समृद्धवेगौ; बहु॰ समृद्धवेगाः (शीघ्र गति वाले) ←पु॰ बस॰ समृद्धवेग, समृद्धः वेगः यस्य सः (शीघ्र गति वाला) ←वि॰ समृद्ध↑ + पु॰ **वेग**↑

समे 2.38, न॰ प्रथ॰–द्विती॰ एक॰ समम्; द्वि॰ समे (दोनों एक समान, जो सम है उसको); बहु॰ समानि ←वि॰ सम↑

सम्मोहः 2.63, पु॰ प्रथ॰ एक॰ सम्मोहः (भ्रम); द्वि॰ सम्मोहौ; बहु॰ सम्मोहाः ←पु॰ सम्मोह (उलझन, भ्रम, भ्रांति, मोह↑, मोहन, वशीकरण) ←सम्√मुह् 4दिवा॰ (भूलना)

समौ 5.27, पु॰ प्रथ॰ एक॰ समः; द्वि॰ समौ (दोनों एक समान किए हुए); बहु॰ समाः ←वि॰ सम↑

सम्पत् 16.5, प्रथ॰ एक॰ सम्पत् (संपत्ति); द्वि॰ सम्पतौ; बहु॰ सम्पतः ←पु॰ सम्पत् (दौलत, धन↑, संपत्ति, सम्पद्, सम्पदा, सौभाग्य) ←सम्√पद् 4दिवा॰

सम्पदम् 16.3, प्रथ॰ एक॰ सम्पदम् (संपदा); द्वि॰ सम्पदौ; बहु॰ सम्पदः ←स्त्री॰ सम्पद् = सम्पत्↑

सम्पद्यते 13.31, लट् वर्त॰ आत्म॰ अन्य॰ एक॰ सम्पद्यते (वह प्राप्त होता है); द्वि॰ सम्पद्येते; बहु॰ सम्पद्यन्ते ←सम्√पद् 4दिवा॰ (प्राप्त होना)

सम्पन्न 5.18, वि॰ (आबाद, उन्नत, फला फूला, श्रीमंत, संपन्न, संसिद्ध↓, सुबत्ता का, समृद्ध↑) ←सम्√पद् 4दिवा॰

सम्पश्यन् 3.20, प्रथ॰ एक॰ सम्पश्यन् (देखते हुए); द्वि॰ सम्पश्यन्तौ; बहु॰ सम्पश्यन्तः ←वि॰ सम्पश्यत् (देखते हुए, ध्यान देते हुए) ←अव्य॰ सम्↑ + वि॰ पश्यत्↑

सम्प्रकीर्तितः 18.4, पु॰ प्रथ॰ एक॰ सम्प्रकीर्तितः (जो प्रसिद्ध है वह); द्वि॰ सम्प्रकीर्तितौ; बहु॰ सम्प्रकीर्तिताः ←वि॰ कस॰ सम्प्रकीर्तित (जाना हुआ, प्रसिद्ध) ←सम्–प्र√कृ 8तना॰

सम्प्रतिष्ठा 15.3, प्रथ॰ एक॰ सम्प्रतिष्ठा (आधार); द्वि॰ सम्प्रतिष्ठे; बहु॰ सम्प्रतिष्ठाः ←स्त्री॰ कस॰ सम्प्रतिष्ठा (आधार, मूलाधार, मूल↑, नीव, स्थापत्य) ←सम्–प्रति√स्था

1भ्वादि॰

सम्प्रवृत्तानि 14.22, न॰ प्रथ॰–द्विती॰ एक॰ सम्प्रवृत्तम्; द्वि॰ सम्प्रवृत्ते; बहु॰ सम्प्रवृत्तानि (जो प्राप्त हुए हैं वे, ॰उनको) ←वि॰ तस॰ सम्प्रवृत्त (उद्भूत, घड़ा हुआ, प्राप्त) ←सम्–प्र√वृत् 1भ्वादि॰

सम्प्रेक्ष्य 6.13, अव्य॰ (ठीक तौर से देख कर, निरीक्षण किए) ←सम्–प्र√ईक्ष् 1भ्वादि॰ (देखना)

सम्प्लुतोदके 2.46, न॰ सप्त॰ एक॰ सम्प्लुतोदके (जलथल हुई भूमि पर); द्वि॰ सम्प्लुतोदकयोः; बहु॰ सम्प्लुतोदकेषु ←वि॰ तस॰ सम्प्लुतोदक, उदकेन सम्प्लुतम् (पानी से पूर्ण भरा हुआ; भरा हुआ जलाशय) ←वि॰ सम्प्लुत (ओत–प्रोत, तर, पूरी तरह, लबालब, मुँह तक, सतह तक –भरा हुआ) ←सम्√प्लु 1भ्वादि॰ + न॰ उदक↑

सम्बन्धिनः 1.34, पु॰ प्रथ॰ एक॰ सम्बन्धी; द्वि॰ सम्बन्धिनौ; बहु॰ सम्बन्धिनः (सगे, संबंध के लोग) ←वि॰ सम्बन्धिन् (नातेदार, रिश्तेदार, सगा, संबंधी) ←सम्√बन्ध् 1भ्वादि॰

सम्भव 3.14, पु॰ (अन्वेषण, आविष्कार, ईजाद, उद्गम, उत्पत्ति, उद्भव↑, जन्म↑, प्राकट्य; मुमकिन) ←सम्√भू 1भ्वादि॰

सम्भवः 14.3, प्रथ॰ एक॰ सम्भवः (संभव); द्वि॰ सम्भवौ; बहु॰ सम्भवाः ←पु॰ सम्भव↑

सम्भवन्ति 14.4, लट् वर्त॰ पर॰ अन्य॰ एक॰ सम्भवति; द्वि॰ सम्भवतः; बहु॰ सम्भवन्ति (वे होते हैं) ←सम्√भू 1भ्वादि॰ (होना)

सम्भवम् 10.41, न॰ प्रथ॰–द्विती॰ एक॰ सम्भवम् (आविष्कार, उद्गम को); द्वि॰ सम्भवे; बहु॰ सम्भवानि ←पु॰ सम्भव↑

सम्भवामि 4.6, लट् वर्त॰ पर॰ एक॰ उत्तम॰ सम्भवामि (मैं उद्भूत होता हूँ); मध्य॰ सम्भवसि; अन्य॰ सम्भवति ←सम्√भू 1भ्वादि॰ (होना)

सम्भावित 23.4, वि॰ (प्रौढ; आदरयुक्त, इज्जत का, प्रतिष्ठित, मान्य, सम्मानित) ←सम्√भू 1भ्वादि॰

सम्भावितस्य 2.34, पु॰ षष्ठी॰ एक॰ सम्भावितस्य (संभावित मनुष्य का,की,के); द्वि॰ सम्भावितयोः; बहु॰ सम्भावितानाम् ←वि॰ सम्भावित↑

सम्भूत 4.42, वि॰ (उत्पन्न हुआ; एकत्र हुआ) ←सम्√भू 1भ्वादि॰ (होना, उत्पन्न होना)

सम्मूढ 2.7, वि॰ (आसक्त↑, भ्रमयुक्त, मोहयुक्त) ←सम्√मुह् 4दिवा॰ (भूलना, मोहित होना)

सम्मोह 2.63, पु॰ (अविवेक, मूर्खता; भ्रम, मोह↑, वशीकरण) ←सम्√मुह् 4दिवा॰

सम्मोहम् 7.27, द्विती॰ एक॰ सम्मोहम् (मोह); द्वि॰ सम्मोहौ; बहु॰ सम्मोहाः ←पु॰ सम्मोह↑

सम्मोहात् 2.63, पंच॰ एक॰ <u>सम्मोहात्</u> (मोह के कारण, भ्रम से); द्वि॰ सम्मोहाभ्याम्; बहु॰ सम्मोहेभ्य: ←पु॰ सम्मोह↑

सम्यक् 5.4, (1) अव्य॰ (ऋत, यथायोग्य, यथोचित्, सही); (2) पु॰ प्रथ॰ एक॰ <u>सम्यक्</u> अथवा सम्यग् (जो उचित है वह) ←वि॰ सम्यच् (उचित, उपयुक्त, ठीक) ←सम्√अञ्च् 1भ्वादि॰

संयत 4.39, वि॰ (निग्रह, नियमन, संयम –किया हुआ) ←सम्√यम् 1भ्वादि॰

संयतेन्द्रियः 4.39, पु॰ प्रथ॰ एक॰ <u>संयतेन्द्रिय:</u> (इन्द्रियों को संयमित किया हुआ); द्वि॰ संयतेन्द्रियौ; बहु॰ संयतेन्द्रिया: ←वि॰ बस॰ संयतेन्द्रिय, संयतानि इन्द्रियाणि यस्य स: (इन्द्रियों पर निग्रह किया हुआ, जीतेन्द्रिय) ←वि॰ संयत↑ + न॰ इन्द्रिय↑

संयम 4.26, (काबू, ताबा, दम↑, निग्रह↑, नियंत्रण, नियमन, शासन) ←सम्√यम् 1भ्वादि॰

संयमताम् 10.29, पु॰ षष्ठी॰ एक॰ संयमत:; द्वि॰ संयमतो:; बहु॰ <u>संयमताम्</u> (नियंत्रण करने वालों में) ←वि॰ संयमत् (निग्रह, नियंत्रण, नियमन, संयम, संयमन –करने वाला) ←सम्√यम् 1भ्वादि॰

संयमाग्निषु 4.26, सप्त॰ एक॰ संयमाग्नौ; द्वि॰ संयमाग्न्यो:; बहु॰ <u>संयमाग्निषु</u> (संयमरूप अग्नियों में) ←पु॰ तस॰ संयमाग्नि, संयमस्य अग्नि: (संयम का अग्नि; निग्रह अथवा संयमरूप अग्नि) ←पु॰ संयम↑ + पु॰ अग्नि↑

संयमी 2.69, पु॰ प्रथ॰ एक॰ <u>संयमी</u> (संयम किया हुआ मनुष्य); द्वि॰ संयमिनौ; बहु॰ संयमिन: ←वि॰ संयमिन् (ताबेदार, निग्रही, संयमन करने वाला) ←सम्√यम् 1भ्वादि॰

संयम्य 2.61, अव्य॰ (काबू, ताबा, निग्रह, निबंधन, नियंत्रण, नियमन, शासन –किए) ←सम्√यम् 1भ्वादि॰

संयाति 2.22, लट् वर्त॰ पर॰ एक॰ उत्तम॰ संयामि; मध्य॰ संयासि; अन्य॰ <u>संयाति</u> (वह प्राप्त करता है) ←2अदा॰√या (प्राप्त करना)

संयोग 5.14, पु॰ (अंतर्भुक्ति, प्राप्ति, मिलाप, मेल, युति, संधि, समागम; संस्कार) ←सम्√युज् 7रुधा॰

सरसाम् 10.24, षष्ठी॰ एक॰ सरस:; द्वि॰ सरसो:; बहु॰ <u>सरसाम्</u> (जलाशयों में) ←पु॰ सरस् (जलाशय, सरोवर) ←1भ्वादि॰√सृ

सर्ग 5.19, पु॰ (प्रकृति, स्वभाव↑; जन्म, पुनर्जन्म; उत्पत्ति, निर्माण, रचना, संसार↓, सृष्ट तत्त्व, सृष्टि. सृष्टि का क्रम, नैसर्गिक गुण; परित्याग) ←4दिवा॰√सृज् (सृष्ट करना)

सर्ग: 5.19, प्रथ॰ एक॰ <u>सर्ग:</u> (सर्ग); द्वि॰ सर्गौ; बहु॰ सर्गा: ←पु॰ सर्ग↑

सर्गाणाम् 10.32, षष्ठी॰ एक॰ सर्गस्य; द्वि॰ सर्गयो:; बहु॰ सर्गाणाम् (सृष्ट तत्त्वों में) ←पु॰ सर्ग↑

सर्गे 7.27, सप्त॰ एक॰ सर्गे (सर्ग में); द्वि॰ सर्गयो:; बहु॰ सर्गेषु ←पु॰ सर्ग↑

सर्पाणाम् 10.28, षष्ठी॰ एक॰ सर्पस्य; द्वि॰ सर्पयो:; बहु॰ सर्पाणाम् (सांपों में) ←पु॰ सर्प (अहि, उरग↑, नाग↑, पन्नग, सांप; छाती के बल घसीट कर चलने वाला प्राणी) ←1भ्वादि॰√सृप्

सर्व 11.40, सना॰ वि॰ (अखिल, नि:शेष, निखिल, पूर्ण, सकल, संपूर्ण, समग्र↑, सारा) ←1भ्वादि॰√सृ

सर्व: 3.5, पु॰ प्रथ॰ एक॰ सर्व: (सर्व); द्वि॰ सर्वौ; बहु॰ सर्वे↓ ←सना॰ सर्व↑

सर्वकर्मणाम् 18.13, न॰ षष्ठी॰ बहु॰ सर्वकर्मणाम्, सर्वेषाम् कर्मणाम् (सर्व कर्मों का,की,के) ←सना॰ सर्व↑ + न॰ कर्मन्↑

सर्वकर्मफलत्यागम् 12.11, द्विती॰ एक॰ सर्वकर्मफलत्यागम्, सर्वेषाम् कर्मणाम् फलानाम् त्यागम् (सर्व कर्मों के फलों के त्याग को) ←सना॰ सर्व↑ + न॰ कर्मन्↑ + न॰ फल↑ + पु॰ त्याग↑

सर्वकर्माणि 3.26, न॰ प्रथ॰–द्विती॰ बहु॰ सर्वकर्माणि, सर्वाणि कर्माणि (सब कर्म, सर्व कर्मों को) ←सना॰ सर्व↑ + न॰ कर्मन्↑

सर्वकिल्बिषै: 3.13, न॰ तृती॰ बहु॰ सर्वै: किल्बिषै: (सर्व पापों से) ←सना॰ सर्व↑ + न॰ किल्बिष↑

सर्वगत 2.24, वि॰ तस॰ सर्वस्मिन् गत:; सर्वत्र गत: (सब ओर गया हुआ; सर्वगामी, सर्वत्रग↓, सर्वतोमुख, सर्वव्यापक) ←सना॰ सर्व↑ अथवा अव्य॰ सर्वत्र↓ + वि॰ गत↑

सर्वगत: 2.24, पु॰ प्रथ॰ एक॰ सर्वगत:, सर्वत्र गत: (जो सर्वव्यापी है वह); द्वि॰ सर्वगतौ; बहु॰ सर्वगता: ←वि॰ सर्वगत↑

सर्वगतम् 3.15, न॰ प्रथ॰–द्विती॰ एक॰ सर्वगतम्, सर्वत्र गतम् (जो सर्वव्यापी है वह, ॰उसको); द्वि॰ सर्वगते; बहु॰ सर्वगतानि ←वि॰ सर्वगत↑

सर्वगुह्यतमम् 18.64, न॰ प्रथ॰–द्विती॰ एक॰ सर्वगुह्यतमम्, सर्वस्मिन् गुह्यतमम् (सर्व गुह्यों में गहन गुह्य, गहनतम गुह्य को) ←तमभावात्मक वि॰ सर्वगुह्यतम (सब गुह्यों में अधिक रहस्यमय गुह्य) ←सन॰ सर्व↑ + न॰ गुह्य↑

सर्वत: 2.46, = अव्य॰ सर्वतस् (सब ओर, सर्वत्र; पूर्णता से, संपूर्णत:) ←1भ्वादि॰√सृ

सर्वत्र 2.57, अव्य॰ (सर्व– काल में, स्थानों में, दिशाओं में) ←सना॰ सर्व↑

सर्वत्रग 9.6, वि॰ केवल समास, सर्वत्र गच्छति इति (सर्वत्र जाने वाला; सर्वगत↑, सर्वगामी, सर्वव्यापक) ←अव्य॰ सर्वत्र↑

सर्वत्रगः 9.6, पु॰ प्रथ॰ एक॰ सर्वत्रगः (जो सर्वगामी है वह); द्वि॰ सर्वत्रगौ; बहु॰ सर्वत्रगाः ←वि॰ सर्वत्रग↑

सर्वत्रगम् 12.3, न॰ प्रथ॰–द्विती॰ एक॰ सर्वत्रगम् (सर्वत्र व्याप्त करने वाला, ॰वाले को); द्वि॰ सर्वत्रगे; बहु॰ सर्वत्रगाणि ←वि॰ सर्वत्रग↑

सर्वथा 6.31, अव्य॰ (अशेशतः, दरोबस्त, पूर्णता से, बिल्कुल, यच्चयावत्, संपूर्णतः, सर्व प्रकार से) ←सना॰ सर्व↑

सर्वदुःखानाम् 2.65, न॰ षष्ठी॰ बहु॰ सर्वदुःखानाम्, तस॰ सर्वेषाम् दुःखानाम् (सब दुःखों का,की,के) ←न॰ दुःख↑ + पूर्वगामी सना॰ सर्व↑

सर्वदुर्गाणि 18.58, न॰ प्रथ॰–द्विती॰ बहु॰ सर्वदुर्गाणि, तस॰ सर्वाणि दुर्गाणि (सर्व संकट, सब संकटों को) ←न॰ दुर्ग (कठिनाई, दुर्गम वस्तु, संकट) ←5स्वादि॰√दु + पूर्वगामी सना॰ सर्व↑

सर्वदेहिनाम् 14.8, पु॰ षष्ठी॰ बहु॰ सर्वदेहिनाम्, तस॰ सर्वेषाम् देहिनाम् (सर्व देहधारियों का,की,के) ←वि॰ देहिन् (देहधारी, जंतु, जीव, प्राणी; आत्मा) ←2अदा॰√दिह् + पूर्वगामी सना॰ सर्व↑

सर्वद्वाराणि 8.12, न॰ प्रथ॰–द्विती॰ बहु॰ सर्वद्वाराणि, (सब द्वार, सब द्वारों को) तस॰ सर्वाणि द्वाराणि ←न॰ द्वार↑ + पूर्वगामी सना॰ सर्व↑

सर्वद्वारेषु 14.11, न॰ सप्त॰ बहु॰ सर्वद्वारेषु, तस॰ सर्वेषु द्वारेषु (सर्व द्वारों में; 14.11 में पंचमी कि तरह का अर्थ– सर्व द्वारों में से, सर्व वरों से) ←न॰ द्वार↑ + पूर्वगामी सना॰ सर्व↑

सर्वधर्मान् 18.66, पु॰ द्विती॰ बहु॰ सर्वधर्मान्, तस॰ सर्वान् धर्मान् (सब कर्तव्यों को) ←पु॰ धर्म↑ + पूर्वगामी सना॰ सर्व↑

सर्वपापेभ्यः 18.66, पु॰ पंच॰ बहु॰ सर्वपापेभ्यः, तस॰ सर्वेभ्यः पापेभ्यः (सर्व पापियों से, ॰की अपेक्षा) ←पु॰ पाप↑ + पूर्वगामी सना॰ सर्व↑

सर्वपापैः 10.3, पु॰ तृती॰ बहु॰ सर्वपापैः, तस॰ सर्वैः पापैः (सर्व पापों से) ←न॰ पाप↑ + पूर्वगामी सना॰ सर्व↑

सर्वभावेन 15.19, पु॰ तृती॰ एक॰ सर्वभावेन, तस॰ सर्वेण भावेन (सर्व भावों से) ←पु॰ भाव↑ + पूर्वगामी सना॰ सर्व↑

सर्वभूतस्थम् 6.29, न॰ प्रथ॰-द्विती॰ एक॰ <u>सर्वभूतस्थम्</u>, तस॰ सर्वेषु भूतेषु तिष्ठति इति (सर्व भूतों में जो स्थित है वह, ॰उसको); द्वि॰ ॰भूतस्थे; बहु॰ ॰भूतस्थानि ←वि॰ तस॰ सर्वभूतस्थ, सर्वेषु भूतेषु स्थ: (सर्व भूतों में पाया जाने वाला) ←न॰ भूत↑ + वि॰ स्थ↓ + पूर्वगामी सना॰ सर्व↑

सर्वभूतस्थितम् 6.31, पु॰ द्विती॰ एक॰ <u>सर्वभूतस्थितम्</u> सर्वेषु भूतेषु स्थितम् (सर्व भूतों में जो स्थित है उसको); द्वि॰ ॰भूतस्थिते; बहु॰ ॰भूतस्थितानि ←वि॰ तस॰ सर्वभूतस्थित, सर्वेषु भूतेषु स्थित: (सर्व भूतों में पाया जाने वाला) ←न॰ भूत↑ + वि॰ स्थित↓ + पूर्वगामी सना॰ सर्व↑

सर्वभूतहिते 5.25, न॰ सप्त॰ एक॰ <u>सर्वभूतहिते</u>, तस॰ सर्वेषु भूतेषु हिते (सर्व भूतों के हित में) ←न॰ भूत↑ + वि॰ हित + पूर्वगामी सना॰ सर्व↑

सर्वभूतात्मभूतात्मा 5.7, पु॰ प्रथ॰ एक॰ <u>सर्वभूतात्मभूतात्मा</u>, बस॰ सर्वेषाम् भूतानाम् आत्मभूत: आत्मा यस्य स: (सर्व भूतों के साथ एकत्व भाव किया हुआ आत्मा) ←न॰ भूत↑ + पु॰ आत्मन्↑ + न॰ भूत↑ + पु॰ आत्मन्↑ पूर्वगामी सना॰ सर्व↑

सर्वभूतानाम् 2.69, न॰ षष्ठी॰ बहु॰ <u>सर्वभूतानाम्</u>, तस॰ सर्वेषाम् भूतानाम् (सर्व भूतों का,की,के) ←न॰ भूत↑ + पूर्वगामी सना॰ सर्व↑

सर्वभूतानि 6.29, न॰ प्रथ॰-द्विती॰ बहु॰ <u>सर्वभूतानि</u>, तस॰ सर्वाणि भूतानि (सर्व भूत, सब भूतों को) ←न॰ भूत↑ + पूर्वगामी सना॰ सर्व↑

सर्वभूताशयस्थित: 10.20, पु॰ प्रथ॰ एक॰ <u>सर्वभूताशयस्थित:</u>, तस॰ सर्वेषाम् भूतानाम् आशये स्थित: (सर्व भूतों के शरीर में जो स्थित है वह) ←न॰ भूत + पु॰ आशय (आश्रम, आश्रमस्थान, घर, ठिकाना, स्थान↑) ←आ√शि 1भ्वादि॰+ वि॰ स्थित↓ + पूर्वगामी सना॰ सर्व↑

सर्वभूतेषु 3.18, सप्त॰ बहु॰ <u>सर्वभूतेषु</u>, तस॰ सर्वेषु भूतेषु (सर्व भूतों में) ←पु॰ भूत↑ + पूर्वगामी सना॰ सर्व↑

सर्वभृत् 13.15, न॰ प्रथ॰-द्विती॰ एक॰ <u>सर्वभृत्</u>, तस॰ सर्वम् विभर्ति इति (सबका पालन कर्ता, सबके पालन कर्ता को) ←वि॰ भृत् (पालन कर्ता, पोषण कर्ता; भरण कर्ता) ←3जुहो॰√भृ + पूर्वगामी सना॰ सर्व↑

सर्वम् 2.17, (1) पु॰ द्विती॰ एक॰ <u>सर्वम्</u> (सबको); द्वि॰ सर्वौ; बहु॰ सर्वान्; (2) 4.33, न॰ प्रथ॰-द्विती॰ एक॰ <u>सर्वम्</u> (सर्व, सबको); द्वि॰ सर्वे; बहु॰ सर्वाणि ←सना॰ सर्व↑

सर्वयज्ञानाम् 9.24, पु॰ षष्ठी॰ बहु॰ <u>सर्वयज्ञानाम्</u>, तस॰ सर्वेषाम् यज्ञानम् (सर्व यज्ञों

का,की,के) ←पु॰ यज्ञ↑ + पूर्वगामी सना॰ सर्व↑

सर्वयोनिषु 14.4, स्त्री॰ सप्त॰ बहु॰ सर्वयोनिषु, तस॰ सर्वासु योनिषु (सर्व योनियों में) ←स्त्री॰ योनि↑ + पूर्वगामी सना॰ सर्व↑

सर्वलोकमहेश्वरम् 5.29, पु॰ द्विती॰ एक॰ सर्वलोकमहेश्वरम्, तस॰ सर्वेषाम् लोकानाम् महेश्वरम् (सर्व लोगों के महेश्वर को; जग के महान ईश्वर, परमेश्वर, महादेव –को) ←पु॰ लोक↑ + वि॰ महा↑ + पु॰ ईश्वर↑ + पूर्वगामी सना॰ सर्व↑

सर्वविद् 15.19, पु॰ प्रथ॰ एक॰ सर्वविद् (सर्वज्ञ); द्वि॰ ॰विदौ; बहु॰ ॰विद: ←वि॰ सर्वविद् (सब कुछ जानने वाला, सर्वज्ञ) ←सना॰ सर्व↑ + वि॰ विद्↑

सर्ववृक्षाणाम् 10.26, पु॰ षष्ठी॰ बहु॰ सर्ववृक्षाणाम्, तस॰ सर्वेषाम् वृक्षाणाम् (सर्व वृक्षों में) ←पु॰ वृक्ष (अगम, उद्भिज, गाछ, जर्ण, झाड़, दरख्त, द्रु, द्रुम, तरु, पादप, पेड़, बूटा, महीज, विटप, शाल) ←6तुदा॰√व्रश्च् + पूर्वगामी सना॰ सर्व↑

सर्ववेदेषु 7.8, पु॰ सप्त॰ बहु॰ सर्ववेदेषु, तस॰ सर्वेषु वेदेषु (सर्व वेदों में) ←पु॰ वेद↑ + पूर्वगामी सना॰ सर्व↑

सर्वश: 1.18, अव्य॰ (सब, सभी, सर्व, नि:शेष) ←सना॰ सर्व↑

सर्वसङ्कल्पसंन्यासी 6.4 पु॰ प्रथ॰ एक॰ ←तस॰ सर्वसङ्कल्पसंन्यासिन्, सर्वेषाम् सङ्कल्पानाम् संन्यासी ←सना॰ सर्व 1.6 + पु॰ सङ्कल्प 4.19 + पु॰ संन्यासिन् 5.3 (सर्व वासनाओं का परित्याग करने वाला योगी)

सर्वस्य 2.30, पु॰ न॰ षष्ठी॰ एक॰ सर्वस्य (सबका,की,के); द्वि॰ सर्वयो:; बहु॰ सर्वेषाम्↓ ←सना॰ सर्व↑

सर्वहर: 10.34, पु॰ प्रथ॰ एक॰ सर्वहर:, तस॰ सर्वम् हरति इति (सबका लय करने वाला; सबका अंत, लय, विनाश, हरण –कर्ता) ←सना॰ सर्व↑ + वि॰ हर (नाशक, विनाशक) ←1भ्वादि॰√हृ

सर्वक्षेत्रेषु 13.3, न॰ सप्त॰ बहु॰ सर्वक्षेत्रेषु, तस॰ सर्वेषु क्षेत्रेषु (सर्व क्षेत्रों में) ←न॰ क्षेत्र↑ + पूर्वगामी सना॰ सर्व↑

सर्वज्ञानविमूढान् 3.32, पु॰ द्विती॰ एक॰ ॰ज्ञानविमूढम्; द्वि॰ ॰ज्ञानविमूढौ; बहु॰ सर्वज्ञानविमूढान् (ज्ञान पूर्णता से खोकर मूढ़ हुए लोगों को) ←वि॰ तस॰ सर्वज्ञानविमूढ, सर्वस्मिन् ज्ञाने विमूढ: (ज्ञान पूर्णता से भ्रष्ट हुआ, अचेतस्↑, अबुद्ध, अबूझ, अबोध, अहमक, उल्लू, अज्ञ, गधा, गावदी, गोबर गणेश, गतबुद्धि, घोंचू, जड़, निर्बुद्ध, पोगा, बुद्धू, बेवकूफ, बोदा, मतिमंद, मूढ़↑, लंड, वज्रमूर्ख, विमूढ↑, हतबुद्धि) ←सना॰ सर्व↑

+ न॰ ज्ञान↑ + वि॰ विमूढ↑

सर्वा: 8.18, स्त्री॰ प्रथ॰ एक॰ सर्वा; द्वि॰ सर्वे; बहु॰ सर्वा: (सब, सर्व) ←सना॰ सर्व↑

सर्वाणि 2.30, न॰ प्रथ॰–द्विती॰ एक॰ सर्वम्; द्वि॰ सर्वे; बहु॰ सर्वाणि (सर्व, सबको) ←सना॰ सर्व↑

सर्वान् 1.27, पु॰ द्विती॰ एक॰ सर्वम्; द्वि॰ सर्वौ; बहु॰ सर्वान् (सबको) ←सना॰ सर्व↑

सर्वारम्भपरित्यागी 12.16, पु॰ प्रथ॰ एक॰ सर्वारम्भपरित्यागी (सब कुछ अर्पण किया हुआ); द्वि॰ सर्वारम्भपरित्यागिनौ; बहु॰ सर्वारम्भपरित्यागिन: ←वि॰ तस॰ सर्वारिम्भपरित्यागिन्, तस॰ सर्वेषाम् आरम्भाणाम् परित्यागी (सर्व आरंभों से मुक्त हुआ, सर्वस्व अर्पण किया हुआ, सर्व कर्मों के आग्रहों से जो अलिप्त है वह) ←सना॰ सर्व↑ + पु॰ आरम्भ↑ + वि॰ परित्यागिन्↑

सर्वारम्भा: 18.48, पु॰ प्रथ॰ बहु॰ सर्वारम्भा:, तस॰ सर्वे आरम्भा: (सर्व आरंभ) ←पु॰ आरम्भ↑ + पूर्वगामी सना॰ सर्व↑

सर्वार्थान् 18.32, पु॰ द्विती॰ बहु॰ सर्वार्थान्, तस॰ सर्वान् अर्थान् (सर्व हेतुओं को) ←पु॰ अर्थ↑ + पूर्वगामी सना॰ सर्व↑

सर्वाश्चर्यमयम् 11.11, न॰ प्रथ॰–द्विती॰ एक॰ सर्वाश्चर्यमयम्, तस॰ सर्वम् आश्चर्यमयम् (सर्व आश्चर्यों से भरा हुआ, ॰भरे हुए को) ←वि॰ आश्चर्यमय (अजीब, अद्भुत↑, असाधारण, आश्चर्यों से भरा हुआ, चमत्कारिक, विलक्षण, विस्मयकारक) ←न॰ आश्चर्य↑ + वि॰ मय↑ + पूर्वगामी सना॰ सर्व↑

सर्वे 1.6, पु॰ प्रथ॰ एक॰ सर्व:; द्वि॰ सर्वौ; बहु॰ सर्वे (सब, सर्व) ←सना॰ सर्व↑

सर्वेन्द्रियगुणाभासम् 13.15, न॰ प्रथ॰–द्विती॰ एक॰ सर्वेन्द्रियगुणाभासम्, बस॰ सर्वेषाम् इन्द्रियाणाम् गुणानाम् आभास: यस्मिन् तत् (सर्व विषयों का जिसमें आभास है वह, ॰उसको; जिसमें सर्व इन्द्रियों के विषयों का- दिखावा, प्रतीति, भास, सादृश्य –है वह, ॰उसको) ←सना॰ सर्व↑ + न॰ इन्द्रिय + पु॰ गुण + पु॰ आभास (ऊपरी भास, ऊपर से जैसा लगता है वैसा भीतर से न होना) ←आ√भास् 1भ्वादि॰

सर्वेन्द्रियविवर्जितम् 13.15, न॰ प्रथ॰–द्विती॰ एक॰ सर्वेन्द्रियविवर्जितम्, तस॰ सर्वै: इन्द्रियै: विवर्जितम् (जो इन्द्रियों के विना है, जिसकी इन्द्रियाँ नहीं हैं वह, ॰उसको) ←सना॰ सर्व↑+ न॰ इन्द्रिय↑ + वि॰ विवर्जित↑

सर्वेभ्य: 4.36, पु॰ न॰ पंच॰ एक॰ सर्वस्मात्; द्वि॰ सर्वाभ्याम्; बहु॰ सर्वेभ्य: (सबसे, सबकी अपेक्षा) ←सना॰ सर्व↑

सर्वेषाम् 1.25, पु॰ न॰ षष्ठी॰ एक॰ सर्वस्य↑; द्वि॰ सर्वयो:; बहु॰ सर्वेषाम् (सबका,की,के) ←सना॰ सर्व↑

सर्वेषु 1.11, पु॰ न॰ सप्त॰ एक॰ सर्वस्मिन्; द्वि॰ सर्वयो:; बहु॰ सर्वेषु (सब में) ←सना॰ सर्व↑

सर्वै: 15.15, पु॰ न॰ तृती॰ एक॰ सर्वेण; द्वि॰ सर्वाभ्याम्; बहु॰ सर्वै: (सबने, सब के द्वारा) ←सना॰ सर्व↑

संवादम् 18.70, द्विती॰ एक॰ संवादम् (संवाद को); द्वि॰ संवादौ; बहु॰ संवादा: ←पु॰ संवाद (आलाप, उहापोह, चर्चा, तर्क-वितर्क, दलील, परामर्श, प्रश्नोत्तर, बोलचाल, वार्तालाप, वाद-विवाद, विचारणा, विमर्श, विवाद, विवेचना, सोच-विचार) ←सम्√वद् 10चुरा॰ (विवाद करना)

सविकारम् 13.7, न॰ प्रथ॰-द्विती॰ एक॰ सविकारम् (जो विकृति के सहित है वह, ॰उसको); द्वि॰ सविकारे; बहु॰ सविकाराणि ←सब॰ वि॰ सविकार, सब॰ विकारेण सह यत् (विकारों के सहित, विकलता को अंतर्गत किए; परिणामों का समवेश किए, परिवर्तनों के साथ) ←अव्य॰ सह↓ + पु॰ विकार↑

सविज्ञानम् 7.2, न॰ प्रथ॰-द्विती॰ एक॰ सविज्ञानम् (जो विज्ञान के सहित है वह, ॰उसको); द्वि॰ सविज्ञाने; बहु॰ सविज्ञानानि ←सब॰ वि॰ सविज्ञान, सब॰ विज्ञानेन सह (विज्ञान के सहित) ←अव्य॰ सह↓ + न॰ विज्ञान↑

संवृत्त: 11.51, पु॰ प्रथ॰ एक॰ संवृत्त: (हुआ); द्वि॰ संवृत्तौ; बहु॰ संवृत्ता: ←वि॰ संवृत्त (घटित, हुआ, निष्पन्न) ←सम्√वृत् 1भ्वादि॰ (होना)

सव्यसाचिन् 11.33, पु॰ संबो॰ एक॰ सव्यसाचिन् (हे बाएँ-हाथ-से-भी -बाण-चलाने-वाले! अर्जुन!); द्वि॰ सव्यसाचिनौ; बहु॰ सव्यसाचिन: ←वि॰ बस॰ सव्यसाचिन्, सव्येन साचितुम् सामर्थ्यम् यस्य स: (बाएँ हाथ से भी बाण चला सकने वाला, अर्जुन↑)

संशय 4.40, पु॰ (अविश्वास, असमंजस, आशंका, उलझन, किंकर्तव्यमूढ़ता, दुविधा, वहीम, विकल्प, शंका, संदिग्धता, संदेह; अनिश्चय, अविश्वास, दुविधा, भ्रम, भ्रांति, विकल्प) ←सम्√शी 1भ्वादि॰

संशय: 8.5, प्रथ॰ एक॰ संशय: (संशय); द्वि॰ संशयौ; बहु॰ संशया: ←पु॰ संशय↑

संशयम् 4.42, द्विती॰ एक॰ संशयम् (संशय को); द्वि॰ संशयौ; बहु॰ संशयान् ←पु॰ संशय↑

संशयस्य 6.39, षष्ठी॰ एक॰ संशयस्य (संशय का,की,के); द्वि॰ संशययो:; बहु॰

संशयानाम् ←पु॰ संशय↑

संशयात्मन् 4.40, पु॰ बस॰ संशयः आत्मा यस्य सः (संशयी चित्त का; जिसका मन वश में नहीं है वह मनुष्य; अविश्वासु, किंकर्तव्यमूढ, वहमी, शक्की, संदेहयुक्त, संशयालु) ←पु॰ संशय↑ + पु॰ आत्मन्↑

संशयात्मनः 4.40, षष्ठी॰ एक॰ संशयात्मनः (संशययुक्त मनुष्य का,की,के; ॰के लिए); द्वि॰ संशयात्मनोः; बहु॰ संशयात्मनाम् ←पु॰ संशयात्मन्↑

संशयात्मा 4.40, प्रथ॰ एक॰ संशयात्मा (संशययुक्त मनुष्य); द्वि॰ संशयात्मानौ; बहु॰ संशयात्मानः ←पु॰ संशयात्मन्↑

सशरम् 1.47, पु॰ द्विती॰ एक॰ सशरम् (जो बाणों सहित है उसको); द्वि॰ सशरौ; बहु॰ सशरान् ←सब॰ वि॰ सशर, शरेण सह (जो बाणों सहित है वह) ←अव्य॰ सह↓ + पु॰ शर (इषु↑, तीर, बाण, शायक) ←1भ्वादि॰√श्रि

संशितव्रताः 4.28, पु॰ प्रथ॰ एक॰ संशितव्रतः; द्वि॰ संशितव्रतौ; बहु॰ संशितव्रताः (संकल्प किए हुए लोग) ←वि॰ बस॰ संशितव्रत, संशितम् व्रतम् यस्य सः (कठोर– निश्चय, प्रण, प्रतिज्ञा, व्रत, संकल्प –किया हुआ; दृढ़व्रती) ←वि॰ संशित (कठोर, दृढ़, निर्णय का, निश्चय का) ←सम्√शो 4दिवा॰ + न॰ व्रत↑

संशुद्धि 16.1, स्त्री॰ (निर्मलता, निष्पापबुद्धि, पवित्रता, पूती, प्रांजलता, शुचिर्भूतता, सफाई, सात्त्विकता) ←सम्√शुध् 4दिवा॰ (पवित्र होना)

संशुद्धकिल्बिषः 6.45, पु॰ प्रथ॰ एक॰ संशुद्धकिल्बिषः (जो पापों में निकल कर शुद्ध हुआ है वह); द्वि॰ ॰किल्बिषौ; बहु॰ ॰किल्बिषाः ←वि॰ बस॰ संशुद्धकिल्बिष, संशुद्धम् किल्बिषम् यस्य सः (पाप धुल गया हुआ, पापों में शुद्ध हुआ, निष्पाप) ←वि॰ संशुद्ध (निर्मल, विशुद्ध↑, शुद्ध↑, साफ) + न॰ किल्बिष↑

संश्रिताः 16.18, पु॰ प्रथ॰ एक॰ संश्रितः; द्वि॰ संश्रितौ; बहु॰ संश्रिताः (आश्रय में आए हुए लोग) ←वि॰ संश्रित (आश्रय में आया हुआ, आश्रित↑) ←सम्√श्रि 1भ्वादि॰ (आश्रय लेना)

संसार 9.3, पु॰ (संसारिक जीवन, निर्वाह; जगत्↑, विश्व↑; पुनर्जन्म की परंपरा, भवचक्र, भवसागर, रचना; मायाजाल) ←सम्√सृ 1भ्वादि॰

संसारेषु 16.19, सप्त॰ एक॰ संसारे; द्वि॰ संसारयोः; बहु॰ संसारेषु (संसार की रचनाओं में; आवागमन के चक्रों में, पुनर्जन्मों में) ←पु॰ संसार↑

संसिद्ध 4.38, वि॰ (सम्पन्न↑, सर्वसंपन्न, सर्वसिद्ध) ←सम्√सिध् 4दिवा॰

संसिद्धौ 6.43, सप्त॰ एक॰ संसिद्धौ (योगसिद्धि के लिए); द्वि॰ संसिद्ध्योः; बहु॰ संसिद्धिषु

←स्त्री॰ संसिद्धि (पूर्ण सिद्धि, सम्यक् सिद्धि; पूर्णता पाना, सफलता पाना; मुक्ति, मोक्ष पाना) ←सम्√सिध् 4दिवा॰

संस्तभ्य 3.43, अव्य॰ (जीत कर; अधीन, परास्त, वश –किए) ←सम्√स्तम्भ् 9क्र्या॰

संस्पर्श 5.22, पु॰ (प्राप्ति, मेल, युति, स्पर्श; संयोग, संसर्ग; इन्द्रियों द्वारा विषय ग्रहण) ←सम्√स्पृश् 6तुदा॰

संस्पर्शजाः 5.22, पु॰ प्रथ॰ एक॰ संस्पर्शजः; द्वि॰ संस्पर्शजौ; बहु॰ संस्पर्शजाः (स्पर्शों से उत्पन्न होने वाले) ←वि॰ बस॰ संस्पर्शज, संस्पर्षात् जायते यः सः (स्पर्शजन्य, स्पर्शोत्पन्न, स्पर्शोद्भूत) ←पु॰ संस्पर्श↑ + वि॰ ज↑

संस्मृत्य 18.76, अव्य॰ (याद किए, स्मरण होकर) ←सम्√स्मृ 1भ्वादि॰ (स्मरण करना)

सह 1.22, अव्य॰ अथवा समूहवाचक वि॰ (स↑, सङ्ग↑; सहित↓) ←1भ्वादि॰√सह्

सहजम् 18.48, न॰ प्रथ॰–द्विती॰ एक॰ सहजम् (जो सहज है वह, जो स्वाभाविक है उसको); द्वि॰ सहजे; बहु॰ सहजानि ←वि॰ सहज (अपने–आप; प्राकृतिक, स्वाभाविक; हलका) ←अव्य॰ सह↑ + वि॰ ज↑

सहदेवः 1.16, प्रथ॰ एक॰ सहदेवः (सहदेव); द्वि॰ सहदेवौ; बहु॰ सहदेवाः ←पु॰ विना॰ सहदेव (व्यक्ति परिचय के लिए देखिए- खंड 1, गीता दर्शन↑)

सहयज्ञाः 3.10, पु॰ प्रथ॰ एक॰ सहयज्ञः; द्वि॰ सहयज्ञौ; बहु॰ सहयज्ञाः (यज्ञों के साथ) ←सब॰ वि॰ सहयज्ञ, यक्षेन सह (यज्ञ से, यज्ञ सहित) ←अव्य॰ सह↑ + पु॰ यज्ञ↑

संहरते 2.58, लट् वर्त॰ आत्म॰ एक॰ उत्तम॰ संहरे; मध्य॰ संहरसे; अन्य॰ संहरते (वह एकत्र करता है, बटोरता है, संग्रह करता है, एक साथ बांधता है, सङ्कोचन करता है, निग्रह करता है) ←सम्√हृ (हरण करना)

सहसा 1.13, अव्य॰ (अकस्मात्, अचानक, एकदम, एकसाथ, यकायक, संयोगवश, हठात्) ←सह्√सो 3जुहो॰

सहस्र 7.3, (1) संख्या वि॰ (दश शत, हजार; बहुसंख्य); (2) न॰ (हजार, बहुसंख्या) ←सह√हस् 1भ्वादि॰

सहस्रकृत्वः 11.39, क्रिवि॰ अव्य॰ (सहस्र बार, हजार बार; हजारों) ←वि॰ सहस्र↑

सहस्रबाहो 11.46, पु॰ संबो॰ एक॰ सहस्रबाहो (हे सहस्रबाहु!); द्वि॰ सहस्रबाहू; बहु॰ सहस्रबाहवः ←वि॰ बस॰ सहस्रबाहु, सहस्राणि बाहवः यस्य सः (जिसकी बहुसंख्य बाहें है वह, बहुभुज; कृष्ण↑) ←वि॰ सहस्र↑ + पु॰ बाहु↑

सहस्रयुगपर्यन्तम् 8.17, पु॰ द्विती॰ एक॰ सहस्रयुगपर्यन्तम् (सहस्र युगों पर्यंत रहने वाले

को); द्वि० ०पर्यन्तौ; बहु० ०पर्यन्ता: ←वि० बस० सहस्रयुगपर्यन्त, सहस्राणि युगानि पर्यन्त: यस्य स: (हजारों वर्ष चलने वाला, बहुसंख्य वर्षों की अवधि का) ←वि० सहस्र↑ + न० युग↑ + पु० पर्यन्त (चरम, पराकाष्ठा, समाप्ति; परिधि, मर्यादा, सीमा, हद) ←परि√अय् 1भ्वादि०।

सहस्रश: 11.5, = अव्य० सहस्रशस् (हजारों से, हजारों) ←वि० सहस्र↑

सहस्रेषु 7.3, पु० सप्त० एक० सहस्रे; द्वि० सहस्रयो:; बहु० <u>सहस्रेषु</u> (हजारों में) ←वि० सहस्र↑

सहित 9.1 वि० (स↑, सङ्ग↑, सह↑, साथ) ←1भ्वादि०√सह

संज्ञित 6.23, वि० (विषयक; नामक; नाम अथवा संज्ञा का, इस नाम से जाना हुआ) ←स्त्री० संज्ञा↓

संज्ञा 1.7, स्त्री० (ज्ञान↓; बोध, संकेत; अभिधा, अभिधान, आख्या, उपाधि, उक्ति, नाम↑, निर्देश, व्याख्या; भाषा↑) ←सम्√ज्ञा 9क्र्या०।

संज्ञार्थम् 1.7, द्विती० एक० <u>संज्ञार्थम्</u> (संकेत के उद्देश से); द्वि० संज्ञार्थौ; बहु० संज्ञार्थान् ←पु० तस० संज्ञार्थ, संज्ञाया: अर्थ: (पहचान करने का, व्याख्या करने का, बोध करने का, समझाने का –उद्देश; संकेतार्थ) ←स्त्री० संज्ञा↑ + पु० अर्थ↑

सा 2.69, स्त्री० प्रथ० एक० <u>सा</u> (वह); द्वि० ते; बहु० ता: ←सना० तद्↑

साङ्ख्य 2.39, पु० न० (साङ्ख्ययोग, साङ्ख्यतत्त्व, साङ्ख्यमत; साङ्ख्य योग का आचरण करने वाला) ←सम्√ख्या 2अदा०।

साङ्ख्यम् 5.5, द्विती० एक० <u>साङ्ख्यम्</u> (साङ्ख्य को); द्वि० साङ्ख्ये; बहु० साङ्ख्यानि ←पु० साङ्ख्य↑

साङ्ख्ययोगौ 5.4, द्वन्द्व० प्रथ० द्वि० साङ्ख्य: च योग: च (साङ्ख्य और योग दोनों, साङ्ख्ययोग और कर्मयोग) ←पु० साङ्ख्य↑ + पु० योग↑

साङ्ख्यानाम् 3.3, षष्ठी० एक० साङ्ख्यस्य; द्वि० साङ्ख्ययो:; बहु० <u>साङ्ख्यानाम्</u> (साङ्ख्यों का,की,के; साङ्ख्ययोगाचरण करने वालों का,की,के) ←पु० साङ्ख्य↑

साङ्ख्ये 2.39, सप्त० एक० <u>साङ्ख्ये</u> (साङ्ख्य की मति में); द्वि० साङ्ख्ययो:; बहु० साङ्ख्येषु ←पु० साङ्ख्य↑

साङ्ख्येन 13.25, तृती० एक० <u>साङ्ख्येन</u> (साङ्ख्य से, साङ्ख्यतत्त्व से); द्वि० साङ्ख्याभ्याम्; बहु० साङ्ख्यै:↓ ←पु० साङ्ख्य↑

साङ्ख्यै: 5.5, तृती० एक० साङ्ख्येन↑; द्वि० साङ्ख्याभ्याम्; बहु० <u>साङ्ख्यै:</u> (साङ्ख्यों द्वारा,

साङ्ख्ययोगाचरण करने वालों द्वारा) ←पु॰ साङ्ख्य↑

सागर 10.24, पु॰ (अर्णव, अब्धी, उदधी, जलधि, पयोधि, रत्नाकर, समुद्र↑, सिंधु) ←9क्रया॰√गृ

सागर: 10.24, प्रथ॰ एक॰ सागर: (सागर); द्वि॰ सागरौ; बहु॰ सागरा: ←पु॰ सागर↑

सात्त्विक 7.12, वि॰ (सत्त्वगुण संपन्न, सत्त्वगुणी; यथार्थ, सत्य↑) ←2अदा॰√अस्

सात्त्विक: 17.11, पु॰ प्रथ॰ एक॰ सात्त्विक: (सात्त्विक मनुष्य); द्वि॰ सात्त्विकौ; बहु॰ सात्त्विका:↓ ←वि॰ सात्त्विक↑

सात्त्विकप्रिया: 17.8, पु॰ प्रथ॰ एक॰ सात्त्विकप्रिय:; द्वि॰ सात्त्विकप्रियौ; बहु॰ सात्त्विकप्रिया: (जो सात्त्विकों को प्रिय हैं वे) ←वि॰ बस॰ सात्त्विकप्रिय, सात्त्विकानाम् प्रिय: य: स: (सत्त्वगुणी मनुष्य को जो प्रिय है वह, सात्त्विक को भाने वाला) ←वि॰ सात्त्विक↑ + वि॰ प्रिय↑

सात्त्विकम् 14.16, न॰ प्रथ॰-द्विती॰ एक॰ सात्त्विकम् (सात्त्विक, सात्त्विक को); द्वि॰ सात्त्विके; बहु॰ सात्त्विकानि ←वि॰ सात्त्विक↑

सात्त्विका: 7.12, पु॰ प्रथ॰ एक॰ सात्त्विक:↑; द्वि॰ सात्त्विकौ; बहु॰ सात्त्विका: (जो सत्त्वगुणी हैं वे) ←वि॰ सात्त्विक↑

सात्त्विकी 17.2, स्त्री॰ प्रथ॰ एक॰ सात्त्विकी (जो सात्त्विक है वह); द्वि॰ सात्त्विक्यौ; बहु॰ सात्त्विक्य: ←वि॰ सात्त्विक↑

सात्यकि: 1.17, पु॰ प्रथ॰ एक॰ सात्यकि: (सात्यकि); द्वि॰ सात्यकी; बहु॰ सात्यकय: ←विना॰ सात्यकि (व्यक्ति परिचय के लिए देखिए- खंड 1, गीता दर्शन↑)

साधर्म्यम् 14.2, प्रथ॰-द्विती॰ एक॰ साधर्म्यम् (एकरूपता, एकरूपत को); द्वि॰ साधर्म्ये; बहु॰ साधर्म्याणि ←न॰ साधर्म्य (एकता, एकगुणता, एकरूपता, सधर्मता, समानता) ←वि॰ सम↑ + पु॰ धर्म↑

साधिभूताधिदैवम् 7.30, पु॰ द्विती॰ एक॰ साधिभूताधिदैवम् (अधिभूत और अधिदैव के सहित जो है उसको); द्वि॰ ॰दैवौ; बहु॰ ॰दैवान् ←सब॰ वि॰ साधिभूताधिदैव, अधिभूतेन च अधिदैवेन च सह (अधिभूत और अधिदैव के सहित) ←वि॰ सह↑ + न॰ अधिभूत↑ + न॰ अधिदैव↑

साधियज्ञम् 7.30, पु॰ द्विती॰ एक॰ साधियज्ञम् (जो अधियज्ञ के सहित है उसको); द्वि॰ ॰यज्ञौ; बहु॰ ॰यज्ञान् ←सब॰ वि॰ साधियज्ञ, अधियज्ञेन सह (अधियज्ञ के सहित) ←वि॰ सह↑ + पु॰ अधियज्ञ↑

साधु 4.8, (1) पु॰ (ऋषि↑, सज्जन, संत↑, साध्य, सिद्ध↓); (2) वि॰ (सात्त्विक स्वभाव का; महात्मा↑, पुण्यात्मा) ←5स्वादि॰√साध्

साधुः 9.30, पु॰ प्रथ॰ एक॰ साधुः (साधु); द्वि॰ साधू; बहु॰ साधवः ←वि॰ साधु↑

साधुभावे 17.26, सप्त॰ एक॰ साधुभावे (साधुभाव में); द्वि॰ साधुभावयोः; बहु॰ साधुभावेषु ←पु॰ तस॰ साधुभाव, साधोः भावः (पुण्याचरण, सदाचरण, सात्त्विक भाव) ←वि॰ साधु↑ + पु॰ भाव↑

साधुषु 6.9, पु॰ सप्त॰ एक॰ साधौ; द्वि॰ साध्वोः; बहु॰ साधुषु (साधुओं में) ←वि॰ साधु↑

साधूनाम् 4.8, पु॰ षष्ठी॰ एक॰ साधोः (साधु का,की,के); द्वि॰ साध्वोः; बहु॰ साधूनाम् ←वि॰ साधु↑

साध्याः 11.22, प्रथ॰ एक॰ साध्यः; द्वि॰ साध्यौ; बहु॰ साध्याः (सिद्ध लोग) ←पु॰ साध्य (गणदेवता; सिद्ध↓); वि॰ (निष्पन्न, सम्भव↑, सिद्ध↓; साधनीय) ←4दिवा॰√सिध् (सिद्ध होना)

सामन् 9.17, न॰ (सामवेद↓, सामऋचा) ←3जुहो॰√सो

साम 9.17, प्रथ॰–द्विती॰ एक॰ साम (सामवेद, सामवेद को); द्वि॰ सामनी; बहु॰ सामानि ←न॰ सामन्↑

सामासिकस्य 10.33, षष्ठी॰ एक॰ सामासिकस्य (समास का,की,के); द्वि॰ सामासिकयोः; बहु॰ सामासिकानाम् ←वि॰ सामासिक (समास संबंधी) ←पु॰ समास↑

सामवेदः 10.22, पु॰ प्रथ॰ एक॰ सामवेदः (सामवेद); द्वि॰ सामवेदौ; बहु॰ सामवेदाः ←विना॰ सामवेद ←न॰ सामन्↑

सामर्थ्यम् 2.36, न॰ प्रथ॰–द्विती॰ एक॰ सामर्थ्यम् (सामर्थ्य, सामर्थ्य को); द्वि॰ सामर्थ्ये; बहु॰ सामर्थ्यानि ←न॰ तद्धित शब्द सामर्थ्य, समर्थस्य भावः (औकात, क्रियाशीलता, बिसात, शक्ति, हैसियत, क्षमता) ←सम्√अर्थ 10चुरा॰

साम्नाम् 10.35, षष्ठी॰ एक॰ साम्नः; द्वि॰ साम्नोः; बहु॰ साम्नाम् (साम ऋचाओं में) ←न॰ सामन्↑

साम्य 5.19, न॰ (एकरूपता, समभाव, समानता, सादृश्य; निष्पक्षपात) ←1भ्वादि॰√सम्

साम्ये 5.19, सप्त॰ एक॰ साम्ये (समानता में); द्वि॰ साम्ययोः; बहु॰ साम्येषु ←न॰ साम्य↑

साम्येन 6.33, तृती॰ एक॰ साम्येन (समानता से); द्वि॰ साम्याभ्याम्ः; बहु॰ साम्यैः ←न॰ साम्य↑

साहङ्कारेण 18.24, पु॰ तृती॰ एक॰ साहङ्कारेण (अहंकार से); द्वि॰ साहङ्काराभ्याम्; बहु॰

साहङ्कारैः ←वि॰ सब॰ साहङ्कार, अहङ्कारेण सह (अहङ्कार↑, अहंभाव –सहित) ←अव्य॰ स↑ + पु॰ अहङ्कार↑

साक्षात् 18.75, अव्य॰ (प्रत्यक्ष; स्वतः, स्वयं↓) ←सह√अक्ष् 1भ्वादि॰ (पहूँचना)

साक्षी 9.18, पु॰ प्रथ॰ एक॰ साक्षी (स्वतः देखने वाला); द्वि॰ साक्षिनौ; बहु॰ साक्षिनः ←सब॰ (1) वि॰ साक्षिन्, सह अक्षिणी (अपनी आंखों से, साक्षात्↑, स्वतः –देखने वाला); (2) पु॰ (परमेश्वर↑) ←वि॰ सह↑ + न॰ अक्षि↑

सिद्ध 7.3, (1) पु॰ (ऋषि↑, मुनि↑, योगी↑); (2) वि॰ (तत्पर↑; तयार, निर्णित; संपन्न, सफल) ←4दिवा॰√सिध्

सिद्धः 16.14, प्रथ॰ एक॰ सिद्धः (सिद्ध); द्वि॰ सिद्धौ; बहु॰ सिद्धाः ←पु॰ सिद्ध↑

सिद्धये 7.3, चतु॰ एक॰ सिद्धये अथवा सिद्धयै (सिद्धि को, के लिए); द्वि॰ सिद्धिभ्याम्; बहु॰ सिद्धिभ्यः ←स्त्री॰ सिद्धि↓

सिद्धसङ्घाः 11.36, प्रथ॰ एक॰ सिद्धसङ्घः; द्वि॰ सिद्धसङ्घौ; बहु॰ सिद्धसङ्घाः (सिद्धों के समूह) ←पु॰ तस॰ सिद्धसङ्घ, सिद्धानाम् सङ्घः (साधुओं का समूह, सिद्धों का समुदाय) ←पु॰ सिद्ध↑ + पु॰ सङ्घ↑

सिद्धानाम् 7.3, षष्ठी॰ एक॰ सिद्धस्य; द्वि॰ सिद्धयोः; बहु॰ सिद्धानाम् (सिद्धों में) ←पु॰ सिद्ध↑

सिद्धि 2.48, स्त्री॰ (उपपत्ति↑, सफलता; प्रतिष्ठा↑) ←4दिवा॰√सिध् (सफल होना)

सिद्धिः 4.12, प्रथ॰ एक॰ सिद्धिः (सिद्धि); द्वि॰ सिद्धी; बहु॰ सिद्धयः ←स्त्री॰ सिद्धि↑

सिद्धिम् 3.4, द्विती॰ एक॰ सिद्धिम् (सिद्धि को); द्वि॰ सिद्धी; बहु॰ सिद्धीः ←स्त्री॰ सिद्धि↑

सिद्धौ 4.22, सप्त॰ एक॰ सिद्धौ (सिद्धि में); द्वि॰ सिद्ध्योः; बहु॰ सिद्धिषु ←स्त्री॰ सिद्धि↑

सिद्ध्यसिद्ध्योः 2.48, द्वन्द्व॰ सप्त॰ द्वि॰ सिद्धौ च असिद्धौ च (सिद्धि और असिद्धि दोनों में) ←स्त्री॰ सिद्धि↑ + स्त्री॰ असिद्धि↑

सिंहनादम् 1.12, द्विती॰ एक॰ सिंहनादम् (सिंहनाद को); द्वि॰ सिंहनादौ; बहु॰ सिंहनादान् ←पु॰ कस॰ सिंहनाद, सिंहस्य इव नादः (सिंहगर्जना, सिंहघोष, सिंह समान गर्जना) ←पु॰ सिंह (केसरी, मृगेंद्र) ←7रुधा॰√हिंस् + पु॰ नाद (आवाज, गर्जना, ध्वनि) ←1भ्वादि॰√नद्

सीदन्ति 1.29, लट् वर्त॰ पर॰ अन्य॰ एक॰ सीदति; द्वि॰ सीदतः; बहु॰ सीदन्ति (वे पीड़ित होते हैं) ←1भ्वादि॰√सद् (कष्ट में पड़ना; थकना; पीड़ित होना)

सु 1.6, अव्य॰ (अच्छा, उत्तम; अति↑, अतीव, अधिक↑; अनायस, सहज↑ ...इत्यादिक अर्थों का उपसर्ग) ←1भ्वादि॰√सु

सुकृत 2.50, (1) न॰ (पुण्य↑, शुभकर्म); (2) वि॰ (अच्छा किया हुआ, पुण्यकारक, शुभदायक; भला कर्म करने वाला) ←सु√कृ 8तना॰

सुकृतदुष्कृते 2.50, द्वन्द्व॰ न॰ प्रथ॰–द्विती॰ द्वि॰ सुकृतम् च दुष्कृतम् च (सुकृत और दुष्कृत दोनों, पुण्य और पाप; सत्कृत्य करने वाला और दुष्कृत्य करने वाला) ←न॰ सुकृत↑ + न॰ दुष्कृत↑

सुकृतम् 5.15, न॰ प्रथ॰–द्विती॰ एक॰ सुकृतम् (सुकृत, सुकृत करने वाला, सुकृत करने वाले को); द्वि॰ सुकृते; बहु॰ सुकृतानि ←वि॰ सुकृत↑

सुकृतस्य 14.16, पु॰ षष्ठी॰ एक॰ सुकृतस्य (सात्त्विक का,की,के); द्वि॰ सुकृतयोः; बहु॰ सुकृतानाम् ←वि॰ सुकृत↑

सुकृतिनः 7.16, पु॰ प्रथ॰ एक॰ सुकृती; द्वि॰ सुकृतिनौ; बहु॰ सुकृतिनः (सत्कृत्य करने वाले) ←वि॰ सुकृतिन् (सत्कर्मी, सुकृत↑, सत्कृत्य करने वाला, भद्र, भलामानस, शरीफ, सज्जन, सदाचारी, सुशील) ←सु√कृ 8तना॰

सुख 1.32, (1) न॰ (आनंद, शांति↑, संतोष); (2) वि॰ (प्रिय↑, प्रसन्न↑; सरल, उपयुक्त, सहज↑) ←10चुरा॰√सुख् (आनंद, सुख –देना)

सुखदुःख 2.38, न॰ (सुख और दुःख समूहवाचक) ←न॰ सुख↑ + न॰ दुःख↑

सुखदुःखसंज्ञैः 15.5, न॰ तृती॰ एक॰ सुखदुःखसंज्ञेन; द्वि॰ सुखदुःखसंज्ञाभ्याम्; बहु॰ सुखदुःखसंज्ञैः (जिनको सुखदुःख कहते हैं उन्होंने) ←वि॰ बस॰ सुखदुःखसंज्ञसुखम् च दुखम् च संज्ञे यस्य तत् (जिसको सुखदुःख कहते हैं वह, सुखदुःख नामक) ←न॰ सुख↑ + न॰ दुःख↑ + स्त्र॰ संज्ञा↑

सुखदुःखानाम् 13.21, द्वन्द्व॰ षष्ठी॰ द्वि॰ सुखदुःखयोः; बहु॰ सुखदुःखानाम् सुखानाम् च दुःखानाम् च (सुखदुःखों का,की,के) ←न॰ सुखदुःख↑

सुखदुःखे 2.38, द्वन्द्व॰ प्रथ॰–द्विती॰ द्वि॰ सुखम् च दुःखम् च (सुख और दुःख दोनों) ←न॰ सुखदुःख↑

सुखम् 2.66, (1) द्विती॰ एक॰ सुखम् (सुख, सुख को); द्वि॰ सुखे; बहु॰ सुखानि↓; (2) 5.13, क्रिवि॰ (आनंद से, सुख से, शांति से) ←न॰ सुख↑

सुखसङ्गेन 14.6, तृती॰ एक॰ सुखसङ्गेन (सुख की आसक्ति से); द्वि॰ सुखसङ्गाभ्याम्; बहु॰ सुखसङ्गैः ←पु॰ तस॰ सुखसङ्ग, सुखस्य सङ्गः (सुख की– आसक्ति, लालसा, वासना) ←न॰ सुख↑ + पु॰ सङ्ग↑

सुखस्य 14.27, षष्ठी॰ एक॰ सुखस्य (सुख का,की,के); द्वि॰ सुखयोः; बहु॰ सुखानाम्

←न॰ सुख↑

सुखानि 1.32, प्रथ॰–द्विती॰ एक॰ सुखम्↑; द्वि॰ सुखे; बहु॰ सुखानि (सुख, सुखों को) ←न॰ सुख↑

सुखिन् 1.37, वि॰ सुखिन् (आनंदी, प्रसन्न↑, सुखी) ←10चुरा॰√सुख्

सुखिनः 1.37, पु॰ प्रथ॰ एक॰ सुखी↓; द्वि॰ सुखिनौ; बहु॰ सुखिनः (सुखी लोग) ←वि॰ सुखिन्↑

सुखी 5.23, पु॰ प्रथ॰ एक॰ सुखी (सुखी मनुष्य); द्वि॰ सुखिनौ; बहु॰ सुखिनः↑ ←वि॰ सुखिन्↑

सुखे 14.9, सप्त॰ एक॰ सुखे (सुख में); द्वि॰ सुखयोः; बहु॰ सुखेषु↓ ←न॰ सुख↑

सुखेन 6.28, तृती॰ एक॰ सुखेन (सुख से); द्वि॰ सुखाभ्याम्; बहु॰ सुखैः ←न॰ सुख↑

सुखेषु 2.56, सप्त॰ एक॰ सुखे↑; द्वि॰ सुखयोः; बहु॰ सुखेषु (सुखों में) ←न॰ सुख↑

सुघोषमणिपुष्पकौ 1.16, द्वन्द्व॰ प्रथ॰ द्वि॰ सुघोषः च मणिपुष्पकः च (सुघोष और मणिपुष्पक) ←पु॰ विना॰ सुघोष (नकुल का शंख) + पु॰ विना॰ मणिपुष्पक (सहदेव का शंख)

सुदुराचारः 9.30, पु॰ प्रथ॰ एक॰ सुदुराचारः (बहुत दुराचरणी मनुष्य); द्वि॰ सुदुराचारौ; बहु॰ सुदुराचाराः ←वि॰ सब॰ सुदुराचार, दुराचारेण सह यः सः (दुराचारी, दुराचरणी, दुराचार के सहित जो है वह) ←वि॰ दुराचार (बुरा- आचरण, आचार, वर्तन) ←अव्य॰ सु↑ अथवा अव्य॰ सह↑ + अव्य॰ दुर्↑ + पु॰ आचार↑

सुदुर्दर्शम् 11.52, न॰ प्रथ॰–द्विती॰ एक॰ सुदुर्दर्शम् (दर्शन के लिए जो बहुत कठिन है वह, ॰उसको); द्वि॰ सुदुर्दर्शे; बहु॰ सुदुर्दर्शानि ←वि॰ सब॰ सुदुर्दर्श (बहुत दुर्दर्श; दर्शन के लिए- कठिन, दुष्प्राप्य) ←अव्य॰ सु↑ + अव्य॰ दुर् + न॰ दर्श (दर्शन, दृश्य) ←1भ्वादि॰√दृश् (देखना)

सुदुर्लभः 7.19, पु॰ प्रथ॰ एक॰ सुदुर्लभः (जो बहुत दुर्लभ है वह); द्वि॰ सुदुर्लभौ; बहु॰ सुदुर्लभाः ←वि॰ सुदुर्लभ (बहुत दुर्लभ; दुर्गम, प्राप्त करने के लिए बहुत कठिन, दुरत्य, दुष्कर, दुस्तर, दुस्साध्य, दुष्प्राप्य) ←अव्य॰ सु↑ + वि॰ दुर्लभ↑

सुदुष्करम् 6.34, न॰ प्रथ॰–द्विती॰ एक॰ सुदुष्करम् (करने के लिए जो बहुत कठिन है वह, ॰उसको); द्वि॰ सुदुष्करे; बहु॰ सुदुष्कराणि ←वि॰ सुदुष्कर (बहुत दुष्कर; करने के लिए बहुत कठिन) ←अव्य॰ सु↑ + वि॰ दुष्कर (करने के लिए कठिन, चंड, दुस्साध्य, विकट, मुश्किल)

सुनिश्चितम् 5.1, न॰ प्रथ॰–द्विती॰ एक॰ सुनिश्चितम् (जो बहुत निश्चित है वह, ॰उसको); द्वि॰ सुनिश्चिते; बहु॰ सुनिश्चितानि ←वि॰ सब॰ सुनिश्चित, निश्चितेन सह (निश्चित रीति से, एकदम ठीक) ←अव्य॰ सु↑ + वि॰ निश्चित↑

सुर 2.8, पु॰ (देव, देवता) ←सु√रा 2अदा॰ (प्रदान करना)

सुरगणाः 10.2, प्रथ॰ एक॰ सुरगणः; द्वि॰ सुरगणौ; बहु॰ सुरगणाः (देव देवताओं के गण) ←पु॰ तस॰ सुरगण, सुराणाम् गणः (देवगण, देव लोग; देवदेवता) ←पु॰ सुर↑ + पु॰ गण↑

सुरसङ्घाः 11.21, प्रथ॰ एक॰ सुरसङ्घः; द्वि॰ सुरसङ्घौ; बहु॰ सुरसङ्घाः (देवों के झुंड) ←पु॰ तस॰ सुरसङ्घ, सुराणाम् सङ्घः (समूहवाचक- देवगण, देव लोग, देव-देवता समुदाय) ←पु॰ सुर↑ + पु॰ सङ्घ↑

सुराणाम् 2.8, षष्ठी॰ एक॰ सुरस्य; द्वि॰ सुरयोः; बहु॰ सुराणाम् (देवों का,की,के) ←पु॰ सुर↑

सुरेन्द्रलोकम् 9.20, द्विती॰ एक॰ सुरेन्द्रलोकम् (इंद्रलोक को); द्वि॰ सुरेन्द्रलोकौ; बहु॰ सुरेन्द्रलोकान् ←पु॰ तस॰ सुरेन्द्रलोक, सुरेन्द्रस्य लोकः (इंद्रलोक, ऊर्ध्वलोक, देवलोक, धौ, वैकुण्ठ, स्वर्लेक, स्वर्गलोक, सुरधाम) ←वि॰ सुरेन्द्र (देवों का राजा; इंद्र) ←पु॰ सुर↑ + वि॰ इन्द्र ←1भ्वादि॰√इन्द् + पु॰ लोक↑

सुलभः 8.14, पु॰ प्रथ॰ एक॰ सुलभः (सुलभ); द्वि॰ सुलभौ; बहु॰ सुलभाः ←वि॰ तस॰ सुलभ, सुखेन लभ्यते इति (प्राप्त होने के लिए सहज, लभ्य, सुगम)

सुविरूढमूलम् 15.3, पु॰ द्विती॰ एक॰ सुविरूढमूलम् (जिसकी जड़ें गहरी फैली हैं उसको); द्वि॰ सुविरूढमूलौ; बहु॰ सुविरूढमूलान् ←वि॰ बस॰ सुविरूढमूल, सुविरुढानि मूलानि यस्य सः (अति विस्तृत बढ़े हुए मूलों का) ←अव्य॰ सु + वि॰ विरूढ (बढ़ा हुआ, फैला हुआ) ←सु-वि√रुह् + न॰ मूल↑

सुसुखम् 9.2, न॰ प्रथ॰–द्विती॰ एक॰ सुसुखम् (जो बहुत सुखदायक है वह, ॰उसको); द्वि॰ सुसुखे; बहु॰ सुसुखानि ←वि॰ सब॰ सुसुख, सुखेन सह यत् (बहुत आनंद देने वाला, सुखदायक) ←अव्य॰ सु↑ + न॰ सुख↑

सुहृत् 9.18, = सुहृद्↓

सुहृद् 6.9, (1) वि॰ बस॰ हृदयेन सह यः (भले मन का, शुभचिंतक, हितचिंतक, हितेच्छु, हमदर्द); (2) पु॰ (दोस्त, मित, मित्र↑, सखा↑, स्नेही, स्वजन↓) ←स√हृ 1भ्वादि॰

सुहृदः 1.25, पु॰ द्विती॰ सुहृदम्↓; द्वि॰ सुहृदौ; बहु॰ सुहृदः (स्वजनों को) ←वि॰ सुहृद्↑

सुहृदम् 5.29, पु॰ द्विती॰ सुहृदम् (स्वजन को); द्वि॰ सुहृदौ; बहु॰ सुहृद:↑ ←वि॰ सुहृद्↑

सुहृन्मित्रार्युदासीनमध्यस्थद्वेष्यबन्धुषु 6.9, द्वन्द्व॰ सप्त॰ बहु॰ सुहृत्सु च मित्रेषु च अरिषु च उदासीनेषु च मध्यस्थेषु च द्वेष्येषु च बन्धुषु च (सुहृद, मित्र, उदासीन, मध्यस्थ, द्वेष्य और बंधुओं में) ←पु॰ सुहृद्↑ + पु॰ मित्र↑ + पु॰ अरि↑ + वि॰ उदासीन ←उद्√आस् 2अदा॰ + पु॰ मध्यस्थ ←मह्√स्थ 1भ्वादि॰+ पु॰ द्वेष्य ←2अदा॰√द्विष् + पु॰ बन्धु↑

सूतपुत्रः 11.26, पु॰ प्रथ॰ एक॰ सूतपुत्रः (सूतपुत्र); द्वि॰ सूतपुत्रौ; बहु॰ सूतपुत्राः ←वि॰ (1) तस॰ सूतपुत्र, सूतस्य पुत्रः (सूत का पुत्र); (2) बस॰ सूतस्य पुत्रः इति संज्ञा यस्य सः (कर्ण) ←पु॰ वि॰ सूत (चालक, यंता, सारथी, क्षत्ता) ←10चुरा॰√सू + पु॰ पुत्र↑

सूत्रे 7.7, सप्त॰ एक॰ सूत्रे (धागे में); द्वि॰ सूत्रयोः; बहु॰ सूत्रेषु ←न॰ सूत्र (तंतु, तागा, तांत, धागा, डोर, रज्जु, रेशा) ←10चुरा॰√सूत्र्

सूदन 1.35, न॰ (वध); वि॰ (नाशक, वध कारक) ←√सूद्

सूयते 9.10, लट् वर्त॰ आत्म॰ उत्तम॰ एक॰ सूये; मध्य॰ एक॰ सूयसे; अन्य॰ एक॰ सूयते (वह उत्पन्न करती है); अन्य॰ द्वि॰ सूयेते; अन्य॰ बहु॰ सूयन्ते ←4दिवा॰√सू (उत्पन्न करना)

सूर्य 7.8, पु॰ (अर्क, अरुण, अंशु, आदित्य↑, खग, भानु, मार्तंड, मित्र, रवि↑, सूर्य, दिनकार, दिवाकर, प्रभाकर, मिहिर, विभावसु↑) ←1भ्वादि॰√सृ

सूर्यः 15.6, प्रथ॰ एक॰ सूर्यः (सूर्य); द्वि॰ सूर्यौ; बहु॰ सूर्याः ←पु॰ सूर्य↑

सूर्यसहस्रस्य 11.12, षष्ठी॰ एक॰ सूर्यसहस्रस्य (सूर्यों के सहस्र का,की,के); द्वि॰ ॰सहस्रयोः; बहु॰ ॰सहस्राणाम् ←पु॰ तस॰ सूर्यसहस्र, सूर्याणाम् सहस्रम् (समुदायवाचक– सहस्र सूर्य, हजारों सूर्य) ←पु॰ सूर्य↑ + न॰ सहस्र↑

सूक्ष्मत्वात् 13.16, पंच॰ एक॰ सूक्ष्मत्वात् (सूक्ष्मत्व के कारण); द्वि॰ सूक्ष्मत्वाभ्याम्; बहु॰ सूक्ष्मत्वेभ्यः ←न॰ सूक्ष्मत्व (अति अल्पता, तीक्ष्णता, सूक्ष्मता) ←10चुरा॰√सूच्

सृजति 5.14, लट् वर्त॰ पर॰ एक॰ उत्तम॰ सृजामि↓; मध्य॰ सृजसि; अन्य॰ सृजति (वह निर्माण करता है) ←6तुदा॰√सृज् (निर्मण करना)

सृजामि 4.7, लट् वर्त॰ पर॰ एक॰ उत्तम॰ सृजामि (मैं प्रकट, निर्माण करता हूँ); मध्य॰ सृजसि; अन्य॰ सृजति↑ ←6तुदा॰√सृज् (निर्मण करना)

सृष्ट 3.10, वि॰ (1) (उत्पन्न, उद्भूत, तयार, निर्माण, –किया हुआ) ←6तुदा॰√सृज् (उत्पन्न, निर्माण करना); (2) 17.13, (त्यागा हुआ, दिया हुआ, छोड़ा हुआ) ←4दिवा॰√सृज् (त्यागना, देना, छोड़ना)

सृष्टम् 4.13, न॰ प्रथ॰–द्विती॰ एक॰ सृष्टम् (उत्पन्न हुआ, उत्पन्न हुए को); द्वि॰ सृष्टे; बहु॰ सृष्टानि ←वि॰ सृष्ट↑

सृष्ट्वा 3.10, अव्य॰ (उत्पन्न, उद्भूत, तयार, निर्माण, –किए, करके) ←4दिवा॰√सृज् (सृष्ट, निर्माण करना)

सृती 8.27, (1) प्रथ॰ एक॰ सृतिः; द्वि॰ सृती (दो मार्ग); बहु॰ सृतयः; (2) द्विती॰ एक॰ सृतिम्; द्वि॰ सृती (दो मार्गों से); बहु॰ सृतीः ←स्त्री॰ सृति (बाट, पथ, मार्ग, रास्ता, राह, सड़क) ←1भ्वादि॰√सृ

सेना 1.21, स्त्री॰ (अनी, अनिक, अनिकिनी, अनीक, कटक, गुल्मिनी, चमू↑, दल, ध्वजिनी, पंक्ति, पताकिनी, पलटन, फौज, बल↑, लश्कर, वरूथिनी, वाहिनी, समिति↑, सैन्य↓) ←5स्वादि॰√सि

सेनयोः 1.21, षष्ठी॰ एक॰ सेनायाः; द्वि॰ सेनयोः (दो सेनाओं का,की,के); बहु॰ सेनानाम् ←स्त्री॰ सेना↑

सेनानीनाम् 10.24, षष्ठी॰ एक॰ सेनान्यः; द्वि॰ सेनान्योः; बहु॰ सेनान्याम् अथवा सेनानीनाम् (सेनापतियों में) ←पु॰ सेनानी (सेनाधिपति, सेनानायक, सेनापति) ←स्त्री॰ सेना↑

सेवते 14.26, लट् वर्त॰ आत्म॰ एक॰ उत्तम॰ सेवे; मध्य॰ सेवसे; अन्य॰ सेवते (वह सेवा करता है, वह पूजता है) ←1भ्वादि॰√सेव् (पूजना, सेवा करना)

सेवया 4.34, तृती॰ एक॰ सेवया (सेवा से, के द्वारा); द्वि॰ सेवाभ्याम्; बहु॰ सेवाभिः ←स्त्री॰ सेवा↓

सेवा 4.34, स्त्री॰ (अर्चा, आराधन, उपासना, प्रसादना; खिदमत, दास्य, परिचर्या↑, सुश्रुषा) ←1भ्वादि॰√सेव्

सैन्यस्य 1.7, षष्ठी॰ एक॰ सैन्यस्य (सैन्य का,की,के); द्वि॰ सैन्ययोः; बहु॰ सैन्यानाम् ←न॰ सैन्य (चमू↑, दल, पंक्ति, फौज, बल↑, लश्कर, वाहिनी, समिति↑, सेना↑) ←5स्वादि॰√सि

सोढुम् 5.23, = अव्य॰ सहितुम (सहन करने के लिए) ←1भ्वादि॰√सह् (सहन करना)

सोम 9.20, पु॰ (चंद्र, चंद्रमा, शशाङ्क↑, शशी; अमृत, सोमरस) ←2अदा॰√सु

सोमः 15.13, प्रथ॰ एक॰ सोमः (सोम); द्वि॰ सोमौ; बहु॰ सोमाः ←पु॰ सोम↑

सोमपाः 9.20, (1) प्रथ॰ एक॰ सोमपाः (सोमरस पीने वाला); द्वि॰ सोमपौ; बहु॰ सोमपाः (सोमरस पीने वाले) ←वि॰ सोमपा; (2) प्रथ॰ एक॰ सोमपः; द्वि॰ सोमपौ; बहु॰ सोमपाः (सोमरस पीने वाले) ←वि॰ सोमप (सोमरस पीने वाला, सोमयाग करने वाला) ←पु॰

सोम↑ + वि॰ पा (पीना) ←1भ्वादि॰√पा

सौभद्रः 1.6, पु॰ प्रथ॰ एक॰ सौभद्रः (सौभद्र); द्वि॰ सौभद्रौ; बहु॰ सौभद्राः ←वि॰ तद्धित शब्द सौभद्र, सुभद्रायाः अपत्यम् पुमान् (सुभद्रा का पुत्र); विना॰ (अभिमन्यु) व्यक्ति परिचय के लिए देखिए– खंड 1, गीता दर्शन↑

सौमदत्तिः 1.8, प्रथ॰ एक॰ सौमदत्तिः (सोमदत्त का पुत्र); द्वि॰ सौमदत्ती; बहु॰ सौमदत्तयः ←पु॰ सौमदत्ति, तद्धित शब्द सोमदत्तस्य अपत्यम् (सोमदत्त का पुत्र); विना॰ (भुरिश्रवा) व्यक्ति परिचय के लिए देखिए– खंड 1, गीता दर्शन↑

सौम्य 11.50, वि॰ (साधारण, सादा; कोमल, प्रसन्न↑, शान्त↑) ←2अदा॰√सु

सौम्यम् 11.51, न॰ प्रथ॰–द्विती॰ एक॰ सौम्यम् (सौम्य, सौम्य–को); द्वि॰ सौम्ये; बहु॰ सौम्यानि ←वि॰ सौम्य↑

सौम्यत्वम् 17.16, प्रथ॰–द्विती॰ एक॰ सौम्यत्वम् (सौम्यत्व, ॰को); द्वि॰ सौम्यत्वे; बहु॰ सौम्यत्वानि ←न॰ सौम्यत्व (सादगी, कोमलता, प्रसन्नता, शांति) ←वि॰ सौम्य↑

सौम्यवपुः 11.50, पु॰ प्रथ॰ एक॰ सौम्यवपुः (जिसका शरीर साधारण है वह); द्वि॰ सौम्यवपू; बहु॰ सौम्यवपवः ←वि॰ बस॰ सौम्यवपु↓, सौम्यम् वपु यस्य सः (साधारण शरीर का, शांत स्वरूप का) ←वि॰ सौम्य↑ + न॰ वपु (अङ्ग↑, कलेवर↑, काय↑, काया, तनू↑, देह↑, पंजर, पिण्ड, पुद्गल, बदन, शरीर↑) ←1भ्वादि॰√वप्

सौक्ष्म्यात् 13.33, पंच॰ एक॰ सौक्ष्म्यात् (सूक्ष्मता के कारण); द्वि॰ सौक्ष्म्याभ्याम्; बहु॰ सौक्ष्म्येभ्यः ←न॰ सौक्ष्म्य (सूक्ष्मता) ←वि॰ सूक्ष्म↑

स्कन्दः 10.24, प्रथ॰ एक॰ स्कंदः (स्कंद); द्वि॰ स्कंदौ; बहु॰ स्कंदाः ←पु॰ विना॰ स्कंद (कार्तिकेय, कार्तिक स्वामी, सुरसेनापति, षडानन, षण्मुख, सुब्रह्मण्यम्)

(स्त)

स्तब्ध 16.17, वि॰ (चुप, मौन↑, शान्त↑, सुन्न; अचल↑, गतिहीन) ←9क्र्या॰√स्तम्भ्

स्तब्धः 18.28, पु॰ प्रथ॰ एक॰ स्तब्धः (जो स्तब्ध है वह); द्वि॰ स्तब्धौ; बहु॰ स्तब्धाः ←वि॰ स्तब्ध↑

स्तब्धाः 16.17, पु॰ प्रथ॰ एक॰ स्तब्धः; द्वि॰ स्तब्धौ; बहु॰ स्तब्धाः (जो स्तब्ध हैं वे) ←वि॰ स्तब्ध↑

स्तुति 11.21, स्त्री॰ (प्रशंसा, स्तवन, स्तुति; स्तोत्र) ←2अदा॰√स्तु

स्तुतिभिः 11.21, तृती॰ एक॰ स्तुत्या; द्वि॰ स्तुतिभ्याम्; बहु॰ स्तुतिभिः (स्तुतियों से) ←स्त्री॰

स्तुति↑

स्तुवन्ति 11.21, लट् वर्त॰ पर॰ अन्य॰ एक॰ स्तुवति; द्वि॰ स्तुवत:; बहु॰ स्तुवन्ति (वे स्तुति करते हैं) ←2अदा॰√स्तु (स्तुति करना)

स्तेनः 3.12, प्रथ॰ एक॰ स्तेन: (स्तेन); द्वि॰ स्तेनौ↑; बहु॰ स्तेना: ←पु॰ स्तेन (उचक्का, उठाईगीर, चोट्टा, चोर, तस्कर, मोषक, लुटारु, वंचक) ←10चुरा॰√स्तेन्

स्त्रियः 9.32, प्रथ॰ एक॰ स्त्री; द्वि॰ स्त्रियौ; बहु॰ स्त्रिय: (स्त्रियाँ) ←स्त्री॰ स्त्री↓

स्त्री 1.41, अनियमित शब्द, स्त्री॰ (अंगना, कांता, कामिनी, जनी, दारा↑, नारी↑, महिला, ललना, वनिता, स्त्री) ←1भ्वादि॰√स्त्यै

स्त्रीषु 1.41, सप्त॰ एक॰ स्त्रियाम्; द्वि॰ स्त्रियो:; बहु॰ स्त्रीषु (स्त्रियों में) ←स्त्री॰ स्त्री↑

स्थ 2.45, वि॰ स्थित↓ का सामासिक रूप (स्थित↓; वर्तमान) ←1भ्वादि॰√स्थ

स्थाणुः 2.24, पु॰ प्रथ॰ एक॰ स्थाणु: (स्थाणु); द्वि॰ स्थाणू; बहु॰ स्थाणव: ←वि॰ स्थाणु (अचल↑, अडिग, दृढ↑; मजबूत, स्थिर↓) ←1भ्वादि॰√स्थ

स्थान 5.5, न॰ (ठिकाना, थान, जगह; पद↑) ←1भ्वादि॰√स्थ

स्थानम् 5.5, न॰ प्रथ॰–द्विती॰ एक॰ स्थानम् (स्थान, स्थान को); द्वि॰ स्थाने; बहु॰ स्थानानि ←न॰ स्थान↑

स्थाने 11.36, अव्य॰ (उचित; ठीक ही; वैसे ही, उसी प्रकार, उसी तरह) ←1भ्वादि॰√स्थ

स्थापय 1.21, लोट् पर॰ उपदेशार्थ उत्तम॰ स्थापयानि; मध्य॰ स्थापय (तू स्थापित कर); अन्य॰ स्थापयतु ←1भ्वादि॰√स्था

स्थापयित्वा 1.24, अव्य॰ (खड़ा, स्थापन –किए) ←1भ्वादि॰√स्था (रुकना)

स्थावर 10.25, वि॰ (अचर↑, अचल↑, स्थिर↓; अचेतन, निर्जिव) ←1भ्वादि॰√स्थ

स्थावरजङ्गमम् 13.27, द्वन्द्व॰ न॰ प्रथ॰–द्विती॰ एक॰ स्थावरम् च जङ्गमम् च (चराचरा, चलाचल, चल और अचल) ←वि॰ स्थावर↑ + वि॰ जङ्गम (अस्थिर, क्रियाशील, चर↑, चल↑, सचेतन, सजीव) ←1भ्वादि॰√गम्

स्थावराणाम् 10.25, पु॰ षष्ठी॰ एक॰ स्थावरस्य; द्वि॰ स्थावरयो:; बहु॰ स्थावराणाम् (स्थावरों में) ←वि॰ स्थावर↑

स्थास्यति 2.53, ऌट् अपूर्ण भवि॰ पर॰ भवि॰ एक॰ उत्तम॰ स्थास्यामि; मध्य॰ स्थास्यसि; अन्य॰ स्थास्यति (वह स्थिर होगी) ←1भ्वादि॰√स्था (रुकना)

स्थित 1.14, वि॰ (स्थ↑; स्थापन, स्थायी, स्थावर, स्थिर –हुआ; आसीन↑) ←1भ्वादि॰√स्था (खड़े होना, रुकना; रहना, स्थिर होना); समास में इस विशेषण का वि॰ स्थ↑ इस रूप

में भी प्रयोग किया जाता है ।

स्थित: 5.20, पु॰ प्रथ॰ एक॰ <u>स्थित:</u> (जो स्थित है वह); द्वि॰ स्थितौ↓; बहु॰ स्थिता:↓ ←वि॰ स्थित↑

स्थितधी: 2.54, पु॰ प्रथ॰ एक॰ <u>स्थितधी:</u> (स्थितप्रज्ञ); द्वि॰ स्थितध्यौ; बहु॰ स्थितध्य: ←वि॰ बस॰ स्थितधी, स्थिता धी यस्य (दृढ़चित्त, स्थितप्रज्ञ; शांत, स्थिर –चित्त का) ←वि॰ स्थित↑ + स्त्री॰ धी (मेधा↑, प्रतिभा, प्रज्ञा↑, बुद्धि↑, मति↑; चित्त↑) ←वि॰ स्थित↑ + 1भ्वादि॰√ध्यै

स्थितप्रज्ञ 2.54, वि॰ बस॰ स्थिता प्रज्ञा यस्य स: (स्थितधी↑, स्थिर बुद्धि का) ←वि॰ स्थित↑ + स्त्री॰ प्रज्ञा↑

स्थितप्रज्ञ: 2.55, पु॰ प्रथ॰ एक॰ <u>स्थितप्रज्ञ:</u> (स्थितप्रज्ञ); द्वि॰ स्थितप्रज्ञौ; बहु॰ स्थितप्रज्ञा: ←वि॰ स्थितप्रज्ञ↑

स्थितप्रज्ञस्य 2.54, पु॰ षष्ठी॰ एक॰ <u>स्थितप्रज्ञस्य</u> (स्थितप्रज्ञ का,की,के); द्वि॰ स्थितप्रज्ञयो:; बहु॰ स्थितप्रज्ञानाम् ←वि॰ स्थितप्रज्ञ↑

स्थितम् 5.19, पु॰ द्वितीः एक॰ <u>स्थितम्</u> (जो स्थित है उसको); द्वि॰ स्थितौ; बहु॰ स्थितान्↓ ←वि॰ स्थित↑

स्थिता: 5.19, पु॰ प्रथ॰ एक॰ स्थित:↑; द्वि॰ स्थितौ↓; बहु॰ <u>स्थिता:</u> (जो स्थित हैं वे) ←वि॰ स्थित↑

स्थितान् 1.25, पु॰ द्विती॰ एक॰ स्थितम्↑; द्वि॰ स्थितौ; बहु॰ <u>स्थितान्</u> (जो स्थित हैं उनको) ←वि॰ स्थित↑

स्थिति 2.72, स्त्री॰ (अवस्था, दशा, परिस्थिति, हालत; निवास↑, रहना; अवस्थान, सीमा) ←1भ्वादि॰√स्था (रहना, स्थिरना)

स्थिति: 2.72, प्रथ॰ एक॰ <u>स्थिति:</u> (स्थिति); द्वि॰ स्थिती; बहु॰ स्थितय: ←स्त्री॰ स्थिति↑

स्थितिम् 6.33, द्विती॰ एक॰ <u>स्थितिम्</u> (स्थिति को); द्वि॰ स्थिती; बहु॰ स्थिती: ←स्त्री॰ स्थिति↑

स्थितौ 1.14, पु॰ प्रथ॰ एक॰ स्थित:↑; द्वि॰ <u>स्थितौ</u> (जो स्थित हैं वे दोनों); बहु॰ स्थिता:↑ ←वि॰ स्थित↑

स्थित्वा 2.72, अव्य॰ (स्थिर होकर) ←1भ्वादि॰√स्था (रहना, स्थिरना)

स्थिर 1.16, वि॰ (अचर↑, अचल↑, अडिग, दृढ↑, निश्चल, संस्थ↑, स्तब्ध↑, स्थावर↑, स्थायी; गतिहीन) ←1भ्वादि॰√स्था (रहना, स्थिरना)

स्थिर: 6.13, पु० प्रथ० एक० स्थिर: (स्थिर); द्वि० स्थिरौ; बहु० स्थिरा:↓ ←वि० स्थिर↑

स्थिरबुद्धि: 5.20, पु० प्रथ० एक० स्थिरबुद्धि: (स्थिरबुद्धि); द्वि० स्थिरबुद्धी; बहु० स्थिरबुद्धय: ←वि० बस० स्थिरबुद्धि, स्थिरा बुद्धि: यस्य स: (शांतचित्त, स्थिरमति, स्थिरात्मन) ←वि० स्थिर↑ + स्त्री० बुद्धि↑

स्थिरम् 6.11, पु० द्विती० एक० स्थिरम् (स्थिर को); द्वि० स्थिरौ; बहु० स्थिरान् ←वि० स्थिर↑

स्थिरमति: 12.19, पु० प्रथ० एक० स्थिरमति (स्थिरमति का मनुष्य); द्वि० स्थिरमती; बहु० स्थिरमतय: ←वि० बस० स्थिरमति, स्थिरा मति: यस्य स: (शांतचित्त, स्थिरबुद्धि, स्थिरात्मन) ←वि० स्थिर↑ + स्त्री० मति↑

स्थिरा: 17.8, पु० प्रथ० एक० स्थिर:↑; द्वि० स्थिरौ; बहु० स्थिरा: (जो स्थिर हैं वे) ←वि० स्थिर↑

स्थिराम् 6.33, स्त्री० द्विती० एक० स्थिराम् (जो स्थिर है उसको); द्वि० स्थिरे; बहु० स्थिरा: ←वि० स्थिर↑

स्थैर्यम् 13.8, न० प्रथ०–द्विती० एक० स्थैर्यम् (स्थैर्य, स्थैर्य को); द्वि० स्थैर्ये; बहु० स्थैर्याणि ←न० स्थैर्य, तद्धित शब्द स्थिरस्य भाव: (दृढ़ता, स्थिरता, सातत्य; धैर्य) ←वि० स्थिर↑

स्निग्धा: 17.8, पु० प्रथ० एक० स्निग्ध:; द्वि० स्निग्धौ; बहु० स्निग्धा: (जो स्निग्ध हैं वे) ←वि० स्निग्ध (प्रिय↑; कोमल, नरम, शीतल) ←4दिवा०√स्निह

(स्प)

स्पर्श 2.14, पु० (छूना; संसर्ग) ←√स्पर्श 10चुरा० (स्पर्श करना)

स्पर्शनम् 15.9, न० प्रथ०–द्विती० एक० स्पर्शनम् (त्वचा, त्वचा को); द्वि० स्पर्शने; बहु० स्पर्शनानि ←न० स्पर्शन (चर्म, त्वचा) ←10चुरा०√स्पर्श

स्पर्शान् 5.27, द्विती० एक० स्पर्शम्; द्वि० स्पर्शौ; बहु० स्पर्शान् (स्पर्शों को) ←पु० स्पर्श↑

स्पृशन् 5.8, प्रथ० एक० स्पृशन् (स्पर्श करते हुए); द्वि० स्पृशन्तौ; बहु० स्पृशन्त: ←वि० स्पृशत् (स्पर्श करते हुए, संपर्क होते हुए, संबंध आते हुए) ←10चुरा०√स्पर्श् (स्पर्श करना, संपर्क आना)

स्पृहा 2.56, प्रथ० एक० स्पृहा (स्पृहा); द्वि० स्पृहे; बहु० स्पृहा: ←स्त्री० स्पृहा (अभिलाषा; ईर्ष्या) ←10चुरा०√स्पृह

स्म 2.3, अव्य० (निषेधार्थक अव्यय अथवा वाक्य में पादपूरक शब्द) यह शब्द जब वर्त० क्रियावाचक के साथ आता है तब इसका भूतकालवाचक अर्थ होता है । उदा० देखिए

मा स्म (2.3)↑ अथवा मा शुच: (16.5)↑ ←1भ्वादि॰√स्मि

स्मरति 8.14, अन्य॰ एक॰ स्मरति (वह स्मरण करता है); द्वि॰ स्मरत:; बहु॰ स्मरन्ति ←√स्मृ (स्मरण करना)

स्मरन् 3.6, प्रथ॰ एक॰ स्मरन् (स्मरण करते हुए); द्वि॰ स्मरन्तौ; बहु॰ स्मरत: ←वि॰ स्मरत् (स्मरण करते हुए) ←1भ्वादि॰√स्मृ (स्मरण करना)

स्मृत 6.19, वि॰ (जाना गया हुआ, जो स्मरण में है वह) ←1भ्वादि॰√स्मृ (स्मरण करना)

स्मृत: 17.23, पु॰ प्रथ॰ एक॰ स्मृत: (स्मृत); द्वि॰ स्मृतौ; बहु॰ स्मृता: ←वि॰ स्मृत↑

स्मृतम् 17.20, न॰ प्रथ॰–द्विती॰ एक॰ स्मृतम् (स्मृत, स्मृत को); द्वि॰ स्मृते; बहु॰ स्मृतानि ←वि॰ स्मृत↑

स्मृता 6.19, स्त्री॰ प्रथ॰ एक॰ स्मृता (जानी गई); द्वि॰ स्मृते; बहु॰ स्मृता: ←वि॰ स्मृत↑

स्मृति: 10.34, प्रथ॰ एक॰ स्मृति: (स्मृति); द्वि॰ स्मृती; बहु॰ स्मृतय: ←स्त्री॰ स्मृति (खयाल, ध्यान↑, याद, सुध, सुधि, सुमिरन, स्मरण) ←1भ्वादि॰√स्मृ

स्मृतिभ्रंशात् 2.63, पंच॰ एक॰ स्मृतिभ्रंशात् (स्मृति के ह्रास से); द्वि॰ स्मृतिभ्रंशाभ्याम्; बहु॰ स्मृतिभ्रंशेभ्य: ←पु॰ तस॰ स्मृतिभ्रंश, स्मृत्या: भ्रंश: (स्मरणशक्ति नष्ट होना, स्मृति का ह्रास होना) ←*स्त्री॰* स्मृति↑ + पु॰ भ्रंश (नाश, विनाश↑, पतन, भ्रष्ट, लोप, ह्रास –होना) ←4दिवा॰√भ्रंश्

स्मृतिविभ्रम: 2.63, प्रथ॰ एक॰ स्मृतिविभ्रम: (स्मृति का विभ्रम) द्वि॰ स्मृतिविभ्रमौ; बहु॰ स्मृतिविभ्रमा: ←पु॰ तस॰ स्मृतिविभ्रम, स्मृत्या: विभ्रम: (स्मरण शक्ति में गड़बड़ी, भ्रांति, संदेह –होना) ←*स्त्री॰* स्मृति↑ + पु॰ विभ्रम (गड़बड़, भूल, भ्रमण, भ्रांति, सन्देह) ←वि√भ्रम् 1भ्वादि॰

(स्य)

स्यन्दने 1.14, सप्त॰ एक॰ स्यन्दने (रथ में); द्वि॰ स्यन्दनयो:; बहु॰ स्यन्दनेषु ←पु॰ स्यन्दन (घोड़े की गाड़ी, रथ↑) ←1भ्वादि॰√स्यन्द्

स्यात् 1.36, विधि॰ पर॰ उत्तम॰ एक॰ स्याम्↓; मध्य॰ एक॰ स्या:; अन्य॰ एक॰ स्यात् (वह होगा, वह हो); द्वि॰ स्याताम्; बहु॰ स्यु:↓ ←2अदा॰√अस् (होना)

स्याम् 3.24, विधि॰ पर॰ उत्तम॰ एक॰ स्याम् (मैं हूँगा); मध्य॰ एक॰ स्या:; अन्य॰ एक॰ स्यात्↑; उत्तम॰ द्वि॰ स्याव; उत्तम॰ बहु॰ स्याम↓ ←2अदा॰√अस् (होना)

स्याम 1.37, विधि॰ पर॰ उत्तम॰ एक॰ स्याम्↑; द्वि॰ स्याव:; बहु॰ स्याम (हमे होना चाहिए,

हम होंगे) ←2अदा॰√अस् (होना)

स्युः 9.32, विधि॰ पर॰ उत्तम॰ एक॰ स्याम्↑; मध्य॰ एक॰ स्याः; अन्य॰ एक॰ स्यात्↑; द्वि॰ स्याताम्; बहु॰ स्युः (वे होंगे, उन्हें होना चाहिए) ←2अदा॰√अस् (होना)

(स्र)

स्रंसते 1.30, लट् वर्त॰ आत्म॰ अन्य॰ एक॰ स्रंसते (वह गिरता है); द्वि॰ स्रंसेते; बहु॰ स्रंसन्ते ←1भ्वादि॰√स्रंस् (गिरना, गिर पड़ना)

स्रोतसाम् 10.31, षष्ठी॰ एक॰ स्रोतसः; द्वि॰ स्रोतसोः; बहु॰ स्रोतसाम् (जल प्रवाहों में) ←न॰ स्रोतस् (धारा, प्रवाह; जल प्रवाह, नदी) ←1भ्वादि॰√सु (बहना)

(स्व)

स्व 1.28, (1) सना॰ वि॰ (अपना, निजी; प्रकृतिगत, स्वाभाविक); (2) पु॰ (नातेदार, रिश्तेदार) ←1भ्वादि॰√स्वन्

स्वकम् 11.50, पु॰ द्विती॰ एक॰ स्वकम् (अपने-को); द्वि॰ स्वकौ; बहु॰ स्वकान् ←वि॰ स्वक (अपना, नातेदार, निज, स्व↑) ←1भ्वादि॰√स्वन्

स्वकर्म 18.45, प्रथ॰–द्विती॰ एक॰ स्वकर्म (निज कर्म, निजी कर्म को); द्वि॰ स्वकर्मणी, स्वकर्माणि ←न॰ स्वकर्मन्↓

स्वकर्मणा 18.46, तृती॰ एक॰ स्वकर्मणा (अपने कर्म से); द्वि॰ स्वकर्मभ्याम्; बहु॰ स्वकर्मभिः ←न॰ स्वकर्मन्↓

स्वकर्मन् 18.45, न॰ तस॰ स्वस्य कर्म (निजकर्म, प्रकृति के अनुसार अथवा स्वभाव के मुताबिक किया हुआ कर्म) ←वि॰ स्व↑ + न॰ कर्मन्↑

स्वकर्मनिरतः 18.45, पु॰ प्रथ॰ एक॰ स्वकर्मनिरतः (स्वकर्म में जो रत है वह); द्वि॰ स्वकर्मनिरतौ; बहु॰ स्वकर्मनिरताः ←वि॰ तस॰ स्वकर्मनिरत, स्वस्य कर्मणि निरतः (स्वभाविक कर्म में रत, स्वकर्म करता –हुआ) ←न॰ स्वकमर्न्↑ + वि॰ निरत (अभिरत↑, दंग, मग्न, व्यस्त, रत↑)

स्वचक्षुषा 11.8, तृती॰ एक॰ स्वचक्षुषा (अपनी आंख से); द्वि॰ स्वचक्षुर्भ्याम्; बहु॰ स्वचक्षुर्भिः ←न॰ तस॰ स्वचक्षुस्, स्वस्य चक्षुषी (अपने नेत्र समूहवाचक) ←वि॰ स्व↑ + न॰ चक्षुस्↑

स्वजनम् 1.28, द्विती॰ एक॰ स्वजनम् (स्वजन को, स्वजनसमूह को); द्वि॰ स्वजनौ; बहु॰

स्वजनान् ←पु॰ तस॰ स्वजन, स्वस्य जनः (अपने लोग, कुल के लोग, नातेदार, संबंधी, सुहृद्↑ –समूहवाचक) ←वि॰ स्व↑ + पु॰ जन↑

स्वतेजसा 11.19, तृती॰ एक॰ स्वतेजसा (अपने तेज से); द्वि॰ स्वतेजोभ्याम्; बहु॰ स्वतेजोभिः ←न॰ तस॰ स्वतेजस्, स्वस्य तेजः (निजी तेज) ←वि॰ स्व↑ + न॰ तेजस्↑

स्वधर्म 2.31, पु॰ तस॰ स्वस्य धर्मः (अपना– प्रकृतिजात, स्वभावजात, सदाचरण के अनुसार –कर्म) ←वि॰ स्व↑ + पु॰ धर्म↑

स्वधर्मः 3.35, प्रथ॰ एक॰ स्वधर्मः (स्वधर्म); द्वि॰ स्वधर्मौ; बहु॰ स्वधर्माः ←पु॰ स्वधर्म↑

स्वधर्मम् 2.31, द्विती॰ एक॰ स्वधर्मम् (स्वधर्म को); द्वि॰ स्वधर्मौ; बहु॰ स्वधर्मान् ←पु॰ स्वधर्म↑

स्वधर्मे 3.35, सप्त॰ एक॰ स्वधर्मे (स्वधर्म में); द्वि॰ स्वधर्मयोः; बहु॰ स्वधर्मेषुः ←पु॰ स्वधर्म↑

स्वधा 9.16, (1) अव्य॰ (मंत्र, मंत्रोच्चार, स्वाहा); (2) प्रथ॰ एक॰ स्वधा (स्वधा); द्वि॰ स्वधे; बहु॰ स्वधाः ←स्त्री॰ स्वधा (नैवेद्य, पितृओं को अर्पण किया हुआ, हवि) ←1भ्वादि॰√स्वद्

स्वनुष्ठितात् 3.35, पु॰ पंच॰ एक॰ स्वनुष्ठितात् (भली भांति किए हुए आचरण से भी, ॰की अपेक्षा); द्वि॰ स्वनुष्ठिताभ्याम्; बहु॰ स्वनुष्ठितेभ्यः ←वि॰ तस॰ स्वनुष्ठित, सु अनुष्ठितः (विधि के अनुसार योग्य रीति से अनुष्ठान किया हुआ) ←अव्य॰ सु + वि॰ अनुष्ठित (अनुष्ठान किया हुआ) ←अनु√स्था 1भ्वादि॰

स्वपन् 5.8, प्रथ॰ एक॰ स्वपन् (सोते हुए); द्वि॰ स्वपन्तौ; बहु॰ स्वपन्तः ←वि॰ स्वपत् (सोते हुए) ←2अदा॰√स्वप्

स्वप्न 6.16, पु॰ (निंद, निद्रा, सोना; ख्वाब, सपना, स्वप्न) ←2अदा॰√स्वप् (सोना)

स्वप्नम् 18.35, द्विती॰ एक॰ स्वप्नम् (निद्रा को); द्वि॰ स्वप्नौ; बहु॰ स्वप्नान् ←पु॰ स्वप्न↑

स्वप्नशीलस्य 6.16, पु॰ षष्ठी॰ एक॰ स्वप्नशीलस्य (बहुत सोने वाले का,की,के); द्वि॰ स्वप्नशीलयोः; बहु॰ स्वप्नशीलानाम् ←वि॰ बस॰ स्वप्नशील, स्वप्तुम् शिलम् यस्य सः (बहुत सोने वाला, निद्रा राक्षस) ←पु॰ स्वप्न↑

स्वबान्धवान् 1.37, द्विती॰ एक॰ स्वबान्धवम्; द्वि॰ स्वबान्धवौ; बहु॰ स्वबान्धवान् (निजी बंधुओं को) ←पु॰ तस॰ स्वबान्धव, स्वस्य बान्धवः (अपना भाई; नातेदार, सगा) ←वि॰ स्व↑ + पु॰ बान्धव (नातेदार, रिश्तेदार; मित्र, भाई, सगा) ←पु॰ बन्धु↑

स्वभाव 2.7, पु॰ तस॰ स्वस्य भावः (प्रकृति, जन्मजात गुण, अपनी सहज प्रकृति, बनावट,

मिजाज, वृत्ति) ←वि॰ स्व↑ + पु॰ भाव↑

स्वभाव: 5.14, प्रथ॰ एक॰ <u>स्वभाव:</u> (स्वभाव); द्वि॰ स्वभावौ; बहु॰ स्वभावा: ←पु॰ स्वभाव↑

स्वभावज 17.2, वि॰ बस॰ स्वभावे जायते यत् (स्वभावजन्य, स्वभाव से उत्पन्न) ←पु॰ स्वभाव↑ + वि॰ ज↑

स्वभावजम् 18.42, न॰ प्रथ॰-द्विती॰ एक॰ <u>स्वभावजम्</u> (स्वभाव से पैदा हुआ, ॰हुए को); द्वि॰ स्वभावजे; बहु॰ स्वभावजानि ←वि॰ स्वभावज↑

स्वभावजा 17.2, स्त्री॰ प्रथ॰ एक॰ <u>स्वभावजा</u> (स्वभाव से पैदा हुई); द्वि॰ स्वभावजे; बहु॰ स्वभावजा: ←वि॰ स्वभावज↑

स्वभावजेन 18.60, न॰ तृती॰ एक॰ <u>स्वभावजेन</u> (जो स्वभाव से पैदा हुआ है उसके साथ, उसके द्वारा); द्वि॰ स्वभावजाभ्याम्; बहु॰ स्वभावजै: ←वि॰ स्वभावज↑

स्वभावनियतम् 18.47, न॰ प्रथ॰-द्विती॰ एक॰ <u>स्वभावनियतम्</u> (जो स्वभाव को अनुसार कर है वह, ॰उसको); द्वि॰ स्वभावनियते; बहु॰ स्वभावनियतानि ←वि॰ तस॰ स्वभावनियत, स्वभावेन नियतम् (प्रकृति के अनुसार, स्वभाव के मुतबिक, स्वधर्म को लागू हाते हुए) ←पु॰ स्वभाव↑ + वि॰ नियत↑

स्वभावप्रभवै: 18.41, तृती॰ एक॰ स्वभावप्रभवेन; द्वि॰ स्वभावप्रभवाभ्याम्; बहु॰ <u>स्वभावप्रभवै:</u> (स्वभावजन्य गुणों से) ←पु॰ तस॰ स्वभावप्रभव, स्वभावत: प्रभव: यस्य स: (स्वभावजन्य, स्वभावजात, स्वभाव के अनुसर है वह) ←पु॰ स्वभाव + पु॰ प्रभव↑

स्वम् 6.13, पु॰ द्विती॰ एक॰ <u>स्वम्</u> (अपने को, आप को, स्वयं को, स्वत: को); द्वि॰ स्वौ; बहु॰ स्वे अथवा स्वा: ←वि॰ स्व↑

स्वयम् 4.38, अव्य॰ (आप, खुद, स्वत:, स्वयं; स्वेच्छा से) ←सु√अय् 1भ्वादि॰

स्वया 7.20, स्त्री॰ तृती॰ एक॰ <u>स्वया</u> (अपनी-से); द्वि॰ स्वाभ्याम्; बहु॰ स्वाभि: ←वि॰ स्व↑

स्वर्ग 2.2, पु॰ (अपरलोक, अमृतलोक, आब्रह्मभुवन↑, अमरावती, इन्द्रपुरी, इन्द्रलोक, ऊर्ध्वलोक, गोलोक, त्रिविष्टप, दिव, देवलोक, परमधाम, परलोक, सत्वलोक, सुरलोक, हरिपद; ख↑) ←सु√ऋज् 1भ्वादि॰

स्वर्गतिम् 9.20, द्विती॰ एक॰ <u>स्वर्गतिम्</u> (स्वर्ग के मार्ग को); द्वि॰ स्वर्गती; बहु॰ स्वर्गतय: ←स्त्री॰ तस॰ स्वर्गति, स्वर्गस्य गति: (स्वर्ग गमन) ←अव्य॰ स्वर् (इंद्रलोक, स्वर्ग) ←1भ्वादि॰√स्वृ + स्त्री॰ गति↑

स्वर्गद्वारम् 2.32, प्रथ॰-द्विती॰ एक॰ स्वर्गद्वारम् (स्वर्ग का द्वार, ॰को); द्वि॰ स्वर्गद्वारे; बहु॰ स्वर्गद्वाराणि ←न॰ तस॰ स्वर्गद्वार, स्वर्गस्य द्वारम् (इंद्रलोक का प्रवेश द्वार, स्वर्ग प्रवेश) ←पु॰ स्वर्ग↑ + न॰ द्वार↑

स्वर्गपरा: 2.43, पु॰ प्रथ॰ एक॰ स्वर्गपर:; द्वि॰ स्वर्गपरौ; बहु॰ स्वर्गपरा: (जो स्वर्गपरायण हैं वे) ←वि॰ बस॰ स्वर्गपर, स्वर्ग: पर: यस्य स: (स्वर्ग को- पर, परम, परमध्येय, परमश्रेष्ठ, परमोच्च -समझने वाला) ←पु॰ स्वर्ग↑ + वि॰ पर↑

स्वर्गम् 2.37, द्विती॰ एक॰ स्वर्गम् (स्वर्ग को); द्वि॰ स्वर्गौ; बहु॰ स्वर्गान् ←पु॰ स्वर्ग↑

स्वर्गलोकम् 9.21, द्विती॰ एक॰ स्वर्गलोकम् (देवलोक को); द्वि॰ स्वर्गलोकौ; बहु॰ स्वर्गलोकान् ←पु॰ तस॰ स्वर्गलोक, स्वर्गस्य लोक: (इंद्रलोक, देवलोक, स्वर्लोक) ←पु॰ स्वर्ग↑ + पु॰ लोक↑

स्वल्पम् 2.40, पु॰ द्विती॰ एक॰ स्वल्पम् (स्वल्प-को); द्वि॰ स्वल्पौ; बहु॰ स्वल्पान् ←वि॰ स्वल्प (अल्प↑, थोड़ा, लघु, ह्रस्व) ←सु√अल् 1भ्वादि॰

स्वस्ति 11.21, अव्य॰ (आशिर्वाद, कल्याण, पुण्य, स्वीकार, क्षेम इत्यादि सूचक उद्गारवाचक शब्द) ←सु√अस् 2अदा॰

स्वस्थ: 14.24, पु॰ प्रथ॰ एक॰ स्वस्थ: (स्वस्थ); द्वि॰ स्वस्थौ; बहु॰ स्वस्था: ←वि॰ स्वस्थ (स्वत: में स्थित हुआ; शांत हुआ, संभला हुआ, स्वाभाविक अवस्था में आया हुआ) ←वि॰ स्व↑ + वि॰ स्थ↑

स्वस्या: 3.33, स्त्री॰ षष्ठी॰ एक॰ स्वस्या: (अपनी); द्वि॰ स्वयो:; बहु॰ स्वेषाम् ←वि॰ स्व↑

स्वाध्याय 4.28, पु॰ (शास्त्राभ्यास; वेदादिपठन, वेदाध्ययन, वेदाभ्यास) ←सु-अधि√इ 1भ्वादि॰

स्वाध्याय: 16.1, प्रथ॰ एक॰ स्वाध्याय: (स्वाध्याय); द्वि॰ स्वाध्यायौ; बहु॰ स्वाध्याया: ←पु॰ स्वाध्याय↑

स्वाध्यायज्ञानयज्ञा: 4.28, पु॰ प्रथ॰ एक॰ स्वाध्यायज्ञानयज्ञ:; द्वि॰ स्वाध्यायज्ञानयज्ञौ; बहु॰ स्वाध्यायज्ञानयज्ञा: (स्वाध्याय और ज्ञान के यज्ञ) ←वि॰ बस॰ स्वाध्यायज्ञानयज्ञ, स्वाध्यायेन च ज्ञानेन च यज्ञ: यस्य स: (वेदाभ्यास से और ज्ञान से जिसका यज्ञ होता है; ज्ञानयज्ञ करने वाला) ←पु॰ स्वाध्याय↑ + न॰ ज्ञान↓ + पु॰ यज्ञ↑

स्वाध्यायाभ्यसनम् 17.15, प्रथ॰-द्विती॰ एक॰ स्वाध्यायाभ्यसनम् (वेदाभ्यास, वेदाभ्यास को); द्वि॰ स्वाध्यायाभ्यसने; बहु॰ स्वाध्यायाभ्यसनानि ←न॰ तस॰ स्वाध्यायाभ्यसन, स्वाध्यायस्य अभ्यसनम् (वेदशास्त्रों का अध्ययन) ←पु॰ स्वाध्याय↑ + न॰ अभ्यसन (अध्ययन,

अभ्यास↑) ←अभि√अस् 2अदा॰

स्वाम् 4.6, स्त्री॰ द्विती॰ एक॰ स्वाम् (अपनी–को); द्वि॰ स्वे; बहु॰ स्वाः ←वि॰ स्व↑

स्वे 18.45, पु॰ सप्त॰ एक॰ स्वे (अपने में); द्वि॰ स्वयोः; बहु॰ स्वेषु ←वि॰ स्व↑

स्वेन 18.60, पु॰ तृती॰ एक॰ स्वेन (अपने–से); द्वि॰ स्वाभ्याम्; बहु॰ स्वैः ←वि॰ स्व↑

(ह)

ह 2.9, अव्य॰ (निश्चयार्थक अथवा वाक्य में पादपूरक शब्द) ←3जुहो॰√हा

हत 2.19, वि॰ (मारा गया हुआ, मरा हुआ, वध हुआ, हत्या किया हुआ) ←2अदा॰√हन् (मारना)

हतः 2.37, पु॰ प्रथ॰ एक॰ हतः (जो मारा गया है वह); द्वि॰ हतौ; बहु॰ हताः ←वि॰ हत↑

हतम् 2.19, पु॰ द्विती॰ एक॰ हतम् (जो मारा गया है उसको); द्वि॰ हतौ; बहु॰ हतान्↓ ←वि॰ हत↑

हतान् 11.34, पु॰ द्विती॰ एक॰ हतम्↑; द्वि॰ हतौ; बहु॰ हतान् (जो मारे गए हैं उनको) ←वि॰ हत↑

हत्वा 1.31, पूर्वकालिक अव्य॰ (मार कर, हत्या किए) ←2अदा॰√हन् (मारना, वध करना)

हनिष्ये 16.14, लृट् अपूर्ण भवि॰ आत्म॰ उत्तम॰ एक॰ हनिष्ये (मैं मारूँगा); द्वि॰ हनिष्यावहे; बहु॰ हनिष्यामहे ←2अदा॰√हन् (मारना)

हन्त 10.19, अव्य॰ (आशिर्वाद, सम्मति अथवा वाक्यारम्भ सूचक शब्द) ←2अदा॰√हन्

हन्तारम् 2.19, पु॰ द्विती॰ एक॰ हन्तारम् (मारने वाला); द्वि॰ हन्तारौ; बहु॰ हन्तॄन् ←वि॰ हन्तृ (मारने वाला, हत्यारा) ←2अदा॰√हन्

हन्ति 2.19, लट् वर्त॰ पर॰ एक॰ उत्तम॰ हन्मि; मध्य॰ हंसि; अन्य॰ हन्ति (वह मारता है); अन्य॰ द्वि॰ हतः; अन्य॰ बहु॰ ‌िन्ति ←2अदा॰√हन् (मारना)

हन्तुम् 1.35, अव्य॰ (मारने के लिए) ←2अदा॰√हन् (मारना) ←2अदा॰√हन्

हन्यते 2.19, लट् वर्त॰ आत्म॰ उत्तम॰ हन्ये; मध्य॰ हन्यसे; अन्य॰ हन्यते (वह मारा जाता है) ←2अदा॰√हन्

हन्यमाने 2.20, न॰ सप्त॰ एक॰ हन्यमाने (मारा जाने पर, मारा जाने में); द्वि॰ हन्यमानयोः; बहु॰ हन्यमानेषु ←वि॰ हन्यमान (जो मारने जारहा है वह) ←2अदा॰√हन्

हन्युः 1.46, विधि॰ पर॰ अन्य॰ एक॰ हन्यात्; द्वि॰ हन्याताम्; बहु॰ हन्युः (वे मारेंगे); उत्तम॰ बहु॰ हन्याम; मध्य॰ बहु॰ हन्यात ←2अदा॰√हन् (मारना)

हयैः 1.14, तृती॰ एक॰ हयेन; द्वि॰ हयाभ्याम्; बहु॰ हयैः (घोड़ों से) ←पु॰ हय (अश्व↑, घोड़ा, तुरंग) ←5स्वादि॰√हि

हरति 2.67, लट् वर्त॰ पर॰ एक॰ उत्तम॰ हरामि; मध्य॰ हरसि; अन्य॰ हरति (वह हरण करता है), अन्य॰ द्वि॰ हरतः; अन्य॰ बहु॰ हरन्ति↓ ←1भ्वादि॰√हृ (हरण करना)

हरन्ति 2.60 लट् वर्त॰ पर॰ बहु॰ उत्तम॰ हरामः; मध्य॰ हरथ; अन्य॰ हरन्ति (वे हरण करते हैं); अन्य॰ हरति↑, अन्य॰ द्वि॰ हरतः ←1भ्वादि॰√हृ (हरण करना)

हरिः 11.9, प्रथ॰ एक॰ हरिः (हरि); द्वि॰ हरी; बहु॰ हरयः ←पु॰ विना॰ हरि (कृष्ण↑)

हरेः 18.77, षष्ठी॰ एक॰ हरेः (हरि का,की,के); द्वि॰ हर्योः; बहु॰ हरीणाम् ←पु॰ हरि↑

हर्ष 1.12, पु॰ (आनंद, आमोद, आह्लाद, उल्लास, खुशी, तोष, प्रसन्नता, मोद, प्रमोद, रंगरेलि, संतोष) ←1भ्वादि॰√हृष् (प्रसन्न होना)

हर्षम् 1.12, द्विती॰ एक॰ हर्षम् (हर्ष को); द्वि॰ हर्षौ; बहु॰ हर्षान् ←पु॰ हर्ष↑

हर्षशोकान्वितः 18.27, पु॰ प्रथ॰ एक॰ हर्षशोकान्वितः (हर्ष और शोक से युक्त); द्वि॰ हर्षशोकान्वितौ; बहु॰ हर्षशोकान्वितान् ←वि॰ तस॰ हर्षशोकान्वित, हर्षेण च शोकेन अन्वितः (मोद से और खेद से युक्त, आनंद और दुःख से भरा है वह) ←पु॰ हर्ष↑ + पु॰ शोक↑ + वि॰ अन्वित↑

हर्षामर्षभयोद्वेगैः 12.15, द्वन्द्व॰ तृती॰ बहु॰ हर्षेण च आमर्षेण च भयेन च उद्वेगेन (हर्ष, द्वेष, भय और शोक से) ←पु॰ हर्ष↑ + पु॰ आमर्ष (अमर्ष, कोप, क्रोध↑, गुस्सा, झल्लाहट, रिस, रोष, क्षोभ; द्वेष↑, मत्सर) ←आ√मृष् 1भ्वादि॰ + न॰ भय↑ + पु॰ उद्वेग↑

हविः 4.24, प्रथ॰–द्विती॰ एक॰ हविः (आहुति, आहुति को); द्वि॰ हविषी; बहु॰ हवींषि ←न॰ हविस् (आहुति, समग्री, हविष्य) ←आ√हु 3जुहो॰

हस्त 1.30, पु॰ (कर↑, पाणि↑, बाहु↑, भुज↑, हाथ) ←1भ्वादि॰√हस्

हस्तात् 1.30, पंच॰ एक॰ हस्तात् (हाथ से); द्वि॰ हस्ताभ्याम्; बहु॰ हस्तेभ्यः ←पु॰ हस्त↑

हस्तिनि 5.18, सप्त॰ एक॰ हस्तिनि (हाथी में); द्वि॰ हस्तिनोः; बहु॰ हस्तिषु ←पु॰ हस्तिन् (करी, कुंजर, गज↑, फील, मंदार, मातंग, हाथी, हस्ति) ←1भ्वादि॰√हस्

हानिः 2.65, प्रथ॰ एक॰ हानिः (हानि); द्वि॰ हानी; बहु॰ हानयः ←स्त्री॰ हानि (अपकार, अपचय, अपचार, अपचिति, अपाय, धोखा, व्यय, क्षति; घाटा, नुकसान) ←3जुहो॰√हा

हि 1.11, अव्य॰ (वाक्य में पादपूरक शब्द की तौर पर च और तु शब्दों के समान इस अव्यय का उपयोग कारण, वास्तविक, सुद्धां, हेतु, आदि अर्थों से किया जाता है)

←3जुहो॰√हा

हित 2.36, (1) वि॰ (उपयोगी, फायदेकारक, लाभकारी); (2) न॰ (कुशल, अच्छा; फायदा, लाभ↑, क्षेम↓) ←5स्वादि॰√हि

हितकाम्यया 10.1, तृती॰ एक॰ हितकाम्यया (पर हित की कामना से); द्वि॰ हितकाम्याभ्याम्; बहु॰ हितकाम्याभि: ←स्त्री॰ तस॰ हितकाम्या, हितस्य काम्या (दुसरों का हित साधने की इच्छा, पर हित की कामना) ←वि॰ हित↑ + वि॰ काम्य (वाञ्छनीय, कामनीय) ←1भ्वादि॰√कम्

हितम् 18.64 न॰ प्रथ॰–द्विती॰ एक॰ हितम् (हित, हित को); द्वि॰ हिते; बहु॰ हितानि ←वि॰ न॰ हित↑

हित्वा 2.33, अव्य॰ (त्याग कर, त्याग किए, छोड़ कर) ←3जुहो॰√हा (त्यागना)

हिनस्ति 13.29, लट् वर्त॰ पर॰ अन्य॰ एक॰ हिनस्ति (वह हत्या करता है); द्वि॰ हिंस्त:; बहु॰ हिंसन्ति; उत्तम॰ बहु॰ हिंस्म; मध्य॰ बहु॰ हिंस्थ ←7रुधा॰√हिंस (हत्या करना)

हिमालय: 10.25, पु॰ प्रथ॰ एक॰ हिमालय: (हिमालय); द्वि॰ हिमालयौ; बहु॰ हिमालया: ←वि॰ विना॰ बस॰ हिमालय, हिमस्य आलयम् य: स: (हिमालय पर्वत; हिमप्रस्थ, हिमाचल, हिमाद्रि, हिमावत; नगेन्द्र, पर्वतराज, शैलेन्द्र) ←(1) वि॰ हिम (ठंढा, शीतल, सर्द); (2) न॰ हिम (ठंढ, बर्फ) ←5स्वादि॰√हि + न॰ आलय↑

हिंसात्मक: 18.27, पु॰ प्रथ॰ एक॰ हिंसात्मक: (जो हिंसात्मक है वह); द्वि॰ हिंसात्मकौ; बहु॰ हिंसात्मका: ←वि॰ हिंसात्मक (अनिष्टकारी, विनाशक, हिंसक) ←स्त्री॰ हिंसा↓

हिंसा 10.5, स्त्री॰ (जबरदस्ति, जुलुम; कत्ल, निकंदन, निसूदन, वध, संहार, हनन, हत्या, हानि) ←7रुधा॰√हिंस (हत्या करना)

हिंसाम् 18.25, द्विती॰ एक॰ हिंसाम् (हत्या–को); द्वि॰ हिंसे; बहु॰ हिंसा: ←स्त्री॰ हिंसा↑

हीन 17.13, वि॰ (अतिरिक्त, त्यक्त↑, रहित, वञ्चित, वर्जित, विना↑, वियुक्त, विरहित, व्यतिरिक्त, सिवा, सिवाय, शून्य; अधम↑, खराब, घटिया, जघन्य↑, तुच्छ, छिछोरा, नीच, हलका, क्षुद्र↓) ←3जुहो॰√हा

हुतम् 4.24, न॰ प्रथ॰–द्विती॰ एक॰ हुतम् (अर्पण किया हुआ, ॰किए हुए को); द्वि॰ हुते; बहु॰ हुतानि ←(1) न॰ हुत (नैवेद्य, हवि); (2) वि॰ हुत (अर्पण किया हुआ, हवि किया हुआ) ←3जुहो॰√हु (हवन करना)

(ह)

हतज्ञानाः 7.20, पु॰ प्रथ॰ एक॰ हतज्ञानः; द्वि॰ हतज्ञानौ; बहु॰ हतज्ञानाः (ज्ञान गमाए हुए लोग) ←वि॰ बस॰ हतज्ञान, हतम् ज्ञानम् यस्य सः (ज्ञान गमाया हुआ, ज्ञान खोया हुआ; ज्ञानहीन; अज्ञ↑, अज्ञानी) ←वि॰ हत (गया हुआ, हरण किया हुआ) + न॰ ज्ञान↓

हृत्स्थम् 4.42, पु॰ द्विती॰ एक॰ हृत्स्थम् (जो हृदय में स्थित है उसको); द्वि॰ हृत्स्थौ; बहु॰ हृत्स्थान् ←वि॰ तस॰ हृत्स्थ, हृदि स्थः (हृदयस्थ, हृदय में स्थित हुआ, हृदय में बैठा हुआ) ←न॰ हृद्↓ + वि॰ स्थ↑

हृद् 4.42, न॰ = हृत् (अंत:करण, चित्त↑, मन, मनस्↑, हृदय↓) ←1भ्वादि॰√हृ

हृदय 1.19, न॰ (अंत:करण, आत्मा↑, कलेजा, घट, दिल, मन, हिय, हृद्↑, हृदय) ←1भ्वादि॰√हृ

हृदयदौर्बल्यम् 2.3, प्रथ॰–द्विती॰ एक॰ हृदयदौर्बल्यम् (हृदय की दुर्बलता, ॰दुर्बलता को); द्वि॰ हृदयदौर्बल्ये; बहु॰ हृदयदौर्बल्यानि ←न॰ तस॰ हृदयदौर्बल्य, हृदयस्य दौर्बल्यम् (हृदय की– अशक्ति, कमजोरी, दुर्बलता, क्षीणता) ←न॰ हृदय↑ + न॰ दौर्बल्य (अशक्ति, कमजोरी, कायरता, दुबलापन, दुर्बलता, क्षीणता) ←5स्वादि॰√दु + 1भ्वादि॰√बल्

हृदयानि 1.19, प्रथ॰–द्विती॰ एक॰ हृदयम्; द्वि॰ हृदये; बहु॰ हृदयानि (हृदय, हृदयों को) ←न॰ हृदय↑

हृदि 8.12, सप्त॰ एक॰ हृदि (हृदय में); द्वि॰ हृदोः; बहु॰ हृत्सु ←न॰ हृद्↑

हृद्देशे 18.61, सप्त॰ एक॰ हृद्देशे (हृदय में); द्वि॰ हृद्देशयोः; बहु॰ हृद्देशेषु ←पु॰ तस॰ हृद्देश, हृदः देशः (हृदय का देश, हृदय का स्थान, हृदय) ←न॰ हृद्↑ + पु॰ देश↑

हृद्याः 17.8, पु॰ प्रथ॰ एक॰ हृद्यः; द्वि॰ हृद्यौ; बहु॰ हृद्याः (हृदय को भाने वाले) ←वि॰ हृद्य (हृदय को भाने वाला, मनपसंद; मधुर, सुंदर, हृदयंगम) ←1भ्वादि॰√हृ

हृषितः 11.45, पु॰ प्रथ॰ एक॰ हृषितः (हर्षित); द्वि॰ हृषितौ; बहु॰ हृषिताः ←वि॰ हृषित (आनंदी, प्रसन्न↑, हर्षित) ←1भ्वादि॰√हृष् (प्रसन्न होना)

हृषीकेश 11.36, पु॰ संबो॰ एक॰ हृषीकेश (हे हृषीकेश!); द्वि॰ हृषीकेशौ; बहु॰ हृषीकेशाः ←वि॰ बस॰ पु॰ हृषीकेश, हृषीकाणाम् ईशः यः सः (हृषिकों का ईश्वर, कृष्ण↑)

हृषीकेशः 1.15, प्रथ॰ एक॰ हृषीकेशः (हृषीकेश); द्वि॰ हृषीकेशौ; बहु॰ हृषीकेशाः ←पु॰ हृषीकेश↑

हृषीकेशम् 2.9, द्विती॰ एक॰ हृषीकेशम् (हृषीकेश को); द्वि॰ हृषीकेशौ; बहु॰ हृषीकेशान् ←पु॰ हृषीकेश↑

हृष्टरोमा 11.14, पु॰ प्रथ॰ एक॰ हृष्टरोमा (रोमहर्षित); द्वि॰ हृष्टरोमानौ; बहु॰ हृष्टरोमानः

←वि॰ बस॰ हृष्टरोमन्, हृष्टानि रोमाणि यस्य सः (रोमांच उठा हुआ, रोमहर्षित) ←वि॰ हृष्ट (आनंदित, हर्षित, हृषित) ←1भ्वादि॰√हृष् + न॰ रोमन्↑

हृष्यति 12.17, लट् वर्त॰ पर॰ एक॰ उत्तम॰ हृष्यामि↓; मध्य॰ हृष्यसि; अन्य॰ हृष्यति (वह हर्षित होता है) ←1भ्वादि॰√हृष् (प्रसन्न होना)

हृष्यामि 18.76, लट् वर्त॰ पर॰ एक॰ उत्तम॰ हृष्यामि (मैं हर्षित होता हूँ); मध्य॰ हृष्यसि; अन्य॰ हृष्यति↑ ←1भ्वादि॰√हृष् (प्रसन्न होना)

हेतवः 18.15, प्रथ॰ एक॰ हेतुः↓; द्वि॰ हेतू; बहु॰ हेतवः (हेतु) ←पु॰ हेतु↑

हेतु 1.35, पु॰ (इरादा, कारण↑, उद्देश, निमित्त, मतलब, मानस, सङ्कल्प↑, सबब, साधन) ←5स्वादि॰√हि

हेतुः 13.21, प्रथ॰ एक॰ हेतुः (हेतु); द्वि॰ हेतू; बहु॰ हेतवः↑ ←पु॰ हेतु↑

हेतुना 9.10, तृती॰ एक॰ हेतुना (हेतु से); द्वि॰ हेतुभ्याम्; बहु॰ हेतुभिः ←पु॰ हेतु↑

हेतुमद्भिः 13.5, पु॰ तृती॰ एक॰ हेतुमता; द्वि॰ हेतुमद्भ्याम्; बहु॰ हेतुमद्भिः (कारणों सहित) ←वि॰ हेतुमत् (तर्कयुक्त, सकारण, कारण सहित) ←पु॰ हेतु↑

हेतोः 1.35, षष्ठी॰ एक॰ हेतोः (हेतु का,की,के; हेतु के कारण); द्वि॰ हेत्वोः; बहु॰ हेतूनाम् ←पु॰ हेतु↑

ह्रियते 6.44, लट् वर्त॰ आत्म॰ उत्तम॰ एक॰ ह्रिये; मध्य॰ एक॰ ह्रियसे; अन्य॰ एक॰ ह्रियते (वह हरण किया जाता है); अन्य॰ द्वि॰ ह्रियेते; अन्य॰ बहु॰ ह्रियन्ते ←1भ्वादि॰√हृ (ले कर जाना, हरण करना)

ह्रीः 16.2, प्रथ॰ एक॰ ह्रीः (नम्रता); द्वि॰ ह्रियौ; बहु॰ ह्रियः ←स्त्री॰ ह्री (त्रपा, नम्रता, लज्जा, लाज, विनय, व्रीड़ा, शर्म, संकोच) ←3जुहो॰√ह्री (लजाना)

खंड २

गीता की निःशेष शब्द अनुक्रमणी

(श्लोक सूची के लिए आगामी प्रकरण देखिए)

(अ)

अकर्तारम् 4.13, 13.30
अकर्म 4.16, 4.18
अकर्मकृत् 3.5
अकर्मणः 3.8, 4.17
अकर्मणि 2.47, 4.18
अकल्मषम् 6.27
अकारः 10.33
अकार्यम् 18.31
अकीर्तिः 2.34
अकीर्तिकरम् 2.2
अकीर्तिम् 2.34
अकुर्वत 1.1
अकुशलम् 18.10
अकृतबुद्धित्वात् 18.16
अकृतात्मानः 15.11
अकृतेन 3.18
अकृत्स्नविदः 3.29
अक्रियः 6.1
अक्रोधः 16.2
अक्लेद्यः 2.24
अखिलम् 4.33, 7.29, 15.12
अगतासून् 2.11
अग्निः 4.37, 8.24, 9.16, 11.39, 18.48
अग्नौ 15.12
अग्रे 18.37–39
अघम् 3.13
अघायुः 3.16
अङ्गानि 2.58
अचरम् 13.16
अचलः 2.24
अचलप्रतिष्ठम् 2.70
अचलम् 6.13, 12.3
अचला 2.53
अचलाम् 7.21
अचलेन 8.10
अचापलम् 16.2
अचिन्त्यः 2.25
अचिन्त्यम् 12.3
अचिन्त्यरूपम् 8.9
अचिरेण 4.39
अचेतसः 3.32, 15.11, 17.6
अच्छेद्यः 2.24
अच्युत 1.21, 11.42, 18.73
अजः 2.20, 4.6
अजम् 2.21, 7.25, 10.3, 10.12

अजस्रम् 16.19	अदम्भित्वम् 13.8
अजानता 11.41	अदक्षिणम् 17.13
अजानन्त: 7.24, 9.11, 9.11, 13.26	अदाह्य: 2.24
अणीयांसम् 8.9	अदीनि 2.28
अणो: 8.9	अदृष्टपूर्वम् 11.45
अत: 2.12, 9.24, 12.8, 13.12, 15.18	अदृष्टपूर्वाणि 11.6
अतत्त्वार्थवत् 18.22	अदेशकाले 17.22
अतन्द्रित: 3.23	अद्भुतम् 11.20, 18.74, 18.76–77
अतपस्काय 18.67	अद्रोह: 16.3
अति 6.11, 6.16, 18.77	अद्वेष्टा 12.13
अतितरन्ति 13.26	अध: 14.18, 15.2
अतिनीचम् 6.11	अधमाम् 16.20
अतिरिच्यते 2.34	अधर्म: 1.40
अतिवर्तते 6.44, 14.21	अधर्मम् 18.31–3
अतीत: 14.21, 15.18	अधर्मस्य 4.7
अतीत्य 14.20	अधर्माभिभवात् 1.41
अतीन्द्रियम् 6.21	अध:शाखम् 15.1
अतीव 12.20	अधिकतर: 12.5
अत्यद्भुतम् 18.77	अधिक: 6.46
अत्यन्तम् 6.28	अधिकम् 6.22
अत्यर्थम् 7.17	अधिकार: 2.47
अत्यश्नत: 6.16	अधिगच्छति 2.64, 2.71, 4.39, 5.6, 6.24, 6.15, 14.19, 18.49
अत्यागिनाम् 18.12	अधिदैवतम् 8.4
अत्युच्छ्रितम् 6.11	अधिदैवम् 8.1
अत्येति 8.28	अधिभूतम् 8.1, 8.4
अत्र 1.4; 1.23; 4.16, 8.2,4–5; 10.7; 18.14	अधियज्ञ: 8.2, 8.4
अथ 1.20, 2.26, 2.33, 3.36, 10.25, 11.5, 11.40, 12.9, 12.11, 18.58	अधिष्ठानम् 3.40, 18.14
	अधिष्ठाय 4.6, 15.9
अथ: 4.35	अध्यक्षेण 9.10
अथवा 6.42, 10.42, 11.42	अध्यात्मचेतसा 3.30

अध्यात्मनित्या: 15.5
अध्यात्मम् 7.29, 8.1, 8.3
अध्यात्मविद्या 10.32
अध्यात्मसंज्ञितम् 11.1
अध्यात्मज्ञाननित्यत्वम् 13.12
अध्येष्यते 18.70
अध्रुवम् 17.18
अनघ 3.3, 14.6, 15.20
अनन्त 11.37
अनन्त: 10.29
अनन्तबाहुम् 11.19
अनन्तम् 11.11, 11.47
अनन्तरम् 12.12
अनन्तरूप 11.38
अनन्तरूपम् 11.16
अनन्तविजयम् 1.16
अनन्तवीर्य 11.40
अनन्तवीर्यम् 11.19
अनन्ता: 2.41
अनन्यचेता: 8.14
अनन्यभाक् 9.30
अनन्यमनस: 9.13
अनन्यया 8.22, 11.54
अनन्ययोगेन 13.11
अनन्या: 9.22
अनन्येन 12.6
अनपेक्ष: 12.16
अनभिष्वङ्ग: 13.10
अनभिसन्धाय 17.25
अनभिस्नेह: 2.57
अनयो: 2.16

अनल: 7.4
अनलेन 3.39
अनवलोकयन् 6.13
अनवाप्तम् 3.22
अनवेक्ष्य 18.25
अनश्नत: 6.16
अनसूय: 18.71
अनसूयन्त: 3.31
अनसूयवे 9.1
अनहङ्कार: 13.9
अनहंवादी 18.26
अनात्मन: 6.6
अनादित्वात् 13.32
अनादिम् 10.3
अनादिमत् 13.13
अनादिमध्यान्तम् 11.19
अनादी 13.20
अनामयम् 2.51, 14.6
अनारम्भात् 3.4
अनार्यजुष्टम् 2.2
अनावृत्तिम् 8.23, 8.26
अनाशिन: 2.18
अनाश्रित: 6.1
अनिकेत: 12.19
अनिच्छन् 3.36
अनित्यम् 9.33
अनित्या: 2.14
अनियतम् 1.44
अनिर्देश्यम् 12.3
अनिर्विण्णचेतसा 6.23
अनिष्टम् 18.12

अनीश्वरम् 16.8
अनुकम्पार्थम् 10.11
अनुचिन्तयन् 8.8
अनुतिष्ठन्ति 3.31–32
अनुत्तमम् 7.24
अनुत्तमाम् 7.18
अनुद्विग्नमना: 2.56
अनुद्वेगकरम् 17.15
अनुपकारिणे 17.20
अनुपश्यति 13.31, 14.19
अनुपश्यन्ति 15.10
अनुपश्यामि 1.31
अनुप्रपन्ना: 9.21
अनुबन्धम् 18.25
अनुबन्धे 18.39
अनुमन्ता 13.23
अनुरज्यते 11.36
अनुवर्तते 3.21
अनुवर्तन्ते 3.23, 4.11
अनुवर्तयति 3.16
अनुविधीयते 2.67
अनुशासितारम् 8.9
अनुशुश्रुम 1.44
अनुशोचन्ति 2.11
अनुशोचितुम् 2.25
अनुषज्जते 6.4, 18.10
अनुसन्ततानि 15.2
अनुस्मर 8.7
अनुस्मरन् 8.13
अनुस्मरेत् 8.9
अनेकचित्तविभ्रान्ता: 16.16

अनेकजन्मसंसिद्ध: 6.45
अनेकदिव्याभरणम् 11.10
अनेकधा 11.13
अनेकबाहूदरवक्त्रनेत्रम् 11.16
अनेकवक्त्रनयनम् 11.10
अनेकवर्णम् 11.24
अनेकाद्भुतदर्शनम् 11.10
अनेन 3.10, 3.11, 9.10, 11.8
अन्त: 2.16, 10.19–20, 10.32, 10.40, 13.15, 15.3
अन्तकाले 2.72, 8.5
अन्तगतम् 7.28
अन्तम् 11.16
अन्तरम् 11.20, 13.35
अन्तरात्मना 6.47
अन्तराराम: 5.24
अन्तरे 5.27
अन्तर्ज्योति: 5.24
अन्तवत् 7.23
अन्तवन्त: 2.18
अन्त:शरीरस्थम् 17.6
अन्त:सुख: 5.24
अन्त:स्थानि 8.22
अन्ते 7.19, 8.6
अन्नम् 15.14
अन्नसम्भव: 3.14
अन्नात् 3.14
अन्य: 2.29, 4.31, 8.20, 11.43, 15.17, 16.15, 18.69
अन्यत् 2.31, 2.42, 7.2, 7.7, 11.7, 16.8
अन्यत्र 3.9

अन्यथा 13.12
अन्यदेवता: 7.20, 9.23
अन्यदेवताभक्ता: 9.23
अन्यम् 14.19
अन्यया 8.26
अन्यान् 11.34
अन्यानि 2.22
अन्याम् 7.5
अन्यायेन 16.12
अन्ये 1.9, 4.26, 9.15, 13.25–36, 17.4
अन्येभ्य: 13.26
अन्वशोच: 2.11
अन्विच्छ 2.49
अन्विता 9.23, 17.1
अपनुद्यात् 2.8
अपरम् 4.4, 6.22
अपरस्परसम्भूतम् 16.8
अपरा 7.5
अपराजित: 1.17
अपराणि 2.22
अपरान् 16.14
अपरिग्रह: 6.10
अपरिमेयाम् 16.11
अपरिहार्ये 2.27
अपरे 4.25, 4.27–30, 13.25, 18.3
अपर्याप्तम् 1.10
अपलायनम् 18.43
अपश्यत् 1.26, 11.13
अपहृतचेतसाम् 2.44
अपहृतज्ञाना: 7.15
अपात्रेभ्य: 17.22

अपानम् 4.29
अपाने 4.29
अपावृतम् 2.32
अपि 1.26, 1.35, 2.5, 2.8, 2.16, 2.29, 2.31, 2.34, 2.40, 2.59–60, 2.72, 3.5, 3.8, 3.20, 3.31, 3.33, 3.36, 4.6, 4.13, 4.15–17, 4.20, 4.22, 4.30, 4.36, 5.4–5, 5.7, 5.9, 5.11, 6.22, 6.47, 6.9, 6.25, 6.31, 6.44, 6.46, 7.3, 7.23, 7.30, 8.6, 9.15, 9.23, 9.25, 9.29–30, 9.32, 10.37, 10.39, 11.2, 11.29, 11.32, 11.34, 11.36–37, 11.39, 11.41–43, 11.52, 12.1, 12.10–11, 13.3, 13.18, 13.20, 13.23–34, 13.26, 13.32, 14.2, 15.8, 15.10–11, 15.18, 16.7, 16.13–14, 17.7, 17.10, 17.12, 18.6, 18.17, 18.19, 18.43–44, 18.48, 18.56, 18.60, 18.71
अपुनरावृत्तिम् 5.17
अपैशुनम् 16.2
अपोहनम् 15.15
अप्रकाश: 14.13
अप्रतिमप्रभाव 11.43
अप्रतिष्ठ: 6.38
अप्रतिष्ठम् 16.8
अप्रतीकारम् 1.46
अप्रदाय 3.12
अप्रमेयम् 11.17, 11.42
अप्रमेयस्य 2.18
अप्रवृत्ति: 14.13

अप्राप्य 6.37, 9.3, 16.20	अभिविज्वलन्ति 11.28
अप्रियम् 5.20	अभिसन्धाय 17.12
अप्सु 7.8	अभिहिता 2.39
अफलप्रेप्सुना 18.23	अभ्यधिक: 11.43
अफलाकाङ्क्षिभि: 17.11, 17.17	अभ्यर्च्य 18.46
अबुद्धय: 7.24	अभ्यसूयका: 16.18
अब्रवीत् 1.2, 1.27, 4.1	अभ्यसूयति 18.67
अभक्ताय 18.67	अभ्यसूयन्त: 3.32
अभयम् 10.4, 16.1	अभ्यहन्यन्त 1.13
अभवत् 1.13	अभ्यासयोगयुक्तेन 8.8
अभाव: 2.16, 10.4	अभ्यासयोगेन 12.9
अभावयत: 2.66	अभ्यासात् 12.12, 18.36
अभाषत 11.14	अभ्यासे 12.10
अभिक्रमनाश: 2.40	अभ्यासेन 6.35
अभिजनवान् 16.15	अभ्युत्थानम् 4.7
अभिजात: 16.5	अमलान् 14.14
अभिजातस्य 16.3-4	अमानित्वम् 13.8
अभिजानन्ति 9.24	अमितविक्रम: 11.40
अभिजानाति 4.14, 7.13, 7.25, 18.55	अमी 11.21, 11.26, 11.28
अभिजायते 2.62, 6.41, 13.24	अमुत्र 6.40
अभित: 5.26	अमूढ: 15.5
अभिधास्यति 18.68	अमृतत्वाय 2.15
अभिधीयते 13.2, 17.27, 18.11	अमृतम् 9.19, 10.18, 13.13, 14.20
अभिनन्दति 2.57	अमृतस्य 14.27
अभिप्रवृत्त: 4.20	अमृतोद्भवम् 10.27
अभिभवति 1.40	अमृतोपमम् 18.37-38
अभिभूय 14.10	अमेध्यम् 17.10
अभिमान: 16.4	अम्बुवेगा: 11.28
अभिमुखा: 11.28	अम्भसा 5.10
अभिरत: 18.45	अम्भसि 2.67
अभिरक्षन्तु 1.11	अयति: 6.37

अयथावत् 18.31
अयनेषु 1.11
अयम् 2.19-20, 2.24-25, 2.30, 2.58, 3.9, 3.36, 4.3, 4.31, 4.40, 6.21, 6.33, 7.25, 8.19, 11.1, 13.32, 15.9, 17.3
अयश: 10.5
अयज्ञस्य 4.31
अयुक्त: 5.12, 18.28
अयुक्तस्य 2.66
अयोगत: 5.6
अरति: 13.11
अरागद्वेषत: 18.23
अरि 6.9
अरिसूदन 2.4
अर्चितुम् 7.21
अर्जुन 2.2, 2.45, 3.7, 4.5, 4.9, 4.37, 6.16, 6.32, 6.46, 7.16, 7.26, 8.16, 8.27, 9.19, 10.32, 10.39, 10.42, 11.47, 11.54, 18.9, 18.34, 18.61
अर्जुन: 1.28, 1.47, 2.4, 2.54, 3.1, 3.36, 4.4, 5.1, 6.33, 6.37, 8.1, 10.12, 11.1, 11.15, 11.36, 11.51, 21.1, 13.1, 14.21, 17.1, 18.1, 18.73
अर्जुनम् 11.50
अर्थ: 2.46, 3.18
अर्थकामान् 2.5
अर्थव्यपाश्रय: 3.18
अर्थसञ्चयान् 16.12

अर्थार्थी 7.16
अर्थे 1.33, 2.27, 3.34
अर्पणम् 4.24
अर्पितमनोबुद्धि: 8.7, 12.14
अर्यमा 10.29
अर्हति 2.17
अर्हसि 2.25-27, 2.30-31, 3.20, 6.39, 10.16, 11.44, 16.24
अर्हा: 1.37
अलस: 18.28
अलोलुप्त्वम् 16.2
अल्पबुद्धय: 16.9
अल्पम् 18.22
अल्पमेधसाम् 7.23
अवगच्छ 10.41
अवजानन्ति 9.11
अवतिष्ठति 14.23
अवतिष्ठते 6.18
अवध्य: 2.30
अवनिपालसङ्घै: 11.26
अवरम् 2.49
अवश: 3.5, 6.44, 8.19, 18.60
अवशम् 9.8
अवशिष्यते 7.2
अवष्टभ्य 9.8, 16.9
अवसादयेत् 6.5
अवस्थातुम् 1.30
अवस्थित: 9.4, 13.33
अवस्थितम् 15.11
अवस्थिता: 1.11, 1.33, 2.6, 11.32
अवस्थितान् 1.22, 1.27

अवहासार्थम् 11.42
अवज्ञातम् 17.22
अवाच्यवादान् 2.36
अवाप्तव्यम् 3.22
अवाप्तुम् 6.36
अवाप्नोति 15.8, 16.23, 18.56
अवाप्य 2.8
अवाप्यते 12.5
अवाप्स्यथ 3.11
अवाप्स्यसि 2.33, 2.38, 2.53, 12.10
अविकम्पेन 10.7
अविकार्य: 2.25
अविद्वांस: 3.25
अविधिपूर्वकम् 9.23, 16.17
अविनश्यन्तम् 13.28
अविनाशि 2.17
अविनाशिनम् 2.21
अविपश्चित: 2.42
अविभक्तम् 13.17, 18.20
अविज्ञेयम् 13.16
अवेक्षे 1.23
अवेक्ष्य 2.31
अव्यक्त 2.28
अव्यक्त: 2.25, 8.20–21
अव्यक्तम् 7.24, 12.1, 12.3, 13.6
अव्यक्तमूर्तिना 9.4
अव्यक्तसंज्ञके 8.18
अव्यक्ता 12.5
अव्यक्तात् 8.18, 8.20
अव्यक्तादीनि 2.28
अव्यक्तासक्तचेतसाम् 12.5

अव्यभिचारिणी 13.11
अव्यभिचारिण्या 18.33
अव्यभिचारेण 14.26
अव्यय: 11.18, 13.32, 15.17
अव्ययम् 2.21, 4.1, 4.13, 7.13, 7.24–25, 9.2, 9.13, 9.18, 11.2, 11.4, 14.5, 15.1, 15.5, 18.20, 18.56
अव्ययस्य 2.17, 14.27
अव्ययात्मा 4.6
अव्ययाम् 2.34
अव्यवसायिनाम् 2.41
अंश: 10.41, 15.7
अशक्त: 12.11
अशम: 14.12
अशस्त्रम् 1.46
अशान्तस्य 2.66
अशाश्वतम् 8.15
अशास्त्रविहितम् 17.5
अशुचि: 18.27
अशुचिव्रता: 16.10
अशुचौ 16.16
अशुभात् 4.16, 9.1
अशुभान् 16.19
अंशुमान् 10.21
अशुश्रूषवे 18.67
अशेषत: 6.24, 6.39, 7.2, 18.11
अशेषेण 4.35, 10.16, 18.29, 18.63
अशोच्यान् 2.11
अशोष्य: 2.24
अश्नन् 5.8
अश्नन्ति 9.20

अश्नामि 9.26
अश्नासि 9.27
अश्नुते 3.4, 5.21, 6.28, 13.13, 14.20
अश्रद्दधान: 4.40
अश्रद्दधाना: 9.3
अश्रुपूर्णाकुलेक्षणम् 2.1
अश्रौषम् 18.74
अश्वत्थ: 10.26
अश्वत्थम् 18.1, 18.3
अश्वत्थामा 1.8
अश्वानाम् 10.27
अश्विनौ 11.22, 11.6
अष्टधा 7.4
असक्त: 3.7, 3.19, 3.25
असक्तबुद्धि: 18.49
असक्तम् 9.9, 13.15
असक्तात्मा 5.21
असक्ति: 13.10
असङ्गशस्त्रेण 15.3
असत् 9.19, 11.37, 13.13, 17.28
असत: 2.16
असत्कृत: 11.42
असत्कृतम् 17.22
असत्यम् 16.8
असद्ग्राहान् 16.10
असंन्यस्तसङ्कल्प: 6.2
असपत्नम् 2.8
असमर्थ: 12.10
असम्मूढ: 5.20, 10.3, 15.19
असम्मोह: 10.4
असंयतात्मना 6.36

असंशय: 18.68
असंशयम् 6.35, 7.1, 8.7
असि 4.3, 4.36, 8.2, 10.17, 11.38, 11.40, 11.42–43, 11.52–53, 12.10–11, 16.5, 18.64–65
असित: 10.13
असिद्धौ 4.22
असुखम् 9.33
असृष्टान्नम् 17.13
असौ 11.26, 16.14
अस्ति 2.40, 2.42, 2.66, 3.22, 4.31, 4.40, 6.16, 7.7, 8.5, 9.29, 10.18, 10.19, 10.39, 10.40, 11.43, 16.13, 16.15, 18.40
अस्तु 2.47, 3.10, 11.31, 11.39–11.40
अस्मदीयै: 11.26
अस्माकम् 1.7, 1.10
अस्मात् 1.39
अस्मान् 1.36
अस्माभि: 1.39
अस्मिन् 1.22, 2.13, 3.3, 8.2, 13.22, 14.11, 16.6
अस्य 2.17, 2.40, 2.59, 2.65, 2.67, 3.18, 3.34, 3.40, 6.39, 9.3, 9.17, 11.18, 11.38, 11.43, 11.52, 13.22 15.3
अस्याम् 2.72
अस्वर्ग्यम् 2.2
अह: 8.17, 8.24
अहङ्कार: 7.4, 13.6
अहङ्कारम् 16.18, 18.53, 18.59

अहङ्कारविमूढात्मा 3.27
अहङ्कारात् 18.58
अहङ्कृत: 18.17
अहत्वा 2.5
अहम् 1.22–23, 2.4, 2.7, 2.12, 3.2, 3.23–24, 3.27, 4.1, 4.5, 4.7, 4.11, 6.30, 6.33–34, 7.2, 7.6, 7.8, 7.10, 7.12, 7.17, 7.21, 7.26–26, 8.4, 8.14, 9.4, 9.7, 9.16–17, 9.19, 9.22, 9.24, 9.26, 9.29, 10.1–2, 10.8, 10.11, 10.17, 10.20–21, 10.23–25, 10.28–30, 10.31–39, 10.42, 11.23, 11.42, 11.44, 11.46, 11.48, 11.53–54, 12.7, 14.3–4, 14.27, 15.13–15, 15.18, 16.14, 16.19, 18.66, 18.70, 18.74–75
अहरागमे 8.18–19
अहर्यत् 8.17
अहिता: 2.36, 16.9
अहिंसा 10.5, 13.8, 16.2, 17.14
अहैतुकम् 18.22
अहो 1.45
अहोरात्रविद: 8.17
अक्षय: 10.33
अक्षयम् 5.21
अक्षर: 8.21, 15.16
अक्षरम् 8.3, 8.11, 10.25, 11.18, 11.37, 12.1, 12.3
अक्षरसमुद्भवम् 3.15
अक्षराणाम् 10.33
अक्षरात् 15.18
अक्षिशिरोमुखम् 13.14
अज्ञ: 4.40
अज्ञानजम् 10.11, 14.8
अज्ञानम् 5.16, 13.12, 14.16–17, 16.4
अज्ञानविमोहिता: 16.15
अज्ञानसम्भूतम् 4.42
अज्ञानसम्मोह: 18.72
अज्ञानाम् 3.26
अज्ञानेन 5.15

(आ)

आकाशम् 13.33
आकाशस्थित: 9.6
आख्यातम् 18.63
आख्याहि 11.31
आगच्छेत् 3.34
आगता: 4.10, 14.2
आगमापायिन: 2.14
आचरत: 4.23
आचरति 3.21, 16.22
आचरन् 3.19
आचार: 16.7
आचार्य 1.3
आचार्यम् 1.2
आचार्यान् 1.26
आचार्या: 1.34
आचार्योपासनम् 13.8
आज्यम् 9.16
आततायिन: 1.36
आतिष्ठ 4.42
आत्थ 11.3

आत्मकारणात् 3.13
आत्मतृप्त: 3.17
आत्मन: 4.42, 5.16, 6.5-6, 6.11, 6.19, 8.12, 10.18, 16.21-22, 17.19, 18.39
आत्मना 2.55, 3.43, 6.5-6, 6.20, 10.15, 13.25, 13.29
आत्मनि 2.55, 3.17, 4.35, 4.38, 5.21, 6.18, 6.20, 6.26, 6.29, 13.25, 15.11
आत्मपरदेहेषु 16.18
आत्मबुद्धिप्रसादजम् 18.37
आत्मभावस्थ: 10.11
आत्ममायया 4.6
आत्मयोगात् 11.47
आत्मरति: 3.17
आत्मवन्तम् 4.41
आत्मवश्यै: 2.64
आत्मवान् 2.45
आत्मविनिग्रह: 13.8, 17.16
आत्मविभूतय: 10.16, 10.19
आत्मविशुद्धये 6.12
आत्मशुद्धये 5.11
आत्मसम्भाविता: 16.17
आत्मसंयमयोगाग्नौ 4.27
आत्मसंस्थम् 6.25
आत्मा 6.5-6, 7.18, 9.5, 10.20, 13.33
आत्मानम् 3.43, 4.7, 6.5, 6.10, 6.15, 6.20, 6.28-29, 9.34, 10.15, 11.3-4, 13.25, 13.29-30, 18.16, 18.51
आत्मौपम्येन 6.32

आत्यन्तिकम् 6.21
आदत्ते 5.15
आदर्श: 3.38
आदि 10.2, 10.20, 10.32, 15.3
आदि: 10.2,32; 15.3
आदिकर्त्रे 11.37
आदित्यगतम् 15.12
आदित्यवत् 5.16
आदित्यवर्णम् 8.9
आदित्यान् 11.6
आदित्यानाम् 10.21
आदिदेव: 11.38
आदिदेवम् 10.12
आदिम् 11.16
आदौ 3.41, 4.4
आद्यन्तवन्त: 5.22
आद्यम् 8.28, 11.31, 11.47, 15.4
आधत्स्व 12.8
आधाय 5.10, 8.12
आप: 2.23, 2.70, 7.4
आपन्नम् 7.24
आपन्ना: 16.20
आपूर्य 11.30
आपूर्यमाणम् 2.70
आप्तुम् 5.6, 12.9
आप्नुयाम् 3.2
आप्नुवन्ति 8.15
आप्नोति 2.70, 3.19, 4.21, 5.12, 18.47, 18.50
आब्रह्मभुवनात् 8.16
आयुधानाम् 10.28

आयु:सत्त्वबलारोग्यसुखप्रीतिविवर्ध-ना: 17.8
आरभते 3.7
आरभ्यते 18.25
आरम्भ: 14.12
आराधनम् 7.22
आरुरुक्षो: 6.3
आर्जवम् 13.8, 16.1, 17.14, 18.42
आर्त्त: 7.16
आवयो: 18.70
आवर्त्तते 8.26
आवर्तिन: 8.16
आविश्य 15.13, 15.17
आविष्ट: 1.27
आविष्टम् 2.1
आवृत: 3.38
आवृतम् 3.38–39, 5.15
आवृता 18.32
आवृता: 18.48
आवृत्तिम् 8.23
आवृत्य 3.40, 13.14, 14.9
आवेशितचेतसाम् 12.7
आवेश्य 8.10, 12.2
आह्रियते 3.38
आशयात् 15.8
आशापाशशतै: 16.12
आशु 2.65
आश्रयेत् 1.36
आश्रित: 12.11, 15.14
आश्रितम् 9.11
आश्रिता: 7.15, 9.13
आश्रित्य 7.29, 16.10, 18.59

आश्वासयामास 11.50
आसक्तमना: 7.1
आसनम् 6.11
आसने 6.12
आसम् 2.12
आसाद्य 9.20
आसीत् 2.54, 2.61, 6.14
आसीन: 14.23
आसीनम् 9.9
आसुर: 16.6
आसुरनिश्चयान् 17.6
आसुरम् 7.15, 16.6
आसुरा: 16.7
आसुरी 16.5
आसुरीम् 9.12, 16.4, 16.20
आसुरीषु 16.19
आस्तिक्यम् 18.42
आस्ते 3.6, 5.13
आस्थाय 7.20
आस्थित 5.4, 6.31, 7.18, 8.12
आस्थिता: 3.20
आह 1.21, 11.35
आहवे 1.31
आहार: 17.7
आहारा: 17.8–9
आहु: 3.42, 4.19, 8.21, 10.13, 14.16, 16.8
आहो 17.1

(इ)

इङ्क्ते 6.19, 14.23

इच्छ 12.9
इच्छति 7.21
इच्छन्त: 8.11
इच्छसि 11.7, 18.60, 18.63
इच्छा 13.7
इच्छाद्वेषसमुत्थेन 7.27
इच्छामि 1.35, 11.3, 11.31, 11.46, 13.1, 18.1
इज्यते 17.11–12
इज्यया 11.53
इत: 7.5, 14.1
इतर: 3.21
इति 1.25, 1.44, 2.9, 2.42, 3.27–28, 4.3–4 4.14, 4.16, 5.8–9, 6.2, 6.8, 6.18, 6.36, 7.4, 7.6, 7.12, 7.19, 8.13, 8.21, 9.6, 10.8, 11.4, 11.21, 11.41, 11.50, 13.2, 13.12, 13.19, 13.23, 14.5, 14.11, 14.23, 15.17, 15.20, 16.11, 16.15, 17.2, 17.11, 17.16, 17.20, 17.23–27, 17.27–28, 18.3, 18.6, 18.8–9, 18.11, 18.18, 18.32, 18.59, 18.63–64, 18.70
इदम् 1.10, 1.21, 1.27, 2.1–2, 2.10, 2.17, 3.31, 3.38, 7.2, 7.5, 7.7, 7.13, 8.22, 8.28, 9.1–2, 9.4, 10.42, 11.19–20, 11.41, 11.47, 11.49, 11.51–52, 12.20, 13.2, 14.2, 16.13, 16.21, 15.20, 18.46, 18.67, 18.68
इदानीम् 11.51, 18.36
इन्द्रियकर्माणि 4.27

इन्द्रियगोचरा: 13.6
इन्द्रियग्रामम् 6.24, 12.4
इन्द्रियस्य 3.34
इन्द्रियाग्निषु 4.26
इन्द्रियाणाम् 2.8, 2.67, 10.22
इन्द्रियाणि 2.58, 6.14, 2.61, 2.68, 3.7, 3.40–42, 4.26, 5.9, 13.6, 15.7
इन्द्रियाराम: 3.16
इन्द्रियार्थान् 3.6
इन्द्रियार्थेभ्य: 2.58, 2.68
इन्द्रियार्थेषु 5.9, 6.4, 13.9
इन्द्रियेभ्य: 3.42
इन्द्रियै: 2.64, 5.11
इमम् 1.28, 2.33, 4.1–2, 9.8, 9.33, 13.34, 16.13, 17.7, 18.70, 18.74, 18.76
इमा: 3.24, 10.6
इमान् 10.16, 18.17
इमाम् 2.39, 2.42
इमे 1.33, 2.12, 2.18, 3.24
इमौ 15.16
इयम् 7.4–5
इव 1.30, 2.10, 2.58, 2.67, 3.2, 3.36, 5.10, 6.34, 6.38, 7.7, 11.44, 13.17, 15.8, 18.37–38, 18.48
इषुभि: 2.4
इष्ट: 18.64, 18.70
इष्टकामधुक् 3.10
इष्टम् 18.12
इष्टा: 17.9
इष्टान् 3.12

इष्टानिष्टोपपत्तिषु 13.10
इष्ट्वा 9.20
इह 2.5, 2.40-41, 2.50, 3.16, 3.18, 3.37, 4.2, 4.12, 4.38, 5.19, 5.23, 6.40, 7.2, 11.7, 11.32, 15.3, 16.24, 17.18, 17.28
इक्ष्वाकवे 4.1

(ई)

ईड्यम् 11.44
ईदृक् 11.49
ईदृशम् 2.32, 6.42
ईशम् 11.15, 11.44
ईश्वर: 4.6, 15.8, 15.17, 16.14, 18.61
ईश्वरभाव: 18.43
ईश्वरम् 13.29
ईहते 7.22
ईहन्ते 16.12
ईक्षते 6.29, 18.20

(उ)

उक्त: 1.24, 8.21, 13.23
उक्तम् 11.1, 11.41, 12.20, 13.19, 15.20
उक्ता: 2.18
उक्त्वा 1.47, 2.9, 11.9, 11.21, 11.50
उग्रकर्माण: 16.9
उग्रम् 11.20
उग्ररूप: 11.31
उग्रा: 11.30
उग्रै: 11.48

उच्चै: 1.12
उच्चै:श्रवसम् 10.27
उच्छिष्टम् 17.10
उच्छोषणम् 2.8
उच्यते 2.25, 2.48, 2.55-56, 3.6, 3.40, 6.3-4, 6.8, 6.18, 8.1, 8.3, 13.13, 13.18, 13.21, 14.25, 17.14-16, 17.28, 18.23, 18.25-26, 18.28
उत 1.40, 14.9, 14.11
उत्क्रामति 15.8
उत्क्रामन्तम् 15.10
उत्तम: 15.17-18
उत्तमम् 4.3, 6.27, 9.2, 14.1, 18.6
उत्तमविदाम् 14.14
उत्तमाङ्गै: 11.27
उत्तमौजा: 1.6
उत्तरायणम् 8.24
उत्तिष्ठ 2.3, 2.37, 4.42, 11.33
उत्थिता 11.12
उत्सन्नकुलधर्माणाम् 1.44
उत्सादनार्थम् 17.19
उत्साद्यन्ते 1.43
उत्सीदेयु: 3.24
उत्सृजामि 9.19
उत्सृज्य 16.23, 17.1
उदपाने 2.46
उदारा: 7.18
उदासीन 6.9
उदासीन: 12.16
उदासीनवत् 9.9, 14.23
उदाहृत: 15.17

उदाहृतम् 13.7, 17.19, 17.22, 18.22, 18.24, 18.39
उदाहृत्य 17.24
उद्दिश्य 17.21
उद्देशत: 10.40
उद्धरेत् 6.5
उद्भव: 10.34
उद्यता: 1.45
उद्यम्य 1.20
उद्विजते 12.15
उद्विजेत् 5.20
उन्मिषन् 5.9
उपजायते 2.62, 2.65, 14.11
उपजायन्ते 14.2
उपजुह्वति 4.25
उपदेक्ष्यन्ति 4.34
उपद्रष्टा 13.23
उपधारय 7.6, 9.6
उपपद्यते 2.3, 6.39, 13.19, 18.7
उपपन्नम् 2.32
उपमा 6.19
उपयान्ति 10.10
उपरतम् 2.35
उपरमते 6.20
उपरमेत् 6.25
उपलभ्यते 15.3
उपलिप्यते 13.33
उपविश्य 6.12
उपसङ्गम्य 1.2
उपसेवते 15.9
उपहन्याम् 3.24
उपायत: 6.36
उपाविशत् 1.47
उपाश्रिता: 4.10, 16.11
उपाश्रित्य 14.2, 18.57
उपासते 9.14–15, 12.2, 12.6, 13.26
उपेत: 6.37
उपेता: 12.2
उपेत्य 8.15–16
उपैति 6.27, 8.10, 8.28
उपैष्यसि 9.28
उभयविभ्रष्ट: 6.38
उभयो: 1.21, 1.24, 1.26, 2.10, 2.16, 5.4
उभे 2.50
उभौ 2.19, 5.2, 13.20
उरगान् 11.15
ऊर्जितम् 10.41
उर्ध्वम् 12.8, 14.18, 15.2
ऊर्ध्वमूलम् 15.1
उल्बेन 3.38
उवाच 1.25, 2.1, 2.10, 3.10
उशना 10.37
उषित्वा 6.41
उष्मपा: 11.22

(ऋ)

ऋक् 9.17
ऋच्छति 2.72, 5.29
ऋतम् 10.14
ऋतूनाम् 10.35
ऋते 11.32

ऋद्धम् 2.8
ऋषय: 5.25, 10.13
ऋषिभि: 13.5
ऋषीन् 11.15

(ए)

एक: 11.42, 13.34
एकत्वम् 6.31
एकत्वेन 9.15
एकभक्ति: 7.17
एकम् 3.2, 5.1, 5.4-5, 10.25, 13.6, 18.20, 18.66
एकया 8.26
एकस्थम् 11.7, 11.13, 13.31
एकस्मिन् 18.22
एका 2.41
एकाकी 6.10
एकाग्रम् 6.12
एकाग्रेण 18.72
एकान्तम् 6.16
एकांशेन 10.42
एकाक्षरम् 8.13
एके 18.3
एकेन 11.20
एतत् 2.3, 2.6, 3.32, 4.3-4, 6.26, 6.39, 6.42, 10.14, 11.3, 11.35, 12.11, 13.1-2, 13.12, 13.19, 13.7, 16.21, 15.20, 17.16, 17.26, 18.63, 18.72, 18.75
एतद्योनीनि 7.6
एतयो: 5.1

एतस्य 6.33
एतान् 1.22, 1.25, 1.35-36, 14.20-21, 14.26
एतानि 14.12-13, 15.8, 18.6, 18.13
एताम् 1.3, 7.14, 10.7, 16.9
एतावत् 16.11
एति 4.9, 4.9, 8.6, 11.55
एते 1.23, 1.38, 2.15, 4.30, 7.18, 8.26-27, 11.33, 18.15
एतेन 3.39, 10.42
एतेषाम् 1.10
एतै: 1.43, 3.40, 16.22
एधांसि 4.37
एनम् 2.19, 2.21, 2.23, 2.25-26, 2.29, 3.37, 3.41-42, 6.27, 11.50, 15.3, 15.11
एनाम् 2.72
एभि: 7.13, 18.40
एभ्य: 3.12, 7.13
एव 1.1, 1.6, 1.8, 1.11, 1.13-14, 1.19, 1.25, 1.30, 1.34, 1.36, 1.42, 2.5-6, 2.12, 2.24, 2.28-29, 2.47, 2.55, 3.4, 3.12, 3.17-18, 3.20-21, 3.22, 4.3, 4.11, 4.15, 4.20, 4.24-25, 4.36, 5.8, 5.13, 5.15, 5.18-19, 5.22, 5.23-24, 5.27-28, 6.3, 6.5-6, 6.16, 6.18, 6.20-21, 6.24, 6.26, 6.40, 6.42, 6.44, 7.4, 7.12, 7.14, 7.18, 7.21-22, 8.4-7, 8.10, 8.18-19, 8.23, 8.28, 9.12, 9.16-17, 9.19, 9.23-24, 9.30, 9.34, 10.1, 10.4-5,

10.11, 10.13, 10.15, 10.20, 10.32–33, 10.38, 10.41, 11.8, 11.22, 11.25–26, 11.28–29, 11.33, 11.35, 11.40, 11.45–46, 11.49, 12.4, 12.6, 12.8, 12.13, 13.1, 13.5–6, 13.9, 13.15, 13.20, 13.26, 13.30–41, 14.10, 14.13, 14.17, 14.22–23, 15.4, 15.7, 15.9, 15.15–16, 16.4, 16.6, 16.19–20, 17.2–3, 17.6, 17.11–12, 17.15, 17.18, 17.27, 18.5, 18.8–9, 18.14, 18.19, 18.29, 18.31, 18.35, 18.42, 18.50, 18.62, 18.65, 18.68

एवम् 1.24, 1.47, 2.9, 2.25–26, 2.38, 3.16, 3.43, 4.2, 4.9, 4.15, 4.32, 4.35, 6.15, 6.28, 9.21, 9.28, 9.34, 11.3, 11.9, 11.48, 11.53–54, 12.1, 13.13, 13.15, 13.24, 13.26, 13.35, 15.19, 18.16

एष: 3.10, 3.37, 3.40, 10.40, 18.59

एषा 2.39, 2.72, 7.14

एषाम् 1.42

एष्यति 18.68

एष्यसि 8.7, 9.34, 18.65

(ऐ)

ऐकान्तिकस्य 14.27

ऐरावतम् 10.27

ऐश्वरम् 9.5, 11.3, 11.8–9

(ओ)

ओङ्कार: 9.17

ओजसा 15.13

ॐ 8.13, 17.23–24

ओषधी: 15.13

(औ)

औषधम् 9.16

(क)

क: 8.2, 11.31, 16.15

कच्चित् 6.38, 18.72

कट्वम्ललवणात्युष्णतीक्ष्णरूक्ष-विदाहिन: 17.9

कतरत् 2.6

कथम् 1.37, 1.39, 2.4, 2.21, 4.4, 8.2, 10.17, 14.21

कथय 10.18

कथयत: 18.75

कथयन्त: 10.9

कथयिष्यन्ति 2.34

कथयिष्यामि 10.19

कदाचन 2.47, 18.67

कदाचित् 2.20

कन्दर्प: 10.28

कपिध्वज: 1.20

कपिल: 10.26

कम् 2.21

कमलपत्राक्ष 11.2

कमलासनस्थम् 11.15

करणम् 18.14, 18.18

करिष्यति 3.33

करिष्यसि 2.33, 18.60

करिष्ये 18.73
करुण: 12.13
करोति 4.20, 5.10, 6.1, 13.32
करोमि 5.8
करोषि 9.27
कर्ण: 1.8
कर्णम् 11.34
कर्तव्यम् 3.22
कर्तव्यानि 18.6
कर्ता 3.24, 3.27, 18.14, 18.18–19, 18.26–28
कर्तारम् 4.13, 14.19, 18.16
कर्तुम् 1.45, 2.17, 3.20, 9.2, 12.11, 16.24, 18.60
कर्तृत्वम् 5.14
कर्म 2.49, 3.5, 3.8–9, 3.15, 3.19, 3.24, 4.9, 4.15–16, 4.18, 4.21, 4.23, 4.33, 5.11, 6.1, 6.3, 7.29, 8.1, 16.24, 17.27, 18.3, 18.8–10, 18.15, 18.18–19, 18.23–25, 18.43–44, 18.47–48
कर्मचोदना 18.18
कर्मजम् 2.51
कर्मजा 4.12
कर्मजान् 4.32
कर्मण: 3.1, 3.9, 4.16–17, 18.7, 18.12
कर्मणा 3.20, 18.60
कर्मणाम् 3.4, 4.12, 5.1, 14.12, 18.2
कर्मणि 2.47, 3.1, 3.22–23, 3.25, 4.18, 4.20, 14.9, 17.26, 18.45
कर्मफलत्याग: 12.12

कर्मफलत्यागी 18.11
कर्मफलप्रेप्सु: 18.27
कर्मफलम् 5.12, 6.1
कर्मफलसंयोगम् 5.14
कर्मफलहेतु: 2.47
कर्मफलासङ्गम् 4.20
कर्मफले 4.14
कर्मबन्धन: 3.9
कर्मबन्धनै: 9.28
कर्मबन्धम् 2.39
कर्मभि: 3.31, 4.14
कर्मयोग: 5.2
कर्मयोगम् 3.7
कर्मयोगेन 3.3, 13.25
कर्मसङ्ग्रह: 18.18
कर्मसङ्गिनाम् 3.26
कर्मसङ्गिषु 14.15
कर्मसङ्गेन 14.7
कर्मसंन्यासात् 5.2
कर्मसमुद्भव: 3.14
कर्मसंज्ञित: 8.3
कर्मसु 2.50, 6.4, 6.17, 9.9
कर्माणि 2.48, 3.27, 3.30, 4.14, 4.41, 5.10, 5.14, 9.9, 12.6, 12.10, 13.30, 18.6, 18.11, 18.41
कर्मानुबन्धीनि 15.2
कर्मिभ्य: 6.46
कर्मेन्द्रियाणि 3.6
कर्मेन्द्रियै: 3.7
कर्षति 15.7
कर्षयन्त: 17.6

कलयताम् 10.30
कलेवरम् 8.5-6
कल्पते 2.15, 14.26, 18.53
कल्पक्षये 9.7
कल्पादौ 9.7
कल्याणकृत् 6.40
कवय: 4.16, 18.2
कवि: 10.37
कविम् 8.9
कवीनाम् 10.37
कश्चन 3.18, 6.2, 7.26, 8.27
कश्चित् 2.17, 2.29, 3.5, 3.18, 6.40, 7.3, 18.69
कश्मलम् 2.2
कस्मात् 11.37
कस्यचित् 5.15
का 1.36, 2.28, 2.54, 17.1
काङ्क्षति 5.3, 12.17, 14.22, 18.54
काङ्क्षन्त: 4.12
काङ्क्षितम् 1.33
काङ्क्षे 1.32
काम् 6.37
काम: 2.62, 3.37, 7.11, 16.21
कामकामा: 9.21
कामकामी 2.70
कामकारत: 16.23
कामकारेण 5.12
कामक्रोधपरायणा: 16.12
कामक्रोधवियुक्तानाम् 5.26
कामक्रोधोद्भवम् 5.23
कामधुक् 10.28

कामभोगार्थम् 16.12
कामभोगेषु 16.16
कामम् 16.10, 16.18, 18.53
कामरागबलान्विता: 17.5
कामरागविवर्जितम् 7.11
कामरूपम् 3.43
कामरूपेण 3.39
कामसङ्कल्पवर्जिता: 4.19
कामहैतुकम् 16.8
कामा: 2.70
कामात् 2.62
कामात्मन: 2.43
कामान् 2.55, 2.71, 6.24, 7.22
कामेप्सुना 18.24
कामै: 7.20
कामोपभोगपरमा: 16.11
काम्यानाम् 18.2
कायक्लेशभयात् 18.8
कायम् 11.44
कायशिरोग्रीवम् 6.13
कायेन 5.11
कारणम् 6.3, 13.22
कारणानि 18.13
कारयन् 5.13
कार्पण्यदोषोपहतस्वभाव: 2.7
कार्यकरणकर्तृत्वे 13.21
कार्यते 3.5
कार्यम् 3.17, 3.19, 6.1, 18.5, 18.9, 18.31
कार्याकार्यव्यवस्थितौ 16.24
कार्याकार्ये 18.30

कार्ये 18.22
काल: 10.30, 10.33, 11.32
कालम् 8.23
कालानलसंनिभानि 11.25
काले 8.23, 17.20
कालेन 4.2, 4.38
कालेषु 8.7, 8.27
काशिराज: 1.5
काश्य: 1.17
किञ्चन 3.22
किंचित् 4.20, 5.8, 6.25, 7.7, 13.27.
किम् 1.1, 1.32, 1.32, 1.35, 2.36, 2.54, 3.1, 3.33, 4.16, 8.1, 9.33, 10.42, 16.8
किमाचार: 14.21
किरीटी 11.35
किरीटिनम् 11.17, 11.46
किल्बिषम् 4.21, 18.47
कीर्तयन्त: 9.14
कीर्ति: 10.34
कीर्तिम् 2.33
कुत: 2.2, 2.66, 4.31, 11.43
कुन्तिभोज: 1.5
कुन्तीपुत्र: 1.16
कुरु 2.48, 3.8, 4.15, 12.11, 18.63
कुरुते 3.21, 4.37
कुरुनन्दन 2.41, 6.43, 14.13
कुरुप्रवीर 11.48
कुरुवृद्ध: 1.12
कुरुश्रेष्ठ 10.19
कुरुष्व 9.27

कुरुसत्तम 4.31
कुरुक्षेत्रे 1.1
कुरून् 1.25
कुर्यात् 3.25
कुर्याम् 3.24
कुर्वन्ति 3.25, 5.11
कुर्वन् 4.21, 5.7, 5.13, 12.10, 18.47
कुर्वाण: 18.56
कुलीनाम् 1.42-43
कुलधर्मा: 1.40, 1.43
कुलम् 1.40
कुलस्त्रिय: 1.41
कुलस्य 1.42
कुलक्षयकृतम् 1.38-39
कुलक्षये 1.40
कुले 6.42
कुशले 18.10
कुसुमाकर: 10.35
कूटस्थ: 6.8, 15.16
कूटस्थम् 12.3
कूर्म: 2.58

(कृ)

कृतकृत्य: 15.20
कृतनिश्चय: 2.37
कृतम् 4.15, 17.28, 18.23
कृताञ्जलि: 11.14, 11.35
कृतान्ते 18.13
कृतेन 3.18
कृत्वा 2.38, 4.22, 5.27, 6.12, 6.25, 18.8, 18.68

कृत्स्नकर्मकृत् 4.18
कृत्स्नम् 1.40, 7.29, 9.8, 10.42, 11.7, 11.13, 13.34
कृत्स्नवत् 18.22
कृत्स्नविद् 3.29
कृत्स्नस्य 7.6
कृप: 1.8
कृपणा: 2.49
कृपया 1.27, 2.1
कृष्ण 1.28, 1.32, 1.41, 2.1, 5.1, 6.37, 6.39, 6.34, 11.41, 17.1
कृषिगौरक्ष्यवाणिज्यम् 18.44
कृष्ण: 2.2, 2.11, 2.55, 3.3, 3.37, 4.1, 4.5, 5.2, 6.1, 6.35, 6.40, 7.1, 8.3, 8.25, 9.1, 10.1, 10.19, 11.5, 11.32, 14.1, 14.22, 15.1, 16.1, 17.2, 18.2, 18.78
कृष्णम् 11.35
कृष्णात् 18.75
के 12.1
केचित् 11.21, 11.27, 13.25
केन 3.36
केनचित् 12.19
केवलम् 4.21, 18.16
केवलै: 5.11
केशव 1.31, 2.54, 3.1, 10.14, 13.1
केशवस्य 11.35
केशवार्जुनयो: 18.76
केशिनिषूदन 18.1
केषु 10.17
कै: 1.22, 14.21

कौन्तेय 2.14, 2.37, 2.60, 3.9, 3.39, 5.22, 6.35, 7.8, 8.6, 8.16, 9.7, 9.10, 9.23, 9.27, 9.31, 13.2, 13.32, 14.4, 14.7, 16.20, 16.22, 18.48, 18.50, 18.60
कौन्तेय: 1.27
कौमारम् 2.13
कौशलम् 2.50

(क्र)

क्रतु: 9.16
क्रियते 17.18–19, 18.9, 18.24
क्रियन्ते 17.25
क्रियमाणानि 3.27, 13.30
क्रियाभि: 11.48
क्रियाविशेषबहुलाम् 2.43
क्रूरान् 16.19
क्रोध: 2.62, 3.37, 16.4, 16.21
क्रोधम् 16.18, 18.53
क्रोधात् 2.63
क्लेदयन्ति 2.23
क्लेश: 12.5
क्लैब्यम् 2.3
क्वचित् 18.12

(क्ष)

क्षणम् 3.5
क्षत्रियस्य 2.31
क्षत्रिया: 2.32
क्षमा 10.4, 10.34, 16.3
क्षमी 12.13

क्षयम् 18.25
क्षयाय 16.9
क्षर: 8.4, 15.16
क्षरम् 15.18
क्षात्रम् 18.43
क्षान्ति: 13.8, 18.42
क्षामये 11.42
क्षिपामि 16.19
क्षिप्रम् 4.12, 9.31
क्षीणकल्मषा: 5.25
क्षीणे 9.21
क्षुद्रम् 2.3
क्षेत्रम् 13.1-2, 13.4, 13.7, 13.19, 13.34
क्षेत्रक्षेत्रज्ञयो: 13.3, 13.35
क्षेत्रक्षेत्रज्ञसंयोगात् 13.27
क्षेत्रज्ञ: 13.1-2
क्षेत्रज्ञम् 13.3
क्षेत्री 13.34
क्षेमतरम् 1.46

(ख)

खम् 7.4
खे 7.8

(ग)

गच्छ 18.62
गच्छति 6.37, 6.40
गच्छन् 5.8
गच्छन्ति 2.51, 5.17, 8.24, 14.18, 14.18, 15.5
गजेन्द्राणाम् 10.27
गत: 11.51
गतरसम् 17.10
गतव्यथ: 12.16
गतसङ्गस्य 4.23
गतसन्देह: 18.73
गता: 8.15, 14.1, 15.4
गतागतम् 9.21
गतासून् 2.11
गति: 4.17, 9.18, 12.5
गतिम् 6.37, 6.45, 7.18, 8.13, 8.21, 9.32, 13.29, 16.20, 16.22-23
गती 8.26
गत्वा 14.15, 15.6
गदिनम् 11.17, 11.46
गन्तव्यम् 4.24
गन्तासि 2.52
गन्ध: 7.9
गन्धर्वयक्षासुरसिद्धसङ्घा: 11.22
गन्धर्वाणाम् 10.26
गन्धान् 15.8
गम: 2.3
गम्यते 5.5
गरीय: 2.6
गरीयसे 11.37
गरीयान् 11.43
गर्भ: 3.38
गर्भम् 14.3
गवि 5.18
गहना 4.17
गाण्डीवम् 1.30

गात्राणि 1.29
गाम् 15.13
गायत्री 10.35
गिराम् 10.25
गीतम् 13.5
गुडाकेश 10.20, 11.7
गुडाकेशः 2.9
गुडाकेशेन 1.24
गुणकर्मविभागयोः 3.28
गुणकर्मविभागशः 4.13
गुणकर्मसु 3.29
गुणतः 18.29
गुणप्रवृद्धाः 15.2
गुणभेदतः 18.19
गुणभोक्तृ 13.15
गुणमयी 7.14
गुणमयैः 7.13
गुणसङ्ख्याने 18.19
गुणसङ्गः 13.22
गुणसम्मूढाः 3.29
गुणाः 3.28, 14.5, 14.23
गुणातीतः 14.25
गुणान् 13.22, 13.20, 14.20–21, 14.26
गुणान्वितम् 15.10
गुणेभ्यः 14.19
गुणेषु 3.28
गुणैः 3.5, 3.27, 13.24, 14.23, 18.40–41
गुरुः 11.43
गुरुणा 6.22
गुरून् 2.5
गुह्यतमम् 9.1, 15.20
गुह्यतरम् 18.63
गुह्यम् 11.1, 18.68, 18.75
गुह्यात् 18.63
गुह्यानाम् 10.38
गृणन्ति 11.21
गृहीत्वा 15.8, 16.10
गृह्णन् 5.9
गृह्णाति 2.22
गृह्यते 6.35
गेहे 6.41
गोविन्द 1.32
गोविन्दम् 2.9
ग्रसमानः 11.30
ग्रसिष्णु 13.17
ग्लानिः 4.7

(घ)

घातयति 2.21
घोरम् 11.49, 17.5
घोरे 3.1
घोषः 1.19
ीतः 1.35
घ्राणम् 15.9

(च)

च 1.1, 1.4–6, 1.8–9, 1.11, 1.13–14, 1.16–17, 1.18–19, 1.25, 1.29–34, 1.38, 1.42–43, 2.4, 2.6, 2.8, 2.11–12, 2.19, 2.23–24, 2.26–27, 2.29, 2.31–36, 2.41, 2.52, 2.58, 2.66,

3.4, 3.8, 3.17–18, 3.22, 3.24, 3.38–39, 4.3, 4.5, 4.8–9, 4.17–18, 4.22, 4.27–28, 4.40, 5.1–2, 5.5, 5.15, 5.18, 5.20, 5.27, 6.1, 6.9, 6.13, 6.16, 6.20–22, 6.29–30, 6.35, 6.43, 6.46, 7.4, 7.9, 7.12, 7.16–17, 7.22, 7.26, 7.29–30, 8.1–2, 8.4–5, 8.7, 8.10, 8.12, 8.23, 8.28, 9.4–5, 9.9, 9.12, 9.14–15, 9.17, 9.19, 9.24, 9.29, 10.2–4, 10.7, 10.9, 10.13, 10.17–18, 10.20, 10.22–24, 10.26–34, 10.38–39, 11.2, 11.7, 11.15, 11.17, 11.20, 11.22, 11.25–26, 11.34, 11.36–39, 11.42–43, 11.45, 11.48–50, 11.53–54, 12.1, 12.3, 12.13, 12.15, 12.18, 13.1, 13.3–6, 13.9, 13.10–21, 13.15, 13.17, 13.19–20, 13.23–26, 13.30–41, 13.35, 14.2, 14.6, 14.10, 14.13, 14.17, 14.19, 14.21–22, 14.26–27, 15.2–4, 15.8–9, 15.11–13, 15.15–16, 15.18, 15.20, 16.1, 16.4, 16.6–7, 16.11, 16.14, 16.18, 17.2, 17.4, 17.6, 17.10, 17.12, 17.14–15, 17.18, 17.20–23, 17.25, 17.27–28, 18.1, 18.3, 18.5–6, 18.9, 18.12, 18.14, 18.19, 18.22, 18.25, 18.28–32, 18.35–36, 18.39, 18.41–43, 18.51, 18.55, 18.67, 18.69–71, 18.74, 18.77

चक्रम् 3.16

चक्रहस्तम् 11.46
चक्रिणम् 11.17
चञ्चलत्वात् 6.33
चञ्चलम् 6.26, 6.34
चतुर्भुजेन 11.46
चतुर्विधम् 15.14
चतुर्विधा: 7.16
चत्वार: 10.6
चन्द्रमसि 15.12
चमूम् 1.3
चरताम् 2.67
चरति 2.71, 3.36
चरन् 2.64
चरन्ति 8.11
चरम् 13.16
चराचरम् 10.39
चराचरस्य 11.43
चलति 6.21
चलम् 6.35, 17.18
चलितमानस: 6.37
चक्षु: 5.27, 11.8, 15.9
चातुर्वर्ण्यम् 4.13
चान्द्रमसम् 8.25
चापम् 1.47
चिकीर्षु: 3.25
चित्तम् 6.18, 6.20, 12.9
चित्ररथ: 10.26
चिन्तयन्त: 9.22
चिन्तयेत् 6.25
चिन्ताम् 16.11
चिन्त्य: 10.17

चिरेण 5.6
चूर्णितैः 11.27
चेकितानः 1.5
चेत् 2.33, 3.1, 3.24, 4.36, 9.30, 18.58
चेतना 10.22, 13.7
चेतसा 8.8, 18.57, 18.72
चेष्टते 3.33
चेष्टाः 18.14
चैलाजिनकुशोत्तरम् 6.11
च्यवन्ति 9.24

(छ)

छन्दसाम् 10.35
छन्दांसि 15.1
छन्दोभिः 13.5
छलयताम् 10.36
छित्त्वा 4.42, 15.3
छिन्दन्ति 2.23
छिन्नद्वैधाः 5.25
छिन्नसंशयः 18.10
छिन्नाभ्रम् 6.38
छेत्ता 6.39
छेत्तुम् 6.39

(ज)

जगत् 7.5, 7.13, 9.4, 9.10, 10.42, 11.7, 11.13, 11.30, 11.36, 15.12, 16.8
जगतः 7.6, 8.26, 9.17, 16.9
जगत्पते 10.15
जगन्निवास 11.25, 11.37, 11.45
जघन्यगुणवृत्तिस्थाः 14.18
जनः 3.21
जनकादयः 3.20
जनयेत् 3.26
जनसंसदि 13.11
जनाः 7.16, 8.17, 8.24, 9.22, 16.7, 17.4–5
जनाधिपाः 2.12
जनानाम् 7.28
जनार्दन 1.36, 1.39, 1.44, 3.1, 10.18, 11.51
जन्तवः 5.15
जन्म 2.27, 4.4, 4.9, 6.42, 8.15–16
जन्मकर्मफलप्रदाम् 2.43
जन्मनाम् 7.19
जन्मनि 16.20
जन्मबन्धविनिर्मुक्ताः 2.51
जन्ममृत्युजरादुःखैः 14.20
जन्ममृत्युजराव्याधिदुःखदोषानु–दर्शनम् 13.9
जन्मानि 4.5
जपयज्ञः 10.25
जयः 10.36
जयद्रथम् 11.34
जयाजयौ 2.38
जयेम 2.6
जयेयु 2.6
जरा 2.13
जरामरणमोक्षाय 7.29
जहाति 2.50
जहि 3.43, 11.34

जागर्ति 2.69
जाग्रत: 6.16
जाग्रति 2.69
जातस्य 2.27
जाता: 10.6
जातिधर्मा: 1.43
जातु 2.12, 3.5, 3.23
जानन् 8.27
जानाति 15.19
जाने 11.25
जायते 1.29, 1.41, 2.20, 14.15
जायन्ते 14.12-13
जाह्नवी 10.31
जिगीषताम् 10.38
जिघ्रन् 5.8
जिजीविषाम: 2.6
जित: 5.19, 6.6
जितसङ्गदोषा: 15.5
जितात्मन: 6.7
जितात्मा 18.49
जितेन्द्रिय: 5.7
जित्वा 2.37, 11.33
जिज्ञासु: 6.44, 7.16
जीर्णानि 2.22
जीवति 3.16
जीवनम् 7.9
जीवभूत: 15.7
जीवभूताम् 7.5
जीवलोके 15.7
जीवितेन 1.32
जुहोषि 9.27

जुह्वति 4.26-27, 4.29-30
जेतासि 11.34
जोषयेत् 3.26

(ज्ञ)

ज्ञातव्यम् 7.2
ज्ञातुम् 11.54
ज्ञातेन 10.42
ज्ञात्वा 4.15-16, 4.32, 4.35, 5.29, 7.2, 9.1, 9.13, 13.13, 14.1, 16.24, 18.55
ज्ञानगम्यम् 13.18
ज्ञानचक्षुष: 15.10
ज्ञानचक्षुषा 13.35
ज्ञानतपसा 4.10
ज्ञानदीपिते 4.27
ज्ञानदीपेन 10.11
ज्ञाननिर्धूतकल्मषा: 5.17
ज्ञानप्लवेन 4.36
ज्ञानम् 3.39-40, 4.34, 4.39, 5.15-16, 7.2, 9.1, 10.4, 10.38, 12.12, 13.1, 13.3, 13.12, 13.18-19, 14.1-2, 14.9, 14.11, 14.17, 15.15, 18.18-21, 18.42, 18.63
ज्ञानयज्ञ: 4.33
ज्ञानयज्ञेन 9.15, 18.70
ज्ञानयोगव्यवस्थिति: 16.1
ज्ञानयोगेन 3.3
ज्ञानवताम् 10.38
ज्ञानवान् 3.33, 7.19
ज्ञानविज्ञानतृप्तात्मा 6.8
ज्ञानविज्ञाननाशनम् 3.41

ज्ञानसङ्गेन 14.6
ज्ञानसंच्छिन्नसंशयम् 4.41
ज्ञानस्य 18.50
ज्ञानाग्निः 4.37
ज्ञानाग्निदग्धकर्माणम् 4.19
ज्ञानात् 12.12
ज्ञानानाम् 14.1
ज्ञानावस्थितचेतसः 4.23
ज्ञानासिना 4.42
ज्ञानिनः 3.39, 4.34, 7.17
ज्ञानिभ्यः 6.46
ज्ञानी 7.16-18
ज्ञाने 4.33
ज्ञानेन 4.38, 5.16
ज्ञास्यसि 7.1
ज्ञेयः 5.3, 8.2

(ज्य)

ज्यायः 3.8
ज्यायसी 3.1
ज्योतिः 8.24-25, 13.18
ज्योतिषाम् 10.21, 13.18
ज्वलद्भिः 11.30
ज्वलनम् 11.29

(झ)

झषाणाम् 10.31

(त)

तत् 1.10, 1.46, 2.7, 2.17, 2.57, 2.67, 3.1-2, 3.21, 4.16, 4.34, 4.38, 5.1, 5.5, 5.16, 6.21, 7.1, 7.23, 7.29, 8.1, 8.11, 8.21, 8.28, 9.26-27, 10.39, 10.41, 11.4, 11.42, 11.45, 11.49, 13.3-4, 13.13-15, 13.17-18, 13.27, 14.7-8, 15.4-6, 15.12, 15.6, 17.17-20, 17.21-23, 17.25, 17.28, 18.5, 18.20-25, 18.37-40, 18.45, 18.60, 18.77

ततः 1.13-14, 2.33, 2.36, 2.38, 6.22, 6.26, 6.43, 6.45, 7.22, 11.4, 11.9, 11.14, 11.40, 12.9, 12.11, 13.29, 13.31, 14.3, 15.4, 16.20, 16.22, 18.55, 18.64

ततम् 2.17, 8.22, 9.4, 11.38, 18.46

तत्त्वतः 4.9, 6.21, 7.3, 10.7, 18.55

तत्त्वदर्शिनः 4.34

तत्त्वदर्शिभिः 2.16

तत्त्वम् 18.1

तत्त्ववित् 3.28, 5.8

तत्त्वज्ञानार्थदर्शनम् 13.12

तत्त्वेन 9.24, 11.54

तत्परः 4.39

तत्परम् 5.16, 11.37

तत्परायणाः 5.17

तत्प्रसादात् 18.62

तत्र 1.26, 2.13, 2.28, 6.12, 6.43, 8.18, 8.24-25, 11.13, 14.6, 18.4, 18.16, 18.78

तत्समक्षम् 11.42

तथा 1.8, 1.25, 1.34, 2.1, 2.13, 2.22, 2.29, 3.25, 3.38, 4.11, 4.28-29,

4.37, 5.24, 6.7, 7.6, 8.25, 9.6, 9.32-33, 10.6, 10.13, 10.35, 11.6, 11.15, 11.23, 11.26, 11.28-29, 11.34, 11.46, 11.50, 12.18, 13.19, 13.30, 13.33-44, 14.10, 14.15, 15.3, 16.21, 17.7, 17.26, 18.14, 18.50, 18.63

तथापि 2.26

तदनन्तरम् 18.55

तदर्थम् 3.9

तदर्थीयम् 17.27

तदा 1.2, 1.21, 2.52-53, 2.55, 4.7, 6.4, 6.18, 11.13, 13.31, 14.11, 14.14

तदात्मान: 5.17

तद्बुद्धय: 5.17

तद्भावभावित: 8.6

तद्वत् 2.70

तद्विद: 13.2

तनुम् 7.21, 9.10-11

तन्निष्ठा: 5.17

तप: 7.9, 10.5, 16.1, 17.5, 17.7, 17.14, 17.15-19, 17.28, 18.5, 18.42

तपन्तम् 11.19

तपसा 11.53

तपसि 17.27

तप:सु 8.28

तपस्यसि 9.27

तपस्विभ्य: 6.46

तपस्विषु 7.9

तप्तम् 17.17, 17.28

तप्यन्ते 17.5

तपामि 9.19

तपोभि: 11.48

तपोयज्ञा: 4.28

तम् 2.1, 2.10, 4.19, 6.2, 6.23, 6.43, 7.20, 8.6, 8.10, 8.21, 8.23, 9.21, 10.10, 13.2, 15.1, 15.4, 17.12, 18.46, 18.62

तम: 10.11, 14.5, 14.8-10, 17.1

तमस: 8.9, 13.18, 14.16-17

तमसा 18.32

तमसि 14.13, 14.15

तमोद्वारै: 16.22

तया 2.44, 7.22

तयो: 3.34, 5.2

तरन्ति 7.14

तरिष्यसि 18.58

तव 1.3, 2.36, 4.5, 10.42, 11.15-16, 11.20, 11.28-31, 11.36, 11.41, 11.47, 11.51, 18.73

तस्मात् 1.37, 2.18, 2.25, 2.27, 2.30, 2.37, 2.50, 2.68, 3.15, 3.19, 3.41, 4.15, 4.42, 5.19, 6.46, 8.7, 8.20, 8.27, 11.33, 11.44, 16.21, 16.24, 17.24, 18.69

तस्मिन् 14.3

तस्य 1.12, 2.57-58, 2.61, 2.68, 3.17-18, 4.13, 6.3, 6.6, 6.30, 6.34, 6.40, 7.21-22, 8.14, 11.12, 15.2, 18.7, 18.15

तस्याम् 2.69

तात 6.40

तान् 1.7, 1.27, 2.14, 3.29, 3.32, 4.11, 4.32, 7.12, 7.22, 16.19, 17.6

तानि 2.61, 4.5, 9.7, 9.9, 18.19

ताम् 7.21, 17.2

तामस: 18.7, 18.28

तामसप्रियम् 17.10

तामसम् 17.13, 17.19, 17.22, 18.22, 18.25, 18.39

तामसा: 7.12, 14.18, 17.4

तामसी 17.2, 18.32, 18.35

तावान् 2.46

तासाम् 14.4

तितिक्षस्व 2.14

तिष्ठति 3.5, 13.14, 18.61

तिष्ठन्तम् 13.28

तिष्ठन्ति 14.18

तिष्ठसि 10.16

तु 1.2, 1.7, 1.10, 2.5, 2.12, 2.14, 2.16–17, 2.39, 2.64, 3.7, 3.13, 3.17, 3.28, 3.32, 3.42, 5.2, 5.6, 5.14, 5.16, 6.6, 6.16, 6.35–36, 6.45, 7.5, 7.12, 7.18, 7.23, 7.26, 7.28, 8.16, 8.20, 8.22–23, 9.1, 9.13, 9.24, 9.29, 10.40, 11.8, 11.54, 12.3, 12.6, 12.20, 13.26, 14.8–9, 14.14, 14.16, 15.17, 17.1, 17.7, 17.12, 17.21, 18.6–7, 18.11–12, 18.16, 18.21–22, 18.24, 18.34, 18.36

तुमुल: 1.13, 1.19

तुल्य: 14.25

तुल्यनिन्दात्मसंस्तुति: 14.24

तुल्यनिन्दास्तुति: 12.19

तुल्यप्रियाप्रिय: 14.24

तुष्ट: 2.55

तुष्टि: 10.5

तूष्णीम् 2.9

तुष्यति 6.20

तुष्यन्ति 10.9

तृप्ति: 10.18

तृष्णासङ्गसमुद्भवम् 14.7

ते 1.7, 1.33, 2.6–7, 2.34, 2.39, 2.47, 2.52–53, 3.1, 3.8, 3.11, 3.13, 3.31, 4.3, 4.16, 4.34, 5.19, 5.22, 7.2, 7.12, 7.14, 8.17, 7.28–30, 8.11, 9.29, 9.32, 10.14, 11.3, 11.8, 11.23, 11.27, 11.31–32, 9.1, 9.20–21, 9.23–24, 10.1, 10.10, 10.19, 11.25, 11.37, 11.39–40, 11.49, 12.2, 12.4, 12.20, 13.26, 13.35, 16.24, 16.17, 16.8, 18.63–65, 18.67, 18.63, 18.65, 18.72

तेज: 7.9–10, 10.36, 10.41, 15.12, 16.3, 18.43

तेजस्विनाम् 7.10, 10.36

तेजोभि: 11.30

तेजोमयम् 11.47

तेजोराशिम् 11.17

तेन 3.38, 4.24, 5.15, 6.44, 11.1, 11.46, 17.23, 18.70

तेषाम् 5.16, 7.17, 7.23, 9.22, 10.10-11, 12.1, 12.5, 12.7, 17.1, 17.7
तेषु 2.62, 5.22, 7.12, 9.4, 9.9, 9.29, 16.7
तै: 3.12, 5.19, 7.20
तोयम् 9.26
तौ 2.19, 3.34

(त्य)

त्यक्तजीविता: 1.9
त्यक्तसर्वपरिग्रह: 4.21
त्यक्तुम् 18.11
त्यक्त्वा 1.33, 2.3, 2.48, 2.51, 4.9, 4.20, 5.10-12, 6.24, 18.6, 18.9, 18.51
त्यजति 8.6
त्यजन् 8.13
त्यजेत् 16.21, 18.8, 18.48
त्याग: 16.2, 18.4, 18.9
त्यागफलम् 18.8
त्यागम् 18.2, 18.8
त्यागस्य 18.1
त्यागात् 12.12
त्यागी 18.10-11
त्यागे 18.4
त्याज्यम् 18.3, 18.5

(त्र)

त्रयम् 16.21
त्रयीधर्मम् 9.21
त्रायते 2.40

त्रिधा 18.19
त्रिभि: 7.13, 16.22, 18.40
त्रिविध: 17.7, 17.23, 18.4, 18.18
त्रिविधम् 16.21, 17.17, 18.12, 18.29, 18.36
त्रिविधा 17.2, 18.18
त्रिषु 3.22
त्रीन् 14.20-21
त्रैगुण्यविषया: 2.45
त्रैलोक्यराज्यस्य 1.35
त्रैविद्या: 9.20
त्वक् 1.30
त्वत्त: 11.2
त्वत्प्रसादात् 18.73
त्वत्सम: 11.43
त्वदन्य: 6.39
त्वदन्येन 11.47-48
त्वम् 2.11-12, 2.26-27, 2.30, 2.33, 2.35, 3.8, 3.41, 4.4-5, 4.15, 10.15-16, 10.41, 11.3-4, 11.18, 11.33-34, 11.37-40, 11.43, 11.49, 18.58
त्वया 6.33, 11.1, 11.20, 11.38, 18.72
त्वयि 2.3
त्वरमाणा: 11.27
त्वा 2.2, 18.66
त्वाम् 2.7, 2.35, 10.13, 10.17, 11.16-17, 11.19, 11.21-22, 11.24, 11.26, 11.32, 11.42, 11.44, 11.46, 12.1, 18.59

(द)

दण्ड: 10.38
दत्तम् 17.28
दत्तान् 3.12
ददामि 10.10, 11.8
ददासि 9.27
दधामि 14.3
दध्मु: 1.18
दध्मौ 1.15, 1.12
दम: 10.4, 16.1, 18.42
दमयताम् 10.38
दम्भ: 16.4
दम्भमानमदान्विता: 16.10
दम्भार्थम् 17.12
दम्भाहङ्कारसंयुक्ता: 17.5
दम्भेन 16.17, 17.18
दया 16.2
दर्प: 16.4
दर्पम् 16.18, 18.53
दर्शनकाङ्क्षिण: 11.52
दर्शय 11.4, 11.45
दर्शयामास 11.9, 11.50
दर्शितम् 11.47
दश 13.6
दशनान्तरेषु 11.27
दशैकम् 13.6
दंष्ट्राकरालानि 11.25, 11.27
दहति 2.23
दक्ष: 12.16
दक्षिणायनम् 8.25
दातव्यम् 17.20
दानक्रिया: 17.25

दानम् 10.5, 16.1, 17.7, 17.20–22, 18.5, 18.43
दानवा: 10.14
दाने 17.27
दानेन 11.53
दानेषु 8.28
दानै: 11.48
दास्यन्ते 3.12
दास्यामि 16.15
दाक्ष्यम् 18.43
दिवि 9.20, 11.12, 18.40
दिव्यगन्धानुलेपनम् 11.11
दिव्यम् 4.9, 8.8, 8.10, 10.12, 11.8
दिव्यमाल्याम्बरधरम् 11.11
दिव्या: 10.16, 10.19
दिव्यान् 9.20, 11.15
दिव्यानाम् 10.40
दिव्यानि 11.5
दिव्यानेकोद्यतायुधम् 11.10
दिव्यौ 1.14
दिश: 6.13, 11.20, 11.25, 11.36
दीप: 6.19
दीप्तम् 11.24
दीप्तविशालनेत्रम् 11.24
दीप्तहुताशवक्त्रम् 11.19
दीप्तानलार्कद्युतिम् 11.17
दीप्तिमन्तम् 11.17
दीयते 17.20–22
दीर्घसूत्री 18.28
दु:खतरम् 2.36
दु:खम् 5.6, 6.32, 10.4, 12.5, 13.7,

14.16, 18.8
दु:खयोनय: 5.22
दु:खशोकामयप्रदा: 17.9
दु:खसंयोगवियोगम् 6.23
दु:खहा 6.17
दु:खान्तम् 18.36
दु:खालयम् 8.15
दु:खेन 6.22
दु:खेषु 2.56
दुरत्यया 7.14
दूरस्थम् 13.16
दुरासदम् 3.43
दुर्गतिम् 6.40
दुर्निग्रहम् 6.35
दुर्निरीक्ष्यम् 11.17
दुर्बुद्धे: 1.23
दुर्मति: 18.16
दुर्मेधा 18.35
दुर्योधन: 1.2
दुर्लभतरम् 6.42
दुष्कृताम् 4.8
दुष्कृतिन: 7.15
दुष्टासु 1.41
दुष्पूरम् 16.10
दुष्पूरेण 3.39
दुष्प्राप: 6.36
दूरेण 2.49
दृढनिश्चय: 12.14
दृढम् 6.34, 18.64
दृढव्रता: 7.28, 9.14
दृढेन 15.3

दृष्ट: 2.16
दृष्टवान् 11.52-53
दृष्टिम् 16.9
दृष्ट्वा 1.2, 1.20, 1.28, 2.59, 11.20, 11.23-25, 11.49, 11.45, 11.51
देव 11.15, 11.44-45
देवता: 4.12
देवम् 11.11, 11.14
देवयज: 7.23
देवदेव 10.15
देवर्षि: 10.13
देवर्षीणाम् 10.26
देवल: 10.13
देववर 11.31
देवव्रता: 9.25
देवा: 3.11-12, 10.14, 11.52
देवान् 3.11, 7.23, 9.25, 11.15, 17.4
देवानाम् 10.2, 10.22
देवेश 11.25, 11.37, 11.45
देवेषु 18.40
देशे 6.11, 17.20
देहभृत् 14.14
देहभृता 18.11
देहभृतां वर 8.4
देहम् 4.9, 8.13, 15.14
देहवद्भि: 12.5
देहसमुद्भवान् 14.20
देहा: 2.18
देहान्तरप्राप्ति: 2.13
देहिन: 2.13, 2.59
देहिनम् 3.40, 14.5, 14.7

देहिनाम् 17.2
देही 2.22, 2.30, 5.13, 14.20
देहे 2.13, 2.30, 8.2, 8.4, 11.7, 11.15, 13.33, 13.23, 14.5, 14.11
दैत्यानाम् 10.30
दैव: 16.6
दैवम् 4.25, 18.14
दैवी 7.14, 16.5
दैवीम् 9.13, 16.3, 16.5
दोषम् 1.38–39
दोषवत् 18.3
दोषेण 18.48
दोषै: 1.43
द्यावापृथिव्यो: 11.20
द्यूतम् 10.36

(द्र)

द्रवन्ति 11.28, 11.36
द्रव्यमयात् 4.33
द्रव्ययज्ञा: 4.28
द्रष्टा 14.19
द्रष्टुम् 11.3, 11.4, 11.7–8, 11.46, 11.48, 11.53–54
द्रक्ष्यसि 4.35
द्रुपद: 1.4, 1.18
द्रुपदपुत्रेण 1.3
द्रोण: 11.26
द्रोणम् 2.4, 11.34
द्रौपदेया: 1.6, 1.18
द्वन्द्व: 10.33
द्वन्द्वमोहनिर्मुक्ता: 7.28
द्वन्द्वमोहेन 7.27
द्वन्द्वातीत: 4.22
द्वन्द्वै: 15.5
द्वारम् 16.21
द्विजोत्तम 1.7
द्विविधा 3.3
द्विषत: 16.19
द्वेष: 13.7
द्वेष्टि 2.57, 5.3, 12.17, 14.22, 18.10
द्वेष्य 6.9
द्वेष्य: 9.29
द्वौ 15.16, 16.6

(ध)

धनञ्जय 2.48–49, 4.41, 7.7, 9.9, 12.9, 18.29, 18.72
धनञ्जय: 1.15, 10.37, 11.14
धनम् 16.13
धनमानमदान्विता: 16.17
धनानि 1.33
धनु: 1.20
धनुर्धर: 18.78
धर्मकामार्थान् 18.34
धर्मम् 18.31–32
धर्मसम्मूढचेता 2.7
धर्मसंस्थापनार्थाय 4.8
धर्मस्य 2.40, 4.7, 9.3, 14.27
धर्मक्षेत्रे 1.1
धर्मात्मा 9.31
धर्माविरुद्ध: 7.11
धर्मे 1.40

धर्म्यम् 2.33, 9.2, 18.70
धर्म्यात् 2.31
धर्म्यामृतम् 12.20
धाता 9.17, 10.33
धातारम् 8.9
धाम 8.21, 10.12, 11.38, 15.6
धारयते 18.33-34
धारयन् 5.9, 6.13
धारयामि 15.13
धार्तराष्ट्रस्य 1.23
धार्तराष्ट्रा: 1.46, 2.6
धार्तराष्ट्राणाम् 1.19
धार्तराष्ट्रान् 1.20, 1.36-37
धार्यते 7.5
धीमता 1.3
धीमताम् 6.42
धीर: 2.13, 14.24
धीरम् 2.15
धूम: 8.25
धूमेन 3.38, 18.48
धृतराष्ट्र: 1.1
धृतराष्ट्रस्य 11.26
धृति: 10.34, 13.7, 16.3, 18. 33-35, 18.43
धृतिगृहीतया 6.25
धृतिम् 11.24
धृते: 18.29
धृत्या 18.33-34, 18.51
धृत्युत्साहसमन्वित: 18.26
धृष्टकेतु: 1.5
धृष्टद्युम्न: 1.17

धेनूनाम् 10.28
ध्यानम् 12.12
ध्यानयोगपर: 18.52
ध्यानात् 12.12
ध्यानेन 13.25
ध्यायत: 2.62
ध्यायन्त: 12.6
ध्रुव: 2.27
ध्रुवा 18.78
ध्रुवम् 2.27, 12.3

(न)

न 1.30-32, 1.35, 1.37-39, 2.3, 2.6, 2.8-9, 2.11-13, 2.15-17, 2.19-20, 2.23, 2.25-7, 2.29-31, 2.33, 2.38, 2.40, 2.42, 2.44, 2.57, 2.66, 2.70, 2.72, 3.4-5, 3.8, 3.16-18, 3.22-23, 3.26, 3.28-29, 3.32, 3.34, 4.5, 4.9, 4.14, 4.20-22, 4.31, 4.35, 4.38, 4.40-41, 5.3-4, 5.7-8, 5.10, 5.13-15, 5.20, 5.22, 6.1-2, 6.4-5, 6.11, 6.16, 6.19, 6.21-22, 6.25, 6.30, 6.33, 6.38-40, 7.2, 7.7, 7.12-13, 7.15, 7.25-26, 8.5, 8.15-16, 8.20-21, 8.27, 9.4-5, 9.9, 9.24, 9.29, 9.31, 10.2, 10.7, 10.14, 10.18-19, 10.39-40, 11.8, 11.16, 11.24-25, 11.31-32, 11.37, 11.43, 11.47-48, 11.53, 12.8-9, 12.15, 12.17, 13.13, 13.24, 13.29, 13.32-33, 14.2, 14.19, 14.22-23, 15.3-4, 15.6, 15.10-11,

16.7, 16.23, 17.28, 18.3, 18.5, 18.7-8, 18.10-12, 18.16-17, 18.35, 18.40, 18.47-48, 18.54, 18.58-60, 18.67, 18.69
न: 1.32-33, 2.6
नकुल: 1.16
नचिरात् 12.7
नचिरेण 5.6
नदीनाम् 11.28
नभ: 1.19
नभ:स्पृशम् 11.24
नम: 11.31, 11.39-40
नमस्कुरु 9.34, 18.65
नमस्कृत्वा 11.35
नमस्यन्त: 9.14
नमस्यन्ति 11.36
नमेरन् 11.37
नयेत् 6.26
नर: 2.22, 5.23, 12.19, 16.22, 18.15, 18.45, 18.71
नरकस्य 16.21
नरकाय 1.42
नरके 1.44, 16.16
नरपुङ्गव: 1.5
नरलोकवीरा: 11.28
नराणाम् 10.27
नराधमा: 7.15
नराधमान् 16.19
नराधिपम् 10.27
नरै: 17.17
नवद्वारे 5.13

नवानि 2.22
नश्यति 6.38
नश्यत्सु 8.20
नष्ट: 4.2, 18.73
नष्टान् 3.32
नष्टात्मान: 16.9
नष्टे 1.40
नक्षत्राणाम् 10.21
नागानाम् 10.29
नातिमानिता 16.3
नानाभावान् 18.21
नानावर्णाकृतीनि 11.5
नानाविधानि 11.5
नानाशस्त्रप्रहरणा: 1.9
नान्यगामिना 8.8
नामयज्ञै: 16.17
नायका: 1.7
नारद: 10.13, 10.26
नारीणाम् 10.34
नावम् 2.67
नाशनम् 16.21
नाशयामि 10.11
नाशाय 11.29
नाशितम् 5.16
नासाभ्यन्तरचारिणौ 5.27
नासिकाग्रम् 6.13
निगच्छति 9.31, 18.36
निगृहीतानि 2.68
निगृह्णामि 9.19
निग्रह: 3.33
निग्रहम् 6.34

नित्य: 2.20, 2.24
नित्यजातम् 2.26
नित्यतृप्त: 4.20
नित्यम् 2.21, 2.26, 2.30, 3.15, 3.31, 9.6, 10.9, 11.52, 13.10, 18.52
नित्ययुक्त: 7.17
नित्ययुक्तस्य 8.14
नित्ययुक्ता: 9.14, 12.2
नित्यवैरिणा 3.39
नित्यश: 8.14
नित्यसत्त्वस्थ: 2.45
नित्यसंन्यासी 5.3
नित्यस्य 2.18
नित्याभियुक्तानाम् 9.22
निद्रालस्यप्रमादोत्थम् 18.39
निधनम् 3.35
निधनानि 2.28
निधानम् 9.18, 11.18, 11.38
निन्दन्त: 2.36
निबद्ध: 18.60
निबध्यते 4.22, 5.12, 18.17
निबध्नन्ति 4.41, 9.9, 14.5
निबध्नाति 14.7-8
निबन्धाय 16.5
निबोध 1.7, 18.13, 18.50
निमित्तमात्रम् 11.33
निमित्तानि 1.31
निमिषन् 5.9
नियतम् 3.8, 18.9, 18.23
नियतमानस: 6.15
नियतस्य 18.7

नियता: 7.20
नियतात्मभि: 8.2
नियताहारा: 4.30
नियमम् 7.20
नियम्य 3.7, 3.41, 6.26, 18.51
नियोजयसि 3.1
नियोजित: 3.36
नियोक्ष्यति 18.59
निरग्नि: 6.1
निरहङ्कार: 2.71, 12.13
निराशी: 3.30, 4.21, 6.10
निराश्रय: 4.20
निराहारस्य 2.59
निरीक्षे 1.22
निरुद्धम् 6.20
निरुध्य 8.12
निर्गुणत्वात् 13.32
निर्गुणम् 13.15
निर्देश: 17.23
निर्दोषम् 5.19
निर्द्वन्द्व: 2.45, 5.3
निर्मम 2.71, 3.30, 12.13, 18.53
निर्मलत्वात् 14.6
निर्मलम् 14.16
निर्मानमोहा: 15.5
निर्वाणपरमाम् 6.15
निर्योगक्षेम: 2.45
निर्विकार: 18.26
निर्वेदम् 2.52
निर्वैर: 11.55
निवर्तते 2.59, 8.25

निवर्तन्ति 15.4
निवर्तन्ते 8.21, 9.3, 15.6
निवर्तितुम् 1.39
निवसिष्यसि 12.8
निवातस्थ: 6.19
निवास: 9.18
निवृत्तानि 14.22
निवृत्तिम् 16.7, 18.30
निवेशय 12.8
निशा 2.69
निश्चयम् 18.4
निश्चयेन 6.23
निश्चरति 6.26
निश्चला 2.53
निश्चितम् 2.7, 18.6
निश्चिता: 16.11
निश्चित्य 3.2
नि:श्रेयसकरौ 5.2
निष्ठा 3.3, 17.1, 18.50
नि:स्पृह: 2.71, 6.18
निस्त्रैगुण्य: 2.45
निहता: 11.33
निहत्य 1.36
नीति: 10.38, 18.78
नु 1.35, 2.36
नृलोके 11.48
नृषु 7.8
नैष्कर्म्यम् 3.4
नैष्कर्म्यसिद्धिम् 18.49
नैष्कृतिक: 18.28
नैष्ठिकीम् 5.12

नो 17.28
न्याय्यम् 18.15
न्यासम् 18.2

(प)

पचन्ति 3.13
पचामि 15.14
पञ्च 13.6, 18.13, 18.15
पञ्चमम् 18.14
पणवानकगोमुखा: 1.13
पण्डितम् 4.19
पण्डिता: 2.11, 5.4, 5.18
पतङ्गा: 11.29
पतन्ति 1.42, 16.16
पत्रम् 9.26
पथि 6.38
पदम् 2.51, 8.11, 15.4-5, 18.56
पद्मपत्रम् 5.10
पर: 4.40, 8.20, 8.22, 13.23
परत: 3.42
परतरम् 7.7
परधर्म: 3.35
परधर्मात् 3.35, 18.47
परन्तप 2.3, 2.9, 4.2, 4.5, 4.33, 7.27, 9.3, 10.40, 11.54, 18.41
परम् 2.12, 2.59, 3.11, 3.19, 3.42-43, 4.4, 7.13, 7.24, 8.10, 8.28, 9.10, 9.11, 10.12, 11.18, 11.38, 11.47, 13.35, 13.13, 13.18, 14.1, 14.19, 18.75
परम: 6.32

परमम् 8.3, 8.8, 8.21, 10.1, 10.12, 11.1, 11.9, 11.18, 15.6, 18.64, 18.68
परमात्मा 6.7, 13.23, 13.32, 15.17
परमाम् 8.13, 8.15, 8.21, 18.49
परमेश्वर 11.3
परमेश्वरम् 13.28
परमेष्वास: 1.17
परम्पराप्राप्तम् 4.2
परया 1.27, 12.2, 17.17
परस्तात् 8.9
परस्परम् 3.11, 10.9
परस्य 17.19
परा 3.42, 18.50
पराणि 3.42
पराम् 4.39, 6.45, 7.5, 9.32, 13.29, 14.1, 16.22–23, 18.54, 18.62, 18.68
परिकीर्तित: 18.7, 18.27
परिक्लिष्टम् 17.21
परिग्रहम् 18.53
परिचर्यात्मकम् 18.44
परिचक्षते 17.13, 17.17
परिचिन्तयन् 10.17
परिणामे 18.37–38
परित्यज्य 18.66
परित्याग: 18.7
परित्राणाय 4.8
परिदह्यते 1.30
परिदेवना 2.28
परिपन्थिनौ 3.34

परिप्रश्नेन 4.34
परिमार्गितव्यम् 15.4
परिशुष्यति 1.29
परिसमाप्यते 4.33
परिज्ञाता 18.18
पर्जन्य: 3.14
पर्जन्यात् 3.14
पर्णानि 15.1
पर्यवतिष्ठते 2.65
पर्याप्तम् 1.10
पर्युपासते 4.25, 9.22, 12.1, 12.3, 12.20
पर्युषितम् 17.10
पवताम् 10.31
पवित्रम् 4.38, 9.2, 9.17, 10.12
पवन: 10.31
पश्य 1.3, 1.25, 9.5, 11.5–8
पश्यत: 2.69
पश्यति 2.29, 5.5, 6.30, 6.32, 13.28, 13.30, 18.16
पश्यन् 5.8, 6.20, 13.29
पश्यन्ति 1.38, 13.25, 15.10–11
पश्यामि 1.31, 6.33, 11.15–17, 11.19
पश्येत् 4.18
पक्षिणाम् 10.30
पाञ्चजन्यम् 1.15
पाणिपादम् 13.14
पाण्डव 4.35, 6.2, 11.55, 14.22, 16.5
पाण्डव: 1.14, 1.20, 11.13
पाण्डवा: 1.1
पाण्डवानाम् 10.37
पाण्डवानीकम् 1.2

पाण्डुपुत्राणाम् 1.3
पातकम् 1.38
पात्रे 17.20
पापकृत्तम: 4.36
पापम् 1.36, 1.45, 2.33, 2.38, 3.36, 5.15, 7.28
पापयोनय: 9.32
पापा: 3.13
पापात् 1.39
पापेन 5.10
पापेभ्य: 4.36
पापेषु 6.9
पाप्मानम् 3.41
पावक: 2.23, 10.23, 15.6
पावनानि 18.5
पारुष्यम् 16.4
पार्थ 1.25, 2.3, 2.21, 2.32, 2.39, 2.42, 2.55, 2.72, 3.16, 3.22-23, 4.11, 4.33, 6.40, 7.1, 7.10, 8.8, 8.14, 8.19, 8.22, 8.27, 9.13, 9.32, 10.24, 11.5, 12.7, 16.4, 16.6, 17.26, 17.28, 18.6, 18.30-35, 18.72
पार्थ: 1.25, 18.78
पार्थस्य 18.74
पार्थाय 11.9
पितर: 1.34, 1.42
पिता 9.17, 11.43-44, 14.4
पितामह: 1.12, 9.17
पितामहा: 1.34
पितामहान् 1.26

पितृव्रता: 9.25
पितृणाम् 10.29
पितृन् 1.25, 9.25
पीडया 17.19
पुण्य: 7.9
पुण्यकर्मणाम् 7.28, 18.71
पुण्यकृताम् 6.41
पुण्यफलम् 8.28
पुण्यम् 9.20, 18.76
पुण्या: 9.33
पुण्ये 9.21
पुत्रदारगृहादिषु 13.10
पुत्रस्य 11.44
पुत्रा: 1.34, 11.26
पुत्रान् 1.25
पुन: 4.35, 8.26, 9.7-8, 11.16, 11.39, 11.49-50, 17.21, 18.24, 18.40, 18.77
पुनरावर्तिन: 8.16
पुनर्जन्म 4.9, 8.16, 8.15
पुनर्धनम् 16.13
पुनर्ब्राह्मणा: 9.33
पुनर्मोहम् 4.35
पुनर्योगम् 5.1
पुमान् 2.71
पुरस्तात् 11.40
पुरा 3.3, 3.10, 17.23
पुराण: 2.20, 11.38
पुराणम् 8.9
पुराणी 15.4
पुरातन: 4.3
पुरुजित् 1.5

पुरुष: 2.21, 3.4, 3.19, 3.36, 8.4, 8.22, 11.18, 11.38, 13.21–23, 15.17, 17.3
पुरुषम् 2.15, 8.8, 8.10, 10.12, 13.1, 13.20, 13.24, 15.4
पुरुषर्षभ 2.15
पुरुषव्याघ्र 18.4
पुरुषस्य 2.60
पुरुषा: 9.3
पुरुषोत्तम 8.1, 10.15, 11.3
पुरुषोत्तम: 15.18
पुरुषोत्तमम् 15.19
पुरुषौ 15.16
पुरे 5.13
पुरोधसाम् 10.24
पुष्कलाभि: 11.21
पुष्णामि 15.13
पुष्पम् 9.26
पुष्पिताम् 2.42
पुंस: 2.62
पूजार्हौ 2.4
पूज्य: 11.43
पूतपापा: 9.20
पूता: 4.10
पूति 17.10
पूर्वम् 11.33
पूर्वतरम् 4.15
पूर्वाभ्यासेन 6.44
पूर्वे 10.6
पूर्वै: 4.15
पृच्छामि 2.7

पृथक् 1.18, 5.4, 13.5, 18.1, 18.14
पृथक्त्वेन 9.15, 18.21, 18.29
पृथग्विधम् 18.14
पृथग्विधा: 10.5
पृथग्विधान् 18.21
पृथिवीपते 1.18
पृथिवीम् 1.19
पृथिव्याम् 7.9, 18.40
पृष्ठत: 11.40
पौण्ड्रम् 1.15
पौत्रा: 1.34
पौत्रान् 1.25
पौरुषम् 7.8, 18.25
पौर्वदेहिकम् 6.43

(प्र)

प्रकाश: 7.25, 14.11
प्रकाशकम् 14.6
प्रकाशम् 14.22
प्रकाशयति 5.16, 13.34
प्रकीर्त्या 11.36
प्रकृति: 7.4, 9.10, 13.21, 18.59
प्रकृतिजान् 13.22
प्रकृतिजै: 3.5, 18.40
प्रकृतिम् 3.33, 4.6, 7.5, 9.7–8, 9.12–13, 11.51, 13.1, 13.20, 13.24
प्रकृतिसम्भवान् 13.20
प्रकृतिसम्भवा: 14.5
प्रकृतिस्थ: 13.22
प्रकृतिस्थानि 15.7
प्रकृते: 3.27, 3.29, 3.33, 9.8

प्रकृत्या 7.20, 13.30
प्रजन: 10.28
प्रजहाति 2.55
प्रजहि 3.41
प्रजा: 3.10, 3.24, 10.6
प्रजानाति 18.31
प्रजानामि 11.31
प्रजापति: 3.10, 11.39
प्रणम्य 11.14, 11.35, 11.44
प्रणयेन 11.41
प्रणव: 7.8
प्रणश्यति 2.63, 6.30, 9.31
प्रणश्यन्ति 1.40
प्रणश्यामि 6.30
प्रणिधाय 11.44
प्रणिपातेन 4.34
प्रतपन्ति 11.30
प्रतापवान् 1.12
प्रति 2.43
प्रतिजानीहि 9.31
प्रतिजाने 18.65
प्रतिपद्यते 14.14
प्रतियोत्स्यामि 2.4
प्रतिष्ठा 14.27
प्रतिष्ठाप्य 6.11
प्रतिष्ठितम् 3.15
प्रतिष्ठिता 2.57–58, 2.61, 2.68
प्रत्यनीकेषु 11.32
प्रत्यवाय: 2.40
प्रत्यक्षावगमम् 9.2
प्रत्युपकारार्थम् 17.21

प्रथित: 15.18
प्रदध्मतु: 1.14
प्रदिष्टम् 8.28
प्रदीप्तम् 11.29
प्रदुष्यन्ति 1.41
प्रद्विषन्त: 16.18
प्रनष्ट: 18.72
प्रपद्यते 7.19
प्रपद्यन्ते 4.11, 7.14–15, 7.20
प्रपद्ये 15.4
प्रपन्नम् 2.7
प्रपश्य 11.49
प्रपश्यद्भि: 1.39
प्रपश्यामि 2.8
प्रपितामह: 11.39
प्रभव: 7.6, 9.18, 10.8
प्रभवति 8.19
प्रभवन्ति 8.18, 16.9
प्रभवम् 10.2
प्रभविष्णु 13.17
प्रभा 7.8
प्रभाषेत 2.54
प्रभु: 5.14, 9.18, 9.24
प्रभो 11.4, 14.21
प्रमाणम् 3.21, 16.24
प्रमाथि 6.34
प्रमाथीनि 2.60
प्रमाद: 14.13
प्रमादमोहौ 14.17
प्रमादात् 11.41
प्रमादालस्यनिद्राभि: 14.8

प्रमादे 14.9
प्रमुच्यते 5.3, 10.3
प्रमुखे 2.6
प्रयच्छति 9.26
प्रयतात्मन: 9.26
प्रयत्नात् 6.45
प्रयाणकाले 7.30, 8.2, 8.10
प्रयाता: 8.23–24
प्रयाति 8.5, 8.13
प्रयुक्त: 3.36
प्रयुज्यते 17.26
प्रलपन् 5.9
प्रलय: 7.6, 9.18
प्रलयम् 14.14–15
प्रलयान्ताम् 16.11
प्रलये 14.2
प्रलीन: 14.15
प्रलीयते 8.19
प्रलीयन्ते 8.18
प्रवदताम् 10.32
प्रवदन्ति 2.42, 5.4
प्रवर्तते 5.14, 10.8
प्रवर्तन्ते 16.10, 17.24
प्रवर्तितम् 3.16
प्रवक्ष्यामि 4.16, 9.1, 13.13, 14.1
प्रवक्ष्ये 8.11
प्रविभक्तम् 11.13
प्रविभक्तानि 18.41
प्रविलीयते 4.23
प्रविशन्ति 2.70
प्रवृत्त: 11.32

प्रवृत्ति: 14.12, 15.4, 18.46
प्रवृत्तिम् 11.31, 14.22, 16.7, 18.30
प्रवृत्ते 1.20
प्रवृद्ध: 11.32
प्रवृद्धे 14.14
प्रवेष्टुम् 11.54
प्रव्यथितम् 11.20, 11.45
प्रव्यथिता: 11.23
प्रव्यथितान्तरात्मा 11.24
प्रशस्ते 17.26
प्रशान्तमनसम् 6.27
प्रशान्तस्य 6.7
प्रशान्तात्मा 6.14
प्रसक्ता: 16.16
प्रसङ्गेन 18.34
प्रसन्नचेतस: 2.65
प्रसन्नात्मा 18.54
प्रसन्नेन 11.47
प्रसभम् 2.60, 11.41
प्रसविष्यध्वम् 3.10
प्रसादम् 2.64
प्रसादये 11.44
प्रसादे 2.65
प्रसिद्ध्येत् 3.8
प्रसीद 11.25, 11.31, 11.45
प्रसृता 15.4
प्रसृता: 15.2
प्रहसन् 2.10
प्रहास्यसि 2.39
प्रहृष्येत् 5.20
प्रहृष्यति 11.36

प्रह्लाद: 10.30
प्रज्ञा 2.57-58, 2.61, 2.68
प्रज्ञाम् 2.67
प्रज्ञावादान् 2.11
प्राक् 5.23
प्राकृत: 18.28
प्राञ्जलय: 11.21
प्राणकर्माणि 4.27
प्राणम् 4.29, 8.10, 8.12
प्राणान् 1.33, 4.30
प्राणापानगती 4.29
प्राणापानसमायुक्त: 15.14
प्राणापानौ 5.27
प्राणायामपरायणा: 4.29
प्राणिनाम् 15.14
प्राणे 4.29
प्राणेषु 4.30
प्राधान्यत: 10.19
प्राप्त: 18.50
प्राप्नुयात् 18.71
प्राप्नुवन्ति 12.4
प्राप्य 2.57, 2.72, 5.20, 6.41, 8.21, 8.25, 9.33
प्राप्यते 5.5
प्राप्स्यसि 2.37, 18.62
प्राप्स्ये 16.13
प्रारभते 18.15
प्रार्थयन्ते 9.20
प्राह 4.1
प्राहु: 6.2, 13.2, 15.1, 18.2-3
प्रिय: 7.17, 9.29, 11.44, 12.14-17, 12.19, 17.7, 18.65
प्रियकृत्तम: 18.69
प्रियचिकीर्षव: 1.23
प्रियतर: 18.69
प्रियम् 5.20
प्रियहितम् 17.15
प्रिया: 12.20
प्रियाय 11.44
प्रीतमना: 11.49
प्रीति: 1.36
प्रीतिपूर्वकम् 10.10
प्रीयमाणाय 10.1
प्रेतान् 17.4
प्रेत्य 17.28, 18.12
प्रोक्त: 4.3, 6.33, 10.40, 16.6
प्रोक्तम् 8.1, 13.12, 17.18, 18.37
प्रोक्तवान् 4.1, 4.4
प्रोक्ता 3.3
प्रोक्तानि 18.13
प्रोच्यमानम् 18.29
प्रोच्यते 18.19
प्रोतम् 7.7

(फ)

फलम् 2.51, 5.4, 7.23, 9.26, 14.16, 17.12, 17.21, 17.25, 18.9, 18.12
फलहेतव: 2.49
फलाकाङ्क्षी 18.34
फलानि 18.6
फले 5.12
फलेषु 2.47

(ब)

बत 1.45
बद्धा: 16.12
बध्नाति 14.6
बध्यते 4.14
बन्धम् 18.30
बन्धात् 5.3
बन्धु: 6.5–6
बन्धुषु 6.9
बन्धून् 1.27
बभूव 2.9
बलम् 1.10, 7.11, 16.18, 18.53
बलवत् 6.34
बलवताम् 7.11
बलवान् 16.14
बलात् 3.36
बहव: 1.9, 4.10, 11.28
बहि: 5.27, 13.15
बहुदंष्ट्राकरालम् 11.23
बहुधा 9.15, 13.5
बहुना 10.42
बहुबाहूरुपादम् 11.23
बहुमत: 2.35
बहुलायासम् 18.24
बहुवक्त्रनेत्रम् 11.23
बहुविधा: 4.32
बहुशाखा: 2.41
बहूदरम् 11.23
बहून् 2.36
बहूनाम् 7.19

बहूनि 4.5, 11.6
बाला: 5.4
बाह्यस्पर्शेषु 5.21
बाह्यान् 5.27
बिभर्ति 15.17
बीजप्रद: 14.4
बीजम् 7.10, 9.18, 10.39
बुद्धय: 2.41
बुद्धि: 2.39, 2.41, 2.44, 2.52–53, 2.65–66, 3.1, 3.40, 3.42, 7.4, 7.10, 10.4, 13.6, 18.17, 18.30–32
बुद्धिग्राह्यम् 6.21
बुद्धिनाश: 2.63
बुद्धिनाशात् 2.63
बुद्धिभेदम् 3.26
बुद्धिम् 3.2, 12.8
बुद्धिमताम् 7.10
बुद्धिमान् 4.18, 15.20
बुद्धियुक्त: 2.50
बुद्धियुक्ता: 2.51
बुद्धियोगम् 10.10, 18.57
बुद्धियोगात् 2.49
बुद्धिसंयोगम् 6.43
बुद्धे: 3.42–43, 18.29
बुद्धौ 2.49
बुद्ध्या 2.39, 5.11, 6.25, 18.51
बुद्ध्वा 3.43, 15.20
बुध: 5.22
बुधा: 4.19, 10.8
बृहत्साम 10.35
बृहस्पतिम् 10.24

बोद्धव्यम् 4.17
बोधयन्तः 10.9

(ब्र)

ब्रवीमि 1.7
ब्रवीषि 10.13
ब्रह्म 3.15, 4.24, 4.31, 5.6, 5.19, 7.29, 8.1, 8.3, 8.13, 8.24, 10.12, 13.13, 13.31, 14.3‑4, 18.50
ब्रह्मकर्म 18.42
ब्रह्मकर्मसमाधिना 4.24
ब्रह्मचर्यम् 8.11, 17.14
ब्रह्मचारिव्रते 6.14
ब्रह्मणः 4.32, 6.38, 8.17, 11.37, 14.27, 17.23
ब्रह्मणा 4.24, 9.33
ब्रह्मणि 5.10, 5.19‑20
ब्रह्मनिर्वाणम् 2.72, 5.24‑26
ब्रह्मभूतः 5.24, 18.54
ब्रह्मभूतम् 6.27
ब्रह्मभूयाय 14.26, 18.53
ब्रह्मयोगयुक्तात्मा 5.21
ब्रह्मवादिनाम् 17.24
ब्रह्मविद् 5.20
ब्रह्मविदः 8.24
ब्रह्मसंस्पर्शम् 6.28
ब्रह्मसूत्रपदैः 13.5
ब्रह्माग्नौ 4.24‑25
ब्रह्माणम् 11.15
ब्रह्मोद्भवम् 3.15
ब्राह्मणस्य 2.46
ब्राह्मणक्षत्रियविशाम् 18.41
ब्राह्मणाः 17.23
ब्राह्मणे 5.18
ब्राह्मी 2.72
ब्रूहि 2.7, 5.1

(भ)

भक्तः 4.3, 7.21, 9.31
भक्ताः 9.23, 9.33, 12.1, 12.20
भक्तिः 13.11
भक्तिम् 18.68
भक्तिमान् 12.17, 12.19
भक्तियोगेन 14.26
भक्त्या 8.10, 8.22, 9.14, 9.26, 9.29, 11.54, 18.55
भक्त्युपहृतम् 9.26
भगवन् 10.14, 10.17
भगवान् 2.2, 2.11, 2.55, 3.3, 3.37, 4.1, 4.5, 5.2, 6.1, 6.35, 6.40, 7.1, 8.3, 9.1, 10.1, 10.19, 11.5, 11.32, 11.47, 11.52, 12.2, 13.2, 14.22, 15.1, 16.1, 17.2, 18.2
भजताम् 10.10
भजति 6.31, 15.19
भजते 6.47, 9.30
भजन्ति 9.13, 9.29
भजन्ते 7.16, 7.28, 10.8
भजस्व 9.33
भजामि 4.11
भयम् 10.4, 18.35
भयात् 2.35, 2.40

भयानकानि 11.27
भयाभये 18.30
भयावह: 3.35
भयेन 11.45
भरतर्षभ 3.41, 7.11, 7.16, 8.23, 13.27, 14.12, 18.36
भरतश्रेष्ठ 17.12
भरतसत्तम 18.4
भर्ता 9.18, 13.23
भव 2.45, 6.46, 8.27, 9.34, 11.33, 11.46, 12.10, 18.57, 18.65
भव: 10.4
भवत: 4.4, 14.17
भवति 1.44, 2.63, 3.14, 4.7, 4.12, 6.2, 6.17, 6.42, 7.23, 9.31, 14.3, 14.10, 14.21, 17.2–3, 17.7, 18.12
भवन्त: 1.11
भवन्तम् 11.31
भवन्ति 3.14, 10.5, 16.3
भवान् 1.8, 10.12, 11.31
भवामि 12.7
भवाप्ययौ 11.2
भविता 2.20, 18.69
भविष्यताम् 10.34
भविष्यति 16.13
भविष्यन्ति 11.32
भविष्याणि 7.26
भविष्याम: 2.12
भवेत् 1.46, 11.12
भस्मसात् 4.37, 4.37
भा: 11.12

भारत 1.24, 2.10, 2.14, 2.18, 2.28, 2.30, 3.25, 4.7, 4.42, 7.27, 11.6, 13.3, 13.34, 14.3, 14.8–10, 15.19–20, 16.3, 17.3, 18.62
भाव: 2.16, 8.4, 8.20, 18.17
भावना 2.66
भावम् 7.15, 7.24, 8.6, 9.10–11, 18.20
भावयत 3.11
भावयन्त: 3.11
भावयन्तु 3.11
भावसमन्विता: 10.8
भावसंशुद्धि: 17.16
भावा: 7.12, 10.5
भावेषु 10.17
भावै: 7.13
भाषसे 2.11
भाषा 2.54
भास: 11.12, 11.30
भासयते 15.6, 15.12
भास्वता 10.11
भिन्ना 7.4
भीतभीत: 11.35
भीतम् 11.50
भीता: 11.21
भीतानि 11.36
भीमकर्मा 1.15
भीमाभिरक्षितम् 1.10
भीमार्जुनसमा: 1.4
भीष्म: 1.8, 11.26
भीष्मद्रोणप्रमुखत: 1.25
भीष्मम् 1.11, 2.4, 11.34

भीष्माभिरक्षितम् 1.10
भुक्त्वा 9.21
भुङ्क्ते 3.12, 13.22
भुङ्क्ष्व 11.33
भुञ्जते 3.13
भुञ्जानम् 15.10
भुञ्जीय 2.5
भुवि 18.69
भू: 2.47
भूतगणान् 17.4
भूतग्राम: 8.19
भूतग्रामम् 9.8, 17.6
भूतपृथग्भावम् 13.31
भूतप्रकृतिमोक्षम् 13.35
भूतभर्तृ 13.17
भूतभावन 10.15
भूतभावन: 9.5
भूतभावोद्भवकार: 8.3
भूतभृत् 9.5
भूतम् 10.39
भूतमहेश्वरम् 9.11
भूतविशेषसङ्घान् 11.15
भूतसर्गौ 16.6
भूतस्थ: 9.5
भूतादिम् 9.13
भूतानाम् 4.6, 10.5, 10.20, 10.22, 11.2, 13.16, 18.46
भूतानि 2.28, 2.30, 2.34, 2.69, 3.14, 3.33, 4.35, 7.6, 7.26, 8.22, 9.5-6, 9.25, 15.13, 15.16
भूति: 18.78

भूतेज्या: 9.25
भूतेश 10.15
भूतेषु 7.11, 8.20, 13.17, 13.28, 16.2, 18.21, 18.54
भूत्वा 2.20, 2.35, 2.48, 3.30, 8.19, 8.19, 11.50, 15.13, 15.14
भूमि: 7.4
भूमौ 2.8
भूय: 2.20, 6.43, 7.2, 10.1, 10.18, 11.35, 11.39, 11.50, 13.24, 14.1, 15.4, 18.64
भृगु: 10.25
भेदम् 17.7, 18.29
भेर्य: 1.13
भैक्ष्यम् 2.5
भोक्ता 9.24, 13.23
भोक्तारम् 5.29
भोक्तुम् 2.5
भोक्तृत्वे 13.21
भोगा: 1.33, 5.22
भोगान् 2.5, 3.12
भोगी 16.14
भोगै: 1.32
भोगैश्वर्यगतिम् 2.43
भोगैश्वर्यप्रसक्तानाम् 2.44
भोजनम् 17.10
भोक्ष्यसे 2.37
भ्रमति 1.30
भ्रातृन् 1.25
भ्रामयन् 18.61
भ्रुवो: 5.27, 8.10

(म)

मकर: 10.31
मच्चित्त: 6.14, 18.57-58
मच्चित्ता: 10.9
मणिगणा: 7.7
मत: 6.32, 6.46-47, 11.18, 18.9
मतम् 3.31-32, 7.18, 13.3, 18.6
मता 3.1, 16.5
मता: 12.2
मति: 6.36, 18.70, 18.78
मते 8.26
मत्कर्मकृत् 11.55
मत्कर्मपरम: 12.10
मत्त: 7.7, 7.12, 10.5, 10.8, 15.15
मत्पर: 2.61, 6.14, 18.57
मत्परम: 11.55
मत्परमा: 12.20
मत्परा: 12.6
मत्परायण: 9.34
मत्प्रसादात् 18.56, 18.58
मत्वा 3.28, 10.8, 11.41
मत्संस्थाम् 6.15
मत्स्थानि 9.4-6
मदनुग्रहाय 11.1
मदम् 18.35
मदर्थम् 12.10
मदर्थे 1.9
मदर्पणम् 9.27
मदाश्रय: 7.1
मद्गतप्राणा: 10.9

मद्गतेन 6.47
मद्भक्त: 9.34, 11.55, 12.14, 12.16, 13.19, 18.65
मद्भक्ता: 7.23
मद्भक्तिम् 18.54
मद्भक्तेषु 18.68
मद्भावम् 4.10, 8.5, 14.19
मद्भावा: 10.6
मद्भावाय 13.19
मद्याजिन: 9.25
मद्याजी 9.34, 18.65
मद्योगम् 12.11
मद्व्यपाश्रय: 18.56
मधुसूदन 1.35, 2.4, 6.33, 8.2
मधुसूदन: 2.1
मध्यम् 10.20, 10.32, 11.16
मध्यस्थ: 6.9
मध्ये 1.21, 1.24, 2.10, 8.10, 14.18
मन: 1.30, 2.60, 2.67, 3.40, 3.42, 5.19, 6.12, 6.14, 6.25-26, 6.34, 6.35, 7.4, 8.12 10.22, 11.45, 12.2, 12.8, 15.9, 17.11
मन:प्रसाद: 17.16
मन:प्राणेन्द्रियक्रिया: 18.33
मनव: 10.6
मनवे 4.1
मन:षष्ठानि 15.7
मनस: 3.42
मनसा 3.6-7, 5.11, 5.13, 6.24, 8.10
मनीषिण: 2.51, 18.3
मनीषिणाम् 18.5

मनुः 4.1
मनुष्यलोके 15.2
मनुष्याः 3.23, 4.11
मनुष्याणाम् 1.44, 7.3
मनुष्येषु 4.18, 18.69
मनोगतान् 2.55
मनोरथम् 16.13
मन्तव्यः 9.30
मन्त्रः 9.16
मन्त्रहीनम् 17.13
मन्दान् 3.29
मन्मनाः 9.34, 18.65
मन्मयाः 4.10
मन्यते 2.19, 3.27, 6.22, 18.32
मन्यन्ते 7.24
मन्यसे 2.26, 11.4, 18.59
मन्ये 6.34, 10.14
मन्येत 5.8
मंस्यन्ते 2.35
मम 1.7, 1.29, 2.8, 3.23, 4.11, 7.14, 7.17, 7.24, 8.21, 9.5, 9.11, 10.7, 10.40-41, 11.1, 11.7, 11.49, 11.52, 13.3, 14.2-3, 15.6-7, 18.78
मया 1.22, 3.3, 4.3, 4.13, 7.22, 9.4, 9.10, 10.17, 10.39, 10.40, 11.2, 11.4, 11.33-34, 11.41, 11.47, 15.20, 16.13-15, 18.63, 18.73
मयि 3.30, 4.35, 6.30-31, 7.1, 7.7, 7.12, 8.7, 9.29, 12.2, 12.6-9, 12.14, 13.11, 18.57, 18.68
मरणात् 2.34

मरीचिः 10.21
मरुतः 11.6, 11.22
मरुताम् 10.21
मर्त्यलोकम् 9.21
मर्त्येषु 10.3
मलेन 3.38
महत् 11.23, 14.3-4
महतः 2.40
महता 4.2
महति 1.14
महतीम् 1.3
महत्पापम् 1.45
महर्षयः 10.2, 10.6
महर्षीणाम् 10.2, 10.25
महर्षिसिद्धसङ्घाः 11.21
महात्मन् 11.20, 11.37
महात्मानः 8.15, 9.13, 11.12, 18.74
महात्मा 7.19, 11.50
महान् 9.6, 18.77
महानुभावान् 2.5
महापाप्मा 3.37
महाबाहुः 1.18
महाबाहो 2.26, 2.68, 3.28, 3.43, 5.3, 5.6, 6.35, 6.38, 7.5, 10.1, 11.43, 14.5, 18.1, 18.13
महाभूतानि 13.6
महायोगेश्वरः 11.9
महारथ 1.4, 1.17
महारथाः 1.6, 2.35
महाशङ्खम् 1.15
महाशनः 3.37

महिमानम् 11.41
महीकृते 1.35
महीपते 1.21
महीम् 2.37
महीक्षिताम् 1.25
महेश्वर: 13.23
महेष्वासा: 1.4
मा 2.3, 2.47, 11.34, 11.49, 16.5, 18.66
माता 9.17
मातुला: 1.34
मातुलान् 1.25
मात्रास्पर्शा: 2.14
माधव 1.37
माधव: 1.14
मानव 3.17, 18.46
मानवा: 3.31
मानसम् 17.16
मानसा: 10.6
मानापमानयो: 6.7, 12.18, 14.25
मानुषम् 11.51
मानुषीम् 9.11
मानुषे 4.12
माम् 1.46, 2.7, 3.1, 4.9–11, 4.13–14, 5.29, 6.30–31, 6.47, 7.1, 7.3, 7.10, 7.13–16, 7.18–19, 7.23–26, 7.28–30, 8.5, 8.7, 8.13–16, 9.3, 9.9–11, 9.13–14, 9.20, 9.22–25, 9.28–30, 9.32–34, 10.3, 10.8–10, 10.14, 10.24, 10.27, 11.8, 11.53, 11.55, 12.2, 12.4, 12.6, 12.9, 13.3, 14.26, 15.19, 16.18, 16.20, 17.6, 18.55, 18.65–68
मामकम् 15.12
मामका: 1.1
मामिकाम् 9.7
मायया 7.15, 18.61
माया 7.14
मायाम् 7.14
मारुत: 2.23
मार्गशीर्ष: 10.35
मार्दवम् 16.2
मासानाम् 10.35
माहात्म्यम् 11.2
मित्र 6.9
मित्रद्रोहे 1.38
मित्रारिपक्षयो: 14.25
मित्रे 12.18
मिथ्या 18.59
मिथ्याचार: 3.6
मिश्रम् 18.12
मुक्त: 5.28, 12.15, 18.71
मुक्तम् 18.40
मुक्तसङ्ग: 3.9, 18.26
मुक्तस्य 4.23
मुक्त्वा 8.5
मुखम् 1.29
मुखानि 11.25
मुखे 4.32
मुख्यम् 10.24
मुच्यन्ते 3.13, 3.31
मुनय: 14.1

मुनिः 2.56, 5.6, 5.28, 10.26
मुनीनाम् 10.37
मुनेः 2.69, 6.3
मुमुक्षुभिः 4.15
मुह्यति 2.13, 8.27
मुह्यन्ति 5.15
मुहुर्मुहुः 18.76
मूढः 7.25
मूढग्राहेण 17.19
मूढयोनिषु 14.15
मूढाः 7.15, 9.10–11, 16.20
मूर्तयः 14.4
मूर्ध्नि 8.12
मूलानि 15.2
मृगाणाम् 10.30
मृगेन्द्रः 10.30
मृतम् 2.26
मृतस्य 2.27
मृत्युः 2.27, 9.19, 10.34
मृत्युम् 13.26
मृत्युसंसारवर्त्मनि 9.3
मृत्युसंसारसागरात् 12.7
मे 1.21, 1.29–30, 1.46, 2.7, 3.2, 3.22, 3.31–32, 4.3, 4.5, 4.9, 4.14, 5.1, 6.30, 6.47, 7.4–5, 7.18, 9.5, 6.36, 6.39, 9.26, 9.29, 9.31, 10.1–2, 10.13, 10.18–19, 11.4–5, 11.8, 11.18, 11.23, 11.31, 11.45, 11.47, 11.49, 12.2, 12.14–17, 12.19–20, 13.4, 16.6, 16.13, 18.4, 18.6, 18.13, 18.36, 18.50, 18.65, 18.69–70, 18.77
मेधा 10.34
मेधावी 18.10
मेरुः 10.23
मैत्रः 12.13
मोघकर्माणः 9.12
मोघम् 3.16
मोघज्ञानाः 9.12
मोघाशाः 9.12
मोदिष्ये 16.15
मोहः 11.1, 14.13, 18.73
मोहकलिलम् 2.52
मोहजालसमावृताः 16.16
मोहनम् 14.8, 18.39
मोहम् 14.22
मोहयसि 3.2
मोहात् 16.10, 18.7, 18.25, 18.60
मोहितम् 7.13
मोहिताः 4.16
मोहिनीम् 9.12
मोक्षकाङ्क्षिभिः 17.25
मोक्षपरायणः 5.28
मोक्षम् 18.30
मोक्षयिष्यामि 18.66
मोक्ष्यसे 4.16, 9.1, 9.28
मौनम् 10.38, 17.16
मौनी 12.19
म्रियते 2.20

(य)

यः 2.19, 2.21, 2.57, 2.71, 3.6–7,

3.12, 3.16–17, 3.42, 4.9, 4.14, 4.18, 5.3, 5.5, 5.10, 5.23–24, 5.28, 6.1, 6.30–33, 6.47, 8.13–14, 8.5, 8.9, 8.20, 9.26, 10.3, 10.7, 11.55, 12.14–17, 13.1, 13.4, 13.24, 13.28, 13.30, 14.23, 14.26, 15.1, 15.17, 15.19, 16.23, 17.3, 17.11, 18.11, 18.16, 18.55, 18.68, 18.67, 18.70–71

यच्छ्रद्ध: 17.3

यजन्त: 9.15

यजन्ति 9.23

यजन्ते 4.12, 9.23, 16.17, 17.1, 17.4

यजु: 9.17

यत् 1.45, 2.6–8, 2.67, 3.21, 4.16, 4.35, 5.1, 5.5, 5.21, 6.21, 6.42, 7.2, 8.11, 8.28, 9.1, 9.27, 10.1, 10.14, 10.39, 10.41, 11.1, 11.7, 11.37, 11.41–42, 11.47, 11.52, 13.3–4, 13.12–13, 14.1, 15.6, 15.8, 15.12, 17.10, 17.12, 17.15, 17.18–21, 17.28, 18.8–9, 18.15, 18.21–25, 18.37–40, 18.59–60

यत: 6.26, 13.4, 15.4, 18.46

यतचित्तस्य 6.19

यतचित्तात्मा 4.21, 6.10

यतचित्तेन्द्रियक्रिय: 6.12

यतचेतसाम् 5.26

यतत: 2.60

यतता 6.36

यतताम् 7.3

यतति 7.3

यतते 6.43

यतन्त: 9.14, 15.11

यतन्ति 7.29

यतमान: 6.45

यतय: 4.28, 8.11

यतवाग्यमानस: 18.52

यतात्मवान् 12.11

यतात्मा 12.14

यतात्मान: 5.25

यतीनाम् 5.26

यतेन्द्रियमनोबुद्धि: 5.28

यत्र 6.20–21, 8.23, 18.36, 18.78

यत्प्रभाव: 13.4

यथा 2.13, 2.22, 3.25, 3.38, 4.11, 4.37, 6.19, 7.1, 9.6, 11.3, 11.28–29, 11.53, 12.20, 13.33–34, 18.45, 18.50, 18.63

यथाभागम् 1.11

यथावत् 18.19

यदा 2.52–53, 2.55, 2.58, 4.7, 6.4, 6.18, 13.31, 14.11, 14.14, 14.19

यदि 1.46, 2.6, 3.23, 6.32, 11.4, 11.12

यदृच्छया 2.32

यदृच्छालाभसन्तुष्ट: 4.22

यद्यपि 1.38

यद्वत् 2.70

यद्विकारि 13.4

यन्त्रारूढानि 18.61

यम् 2.15, 2.70, 6.2, 6.22, 8.6, 8.21

यम: 10.29, 11.39

यया 2.39, 7.5, 18.31, 18.33–35
यश: 10.5, 11.33
यष्टव्यम् 17.11
यस्मात् 12.15, 15.18
यस्य 2.61, 2.68, 4.19, 8.22, 15.1, 18.17
यस्याम् 2.69
यस्मिन् 6.22, 15.4
यक्षरक्षसाम् 10.23
यक्षरक्षांसि 17.4
यक्ष्ये 16.15
यज्ञ: 3.14, 9.16, 16.1, 17.7, 17.11, 18.5
यज्ञतप:क्रिया: 17.25
यज्ञतपसाम् 5.29
यज्ञदानतप:कर्म 18.3, 18.5
यज्ञदानतप:क्रिया: 17.24
यज्ञभाविता: 3.12
यज्ञम् 4.25, 17.12–13
यज्ञविद: 4.30
यज्ञशिष्टामृतभुज: 4.31
यज्ञशिष्टाशिन: 3.13
यज्ञक्षपितकल्मषा: 4.30
यज्ञा: 4.32, 17.23
यज्ञात् 3.14, 4.33
यज्ञानाम् 10.25
यज्ञाय 4.23
यज्ञार्थात् 3.9
यज्ञे 3.15, 17.27
यज्ञेन 4.25
यज्ञेषु 8.28

यज्ञै: 9.20
या 2.69, 9.15, 18.30, 18.32, 18.50
या: 14.4
यातयामम् 17.10
याति 6.45, 8.5, 8.8, 8.13, 8.26, 13.29, 14.14, 16.22
यादव 11.41
यादसाम् 10.29
यादृक् 13.4
यान् 2.6
यान्ति 3.33, 4.31, 7.23, 7.27, 8.23, 9.7, 9.25, 9.32, 13.35, 16.20
याभि: 10.16
याम् 2.42, 7.21
यावत् 1.22, 13.27
यावान् 2.46, 18.55
यास्यसि 2.35, 4.35
युक्त: 2.39, 2.61, 3.26, 4.18, 5.8, 5.12, 5.23, 6.8, 6.14, 6.18, 7.22, 8.10, 18.51
युक्तचेतस: 7.30
युक्तचेष्टस्य 6.17
युक्ततम: 6.47
युक्ततमा: 12.2
युक्तस्वप्नावबोधस्य 6.17
युक्तात्मा 7.18
युक्ताहारविहारस्य 6.17
युक्ते 1.14
युक्तै: 17.17
युक्त्वा 9.34
युगपत् 11.12

युगसहस्रान्ताम् 8.17
युगे 4.8
युज्यते 10.7, 17.26
युज्यस्व 2.38, 2.50
युञ्जत: 6.19
युञ्जन् 6.15, 6.28, 7.1
युञ्ज्यात् 6.12
युञ्जीत 6.10
युद्धम् 2.32
युद्धविशारदा: 1.9
युद्धात् 2.31
युद्धाय 2.37-38
युद्धे 1.23, 1.33, 18.43
युद्ध्य 8.7
युद्ध्यस्व 2.18, 3.30, 11.34
युधामन्यु: 1.6
युधि 1.4
युधिष्ठिर 1.16
युयुत्सव: 1.1
युयुत्सुम् 1.28
युयुधान: 1.4
ये 1.7, 1.23, 3.13, 3.31-32, 4.11, 5.22, 7.12, 7.14, 7.29-30, 9.22-23, 9.29, 9.32, 11.22, 11.32, 12.1-3, 12.6, 12.20, 13.35, 17.1, 17.5
येन 2.17, 3.2, 4.35, 6.6, 8.22, 10.10, 12.19, 18.20, 18.46
येऽप्यन्यदेवताभक्ता: 9.2
येषाम् 1.33, 2.35, 5.16, 5.19, 7.28, 10.6

योक्तव्य: 6.23
योग: 2.48, 2.50, 4.2-3, 6.17, 6.23, 6.16, 6.33, 6.36
योगधारणाम् 8.12
योगबलेन 8.10
योगभ्रष्ट: 6.41
योगम् 2.53, 4.1, 4.42, 5.5, 6.2-3, 6.12, 6.19, 7.1, 9.5, 10.7, 10.18, 11.8, 18.75
योगमायासमावृत: 7.25
योगयज्ञा: 4.28
योगयुक्त: 5.6-7, 8.27
योगयुक्तात्मा 6.29
योगवित्तमा: 12.1
योगसंन्यस्तकर्माणम् 4.41
योगसंसिद्ध: 4.38
योगसंसिद्धिम् 6.37
योगसंज्ञितम् 6.23
योगसेवया 6.20
योगस्थ: 2.48
योगस्य 6.44
योगक्षेमम् 9.22
योगात् 6.37
योगाय 2.50
योगारुढ: 6.4
योगारुढस्य 6.3
योगिन् 10.17
योगिन: 4.25, 5.11, 6.19, 8.14, 8.23, 15.11
योगिनम् 6.27
योगिनाम् 3.3, 6.42, 6.47

योगी 5.24, 6.1–2, 6.8, 6.10, 6.15, 6.28, 6.31–32, 6.45–46, 8.25, 8.27–28, 12.14

योगे 2.39

योगेन 10.7, 12.6, 13.25, 18.33

योगेश्वर 11.4

योगेश्वर: 18.78

योगेश्वरात् 18.75

योगै: 5.5

योत्समानान् 1.23

योत्स्ये 2.9, 18.59

योद्धव्यम् 1.22

योद्धुकामान् 1.22

योधमुख्यै: 11.26

योधवीरान् 11.34

योधा: 11.32

योनि: 14.3–4

योनिम् 16.20

योनिषु 16.19

यौवनम् 2.13

(र)

रज: 14.5, 14.7, 14.9–10, 17.1

रजस: 14.16–17

रजसि 14.12, 14.15

रजोगुणसमुद्भव: 3.37

रणसमुद्यमे 1.22

रणात् 2.35

रणे 1.46, 11.34

रथम् 1.21

रथोत्तमम् 1.24

रथोपस्थे 1.47

रता: 5.25, 12.4

रमते 5.22, 18.36

रमन्ति 10.9

रवि: 10.21, 13.34

रस: 2.59, 7.8

रसनम् 15.9

रसवर्जम् 2.59

रसात्मक: 15.13

रस्या: 17.8

रहस्यम् 4.3

रहसि 6.10

रक्षांसि 11.36

रागद्वेषवियुक्तै: 2.64

रागद्वेषौ 3.34, 18.51

रागात्मकम् 14.7

रागी 18.27

राजगुह्यम् 9.2

राजन् 11.9, 18.76–77

राजर्षय: 4.2, 9.33

राजविद्या 9.2

राजस: 7.12, 18.27

राजसम् 17.12, 7.18, 17.21, 18.8, 18.21, 18.24, 18.38

राजसस्य 17.9

राजसा: 7.12, 14.18, 17.4

राजसी 17.2, 18.31, 18.34

राजा 1.2, 1.16

राज्यम् 1.32–33, 2.8, 11.33

राज्यसुखलोभेन 1.45

राज्येन 1.32

रात्रिः 8.25
रात्रिम् 8.17
रात्र्यागमे 8.18–19
रामः 10.31
राक्षसीम् 9.12
रिपुः 6.5
रुद्ध्वा 4.29
रुद्राणाम् 10.23
रुद्रादित्याः 11.22
रुद्रान् 11.6
रुधिरप्रदिग्धान् 2.5
रूपः 11.48
रूपम् 11.3, 11.9, 11.20, 11.23, 11.45, 11.47, 11.49–52, 15.3, 18.77
रूपस्य 11.52
रूपाणि 11.5
रूपेण 11.46
रोमहर्षः 1.29
रोमहर्षणम् 18.74

(ल)

लघ्वाशी 18.52
लब्धम् 16.13
लब्धा 18.73
लब्ध्वा 4.39, 6.22
लभते 4.39, 6.43, 7.22, 18.45, 18.54
लभन्ते 2.32, 5.25, 9.21
लभस्व 11.33
लभे 11.25
लभेत् 18.8
लभ्यः 8.22
लाघवम् 2.35
लाभम् 6.22
लाभालाभौ 2.38
लिङ्गैः 14.21
लिप्यते 5.7, 5.10, 13.32, 18.17
लिम्पन्ति 4.14
लुप्तपिण्डोदकक्रियाः 1.42
लुब्धः 18.27
लेलिह्यसे 11.30
लोकः 3.9, 3.21, 4.31, 4.40, 7.25, 12.15
लोकत्रयम् 11.20, 15.17
लोकत्रये 11.43
लोकम् 9.33, 13.34
लोकमहेश्वरम् 10.3
लोकसङ्ग्रहम् 3.20, 3.25
लोकस्य 5.14, 11.43
लोकक्षयकृत् 11.32
लोकाः 3.24, 8.16, 11.23, 11.29
लोकात् 12.15
लोकान् 6.41, 10.16, 11.30, 11.32, 14.14, 18.17, 18.71
लोके 2.5, 3.3, 4.12, 6.42, 10.6, 13.14, 15.16, 15.18, 16.6
लोकेषु 3.22
लोभः 14.12, 14.17, 16.21
लोभोपहतचेतसः 1.38

(व)

वः 3.10–12,
वक्तुम् 10.16

वक्त्राणि 11.27–29
वच: 2.10, 10.1, 11.1, 18.64
वचनम् 1.2, 11.35, 18.73
वज्रम् 10.28
वद 3.2
वदति 2.29
वदनै: 11.30
वदन्ति 8.11
वदसि 10.14
वदिष्यन्ति 2.36
वयम् 1.37, 1.45, 2.12
वर 8.4
वरुण: 10.29, 11.39
वर्णसङ्कर: 1.41
वर्णसङ्करकारकै: 1.43
वर्तते 5.26, 6.31, 16.23
वर्तन्ते 3.28, 5.9, 14.23
वर्तमान: 6.31, 13.24
वर्तमानानि 7.26
वर्ते 3.22
वर्तेत 6.6
वर्तेयम् 3.23
वर्त्म 3.23, 4.11
वर्षम् 9.19
वशम् 3.34, 6.26
वशात् 9.8
वशी 5.13
वशे 2.61
वश्यात्मना 6.36
वसव: 11.22
वसून् 11.6

वसूनाम् 10.23
वहामि 9.22
वह्नि: 3.38
वक्ष्यामि 7.2, 8.23, 10.1, 18.64
वा 1.32, 2.6, 2.20, 2.26, 2.37, 6.32, 8.6, 10.41, 11.41, 15.10, 17.19, 17.21, 18.15, 18.24, 18.40
वाक् 10.34
वाक्यम् 1.21, 2.1, 17.15
वाक्येन 3.2
वाचम् 2.42
वाच्यम् 18.67
वाङ्मयम् 17.15
वाद: 10.32
वादिन: 2.42
वायु: 2.67, 7.4, 9.6, 11.39, 15.8
वायो: 6.34
वार्ष्णेय 1.41, 3.36
वास: 1.44
वासव: 10.22
वासांसि 2.22
वासुकि: 10.28
वासुदेव: 7.19, 10.37, 11.50
वासुदेवस्य 18.74
विकम्पितुम् 2.31
विकर्ण: 1.8
विकर्मण: 4.17
विकारान् 13.20
विक्रान्त: 1.6
विगत: 11.1
विगतकल्मष: 6.28

विगतज्वर: 3.30
विगतभी: 6.14
विगतस्पृह: 2.56, 18.49
विगतेच्छाभयक्रोध: 5.28
विगुण: 3.35, 18.47
विचक्षणा: 18.2
विचालयेत् 3.29
विचाल्यते 6.22, 14.23
विचेतस: 9.12
विजय: 18.78
विजयम् 1.32
विजानत: 2.46
विजानीत: 2.19
विजानीयाम् 4.4
विजितात्मा 5.7
विजितेन्द्रिय: 6.8
वित्ता: 4.32
वित्तेश: 10.23
विदधामि 7.21
विदितात्मनाम् 5.26
विदित्वा 2.25, 8.28
विदु: 4.2, 7.29–30, 8.17, 10.2, 10.14, 13.35, 16.7, 18.2
विद्धि 2.17, 3.15, 3.32, 3.37, 4.13, 4.32, 4.34, 6.2, 7.5, 7.10, 7.12, 10.24, 10.27, 13.3, 13.20, 13.27, 14.7–8, 15.12, 17.6, 17.12, 18.20–21
विद्य: 2.6
विद्यते 2.16, 2.31, 2.40, 3.17, 4.38, 6.40, 8.16, 16.7

विद्यात् 6.23, 14.11
विद्यानाम् 10.32
विद्याम् 10.17
विद्याविनयसम्पन्ने 5.18
विद्वान् 3.25–26
विध: 11.53–54
विधानोक्ता: 17.24
विधिदृष्ट: 17.11
विधिहीनम् 17.13
विधीयते 2.44
विधेयात्मा 2.64
विनङ्क्ष्यसि 18.58
विनद्य 1.12
विनश्यति 4.40, 8.20
विनश्यत्सु 13.28
विना 10.39
विनाश: 6.40
विनाशम् 2.17
विनाशाय 4.8
विनिश्चितै: 13.5
विनियतम् 6.18
विनियम्य 6.24
विनिवर्तन्ते 2.59
विनिवृत्तकामा: 15.5
विन्दति 4.38, 5.21, 18.45–46
विन्दते 5.4
विन्दामि 11.24
विपश्चित: 2.60
विपरिवर्तते 9.10
विपरीतम् 18.15
विपरीतान् 18.32

विपरीतानि 1.31	विविक्तसेवी 18.52
विभक्तम् 13.17	विविधा: 17.25, 18.14
विभक्तेषु 18.20	विविधै: 13.5
विभावसौ 7.9	विवृद्धम् 14.11
विभु: 5.15	विवृद्धे 14.12–13
विभुम् 10.12	विशते 18.55
विभूतीनाम् 10.40	विशन्ति 8.11, 9.21, 11.21, 11.27–29
विभूतिभि: 10.16	विशालम् 9.21
विभूतिम् 10.7, 10.18	विशिष्टा: 1.7
विभूतिमत् 10.41	विशिष्यते 3.7, 5.2, 6.9, 7.17, 12.12
विभूते: 10.40	विशुद्धया 18.51
विमत्सर: 4.22	विशुद्धात्मा 5.7
विमुक्त: 9.28, 14.20, 16.22	विश्वतोमुख: 10.33
विमुक्ता: 15.5	विश्वतोमुखम् 9.15, 11.11
विमुच्य 18.53	विश्वम् 11.19, 11.38, 11.47
विमुञ्चति 18.35	विश्वमूर्ते 11.46
विमुह्यति 2.72	विश्वरूप 11.16
विमूढ 6.38	विश्वस्य 11.18, 11.38
विमूढभाव: 11.49	विश्वे 11.22
विमूढा: 15.10	विश्वेश्वर 11.16
विमूढात्मा 3.6	विषम् 18.37–38
विमृश्य 18.63	विषमे 2.2
विमोहयति 3.40	विषयप्रवाला: 15.2
विमोक्षाय 16.5	विषया: 2.59
विमोक्ष्यसे 4.32	विषयान् 2.62, 2.64, 4.26, 15.9, 18.51
विराट: 1.4, 1.17	विषयेन्द्रियसंयोगात् 18.38
विलग्ना: 11.27	विषादम् 18.35
विवस्वत: 4.4	विषादी 18.28
विवस्वते 4.1	विषीदन् 1.27
विवस्वान् 4.1	विषीदन्तम् 2.1, 2.10
विविक्तदेशसेवित्वम् 13.11	विष्टभ्य 10.42

विष्ठितम् 13.18
विष्णु: 10.21
विष्णो 11.24, 11.30
विसर्ग: 8.3
विसृजन् 5.9
विसृजामि 9.7–8
विसृज्य 1.47
विस्तर: 10.40
विस्तरश: 11.2, 16.6
विस्तरस्य 10.19
विस्तरेण 10.18
विस्तारम् 13.31
विस्मय: 18.77
विस्मयाविष्ट: 11.14
विस्मिता: 11.22
विहाय 2.22, 2.71
विहारशय्यासनभोजनेषु 11.42
विहिता: 17.23
विहितान् 7.22
विज्ञातुम् 11.31
विज्ञानम् 18.42
विज्ञानसहितम् 9.1
विज्ञाय 13.19
वीतरागभयक्रोध: 2.56
वीतरागभयक्रोधा: 4.10
वीतरागा: 8.11
वीर्यवान् 1.5, 1.6
वीक्षन्ते 11.22
वृकोदर: 1.15
वृजिनम् 4.36
वृष्णीनाम् 10.37
वेगम् 5.23
वेत्ता 11.38
वेत्ति 2.19, 4.9, 6.21, 7.3, 10.3, 10.7, 13.2, 13.24, 14.19, 18.21, 18.30
वेत्थ 4.5, 10.15
वेद 2.21, 2.29, 4.5, 7.26, 15.1
वेदयज्ञाध्ययनै: 11.48
वेदवादरता: 2.42
वेदवित् 15.1, 15.15
वेदविद: 8.11
वेदा: 2.45, 17.23
वेदानाम् 10.22
वेदान्तकृत् 15.15
वेदितव्यम् 11.18
वेदितुम् 13.1, 18.1
वेदे 15.18
वेदेषु 2.46, 8.28
वेद्य: 15.15
वेद्यम् 9.17, 11.38
वेदै: 11.53, 15.15
वेपथु: 1.29
वेपमान: 11.35
वैनतेय: 10.30
वैराग्यम् 13.9, 18.52
वैराग्येण 6.35
वैरिणम् 3.37
वैश्यकर्म 18.44
वैश्या: 9.32
वैश्वानर: 15.14

(व्य)

व्यक्तमध्यानि 2.28
व्यक्तय: 8.18
व्यक्तिम् 7.24, 10.14
व्यतितरिष्यति 2.52
व्यतीतानि 4.5
व्यथन्ति 14.2
व्यथयन्ति 2.15
व्यथा 11.49
व्यथिष्ठा: 11.34
व्यदारयत् 1.19
व्यनुनादयन् 1.19
व्यपाश्रित्य 9.32
व्यपेतभी: 11.49
व्यवसाय: 10.36, 18.59
व्यवसायात्मिका 2.41, 2.44
व्यवसित: 9.30
व्यवसिता: 1.45
व्यवस्थितान् 1.20
व्यवस्थितौ 3.34
व्यात्ताननम् 11.24
व्याप्तम् 11.20
व्याप्य 10.16
व्यामिश्रेण 3.2
व्यास: 10.13, 10.37
व्यासप्रसादात् 18.75
व्याहरन् 8.13
व्युदस्य 18.51
व्यूढम् 1.2
व्यूढाम् 1.3
व्रज 18.66
व्रजेत 2.54

(श)

शक्नोति 5.23
शक्नोमि 1.30
शक्नोषि 12.9
शक्य: 6.36, 11.48, 11.53–54
शक्यम् 11.4, 18.11
शक्यसे 11.8
शङ्कर: 10.23
शङ्खम् 1.12
शङ्खा: 1.13
शङ्खान् 1.18
शङ्खौ 1.14
शठ: 18.28
शतश: 11.5
शत्रु: 16.14
शत्रुत्वे 6.6
शत्रुम् 3.43
शत्रुवत् 6.6
शत्रून् 11.33
शत्रौ 12.18
शनै: 6.25
शब्द: 1.13, 7.8, 17.26
शब्दब्रह्म 6.44
शब्दादीन् 4.26, 18.51
शम: 6.3, 10.4, 18.42
शमम् 11.24
शरणम् 2.49, 9.18, 18.62, 18.66
शरीरम् 13.2, 15.8
शरीरयात्रा 3.8
शरीरवाङ्मनोभि: 18.15

शरीरविमोक्षणात् 5.23
शरीरस्थ: 13.32
शरीरस्थम् 17.6
शरीरिण: 2.18, 2.22
शरीरे 1.29, 2.20, 11.13
शर्म 11.25
शशाङ्क: 11.39, 15.6
शशिसूर्यनेत्रम् 11.19
शशिसूर्ययो: 7.8
शशी 10.21
शश्वत् 9.31
शंससि 5.1
शस्त्रपाणय: 1.46
शस्त्रभृताम् 10.31
शस्त्रसम्पाते 1.20
शस्त्राणि 2.23
शाखा: 15.2
शाधि 2.7
शान्त: 18.53
शान्तरजसम् 6.27
शान्ति: 2.66, 12.12, 16.2
शान्तिम् 2.70–71, 4.39, 5.12, 5.29, 6.15, 9.31, 18.62
शारीरम् 4.21, 17.14
शाश्वत: 2.20
शाश्वतधर्मगोप्ता 11.18
शाश्वतम् 10.12, 18.56, 18.62
शाश्वतस्य 14.27
शाश्वता: 1.43
शाश्वती: 6.41
शाश्वते 8.26

शास्त्रम् 15.20, 16.24
शास्त्रविधानोक्तम् 16.24
शास्त्राविधिम् 16.23, 17.1
शिखण्डी 1.17
शिखरिणाम् 10.23
शिरसा 11.14
शिष्य: 2.7
शिष्येण 1.3
शीतोष्णसुखदु:खदा: 2.14
शीतोष्णसुखदु:खेषु 6.7, 12.18
शुक्ल: 8.24
शुक्लकृष्णे 8.26
शुच: 16.5, 18.66
शुचि: 12.16
शुचीनाम् 6.41
शुचौ 6.11
शुनि 5.18
शुभान् 18.71
शुभाशुभपरित्यागी 12.17
शुभाशुभफलै: 9.28
शुभाशुभम् 2.57
शूद्रस्य 18.44
शूद्रा: 9.32
शूद्राणाम् 18.41
शूरा: 1.4, 1.9
शृणु 2.39, 7.1, 10.1, 13.4, 16.6, 17.2, 17.7, 18.4, 18.19, 18.29, 18.36, 18.45, 18.64
शृणोति 2.29
शृण्वत: 10.18
शृण्वन् 5.8

शैब्य: 1.5
शोकम् 2.8, 18.35
शोकसंविग्नमानस: 1.47
शोचति 12.17, 18.54
शोचितुम् 2.26-27, 2.30
शोषयति 2.23
शौचम् 13.8, 16.3, 16.7, 17.14, 18.42
शौर्यम् 18.43
श्याला: 1.34

(श्र)

श्रद्ध: 17.3
श्रद्दधाना: 12.20
श्रद्दया 6.37, 7.21-22, 9.23, 12.2, 17.1, 17.17
श्रद्धा 17.2-3
श्रद्धाम् 7.21
श्रद्धामय: 17.3
श्रद्धावन्त: 3.31
श्रद्धावान् 4.39, 6.47, 18.71
श्रद्धाविरहितम् 17.13
श्रिता: 9.12
श्री: 10.34, 18.78
श्रीमत् 10.41
श्रीमताम् 6.41
शृणुयात् 18.71
श्रुतम् 18.72
श्रुतवान् 18.75
श्रुतस्य 2.52
श्रुतिपरायणा: 13.26
श्रुतिमत् 13.14

श्रुतिविप्रतिपन्ना 2.53
श्रुत्वा 2.29, 11.35, 13.26
श्रुतौ 11.2
श्रेय: 1.31, 2.5, 2.7, 2.31, 3.2, 3.11, 3.35, 5.1, 12.12, 16.22
श्रेयान् 3.35, 4.33, 18.47
श्रेष्ठ: 3.21
श्रोतव्यस्य 2.52
श्रोत्रम् 15.9
श्रोत्रादीनि 4.26
श्रोष्यसि 18.58
श्वपाके 5.18
श्वशुरा: 1.34
श्वशुरान् 1.25
श्वसन् 5.8
श्वेतै: 1.14

(ष)

षण्मासा: 8.24, 8.25

(स)

स: 1.13, 1.19, 1.27, 2.15, 2.21, 2.70-71, 3.6-7, 3.12, 3.16, 3.21, 3.42, 4.2-3, 4.9, 4.14, 4.18, 4.20, 5.3, 5.5, 5.10, 5.21, 5.23-24, 5.28, 6.1, 6.23, 6.30-32, 6.44, 6.47, 7.17-19, 7.22, 8.5, 8.10, 8.13, 8.19-20, 8.22, 9.30, 10.3, 10.7, 11.14, 11.55, 12.14, 12.15-17, 13.4, 13.24, 13.28, 14.19, 14.25-26, 15.1, 15.19, 16.23, 17.3, 17.11, 18.8-9, 18.11, 18.16-17,

18.71
सङ्कल्पप्रभवान् 6.24
सक्त: 5.12
सक्तम् 18.22
सक्ता: 3.25
सखा 4.3, 11.41, 11.44
सखीन् 1.26
सखे 11.41
सख्यु: 11.44
सङ्ख्ये 1.47, 2.4
सगद्गदम् 11.35
सङ्ग्रहेण 8.11
सङ्ग्रामम् 2.33
सङ्गात् 13.7
सङ्गर 1.42
सङ्गरस्य 3.24
सङ्ग: 2.47, 2.62
सङ्गम् 2.48, 5.10–11, 18.6, 18.9
सङ्गरहितम् 18.23
सङ्गवर्जित: 11.55
सङ्गविवर्जित: 12.18
सङ्गात् 2.62
सचराचरम् 9.10, 11.7
सचेता: 11.51
सच्छब्द: 17.26
सञ्जनयन् 1.12
सञ्जय 1.1
सञ्जय: 1.2, 1.24, 1.47, 2.1, 2.9, 11.9, 11.35, 11.50, 18.74
सञ्जयति 14.9
सञ्जायते 2.62, 13.27, 14.17

सज्जते 3.28
सज्जन्ते 3.29
सत् 9.19, 11.37, 13.13, 17.23, 17.26–27
सत: 2.16
सततम् 3.19, 6.10, 8.14, 9.14, 12.14, 17.24, 18.57
सततयुक्ता: 12.1
सततयुक्तानाम् 10.10
सति 18.16
सत्कारमानपूजार्थम् 17.18
सत्त्वम् 10.36, 10.41, 13.27, 14.5–6, 14.9–11, 17.1, 18.40
सत्त्ववताम् 10.36
सत्त्वसंशुद्धि: 16.1
सत्त्वसमाविष्ट: 18.10
सत्त्वस्था: 14.18
सत्त्वात् 14.17
सत्त्वानुरूपा 17.3
सत्त्वे 14.14
सत्यम् 10.4, 16.2, 16.7, 17.15, 18.65
सदसद्योनिजन्मसु 13.22
सदा 5.28, 6.15, 6.28, 8.6, 10.17, 18.56
सदोषम् 18.48
सदृश: 16.15
सदृशम् 3.33, 4.38
सदृशी 11.12
संदृश्यन्ते 11.27
सद्भावे 17.26
सन् 4.6

सनातन: 2.24, 8.20, 11.18, 15.7	समधिगच्छति 3.4
सनातनम् 4.31, 7.10	समन्तत: 6.24
सनातना: 1.40	समन्तात् 11.17, 11.30
सन्त: 3.13	समबुद्धय: 12.4
सन्तरिष्यसि 4.36	समबुद्धि: 6.9
सन्तुष्ट: 12.14, 12.19, 3.17	समम् 5.19, 6.13, 6.32, 13.28–39
सन्नियम्य 12.4	समलोष्टाश्मकाञ्चन: 6.8, 14.24
सन्निविष्ट: 15.15	समवस्थितम् 13.29
संन्यसनात् 3.4	समवेता: 1.1
संन्यस्य 3.30, 5.13, 12.6, 18.57	समवेतान् 1.25
संन्यास: 5.2, 5.6, 18.7	समक्षम् 11.42
संन्यासम् 5.1, 6.2, 18.2	समा: 6.41
संन्यासयोगयुक्तात्मा 9.28	समाचर 3.9, 3.19
संन्यासस्य 18.1	समाचरन् 3.26
संन्यासिनाम् 18.12	समागता: 1.23
संन्यासी 6.1	समाधातुम् 12.9
संन्यासेन 18.49	समाधाय 17.11
सपत्नान् 11.34	समाधिस्थस्य 2.54
सप्त 10.6	समाधौ 2.44, 2.53
सम: 2.48, 4.22, 9.29, 12.18, 18.54	समाप्नोषि 11.40
समग्रम् 4.23, 7.1, 11.30	समारम्भा: 4.19
समग्रान् 11.30	समासत: 13.19
समचित्तत्वम् 13.10	समासेन 13.4, 13.7, 18.50
समता 10.5	समाहर्तुम् 11.32
समतीतानि 7.26	समाहित: 6.7
समतीत्य 14.26	समितिञ्जय: 1.8
समत्वम् 2.48	समिद्ध: 4.37
समदर्शन: 6.29	समीक्ष्य 1.27
समदर्शिन: 5.18	समुद्धर्ता 12.7
समदु:खसुख: 12.13, 14.24	समुद्रम् 2.70, 11.28
समदु:खसुखम् 2.15	समुपस्थितम् 1.28, 2.2

समुपाश्रित: 18.52	सर्ग: 5.19
समृद्धम् 11.33	सर्गाणाम् 10.32
समृद्धवेगा: 11.29	सर्गे 7.27, 14.2
समे 2.38	सर्पाणाम् 10.28
सम्मोह: 2.63	सर्व 11.40
सम्मोहम् 7.27	सर्व: 3.5, 11.40
सम्मोहात् 2.63	सर्वकर्मणाम् 18.13
समौ 5.27	सर्वकर्मफलत्यागम् 12.11, 18.2
सम्पत् 16.5	सर्वकर्माणि 3.26, 4.37, 5.13, 18.56–57
सम्पदम् 16.3–5	सर्वकामेभ्य: 6.18
सम्पद्यते 13.31	सर्वकिल्बिषै: 3.13
सम्पश्यन् 3.20	सर्वगत: 2.24
सम्प्रकीर्तित: 18.4	सर्वगतम् 3.15, 13.33
सम्प्रतिष्ठा 15.3	सर्वगुह्यतमम् 18.64
सम्प्रवृत्तानि 14.22	सर्वत: 2.46, 11.16–17, 11.40, 13.14
सम्प्रेक्ष्य 6.13	सर्वत्र 2.57, 6.29–30, 6.32, 12.4, 13.29, 13.33, 18.49
सम्प्लुतोदके 2.46	
सम्बन्धिन: 1.34	सर्वत्रग: 9.6
सम्भव: 14.3	सर्वत्रगम् 12.3
सम्भवन्ति 14.4	सर्वथा 6.31, 13.24
सम्भवम् 10.41	सर्वदु:खानाम् 2.65
सम्भवामि 4.6, 4.8	सर्वदुर्गाणि 18.58
सम्भावितस्य 2.34	सर्वदेहिनाम् 14.8
सम्यक् 5.4, 8.10, 9.30	सर्वद्वाराणि 8.12
संयतेन्द्रिय: 4.39	सर्वद्वारेषु 14.11
संयमताम् 10.29	सर्वधर्मान् 18.66
संयमाग्निषु 4.26	सर्वपापेभ्य: 18.66
संयमी 2.69	सर्वपापै: 10.3
संयम्य 2.61, 3.6, 6.14, 8.12	सर्वभावेन 15.19, 18.62
संयाति 2.22, 15.8	सर्वभूतस्थम् 6.29
सरसाम् 10.24	सर्वभूतस्थितम् 6.31

सर्वभूतहिते 5.25, 12.4
सर्वभूतात्मभूतात्मा 5.7
सर्वभूतानाम् 2.69, 5.29, 7.10, 10.39, 12.13, 14.3, 18.61
सर्वभूतानि 6.29, 7.27, 9.4, 9.7, 18.61
सर्वभूताशयस्थित: 10.20
सर्वभूतेषु 3.18, 7.9, 9.29, 11.55, 18.20
सर्वभृत् 13.15
सर्वम् 2.17, 4.33, 4.36, 6.30, 7.7, 7.13, 7.19, 8.22, 8.28, 9.4, 10.8, 10.14, 11.40, 13.14, 18.46
सर्वयज्ञानाम् 9.24
सर्वयोनिषु 14.4
सर्वलोकमहेश्वरम् 5.29
सर्ववित् 15.19
सर्ववृक्षाणाम् 10.26
सर्ववेदेषु 7.8
सर्वश: 1.18, 2.58, 2.68, 3.23, 3.27, 4.11, 10.2, 13.30
सर्वसङ्कल्पसंन्यासी 6.4
सर्वस्य 2.30, 7.25, 8.9, 10.8, 13.18, 15.15, 17.3, 17.7
सर्वहर: 10.34
सर्वक्षेत्रेषु 13.3
सर्वज्ञानविमूढान् 3.32
सर्वा: 8.18, 11.20, 15.13
सर्वाणि 2.30, 2.61, 3.30, 4.5, 4.27, 7.6, 9.6, 12.6, 15.16
सर्वान् 1.27, 2.55, 2.71, 4.32, 6.24, 11.15

सर्वारम्भपरित्यागी 12.16, 14.25
सर्वारम्भा: 18.48
सर्वार्थिन् 18.32
सर्वाश्चर्यमयम् 11.11
सर्वे 1.6, 1.9, 1.11, 2.12, 2.70, 4.19, 4.30, 7.18, 10.13, 11.22, 11.26, 11.32, 11.36, 14.1
सर्वेन्द्रियगुणाभासम् 13.15
सर्वेन्द्रियविवर्जितम् 13.15
सर्वेभ्य: 4.36
सर्वेषाम् 1.25, 6.47
सर्वेषु 1.11, 2.46, 8.7, 8.20, 8.27, 13.28, 18.21, 18.54
सर्वै: 15.15
संवादम् 18.70, 18.74, 18.76
सविकारम् 13.7
सविज्ञानम् 7.2
संवृत्त 11.51
सव्यसाचिन् 11.33
संशय: 8.5, 10.7, 12.8
संशयम् 4.42, 6.39
संशयस्य 6.39
संशयात्मन: 4.40
संशयात्मा 4.40
सशरम् 1.47
संशितव्रता: 4.28
संशुद्धकिल्बिष: 6.45
संश्रिता: 16.18
संसारेषु 16.19
संसिद्धौ 6.43
संस्तभ्य 3.43

संस्पर्शजा: 5.22
संस्मृत्य 18.76-77
सह 1.22, 11.26, 13.24
सहजम् 18.48
सहदेव: 1.16
सहयज्ञा: 3.10
संहरते 2.58
सहसा 1.13
सहस्रकृत्व: 11.39
सहस्रबाहो 11.46
सहस्रयुगपर्यन्ताम् 8.17
सहस्रश: 11.5
सहस्रेषु 7.3
संज्ञार्थम् 1.7
सा 2.69, 6.19, 11.12, 18.31, 17.2, 18.30-35
साङ्ख्यम् 5.5
साङ्ख्ययोगौ 5.4
साङ्ख्यानाम् 3.3
साङ्ख्ये 2.39, 18.13
साङ्ख्येन 13.25
साङ्ख्यै: 5.5
सागर: 10.24
सात्त्विक: 17.11, 18.9, 18.26
सात्त्विकप्रिया: 17.8
सात्त्विकम् 14.16, 17.17, 17.20, 18.20, 18.23, 18.37
सात्त्विका: 7.12, 17.4
सात्त्विकी 17.2, 18.30, 18.33
सात्यकि: 1.17
साधर्म्यम् 14.2

साधिभूताधिदैवम् 7.30
साधियज्ञम् 7.30
साधु: 9.30
साधुभावे 17.26
साधुषु 6.9
साधूनाम् 4.8
साध्या: 11.22
साम 9.17
सामासिकस्य 10.33
सामवेद: 10.22
सामर्थ्यम् 2.36
साम्राम् 10.35
साम्ये 5.19
साम्येन 6.33
साहङ्कारेण 18.24
साक्षात् 18.75
साक्षी 9.18
सिद्ध: 16.14
सिद्धये 7.3, 18.13
सिद्धसङ्घा: 11.36
सिद्धानाम् 7.3, 10.26
सिद्धि: 4.12
सिद्धिम् 3.4, 4.12, 12.10, 14.1, 16.23, 18.45-46, 18.50
सिद्धौ 4.22
सिद्ध्यसिद्ध्यो: 2.48, 18.26
सिंहनादम् 1.12
सीदन्ति 1.29
सुकृतदुष्कृते 2.50
सुकृतम् 5.15
सुकृतस्य 14.16

सुकृतिन: 7.16	सुहृदम् 5.29
सुखदु:खसंज्ञै: 15.5	सूतपुत्र: 11.26
सुखदु:खानाम् 13.21	सूत्रे 7.7
सुखदु:खे 2.38	सूयते 9.10
सुखम् 2.66, 4.40, 5.3, 5.13, 5.21, 6.21, 6.27–28, 6.32, 10.4, 13.7, 16.23, 18.36–39	सूर्य: 15.6
	सूर्यसहस्रस्य 11.12
	सूक्ष्मत्वात् 13.16
सुखसङ्गेन 14.6	सृजति 5.14
सुखस्य 14.27	सृजामि 4.7
सुखानि 1.32–33	सृष्टम् 4.13
सुखिन: 1.37, 2.32	सृष्ट्वा 3.10
सुखी 5.23, 16.14	सृती 8.27
सुखे 14.9	सेनयो: 1.21, 1.24, 1.26, 2.10
सुखेन 6.28	सेनानीनाम् 10.24
सुखेषु 2.56	सेवते 14.26
सुघोषमणिपुष्पकौ 1.16	सेवया 4.34
सुदुराचार: 9.30	सैन्यस्य 1.7
सुदुर्दर्शम् 11.52	सोढुम् 5.23, 11.44
सुदुर्लभ: 7.19	सोम: 15.13
सुदुष्करम् 6.34	सोमपा: 9.20
सुनिश्चितम् 5.1	सौभद्र: 1.6, 1.18
सुरगणा: 10.2	सौमदत्ति: 1.8
सुरसङ्घा: 11.21	सौम्यम् 11.51
सुराणाम् 2.8	सौम्यत्वम् 17.16
सुरेन्द्रलोकम् 9.20	सौम्यवपु: 11.50
सुलभ: 8.14	सौक्ष्म्यात् 13.33
सुविरूढमूलम् 15.3	स्कन्द: 10.24
सुसुखम् 9.2	
सुहृत् 9.18	**(स्त)**
सुहृद् 6.9	स्तब्ध: 18.28
सुहृद: 1.25	स्तब्धा: 16.17

स्तुतिभि: 11.21
स्तुवन्ति 11.21
स्तेन: 3.12
स्त्रिय: 9.32
स्त्रीषु 1.41
स्थाणु: 2.24
स्थानम् 5.5, 8.28, 9.18, 18.62
स्थाने 11.36
स्थापय 1.21
स्थापयित्वा 1.24
स्थावरजङ्गमम् 13.27
स्थावराणाम् 10.25
स्थास्यति 2.53
स्थित: 5.20, 6.10, 6.14, 6.21, 6.22, 10.42, 18.73
स्थितधी: 2.54, 2.56
स्थितप्रज्ञ: 2.55
स्थितप्रज्ञस्य 2.54
स्थितम् 5.19, 13.17, 15.10
स्थिता: 5.19
स्थितान् 1.25
स्थिति: 2.72, 17.27
स्थितिम् 6.33
स्थितौ 1.14
स्थित्वा 2.72
स्थिर: 6.13
स्थिरबुद्धि: 5.20
स्थिरम् 6.11, 12.9
स्थिरमति: 12.19
स्थिरा: 17.8
स्थिराम् 6.33

स्थैर्यम् 13.8
स्निग्धा: 17.8

(स्प)

स्पर्शनम् 15.9
स्पर्शान् 5.27
स्पृशन् 5.8
स्पृहा 4.14, 14.12
स्म 2.3
स्मरति 8.14
स्मरन् 3.6, 8.5–6
स्मृत: 17.23
स्मृतम् 17.20–21, 18.38
स्मृता 6.19
स्मृति: 10.34, 15.15, 18.73
स्मृतिभ्रंशात् 2.63
स्मृतिविभ्रम: 2.63

(स्य)

स्यन्दने 1.14
स्यात् 1.36, 2.7, 3.17, 10.39, 11.12, 18.40
स्याम् 3.24, 18.70
स्याम 1.37
स्यु: 9.32
स्रंसते 1.30
स्रोतसाम् 10.31

(स्व)

स्वकम् 11.50
स्वकर्मणा 18.46

स्वकर्मनिरतः 18.45
स्वचक्षुषा 11.8
स्वजनम् 1.28, 1.31, 1.37, 1.45
स्वतेजसा 11.19
स्वधर्मः 3.35, 18.47
स्वधर्मम् 2.31, 2.33
स्वधर्मे 3.35
स्वधा 9.16
स्वनुष्ठितात् 3.35, 18.47
स्वपन् 5.8
स्वप्नम् 18.35
स्वप्नशीलस्य 6.16
स्वबान्धवान् 1.37
स्वभावः 5.14, 8.3
स्वभावजम् 18.42, 18.44, 18.43
स्वभावजा 17.2
स्वभावजेन 18.60
स्वभावनियतम् 18.47
स्वभावप्रभवैः 18.41
स्वम् 6.13
स्वयम् 4.38, 10.13, 10.15, 18.75
स्वया 7.20
स्वर्गतिम् 9.20
स्वर्गद्वारम् 2.32
स्वर्गपराः 2.43
स्वर्गम् 2.37
स्वर्गलोकम् 9.21
स्वल्पम् 2.40
स्वस्ति 11.21
स्वस्थः 14.24
स्वस्याः 3.33

स्वाध्यायः 16.1
स्वाध्यायज्ञानयज्ञाः 4.28
स्वाध्यायाभ्यसनम् 17.15
स्वाम् 4.6, 9.8
स्वे 18.45
स्वेन 18.60

(ह)

ह 2.9
हतः 2.37, 16.14
हतम् 2.19
हतान् 11.34
हत्वा 1.31, 1.36–37, 2.5–6, 18.17
हनिष्ये 16.14
हन्त 10.19
हन्तारम् 2.19
हन्ति 2.19, 2.21, 18.17
हन्तुम् 1.35, 1.37, 1.45
हन्यते 2.19–20
हन्यमाने 2.20
हन्युः 1.46
हयैः 1.14
हरति 2.67
हरन्ति 2.60
हरिः 11.9
हरे 18.77
हर्षम् 1.12
हर्षशोकान्वितः 18.27
हर्षामर्षभयोद्वेगैः 12.15
हविः 4.24
हस्तात् 1.30

हस्तिनि 5.18
हानि: 2.65
हि 1.11, 1.37 1.42 2.5, 2.8, 2.15, 2.27 2.31, 2.41, 2.49, 2.51, 2.60-61, 2.65, 2.67, 3.5, 3.8, 3.12, 3.19-20, 3.23, 3.34, 3.41, 4.3, 4.7, 4.12, 4.17, 4.38, 5.3, 5.19, 5.22, 6.2, 6.4-5, 6.27, 6.34, 6.39-40, 6.42, 6.44, 7.14, 7.17-18, 7.22, 8.26, 9.24, 9.30, 9.32, 10.2, 10.14, 10.16, 10.18-19, 11.2, 11.20-21, 11.24, 11.31, 12.5, 12.12, 13.22, 13.29, 18.4, 14.27, 18.11, 18.48
हितकाम्यया 10.1
हितम् 18.64
हित्वा 2.33
हिनस्ति 13.29
हिमालय: 10.25
हिंसात्मक: 18.27
हिंसाम् 18.25
हेतो: 1.35
हियते 6.44
ही: 16.2

हुतम् 4.24, 9.16, 17.28
हतज्ञाना: 7.20
हत्स्थम् 4.42
हृदयदौर्बल्यम् 2.3
हृदयानि 1.19
हृदि 8.12, 13.18, 15.15
हृदेशे 18.61
हृद्या: 17.8
हृषित: 11.45
हृषीकेश 11.36, 18.1
हृषीकेश: 1.15, 1.24, 2.10
हृषीकेशम् 2.9, 1.21
हृष्टरोमा 11.14
हृष्यति 12.17
हृष्यामि 18.76-77
हे 11.41
हेतव: 18.15
हेतु: 13.21
हेतुना 9.10
हेतुमद्भि: 13.5

खंड ३
गीता की श्लोक अनुक्रमणी

(अ)

अकीर्तिं चापि भूतानि 2.34
अग्निर्ज्योतिरहः 8.24
अच्छेद्योऽयमदाह्योऽयम् 2.24
अजोऽपि सन्नव्ययात्मा सन् 4.6
अत्र शूरा महेष्वासा 1.4
अथ केन प्रयुक्तोऽयम् 3.36
अथ चित्तं समाधातुम् 12.9
अथ चेत्त्वमिमं 2.33
अथ चैनं नित्यजातं 2.26
अथवा बहुनैतेन 10.42
अथवा योगिनामेव कुले 6.42
अथ व्यवस्थितान्दृष्ट्वा 1.20
अथैतदप्यशक्तोऽसि 12.11
अदृष्टपूर्वं हृषितोऽस्मि 11.45
अदेशकाले 17.22
अद्वेष्टा सर्वभूतानां 12.13
अधर्मं धर्ममिति 18.32
अधर्माभिभवात्कृष्ण 1.41
अधश्चोर्ध्वं प्रसृतास्तस्य 15.2
अधिभूतं क्षरो भावः 8.4
अधियज्ञः कथं कोऽत्र 8.2
अधिष्ठानं तथा कर्ता 18.14
अध्यात्मज्ञाननित्यत्वम् 13.12
अध्येष्यते च य इमम् 18.70
अनन्तविजयं राजा 1.16
अनन्तश्चास्मि नागानां 10.29
अनन्यचेताः सततं यो 8.14
अनन्याश्चिन्तयन्तो माम् 9.22
अनपेक्षः शुचिर्दक्ष 12.16
अनादित्वान्निर्गुणत्वात् 13.32
अनादिमध्यान्तम् 11.19
अनाश्रितः कर्मफलं 6.1
अनिष्टमिष्टं मिश्रं च 18.12
अनुद्वेगकरं वाक्यं सत्यं 17.15
अनुबन्धं क्षयं 18.25
अनेकचित्तविभ्रान्ता 16.16
अनेकबाहूदरवक्त्रनेत्रं 11.16
अनेकवक्त्रनयनम् 11.10
अन्तकाले च मामेव 8.5
अन्तवत्तु फलं तेषां 7.23
अन्तवन्त इमे देहाः 2.18
अन्नाद्भवन्ति भूतानि 3.14
अन्ये च बहवः शूराः 1.9
अन्ये त्वेवमजानन्तः 13.26
अपरं भवतो जन्म 4.4
अपरे नियताहाराः 4.30
अपरेयमितस्त्वन्यां प्रकृतिं 7.5
अपर्याप्तं तदस्माकम् 1.10
अपाने जुह्वति प्राणं 4.29

अपि चेत्सुदुराचार: 9.30
अपि चेदसि पापेभ्य: 4.36
अप्रकाशोऽप्रवृत्तिश्च 14.13
अफलाकाङ्क्षिभिर्यज्ञ: 17.11
अभयं सत्त्वसंशुद्धि: 16.1
अभिसन्धाय तु फलं 17.12
अभ्यासयोगयुक्तेन 8.8
अभ्यासेऽप्यसमर्थोऽसि 12.10
अमानित्वमदम्भित्वमहिंसा 13.8
अमी च त्वां 11.26
अमी हि त्वां सुरसङ्घा: 11.21
अयति: श्रद्धयोपेत: 6.37
अयनेषु च सर्वेषु 1.11
अयुक्त: प्राकृत: स्तब्ध: 18.28
अवजानन्ति मां मूढा: 9.11
अवाच्यवादांश्च बहून् 2.36
अविनाशि तु तद्विद्धि 2.17
अविभक्तं च भूतेषु 13.17
अव्यक्तादीनि भूतानि 2.28
अव्यक्ताद्व्यक्तय: सर्वा: 8.18
अव्यक्तोऽक्षर इत्युक्त: 8.21
अव्यक्तोऽयमचिन्त्योऽयम् 2.25
अव्यक्तं व्यक्तिमापन्नं 7.24
अशास्त्रविहितं घोरं तप्यन्ते 17.5
अशोच्यान्वशोचस्त्वं 2.11
अश्रद्दधाना: पुरुषा: 9.3
अश्रद्धया हुतं दत्तं 17.28
अश्वत्थ: सर्ववृक्षाणां 10.26
असक्तबुद्धि: सर्वत्र 18.49

असक्तिरनभिष्वङ्ग: 13.10
असत्यमप्रतिष्ठं 16.8
असौ मया हत: शत्रु: 16.14
असंयतात्मना योग: 6.36
असंशयं महाबाहो 6.35
अस्माकं तु विशिष्टा ये 1.7
अहङ्कारं बलं दर्पम् 16.18, 18.53
अहमात्मा गुडाकेश 10.20
अहं क्रतुरहं यज्ञ: 9.16
अहं वैश्वानरो भूत्वा 15.14
अहं सर्वस्य प्रभव: 10.8
अहं हि सर्वयज्ञानां भोक्ता 9.24
अहिंसा सत्यमक्रोधस्त्याग: 16.2
अहिंसा समता तुष्टिस्तप: 10.5
अहो बत महत्पापं 1.45
अक्षरं ब्रह्म परमं 8.3
अक्षराणामकारोऽस्मि 10.33
अज्ञश्चाश्रद्दधानश्च 4.40

(आ)

आख्याहि मे 11.31
आढ्योऽभिजनवानस्मि 16.15
आचार्या: पितर: पुत्रा: 1.34
आत्मसम्भाविता: स्तब्धा: 16.17
आत्मौपम्येन सर्वत्र 6.32
आदित्यानामहं विष्णु: 10.21
आपूर्यमाणमचलप्रतिष्ठं 2.70
आब्रह्मभुवनाल्लोका: 8.16
आयुधानामहं वज्रं 10.28
आयु:सत्त्वबलारोग्य 17.8

आरुरुक्षोर्मुनेर्योगं 6.3
आवृतं ज्ञानमेतेन 3.39
आशापाशशतैर्बद्धा: 16.12
आश्चर्यवत्पश्यति कश्चिदेनम् 2.29 आसुरीं
    योनिमापन्ना: 16.20
आहारस्त्वपि सर्वस्य 17.7
आहुस्त्वामृषय: सर्वे 10.13

इच्छाद्वेषसमुत्थेन 7.27
इच्छा द्वेष: सुखं दु:खं 13.7
इति गुह्यतमं शास्त्रमिदम् 15.20
इति ते ज्ञानमाख्यातं 18.63
इति क्षेत्रं तथा ज्ञानं ज्ञेयं च 13.19
इत्यर्जुनं वासुदेवस्तथोक्त्वा 11.50
इत्यहं वासुदेवस्य 18.74
इदमद्य मया लब्धमिमं 16.13
इदं तु ते गुह्यतमं 9.1
इदं ते नातपस्काय 18.67
इदं शरीरं कौन्तेय 13.2
इदं ज्ञानमुपाश्रित्य 14.2
इन्द्रियस्येन्द्रियस्यार्थे 3.34
इन्द्रियाणां हि चरतां 2.67
इन्द्रियाणि पराण्याहु: 3.42
इन्द्रियाणि मनो बुद्धि: 3.40
इन्द्रियार्थेषु वैराग्यम् 13.9
इमं विवस्वते योगं 4.1
इष्टान्भोगान्हि वो देवा: 3.12
इहैकस्थं जगत्कृत्स्नं 11.7
इहैव तैर्जित: सर्गो येषां 5.19

ईश्वर: सर्वभूतानां 18.61

उच्चै:श्रवसमश्वानां विद्धि 10.27
उत्क्रामन्तं स्थितं वापि 15.10
उत्तम: पुरुषस्त्वन्य: 15.17
उत्सन्नकुलधर्माणां 1.44
उत्सीदेयुरिमे लोका: 3.24
उदारा: सर्व एवैते ज्ञानी 7.18
उदासीनवदासीन: 14.23
उद्धरेदात्मनात्मानं 6.5
उपद्रष्टानुमन्ता च 13.23
ऊर्ध्वमूलमध:शाखमश्वत्थं 15.1
ऊर्ध्वं गच्छन्ति सत्त्वस्था: 14.18
ऋषिभिर्बहुधा गीतं 13.5

एतच्छ्रुत्वा वचनं केशवस्य 11.35
एतद्योनीनि भूतानि 7.6
एतन्मे संशयं कृष्ण 6.39
एताञ्न हन्तुमिच्छामि 1.35
एतान्यपि तु कर्माणि 18.6
एतां दृष्टिमवष्टभ्य 16.9
एतां विभूतिं योगं च 10.7
एतैर्विमुक्त: कौन्तेय 16.22
एवमुक्तो हृषीकेश: 1.24
एवमुक्त्वा ततो राजन् 11.9
एवमुक्त्वार्जुन: सङ्ख्ये 1.47
एवमुक्त्वा हृषीकेशं 2.9
एवमेतद्यथात्थ त्वम् 11.3
एवं परम्पराप्राप्तमिमं 4.2

एवं प्रवर्तितं चक्रम् 3.16
एवं बहुविधा यज्ञा: 4.32
एवं बुद्धे: परं बुद्ध्वा 3.43
एवं सततयुक्ता ये 12.1
एवं ज्ञात्वा कृतं कर्म 4.15
एषा तेऽभिहिता साङ्ख्ये 2.39
एषा ब्राह्मी स्थिति: पार्थ 2.72

(ओ)

ॐ तत्सदिति निर्देश: 17.23
ओमित्येकाक्षरं ब्रह्म 8.13

(क)

कच्चिदेतच्छ्रुतं पार्थ 18.72
कच्चिन्नोभयविभ्रष्ट: 6.38
कटुम्ललवणात्युष्णतीक्ष्ण॰ 17.9
कथं न ज्ञेयमस्माभि: 1.39
कथं भीष्ममहं सङ्ख्ये 2.4
कथं विद्यामहं योगिंस्त्वां 10.17
कर्मजं बुद्धियुक्ता हि 2.51
कर्मणैव हि संसिद्धिम् 3.20
कर्मणो ह्यपि बोद्धव्यं 4.17
कर्मण: सुकृतस्याहु: 14.16
कर्मण्येवाधिकारस्ते 2.47
कर्मण्यकर्म य: पश्येत् 4.18
कर्म ब्रह्मोद्भवं विद्धि 3.15
कर्मेन्द्रियाणि संयम्य 3.6
कर्षयन्त: शरीरस्थं 17.6
कविं पुराणमनुशासितारम् 8.9
कस्माच्च ते न नमेरन् 11.37

काङ्क्षन्त: कर्मणां सिद्धिम् 4.12
काम एष क्रोध एष: 3.37
कामक्रोधवियुक्तानां 5.26
काममाश्रित्य दुष्पूरं 16.10
कामात्मन: स्वर्गपरा: 2.43
कामैस्तैस्तैर्हृतज्ञाना: 7.20
काम्यानां कर्मणां न्यासं 18.2
कायेन मनसा बुद्ध्या 5.11
कार्पण्यदोषोपहतस्वभाव: 2.7
कार्यकरणकर्तृत्वे 13.21
कार्यमित्येव यत्कर्म 18.9
कालोऽस्मि लोकक्षयकृत् 11.32
काश्यश्च परमेष्वास: 1.17
किरीटिनं गदिनं चक्रहस्तम् 11.46
किरीटिनं गदिनं चक्रिणं च 11.17
किं कर्म किमकर्मेति 4.16
किं तद्ब्रह्म किमध्यात्मं 8.1
किं पुनर्ब्राह्मणा: पुण्या भक्ता: 9.33
कुतस्त्वा कश्मलमिदं 2.2
कुलक्षये प्रणश्यन्ति 1.40
कृषिगौरक्ष्यवाणिज्यं 18.44
कैर्लिङ्गैस्त्रीन्गुणानेतान् 14.21
क्रोधाद्भवति सम्मोह: 2.63
क्लेशोऽधिकतरस्तेषाम् 12.5
क्लैब्यं मा स्म गम: पार्थ 2.3

(क्ष)

क्षिप्रं भवति धर्मात्मा 9.31
क्षेत्रक्षेत्रज्ञयोरेवमन्तरं 13.35
क्षेत्रज्ञं चापि मां विद्धि 13.3

(ग)

गतसङ्गस्य मुक्तस्य 4.23
गतिर्भर्ता प्रभु: साक्षी 9.18
गाण्डीवं स्रंसते हस्तात् 1.30
गामाविश्य च भूतानि 15.13
गुणानेतानतीत्य 14.20
गुरूनहत्वा हि महानुभावाञ्छ्रेय: 2.5

(च)

चञ्चलं हि मन: कृष्ण 6.34
चतुर्विधा भजन्ते मां 7.16
चातुर्वर्ण्यं मया सृष्टम् 4.13
चिन्तामपरिमेयां च 16.11
चेतसा सर्वकर्माणि 18.57

(ज)

जन्म कर्म च मे दिव्यम् 4.9
जरामरणमोक्षाय 7.29
जातस्य हि ध्रुवो मृत्यु: 2.27
जितात्मन: प्रशान्तस्य 6.7
ज्यायसी चेत्कर्मणस्ते 3.1
ज्योतिषामपि तज्ज्योति: 13.18

(ज्ञ)

ज्ञानयज्ञेन चाप्यन्ये 9.15
ज्ञानविज्ञानतृप्तात्मा 6.8
ज्ञानं कर्म च कर्ता च 18.19
ज्ञानं ते ऽहं सविज्ञानम् 7.2
ज्ञानं ज्ञेयं परिज्ञाता त्रिविधा 18.18
ज्ञानेन तु तदज्ञानं येषां 5.16

ज्ञेयं यत्तत्प्रवक्ष्यामि 13.13
ज्ञेय: स नित्यसंन्यासी 5.3

(त)

तच्च संस्मृत्य संस्मृत्य 18.77
तत: पदं तत्परिमार्गितव्यं 15.4
तत: शङ्खाश्च भेर्यश्च 1.13
तत: श्वेतैर्हयैर्युक्ते 1.14
तत: स विस्मयाविष्ट: 11.14
तत्त्ववितु महाबाहो 3.28
तत्र तं बुद्धिसंयोगं 6.43
तत्र सत्त्वं निर्मलत्वात् 14.6
तत्रापश्यत्स्थितान्पार्थ: 1.26
तत्रैकस्थं जगत्कृत्स्नं 11.13
तत्रैकाग्रं मन: कृत्वा 6.12
तत्रैवं सति कर्तारम् 18.16
तत्क्षेत्रं यच्च यादृक्च 13.4
तदित्यनभिसन्धाय 17.25
तद्बुद्धयस्तदात्मान: 5.17
तद्विद्धि प्रणिपातेन 4.34
तपस्विभ्योऽधिको योगी 6.46
तपाम्यहमहं वर्षम् 9.19
तमस्त्वज्ञानजं विद्धि 14.8
तमुवाच हृषीकेश: 2.10
तमेव शरणं गच्छ 18.62
तस्माच्छास्त्रं प्रमाणं ते 16.24
तस्मात्प्रणम्य प्रणिधाय 11.44
तस्मात्त्वमिन्द्रियाण्यादौ 3.41
तस्मात्त्वमुत्तिष्ठ यशो लभस्व 11.33

(त)

तस्मात्सर्वेषु कालेषु 8.7
तस्मादसक्त: सततं 3.19
तस्मादज्ञानसम्भूतं 4.42
तस्मादोमित्युदाहृत्य 17.24
तस्माद्युध्यस्य महाबाहो 2.68
तस्मान्नार्हा वयं हन्तुम् 1.37
तस्य सञ्जनयन्हर्षम् 1.12
तं तथा कृपयाविष्टम् 2.1
तं विद्याद्दु:खसंयोगवियोगं 6.23
तानहं द्विषत: क्रूरान् 16.19
तानि सर्वाणि संयम्य 2.61
तान्समीक्ष्य स कौन्तेय: 1.27
तुल्यनिन्दास्तुतिर्मौनी 12.19
तेज: क्षमा धृति: 16.3
ते तं भुक्त्वा स्वर्गलोकं 9.21
तेषां सततयुक्तानां 10.10
तेषां ज्ञानी नित्ययुक्त 7.17
तेषामहं समुद्धर्ता 12.7
तेषामेवानुकम्पार्थम् 10.11
त्यक्त्वा कर्मफलासङ्गम् 4.20
त्याज्यं दोषवदित्येके कर्म 18.3
त्रिभिर्गुणमयैर्भावैरेभि: 7.13
त्रिविधा भवति श्रद्धा 17.2
त्रिविधं नरकस्येदं द्वारं 16.21
त्रैगुण्यविषया वेदा 2.45
त्रैविद्या मां सोमपा: पूतपापा 9.20
त्वमक्षरं परमं वेदितव्यं 11.18
त्वमादिदेव: पुरुष: पुराण: 11.38

(द)

दण्डो दमयतामस्मि 10.38
दम्भो दर्पोऽभिमानश्च 16.4
दंष्ट्राकरालानि च ते मुखानि 11.25
दातव्यमिति यद्दानं 17.20
दिवि सूर्यसहस्रस्य 11.12
दिव्यमाल्याम्बरधरं 11.11
दु:खमित्येव यत्कर्म 18.8
दु:खेष्वनुद्विग्नमना: 2.56
दूरेण ह्यवरं कर्म 2.49
दृष्ट्वा तु पाण्डवानीकं 1.2
दृष्ट्वेदं मानुषं रूपं तव 11.51
दृष्ट्वेमं स्वजनं कृष्ण 1.28
देवद्विजगुरुप्राज्ञपूजनं 17.14
देवान्भावयतानेन 3.11
देहिनोऽस्मिन्यथा देहे 2.13
देही नित्यमवध्योऽयं 2.30
दैवमेवापरे यज्ञं 4.25
दैवी सम्पद्विमोक्षाय 16.5
दैवी ह्येषा गुणमयी 7.14

दोषैरेतै: कुलानां 1.43
द्यावापृथिव्योरिदमन्तरं 11.20
द्यूतं छलयतामस्मि 10.36
द्रव्ययज्ञास्तपोयज्ञा 4.28
द्रुपदो द्रौपदेयाश्च 1.18
द्रोणं च भीष्मं च जयद्रथं 11.34
द्वाविमौ पुरुषौ लोके 15.16
द्वौ भूतसर्गौ लोकेऽस्मिन् 16.6

(ध)

धर्मक्षेत्रे कुरुक्षेत्रे 1.1
धूमेनाव्रियते वह्नि: 3.38
धूमो रात्रिस्तथा कृष्ण: 8.25
धृत्या यया धारयते 18.33
धृष्टकेतुश्चेकितान: 1.5
ध्यानेनात्मनि पश्यन्ति 13.25
ध्यायतो विषयान्पुंस: 2.62

(न)

न कर्तृत्वं न कर्माणि 5.14
न कर्मणामनारम्भान्नैष्कर्म्यं 3.4
न काङ्क्षे विजयं कृष्ण 1.32
न च तस्मान्मनुष्येषु 18.69
न च मत्स्थानि भूतानि 9.5
न च मां तानि कर्माणि 9.9
न चैतद्विद्म: कतरन्नो गरीयो 2.6
न जायते म्रियते वा 2.20
न तदस्ति पृथिव्यां 18.40
न तद्भासयते सूर्यो 15.6
न तु मां शक्यसे 11.8
न त्वेवाहं जातु नासं 2.12
न द्वेष्ट्यकुशलं कर्म 18.10
न प्रहृष्येत्प्रियं प्राप्य 5.20
न बुद्धिभेदं जनयेत् 3.26
नभ:स्पृशं दीप्तम् 11.24
नम: पुरस्तादथ पृष्ठत: 11.40
न मां कर्माणि लिम्पन्ति 4.14
न मां दुष्कृतिनो मूढा: 7.15
न मे पार्थास्ति कर्तव्यं 3.22
न मे विदु: सुरगणा: 10.2
न रूपमस्येह तथोपलभ्यते 15.3
न वेदयज्ञाध्ययनै: 11.48
नष्टो मोह: स्मृतिर्लब्धा 18.73
न हि कश्चित्क्षणमपि जातु 3.5
न हि देहभृता शक्यं 18.11
न हि प्रपश्यामि 2.8
न हि ज्ञानेन सदृशं 4.38
नात्यश्नतस्तु योग: 6.16
नादत्ते कस्यचित्पापं 5.15
नान्तोऽस्ति मम दिव्यानां 10.40
नान्यं गुणेभ्य: कर्तारं 14.19
नासतो विद्यते भाव: 2.16
नास्ति बुद्धिरयुक्तस्य 2.66
नाहं प्रकाश: सर्वस्य 7.25
नाहं वेदैर्न तपसा 11.53
निमित्तानि च पश्यामि 1.31
नियतं कुरु कर्म त्वं 3.8
नियतस्य तु संन्यास: 18.7
नियतं सङ्गरहितम् 18.23
निराशीर्यतचित्तात्मा 4.21
निर्मानमोहा जितसङ्गदोषा 15.5
निश्चयं शृणु मे 18.4
निहत्य धार्तराष्ट्रान्न: का 1.36
नेहाभिक्रमनाशोऽस्ति 2.40
नैते सृती पार्थ जानन् 8.27
नैव किञ्चित्करोमीति 5.8
नैव तस्य कृतेनार्थ: 3.18

नैनं छिन्दन्ति शस्त्राणि 2.23

(प)

पञ्चैतानि महाबाहो 18.13
पत्रं पुष्पं फलं तोयं 9.26
परस्तस्मात्तु भावोऽन्य: 8.20
परित्राणाय साधूनां 4.8
परं ब्रह्म परं धाम 10.12
परं भूय: प्रवक्ष्यामि 14.1
पवन: पवतामस्मि 10.31
पश्य मे पार्थ रूपाणि 11.5
पश्यादित्यान्वसून्रुद्रानश्विनौ 11.6
पश्यामि देवांस्तव देव देहे 11.15
पश्यैतां पाण्डुपुत्राणाम् 1.3
पाञ्चजन्यं हृषीकेश: 1.15
पार्थ नैवेह नामुत्र 6.40
पितासि लोकस्य चराचरस्य 11.43
पिताहमस्य जगत: 9.17
पुण्यो गन्ध: पृथिव्यां 7.9
पुरुष: प्रकृतिस्थ: 13.22
पुरुष: स पर: पार्थ 8.22
पुरोधसां च मुख्यं मां 10.24
पूर्वाभ्यासेन तेनैव ह्रियते 6.44
पृथक्त्वेन तु यज्ञानं 18.21

(प्र)

प्रकाशं च प्रवृत्तिं च 14.22
प्रकृतिं पुरुषं चैव विद्धि 13.20
प्रकृतिं पुरुषं चैव क्षेत्रं 13.1
प्रकृतिं स्वामवष्टभ्य 9.8
प्रकृते: क्रियमाणानि 3.27
प्रकृतेर्गुणसम्मूढा: सज्जन्ते 3.29
प्रकृत्यैव च कर्माणि 13.30
प्रजहाति यदा कामान् 2.55
प्रयत्नाद्यतमानस्तु योगी 6.45
प्रयाणकाले मनसाऽचलेन 8.10
प्रलपन्विसृजन्गृह्णन्निमिषन् 5.9
प्रवृत्तिं च निवृत्तिं च 16.7, 18.30
प्रशान्तमनसं ह्येनं 6.27
प्रशान्तात्मा विगतभी: 6.14
प्रसादे सर्वदु:खानां 2.65
प्रह्लादश्चास्मि दैत्यानां 10.30
प्राप्य पुण्यकृतां लोकान् 6.41

(ब)

बन्धुरात्मात्मनस्तस्य 6.6
बलं बलवतामस्मि 7.11
बहिरन्तश्च भूतानाम् 13.16
बहूनां जन्मनामन्ते 7.19
बहूनि मे व्यतीतानि 4.5
बाह्यस्पर्शेष्वसक्तात्मा 5.21
बीजं मां सर्वभूतानां 7.10
बुद्धियुक्तो जहातीह 2.50
बुद्धिर्ज्ञानमसम्मोह: 10.4
बुद्धेर्भेदं धृतेश्चैव 18.29
बुद्ध्या विशुद्धया युक्त: 18.51
बृहत्साम तथा साम्नां 10.35
ब्रह्मणो हि प्रतिष्ठाहम् 14.27
ब्रह्मण्याधाय कर्माणि 5.10

ब्रह्मभूत: प्रसन्नात्मा 18.54
ब्रह्मार्पणं ब्रह्म हवि: 4.24
ब्राह्मणक्षत्रियविशां 18.41

(भ)

भक्त्या त्वनन्यया 11.54
भक्त्या मामभिजानाति 18.55
भयाद्रणादुपरतं 2.35
भवान्भीष्मश्च कर्णश्च 1.8
भवाप्ययौ हि भूतानां 11.2
भीष्मद्रोणप्रमुखत: 1.25
भूतग्राम: स एवायं 8.19
भूमिरापोऽनलो वायु: 7.4
भूय एव महाबाहो 10.1
भोक्तारं यज्ञतपसां 5.29
भोगैश्वर्यप्रसक्तानां 2.44

(म)

मच्चित्त: सर्वदुर्गाणि 18.58
मच्चित्ता मद्गतप्राणा: 10.9
मत्कर्मकृन्मत्परम: 11.55
मत्त: परतरं नान्यत्किंचित् 7.7
मदनुग्रहाय परमं गुह्यम् 11.1
मन:प्रसाद: सौम्यत्वं 17.16
मनुष्याणां सहस्रेषु 7.3
मन्मना भव मद्भक्त: 9.34, 18.65
मन्यसे यदि तच्छक्यं 11.4
मम योनिर्महद्ब्रह्म 14.3
ममैवांशो जीवलोके 15.7

मया ततमिदं सर्वम् 9.4
मयाध्यक्षेण प्रकृति: सूयते 9.10
मया प्रसन्नेन तवार्जुनेदम् 11.47
मयि चानन्ययोगेन 13.11
मयि सर्वाणि कर्माणि 3.30
मय्यावेश्य मनो ये मां 12.2
मय्यासक्तमना: पार्थ 7.1
मय्येव मन आधत्स्व 12.8
महर्षय: सप्त पूर्वे 10.6
महर्षीणां भृगुरहं 10.25
महात्मानस्तु मां पार्थ 9.13
महाभूतान्यहङ्कारो 13.6
मा ते व्यथा मा च 11.49
मात्रास्पर्शास्तु कौन्तेय 2.14
मानापमानयोस्तुल्यस्तुल्य: 14.25
मामुपेत्य पुनर्जन्म 8.15
मां च योऽव्यभिचारेण 14.26
मां हि पार्थ व्यपाश्रित्य 9.32
मुक्तसङ्गोऽनहंवादी 18.26
मूढग्राहेणात्मनो यत् 17.19
मृत्यु: सर्वहरश्चाहम् 10.34
मोघाशा मोघकर्माण: 9.12

(य)

य इदं परमं गुह्यं 18.68
य एवं वेत्ति पुरुषं 13.24
य एनं वेत्ति हन्तारं 2.19
यच्चापि सर्वभूतानां 10.39
यच्चावहासार्थमसत्कृतोऽसि 11.42

यजन्ते सात्त्विका देवान् 17.4	यदा यदा हि धर्मस्य 4.7
यज्ज्ञात्वा न पुनर्मोहमेवं 4.35	यदा विनियतं चित्तम् 6.18
यततो ह्यपि कौन्तेय 2.60	यदा सत्त्वे प्रवृद्धे तु 14.14
यतन्तो योगिनश्चैनं 15.11	यदा संहरते चायं कूर्मः 2.58
यतः प्रवृत्तिर्भूतानां 18.46	यदा हि नेन्द्रियार्थेषु 6.4
यतेन्द्रियमनोबुद्धिः 5.28	यदि मामप्रतीकारम् 1.46
यतो यतो निश्चरति 6.26	यदि ह्यहं न वर्तेयं 3.23
यत्करोषि यदश्नासि 9.27	यदृच्छया चोपपन्नं 2.32
यत्तदग्रे विषमिव 18.37	यदृच्छालाभसन्तुष्टः 4.22
यत्तु कामेप्सुना कर्म 18.24	यद्यदाचरति श्रेष्ठः 3.21
यत्तु कृत्स्नवदेकस्मिन्कार्ये 18.22	यद्यद्विभूतिमत्सत्त्वं 10.41
यत्तु प्रत्युपकारार्थम् 17.21	यद्यप्येते न पश्यन्ति 1.38
यत्र काले त्वनावृत्तिम् 8.23	यया तु धर्मकामार्थान् 18.34
यत्र योगेश्वरः कृष्णः 18.78	यया धर्ममधर्मं च 18.31
यत्रोपरमते चित्तं 6.20	यया स्वप्नं भयं शोकम् 18.35
यत्साङ्ख्यैः प्राप्यते स्थानं 5.5	यस्त्वात्मरतिरेव स्यात् 3.17
यथाकाशस्थितो नित्यं 9.6	यस्त्विन्द्रियाणि मनसा 3.7
यथा दीपो निवातस्थः 6.19	यस्मात्क्षरमतीतोऽहम् 15.18
यथा नदीनां बहवोऽम्बुवेगाः 11.28	यस्मान्नोद्विजते लोकः 12.15
यथा प्रकाशयत्येकः 13.34	यस्य नाहंकृतो भावः 18.17
यथा प्रदीप्तं ज्वलनं 11.29	यस्य सर्वे समारम्भाः 4.19
यथा सर्वगतं सौक्ष्म्यात् 13.33	यज्ञदानतपःकर्म 18.5
यथैधांसि समिद्धोऽग्निः 4.37	यज्ञशिष्टामृतभुजः 4.31
यदग्रे चानुबन्धे च सुखं 18.39	यज्ञशिष्टाशिनः सन्तः 3.13
यदहङ्कारमाश्रित्य 18.59	यज्ञार्थात्कर्मणोऽन्यत्र 3.9
यदक्षरं वेदविदो वदन्ति 8.11	यज्ञे तपसि दाने च 17.27
यदा ते मोहकलिलम् 2.52	यं यं वाऽपि स्मरन्भावं 8.6
यदादित्यगतं तेजः 15.12	यं लब्ध्वा चापरं लाभं 6.22
यदा भूतपृथग्भावम् 13.31	यं संन्यासमिति प्राहुर्योगं 6.2

यं हि न व्यथयन्त्येते 2.15
यः शास्त्रविधिमुत्सृज्य 16.23
यः सर्वत्रानभिस्नेहः 2.57
यातयामं गतरसं पूति 17.10
या निशा सर्वभूतानां 2.69
यान्ति देवव्रता देवान् 9.25
यामिमां पुष्पितां वाचं 2.42
यावत्सञ्जायते किंचित् 13.27
यावदेतान्निरीक्षेऽहं 1.22
यावानर्थ उदपाने 2.46
युक्ताहारविहारस्य 6.17
युक्तः कर्मफलं त्यक्त्वा 5.12
युञ्जन्नेवं सदात्मानं 6.15, 6.28
युधामन्युश्च विक्रान्त 1.6
ये चैव सात्त्विका भावा 7.12
ये तु धर्म्यामृतमिदम् 12.20
ये तु सर्वाणि कर्माणि 12.6
ये त्वक्षरमनिर्देश्यम् 12.3
ये त्वेतदभ्यसूयन्तः 3.32
येऽप्यन्यदेवताभक्ताः 9.23
ये मे मतमिदं नित्यम् 3.31
ये यथा मां प्रपद्यन्ते 4.11
ये शास्त्रविधिमुत्सृज्य 17.1
येषामर्थे काङ्क्षितं नः 1.33
येषां त्वन्तगतं पापं 7.28
ये हि संस्पर्शजा भोगाः 5.22
योगयुक्तो विशुद्धात्मा 5.7
योगसंन्यस्तकर्माणं 4.41
योगस्थः कुरु कर्माणि 2.48
योगिनामपि सर्वेषां 6.47
योगी युञ्जीत सततमात्मानं 6.10
योत्समानानवेक्षेऽहं 1.23
यो न हृष्यति न द्वेष्टि 12.17
योऽन्तःसुखोऽन्तरारामः 5.24
यो मामजमनादिं च वेत्ति 10.3
यो मामेवमसम्मूढः 15.19
यो मां पश्यति सर्वत्र 6.30
यो यो यां यां तनुं भक्तः 7.21
योऽयं योगस्त्वया प्रोक्तः 6.33

(र)

रजसि प्रलयं गत्वा 14.15
रजस्तमश्चाभिभूय 14.10
रजो रागात्मकं विद्धि 14.7
रसोऽहमप्सु कौन्तेय 7.8
रागद्वेषवियुक्तैस्तु 2.64
रागी कर्मफलप्रेप्सुर्लुब्धः 18.27
राजन्संस्मृत्य संस्मृत्य 18.76
राजविद्या राजगुह्यम् 9.2
रुद्राणां शङ्करश्चास्मि 10.23
रुद्रादित्या वसवः 11.22
रूपं महत्ते बहुवक्त्रनेत्रं 11.23

(ल)

लभन्ते ब्रह्मनिर्वाणमृषयः 5.25
लेलिह्यसे ग्रसमानः 11.30
लोकेऽस्मिन्द्विविधा निष्ठा 3.3
लोभः प्रवृत्तिरारम्भः 14.12

(व)

वक्तुमर्हस्यशेषेण दिव्या 10.16
वक्त्राणि ते त्वरमाणा 11.27
वायुर्यमोऽग्निर्वरुण: शशाङ्क: 11.39
वासांसि जीर्णानि 2.22
विद्याविनयसम्पन्ने 5.18
विधिहीनमसृष्टान्नम् 17.13
विविक्तसेवी लघ्वाशी 18.52
विषया विनिवर्तन्ते 2.59
विषयेन्द्रियसंयोगात् 18.38
विस्तरेणात्मनो योगं 10.18
विहाय कामान्य: 2.71
वीतरागभयक्रोधा: 4.10
वृष्णीनां वासुदेवोऽस्मि 10.37
वेदानां सामवेदोऽस्मि 10.22
वेदाविनाशिनं नित्यं 2.21
वेदाहं समतीतानि 7.26
वेदेषु यज्ञेषु तप:सु चैव 8.28
व्यामिश्रेणेव वाक्येन 3.2
व्यवसायात्मिका बुद्धि: 2.41
व्यासप्रसादाच्छ्रुतवान् 18.75

(श)

शक्नोतीहैव य: सोढुम् 5.23
शनै: शनैरुपरमेद्बुद्ध्या 6.25
शमो दमस्तप: शौचं 18.42
शरीरवाङ्मनोभिर्यत्कर्म 18.15
शरीरं यदवाप्रोति 15.8
शुक्लकृष्णे गती ह्येते 8.26
शुचौ देशे प्रतिष्ठाप्य 6.11
शुभाशुभफलैरेवं 9.28
शौर्यं तेजो धृतिर्दाक्ष्यं 18.43

(श्र)

श्रद्धया परया तप्तं 17.17
श्रद्धावाननसूयश्च 18.71
श्रद्धावाँल्लभते ज्ञानं 4.39
श्रुतिविप्रतिपन्ना ते 2.53
श्रेयान्द्रव्यमयाद्यज्ञात् 4.33
श्रेयान्स्वधर्मो विगुण: 3.35
श्रेयान्स्वधर्मो विगुण: 18.47
श्रेयो हि ज्ञानमभ्यासात् 12.12
श्रोत्रादीनीन्द्रियाण्यन्ये 4.26
श्रोत्रं चक्षु: स्पर्शनं च 15.9

(स)

स एवायं मया तेऽद्य 4.3
सक्ता: कर्मण्यविद्वांस: 3.25
सखेति मत्वा प्रसभं 11.41
स घोषो धार्तराष्ट्राणां 1.19
सङ्करो नरकायैव 1.42
सततं कीर्तयन्तो मां 9.14
स तया श्रद्धया युक्त: 7.22
सत्कारमानपूजार्थं तप: 17.18
सत्त्वात्सञ्जायते ज्ञानं 14.17
सत्त्वानुरूपा सर्वस्य 17.3
सत्त्वं रजस्तम इति 14.5
सत्त्वं सुखे सञ्जयति 14.9
सदृशं चेष्टते स्वस्या: 3.33

सद्भावे साधुभावे च 17.26
सन्तुष्टः सततं योगी 12.14
समदुःखसुखः स्वस्थः 14.24
समं कायशिरोग्रीवं 6.13
समं पश्यन्हि सर्वत्र 13.29
समं सर्वेषु भूतेषु 13.28
समः शत्रौ च मित्रे च 12.18
समोऽहं सर्वभूतेषु 9.29
सर्गाणामादिरन्तश्च 10.32
सर्वकर्माणि मनसा 5.13
सर्वकर्माण्यपि सदा 18.56
सर्वगुह्यतमं भूयः शृणु 18.64
सर्वतःपाणिपादं 13.14
सर्वद्वाराणि संयम्य 8.12
सर्वद्वारेषु देहेऽस्मिन् 14.11
सर्वधर्मान्परित्यज्य 18.66
सर्वभूतस्थमात्मानं 6.29
सर्वभूतस्थितं यो मां 6.31
सर्वभूतानि कौन्तेय 9.7
सर्वभूतेषु येनैकम् 18.20
सर्वमेतदृतं मन्ये यन्मां 10.14
सर्वयोनिषु कौन्तेय 14.4
सर्वस्य चाहं हृदि 15.15
सर्वाणीन्द्रियकर्माणि 4.27
सर्वेन्द्रियगुणाभासं 13.15
सहजं कर्म कौन्तेय 18.48
सहयज्ञाः प्रजाः सृष्ट्वा 3.10
सहस्रयुगपर्यन्तम् 8.17
सिद्धिं प्राप्तो यथा ब्रह्म 18.50
सीदन्ति मम गात्राणि 1.29
सुखदुःखे समे कृत्वा 2.38
सुखमात्यन्तिकं 6.21
सुखं त्विदानीं त्रिविधं 18.36
सुदुर्दर्शमिदं रूपं 11.52
सुहृन्मित्रार्युदासीनम् 6.9
सङ्कल्पप्रभवान्कामान् 6.24
संनियम्येन्द्रियग्रामं 12.4
संन्यासस्तु महाबाहो 5.6
संन्यासस्य महाबाहो 18.1
संन्यासं कर्मणां कृष्ण 5.1
संन्यासः कर्मयोगाश्च 5.2
साधिभूताधिदैवं मां 7.30
साङ्ख्ययोगौ पृथग्बालाः 5.4
स्थाने हृषीकेश तव 11.36
स्थितप्रज्ञस्य का भाषा 2.54
स्पर्शान्कृत्वा बहिर्बाह्यान् 5.27
स्वधर्ममपि चावेक्ष्य 2.31
स्वभावजेन कौन्तेय 18.60
स्वयमेवात्मनात्मानं 10.15
स्वे स्वे कर्मण्यभिरतः 18.45

(ह)

हतो वा प्राप्स्यसि स्वर्गम् 2.37
हन्त ते कथयिष्यामि 10.19
हृषीकेशं तदा वाक्यम् 1.21

आधार सूचिका

निम्न लिखित कृतियों से मिले हुए महत्त्वपूर्ण आधार के लिए प्रस्तुत लेखक उन लेखकों का अतीव आभारी है ।

Apte, Vaman Shivram; *The Practical Sanskrit English Dictionary*; MLBD Pubulishers. Pvt. Ltd, Dehli, 1998.

Kale, M.R.; *A Higher Sanskrit Grammar*; Motilal Banarasidas, Delhi, 1995

Monir-Williams, Sir Monir; *A Sanskrit-English Dictionary*; Motilal Banarasidass Pvt. Ltd, Dehli, 1993.

Monir-Williams, Sir Monir; *A Practical Grammar of Sanskrit Language*; Oriental Books Reprint Co., New Dehli, 1978

Sargent, Winthrop; *The Bhagavad Gita;* Doubleday & Company, Garden City, New York, 1979.

Whitney, William Dwight; *The Roots Verb-forms And Primary Derivatives of the Sanskrit Language*; MLBD, Delhi 1997

Wilson, Prof. H.H.; *An Introduction to the Grammar of Sanskrit Language*; Choukhamba Sanskrit Series XI., Varanasi, 1979

आप्टे, वामन शिवराम; संस्कृत हिन्दी कोश, मोतीलाल बनारसीदास पब्लिशर्स, प्रा० लि०, दिल्ली, 1997.

गोयल, डा. प्रीतिप्रभा; संस्कृत व्याकरण, राजस्थानी ग्रंथागार, जोधपुर, 2000

झा, पं. रामचंद्र व्याकरणाचार्य; रूपचन्द्रिका; हरिदास संस्कृत ग्रंथमाला 156; चौखंबा संस्कृत सीरीज, वाराणसी, सं 2051.

द्विवेदी, पद्मश्री डॉ. आचार्य कपिलदेव; संस्कृत-व्याकरण एवं लघुसिद्धान्तकौमुदी; विश्वविद्यालय प्रकाशन, वाराणसी, 1996.

नराले, डा. रत्नाकर; गीता ज्ञान कोश, (मराठी), श्रीमंगेश प्रकाशन, नागपुर, 2001.

मिश्र, पं. गोमतीप्रसादशास्त्री; श्री वरदाचार्यकृत लघुसिद्धान्तकौमुदी, चौखम्बा सुरभारती प्रकाशन, वाराणसी, 1999

शर्मा, चतुर्वेदी द्वारकाप्रसाद; **झा,** पण्डित तारिणीश; संस्कृत-शब्दार्थ-कौस्तुभ; रामनारायणलाल बेनीप्रसाद; इलाहाबाद 1928

सोमयाजी, पं. धन्वाडगोपलकृष्णाचार्य; तिङन्तार्णवतरणि; कृष्णदास संस्कृत सी. 31; कृष्णदास अकादमी, वाराणसी, 1980

www.ingramcontent.com/pod-product-compliance
Lightning Source LLC
Chambersburg PA
CBHW081103080526
44587CB00021B/3425
* 9 7 8 1 8 9 7 4 1 6 6 4 8 *